Die Europäisierung des internationalen Zivilverfahrensrechts in Polen

Europäische Hochschulschriften
Publications Universitaires Européennes
European University Studies

Reihe II
Rechtswissenschaft

Série II Series II
Droit
Law

Bd./Vol. 4450

PETER LANG
Frankfurt am Main · Berlin · Bern · Bruxelles · New York · Oxford · Wien

Katarzyna Schubert-Panecka

Die Europäisierung des internationalen Zivilverfahrensrechts in Polen

Lugano-Übereinkommen und EuGVO

PETER LANG
Europäischer Verlag der Wissenschaften

Bibliografische Information der Deutschen Nationalbibliothek
Die Deutsche Nationalbibliothek verzeichnet diese Publikation in der Deutschen Nationalbibliografie; detaillierte bibliografische Daten sind im Internet über <http://www.d-nb.de> abrufbar.

Zugl.: Rostock, Univ., Diss., 2006

28
ISSN 0531-7312
ISBN 3-631-55906-2

www.peterlang.de

Meinem Ehemann

Vorwort

Die vorliegende Arbeit wurde im Wintersemester 2005/2006 von der Juristischen Fakultät der Universität Rostock als Dissertation angenommen. Die Druckfassung befindet sich auf dem Stand vom Mai 2006 und berücksichtigt u. a. den Entwurf eines Gesetzes über die Änderung des Zivilverfahrensgesetzbuches und einiger anderer Gesetze vom 9. März 2006[1], der das internationale Zivilverfahrensrecht Polens grundlegend verändert, damit auch für die Ergebnisse dieser Arbeit hohe Relevanz besitzt.

Ganz herzlichen Dank möchte ich meinem Doktorvater, Herrn Prof. Dr. *Harald Koch*, aussprechen, der die Anregung zu diesem Thema gab und die Fertigstellung der – für mich in einer Fremdsprache verfassten – Arbeit in vielfältiger Weise gefördert hat. Mein Dank gilt auch dem Herrn Prof. Dr. *Winkler von Mohrenfels* für die Erstellung des Zweitgutachtens.

Ich bedanke mich bei der Hanns-Seidel-Stiftung, die mich und damit die Entstehung dieser Arbeit durch ein großzügig bemessenes Stipendium als auch durch die internationale und interdisziplinäre Kooperationsmöglichkeit im Rahmen des Promotionskollegs "EU-Osterweiterung"[2] gefördert hat. Danken möchte ich hier vor allem den Vertretern der Hanns-Seidel-Stiftung, Herrn Prof. *Hans-Peter Niedermeier*, und der Friedrich-Alexander-Universität Erlangen Nürnberg, den Herrn Prof. Dr. *Roland Sturm* und Prof. Dr. *Heinrich Pehle*.

Besonders herzlicher Dank gebührt meinem Ehemann *Tobias*, dem ich diese Arbeit widme und dessen Unterstützung, Verständnis und Geduld mir Mut und Kraft gaben, um den eingeschlagenen Weg zu gehen. Meinem Ehemann und dem Herrn Dr. *Harald Fuchs* danke ich auch für die Korrekturhilfen. Danken möchte ich schließlich meinen Eltern, meinem Sohn und allen meinen Freunden, die mich während der Bearbeitung der Dissertation begleitet und liebevoll unterstützt haben.

Bonn, Juli 2006 Katarzyna Schubert-Panecka

---

[1] S. www.ms.gov.pl/kkpc/kkpc.shtml vom 14.05.2006.

[2] S. www.eu-promotionskolleg.de und als Ergebnis dieser Zusammenarbeit: *Sturm/Pehle* (Hrsg.), Die neue Europäische Union: Die Osterweiterung und ihre Folgen, Leverkusen 2006.

Inhaltsübersicht

Inhaltsverzeichnis

Abkürzungsverzeichnis

a. A.	anderer Ansicht
a. a. O.	am angegebenen Ort
ABl.	Amtsblatt der Europäischen Gemeinschaften
Aufl.	Auflage
AVAG	Gesetz zur Ausführung zwischenstaatlicher Verträge und zur Durchführung von Verordnungen der Europäischen Gemeinschaft auf dem Gebiet der Anerkennung und Vollstreckung in Zivil- und Handelssachen
BA	Beitrittsabkommen
BGB	Bürgerliches Gesetzbuch
BSN	Biuletyn Sądu Najwyższego (Bulletin des Obersten Gerichts)
CMR	Genfer Übereinkommen über den Beförderungsvertrag im internationalen Straßengüterverkehr
COTIF	Übereinkommen über den internationalen Eisenbahnverkehr
DRiZ	Deutsche Richter Zeitung
Dz.U.-	Dziennik Ustaw (Gesetzblatt)
EA	Erstreckungsabkommen der EuGVO auf Dänemark
EAG	Europäische Atomgemeinschaft
EFTA	European Free Trade Association
EG	Europäische Gemeinschaft
EheGVO	EG-Verordnung über die Zuständigkeit und die Anerkennung und Vollstreckung von Entscheidungen in Ehesachen
EGKS	Europäische Gemeinschaft für Kohle und Stahl
EGV	Vertrag zur Gründung der Europäischen Gemeinschaft
EMRG	Europäischen Gerichtshof für Menschenrechte
EMRK	Europäische Menschenrechtskonvention
ErG	Erwägungsgrund
EU	Europäische Union
EuBewVO	EG-Verordnung über die Zusammenarbeit auf dem Gebiet der Beweisaufnahme in Zivil- und Handelssachen
EuGH	Europäischer Gerichtshof
EuGVO	EG-Verordnung über die gerichtliche Zuständigkeit, die Anerkennung und Vollstreckung gerichtlicher Entscheidungen in Zivil- und Handelssachen
EuGVÜ	Brüsseler Übereinkommen über die gerichtliche Zuständigkeit und die Vollstreckung gerichtlicher Entscheidungen in Zivil- und Handelssachen
EuInsVO	EG-Verordnung über Insolvenzverfahren
EUROATOM	Europäische Atomgemeinschaft
EuVTVO	EG-Verordnung zur Einführung eines europäischen Vollstreckungstitels für unbestrittene Forderungen
EuZPR	Europäisches Zivilprozessrecht

EuZustVO	EG-Verordnung über die Zustellung gerichtlicher und außergerichtlicher Schriftstücken in Zivil- und Handelssachen
EuZW	Europäische Zeitschrift für Wirtschaftsrecht
EVT	Europäischer Vollstreckungstitel
EWG	Europäische Wirtschaftsgemeinschaft
EWGV	Vertrag zur Gründung der Europäischen Gemeinschaft
EZÜ	Europäischen Zustellungsübereinkommen
f.	folgende
FamRÄndG	Familienrechtsänderungsgesetz
Fn	Fußnote
Gl.	Glosse
GS	Gedächtnisschrift
GP	Gazeta Prawna (Juristenzeitung)
HBÜ	Haager Übereinkommen über die Beweisaufnahme im Ausland in Zivil- und Handelssachen
HUVÜ	Haager Übereinkommen über die Anerkennung und Vollstreckung von Unterhaltsentscheidungen
Hrsg.	Herausgeber
i. S. v.	im Sinne von
KC	Kodeks cywilny (Zivilgesetzbuch)
KPC	Kodeks postępowania cywilnego (Zivilverfahrenssgesetzbuch)
KPC E.	Entwurf KPC betreffend das IZVR
KPK	Kodeks postępowania karnego (Straffverfahrensgesetzbuch)
KPP	Kwartalnik Prawa Prywatnego (Quartalzeitschrift des Privatrechts)
KRiO	Kodeks rodzinny i opiekuńczy (Familien- und Vormundschaftsgesetzbuch)
LugÜ	Lugano-Übereinkommen über die gerichtliche Zuständigkeit, die Anerkennung und Vollstreckung gerichtlicher Entscheidungen in Zivil- und Handelssachen
IPR	Internationales Privatrecht
IPRax	Praxis des Internationalen Privat- und Verfahrensrechts
IZPR	Internationales Zivilprozessrecht
IZVR	Internationales Zivilverfahrensrecht
JuS	Juristische Schulung
JZ	Juristenzeitung
MOEL	Mittel- und Osteuropäische Länder
MP	Monitor Prawniczy (Juristische Amtsblatt)
MSA	Haager Übereinkommen über die Zuständigkeit der Behörden und das anzuwendende Recht auf dem Gebiet des Schutzes von Minderjährigen
NATO	Nordatlantikvertrag-Organisation
NP	Nowe prawo (Neues Recht)
NSI	Narodowa Strategia Integracji (Nationale Intergationsstrategie)

OECD	Organisation for Economic Cooperation and Development (Organisation für Wirtschaftliche Zusammenarbeit)
PKH- Richtlinie	Richtlinie zur Verbesserung des Zugangs zum Recht bei Streitsachen mit grenzüberschreitendem Bezug
PiP	Państwo i Prawo (Staat und Recht)
PiŻ	Prawo i Życie (Recht und Leben)
poln.	polnisch
PPC	Polska Procedura Cywilna (Polnische Zivilprozedur)
PPM	Prawo prywatne międzynarodowe (Internationales Privatrecht)
PS	Przegląd Sądowy (Gerichtsschau)
PZPR	Polska Zjednoczona Partia Robotnicza (Polnische Vereinigte Arbeitspartei)
RIW	Recht der Internationalen Wirtschaft
Rn	Randnummer
s.	siehe
Slg.	Sammlung
SN	Sąd Najwyższy (Oberste Gericht)
UK	Ustawa Konstytucyjna (Verfassungsgesetz)
UNÜ	New Yorker UN-Übereinkommen über die Anerkennung und Vollstreckung ausländischer Schiedssprüche
WDÜ	Wiener UN-Übereinkommen über diplomatische Beziehungen
WKÜ	Wiener UN-Übereinkommen über konsularische Beziehungen
wyd.	wydanie (Auflage)
ZEuP	Zeitschrift für Europäisches Privatrecht

Kapitel I
Europäisierung des internationalen Zivilprozessrechts in der Europäischen Union und seine Ausstrahlung auf das internationale Zivilverfahrensrecht Polens[1]

§ 1. Einleitung

In einer Welt, in der sämtliche Transaktionen über die Grenzen mehrerer Staaten hinaus schreiten und ihre rechtlichen Wirkungen immer mehr internationale Elemente einbeziehen; in einem Europa, in dem der freie Verkehr von Waren, Dienstleistungen, Kapital und Personen eine natürliche Quelle internationaler Rechtsbeziehungen und damit eventueller Rechtskonflikte bildet, im Rechtsverkehr, der auch effektive Verfahren zur grenzüberschreitenden Durchsetzung von Forderungen und zur Beilegung von Rechtsstreitigkeiten zwischen den Marktakteuren benötigt, ist ein europaweit vereinheitlichter Rechtsschutz von Akteuren in solchem Verkehr unerlässlich und damit die hohe Relevanz der prozessualen Fragen unumstritten geworden.

Um dem Bedürfnis nach derartigem Rechtsschutz nachzukommen, haben sich die Gründer der Europäischer Wirtschaftsgemeinschaft vor fast 50 Jahren die „*Vereinfachung der Förmlichkeiten für die gegenseitige Anerkennung und Vollstreckung*“ von Entscheidungen vorgenommen und damit die rechtliche Grundlage für die Harmonisierung des Prozessrechts in Europa gegeben (Art. 220 EGW-V, Art. 293 EG-V). 1968 folgte dem Vorhaben der EG das Brüsseler-Übereinkommen über die gerichtliche Zuständigkeit, die Anerkennung und Vollstreckung von gerichtlichen Entscheidungen in Zivil- und Handelssachen (EuGVÜ)[2], das 20 Jahre später mit dem parallelen Lugano-Übereinkommen (LugÜ)[3] auf die EFTA-Staaten erweitert und 2002 durch die Verordnung (EG) Nr. 44/2001 (EuGVO)[4] ersetzt wurde. Ein Übereinkommen, das als Meilenstein der europäischen Vereinheitlichung, damit der Europäisierung des internationalen Zivilprozessrechts (IZPR) bezeichnet werden kann.

Seit diesem Zeitpunkt haben sich sowohl die rechtlichen Grundlagen wie auch die Geschwindigkeit und das Ausmaß der Europäisierung deutlich entwickelt. Besonders wichtig für die Effektuierung des grenzüberschreitenden Zivilrechtsschutzes im Binnenmarkt und den Ausbau eines Europäischen Justizraums war der Amsterdamer Vertrag von 1997, der die Gemeinschaft zur Angleichung der internationalen Privat- und Verfahrensrechte ihrer Mitglieder befugt hat (Art. 65 EG). Aufgrund dieser Befugnis

---

[1] Schwerpunkt dieser Arbeit bildet das internationale Zivilverfahrensrecht Polens, das das streitige und nichtstreitige Verfahren regelt und im Vierten Teil des polnischen Zivilverfahrensgesetzbuches (KPC - *Kodeks postępowania cywilnego*) vom 17.11.1964, - das seine grundsätzliche Rechtsquelle bildet - in den Vorschriften der Art. 1096-1153[2] geregelt wurde, Dziennik Ustaw (Dz.U. - Gesetzblatt) 1964 Nr. 43, Pos. 296-297 m. s. Ä. Dabei betreffen die für diese Arbeit relevanten Regelungen insbesondere das internationale Zivilprozessrecht, das nichtstreitige Verfahren und die internationale Schiedsgerichtsbarkeit werden lediglich punktuell angesprochen.

[2] Konsolidierte Fassung ABl. EG C 27 vom 26.01.1998.

[3] LugÜ vom 16.09.1988, ABl. EG vom 25.11.1988, Nr. L 319.

[4] EuGVO vom 22.12.2000, ABl. EG vom 16.01.2001, Nr. L 12.

wurden - zunächst im Rahmen des sog. Tampere und aktuell des Haager Programms - sämtliche Rechtsakte erlassen, die ein vollkommen vereinheitlichtes sog. Europäisches Zivilprozessrecht (EuZPR) für grenzüberschreitende Streitigkeiten im Europäischen Justizraum erstreben und ein solches in den Hauptfragen des Zivilprozessrechts: der gerichtlichen Zuständigkeit, der Zustellung und Beweisaufnahme, der Anerkennung und Vollstreckung weitgehend auch erreicht haben. Die einheitlichen Regeln europäischen Ursprungs verdrängen dabei die einzelstaatlichen Regeln der prozessualen Fragen, wodurch die unterschiedlichen nationalen Prozessrechte den Zivilrechtsverkehr im Binnenmarkt und die Freizügigkeit der Unionsbürger (Art. 18 EGV) möglichst wenig behindern sollen.

An dem Prozess der europäischen Rechtsangleichung wollte sich auch - kurz nach ihrer politischen und rechtlichen Transformation – die Republik Polen beteiligen. Im Rahmen ihrer rechtspolitischen Entwicklung ist sie bereits im Jahr 2000 als einziges der exkommunistischen Staaten dem LugÜ beigetreten und damit - noch vor dem damals ungewissen Zeitpunkt der EU-Osterweiterung und der Übernahme des europäischen Besitzstandes mit ihm zugehöriger EuGVO - mit den kontinentalen Schutzstandards konfrontiert worden.

Angesichts der Auseinandersetzung des polnischen mit dem europäischen internationalen Zivilprozessrecht erstrebt die vorliegende Arbeit die Beantwortung der Frage: Wie soll Polen, seine Justiz und das Zivilverfahrensrecht an den Punkt gelangen, an dem die Begründung der internationalen Zuständigkeit, die Anerkennung und Vollstreckung fremder Entscheidungen u. a. in Zivil- und Handelssachen den europäischen Mindeststandards entsprechen wird? Insbesondere: wie können das LugÜ und die EuGVO in Polen, wo eine manifeste Justizkrise herrscht und das autonome internationale Zivilverfahrensrecht (IZVR) stark ausgebaut ist, funktionieren und seine Rolle erfüllen? Für die Beantwortung dieser Frage ist eine rechtsvergleichende Studie des nationalen und des europäischen Rechts in diesem Bereich, in dem es in Polen gilt: des LugÜ und der EuGVO also, unerlässlich. Diesem Bedürfnis folgt daher eine Darstellung dessen, wie die europäischen Regelungen zum einen die nationalen Normen ersetzen oder aufheben, zum anderen inwiefern die nationalen Normen subsidiär, ergänzend angewendet und letztendlich wie sie unter dem Einfluss des EuZPR – angesichts der bevorstehenden Kodifikation des polnischen IZVR - beeinflusst werden können. Schließlich ist zu berücksichtigen, dass - erst mehrere Monate nach Abgabe der Arbeit - der Entwurf eines Gesetzes über die Änderung des Zivilverfahrensgesetzbuches und einiger anderer Gesetze vom 9. März 2006 durch die Kodifikationskommission für das Zivilrecht vorgelegt wurde, der auch in seinen wesentlichsten Zügen behandelt wird (im weiteren als: KPC Entwurf bzw. KPC E.)[5].

Die dabei herausgearbeiteten Unterschiede und Gemeinsamkeiten der europäischen und polnischen Regelungen im Bereich der internationalen Zuständigkeit, Anerkennung und Vollstreckung ausländischer Entscheidungen verdeutlichen die neuralgischen Punkte ihrer praktischen Anwendung und lassen die Frage beantworten, welche Akte der polnischen Gesetzgebung und Handlungen der Rechtspraxis erforderlich

---

[5] S. www.ms.gov.pl/kkpc/kkpc.shtml vom 14.05.2006 und S. 275 ff., S. 281 ff.

sind, damit die praktischen Schwierigkeiten bei der Anwendung des LugÜ und der EuGVO beseitigt werden und ihre Umsetzung im Einzelnen sichergestellt wird.

Den normativen Gegenstand der Untersuchung bilden: Primär das LugÜ und die EuGVO sowie, angesichts der Tatsache, dass es sich um die komparatistische Darstellung des LugÜ, der EuGVO und deren Anwendung in Polen handelt, die polnische Gesetzgebung, insbesondere das IZVR, das im Vierten Teil des Zivilverfahrensgesetzbuches (Art. 1096-1153^2 KPC - *Kodeks postępowania cywilnego*, sog. *Przepisy z zakresu międzynarodowego postępowania cywilnego*) verortet ist. Sekundär werden die internationale Rechtslehre und Rechtsprechung des Europäischen Gerichtshofs (EuGH) sowie des polnischen Obersten Gerichts (SN - *Sąd Najwyższy*) in Fragen der Anwendung des LugÜ und der EuGVO beleuchtet.

Eine prägnante Darstellung verdienen auch die Verordnung (EG) Nr. 805/2004 des Europäischen Parlaments und des Rates vom 21.04.2004 zur Einführung eines europäischen Vollstreckungstitels für unbestrittene Forderungen (EuVTVO)[6] und andere Rechtsakte der EG im Bereich des europäischen Zivilprozessrechts, die gemeinsam mit der EuGVO die Gewährleistung des Raumes der Freiheit, der Sicherheit und des Rechts erstreben, diese funktionell ergänzen und damit eine interessante Materie dieses Rechtsgebietes bilden. Nicht behandelt wird in dieser Arbeit die Problematik der Anerkennung und Vollstreckung von Schiedssprüchen gemäß dem New Yorker UN-Übereinkommen über die Anerkennung und Vollstreckung ausländischer Schiedssprüche vom 10. Juni 1958 (UNÜ)[7] sowie der bilateralen Anerkennungs- und Vollstreckungsabkommen, die Polen mit Drittstaaten verbinden. Außer Acht bleiben auch die internationale Zuständigkeit, sowie die Anerkennung und Vollstreckung von Entscheidungen in Ehesachen, die zwar im Rahmen der europäischen Verordnungen angesprochen werden, wegen des zeitlichen Rahmens der Arbeit aber keine ausführliche Analyse erfahren.

I. Internationale Zuständigkeit, Anerkennung und Vollstreckung von Entscheidungen ausländischer Gerichte in Polen

Der 1. Mai 2004 ist ein Datum, das in der europäischen Geschichte, Politik- und Rechtswissenschaft eine relevante Zäsur bedeutet und an dem sowohl die bisherigen EU-Mitgliedsstaaten wie auch die Länder, die der kontinental wichtigsten Organisation an diesem Tag beitraten, vor eine neue Realität gestellt wurden. Es ist das Datum, mit dem viele rechtlichen, politischen, wirtschaftlichen und sozialen Änderungen zusammenhängen, die die Vielfalt der Rechtssysteme innerhalb des europäischen Kontinents mit einer erstaunlichen Geschwindigkeit und Fortschritten zu vereinheitlichen anstreben. Es ist das Datum, an dem über 80.000 Seiten des europäischen rechtlichen Besitzstandes (*acquis communautaire*) auch in das polnische Rechtssystem aufgenommen wurden, um aus ihren vielfältigen Regelungen unter anderem den Bereich des internationalen Zivilverfahrensrechts teilweise neu zu gestalten.

[6] ABl. EU Nr. L 143 vom 30.04.2004.
[7] Dz.U. 1962 Nr. 9, Pos. 41.

Die bereits genannte große Bedeutung des internationalen Zivilverfahrensrechts kommt spätestens dann zur Geltung, wenn ein Recht außerhalb der Grenzen des Urteilsstaates durchgesetzt werden muss. Ohne Vorschriften, die auch im internationalen Rechtsverkehr die Erstreckung von Wirkungen einer inländischen Entscheidung ermöglichen würden, hätte es auch keine Rechtssicherheit und damit keinen Anreiz geben können, um sich im Ausland zu engagieren und mit den ausländischen Subjekten Geschäfte – welcher Natur auch immer - abzuschließen. Deshalb erstrebt der Gemeinschaftsgesetzgeber seit mehreren Jahren den Aufbau eines Europäischen Justizraums als Raum der Freiheit, der Sicherheit und des Rechts, als einen Rahmen für die Aktivitäten des Binnenmarkts, der vor Widersprüchlichkeit der grenzüberschreitenden Forderungen schützen und deren Durchsetzung dienen soll. Durch die diesen Bemühungen folgende justizielle Zusammenarbeit in Zivilsachen werden in erster Linie die Vereinheitlichung gerichtlicher Verfahren und die wechselseitige Anerkennung von Entscheidungen gefördert. Damit nämlich Personen und Unternehmen unabhängig von ihrem Aufenthaltsort in der EU ihre Rechte vollständig ausüben können, sind die Unvereinbarkeiten zwischen den Justiz- und Verwaltungssystemen der Mitgliedsstaaten zu beseitigen. Vor allem die wirtschaftlich schwächeren Parteien wie Verbraucher, Arbeit-, Versicherungsnehmer oder Unterhaltsberechtigte benötigen einen verstärkten Schutz, um ihre Interessen und Rechte im internationalen Wirtschaftsverkehr bewahren zu können.

Zusammenfassend darf der grenzüberschreitende Wirtschaftsverkehr insbesondere nicht dadurch gehemmt werden, dass die Durchsetzung oder die Verteidigung von Rechten seiner Akteure in anderen Staaten erschwert ist. Ein effizientes Mittel hiergegen bildet der genannte Grundsatz der gegenseitigen Anerkennung von im Ausland anerkannten Ansprüchen, mit dem die Rechte der Bürger geschützt und über die europäischen Grenzen hinweg durchgesetzt werden können. Mit der EU-Osterweiterung ist dieser Grundsatz auch in den Mittel- und Osteuropäischen Ländern (MOEL) zur Priorität der justiziellen Bemühungen geworden, nachdem er in den Jahren zuvor unter den exkommunistischen Staaten und zwar durch die Geltung des LugÜ lediglich in Polen an seiner Bedeutung gewinnen konnte. Demzufolge ist auch die hohe Relevanz der prozessrechtlichen Institute der Anerkennung und Vollstreckung von Entscheidungen sowie der internationalen Zuständigkeit auch für übrige Beitrittsländer in einem neuen Ausmaß präsent geworden. Dies zum einen deshalb, weil die vor einem Gericht ergangenen Entscheidungen - als Akte hoheitlicher Gewalt - generell nicht über die Grenzen des Urteilsstaates hinauswirken. Sie entfalten in einem anderen Staat erst dann die Wirkung, wenn dieser sie anerkennt, den Territorialitätsgrundsatz also durchbricht. Durch die wechselseitige Anerkennung von ausländischen Entscheidungen kann daher das Leben der am grenzüberschreitenden Rechtsverkehr Beteiligten verschiedener Herkunft aber auch der nationalen Gerichte entscheidend erleichtert werden, indem sich die Wiederholung von Verfahren, damit zusätzliche Kosten und zeitliche Verzögerungen, aber auch Anstrengungen der zweitstaatlichen Gerichte vermeiden lassen. Und zum Anderen weil mit der Integration der osteuropäischen Volkswirtschaften in den kontinentalen und den Weltmarkt auch die Notwendigkeit steigt, ausländische Gerichtsurteile in diesen Staaten zu vollstrecken. Damit dringt in einem gewissen Maße ausländische Hoheitsgewalt in den innerstaatlichen Rechtsraum ein, und die Akzeptanz der Vollstreckung ausländischer Urteile im geschriebenen Recht und in der Praxis ist ein guter Indikator für die tatsächliche Öffnung der innerstaatlichen Rechtsordnung gegenüber internationalen Integrationsprozessen, welche in der verfahrensrechtlichen Hinsicht die Abschaffung von Exequaturverfahren und damit eine freie Konvertierbarkeit von Entscheidungen erzielen.

Die Anteilnahme an diesen Integrationsprozessen und auch der justiziellen Zusammenarbeit in Europa, insbesondere jedoch die Auseinandersetzung mit den zahlreichen privat- und verfahrensrechtlichen Regelungen europäischer Herkunft setzte u. a. Polen und seine Rechtsordnung in bisher unbekanntem Ausmaß der vielseitigen und weitgehenden Kooperation mit ganz Europa und verstärkten Handelsbeziehungen mit Staaten anderer Kontinente aus. Trotz etlicher Verknüpfungen in der internationalen Rechtsgeschichte (der französischen, deutschen und österreichischen, aber auch jahrelangen russischen Einflüsse auf das polnische Rechtssystem und -wissenschaft), waren die polnische Justiz, der nationale Gesetzgeber, die Rechtspraktiker und Rechtswissenschaftler noch nie vor solch große Herausforderungen gestellt wie angesichts des Beitritts zur Europäischen Union. Die rasante Geschwindigkeit und der Liberalisierungsgrad der zivilprozessrechtlichen Entwicklungen in Europa bringen sogar die Praktiker und Wissenschaftler der „alten“ Mitgliedsstaaten der EU ins Staunen8, obwohl sie über viel längere Erfahrung als ihre osteuropäischen Kollegen verfügen. Umso interessanter ist die Beobachtung dessen, wie sich das polnische Rechtssystem und die Justiz mit dieser extremen Komplexität abfinden und den Rechtsschutz der Marktakteure entwickeln wird.

Für die Auswahl der europäischen Regelungen über die internationale Zuständigkeit, die Anerkennung und Vollstreckung von gerichtlichen Entscheidungen in Zivil- und Handelssachen des LugÜ und der EuGVO ist zunächst ihre Relevanz im grenzüberschreitenden Rechtsverkehr und für die Europäisierung des internationalen Zivilprozessrechts ausschlaggebend. Für die Auswahl Polens als Beispielland ihrer Umsetzung unter den MOEL wiederum entscheidet die Tatsache, dass Polen – als größtes der Beitrittsländer – auch ein großes Potenzial für die Entwicklung von zivil- und handelsrechtlichen Beziehungen mit Auslandsberührung nachweist und als einziges dieser Länder noch vor der EU-Osterweiterung dem LugÜ beigetreten ist. Polen kann daher als ein Modell dafür gelten, welche Probleme bei der Konfrontation einer exkommunistischen Justizstruktur mit den fortgeschrittenen Lösungen des LugÜ und der EuGVO entstehen können und wie das EuZPR das nationale IZVR beeinflussen kann. Der Schwierigkeitsgrad dieser Konfrontation war und ist hoch und umso komplizierter, als – temporär und territorial unterschiedlich – das LugÜ, die EuGVO, bilaterale Anerkennungs- und Vollstreckungsabkommen sowie das IZVR gelten. Die Anwendung dieser Regelungen erschwert ferner die Tatsache, dass die Geltung des LugÜ und der EuGVO im Verhältnis zu anderen Staaten die Frage nach einer Vergleichbarkeit der Rechtsordnungen der beteiligten Parteien aufwirft, Polen aber nicht nur historisch belastet ist, sondern auch seit Jahren mit einer manifesten Justizkrise zu kämpfen hat.

---

[8] *Stadler*, Das Europäische Zivilprozessrecht - Wie viel Beschleunigung verträgt Europa? Praxis des Internationalen Privat- und Verfahrensrechts (IPRax) 2004, S. 2 ff.

Die komplexe Anwendung der europäischen Regelungen: des LugÜ und der EuGVO sowie des polnischen IZVR ließe sich durch eine grundlegende Darstellung und Aufklärung ihrer Zusammenwirkung auf dem polnischen Hoheitsgebiet wesentlich vereinfachen und beschleunigen. Im Moment besteht ein komplexes Werk in diesem Bereich weder auf dem polnischen noch auf dem deutschen Markt.

II. Vorgehensweise

Zu Beginn der Arbeit werden kurz die Transformation der Volksrepublik Polen zu einem demokratischen Staat und sein Beitritt zur Europäischen Union erörtert. Aufgrund dessen, dass der Grundsatz der gegenseitigen Anerkennung gerichtlicher Entscheidungen einer der Hauptgrundsätze des EuZPR bildet, werden seine Grundzüge, Instrumente sowie das Inkrafttreten von einigen dieser Instrumente (der EuGVO nämlich) und des LugÜ in Polen dargestellt (Kapitel I). Darauf gestützt werden die nächsten Teile der Arbeit einer detaillierten Umsetzung des LugÜ und der EuGVO in Polen in Fragen der internationalen Zuständigkeit (Kapitel II) sowie der Anerkennung und Vollstreckung von Entscheidungen ausländischer Gerichte in Polen (Kapitel III) gewidmet. Es werden jeweils die Regelungen des autonomen polnischen und des europäischen Rechts und abschließend ihre Unterschiede und Gemeinsamkeiten sowie ihre Zusammenwirkung erörtert.

Handelt es sich sowohl um Mitglieder der Europäischen Union wie auch der Europäischen Freihandelsassoziation, wird zwecks Vereinfachung der Ausdruck „Vertragsstaaten“ angewendet. Kommen lediglich die Mitglieder der Europäischen Union in Betracht, wird deren Beschreibung der Begriff der „Mitgliedsstaaten“ dienen.

§ 2. Europäische Union und ihre Osterweiterung am Beispiel Polens

I. Europäische Union

Bemüht, in Europa Frieden und Demokratie zu schaffen, damit die wirtschaftliche Zusammenarbeit zu begünstigen, haben am 25. März 1957 in Rom die sechs Mitgliedsstatten der Europäischen Gemeinschaft für Kohle und Stahl (EGKS, die am 18. April 1951 in Paris gegründet wurde): Belgien, Deutschland, Frankreich, Italien, Luxemburg und die Niederlande die Europäische Wirtschaftsgemeinschaft (EWG) und die Europäische Atomgemeinschaft (EAG, EUROATOM) gegründet. Mittlerweile - mit dem Mastrichter Vertrag von 1992 – „Europäische Union" genannt, sorgte die EWG durch ein halbes Jahrhundert für Stabilität, Frieden und Wohlstand ihrer Bürger. Angesichts der Verringerung der Bedeutung der EGKS und des spezifischen Charakters des EURATOM ist die EWG auch zum Mittelpunkt der Europäischen Gemeinschaften geworden, die wiederum die erste und wichtigste der drei Säulen der EU bilden. Dabei haben sich während der langjährigen Aktivitäten der Gemeinschaften sowohl ihr materielles Spektrum wie auch ihr geographischer Rahmen deutlich ausgeweitet. Das Ziel der Errichtung eines Binnenmarktes und - darauf aufbauend - einer Wirtschafts- und Währungsunion, ist nur einer der vielen Bereiche, in denen sich die Europäische Gemeinschaft betätigt. Die ursprüngliche Zusammenarbeit in Wirtschaftssachen wurde durch eine Reihe von Aktivitäten bereichert, die sich unmittelbar auf das Leben der EU-Bürger auswirken, wie es z.B. die Fragen der Gewährleistung von Freiheit, Sicherheit und Gerechtigkeit tun.

Die Europäische Gemeinschaft hat seit den gemeinsamen Anstrengungen der ursprünglich sechs Mitgliedsstaaten ununterbrochen ihre Erweiterung gefördert und rief die Völker Europas, die ihre Vorstellungen teilen, dazu auf, ihre Bemühungen zusammenzufassen. In Antwort darauf traten der Gemeinschaft im Jahr 1973 Dänemark, Irland und das Vereinigte Königreich, 1981 Griechenland, 1986 Spanien und Portugal und 1995 Österreich, Finnland und Schweden bei. Nach über fünfzehn Jahren der allmählichen Erweiterung erschien - und zwar mit dem Fall der Berliner Mauer im Jahr 1989 - die Idee der Osterweiterung der EU. Diese bot die historische Chance, die künstliche Teilung des europäischen Kontinents zu überwinden. Die politische und wirtschaftliche Stabilität in der EU veranlasste zahlreiche europäische Länder, die vorgesehene Möglichkeit eines Beitrittsersuchens wahrzunehmen (Art. 49 EGV), um im Jahr 2004 nach einem langen Vorbereitungs- und Verhandlungsprozess – im Rahmen der umfangreichsten Erweiterung in der Geschichte der EU - ihr letztendlich beizutreten. Unter den zehn Beitrittsländern Estland, Lettland, Litauen, Malta, Slowenien, Slowakei, Tschechien, Ungarn und Zypern befindet sich auch Polen.

II. Beitritt Polens zur Europäischen Union

Nach den drei Teilungen Polens im achtzehnten Jahrhundert und dem Verlust seiner Souveränität für einhundertdreiundzwanzig Jahre, gewann der polnische Staat 1918 seine Unabhängigkeit wieder[9]. Das politische und wirtschaftliche System wurde in der Märzverfassung von 1921, die u. a. auch den Grundsatz der liberalen Wirtschaft beinhaltete, verankert. Kurze Zeit hatte Polen die Chance seine Hoheitsgewalt frei auszuüben, dann kam der II. Weltkrieg und fast fünfzig Jahre der polnischen Volksdemokratie unter fremden Einfluss. Die Nachkriegskonstitution vom 22. Juli 1952[10] führte die Planwirtschaft und besondere Präferenzen für die staatlichen sowie volkseigenen Unternehmen und Eigentumsformen ein. Dieses Modell wurde 1988 durch das Gesetz über die wirtschaftliche Tätigkeit[11] sowie 1989 durch die Verfassungsnovelle, die den Grundsatz der Wirtschaftsfreiheit proklamierten, durchbrochen. Im Jahr 1989 unternahm das Land die ersten Gehversuche in Sachen Demokratie. Ein tief greifender Prozess der Systemtransformation ging durch das Land und Polen machte einen riesengroßen Sprung in die Zukunft. Es wurden das demokratische Staatssystem, über 200 Jahre nach der polnischen, ersten schriftlichen Verfassung in Europa[12], durch eine neue Verfassung vom 2. April 1997[13] und viele relevanten Reformen eingeführt. Die demokratische Regierung legte die Grundlagen für eine Marktwirtschaft, die dank einer effizienten Finanzpolitik ein schnelles Wachstum des Bruttosozialproduktes gewann.

Um den innerstaatlichen Gang der polnischen Demokratie anzunähern, ist seine prägnante Erörterung notwendig. Nachdem 1980 die Lebensmittelpreise in der Volksrepublik Polen erneut gestiegen sind (nach 1970 und 1976), begann die Gdansker Werft, unter der Leitung des Elektrikers *Lech Wałęsa* zu streiken. In kurzer Zeit schlossen sich dem Streik über 17.000 Gdansker Werftarbeiter an, die die Abschaffung der Parteiprivilegien, die Freilassung der politischen Gefangenen, Pressefreiheit, Streikrecht, freie Gewerkschaften, offene Diskussion über die Wirtschaftskrise und im Fernsehen übertragene katholische Messen forderten. Nach schweren Verhandlungen zwischen kämpfender Arbeiterklasse und der kommunistischen Regierung wurde Ende August 1980 das Gdansker Abkommen von *Wałęsa* und dem Zentralkomitee der Partei (PZPR - *Polska Zjednoczona Partia Robotnicza* - Polnische Vereinigte Arbeitspartei) unterzeichnet. Dieses ließ die Gründung nicht-offizieller Gewerkschaften zu, vereinbarte das Streikrecht und das Recht auf Informationsfreiheit.

Nachdem sich die Wirtschaftskrise 1981 sowie landesweite Streikwellen wieder verschärften, wurde im Dezember 1981 das Kriegsrecht eingeführt, das bis 1983 galt.

---

[9] Dekret Rady Regencyjnej z dnia 18.01.1918 r. o tymczasowej organizacji Władz Naczelnych w Królestwie Polskim, Dz.U. 1918 Nr. 1, Pos. 1; i Orędzie Rady Regencyjnej z dnia 11.11.1918 r. w przedmiocie przekazania naczelnego dowództwa wojsk polskich brygadjerowi Józefowi Piłsudskiemu, Dz.U. 1918 Nr. 17, Pos. 38.

[10] Konstytucja Polskiej Rzeczpospolitej Ludowej uchwalona przez Sejm Ustawodawczy w dniu 22.07.1952 r., Dz.U. 1952 Nr. 33, Pos. 252.

[11] Ustawa z dnia 23.12.1988 r. Prawo o działalności gospodarczej, Dz.U. 1988 Nr. 41, Pos. 324 -325. Vgl. auch das gleichnamige Gesetz vom 19.11.1999, Dz. U. 1999 Nr. 101, Pos. 1178.

[12] Die Verfassung vom 03.05.1791, Regierungsgesetz (*Ustawa rządowa*), weil Regierung das Staatssystem zu bedeuten hatte.

[13] Dz.U. 1997 Nr. 78, Pos. 483. Seit 1791 das zwölfte Verfassungsgesetz in Polen: 03.05.1791, 22.07.1807, 27.11.1815, 20.02.1919, 17.03.1921 (am 26.08.1926 novelliert), 23.04.1935, 19.02.1947, 22.07.1952 (mehrmals novelliert), 17.10.1992, 02.04.1997.

Solidarność wurde verboten, die Auslandsverschuldung hatte eine astronomische Summe von 39 Mill. US-Dollar erreicht, die gesamte Produktion wurde durch Unruhen behindert und die Löhne sanken. 1988 erkannte der General *Wojciech Jaruzelski* die Niederlage der Partei an und akzeptierte eine Machtteilung. Am 5. April 1989 wurde der Kompromiss des „*Runden Tisches*" (*Solidarność contra PZPR*) unterzeichnet und die ersten nach dem II. Weltkrieg halbwegs freien Wahlen am 4. Juni 1989 und vollständig demokratische Wahlen am 27. Oktober 1991 wurden möglich. In den ersten Wahlen 1989 gewann die *Solidarność* jeden Sitz, um den sie sich beworben hatte. Nach der Entstehung einer von ihr gebildeten Regierung hat sich die PZPR aufgelöst (Januar 1990) und in zwei sozialdemokratische Strömungen gespaltet. Die neue Regierung verkündete ein Sparprogramm, das bei weitem strenger war, als alles was das kommunistische Regime vorher je verordnet hatte[14]. Damit konnte zwar die Inflation unter Kontrolle gebracht werden, der Lebensstandard sank aber weiter und die Arbeitslosigkeit stieg an.

Obwohl der Untergang des Kommunismus in Polen den Weg für einen politischen, wirtschaftlichen und institutionellen Wandel öffnete, hinter dem ein starker Volkswille stand, war der Übergang doch kompliziert und von vielen Hindernissen gesäumt. Die Herausforderung, die es zu bewältigen galt, beschränkte sich nicht auf die Befreiung vom Erbe des Sowjetkommunismus, der über vier Jahrzehnte im Grunde alle Bereiche des staatlichen Lebens geprägt hatte, sondern beinhaltete auch die Bewältigung des institutionellen Wandels und die Übernahme neuer marktwirtschaftlicher Mechanismen. Dies verlangte gewisse Änderungen des bisherigen Denkens und Verhaltens, ferner die Aneignung einer neuen politischen und wirtschaftlichen Kultur.

Seit Juni 1989 ist Polen ein demokratischer Rechtsstaat, dessen Form als Republik mit einem präsidial-parlamentarischen Mehrparteiensystem bezeichnet wird. Das polnische Parlament besteht aus zwei Kammern, dem Sejm und dem Senat. Es wird in allgemeinen Wahlen für vier Jahre gewählt. Die Umwandlung eines sozialistischen Zentralstaates mit der zentral gesteuerten Wirtschaft zu einer demokratischen Republik, die das private Eigentum und die Wirtschaftsfreiheit achtet, verlief freilich nicht reibungslos. Nach über fünfzehn Jahren intensiver Reformen kann jedoch von einem Erfolg gesprochen werden.

In der außenpolitischen Zielsetzung der Republik Polen stand die Westorientierung mit dem Ziel der Integration in die Europäische Union und die NATO (Nordatlantikvertrag-Organisation) im Mittelpunkt des Interesses. Bereits am 19. September 1989 haben Polen und die Europäischen Gemeinschaften einen Handels- und Zusammenarbeitsvertrag abgeschlossen[15] und das Land nahm intensive Kontakte mit seinen Nachbarn auf. Seit Anfang der neunziger Jahre hat den europäischen Integrationsprozess

---

[14] Die Reformen im „Programm Balcerowicz" (Finanzminister der ersten demokratischen Regierung) waren eine „Schocktherapie" für die polnische Wirtschaft, die Anfang 1990 u. a. von einer Inflationsrate von nahezu 900 Prozent und einer ausschließlich vom Staat betriebenen veralteten Industrie geprägt war. Die drakonischen Strukturanpassungsmaßnahmen von Balcerowicz erwiesen sich als geeignet, um die notwendigen Veränderungen in Gang zu setzen.

[15] Zu diesem Abkommen wurde auch das Protokoll mit EGKS unterschrieben, Dz.U. 1990 Nr. 38, Pos. 214.

auch die Spitze der katholischen Kirche Polens - als ein wichtiger Entscheidungsträger der Gesellschaft - unterstützt. Im Jahr 1996 trat es der Organisation für Wirtschaftliche Zusammenarbeit (OECD)[16] und 1999 dem Nordatlantischen Vertrag bei[17].

Am 22. November 1990 hat die Europäische Union die Verhandlungen betreffend Assoziierung mit den damals drei so genannten Visegrád-Staaten: Polen, Tschechoslowakei und Ungarn aufgenommen. Das Ergebnis war das Europäische Assoziierungsabkommen vom 4. Juli 1991[18], das bis zum Beitritt Polens zur EU die Rechtsgrundlage seiner Beziehungen mit der Gemeinschaft darstellte. Mit diesem Abkommen sollte ein Rahmen für den politischen Dialog geschaffen, die Entwicklung der Wirtschafts- und Handelsbeziehungen zwischen den Parteien gefördert und eine Grundlage für die von der Gemeinschaft zur Verfügung gestellte technische Hilfe geschaffen werden. In wirtschaftlicher Hinsicht regelte das Abkommen den Prozess der Liberalisierung des Handels mit gewerblichen Waren mit dem Ziel, bis 2002 eine Freihandelszone zu errichten. Weniger weit reicht das Abkommen in den Bereichen der Dienstleistungs- und der Niederlassungsfreiheit, des freien Kapitalverkehrs sowie der Arbeitnehmerfreizügigkeit (Art. 37 ff.). Schließlich wurde Polen verpflichtet, seine Rechtsvorschriften an das EU-Recht anzugleichen (Art. 68 f.).

Auf der Tagung des Europäischen Rats in Kopenhagen im Jahr 1993 wurden Grundbedingungen für eine Mitgliedschaft in der EU, die sog. Kopenhagener Kriterien, aufgestellt. Diese forderten die Kandidatenländer aus Mittel- und Osteuropa auf, u. a. die institutionelle Stabilität als Garantie für Demokratie, Rechtsstaatlichkeit, Wahrung und Schutz der Menschenrechte und der Rechte von Minderheiten nachzuweisen. Darüber hinaus musste jeder Beitrittskandidat eine funktionstüchtige Marktwirtschaft aufweisen und in der Lage sein, den Marktkräften und dem Wettbewerbsdruck innerhalb des EU-Binnenmarktes standzuhalten. Um die Kriterien zu erfüllen, musste ferner die Übernahme der aus der Mitgliedschaft erwachsenden Verpflichtungen sowie ein Bekenntnis zu den Zielen der Politischen Union und der Wirtschafts- und Währungsunion (Übernahme des *acquis communautaire*) vollzogen sein, was sich als besonders schwierig erwies. Während die alten EU-Mitgliedsstaaten das Anwachsen des gemeinschaftlichen Besitzstandes gewissermaßen Schritt für Schritt innerstaatlich nachvollziehen konnten, mussten ihn die Beitrittsländer praktisch im Ganzen übernehmen und vom Beitritt an anwenden. Dabei ist für das wirksame Funktionieren des *acquis communautaire* sowie seiner Umsetzungsgesetze im Inland ihre organische Verbindung mit der übrigen Rechtsordnung unentbehrlich und – selbst in den bisherigen EU-Mitgliedsstaaten – schwer zu verwirklichen. Einer wirksamen Umsetzung ent-

[16] Am 26.11.1996 wurde bei der französischen Regierung (der Depositar für die Organisation for Economic Cooperation and Development (OECD)) der Akt über den Beitritt Polens zur OECD eingereicht.

[17] Der Nordatlantische Vertrag (North Atlantic Treaty Organisation) vom 04.04.1949 wurde in Polen zum 26.02.1999 ratifiziert, Dz.U. 1999 Nr. 13, Pos. 111.

[18] Ustawa z dnia 04.07.1992 r. o ratyfikacji Układu Europejskiego ustanawiająca stowarzyszenie między Rzeczpospolitą Polską a Wspólnotami Europejskimi i ich Państwami Członkowskimi, sporządzonego w Brukseli dnia 16.12.1991 r., Dz.U. 1992 Nr. 60, Pos. 302. Der Handelsteil dieses Abkommens ist am 01.03.1992 und das Assoziierungsabkommen selbst am 01.02.1994 in Kraft getreten.

gegenstehende Elemente mussten abgeschafft und mit europarechtskonformen Regelungen ersetzt werden.

Am 8. April 1994 reichte Polen einen offiziellen Antrag auf die Mitgliedschaft in der EU ein. Noch im selben Jahr wurde die Heranführungsstrategie entwickelt, die eine engere Kooperation mit den Kandidatenländern, eine harmonisierte Gesetzgebung und einen strukturierten institutionellen Dialog vorsah. Die vorsichtigen Terminvorhersagen sprachen von 2000 als möglichem Beitrittsjahr. Nachdem die Europäische Kommission dann im Juli 1997 ihre Gutachten über die Bewerber vorgelegt und der Europäische Rat in Luxemburg über die Verhandlungsaufnahme mit den ersten sechs Staaten (darunter Polen) am 13. Dezember 1997 beschlossen hatte, konnten in März 1998 die offiziellen Beitrittsverhandlungen beginnen. Zuvor wurden die polnischen Rechtsvorschriften überprüft, um ein entsprechendes Arbeitsprogramm aufzustellen und die Verhandlungspositionen festzulegen. Um in die Verhandlungen eintreten zu können, musste Polen - wie jeder der Beitrittskandidaten - seine Position zu jedem der 31 Kapitel des europäischen Besitzstandes verfassen und den europäischen Besitzstand beim Beitritt zur EU übernehmen, umsetzen und durchsetzen können. Im Jahr 1997 hat der polnische Ministerrat (*Rada Ministrów*) einen Rat der Europäischen Integration im Rahmen der Nationalen Integrationsstrategie (*Narodowa Strategia Integracji, NSI*) berufen[19]. Seitdem verliefen die Verhandlungen kontinuierlich von den Bestrebungen Polens gekennzeichnet, die vorgegebenen Termine und Bereiche einzuhalten, um den gemeinschaftlichen Besitzstand mit dem Tag seines Beitritts anwenden zu können.

Am 9. Oktober 2002, nachdem die Kopenhagener Kriterien erfüllt wurden, hat die Europäische Kommission empfohlen, die Verhandlungen mit Polen abzuschließen. Diese haben sich in bestimmten Bereichen als besonders schwierig und komplex erwiesen, vorwiegend aufgrund der Differenzen betreffend das Entwicklungsniveaus und der Rolle bestimmter Sektoren beider Parteien. Aber auch im Inland unterlag die Eurointegration den internen politischen Schwenkungen und wurde von einigen Gruppierungen für ihre partikularen Interessen benutzt. Dies hat den politischen Integrationsprozess jedoch nicht beeinträchtigt. Nach insgesamt vier Jahren und sechs Monaten der Verhandlungen kamen sie am 13. Dezember 2002 zum Ende. Die Verhandlungsergebnisse sind in einem Beitrittsabkommen (*Traktat akcesyjny*, ferner als BA)[20] festgehalten worden, das am 9. April 2003 durch das Europäische Parlament ratifiziert und den Mitgliedsstaaten und den Bewerberstaaten zur Ratifizierung überwiesen worden ist. Nach der feierlichen Unterzeichnung des Beitrittsabkommens auf dem Gipfel in Athen am 16. April 2003 hatten - mit Ausnahme von Zypern - alle Beitrittskandidaten ein Referendum über die Ratifizierung des Vertrags abgehalten.

---

[19] Das Programm der Nationalen Integrationsstrategie wurde durch den Ministerrat am 28.01.1997 und am 22.05.1997 durch Beschluss des Sejms angenommen.

[20] Abkommen über die Bedingungen des Beitritts der Tschechischen Republik, der Republik Estland, der Republik Zypern, der Republik Lettland, der Republik Litauen, der Republik Ungarn, der Republik Malta, der Republik Polen, der Republik Slowenien und der Slowakischen Republik und die Anpassungen der die EU begründenden Verträge, ABl. EU Nr. L 236 vom 23.09.2003; Dz.U. 2004 Nr. 90, Pos. 864-865.

Gemäß der polnischen Verfassung vom 2. April 1997 (*Ustawa Konstytucyjna*, ferner als UK, Teil III Rechtsquellen, Art. 87–91)[21] sind die Verfassung, Gesetze, ratifizierte völkerrechtliche Verträge und Rechtsverordnungen die Quellen des allgemein geltenden Rechts der Republik Polen (Art. 87 UK). Die Ratifizierung eines völkerrechtlichen Vertrags bedarf in Polen einer vertraglichen Zustimmung durch ein Gesetz, wenn er einen der folgenden Gegenstände betrifft:

> *„Frieden, Bündnisse, politische oder militärische Abkommen, Freiheiten, Rechte oder Pflichte des Staatsbürgers, die in der Verfassung bestimmt worden sind, die Mitgliedschaft der Republik Polen in internationalen Organisationen, erhebliche finanzielle Belastung des Staates, Angelegenheiten, die im Gesetz geregelt worden sind oder für die Verfassung ein Gesetz voraussetzt" (Art. 89 UK).*

Unter anderem in solchen Fällen kann in Polen auch ein landesweites Referendum durchgeführt werden (Art. 125 UK), das auch anlässlich des Beitritts Polens zur EU – als einen der bedeutungsvollsten Schritte der jungen Demokratie, dessen Folgen sich auf alle Sphären des wirtschaftlichen, politischen und gesellschaftlichen Lebens in Polen ausbreiten (vgl. Art. 89 UK), für unentbehrlich gehalten wurde. Somit wurden die polnischen Bürger in die Entscheidung über die Mitgliedschaft in der EU einbezogen und der Beitritt von dem direkten Einverständnis der Bevölkerung bedingt. Zwecks des Beitrittsreferendums wurde das Gesetz über das Landesreferendum geändert[22] und ein Beschluss des Sejms über die Anordnung des Landesreferendums betreffend das Einverständnis für die Ratifizierung des Beitrittsabkommens zur EU vom 17. April 2003 erlassen[23].

Das Referendum fand am 7./8. Juni 2003 statt und wurde – trotz einer geringen Wahlbeteiligung in Höhe von 58,85 Prozent, bei 50 Prozent die für die Gültigkeit der Abstimmung notwendig waren (Art. 125 UK) - positiv beendet. 77,45 Prozent der Wahlbeteiligten antworteten auf die Frage *„Sind Sie mit dem Beitritt der Republik Polen zur Europäischen Union einverstanden?*" - mit *„Ja*" und gaben damit dem polnischen Präsidenten das Einverständnis für die Ratifikation des Beitrittsabkommens (Art. 90 Abs. 3 und Art. 125 Abs. 3 UK i. V. m. Art. 73 Abs. 1 des Gesetzes über das Landesreferendum von 2003), die am 30. April 2004 vollzogen wurde[24].

Am 14. Oktober 2003 sind Polen und weitere Beitrittsländer gemäß entsprechenden Übereinkommen über ihre Beteiligung an dem am 2. Mai 1992 beschlossenen Europäischen Wirtschaftsraum diesem beigetreten[25]. Sowohl dieser wie auch der Beitritt zur EU sollen das Wachstum und die Beschäftigungsmöglichkeiten in der Gemein-

---

[21] Konstytucja Rzeczpospolitej Polskiej z dnia 02.04.1997 r., tzw. Konstytucja Kwietniowa, Dz.U. 1997 Nr. 78, Pos. 473; s. Anhang IV.

[22] Ustawa z dnia 14.03.2003 r. o referendum ogólnokrajowym, Dz.U. 2003 Nr. 57, Pos. 507.

[23] Uchwała Sejmu Rzeczypospolitej Polskiej z dnia 17.04.2003 r. o zarządzeniu ogólnokrajowego referendum w sprawie wyrażenia zgody na ratyfikację Traktatu dotyczącego przystąpienia Rzeczypospolitej Polskiej do Unii Europejskiej, Dz.U. 2003 Nr. 66, Pos. 613.

[24] Dz.U. 2004 Nr. 90, Pos. 864.

[25] ABl. EG Nr. L 130 vom 29.04.2004; *Jayme/Kohler*, Europäisches Kollisionsrecht 2004: Territoriale Erweiterung und methodische Rückgriffe, IPRax 2004, S. 482.

schaft in einem Rahmen gemeinsamer Werte und der beiderseitigen Achtung der Grundfreiheiten anregen und die neuen Muster im Bereich der Freizügigkeit, im Waren-, Dienstleistungs- und Kapitalverkehr die Vielfalt der Kulturen und Traditionen vermehren.

Der 1. Mai 2004 ist in die polnische Geschichte als ein Wendepunkt der nationalen Entwicklung eingegangen, als erfolgreicher Abschluss der Anstrengungen, die in vielen Jahren unternommen wurden, und als Anfang einer neuen Epoche, der Epoche nach Jalta. Die ersten Erfahrungen im Rahmen der Gemeinschaft haben nicht nur eine deutliche Verbesserung der Lage der Landwirte und Unternehmen mit sich gebracht[26]. Das Interesse westlicher Unternehmen für den polnischen Markt und Polen als Herstellungsland wie auch der Import stiegen erheblich. Aktiviert wurden auch Kontakte mit vielen Ländern, darunter mit vielen Drittstaaten, so dass das Wirtschaftswachstum (*wzrost gospodarczy*) im Jahr 2004 auf 5,3 Prozent stieg. Besonders wichtig ist hierbei die (in Umfragen ermittelte) Befürwortung der Mitgliedschaft in der EU durch die polnische Bevölkerung, die nach dem 1. Mai 2004 auf 77 Prozent der gesamten Bevölkerung stieg (alleine unter den Landwirten ist diese von 20 Prozent im Jahr 2004 auf 72 Prozent im April 2005 gestiegen)[27].

Eine Verschlechterung nach dem Beitritt zur EU merkten vor allem Arbeitslose und Pensionierte. Von einer deutlichen Preiserhöhung wurden allerdings alle Bürger getroffen. Weitere Anstrengungen verlangen u. a. die Bekämpfung von Korruption, Betrug und Wirtschaftskriminalität sowie die Stärkung des gesetzlichen Rahmens für die Gleichstellung von Mann und Frau, vor allem jedoch das Verwaltungssystem und die Justiz, deren manifeste Krise ein politischer Dauerbrenner bereits auf dem Weg Polens in die EU gewesen ist. Das größte Problem des polnischen Justizwesens ist dabei die Überlastung der Gerichte und die damit verbundene Überlänge von Gerichtsverfahren, die u. a. auf die fortdauernde personelle und materielle Misere an den Gerichten, das erhöhte Gesetzesaufkommen, ein Anwachsen der Gerichtszuständigkeiten und eine größere Klagefreudigkeit in der Bevölkerung zurückzuführen sind. Jedes Jahr kommt es zu zahlreichen Verurteilungen Polens vor dem Europäischen Gerichtshof für Menschenrechte (EMRG)[28] in Straßburg. Um der Krise entgegenzuwirken, wurden zwar - noch vor dem Beitritt – ein neues Gerichtsverfassungsgesetz[29] und einige andere Gesetze erlassen, mehrere Maßnahmeprogramme vorgeschlagen, demzufolge die Richterstellen geringfügig erhöht und die Aus- und Weiterbildung von Richtern im Europa- und Völkerrecht verstärkt. Dennoch erfordert die mit der EU-Mitgliedschaft und daraus folgender Steigerung von internationalen Transaktionen verbundene Zunahme der Rechtsstreitigkeiten mit Auslandsberührung, die durch polnische Gerichte entschieden werden sollen, viel intensivere Arbeiten an der Transparenz und Effizienz der polnischen Justiz, an der Ausbildung der Richter und Struktur des Gerichtswesens.

---

[26] Regierungsbericht vom 27.04.2005, Biblioteka Uniwersytecka UKIE (Urząd Komitetu Integracji Europejskiej).

[27] *Ibidem*.

[28] Vgl. die Klage von *Sienkiewicz*, http://www.ms.gov.pl/re/sienkiewicz.doc vom 30.05.2006.

[29] Ustawa z dnia 27.07.2001 r. - Prawo o ustroju sądów powszechnych, Dz. U. 2001 Nr. 98, Pos. 1070 m. s. Ä.

§ 3. Europäisches Zivilprozessrecht und seine Maßnahmen

I. Europäisierung des Zivilprozessrechts

Die aus der allmählichen Erweiterung der EU folgende Zunahme von Rechtsstreitigkeiten mit internationalen Elementen forderte die Gemeinschaft, einen entsprechenden Rechtsschutz für die Beteiligten des europäischen Wirtschaftsverkehrs zu verschaffen, das diesem Personenkreis einen gleichwertigen Zugang zu einem Justizwesen gewährleistet, der hohe Qualitätsnormen erfüllt und dessen Strukturen keine Beeinträchtigung der Parteirechte durch die nationalen Unterschiede zulässt. Um dies zu erreichen, wurden durch die Gemeinschaft seit den 60er Jahren Bemühungen und diverse Initiativen unternommen, hierzu einen rechtlichen Rahmen und mit der Zeit auch einen einheitlichen europäischen Rechtsraum zu gestalten. Die größte Rolle im Entstehungsprozess dieses Rechtsraums und zwar als Instrument der Durchsetzung wirtschaftlicher Interessen auf dem rechtlichen Weg, spielt das internationale Zivilprozessrecht, dessen europaweite Vereinheitlichung ein effizientes Funktionieren des Binnenmarkts sicherstellen kann.

Eine rechtliche Grundlage zur Verwirklichung des einheitlichen europäischen Rechtsraums u. a. in Form von Intensivierung der justiziellen Zusammenarbeit in Zivilsachen zwischen den Mitgliedsstaaten bildete ursprünglich Art. 220 Satz 4 (heute Art. 293 EGV) des Vertrags zur Gründung der Europäischen Wirtschaftsgemeinschaft vom 25. März 1957 (EWGV)[30], aufgrund dessen das EuGVÜ entstehen konnte und der als Basis dessen gilt, was heute als Europäische Zivilprozessrecht zu verstehen ist[31]. Nach der Einheitlichen Europäischen Akte (EEA) vom 17. Februar 1986[32] und der Verwirklichung des Konzeptes einer EU ohne Binnengrenzen (Art. 14 Abs. 2 EGV nach EEA) galt es auch formell, einen europäischen Rechtsraum zu schaffen und mit dem Vertrag von Maastricht vom 7. Februar 1992[33] wurde die justizielle Zusammenarbeit in Zivilsachen als Angelegenheit von gemeinsamem Interesse der EU-Mitgliedsstaaten in die „dritte Säule" der intergouvernementalen Zusammenarbeit aufgenommen (vgl. Art. K 1 Nr. 6 und Art. K 3). Die auf dem Wege erzielte Ausweitung derartigen Kooperation war eine Reaktion auf die drängenden Probleme der schwergängigen, grenzüberschreitenden Rechtsdurchsetzung im Binnenmarkt, die durch die autonomen Prozessrechte der EU-Mitgliedsstaaten nicht mehr zu bewältigen waren.

Wesentlich verstärkt wurde jedoch die Angleichung des Prozessrechts auf der europäischen Ebene erst durch den Amsterdamer Vertrag vom 2. Oktober 1997[34], der die justizielle Zusammenarbeit in die „erste Säule" der EU überführt und konkretisiert

---

[30] EWGV, auch als EG-Vertrag (EGV) oder zusammen mit dem Vertrag zur Gründung der Europäischen Atomgemeinschaft (EURATOM) vom 25.03.1957 als Römische Verträge bezeichnet.

[31] *Schlosser*, EU-Zivilprozessrecht, Kommentar EuGVVO, EuEheVO, EuBVO, EuZVO, 2. Aufl. München 2003, Einleitung (Einl.). Rn 2; *Koch*, Einführung in das europäische Zivilprozessrecht, Juristische Schulung (JuS) 2003, S. 106.

[32] ABl. EG Nr. L 169 vom 29.06.1987 (Inkrafttreten 01.07.1987).

[33] Vertrag über die EU, ABl. EG Nr. C 191 vom 29.7.1992 (Inkrafttreten am 01.11.1993).

[34] ABl. EG Nr. C 340 vom 10.11.1997.

hat[35]. Auf diesem Wege erhielt die Europäische Gemeinschaft eine eigene Rechtssetzungskompetenz zur Angleichung der Privat- und Verfahrensrechte ihrer Mitglieder, so dass der Rat Rechtsakte zur *„Verbesserung und Vereinfachung: des Systems für die grenzüberschreitende Zustellung gerichtlicher und außergerichtlicher Schriftstücke, der Zusammenarbeit bei der Erhebung von Beweismitteln, der Anerkennung und Vollstreckung gerichtlicher und außergerichtlicher Entscheidungen in Zivil- und Handelssachen*" (lit. a) sowie zur *„Förderung der Vereinbarkeit der in den Mitgliedsstaaten geltenden Kollisionsnormen und Vorschriften zur Vermeidung von Kompetenzkonflikten*" (lit. b) erlassen und letztendlich Maßnahmen zur *„Beseitigung der Hindernisse für eine reibungslose Abwicklung von Zivilverfahren*" (lit. c) treffen kann.

Ohne lange zu zögern, hat die EG schon wenige Monate nach dem Inkrafttreten des Amsterdamer Vertrags am 1. Mai 1999, gestützt auf die erstmalige Rechtssetzungskompetenz, mehrere Maßnahmen getroffen, die dem Europäischen Justizraum eine solide Grundlage und dem internationalen Zivilprozessrecht ein neues Gesicht gegeben haben. Und so haben auf ihrem Sondergipfel in Tampere am 15./16. Oktober 1999 die Staats- und Regierungschefs den allmählichen Aufbau eines „Raums der Freiheit, der Sicherheit und des Rechts" beschlossen (Art. 61 EGV), und am 30. November 2000 ein sehr detailliertes Maßnahmenprogramm zur Umsetzung des Grundsatzes der gegenseitigen Anerkennung gerichtlicher Entscheidungen in Zivil- und Handelssachen mit konkreten Vollzugfristen (sog. Tampere-Programm) aufgestellt[36]. In diesem Programm vorgesehene Maßnahmen sollten den EU-Bürgern ermöglichen – trotz Unvereinbarkeit oder Komplexität der Rechtsordnungen und der Verwaltungssysteme in den EU-Mitgliedsstaaten – sich in jedem anderen Mitgliedstaat genauso einfach wie in ihrem eigenen Staat an die Gerichte und Behörden wenden und Ansprüche durchsetzen zu können. Im Einzelnen sollte im Rahmen dieses Programms das Vollstreckbarerklärungsverfahren für unbestrittene Forderungen abgeschafft, der einstweilige Rechtsschutz, das Mahnverfahren, die prozessualen Fristen und das Beweisrecht gemeinschaftsrechtlich angeglichen werden[37].

Mit dem Vertrag von Nizza vom 26. Februar 2001[38] wurde die Kompetenz der EU hinsichtlich des Zivilprozessrechts weiterhin intensiviert. Erhebliche Änderungen im Bereich der Justiz und Inneres, um die Errichtung des Raums der Freiheit, der Sicherheit und des Rechts weiterhin zu erleichtern und zu verbessern, wird der Vertrag über eine Verfassung der Europäischen Union von 29. Oktober 2004 mit sich bringen können[39], der diese Bereiche der Gemeinschaftsmethode unterwerfen wird. Geregelt in dem dritten Abschnitt in Art. III-170 (Art. 65 EGV) sind in Fragen der justiziellen Zusammenarbeit folgende Bestimmungen vorgesehen:

---

[35] *Hess*, NJW 2000, S. 23 f.

[36] ABl. EG Nr. C 12, S. 1 ff. vom 15.01.2001.

[37] S. auch die Schlussfolgerungen der Tagung und des sog. „Wiener Plans" vom 03.12.1998, ABl. EG vom 23.01.1999; S. 1; *Koch*, a. a. O., S. 107.

[38] ABl. EG Nr. C 80 vom 10.03.2001 (Inkrafttreten am 01.02.2003).

[39] Die Verfassung der EU tritt erst in Kraft, wenn sie von allen Mitgliedsstaaten ratifiziert wird, ABl. C 310 vom 16.12.2004; näheres: http://europa.eu.int/constitution vom 07.07.2005.

„1. Die Union entwickelt eine justizielle Zusammenarbeit in Zivilsachen mit grenzüberschreitenden Bezügen, die auf dem Grundsatz der gegenseitigen Anerkennung gerichtlicher und außergerichtlicher Entscheidungen beruht. Diese Zusammenarbeit kann den Erlass von Maßnahmen zur Angleichung der Rechts- und Verwaltungsvorschriften der Mitgliedsstaaten umfassen.
2. Zu diesem Zweck werden, insbesondere wenn dies für das reibungslose Funktionieren des Binnenmarkts erforderlich ist, durch Europäische Gesetze oder Rahmengesetze Maßnahmen festgelegt, die Folgendes sicherstellen sollen:
a. die gegenseitige Anerkennung und die Vollstreckung gerichtlicher und außergerichtlicher Entscheidungen zwischen den Mitgliedsstaaten,
b. die grenzüberschreitende Zustellung gerichtlicher und außergerichtlicher Schriftstücke,
c. die Vereinbarkeit der in den Mitgliedsstaaten geltenden Kollisionsnormen und Vorschriften zur Vermeidung von Kompetenzkonflikten,
d. die Zusammenarbeit bei der Erhebung von Beweismitteln,
e. einen effektiven Zugang zum Recht,
f. die Beseitigung von Hindernissen für die reibungslose Abwicklung von Zivilverfahren, erforderlichenfalls durch Förderung der Vereinbarkeit der in den Mitgliedsstaaten geltenden zivilrechtlichen Verfahrensvorschriften,
g. die Entwicklung von alternativen Methoden für die Beilegung von Streitigkeiten,
h. Unterstützung bei der Weiterbildung von Richtern und Justizbediensteten.
3. Abweichend von Absatz 2 werden Maßnahmen zum Familienrecht mit grenzüberschreitenden Bezügen durch ein Europäisches Gesetz oder Rahmengesetz des Rates festgelegt. Dieser beschließt einstimmig nach Anhörung des Europäischen Parlaments. Der Rat kann auf Vorschlag der Kommission einen Europäischen Beschluss erlassen, durch den die Aspekte des Familienrechts mit grenzüberschreitenden Bezügen bestimmt werden, die Gegenstand von Rechtsakten sein können, welche nach dem ordentlichen Gesetzgebungsverfahren erlassen werden. Der Rat beschließt einstimmig nach Anhörung des Europäischen Parlaments."

Mit dem Inkrafttreten des Verfassungsvertrags würde es künftig nur noch eine Europäische Union geben, in der die "Europäischen Gemeinschaften" und die "Europäische Union" aufgehen; die drei "Pfeiler" würden zusammengefasst, obwohl besondere Verfahren im Bereich der Außen-, Sicherheits- und Verteidigungspolitik beibehalten würden. Die verschiedenen Verträge, die im Laufe der Zeit geschlossen wurden und auf die sich die EU gründet (der EU- und der EG-Vertrag sowie alle Verträge zu ihrer Änderung und Ergänzung) würden durch den Verfassungsvertrag ersetzt. Darüber hinaus würden die Aufnahme der Grundrechtcharta in den Verfassungsvertrag (Teil II der Verfassung, Art. 61 ff.) und der Beitritt zur Europäischen Konvention zum Schutze der Menschenrechte und Grundfreiheiten vom 4. November 1950 (EMRK)[40] bewirken können, dass die Union einschließlich ihrer Organe rechtlich verpflichtet sein wird, sicherzustellen, dass die Grundrechte in all ihren Tätigkeitsbereichen nicht nur gewahrt, sondern auch gezielt gefördert werden. So hat auch die polnische Mitgliedschaft an der

[40] Konvention Nr. 5 des Europarats.

EMRK seit 1993[41] hat – angesichts der manifesten Justizkrise im Inland – seinen Bürgern die Möglichkeit gegeben, noch lange bevor Polen Mitglied der EU geworden ist, gegen die prozessualen Verstöße auf der nationalen Ebene vor dem EGMR zu klagen und dort ihre Ansprüche auf ein faires Verfahren gemäß Art. 6 EMRK geltend zu machen (vgl. auch Art. 38-56 UK).

Fünf Jahre nach der Tagung in Tampere und nur wenige Tage nach der Unterzeichnung des Verfassungsvertrags in Rom, hat am 4./5. November 2004 in Brüssel die Tagung des Europäischen Rates stattgefunden. Neben der Vorbereitung der Halbzeitüberprüfung der Lissabonner Strategie wurde dort das sog. Haager-Programm zur Stärkung von Freiheit, Sicherheit und Recht angenommen, das - übereinstimmend mit den Zielen des Verfassungsvertrags – u. a. dazu beitragen soll, die Union auf das Inkrafttreten dieses Vertrags vorzubereiten. Darüber hinaus, nachdem die Umsetzung des Tampere-Programms die Unionspolitik im Bereich Justiz und Inneres fortentwickelt und das Terrain für eine auf dem Grundsatz der gegenseitigen Anerkennung gerichtlicher Entscheidungen beruhende justizielle Zusammenarbeit weitgehend vorbereitet wurde, sollen weitere Anstrengungen unternommen werden, *„um den Zugang zur Justiz, die justizielle Zusammenarbeit sowie die umfassende Inanspruchnahme der gegenseitigen Anerkennung zu erleichtern“*[42]. Bis zum Jahr 2011 soll erreicht werden, dass die Grenzen zwischen den europäischen Mitgliedsstaaten kein Hindernis mehr für die Beilegung zivilrechtlicher Streitigkeiten oder die Erhebung zivilrechtlicher Klagen und die Vollstreckung zivilrechtlicher Entscheidungen darstellen. Bis zu diesem Zeitpunkt soll auch die Kohärenz zwischen der EU-Rechtsordnung und der internationalen Rechtsordnung gewährleistet, ferner engere Beziehungen zu internationalen Organisationen (z.B. zur Haager Konferenz für internationales Privatrecht) und solche Zusammenarbeit mit diesen begründet werden. Für die uneingeschränkte Umsetzung des Grundsatzes der gegenseitigen Anerkennung wiederum *„muss - unter uneingeschränkter Achtung der Unabhängigkeit der Justiz – ein System zur objektiven und unparteiischen Evaluierung der Umsetzung der justizpolitischen Maßnahmen der EU geschaffen werden, das mit allen bestehenden europäischen Mechanismen im Einklang steht. In diesem Zusammenhang sollte die Vernetzung der Justiz und ihrer Einrichtungen wie z.B. das Netz der Räte für das Justizwesen, das Europäische Netz der obersten Gerichtshöfe und das Europäische Justiz-Ausbildungsnetz, von der Union unterstützt werden“*[43].

Gesamthaft betrachtet kann also ein erheblicher Trend zur Konvergenz des Zivilprozessrechts auf europäischer Ebene festgestellt werden. Daraus folgendes einmaliges Rechtsgebiet des Europäischen Zivilprozessrechts, das durch Art. 220 EWGV ins Leben berufen und durch sämtliche Rechtsakte europäischer Herkunft allmählich erfüllt wurde, hat seinen festen Platz in der gemeinschaftlicher Gesetzgebung und Praxis ge-

---

[41] Polen hat die EMRK am 26.11.1991 unterzeichnet und am 19.01.1993 ratifiziert, Dz.U. 1993 Nr. 61, Pos. 61, 284 und Dz.U. 1998 Nr. 147, Pos. 962.

[42] Tagung des Europäischen Rates in Brüssel am 4./5.11.2004; Schlussfolgerungen vom 05.11.2004, Nr. 14292/1/04 REV 1, s. http://ue.eu.int/ueDocs/cms_Data/docs/pressData/de/ec/82542.pdf vom 09.07.2005.

[43] *Ibidem.*

funden, und die nationalen Verfahrensrechte weitgehend verdrängt. Die Form derartigen Rechtakte wird durch Art. 249 EGV bestimmt (Verordnungen, Richtlinien, Entscheidungen, Empfehlungen oder Stellungnahmen) und ihre Geltung auf den Raum der Gemeinschaft beschränkt[44]. Dabei ist die Europäisierung des Zivilprozessrechts nicht nur in räumlicher, sondern auch in sachlicher Hinsicht eine beschränkte: Die bisherigen Vereinheitlichungsbemühungen haben insbesondere folgende Aspekte des Zivilprozessrechts betroffen: die gerichtliche Zuständigkeit, die Zustellung und Beweisaufnahme, die Anerkennung und Vollstreckung von Entscheidungen sowie die Prozesskostenhilfe, welche für das reibungslose Funktionieren des Binnenmarktes von größter Bedeutung sind.

Neben den Römischen Verträgen einen großen Einfluss auf die Entwicklung des EuZPR die Konvention zum Schutze der Menschenrechte und Grundfreiheiten, die sich als *Magna Charta* des Europäischen Prozessrechts erwiesen hat. Vor allem Art. 6 EMRK, der für das Zivilprozessrecht u. a. das Recht auf einen unabhängigen, unparteiischen gesetzlichen Richter; auf eine öffentliche Verhandlung und rechtliches Gehör; das Recht auf ein Urteil in angemessener Frist sowie seine öffentliche Verkündung garantiert, sorgt für den gleichen und vorausberechenbaren Ablauf der Gerichtsverfahren. Im Jahr 1992 wurden diesen Ansprüchen u. a. auch folgende zugefügt: das Recht auf ein faires Verfahren, in dem die Parteien nicht Objekte, sondern Subjekte sind und das zügig und schnell ist; den wirtschaftlich schwächeren Parteien wurde das Recht auf unentgeltliche Rechtspflege eingeräumt; das *Right to notice* als Vorbedingung des Rechts auf rechtliches Gehör sowie das Recht auf den Beweis und auf den vorsorglichen Rechtsschutz. Auch die Diskriminierungsverbote des EG-Vertrags (vgl. Art. 12 EGV) erzwangen u. a. eine Aufgabe des prozessualen Fremdenrechts. In dieser Phase löste sich das EuZPR von den autonomen Prozessrechten der EU-Mitgliedsstaaten ab und es kam zur Herausbildung des Binnenmarktsprozesses als eigenständigen Verfahrenstyp.

Die Beschleunigung der Vereinheitlichung der verfahrensrechtlichen Regeln nach europäischen Maßstäben, die im Rahmen der Umsetzung des Tampere-Programms eine bisher ungewöhnliche Geschwindigkeit erreichte - hat zum „Zerfall" des Zivilprozessrechts in drei Teile geführt[45]. Innerhalb dieser Dreiteilung existieren zunächst die Regelungen der Fälle, die sich lediglich auf das Inland beziehen, dann diese, die die verfahrensrechtlichen Fragen für grenzüberschreitende Verhältnisse im europäischen Binnenmarkt regeln und letztendlich solche, die die Fälle mit einer Auslandsberührung außerhalb der EU zum Gegenstand haben[46]. Wie konstant diese Dreiteilung ist und welche Entwicklungsrichtung die verfahrensrechtliche Problematik gewinnen wird, ist abzuwarten. Dabei wird sich voraussichtlich kaum einer der EU-Mitgliedsstaaten *„auf Dauer leisten können und wollen, neben den harmonisierten Regelungen für grenzüberschreitende Fälle und den stetig zunehmenden teilharmonisierten Vorschriften über einzelne Verfahrensarten oder Streitgegenstände ein ausdifferenziertes*

[44] *Koch*, a. a. O., S. 105 f.
[45] *Stadler*, a. a. O., S. 3.
[46] *Ibidem.*

autonomes Prozessrecht für reine Inlandsfälle zu pflegen", vor allem deshalb, weil diese Rechtssplitterung die Rechtsunterworfenen über Gebühr belastet. Um dieser Belastung entgegenzukommen wird von der Europäischen Kommission angestrebt, die sog. „*Dualität der Systeme*" mittelfristig zu beseitigen, auch deshalb, weil diese dem Ziel eines einheitlichen Raums des Rechts für alle zuwiderläuft und das Risiko von Diskriminierung mit sich bringt. Dies soll durch eine weitgehende Angleichung der technischen Verfahrensvorschriften und eine damit einhergehende Standardisierung der Prozesshandlungen erreicht werden. Unabdingbar ist daher eine Präzisierung der prozessualen Mindeststandards in einem vorgängigen Gemeinschaftsakt, wonach auch die geplante Richtlinie zur prozessualen Mindeststandards im europäischen Zivilverfahren strebt.

Eine andere Frage ist, ob und wie die Gefahren, die die dynamische Entwicklung des EuZPR in den Jahren nach Tampere begleiten, und die in erster Linie in der beabsichtigten Aufgabe jeder Kontrolle bei Anerkennung und Vollstreckung von ausländischen Entscheidungen, damit in der Senkung des Beklagtenschutzes liegen, beseitigt werden können. Besonders schwierig erscheint dies in den neuen EU-Mitgliedern, z.B. in Polen, dessen Justizstruktur und damit der Rechtsschutz des Beklagten noch vor der Abschaffung des Exequaturverfahrens viel zu wünschen lässt.

Im Rahmen der Europäisierung ist ferner die Frage umstritten, ob die Ermächtigungsgrundlage für die Normierungen im Bereich des Zivilprozessrechts lediglich Art. 61 ff. EGV oder auch Art. 95 EGV, der der Rechtsvereinheitlichung im Binnenmarkt gewidmet ist, bilden kann[47]. Die Präsenz dieser Frage verdeutlicht die Regelung des Art. 69 EGV, wonach alle Rechtsakte, die sich auf Art. 61 lit. c und Art. 65 EGV stützen, kraft der Protokolle zum Amsterdamer Vertrag über die Position der folgenden Staaten nicht für Dänemark, Irland und das Vereinigte Königreich gelten[48]. Diesen Staaten wurden nämlich auf dem Gebiet der justiziellen Zusammenarbeit in Zivilsachen Sonderpositionen im Sinne eines *opting out* zugestanden. Und während Irland und das Vereinigte Königreich an der Zusammenarbeit in Zivilsachen grundsätzlich nicht teilnehmen, jedoch berechtigt sind, in einzelnen Fällen an bestimmten Rechtsinstrumenten teilzunehmen (sog. *opting in*), ist Dänemark grundsätzlich an allen neuen gemeinschaftlichen Instrumenten nicht beteiligt, und müsste auf seinen Sonderstatus verzichten, um an allen diesen teilzunehmen. Derartige Konstellation verursacht, dass die Europäisierung der Prozessrechte auch in dieser Dimension keine vollkommen einheitliche ist, die erwähnte Rechtszersplitterung also begünstigt. Um diesem Zustand entgegen zu wirken, griff der Rat der Europäischen Gemeinschaft nach sog. Als- ob-Konstruktionen, was in den folgenden Unterpunkten näher erörtert wird.

Mit der Osterweiterung wurde der weitgehend vereinheitlichte Raum der Freiheit, der Sicherheit und des Rechts auf die neuen Mitgliedsstaaten ausgeweitet. Dabei lassen die Komplexität des Systems des europäischen Zivilprozessrechts einerseits und die Justizstrukturen, die Vielfältigkeit der Rechts- und Rechtsschutzsysteme der Bei-

[47] *Hess*, a. a. O., S. 28; *Kohler*, Der europäische Justizraum für Zivilsachen und das Gemeinschaftskollisionsrecht, IPRax 2003, S. 401 ff.
[48] Kritisch zu dieser Problematik *Schack*, a. a. O., Rn 106 b; *Koch*, a. a. O., S. 107.

trittsländer sowie ihre – bis auf wenige Ausnahmen - Unerfahrenheit in Fragen der europäischen Verfahrensstandards anderseits vermuten, dass die Anwendung der ganzen Palette von Rechtsakten der Gemeinschaft in diesen Ländern nicht ohne Probleme verlaufen wird[49]. Viele Anstrengungen der EU sollen sich daher *„auf die Bewältigung der Erweiterung"*[50] und die Vertiefung des wechselseitigen Vertrauens, sowie - auf dieser Basis - der gegenseitigen Anerkennung konzentrieren. Um eventuellen Problemen entgegenwirken zu können, wurde in Art. 39 BA eine Schutzklausel vorgesehen, die der Europäischen Kommission die Möglichkeit gibt, u. a. angesichts *„ernster Mängeln oder Gefahr ernster Mängel"* bei Anwendung von Verordnungen, die den Grundsatz der gegenseitigen Anerkennung in zivilrechtlichen Angelegenheiten zu erfüllen haben, angemessene Maßnahmen zu treffen[51].

II. EuGVÜ, LugÜ und EuGVO

1. Grundlagen

Das Wirtschaftsleben in der EU kann – wie bereits erwähnt - nur dann unproblematisch verlaufen, wenn die Ansprüche, die sich aus den vielfältigen internationalen Rechtsbeziehungen ergeben, auch rechtlich festgestellt und durchgesetzt werden können[52], wenn sich darüber hinaus jeder Bürger und jedes Unternehmen an die Gerichte eines anderen Mitgliedsstaats genauso einfach wenden kann wie im Herkunftsstaat. In dem Bestreben, eine hierzu notwendige einheitliche und unkomplizierte Regelung herzustellen; um innerhalb der Gemeinschaft den Rechtsschutz der dort ansässigen Personen zu verstärken und hierfür die internationale Zuständigkeit ihrer Gerichte festzulegen, die Förmlichkeiten der gegenseitigen Anerkennung zu erleichtern und um die Vollstreckung von ausländischen Urteilen zu beschleunigen und sicherzustellen, wurden sämtliche Dokumente unterzeichnet, die der Rechtsangleichung in Europa gewisse Systematik und Struktur gewährleisten. Daneben haben viele – vor allem östliche – Länder eine ganze Reihe von bilateralen Staatsverträgen abgeschlossen, in denen die verfahrensrechtlichen Fragen in den Verhältnissen mit konkreten Ländern geregelt werden. Demzufolge entstand eine Regelungsvielfalt verschiedener Herkunft, die nur unter Umständen die für die internationale Zuständigkeit, die Anerkennung und Vollstreckung maßgebenden Regeln ermitteln lässt.

Davon ist an erster Stelle das mehrmals erwähnte Brüsseler Übereinkommen (EuGVÜ) zu nennen, das mangels einer Rechtssetzungszuständigkeit der EWG als *„selbständiger völkerrechtlicher Vertrag zwischen den ursprünglichen Mitgliedsstaaten vereinbart"* worden ist[53], so dass es nur im Wege oft mühsamer Verhandlungs- und

---

[49] *Hess*, Die intertemporale Anwendung des europäischen Zivilprozessrechts in den EU-Beitrittsstaaten, IPRax 2004, S. 376; *Jayme/Kohler*, IPRax 2004, S. 481.
[50] *Jayme/Kohler*, a. a. O., S. 493.
[51] ABl. EG Nr. L 236 vom 23.09.2003, S. 985; *Jayme/Kohler*, a. a. O., S. 482.
[52] Vgl. Note der Kommission der Europäischen Wirtschaftsgemeinschaft vom 22.10.1959; *Kropholler*, Europäisches Zivilprozessrecht, Kommentar zu EuGVO und Lugano-Abkommen, 7. Aufl. Heidelberg 2002, Einl. Rn 7.
[53] *Koch*, a. a. O., S. 106.

Ratifikationsverfahren geändert oder auf zusätzliche Staaten ausgedehnt werden konnte[54]. Dabei konnten es, als ein „geschlossenes" Übereinkommen, lediglich die EU-Mitgliedsstaaten ratifizieren. Um die Ratifikationsprobleme sowie solche mit der temporären Anwendung verschiedener Fassungen des EuGVÜ zu beseitigen, und dabei einige inhaltliche Neuerungen einführen, hat sich der Gemeinschaftsgesetzgeber - auf Grund der EU-Kompetenz aus Art. 65 EGV - für den Wechsel der Regelungsform des EuGVÜ von der staatsvertraglichen Rechtsquelle zur Verordnungsform und damit Überführung seiner Inhalte zum europäischen Sekundärrecht (Art. 249 Abs. 2 EGV) entschieden. Demzufolge ist das EuGVÜ, nach über dreißigjähriger Geltung und enormer Förderung des europäischen Integrationsprozesses auf verfahrensrechtliche Ebene, zum 1. März 2002 durch die Verordnung (EG) des Rates Nr. 44/2001 (EuGVO) ersetzt (Art. 68 Abs. 1 und Art. 76 Abs. 1 EuGVO) und zum 1. Mai 2004 als Teil des *acquis communautaire* auch für die neuen EU-Mitgliedsstaaten verbindlich geworden (Art. 2 BA). Ferner gelten die Verweise auf das EuGVÜ als Verweise auf die EuGVO, soweit die Verordnung die Bestimmungen des EuGVÜ zwischen den Mitgliedsstaaten ersetzt (Art. 68 Abs. 2 EuGVO). Durch ihre unmittelbare Geltung in den Verhältnissen zwischen den Mitgliedsstaaten wurde mehr Transparenz geschaffen und die aufwändigen und oft zu großen Verzögerungen führenden Ratifikations- und Revisionsverfahren überflüssig. Die aktuellen Novellierungen der Verordnung, die in allen Mitgliedsstaaten den Vorrang gegenüber dem nationalen Recht genießt, treten gleichzeitig in Kraft, womit die durch nationale Umsetzungsakte bedingten Abweichungen wegfallen.

Das in dem EuGVÜ gegründete System der internationalen Zuständigkeiten, der Anerkennung und Vollstreckung gerichtlicher Entscheidungen wurde in der EuGVO generell beibehalten, so dass die Auslegung des EuGVÜ durch die Rechtsprechung und Rechtswissenschaft zum großen Teil auch für die Auslegung der EuGVO herangezogen werden kann[55]. Die EuGVO wurde u. a. geschaffen, um die Lücken der bisherigen Regelungen dieser Rechtsinstitute, die bei der Anwendung des EuGVÜ aufgetreten sind, zu beseitigen. Die Revision einzelner Bestimmungen des EuGVÜ, gezielt auf die Straffung, Beschleunigung und Vereinfachung des Vollstreckbarerklärungsverfahrens, ist dabei als Übergangsstufe zur vollständigen Abschaffung dieses Verfahrens gedacht gewesen. Der sachliche Schwerpunkt der Revision betrifft den Erfüllungsgerichtsstand (Art. 5 Nr. 1 EuGVO), den Deliktsgerichtsstand (Art. 5 Nr. 3 EuGVO) und die Verbrauchersachen (Art. 13 ff. EuGVO), insbesondere Internet-Geschäfte (Art. 15 Abs. 1 lit. c EuGVO). Einige sprachliche Ungereimtheiten wurden beseitigt. Der sachliche und persönliche Anwendungsbereich bleibt dabei gleich und erstreckt - wie das EuGVÜ) und von einigen genau festgelegten Rechtsgebieten abgesehen - auf den wesentlichen Teil des Zivil- und Handelsrechts. Dabei wurden einige Fragen, die unter Geltung des EuGVÜ dem Recht des Vollstreckungsstaats überlassen waren, direkt durch die Verordnung geregelt.

---

[54] *Kropholler*, a. a. O., Einl. Rn 6 ff.

[55] *Staudinger* in *Rauscher* (Hrsg.), Europäisches Zivilprozessrecht Kommentar, München 2004, Einl. Brüssel I-VO Rn 35.

Die Inhalte des EuGVÜ sind auch auf die Mitgliedsstaaten der Europäischen Freihandelsassoziation (EFTA - *European Free Trade Association*) und zwar mit dem genannten Lugano-Übereinkommen (LugÜ) vom 16. September 1988 ausgeweitet worden, um diese in das System des europäischen Rechts einzugliedern[56]. Das Interesse der EFTA-Staaten für die grundsätzliche Übernahme dieser Inhalte hat es ermöglicht, *„die verwirrende Vielfalt jeweiliger bilateraler Anerkennungs- und Vollstreckungsverträge abzulösen“*[57]. Wie das EuGVÜ, bedarf auch das LugÜ zu seinem Inkrafttreten der Ratifikation durch die Unterzeichnerstaaten (Art. 61 Abs. 2 Nr. 1). Die Bedeutung des LugÜ liegt darin, dass die Errungenschaften des EuGVÜ – eine einheitliche Zuständigkeitsordnung und ein erleichtertes und beschleunigtes Anerkennungs- und Vollstreckungsverfahren - auf einen erweiterten europäischen Raum ausgedehnt wurden. Die EU- und die EFTA-Staaten bilden zusammen einen mächtigen Wirtschaftsraum, der von Zöllen und mengenmäßigen Warenbeschränkungen weitgehend frei ist. Die zwischen den beiden europäischen Staatengruppen bestehende enge wirtschaftliche Zusammenarbeit wird daher durch die im LugÜ enthaltene verfahrensrechtliche Harmonisierung sinnvoll ergänzt und gestützt.

Das EuGVÜ, die EuGVO sowie das LugÜ basieren auf dem fundamentalen Grundsatz gegenseitigen Vertrauens auf das Gerechtigkeitsempfinden der anderen Parteien. Sie enthalten beinahe gleich lautende Bestimmungen und haben auf den Kerngebieten des internationalen Zivilprozessrechts große Erfolge erreicht. Vor allem der Erfolg des EuGVÜ beruht im Wesentlichen auf folgende Punkte:

1) Schaffung einer europäischen Zuständigkeitsordnung,
2) Grundsätzlicher Verzicht auf die Nachprüfung der internationalen Zuständigkeit im Stadium der Anerkennung und Vollstreckbarerklärung,
3) Eindeutige Absage an jede Art von Staatsangehörigkeitszuständigkeit,
4) Auslegungskompetenz des EuGH.

Vor allem die Schaffung einer europäischen Zuständigkeitsordnung - neben den Vorschriften über die Anerkennung und Vollstreckung (sog. *convention double*)[58], - die der Rechtsgrundlage des EuGVÜ und seinem Ziel, den Rechtsschutz innerhalb der Gemeinschaft zu verstärken, folgt, unterscheidet dieses Übereinkommen und seine Nachfolger von den traditionellen Vollstreckungsverträgen. Damit können das EuGVÜ, das LugÜ und die EuGVO den Rechtsunterworfenen verschiedener Herkunft – angesichts der zahlreichen Unsicherheiten und Hemmnisse im grenzüberschreitenden Rechtsverkehr, die auf den unterschiedlichen, für eine ausländische Partei nicht absehbaren Zuständigkeitsregelungen beruhen – eine große Hilfe leisten. Sie formulieren einen Regelkatalog, der die in den europäischen Rechtsordnungen üblichen und für

---

[56] Zu diesem Zeitpunkt gehörten zur EFTA Finnland, Island, Norwegen, Österreich, Schweden und die Schweiz.

[57] *Schlosser*, a. a. O., Einl. Rn 14.

[58] *Koch*, a. a. O., S. 106; *Weitz*, Przedmiotowy zakres zastosowania konwencji lugańskiej, Kwartalnik Prawa Prywatnego (KPP) 2000 Nr. 2, S. 427 ff. (ferner als: Przedmiotowy zakres).

sinnvoll erachteten Gerichtsstände einbezieht und umfangreiche Sonderregelungen für wirtschaftlich schwächere Parteien wie Verbraucher, Arbeitnehmer und Versicherungsnehmer vorsieht. Sie konstituieren damit eine moderne und international anerkannte Regelung des internationalen Gerichtsstands, der als Vorbild für eine nationale Kodifizierung empfehlenswert ist. Darüber hinaus sind diese Zuständigkeitssysteme flexibel genug, um den Vertragsparteien einen gewissen Gestaltungsspielraum in Bezug auf die Zuständigkeit verschiedener nationaler Gerichte zu geben. Den Regeln über die gerichtliche Zuständigkeit folgen die Bestimmungen über die Anerkennung und Vollstreckbarkeitserklärung von gerichtlichen Entscheidungen und sonstigen Titeln. Zwischen diesen beiden Hauptkomplexen stehen Normen über die internationale Beachtung der Rechtshängigkeit bei identischem oder konnexem Streitgegenstand.

Das LugÜ folgt dem EuGVÜ in Aufbau, Artikelfolge und Wortlaut nahezu vollständig[59], so dass für seine Auslegung auf die Kommentierung des EuGVÜ und aktuell der EuGVO zurückgegriffen werden kann. Bis April 1999 wurde an einer Revision des EuGVÜ und des LugÜ gearbeitet, woraus u. a. der materielle Inhalt des revidierten LugÜ folgte allerdings nach der Einführung der EuGVO unberührt blieb. Angesichts der EU-Osterweiterung und künftigen Erweiterung um Bulgarien und Rumänien, damit also der Vermehrung von durch das neue Übereinkommen gebundenen Staaten, insbesondere jedoch wegen der eventuellen Evaluierung der EuGVO aufgrund des Berichts der Europäischen Kommission in 2007 (Art. 73) entsteht ein zusätzlicher Anpassungsbedarf. Demzufolge wird die Ausarbeitung eines neuen Parallelübereinkommens geplant, das den Inhalt der Verordnung widerspiegeln sollte – des sog. Lugano II. Nachdem der EuGH in seinem Gutachten[60] vom 7. Februar 2006 die ausschließliche Zuständigkeit der Gemeinschaft zum Abschluss von einem Revisionsübereinkommens festgestellt hat, werden bezüglich des Abschlusses des revidierten Lugano II den EU-Mitgliedsstaaten keine Kompetenzen zukommen.

Abgesehen von den wenigen inhaltlichen Änderungen sowie der teilweise veränderten Artikelzählung der EuGVO ist die Parallelität des LugÜ zum EuGVÜ auch zur EuGVO gegeben[61]. Die vorstehende Revision des LugÜ dürfte diese weiterhin verstärken. Bevor die wenigen Divergenzen zwischen dem EuGVÜ und aktuell der EuGVO und dem LugÜ in den jeweiligen Kapiteln dieser Arbeit einzeln erörtert werden, sind die wichtigsten von ihnen bereits hier zu benennen:

---

[59] *Kropholler*, a. a. O., Einl. Rn 59.

[60] S. die Stellungnahme der polnischen Regierung zum Antrag des Europäischen Rates auf Erstattung eines Gutachtens gemäß Art. 300 Abs. 6 EGV, ABl. EG Nr. C 101 vom 26.04.2003, S. 1 und während der Anhörung vor dem EuGH am 19.10.2004; wonach der Abschluss eines Revisionsübereinkommens nur im Rahmen der Zusammenwirkung der Gemeinschaft mit den Mitgliedsstaaten möglich ist (Punkt 14), Stanowisko Polski w sprawie z wniosku Rady UE o wydanie przez ETS Opinii 1/03 w przedmiocie kompetencji Wspólnoty i Państw Członkowskich do zawarcia nowej Konwencji z Lugano, http://www.ms.gov.pl/aktual/aktual.shtml, vom 05.07.2005.

[61] *Kropholler*, a. a. O.

1) Im Bereich der Regelung über die internationale Zuständigkeit: Die unterschiedliche Formulierung des besonderen Gerichtsstands für Klagen aus Arbeitsverträgen in Art. 5 Nr. 1 EuGVÜ/LugÜ, der nach der Revision des EuGVÜ in einem eigenen Abschnitt verortet wurde; unter der EuGVO wurde ferner der Gerichtsstand des Erfüllungsortes zum Teil neu geregelt (Art. 5 Nr. 1 lit. b) und bei den Delikten präzisiert (Art. 5 Nr. 3),
2) Voraussetzungen der Wohnsitzzuständigkeit für Klagen aus befristeten Miet- oder Pachtverträgen aus Art. 16 Nr.1 lit. b LugÜ sind in Art. 16 Nr.1 lit. b EuGVÜ und Art. 22 Nr. 1 Satz 2 EuGVO enger gezogen, indem verlangt wird, dass der Eigentümer und der Mieter oder Pächter ihren Wohnsitz in demselben Mitgliedsstaat haben,
3) Anders als Art. I lit. b des Protokolls Nr. 1 zum LugÜ ist bezüglich der EuGVO keine Möglichkeit vorgesehen, den Vorbehalt zu erlassen, dass eine aufgrund der ausschließlichen Zuständigkeit erlassene Entscheidung nicht anerkannt wird,
4) Anders als im Rahmen des EuGVÜ und der EuGVO können unter dem LugÜ - nach ihrem Art. 54 b Abs. 3 - die Anerkennung oder Vollstreckung ausländischer Entscheidung auch dann versagt werden, wenn sich dieser Entscheidung zugrunde liegender Zuständigkeitsgrund von demjenigen unterscheidet, der sich aus dem LugÜ ergibt, und wenn die Anerkennung oder Vollstreckung gegen eine Partei geltend gemacht wird, die ihren Wohnsitz in einem EFTA-Staat hat. Im Gegensatz zum EuGVÜ und zur EuGVO findet hier daher eine Nachprüfung der internationalen Zuständigkeit statt, wenn es um Beklagte geht, die ihren Wohnsitz in einem EFTA-Staat haben. Diese Abschwächung des ursprünglichen Gedankens des EuGVÜ, gerichtliche Nachprüfungen dieser Art auszuschließen und es der beklagten Partei selbst aufzugeben, solche Fragen im Urteilsstaat klären zu lassen, lässt das LugÜ als ein eigenständiges Anerkennungsmodell erscheinen.

Das Verhältnis des LugÜ zum EuGVÜ wurde in Art. 54 b LugÜ geregelt. Diese Regelung gilt auch gegenüber den Mitgliedsstaaten i. S. v. Art. 1 Abs. 3 EuGVO als Verweis auf die Verordnung (Art. 68 Abs. 2 EuGVO)[62] und erfasst vor allem die Gerichte der EU-Mitgliedsstaaten, die die Wahl zwischen dem LugÜ und der EuGVO haben können. Dabei wird das LugÜ von solchen Gerichten dann angewendet, wenn ein Beklagter seinen Wohnsitz in einem der Vertragsstaaten des Übereinkommens hat, welcher nicht auch gleichzeitig der Vertragsstaat der EuGVO ist, in Dänemark, der Schweiz, Norwegen, Island oder - für Fälle, die nach dem 01.02.2000 und gegenüber der EU-Mitgliedsstaaten nur bis zum 30.04.2004 entstanden sind - in Polen also (Art. 68 Abs. 2 EuGVO). Dementsprechend ist die EuGVO in ihrem Anwendungsbereich für die Gerichte der EU-Mitgliedsstaaten allein maßgebend (vgl. Art. 54 b Abs. 1 i. V. m. Art. 54 LugÜ). Das LugÜ selbst ist ferner durch diese Gerichte dann anzuwenden, wenn die maßgeblichen Bezugspunkte auf einen der EFTA-Staaten hinweisen (vgl.

[62] *Kropholler*, a. a. O., Einl. Rn 67.

Art. 54 b Abs. 2 LugÜ)[63]. Die Gerichte der EFTA-Staaten wiederum brauchen weder das EuGVÜ noch die EuGVO zu berücksichtigen[64].

Das Verhältnis des LugÜ zu bilateralen Abkommen bestimmt die Vorschrift seines Art. 55, die der ursprünglichen Normierung aus Art. 55 EuGVÜ entspricht (gegenwärtig Art. 69 EuGVO, der nach der Osterweiterung um zweiunddreißig Abkommen ergänzt wurde, an denen die Beitrittsländer beteiligt sind) und die zwischen den Vertragsstaaten bestehenden bilateralen Regelungen verdrängt. Dabei lassen Art. 56 Abs. 1 LugÜ/Art. 70 Abs. 1 EuGVO die in der vorstehenden Vorschrift aufgezählten Abkommen weiterhin gelten, sofern sie Rechtsgebiete regeln, auf diese das LugÜ bzw. die EuGVO nicht anzuwenden ist (Art. 1 Abs. 2 LugÜ/EuGVO). Darüber hinaus bleiben gemäß Art. 57 LugÜ/Art. 71 EuGVO von diesen Regelungen die Übereinkommen unberührt, denen die Vertragsstaaten angehören (unter dem LugÜ auch die, denen die Vertragsstaaten angehören werden), die für besondere Rechtsgebiete in Fragen der gerichtlichen Zuständigkeit, der Anerkennung und Vollstreckung von Entscheidungen einschlägige Regeln enthalten[65] und einen Anspruch auf ausschließliche Anwendung erheben[66], wie z.B. das Genfer Übereinkommen über den Beförderungsvertrag im internationalen Straßengüterverkehr vom 19. Mai 1956 (CMR)[67], das Übereinkommen über den internationalen Eisenbahnverkehr vom 9. Mai 1980 (COTIF)[68] oder das Haager Übereinkommen über die Anerkennung und Vollstreckung von Unterhaltsentscheidungen vom 2. Oktober 1973 (HUVÜ)[69].

Gegenwärtig bildet die EuGVO den Kern des EuZPR. Und obwohl sie sich im Wesentlichen auf zentrale Ausschnitte des Zivilprozessrechts erstreckt, kodifiziert sie dieses nicht *en bloc*. Vielmehr bildet sie nur ein von vielen Schritten auf dem Weg zur Schaffung eines einheitlichen Rechtsraums und eine Maßnahme, um Hauptziele der Zusammenarbeit der Justizbehörden in Zivil- und Handelssachen durchzuführen. Hierher gehören vor allem die Festlegung der gerichtlichen Zuständigkeit in den durch die Verordnung gebundenen Mitgliedstaaten sowie die Erleichterung der Anerkennung und der zügigen Vollstreckung von Entscheidungen, öffentlichen Urkunden und Pro-

---

[63] *Ibidem*, Rn 68 f.

[64] *Ibidem*, Rn 67.

[65] Entscheidung des EuGH vom 06.12.1994 - 406/92, Tatry/Maciej Rataj, Slg. 1994 I, S. 5439, NJW 1995, S. 1881.

[66] *Mankowski*, Spezialabkommen und EuGVÜ, Europäisches Wirtschafts- und Steuerrecht (EWS) 1996, S. 301 ff.; *Nagel/Gottwald*, Internationales Zivilprozessrecht, 5. Aufl. Köln 2002, § 12 Rn 103.

[67] Dz.U. 1962 Nr. 49, Pos. 238-239.

[68] Dz. U.1985 Nr. 34, Pos. 158-159.

[69] Dz.U. 2000 Nr. 2, Pos. 13-14; *Staudinger* in *Rauscher* (Hrsg.) a. a. O., Rn 25. Über die Zusammenwirkung des LugÜ und des HUVÜ in Polen s. *Ciszewski*, Dochodzenie roszczeń alimentacyjnych za granicą na podstawie konwencji lugańskiej i konwencji haskiej, Monitor Prawniczy (MP) 2000 Nr. 8 (ferner als: Dochodzenie roszczeń).

zessvergleichen. Noch im Jahr 2002 wurden ihre Anhänge I und II[70] und im Jahr 2004 im Zusammenhang mit der EU-Osterweiterung die Anhänge I bis IV[71] geändert.

2. Anwendungsbereich

a. Intertemporaler und territorialer Anwendungsbereich

Die temporäre Anwendung des LugÜ (Inkrafttreten am 1. Januar 1992) bestimmt sein Art. 54 Abs. 1. Eine entsprechende Regelung der EuGVO findet sich in Art. 66 Abs. 1. Danach sind die Vorschriften des LugÜ und der EuGVO nur auf solche Entscheidungen, öffentliche Urkunden und Prozessvergleiche anzuwenden, die ergangen oder aufgenommen worden sind, nachdem die maßgebliche Rechtsquelle in ihrem Ursprungsstaat und, sofern die Anerkennung oder Vollstreckung einer Entscheidung, einer Urkunde oder eines Prozessvergleiches geltend gemacht wird, im ersuchten Staat in Kraft getreten ist (Nichtrückwirkung, *lex retro non agit*)[72]. Innerhalb der EU sind - für alle vor dem 1. März 2002 erhobenen Klagen bzw. eingebrachten Anträge - die Regelungen des EuGVÜ anzuwenden (Art. 66 EuGVO). Handelt sich um einen Rechtsstreit mit Bezug auf einen der EFTA-Staaten oder Polen findet das LugÜ entsprechende Anwendung. Eine Ausnahme von dieser Regel, die den intertemporalen Anwendungsbereich des LugÜ und der EuGVO für diesen Fall ausdehnen[73], sehen die Vorschriften des:

1) Art. 54 Abs. 2 LugÜ, wonach über die Anerkennung und Vollstreckung von Entscheidungen, die nach dem Inkrafttreten des LugÜ zwischen dem Ursprungsstaat und dem ersuchten Staat aufgrund einer vor diesem Inkrafttreten erhobenen Klage ergangen sind, gemäß den Vorschriften des Titels III entschieden werden kann, vorausgesetzt, dass das Gericht aufgrund von Vorschriften zuständig war, die mit den Zuständigkeitsvorschriften des Titels II (Art. 2-24) oder eines Abkommens übereinstimmen, das im Zeitpunkt der Klageerhebung zwischen dem Ursprungsstaat und dem Staat, in dem die Entscheidung geltend gemacht wird, galt,
2) Art. 66 Abs. 2 EuGVO, wonach über die Anerkennung und Vollstreckung von Entscheidungen, die nach dem Inkrafttreten der EuGVO aufgrund einer vor ihrem Inkrafttreten - und nach dem Inkrafttreten des EuGVÜ oder des LugÜ sowohl im Ursprungsmitgliedsstaat wie auch in dem Mitgliedsstaat, in dem die Klage geltend gemacht wird - erhobenen Klage ergangen sind, gemäß den Vor-

[70] Verordnung (EG) Nr. 1496/2002 der Kommission vom 21.08.2002 zur Änderung von Anhang I (Zuständigkeitsvorschriften i. S. v. Art. 3 Abs. 2 und Art. 4 Abs. 2) und Anhang II (Liste der zuständigen Gerichte und sonst befugten Stellen) der EuGVO.

[71] Anhänge I-IV der EuGVO wurden durch die Verordnung (EG) Nr. 2245/2004 der Kommission (ABl. EU L 381/10, v. 28.12.2004) geändert. Die zuvor erfolgte Veröffentlichung der inhaltsgleichen Verordnung (EG) Nr. 1937/2004 in ABl. EU L 334/3 v. 10.11.2004 ist laut der Berichtigung in ABl. EU L 50/20 vom 23.2.2005 „als null und nichtig anzusehen"; IPRax 2005, S. 485 Fß. 56.

[72] *Kropholler*, a. a. O., Art. 66, Rn 2.

[73] *Ibidem*, Rn 4.

schriften des Kapitels III entschieden werden kann ohne die Zuständigkeit der Erstgerichte nachprüfen zu müssen (lit. a, die unter den Beitrittsstaaten nur auf Polen zutrifft); und in allen anderen Fällen, wenn das Gericht aufgrund von Vorschriften zuständig war, die mit den Zuständigkeitsvorschriften des Kapitels II (Art. 2-31) oder eines Abkommens übereinstimmen, das im Zeitpunkt der Klageerhebung zwischen dem Ursprungsmitgliedsstaat und dem Mitgliedsstaat, in dem die Entscheidung geltend gemacht wird, galt (lit. b, die alle anderen Beitrittsstaaten betrifft). In diesen Fällen geht der Anerkennung eine Nachprüfung der Zuständigkeit der Erstgerichte vor und zwar – anders als dies die Vorschriften der Art. 38 und Art. 41 EuGVO anordnen - bereits im erstinstanzlichen Verfahren[74].

Betreffend die territoriale Einschränkung der Geltung des LugÜ und der EuGVO, gilt erstere in den Verhältnissen zwischen den EU- und EFTA-Staaten, während die EuGVO sich auf die Verhältnisse zwischen fast allen EU-Mitgliedsstaaten (Art. 299 EGV und Art. 68 EuGVO), mit Ausnahme Dänemarks (Art. 1 Abs. 3, Erwägungsgrund [ErG] Nr. 21 zur EuGVO, Art. 69 EGV) erstreckt. Derartige Konstellation führt zu einer paradoxen Situation: Im Verhältnis zu den fünfzehn „alten" EU-Staaten gilt das EuGVÜ einerseits i. d. F. des 3. und anderseits i. d. F. des 4. Beitrittsübereinkommens, im Verhältnis zu Polen gilt das LugÜ und im Verhältnis zu den neun übrigen EU-Mitgliedsstaaten bestehen keinerlei staatsvertragliche Regelungen. Im Verhältnis der vierundzwanzig anderen Mitgliedsstaaten gilt hingegen die EuGVO. Dieser unbefriedigende Zustand soll in kurzer Zeit durch das Abkommen über die gerichtliche Zuständigkeit und die Anerkennung und Vollstreckung von Entscheidungen in Zivil- und Handelssachen zwischen dem Königreich Dänemark und der Gemeinschaft (sog. Erstreckungsabkommen - EA) beseitigt und Dänemark auf diesem Wege dem Entwicklungsniveau in den anderen EU-Mitgliedsstaaten angenähert werden[75]. Da die erwähnten primärrechtlichen Vorgaben des Protokolls über die Position Dänemarks eine gemeinschaftliche Bindung ausschlossen, musste eine komplizierte Als- ob- Konstruktion auf Grundlage des Völkerrechts gewählt werden, um dasselbe Ergebnis zu erreichen. Demzufolge wird die EuGVO – gemäß Art. 2 Abs. 1 EA – nach dem Völkerrecht auf die Beziehungen zwischen der Gemeinschaft und Dänemark anwendbar. Dänemark wird sich auch in Bezug auf künftige Änderungen, den Erlass von Durchführungsbestimmungen und den Abschluss internationalen Übereinkommen (wie z.B. Lugano II) wie ein Mitgliedsstaat verhalten und die dänischen Gerichte gemäß Art. 6 Abs. 2 EA entsprechend dem dänischen Recht der Rechtssprechung des EuGH angemessen Rechnung tragen müssen. In Art. 6 Abs. 1 und 3 EA werden dem EuGH bezüglich dieses Abkommens Zuständigkeiten im gleichen Umfang wie in Art. 68 EG zugewiesen.

Die Voraussetzung für die räumlich-persönliche Anwendbarkeit der Zuständigkeitsregelungen des Titels II des LugÜ bzw. des Kapitels II der EuGVO ist lediglich, dass

---

[74] *Hess*, IPRax 2004, S. 375.

[75] ABl. EU vom 16.11.2005, L 299/61-62.

die beklagte Partei ihren Wohnsitz - entsprechend - in einem der EU- oder EFTA-Staaten hat (Art. 2 LugÜ/EuGVO). Ist das nicht der Fall, ist für die Bestimmung der internationalen Zuständigkeit eines Vertragsstaates sein autonomes Recht maßgeblich (Art. 4 Abs. 1 LugÜ/EuGVO). Ausnahmen von dieser Regel können die ausschließlichen Gerichtsstände gemäß Art. 16 LugÜ/Art. 22 EuGVO sowie die Gerichtsstandsvereinbarung gemäß Art. 17 LugÜ/Art. 23 EuGVO bilden. Für die Anwendbarkeit der Regelungen über die Anerkennung und Vollstreckung von Entscheidungen gemäß Art. 31 ff. EuGVÜ/LugÜ/Art. 38 ff. EuGVO ist dagegen entscheidend, dass der zu vollstreckende Titel aus einem Vertragsstaat stammt und in einem Vertragsstaat vollstreckt werden soll. Auf die Staatsangehörigkeit der Parteien kommt es für die Anwendung dieser Regelungen grundsätzlich nicht an[76], so dass auch reine Inlandssachverhalte bei denen beide Parteien ihren allgemeinen Gerichtsstand in einem Vertragsstaat haben und trotzdem eine Auslandsberührung besteht, erfasst werden (vgl. ErG Nr. 2 und 4 zur EuGVO)[77].

b. Sachlicher Anwendungsbereich

Den sachlichen Anwendungsbereich des LugÜ und der EuGVO umschreiben die jeweiligen Vorschriften des Art. 1. Dieser umfasst die grenzüberschreitenden Rechtsstreitigkeiten und Vollstreckung in grundsätzlich allen Zivil- und Handelssachen (Art. 1 Abs. 1 Satz 1 LugÜ/EuGVO). Öffentlich- rechtliche, also Verwaltungs- und Strafsachen (vgl. Art. 5 Nr. 4 LugÜ/EuGVO)[78] sowie Steuer- und Zollsachen (Art. 1 Abs. 1 Satz 2 LugÜ/EuGVO) gehören nicht hierzu, für welche anderen Rechtsstreitigkeiten dies der Fall ist wurde allerdings nicht eindeutig geregelt[79]. Gemäß der Rechtsprechung des EuGH ist der Begriff der „Zivil- und Handelssachen“ vertragsautonom zu bestimmen, so dass für seine Auslegung die Qualifikation und *„nicht das Recht irgendeines der beteiligten Staaten maßgebend* (ist), *vielmehr müssen hierbei die Zielsetzung und Systematik des Übereinkommens sowie die allgemeinen Rechtsgrundsätze, die sich aus der Gesamtheit der innerstaatlichen Rechtsordnungen ergeben, herangezogen werden“*[80]. Unerheblich bei der Auslegung dieses Begriffes ist die Art der Gerichtsbarkeit (Art. 1. Abs. 1 LugÜ/EuGVO), wie die Zuständigkeiten auf die verschiedenen Gerichtszweige in den einzelnen Vertragsstaaten verteilt sind und ob der Rechtsstreit nach dem nationalen Prozessrecht den Zivilgerichten, besonderen Handelsgerichten oder den Arbeitsgerichten angehört, so dass eine materielle Zivilsache,

---

[76] *Schlosser*, a. a. O., Art. 1, Rn 1.
[77] *Ibidem*, Rn 2 und vor Art. 2, Rn 5; *Kropholler*, a. a. O., vor Art. 2, Rn 6 ff.
[78] Entscheidung des EuGH vom 21.04.1993 - 172/91, *Sonntag/Weidmann*, Slg. 1993 I, S. 1963, Rn 16; *Schlosser*, a. a. O., Art. 5, Rn 21; *Kropholler*, a. a. O., Art. 1, Rn 13.
[79] *Kropholler*, a. a. O., Rn 1.
[80] Entscheidung des EuGH vom 14.10.1976 - 29/76, *LTU/Eurocontrol*, Slg. 1976, S. 1541; *Kropholler*, a. a. O., Rn 3. Vgl. Entscheidung des SN vom 05.01.2001, I CKN 1180/00, OSNC 2001 Nr. 7-8, S. 66 und *Quigley*, Zakres zastosowania konwencji brukselskiej i konwencji lugańskiej, KPP 1999 Nr. 4, S. 699; *Weitz*, Dopuszczalność merytorycznej obrony dłużnika w postępowaniu o stwierdzenie wykonalności zagranicznego orzeczenia, Przegląd Sądowy (PS) 1999 Nr. 11-12, S. 98; derselbe (ders.) Przedmiotowy zakres, S. 427.

die vor einem Arbeits- oder Strafgericht entschieden wurde, ebenso zum sachlichen Anwendungsbereich des LugÜ und der EuGVO gehören kann[81].

Gemäß Art. 1 Abs. 2 Nr. 1-4 LugÜ/Art. 1 Abs. 2 lit. a-d EuGVO sind aus dem sachlichen Anwendungsbereich dieser Regelungen - sofern sie den Gegenstand des Rechtsstreites selbst bilden[82] - insbesondere folgende Sondermaterien ausgeschlossen:

1) der Personenstand, die Rechts- und Handlungsfähigkeit, die gesetzliche Vertretung von natürlichen Personen, die ehelichen Güterstände, das Gebiet des Erbrechts einschließlich des Testamentsrechts; vor allem bei den Familiensachen handelt es sich hierbei grundsätzlich um freiwillige Gerichtsbarkeit und um Statussachen, die im Rahmen der EU durch die Verordnung (EG) Nr. 2201/2003 vom 27. November 2003 über die Zuständigkeit und die Anerkennung und Vollstreckung von Entscheidungen in Ehesachen und in Verfahren betreffend die elterliche Verantwortung und zur Aufhebung der Verordnung (EG) Nr. 1347/2000[83] erfasst wurden[84],
2) insolvenzrechtliche Verfahren, die in den EU-Mitgliedsstaaten durch die Verordnung (EG) Nr. 1346/2000 vom 29. Mai 2000 über Insolvenzverfahren[85] erfasst wurden,
3) soziale Sicherheit, derer Begriff gemäß der Rechtsprechung des EuGH[86] mit Hilfe der Verordnung (EG) Nr. 1407/71 über die Anwendung der Systeme der sozialen Sicherheit auf Wanderarbeitnehmer und Selbständige[87] definiert wurde,
4) Schiedsgerichtsbarkeit, die durch das UNÜ, das vor dem EuGVÜ entstanden ist, geregelt wurde[88].

3. Auslegung des EuGVÜ, der EuGVO und des LugÜ

Eine erfolgreiche Anwendbarkeit des EuGVÜ und die Vereinheitlichung des Zivilprozessrechts wären kaum möglich, wenn es keine Instanz gäbe, die seine Inhalte einheitlich interpretieren würde. Angesichts dessen sowie des Umstands, dass das EuGVÜ als selbständiger völkerrechtlicher Vertrag im Wege der Vorabentscheidung des EuGH nicht ausgelegt werden konnte (vgl. Art. 177 EG und aktuell Art. 234 EGV)[89], wurde zu dem Übereinkommen am 3. Juni 1971 ein Protokoll, das sog. Luxemburger Auslegungsprotokoll, beigefügt, das eine einheitliche Auslegung von sämtlichen Rechtsbeg-

---

[81] *Mankowski* in *Rauscher* (Hrsg.),, a. a. O., Art. 1, Rn 1; *Kropholler*, a. a. O., Rn 11 ff.
[82] *Kropholler*, a. a. O., Rn 17.
[83] ABl. EG 2000 Nr. L 160 vom 30.06.2000, S. 19.
[84] *Kropholler*, a. a. O., Rn 21 ff.
[85] ABl. EG Nr. L 160 s. o., S. 1.
[86] Entscheidung des EuGH vom 14.11.2002 – C-271/03, *Baten*, Slg. 2002 I; S. 10527; *Wittwer*, Die Rechtsprechung des EuGH zum Europäischen Zivilprozessrecht im Jahr 2002, ZEuP 2003, S. 847 ff.
[87] ABl. EG Nr. L 149 vom 05.07.1971 i. d. F. ABl. EG Nr. L 28 vom 30.01.1997; *Schmidt*, Europäisches Zivilprozessrecht, Das 11. Buch der ZPO, München 2004, Rn 44.
[88] *Schlosser*, a. a. O., Einl. Rn 2.
[89] *Koch*, a. a. O., S. 106, 110.

riffen, die in ihm verwendet werden, durch den EuGH sicherstellt und damit die allmähliche Herausbildung des EuZPR begünstigt[90]. Seine Beiträge haben zu einer bemerkenswerten Einheitlichkeit der nationalen Rechtsprechung geführt. Die Rechtsprechung des EuGH beeinflusst auch das nationale Verfahrensrecht, obwohl sie dort nicht bindend ist. Sie präsentiert europäische prozessuale Modelle, die wert sind, von den nationalen Rechtssystemen übernommen zu werden. Nach dem das EuGVÜ durch die EuGVO ersetzt wurde, gilt das Auslegungsprotokoll wie auch das EuGVÜ selbst im Verhältnis zu Dänemark fort[91]. Auch die EuGVO unterliegt als ein Teil des sekundären Gemeinschaftsrechts der Auslegung des EuGH. Dabei hat die reiche Rechtsprechung des EuGH zum EuGVÜ ihre Bedeutung nicht verloren, es sei denn, sie betrifft eine Regelung die in der EuGVO geändert wurde. Darüber hinaus ist bei der EuGVO - bedingt durch seine Rechtsform - an die Stelle der Präambel eine der Formvorschrift des Art. 253 EGV genügende Begründung getreten, während die Schlussbestimmungen und die Protokolle zum EuGVÜ entfallen sind. Für die einzelnen Mitgliedsstaaten ist damit auch die Möglichkeit, Vorbehalte zum Protokoll zu erklären weggefallen; statt dessen wurden einige der schon in den Protokollen enthaltenen Sonderregelungen für einzelne Mitgliedsstaaten in den Verordnungstext übernommen (Art. 62-65).

Die Auslegung der Inhalte des EuGVÜ wie auch der EuGVO erfolgt – dort, wo sie mit den europäischen Methoden nicht übereinstimmen[92] - unabhängig von den unterschiedlichen Auslegungsmethoden jedes EU-Mitgliedsstaates und stützt sich auf das Prinzip der autonomen Auslegung[93]. Um im Wege der Auslegung die Rechtssicherheit zu gewährleisten[94] und eine Mehrheit von besonderen Gerichtsständen zu vermeiden[95], bedient sich der EuGH mit dem sog. Vorabentscheidungsverfahren (Art. 68 Abs. 1 i. V. m. Art. 234 EGV), in dem er neben der Auslegung über die Gültigkeit von Gemeinschaftsrecht entscheidet. So gelten z.B. gemäß der Rechtsprechung des EuGH - im Anwendungsbereich des EuGVÜ - die Diskriminierungsverbote des Art. 12 EGV, so dass nationale Prozessrechte der Mitgliedsstaaten direkt „*an den Marktfreiheiten zu messen und gegebenenfalls anzupassen sind*“[96]. Anders als im Rahmen des EuGVÜ können - und nach der herrschenden Rechtslehre müssen[97] - sich an den EuGH in Zweifelsfragen bei der Interpretation der EuGVO lediglich die letztinstanzlichen Spruchkörper wenden. Damit ist eine Beschwerdebefugnis einer niedrigeren Instanz oder eines Bürgers ausgeschlossen[98].

---

[90] Fassung des Protokolls unter Berücksichtigung der Änderungen durch das vierte Beitrittsabkommen zum EuGVÜ ABl. EG Nr. C 27 vom 26.01.1998, S. 28.

[91] Kropholler, a. a. O., Einl. Rn 30.

[92] Ibidem, Rn 41; Schack, a. a. O., Rn 93; kritisch Schlosser, a. a. O., Einl. Rn 29.

[93] *Staudinger* in *Rauscher* (Hrsg.), a. a. O., Einl. Brüssel I-VO, Rn 36.

[94] Entscheidungen des EuGH vom 17.09.1988 – 189/87, *Kalfelis/Schröder* u. a., Slg. 1988, S. 5565, Rn 19; und vom 13.07.2000 – C-412/98, *Groupe Josi Reinsurance/Universal General Insurance*, Slg. 2000 I, S. 5940, Rn 49.

[95] Entscheidungen des EuGH vom 17.09.1988 – 189/87, s. o., Rn 13; und vom 11.07.2002 – C-96/00, *Gabriel*, Slg. 2002 I, S. 6367; *Schmidt*, a. a. O., Rn 23 f.

[96] *Hess*, NJW 2000, S. 23.

[97] *Kropholler*, a. a. O., Einl., Rn 36; *Staudinger* in *Rauscher* (Hrsg.), a. a. O., Rn 43.

[98] *Koch*, a. a. O., S. 110.

Die Etablierung der einheitlichen Auslegungsinstanz für das EuGVÜ und die EuGVO ist ein großer Vorteil gegenüber dem LugÜ, wo eine solche fehlt. Die Signataren des LugÜ haben sich entschieden, bei seiner Auslegung den Grundsätzen „*gebührend Rechnung zu tragen*", die sich aus der Rechtsprechung des EuGH und der Gerichte der EU-Mitgliedsstaaten zu denjenigen Bestimmungen des EuGVÜ ergeben, die in ihrem wesentlichen Inhalt in das LugÜ übernommen worden sind (Art. 1 des Protokolls Nr. 2 zum LugÜ). Übereinstimmend mit Art. 2 des Protokolls Nr. 2 wurde auch ein System für den Austausch von Informationen über die in Anwendung des LugÜ ergangenen Entscheidungen[99] und gemäß Art. 3 des Protokolls Nr. 2 - um die Einheitlichkeit der Rechtsprechung einzuhalten - zusätzlich ein ständiger Ausschuss aus Vertretern der Vertragsstaaten eingerichtet. Die EFTA-Staaten sind kraft dieses Protokolls auch an die Entscheidungen des EuGH über die Auslegung des EuGVÜ, die bis zur Unterzeichnung des LugÜ ergangen sind, gebunden[100].

III. Das LugÜ und die EuGVO in Polen

1. Beitritt zum LugÜ und die Geltung der EuGVO

Angesichts des supranationalen Charakters des EuGVÜ, der ausschließlich für die EU-Mitgliedsstaaten gilt, kam seine Übernahme in Polen bis zu seinem EU-Beitritt überhaupt nicht in Betracht. Die einzige Möglichkeit, den internationalen Rechtsverkehr in Fragen der internationalen Zuständigkeit, der Anerkennung und Vollstreckung gerichtlicher Entscheidungen zu verbessern und vor dem damals ungewissen Zeitpunkt der Osterweiterung zu beschleunigen und zu vereinfachen lag deshalb in dem Beitritt zum LugÜ, das gemäß seinem Art. 62 Abs. 1 lit. b auch für Nichtmitgliedsstaaten der EU offen steht.

Nach der Wandlung der rechtspolitischen Tendenz betreffend die staatsvertraglichen, multilateralen Regelungen des Zivilrechtsverkehrs mit westeuropäischen Ländern im Herbst 1989 fing die erste Regierung der demokratischen Republik Polen an, ihren Beitritt zu den für den internationalen Rechtsverkehr wichtigsten Rechtsakten anzustreben. In Rahmen seiner rechtpolischen Entwicklung hat Polen u. a. multilaterale Staatsverträge wie das Haager Übereinkommen über die Zuständigkeit der Behörden und das anzuwendende Recht auf dem Gebiet des Schutzes von Minderjährigen vom 5. Oktober 1961 (MSA)[101] und über die Anerkennung und Vollstreckung von Unterhaltsentscheidungen vom 2. Oktober 1973 (UVÜ)[102] sowie das Luxemburger Europäische Übereinkommen über die Anerkennung und Vollstreckung von Entscheidungen über das Sorgerecht für Kinder und die Wiederherstellung des Sorgeverhältnisses

[99] *Kropholler*, a. a. O., Einl., Rn 77.
[100] *Weitz*, Przedmiotowy zakres, S. 429.
[101] Dz.U. 1995 Nr. 106, Pos. 519.
[102] Dz.U. 2000 Nr. 2, Pos. 13-14.

von 1980[103] unterzeichnet und ratifiziert. Mit dem Inkrafttreten des LugÜ 1992 begann Polen, die Mitgliedschaft in diesem Staatsvertrag anzustreben (vgl. das Abkommen über eine Freihandelszone zwischen Polen und den EFTA-Staaten von 1992)[104]. Die in diesen Bestrebungen zum Ausdruck gebrachten Bemühungen Polens, sich dem europäischen Rechtssystem sowie der justiziellen Zusammenarbeit in Europa anzuschließen und ihren Rechtsverkehr mit europäischen Ländern zu verbessern, waren von Erfolg gekrönt.

Die Niederlande stellten am 15. November 1993 den Antrag Polens auf den Beitritt zum LugÜ an den Depositarstaat (die Schweiz). Nachdem die Unterzeichnerstaaten im März 1998 ihre Zustimmung erteilten (Art. 62 Abs. 1 lit. b LugÜ) und Polen ausführliche Auskünfte über die Grundsätze der polnischen Zivilprozessordnung und die vorgenommenen Änderungsrichtungen gegeben hat, erhielt es von der Schweiz die formelle Einladung zum Beitritt zum LugÜ. Um die weiteren Beitrittsformalitäten zu erfüllen, musste Polen eine umfassende Auskunft über die Anwendung einiger Vorschriften des Übereinkommens erteilen (Art. 63 LugÜ).

Im April 1999 hat der polnische Sejm den Präsidenten zur Ratifizierung des LugÜ bevollmächtigt[105], was im August 1999 geschah. Die Ratifizierungsurkunden wurden beim Schweizerischen Bundesrat im November 1999 hinterlegt. Damit war für alle berechtigten Vertragsstaaten die Frist für Vorbehalte gegen den Beitritt Polens angelaufen (Art. 62 Abs. 4 LugÜ), da sich aber kein Vertragsstaat in diese Richtung ausgesprochen hat, konnte das LugÜ im Verhältnis zwischen Polen und seinen anderen Vertragsstaaten am ersten Tag des dritten Monats, der nach der Hinterlegung der Ratifizierungsurkunden folgte, also am 1. Februar 2000 in Kraft treten (Art. 62 Abs. 3 LugÜ)[106]. Zum Zeitpunkt des Beitritts Polens zum LugÜ gehörten diesem achtzehn Parteien an: die fünfzehn EU- und drei EFTA-Staaten (Island, Norwegen und die Schweiz) und Polen als neunzehnter Vertragsstaat.

Zusammen mit dem LugÜ hat Polen drei Protokolle unterzeichnet, die bestimmte Zuständigkeits-, Verfahrens- und Vollstreckungsfragen (Protokoll Nr. 1), die einheitliche Auslegung des Übereinkommens (Protokoll Nr. 2) und die Anwendung seines Art.

---

[103] Das Luxemburger – Europäische Übereinkommen vom 20.05.1980, Dz.U. 1996 Nr. 31, Pos. 134-135. Polen hat sich gemäß Art. 17 dieses Übereinkommens die Möglichkeit vorbehalten, die in Art. 8 und 9 vorgesehene Anerkennung oder Vollstreckung aus allen in Art. 10 genannten Gründen zu versagen.

[104] Bereits am 10.12.1992 ist ein Abkommen über Freihandelszone zwischen der Republik Polen und EFTA-Staaten in Genf abgeschlossen worden, Dz.U. 1994 Nr. 129, Pos. 639.

[105] Dz.U. 1999 Nr. 45, Pos. 440.

[106] Konwencja o jurysdykcji i wykonywaniu orzeczeń sądowych w sprawach cywilnych i handlowych, sporządzona w Lugano dnia 16 września 1988 r.- Regierungserklärung zur Ratifizierung des LugÜ durch Polen vom 31.12.1999, Dz.U. 2000 Nr. 10, Pos. 133. Ausführlich über den Beitritt Polens: *Wagner*, Zum Inkrafttreten des Lugano Übereinkommens für die Republik Polen, Zeitschrift für Wirtschaft und Recht in Osteuropa (WiRO) 2000, S. 47 ff.; *Ciszewski*, Przystąpienie Polski do konwencji lugańskiej i do europejskiej konwencji o doręczaniu pism sądowych i pozasądowych, KPP 1999 Nr. 4, S. 816 ff. (ferner als: Przystąpienie Polski); ders. Konwencja z Lugano, S. 45 ff. Der Text des LugÜ wurde im polnischen Gesetzblatt am 18.02.2000 veröffentlicht und erst seit diesem Datum konnte es durch die nationalen Gerichte angewendet werden

57 (Protokoll Nr. 3) regeln. Die polnische Version des LugÜ, das in 14 Sprachen gefasst ist, wurde aus der deutschen, italienischen, französischen und holländischen Sprache übersetzt. Der polnische Text des Übereinkommens gilt lediglich als eine Übersetzung und ist keine offizielle, verbindliche Fassung. Die Auslegung des polnischen Textes muss sich deshalb an den oben erwähnten Originalsprachen orientieren.

Auch andere osteuropäische Länder - die Tschechische Republik, Ungarn und Estland - bemühten sich, vor ihrem Beitritt zur Europäischen Union ihren Rechtsverkehr mit den Westeuropäischen Staaten durch die Mitgliedschaft in dem LugÜ zu verbessern. Dieser Versuch ist – bis auf Ungarn, wo aber die Ratifikation vor dem Beitritt zur Europäischen Union nicht vollzogen wurde[107] - infolge der fehlenden Zustimmung der Unterzeichnerstaaten des LugÜ (Art. 62 Abs. 1 lit. b i. V. m. Art 60 lit. b LugÜ) bisher nicht gelungen[108]. Die neuen EU-Mitgliedsstaaten werden sich an dem revidierten LugÜ beteiligen, worum sich außerhalb von Europa auch Japan bemüht[109].

Nach über vierjähriger Geltung des LugÜ in Polen kam es zu einer neuen Herausforderung seiner Justiz und des Gesetzgebers, die durch die EU-Mitgliedschaft und die endgültige Übernahme des *acquis communautaire* u. a. in Form der Geltung der liberalen EuGVO (Art. 76) sowie weiterer Rechtsakte des EuZPR zum 1. Mai 2004 entstanden ist. Gemäß Art. 2 BA sind nämlich *„die ursprünglichen Verträge und die vor dem Beitritt erlassenen Rechtsakte der Organe und der Europäischen Zentralbank für die neuen Mitgliedsstaaten verbindlich und gelten in diesen Staaten nach Maßgabe der genannten Verträge und dieser Akte“*[110]. Darüber hinaus wurden die Beitrittsländer verpflichtet, den – entsprechend dem Art. 293 EGV - vorgesehenen Übereinkommen und den von der Verwirklichung der Ziele des EGV untrennbaren Übereinkommen sowie ihrer Auslegung durch den EuGH beizutreten (Art. 5 Abs. 2 BA). Gemeint ist hier zunächst das EuGVÜ, da aber Polen dem LugÜ gehört, ist es befugt und nicht verpflichtet, dem EuGVÜ gegenüber Dänemark beizutreten. Diese Notwendigkeit besteht allerdings nicht. Dem hier ferner gemeinten Übereinkommen von Rom über das auf vertragliche Schuldverhältnisse anzuwendende Recht vom 19. Juni 1980, auch Europäisches Schuldvertragsübereinkommen (EVÜ) genannt, sowie seinen Auslegungsprotokollen ist Polen am 14. April 2005 beigetreten[111]. Die weiteren europäischen Rechtsakte im Bereich der Zusammenarbeit in Zivil- und Handelssachen werden dabei nach Maßgabe der Bestimmungen des Nr. 18 A des Anhangs II BA entsprechend modifiziert oder angepasst (Art. 20 BA)[112]. Die bisher geltenden bilateralen Verträge zwischen den Beitrittsländern untereinander sowie zwischen diesen und den alten EU-Mitgliedsstaaten werden im Anwendungsbereich dieser Verordnungen durch diese ersetzt[113].

---

[107] *Hess*, IPRax 2004, S. 375, Fn 16.
[108] *Ciszewski*, Konwencja z Lugano, Komentarz, 2. wyd. Warszawa 2004, S. 49.
[109] *Jayme/Kohler*, IPRax 2004, S. 491.
[110] ABl. EG Nr. L 236 s. o., S. 33.
[111] Protokół o przystąpieniu Polski do Konwencji Rzymskiej z 1980 r. o prawie właściwym dla zobowiązań umownych z 14.04.2005 r., http://www.ms.gov.pl/aktual/aktual.shtml vom 05.07.2005.
[112] *Hess*, a. a. O., S. 375; *Jayme/Kohler*, a. a. O., S. 485.
[113] *Ibidem*, S. 481.

Summa summarum gelten im Bereich der internationalen Zuständigkeit, der Anerkennung und Vollstreckung gerichtlicher Entscheidungen in Polen seit dem 1. Mai 2004 parallel: Primär das LugÜ und die EuGVO, und sekundär das autonome polnische Zivilverfahrensrecht. Dabei wurde das LugÜ - mit dem Beitritt Polens zur EU und gegenüber ihren Mitgliedsstaaten - durch die EuGVO ersetzt. Demzufolge gilt das LugÜ für Entscheidungen, öffentliche Urkunden und Prozessvergleiche bestimmter Kategorien (Art. 1 LugÜ) und aus bestimmten Ursprungsstaaten, - für Polen sind dies Dänemark, für das die EuGVO nicht gilt (Art. 69 EGV), die Schweiz, Norwegen und Island (Art. 54 b und 57 LugÜ) -, die erhoben oder aufgenommen worden sind, nachdem das LugÜ im Ursprungsstaat und, sofern die Anerkennung oder Vollstreckung einer Entscheidung oder Urkunde geltend gemacht wird, im ersuchten Staat in Kraft getreten ist (Art. 54 Abs.1 LugÜ/Art. 66 Abs. 1 und Art. 69 EuGVO). Das LugÜ kann daher in Polen für alle Entscheidungen, öffentlichen Urkunden und Prozessvergleiche angewendet werden, die nach dem 1. Februar 2000 in einem der Vertragsstaaten ergangen oder aufgenommen worden sind. Hinsichtlich der EuGVO ist für derartige Rechtsakte der 1. Mai 2004 ausschlaggebend. Dagegen unterliegen die Verfahren, die bereits zuvor eingeleitet wurden, auch weiterhin den nationalen bzw. anderen einschlägigen Zuständigkeitsregeln, es sei denn, dass das entscheidende Gericht aufgrund von Vorschriften zuständig war, die mit den Zuständigkeitsvorschriften des LugÜ bzw. der EuGVO übereinstimmen (Art. 54 Abs. 2 LugÜ/Art. 66 Abs. 2 lit. b EuGVO). Das LugÜ gilt auch weiterhin in den Verhältnissen zwischen den EFTA-Staaten untereinander und gegenüber Polen, wo es auch für die Entscheidungen aus den alten EU-Mitgliedsstaaten, die vor dem 1. Mai 2004 ergangen sind, maßgeblich ist. Die EuGVO wiederum gilt gegenüber den EU-Mitgliedsstaaten (außer Dänemark) für die Rechtsstreitigkeiten, die nach dem 1. Mai 2004 entstanden sind. Für die Beziehungen Dänemarks zu den alten Mitgliedsstaaten gilt das EuGVÜ und zu den neuen Mitgliedstaaten bleibt auch nach der Osterweiterung und zwar bis das Erstreckungsabkommen unterzeichnet wird, der bisherige Rechtszustand maßgebend: Im Verhältnis zu Polen gilt das LugÜ und zu den anderen neuen Mitgliedsstaaten bestehen im Moment weiterhin keine staatsvertraglichen Beziehungen. Das sekundär geltende polnische IZVR gilt gegenüber den EU- und EFTA-Staaten, wenn das LugÜ bzw. die EuGVO darauf verweisen, bleibt aber von großer Bedeutung auch für die Rechtsverhältnisse außerhalb von Europa, sofern kein anderer multi- oder bilateraler Staatsvertrag vorrangig ist, und in Fragen, die im LugÜ und in der EuGVO nicht geregelt wurden[114]. Bei dieser Vielzahl von verschiedenen Regelungen kann nicht mehr von einer Übersicht und Vereinfachung der Anwendung die Rede sein und selbst beste Rechtspraktiker leiden unter dieser Fülle von Regelungen (s. Tabelle). Eine einheitliche Regelung für ganz Europa bleibt daher sehr erwünscht.

[114] *Flaga-Gieruszyńska*, Jurysdykcja krajowa i uznanie orzeczeń sądów zagranicznych, Polska i standardy euuropejskie, Zakamycze 1999, S. 24.

Tabelle: Temporäre Anwendung europäischer Zuständigkeits-, Anerkennungs- und Vollstreckungssysteme gegenüber Polen nach dem 1.Februar 2000

	EFTA-Staaten	alte EU-Mitgliedsstaaten	neue EU-Mitgliedsstaaten	Dänemark
nach dem **1.02.2000**	LugÜ	LugÜ	bilaterale Verträge bzw. polnisches IZVR	LugÜ
nach dem **1.05.2004**	LugÜ	EuGVO	EuGVO	LugÜ, künftig EA

2. Rechtliche Folgen des Inkrafttretens des LugÜ und der EuGVO in Polen

Das Inkrafttreten des LugÜ in Polen änderte das bisherige Ausmaß der subjektiven und objektiven Anwendung des polnischen Zivilverfahrensrechts, insbesondere des IZVR ganz entscheidend. Einerseits schränkte es seine Grenze ein, was die Rechtsverhältnisse im Bereich der Anerkennung und Vollstreckung fremder Entscheidungen mit EU- und EFTA-Staaten anbelangt, andererseits schuf es aber eine weitgehende und in ihren Folgen sehr reiche Integration in das europäische Rechtssystem. Diese ist infolge des Beitritts Polens zur EU noch komplexer geworden und hat ihre Grenzen noch weiter gezogen, so dass auch im Verhältnis zwischen Polen und den restlichen Beitrittsländern eine einheitliche Regelung der internationalen Zuständigkeit, der Anerkennung und Vollstreckung gerichtlicher Entscheidungen, soweit also einheitliches EuZPR gilt.

Eine starke Position des LugÜ in Polen ermöglichte vor allem die neue Tendenz des nationalen Rechtssystems, das den völkerrechtlichen Verträgen erst mit der neuen Verfassung der Republik Polen von 1997 (UK) mehr Bedeutung eingeräumt hat. Bis dahin blieb es verfassungsrechtlich ungeregelt, welcher Rang den völkerrechtlichen Verträgen oder dem Völkerrecht im Allgemeinen gegenüber dem nationalen Recht zukommt. In Anbetracht von Art. 62 des Verfassungsgesetzes der Volksrepublik Polen von 1952, dessen Geltung in der sog. „Kleinen Konstitution" von 1992[115] fortgesetzt wurde und wonach die Richter nur den Gesetzen unterlagen, waren die Gerichte berechtigt, sich bei ihren Entscheidungsprozessen ausschließlich auf die nationalen Rechtsgrundlagen zu stützen, denen sie auch überwiegend den Vorrang eingeräumt haben[116]. Anders gemäß dem aktuellen Verfassungsgesetz, nach dem das LugÜ - als ratifizierter völker-

[115] Verfassungsgesetz über die gegenseitigen Beziehungen zwischen der legislativen und exekutiven Gewalt der Republik Polen und über die territoriale Selbstverwaltung vom 17.10.1992; Dz.U. 1992 Nr. 84, Pos. 426.

[116] Vgl. Entscheidungen des SN vom 22.11.1972, II CR 458/72, OSPiKA 1974 Nr. 1, Pos. 6 mit Glosse (Gl.) von *Sośniak*, vom 05.10.1974, III CZP 71/73, OSNCP 1975 Nr. 5, Pos. 72; vom 25.08.1987, I PRZ 1987 Nr. 8, OSNCP 1987 Nr. 12, Pos. 199; und vom 28.06.1989, II CR 200/89, OSP 1990 Nr. 10, Pos. 361.

rechtlicher Vertrag, der im Gesetzblatt der Republik Polen veröffentlicht worden ist - eine Quelle des auf dem polnischen Territorium *„unmittelbar geltenden Rechts“* (*źródło powszechnie obowiązującego prawa Rzeczypospolitej Polskiej,* Art. 87 Abs. 1 UK) und damit den Bestandteil der innenstaatlichen Rechtsordnung (*część krajowego porządku prawnego,* Art. 91 Abs. 1 UK) bildet. Dies bedeutet, dass seine Vorschriften keine Umsetzungsgesetze oder Änderung des bestehenden polnischen Rechts erfordern und unmittelbar anwendbar sind[117]. Direkte Anwendung findet auch die EuGVO, die als Verordnung des Europäischen Rates in den EU-Mitgliedsstaaten unmittelbar gilt und kein Umsetzungsgesetz verlangt. Diesem Grundsatz entsprechen auch die Bestimmungen der in verschiedenen Rechtszweigen verstreuten Regelungen des polnischen Rechts, die den Primat der völkerrechtlichen Verträge *expressis verbis* festschreiben. Hierzu gehören insbesondere die Vorschriften der Art. 1 § 2 PPM (*Ustawa o: Prawo prywatne międzynarodowe* - ferner als PPM, Internationales Privatrecht - IPR)[118], Art. 541 § 1 KPK (*Kodeks postępowania karnego* - ferner als KPK, Strafverfahrensgesetzbuch)[119], vor allem aber Art. 1096 KPC, der den Vierten Teil des Zivilverfahrensgesetzbuches und damit das IZVR einleitet und den Vorrang der völkerrechtlichen Verträge auf den ganzen Vierten Teil dieses Gesetzbuches erstreckt[120]. Danach werden die Vorschriften des polnischen IZVR ausgeschlossen, sofern ein völkerrechtlicher Vertrag, dessen Partei Polen ist, andere Bestimmungen als der Vierte Teil des KPC (Art. 1096-1153^2), beinhaltet, diese also verdrängt[121].

Eine generelle Differenzierung zwischen den völkerrechtlichen Verträgen, die nicht ratifiziert worden sind und denen, die keiner Ratifizierung unterliegen, ist in Bezug auf Art. 1096 KPC nicht notwendig. Es soll eher angenommen werden, dass diese Regelung jeden völkerrechtlichen Vertrag betrifft, der Polen bindet und die Ratifikation keinen rechtsgestaltenden Charakter hat. Die in Art. 1096 KPC gebrauchte Formulierung *„wenn ein völkerrechtlicher Vertrag nichts anderes bestimmt“* soll so verstanden werden, dass die Voraussetzungen der Vollstreckbarkeit eines ausländischen Titels, die ein völkerrechtlicher Vertrag bestimmt, allein maßgebend sind[122]. Auf diesem Wege werden die Voraussetzungen des polnischen Zivilprozessrechts ausgeschlossen, es sei denn, dass der betroffene Vertrag das Günstigkeitsprinzip explizit zulässt (vgl.

---

[117] *Ciszewski*, Przystąpienie Polski, S. 818; ders. Konwencja z Lugano, S. 49; *Maciejowska.*, Paragrafy z Lugano, Prawo i Życie (PiŻ) 1998 Nr. 35, S. 18.

[118] Ustawa z dnia 12.11.1965 r. - Prawo prywatne międzynarodowe, Dz.U. 1965 Nr. 46, Pos. 290 m. s. Ä.

[119] Ustawa z dnia 06.06.1997 r. – Kodeks postępowania karnego, Dz.U. 1997 Nr. 89, Pos. 555 m. s. Ä.

[120] *Jodłowski*, Zasady przewodnie polskiego międzynarodowego prawa procesowego cywilnego (w:) Księga pamiątkowa dla uczczenia pracy naukowej prof. *K. Stefki*, Warszawa- Wrocław 1967, S. 123.

[121] Entscheidungen des SN vom 07.12.1973, II CZ 181/73, OSNCP 1974 Nr. 3-4, Pos. 25 mit Gl. von *Jodłowski*, Państwo i Prawo (PiP) 1976 Nr. 12, S. 163; vom 21.10.1975, I CR 672/75, PiP 1976 Nr. 10, S. 163 mit Gl. von *Ciszewski* und von *Piasecki*, Nowe Prawo (NP) 1978 Nr. 3, S. 502. Eine Liste dieser völkerrechtlichen Verträge befindet sich in: Kodeks postępowania cywilnego (art. 844-1153), Konwencja z Lugano, Komentarz Tom III, 3. wydanie pod red. *K. Piaseckiego*, Warszawa 2002, Art. 1096, S. 465-473 (ferner als: KPC Kom.).

[122] Betreffend die Auslegung des Art. 1096 KPC vgl. die Entscheidung des SN vom 07.12.1973, II CZ 181/73, OSNPG 1974 Nr. 3-4, Pos. 25.

Art. 23 HUVÜ). Resümierend sollen allgemeine Gerichte und andere kompetente Organe die Bestimmungen der völkerrechtlichen Verträge direkt vor den innerstaatlichen Bestimmungen und unabhängig davon anwenden, ob sie Fragen regeln, die im nationalen Recht keine oder anders lautende Regelungen finden. Bedeutungslos ist hierbei der Zeitpunkt des Inkrafttretens des völkerrechtlichen Vertrags oder nationalen Gesetzes.

Gemäß dem Entwurf KPC soll die Vorschrift des Art. 1096 gestrichen werden, und zwar mit der Begründung, dass sie ihre eigenständige normative Bedeutung aufgrund der verfassungsrechtlichen Regelung dieser Frage (Art. 91 Abs. 3 UK) verloren hat. Darüber hinaus wird von Art. 1096 KPC der Vorrang des europäischen Rechts nicht berücksichtigt.

Aus den bisherigen Aufführungen ist zu schließen, dass der Vorrang des LugÜ und der EuGVO vor den Vorschriften des autonomen polnischen Rechts dazu führt, dass diejenige Bestimmungen, die mit dem LugÜ bzw. der EuGVO nicht übereinstimmen, durch diese entsprechend verdrängt und lediglich subsidiär angewendet werden[123]. Dabei gilt der Vorrang dieser europäischen Regelungen, ohne dass sie von sich aus eine generelle Ausschaltung der nationalen Zivilprozessordnungen (*ordines processuales*) vorsehen müssten[124]. Für den Fall wiederum, dass für die Bestimmung der internationalen Zuständigkeit und der Regeln der Anerkennung oder Vollstreckung von gerichtlichen Entscheidungen weder der Anwendungsbereich des LugÜ bzw. der EuGVO noch eines anderen Staatsvertrags mit dem betroffenen Land eröffnet ist, kommen die Regelungen des polnischen IZVR in Betracht, das - neben der Einleitungsvorschrift des Art. 1096 KPC - die drei folgenden Bücher beinhaltet:

1) Das erste Buch. Die internationale Zuständigkeit (*Jurysdykcja krajowa*, Art. 1097-1116 KPC),
2) Das zweite Buch. Das Verfahren (*Postępowanie*, Art. 1117-1144 KPC),
3) Das dritte Buch. Die Entscheidungen und Vergleiche ausländischer Gerichte (*Orzeczenia sądów zagranicznych i ugody zawarte przed takimi sądami*, Art. 1145-1153^2 KPC)[125].

Das in Polen geltende IZVR regelt das Verfahren vor den polnischen Gerichten in Zivilsachen, die eine Auslandsberührung nachweisen können, und zwar unabhängig von der Verfahrensart, in welcher zu entscheiden ist, da durch diese Regelungen sowohl das streitige und freiwillige, sowie Anerkennungs- und Vollstreckbarerklärungsverfah-

---

[123] Entscheidung des EuGH vom 15.11.1983 - 288/82, *Duijnstee/Goderbauer*, Slg. 1983, S. 3663, IPRax 1985, S. 85, 92. *Frey*, Zasady ustalania jursdykcji krajowej w sprawach pracowniczych w Konwencji z Lugano, Radca Prawny (RP) 2000 Nr. 3, S. 41.

[124] Entscheidungen des EuGH vom 13.11.1979 - 25/79 *Sanicentral/Collin*, Slg. 1979, S. 3423 ff., NJW 1980, S. 1218; *Piasecki*, KPC Kom., Einl. zum LugÜ Rn 10.

[125] Den drei Teilen des KPC sind in den Art. 1-14 KPC allgemeine Vorschriften vorangestellt, die für alle Verfahrensarten gelten, ferner betrifft der Erste Teil (Buch 1-4, Art. 15-729) das Erkenntnisverfahren und der Zweite Teil (Buch 1 und 2, Art. 730-1095^1 KPC) das Sicherungs- und Zwangsvollstreckungsverfahren.

ren umfasst sind. Außer dem Grundsatz des Vorrangs der völkerrechtlichen Verträge herrschen in diesem Rechtsbereich die Grundsätze der Gleichberechtigung ausländischer Parteien im Bereich des gerichtlichen Schutzes (hierzu gehört sowohl der Anspruch auf rechtliches Gehör [Art. 45 UK], wie auch die Inanspruchnahme von gleichen Prozessrechten)[126], der Respektierung der internationalen Zuständigkeit ausländischer Gerichte, der Anwendbarkeit des eigenen Zivilverfahrensrechts (*lex fori processualis*) und der Verbürgung der Gegenseitigkeit. Dabei bezieht sich vor allem der letztgenannte Grundsatz auf die Fälle, die vor dem Beitritt Polens zum LugÜ und gegenüber den neuen EU-Mitgliedsstaaten vor der Osterweiterung eingeleitet wurden. Darüber hinaus, so lange lediglich das LugÜ in Polen galt, konnten die inländischen Gerichte keine Vorfrage an das EuGH stellen.

Gemäß der von der polnischen Regierung erteilten Auskunft über die Anwendung von konkreten Vorschriften des polnischen Zivilverfahrensrechts, wo die notwendigen Informationen über die Anwendung der in Art. 63 LugÜ enthaltenen Normen im Verhältnis zu Polen erfasst wurden, ist Folgendes zu beachten[127]:

1) zum Art. 3 LugÜ: Innerhalb des sachlichen Anwendungsbereichs des LugÜ werden vor allem die exorbitanten Gerichtsstände der Art. 1103 (nicht aber Art. 1103 Nr. 1 Alt. 2 und 3, Nr. 2 Alt. 3 und 4 KPC)[128] und Art. 1110 KPC gegenüber Personen keine Anwendung finden, die ihren Wohnsitz in einem der Vertragsstaaten haben und vor den Gerichten eines anderen Vertragsstaates verklagt werden,
2) zum Art. 32 LugÜ: Die Anträge auf die Vollstreckbarerklärung eines ausländischen Titels sind in Polen an das Bezirksgericht (*sąd okręgowy*) zu richten[129],
3) zum Art. 37 Abs. 1 LugÜ: Die Rechtsbehelfe gegen erstinstanzliche Beschlüsse sind beim Appellationsgericht (*sąd apelacyjny*) einzulegen; von einem Beschluss, der infolge dieses Rechtsbehelfs ergangen ist, ist in Polen nur die Kassation (aktuelle Kassationsbeschwerde, *skarga kasacyjna*)[130] möglich,
4) zum Art. 40 LugÜ: Sofern ein Antrag auf die Vollstreckbarerklärung eines ausländischen Titels abgelehnt worden ist, ist der Rechtsbehelf des Antragstellers auf den Beschluss über die Vollstreckbarerklärung beim Appellationsgericht einzulegen,

---

[126] Diesem Grundsatz widersprechen nicht die besonderen Vorschriften des KPC, wie z.B. die über die Pflicht des ausländischen Klägers auf Begehren des polnischen Beklagten die Prozesskostensicherheit zu leisten (*kaucja aktoryczna*, Art. 1119 KPC). Diese Pflicht entfällt, wenn in der Heimat des ausländischen Klägers polnische Bürger keine Prozesskostensicherheit leisten müssen, sowie in weiteren in Art. 1120 KPC genannten Fällen.
[127] Dz. U. 1999 Nr. 110, Pos. 133.
[128] *Ciszewski*, Konwencja z Lugano, S. 52.
[129] Mit der „Genehmigung auf die Vollstreckung" ist die Vollstreckbarerklärung gemeint.
[130] Geändert mit dem Gesetz über die Änderung des Gesetzes - das Zivilverfahrensgesetzbuch vom 22.12.2005 (Ustawa o zmianie ustawy - kodeks postępowania cywilnego z dnia 22.12.2005), Dz. U. 2005 Nr. 13, Pos. 98.

5) zum Art. 41 LugÜ: Um einen Beschluss anzufechten, der über den in Art. 40 vorgesehenen Rechtsbehelf ergangen ist, muss die Kassationsbeschwerde eingelegt werden,
6) zum Art. 55 LugÜ: Das LugÜ ersetzt die bilateralen Rechtshilfeabkommen Polens mit Österreich[131], Frankreich[132], Griechenland[133] und Italien[134].

Gemäß Art. 56 Abs. 1 LugÜ/Art. 70 Abs. 1 EuGVO behalten die in Art. 55 LugÜ/Art. 69 EuGVO der vorstehenden Vorschrift aufgezählten Abkommen und Verträge über besondere Rechtsgebiete - in Polen die genannten Abkommen mit Österreich, Frankreich, Griechenland und Italien, aber auch Rechtshilfeabkommen mit Estland, Lettland, Litauen, Tschechien und Slowakei, Ungarn oder Zypern (Art. 69 EuGVO) - ihre Wirksamkeit für die Rechtsgebiete, auf die das LugÜ bzw. die EuGVO nicht anzuwenden sind (Art. 1 Abs. 2 LugÜ/EuGVO). Demzufolge gelten weiterhin diese bilateralen Rechtshilfeabkommen, vor allem wenn es sich um Rechtsstreitigkeiten aus dem Bereich des Familienstandes, der Rechts- und Geschäftsfähigkeit, sowie der gesetzlichen Vertretung natürlicher Personen, der Vermögensverhältnisse aus der Ehe und des Erbrechts, eingeschlossen Testamente handelt. Diese müssen allerdings vor dem Beitritt zur EU und damit vor der Übernahme der Verordnung (EG) Nr. 1347/2000 vom 29. Mai 2000 über die Zuständigkeit und die Anerkennung und Vollstreckung von Entscheidungen in Ehesachen und in Verfahren betreffend die elterliche Verantwortung für die gemeinsamen Kinder der Ehegatten durch Polen in seinem Verhältnis mit einem der EU-Mitgliedsstaaten, mit dem es in zwischenstaatliches Abkommen verbindet, entstanden sein.[135] Wenn ein Urteil zwei Entscheidungen beinhaltet: eine in Sache der Scheidung, die zweite betreffend den Unterhalt, dann werden zwei Verfahren notwendig: eines gemäß einem bilateralen Vertrag und ein zweites gemäß dem LugÜ oder der EuGVO.

Darüber hinaus hat Polen gemäß Art. I b des Protokolls Nr. 1 zum LugÜ bei der Hinterlegung seiner Beitrittsurkunde eine Erklärung abgegeben und sich – unbeschadet der Bestimmungen des Art. 28 LugÜ – das Recht vorbehalten, in anderen Vertragsstaaten ergangene Entscheidungen nicht anzuerkennen und zu vollstrecken, wenn die Zuständigkeit des Gerichts des Ursprungsstaates nach Art. 16 Nr. 1 lit. b LugÜ ausschließlich dadurch begründet ist, dass der Beklagte seinen Wohnsitz in dem Ursprungsstaat hat und die unbewegliche Sache im polnischen Hoheitsgebiet gelegen ist. Gegenüber der EuGVO durften keine Vorbehalte geäußert werden, so dass auch der-

---

[131] Das polnisch-österreichische Abkommen über die beiderseitigen Beziehungen in Zivilsachen und in Bezug auf Dokumente vom 11.12.1963, Dz.U. 1974 Nr. 6, Pos. 33-35.
[132] Das polnisch-französische Abkommen über das anwendbare Recht, die gerichtliche Zuständigkeit und die Vollstreckung gerichtlicher Entscheidungen auf dem Gebiet des Personen- und Familienrechts vom 05.04.1967, Dz.U 1969 Nr. 4, Pos. 22-23.
[133] Das polnisch-griechische Abkommen über Rechtshilfe in Zivil- und Strafsachen vom 24.10.1979, Dz.U. 1982 Nr. 4, Pos. 24-25.
[134] Das polnisch-italienische Abkommen über Rechtshilfe sowie die Anerkennung und Vollstreckung gerichtlicher Entscheidungen in Zivilsachen vom 28.04.1989, Dz.U. 1992 Nr. 23, Pos. 97-98.
[135] ABl. EG Nr. L 160 vom 30.06.2000, S. 19.

artige Entscheidung in ihrem Anwendungsbereich in Polen anerkannt werden müssen. Im Anwendungsbereich des LugÜ und der EuGVO werden ferner insbesondere folgende Regelungen des IZVR ausgeschlossen:

1) Art. 1098 KPC betreffend die Rechtsanhängigkeit, und Art. 1099 Satz 1 KPC betreffend die Folgen der mangelnden internationalen Zuständigkeit,
2) Art. 1102 KPC betreffend die ausschließliche Zuständigkeit in Rechtsstreitigkeiten wegen in Polen belegenen unbeweglichen Sachen und Art. 1103-1105 KPC betreffend einzelne Gerichtsstände im Prozess,
3) Art. 1110 KPC betreffend die internationale Zuständigkeit polnischer Gerichte im nichtstreitigen Verfahren in allen „anderen Sachen", die in den Vorschriften der Art. 1106-1109 KPC nicht genannt worden sind,
4) Art. 1119-1128 KPC betreffend die Prozesskostensicherheit, die unter bestimmten Umständen der ausländische Kläger zu entrichten hat,
5) Art. 1145-1149 KPC betreffend die Anerkennung von Entscheidungen ausländischer Gerichte (in Kraft bleiben dagegen einige Bestimmungen des Art. 1148 § 1 und 3 KPC)[136],
6) Art. 1150, Art. 1152-1153 KPC betreffend die Vollstreckbarerklärung ausländischer Titel (in Kraft bleiben dagegen Art. 1150 § 2, Art. 1151 § 2 Satz 2 und § 3 KPC)[137].

Entsprechende Regeln sind auch auf die EuGVO zu beziehen. Dabei bleiben alle anderen Regelungen des polnischen IZVR unberührt und werden, sofern der Bedarf entsteht, zusammen mit den genannten Bestimmungen in den Kapiteln II und III dieser Arbeit dargestellt.

Für die Anwendung des LugÜ in Polen musste kein Umsetzungsgesetz erlassen werden (Art. 87 Abs. 1 UK). Nichtsdestoweniger hat sich anlässlich seines Inkrafttretens im Inland die Frage ergeben, ob es nicht erforderlich wäre, ein Ausführungsgesetz (*ustawa wykonawcza*) zu erlassen. Ein solches Gesetz könnte eine hilfreiche Brücke zwischen den europäischen und den nationalen Regelungen aufbauen, der Verwirklichung des Übereinkommens durch die vollziehende Gewalt dienen und die Auslegungsschwierigkeiten vermeiden. Dennoch ist es ähnlich wie in den meisten Signatarstaaten, die eben kein Ausführungsgesetz besitzen, auch in Polen für entbehrlich erachtet worden. Für ein Ausführungsgesetz zum EuGVÜ haben sich die Bundesrepublik Deutschland (1988), Dänemark (1986), Großbritannien (1982), Irland (1988) und die Niederlande (1972) entschieden. In Deutschland, Großbritannien und Niederlanden wurden diese Ausführungsgesetze auf das LugÜ ausgeweitet. Beispielsweise enthält das deutsche Gesetz zur Ausführung zwischenstaatlicher Verträge und zur Durchführung von Verordnungen der EG auf dem Gebiet der Anerkennung und Vollstreckung

---

136 *Piasecki*, KPC Kom., Art. 1145, Rn 36.

137 *Ciszewski*, a. a. O., S. 54 f.

in Zivil- und Handelssachen (AVAG)[138] Ausführungsbestimmungen, insbesondere im Hinblick auf die örtliche Zuständigkeit, Rechtsmittel sowie die Aufhebung und Änderung der Beschlüsse über die Zulassung der Zwangsvollstreckung und Anerkennung. Neben dem EuGVÜ und dem LugÜ wird das AVAG für die EheGVO, UVÜ sowie verschiedene bilaterale Verträge angewendet, womit die Schwierigkeiten aufgrund von Unsicherheiten betreffend die Auslegung derjenigen europäischen Regelungen, die auf das nationale Zivilverfahrensrecht verweisen, vermieden werden können.

IV. Andere Maßnahmen der Europäischen Gemeinschaft

1. Grundlagen

Ausführend seinen Willen, die Rahmenbedingungen grenzüberschreitender Tätigkeiten so auszugestalten, dass die Bürger ihre privaten Rechte einfach und effektiv ausüben können, hat der Gemeinschaftsgesetzgeber - im Rahmen des Tampere-Programms und der Überarbeitung des europäischen Verfahrensrechts sowie seiner Umwandlung aus der Form der internationalen Übereinkommen in die Form von EG-Verordnungen[139] - über die EuGVO hinaus - folgende Rechtsakte erlassen (Art. 61 lit. c und Art. 65 EGV).

2. EheGVO

Am 1. März 2003 trat in Kraft die EheGVO (auch Brüssel II-Verordnung genannt)[140], die bereits zum 1. März 2005 (teilweise schon zum 1. August 2004, vgl. Art. 67-70)[141] durch die Verordnung (EG) Nr. 2201/2003 vom 27. November 2003 über die Zuständigkeit und die Anerkennung und Vollstreckung von Entscheidungen in Ehesachen und in Verfahren betreffend die elterliche Verantwortung ersetzt wurde (neue EheGVO, auch Brüssel II A-Verordnung genannt)[142]. Im Hinblick auf die Anwendung der EheGVO in den neuen EU-Mitgliedsstaaten ist zu erwähnen, dass die temporäre Anwendung der alten EheGVO deren Art. 42 und der neuen EheGVO deren Art. 64 regelt. Demzufolge gilt die alte EheGVO grundsätzlich für alle gerichtlichen Entscheidungen, öffentlichen Urkunden und Vereinbarungen, die nach dem 1. Mai 2004, und die neue EheGVO die nach dem 28. Februar 2005 in einem der Mitgliedsstaaten der Europäischen Union (ausgenommen Dänemark, ErG Nr. 25 zur EheGVO) eingeleitet, aufgenommen oder getroffen wurden (Art. 42 Abs. 1 der alten EheGVO/Art. 64 Abs. 1

[138] AVAG vom 30.05.1988, BGBl. I, S. 662; neu gefasst am 19.02.2001, BGBl. 2001 I, S. 288 m. s. Ä.; *Schack*, a. a. O., Rn 806; *Piasecki*, a. a. O., Rn 6.
[139] *Heiderhoff* in *Rauscher* (Hrsg.), a. a. O., Vorbemerkungen (Vorb.) zur EG-ZustellVO, Rn 1.
[140] ABl. EG Nr. L 160 vom 30.06.2000, S. 19.
[141] *Jayme/Kohler*, IPRax 2004, S. 490, Fn 114.
[142] ABl. EU Nr. L 338 vom 31.12.2003, S. 1. *Kropholler*, a. a. O., Einl. Rn 79 ff.; *Rauscher* in *Rauscher* (Hrsg.), a. a. O., Vorb. zur Brüssel II-VO, Rn 3.

der neuen EheGVO). Noch bevor die neue EheGVO in Kraft getreten ist, wurden im Jahr 2002 ihr Anhang I[143] und im Jahre 2004 ihre Anhänge I bis III[144] der älteren Verordnung geändert.

Die erste EheGVO wurde geschaffen, um die internationale Zuständigkeit, die Anerkennung und Vollstreckung von gerichtlichen Entscheidungen in den Bereichen, die angesichts der weitgehenden Freizügigkeit von Personen im heutigen Europa, in dem viele internationalen Ehen begünstigt werden, die aber aus dem Anwendungsbereich der EuGVO ausgeschlossen wurden, zu vereinheitlichen[145]. Hierbei handelt es sich um familienrechtliche Verfahren – ausgenommen Unterhaltssachen, die die EuGVO erfasst - die also Ehesachen und mit ihnen zusammenhängende Kindschaftssachen betreffen[146] und in den nationalen Rechtssystemen eine Vielfalt von verschiedenen Regelungen erfahren haben. Die erste EheGVO hat - entsprechend den Zielen des Maßnahmeprogramms von Tampere - die internationale Zuständigkeit in Ehesachen und in Verfahren über die elterliche Verantwortung für Kinder einheitlich geregelt und die Formalitäten im Hinblick auf eine rasche und unkomplizierte Anerkennung von Entscheidungen und deren Vollstreckung vereinfacht. In ihrem Anwendungsbereich wurden allerdings lediglich Zivilverfahren betreffend die elterliche Verantwortung für die gemeinsamen Kinder der Ehegatten und nur im Zusammenhang mit Eheverfahren vorgesehen, so dass die Sorgerechte betreffend die nichtehelichen Kinder ausgeschlossen waren. Die neue EheGVO hat die Regelungen betreffend die elterliche Verantwortung für Kinder umfassend geändert (Art. 1 Abs. 2 EheGVO)[147] und gilt für alle Zivilverfahren, die zu ihrem Gegenstand: die Ehescheidung, die Trennung ohne Auflösung des Ehebandes und die Ungültigkeitserklärung einer Ehe, ferner die Zuweisung, die Ausübung, die vollständige oder teilweise Entziehung der elterlichen Verantwortung sowie deren Übertragung haben (Art. 1 Abs. 1 EheGVO)

In ihrem Anwendungsbereich verdrängt die EheGVO das nationale Recht, so dass in Polen die Vorschriften des IZVR keine Anwendung finden. Damit entfällt auch für alle Entscheidungen, öffentlichen Urkunden und Vereinbarungen, die nach dem 1. Mai 2004 eingeleitet, aufgenommen oder getroffen worden sind (vgl. Art. 42 Abs. 1 der alten und Art. 64 Abs. 1 der neuen EheGVO) das Erfordernis, im Rahmen eines Delibationsverfahrens anerkannt (Art. 1145 § 1 KPC) und für die ausländischen Entscheidungen über die Scheidung, die Trennung oder Ungültigkeitserklärung einer Ehe (*rozwód, separację albo unieważnienie małżeństwa*) in das polnische Personenstands-

---

[143] Verordnung (EG) Nr. 1185/2002 der Kommission vom 01.07.2002 zur Änderung der Liste der zuständigen Gerichte in Anhang I der Verordnung (EG) Nr. 1347/2000 des Rates über die Zuständigkeit und die Anerkennung und Vollstreckung von Entscheidungen in Ehesachen und in Verfahren betreffend die elterliche Verantwortung für die gemeinsamen Kinder der Ehegatten ABl. Nr. L 173 vom 03.07.2002, S. 3 f.

[144] ABl. Nr. L 236 vom 23.09.2003, S. 711 f.

[145] Die EheGVO besitzt viele Gemeinsamkeiten mit der EuGVO, vgl. Art. 9 ff. EheGVO/Art. 25 f. EuGVO.

[146] *Kropholler*, a. a. O., Einl., Rn 80.

[147] *Jayme/Kohler*, a. a. O., S. 490.

buch (*księga stanu cywilnego*)[148], in ein Grundbuch (*księga wieczysta*)[149] oder in ein anderes Register in Polen eingetragen werden zu müssen (Art. 1145 § 2 KPC). Die materiellen Vorschriften über die in der EheGVO erfassten Familiensachen enthält in Polen das Familien- und Vormundschaftsgesetzbuch (*Kodeks rodzinny i opiekuńczy*, KRiO)[150], die kollisionsrechtlichen das internationale Privatrecht (Art. 14-23 PPM). Darüber hinaus ist zu erwähnen, dass die meisten der völkerrechtlichen Verträge, an denen sich Polen beteiligt und die diese Materie regeln, um nur das MSA[151], das Haager Übereinkommen über die Anerkennung von Entscheidungen und Ehetrennungen vom 1. Juni 1970[152] oder das Haager Übereinkommen über die zivilrechtlichen Aspekte internationaler Kindesentführung vom 25. Oktober 1980[153] zu nennen, im Anwendungsbereich der EheGVO verdrängt werden (Art. 36-37 EheGVO).

3. EuZustVO

Am 31. Mai 2001 trat in den Verhältnissen zwischen den EU-Mitgliedsstaaten (ausgenommen Dänemark, ErG Nr. 18 zur EuZustVO)[154] die Verordnung (EG) Nr. 1348/2000 vom 29. Mai 2000 über die Zustellung gerichtlicher und außergerichtlicher Schriftstücken in Zivil- und Handelssachen (EuZustVO)[155]. Erfasst auf der Grundlage vom Haager Übereinkommen über die Zustellung gerichtlicher und außergerichtlicher Schriftstücke in Zivil- und Handelssachen vom 26. Mai 1997 (sog. Europäischen Zustellungsübereinkommen [EZÜ], ErG Nr. 5 zur EuZustVO)[156], erzielt sie die Verbesserung und Beschleunigung der grenzüberschreitenden Zustellung von gerichtlichen und außergerichtlichen Schriftstücken. Die EuZustVO ergänzt die EuGVO und der EheGVO und verdrängt sowohl das nationale Recht (in Polen Art. 131-147 und Art. 1135 KPC) wie auch die in ihrem Art. 20 genannten völkerrechtlichen Verträge. Da die Urteilsfreizügigkeit im europäischen Justizraum oft an den mehrmonatigen oder sogar mehrjährigen Übermittlungen von Prozesshandlungen scheiterte, sollen - um die Rechtshilfe zu effektuieren -, gemäß der EuZustVO die grenzüberschreitenden Zustellungen durch zentrale Stellen, bei Zustimmung der Mitgliedsstaaten auch im direkten Verkehr zwischen ersuchendem und ersuchtem Gericht durchgeführt werden. Die Rechtshilfeersuchen werden durch einheitliche Formulare standardisiert, Übersetzungsforderungen behutsam eingeschränkt.

---

[148] Ustawa z dnia 29.09.1986 r.- Prawo o aktach stanu cywilnego, Dz.U. 1986 Nr. 36, Pos. 180 m. s. Ä.
[149] Ustawa z dnia 06.07.1982 r. o księgach wieczystych i hipotece, Dz.U. 2001 Nr. 124, Pos. 1361 m. s. Ä.
[150] Ustawa z dnia 25.02.1964 r., Dz.U. 1964 Nr. 9, Pos. 59.
[151] Dz.U. 1995 Nr. 106, Pos. 519.
[152] Dz. U. 2001 Nr. 53, Pos. 561.
[153] Dz.U. 1995 Nr. 108, Pos. 528-529.
[154] Auch bezüglich der EuZustVO wurde ein Erstreckungsabkommen auf Dänemark erarbeitet.
[155] ABl. EG Nr. L 160 vom 30.6.2000, S. 37.
[156] ABl. EG C 261 vom 28.08.1997, S. 2 ff.; *Heiderhoff* in *Rauscher* (Hrsg.), a. a. O., Vorb. zur EG-ZustellVO, Rn 2.

4. EuBewVO

Am 1. Juli 2001 trat in den Verhältnissen zwischen den EU-Mitgliedsstaaten (ausgenommen Dänemark, Art. 1 Abs. 3) die Verordnung (EG) Nr. 1206/2001 vom 28. Mai 2001 über die Zusammenarbeit zwischen den Gerichten der Mitgliedsstaaten auf dem Gebiet der Beweisaufnahme in Zivil- oder Handelssachen (EuBewVO)[157] in Kraft. Als erstmalige einheitliche Rechtsquelle der internationalen Beweisaufnahme in Zivil- und Handelssachen innerhalb der Europäischen Union (das Haager Übereinkommen vom 18. März 1970 über die Beweisaufnahme im Ausland in Zivil- und Handelssachen, das sog. HBÜ, gilt lediglich im Verhältnis von elf Mitgliedsstaaten)[158], findet die EuBewVO immer dann ihre Anwendung, wenn das Gericht eines Mitgliedsstaates nach seinem innerstaatlichen Recht das zuständige Gericht eines anderen Mitgliedsstaates um eine Beweisaufnahme (Art. 1 Abs. 1 lit. a) oder darum ersucht, in einem anderen Mitgliedsstaat unmittelbar einen Beweis erheben zu dürfen (Art. 1 Abs. 1 lit. b), es sei denn die Beweise sind nicht zur Verwendung in einem bereits eingeleiteten oder zu eröffnenden gerichtlichen Verfahren bestimmt (Art. 1 Abs. 2).

Ähnlich wie die Zustellung von grenzüberschreitenden Schriftstücken wird das Ersuchen um Durchführung einer Beweisaufnahme standardisiert und unter Verwendung eines Formblatts im unmittelbaren Geschäftsverkehr zwischen den Gerichten gestellt (Art. 2 und Art. 4 EuBewVO)[159]. Damit die EuBewVO für eine bessere, einfachere und schnellere Zusammenarbeit zwischen den Gerichten in Zivil- oder Handelssachen sorgen kann, haben alle EU-Mitgliedsstaaten (bis auf Dänemark) Zentralstellen bestimmt, die den Gerichten Auskünfte erteilen und bei eventuellen Schwierigkeiten helfen sollen (Art. 3 EuBewVO).

Im Anwendungsbereich der EuBewVO werden in Polen sowohl das autonome Recht (Art. 235-309 KPC) wie auch das Haager Übereinkommen über den Zivilprozess von 1954 und das HBÜ verdrängt (Art. 21 Abs. 1 EuBewVO). Das europäische Rechtshilferecht - die EuZustVO und die EuBewVO - beinhalten keine Übergangsvorschriften, so dass sie in den neuen EU-Mitgliedsstaaten ab dem 1. Mai 2004 anzuwenden sind. Maßgebend ist der Zeitpunkt, an dem das jeweilige Rechtshilfeersuchen gestellt wird[160]. Außerdem ist es möglich, diese Rechtsakte gemäß Art. 57 BA anzupassen[161].

5. EuInsVO

Außer den bisher genannten Bereichen wurde in Form einer EG-Verordnung das internationale Insolvenzrecht in seinen zentralen Teilen vereinheitlicht[162]. Am 31. Mai 2002 trat in allen EU-Mitgliedsstaaten (ohne Dänemark, ErG Nr. 33) die Verordnung

[157] ABl. EG Nr. L 174 von 27.06.2001, S. 1.
[158] U. a. in Polen, Dz.U. 2000 Nr. 50, Pos. 583, und Deutschland, BGBl. II 1977, S. 1472 ff.
[159] *Kropholler*, a. a. O., Einl. Rn 5.
[160] *Hess*, IPRax 2004, S. 376.
[161] *Jayme/Kohler*, a. a. O., S. 481.
[162] *Koch* in: *Koch/Magnus/Winkler von Mohrenfels*, IPR und Rechtsvergleichung, 3. Aufl., München 2004, S. 295.

(EG) Nr. 1346/2000 vom 29. Mai 2000 über Insolvenzverfahren (EuInsVO)[163] in Kraft. In den neuen EU-Mitgliedsstaaten ist die EuInsVO lediglich „*auf die Stichtagsregel des Insolvenzverfahrens*“ anzuwenden, die nach dem 1. Mai 2004 eröffnet wurde (Art. 43 EuInsVO)[164]. Die EuInsVO, die für Gesamtverfahren gilt, welche die Insolvenz des Schuldners voraussetzen und den vollständigen oder teilweisen Vermögensbeschlag gegen den Schuldner sowie die Bestellung eines Verwalters zur Folge haben (Art. 1 EuInsVO), ermöglicht europaweit eine vereinfachte und beschleunigte Insolvenzabwicklung und verhindert, dass es für die Parteien vorteilhafter ist, Vermögensgegenstände oder Rechtsstreitigkeiten von einem EU-Mitgliedstaat in einen anderen zu verlagern, um auf diese Weise eine verbesserte Rechtsstellung anzustreben (ErG Nr. 2-4 zur EuInsVO, sog. *forum shopping*).

Die EuInsVO verdrängt in ihrem Anwendungsbereich das Europäische Insolvenzübereinkommen vom 23. November 1995[165], das nicht in Kraft treten konnte[166], sowie das nationale Recht (in Polen das Konkursrecht vom 28. Februar 2003 - *Prawo upadłościowe i naprawcze*)[167].

6. PKH- Richtlinie

Um allen EU-Bürgern einen gleichen Zugang zum Recht und zu den Gerichten aller Mitgliedsstaaten gemäß einheitlichen Regeln sicherzustellen sowie – gemäß dem Grundsatz der Gleichheit beider Parteien – die Anwendung der Prozesskostenhilfe in zivil- und handelsrechtlichen Streitsachen mit grenzüberschreitendem Bezug für Personen zu fördern, die nicht über ausreichende Mittel verfügen (ErG Nr. 5 und 9 zur dieser Richtlinie), wurde die Richtlinie des Rates vom 27. Januar 2003 zur Verbesserung des Zugangs zum Recht bei Streitsachen mit grenzüberschreitendem Bezug durch Festlegung gemeinsamer Mindestvorschriften für die Prozesskostenhilfe in derartigen Streitsachen (PKH - Richtlinie)[168] erlassen. Diese Richtlinie musste bis zum 30. November 2004 in das nationale Recht umgesetzt werden (Art. 21 Abs. 1 PKH-Richtlinie) und wurde in Polen mit dem Gesetz über das Recht auf Prozesskostenhilfe in Zivilverfahren in den EU-Mitgliedsstaaten (*Ustawa o prawie do pomocy w postępowaniu w sprawach cywilnych prowadzonym w państwach członkowskich Unii Europejskiej*)[169] eingeführt.

---

[163] ABl. EG Nr. L 160 vom 30.6.2000, S. 1.
[164] *Hess*, a. a. O., S. 376.
[165] Entwurf des Übereinkommens in Bulletin EU 1995 Nr. 11, Ziff. 1.5.13, s. auch Bulletin EU 1999 Nr. 5, Justiz und Inneres 12/18, http://europa.eu.int/abc/doc/off/bull/de/9905/p104012.htm.
[166] *Schack*, a. a. O., Rn 1051.
[167] Ustawa z dnia 28.02.2003 r. - Prawo upadłościowe i naprawcze, Dz.U. 2003 Nr. 60, Pos. 535.
[168] ABl. EG Nr. L 026 vom 31.01.2003, S. 41 ff.
[169] Ustawa z dnia 17.12.2004 r., Dz.U. 2005 Nr. 10, Pos. 67.

7. EuVTVO

a. Abschaffung des Vollstreckbarerklärungsverfahrens

In sehr kurzer Zeit nach der Einführung der EuGVO, als sich die Rechtspraktiker der alten wie auch der neuen EU-Mitgliedsstaaten mit ihrem Liberalisierungsgrad gegenüber dem EuGVÜ bzw. anderen völkerrechtlichen Verträgen und dem nationalen Recht gewissermaßen abgefunden haben, wurde ein weiterer Schritt in die Richtung einer völligen Abschaffung des Exequaturverfahrens unternommen. Im Gefolge des Vereinfachungsvorhabens des Tampere-Programms ist am 21. Oktober 2005 die Verordnung (EG) Nr. 805/2004 vom 21. April 2004 zur Einführung eines europäischen Vollstreckungstitels für unbestrittene Forderungen (EuVTVO) in den Verhältnissen zwischen den EU-Mitgliedsstaaten (ausgenommen Dänemark, ErG Nr. 25 zur EuVTVO) in Kraft getreten[170].

Damit der Zugang zur Vollstreckung einer Entscheidung, öffentlichen Urkunde oder eines Prozessvergleiches außerhalb ihres Ursprungsstaates weiter beschleunigt und vereinfacht, ferner der freie Verkehr dieser Akte in den EU-Mitgliedsstaaten ermöglicht werden kann (ErG Nr. 8 zur EuVTVO), wurde auf die Vollstreckungsvoraussetzungen, eingeschlossen jede Kontrolle solcher Titel im Vollstreckungsstaat[171], verzichtet und ein Europäischer Vollstreckungstitel (EVT, *Europejski Tytuł Wykonawczy*) eingeführt (Art. 1 EuVTVO). Das Vollstreckbarerklärungsverfahren für unbestrittene Forderungen ist somit abgeschafft und eine Entscheidung, die im Ursprungsmitgliedsstaat als EVT bestätigt worden ist, in den anderen EU-Mitgliedsstaaten anerkennbar und vollstreckbar, ohne dass es einer Vollstreckbarerklärung bedarf und ohne dass die Anerkennung angefochten werden kann (Art. 5 EuVTVO). Diese Bestätigung bzw. Bescheinigung wird auf Antrag des Gläubigers im Gerichtsstaat auf einem vereinheitlichten Formblatt (Art. 9 i. V. m. Anhang I EuVTVO) und nur für unbestrittene, fällige und bezifferte Geldforderungen in Zivil- und Handelssachen ausgestellt (Art. 2, Art. 3 Abs. 3 EuVTVO)[172]. Nicht erfasst sind Steuer- und Zollsachen, verwaltungsrechtliche Angelegenheiten sowie die Haftung des Staates für Handlungen oder Unterlassungen im Rahmen der Ausübung hoheitlicher Rechte (Art. 2 EuVTVO).

Die in der EuVTVO gebrauchten Begriffe werden in den Vorschriften der Art. 3-4 bestimmt. Eine unbestrittene Forderung, die als eine fällige Geldforderung unabhängig von ihrer Höhe zu verstehen ist, gilt als solche, wenn ihr der Schuldner im Gerichtsverfahren nicht widersprochen oder aber ihr ausdrücklich durch Anerkenntnis oder

---

[170] EuVTVO, ABl. EU Nr. L 143 vom 30.04.2004, S. 15. Die EuVTVO ist zum 21.01.2005 in Kraft getreten, gemäß Art. 33 EuVTVO ist jedoch ihr materielles Teil erst ab dem 21.10.2005 anwendbar.

[171] Wie umstritten die Abschaffung des Vollstreckbarerklärungsverfahrens ist, zeigt die zahlreiche Auseinandersetzung des Schrifttums mit diesem Thema, s. *Jayme/Kohler*, a. a. O., S. 481 ff.; *Kohler*, Von der EuGVO zum Europäischen Vollstreckungstitel – Entwicklungen und Tendenzen im Recht der Anerkennung und Vollstreckung ausländischer Entscheidungen – in *Reichelt/Rechberger*, Europäisches Kollisionsrecht, Wien 2004, S. 63 ff.; *Stadler*, a. a. O., S. 5 ff.; *Stein*, Der Europäische Vollstreckungstitel für unbestrittene Forderungen tritt in Kraft – Aufruf zu einer nüchternen Betrachtung, IPRax 2004, S. 181 ff.

[172] *Stadler*, a. a. O., S. 6.

durch vor einem Gericht geschlossenen Vergleich zugestimmt hat oder die Forderung ausdrücklich in einer öffentlichen Urkunde anerkannt hat (Art. 3 Abs.1 lit. a-d EuVTVO). Außer Anerkennungsentscheidungen fallen hierunter Prozessvergleiche, Versäumnisentscheidungen und Vollstreckungsbescheide sowie öffentliche Urkunden, in denen sich der Schuldner einer Zahlungspflicht unterwirft (Art. 3 Abs. 1 lit. a-d EuVTVO), vorausgesetzt die Voraussetzungen aus Art. 6 EuVTVO sind erfüllt. Die Vorschrift des Art. 6 Abs. 3 EuVTVO sieht dennoch auch die Möglichkeit vor, eine „Ersatzbestätigung" zu erlassen, sofern gegen die Entscheidung im Ursprungsstaat ein Rechtsbehelf eingelegt wurde (obwohl hierbei von keiner unbestrittenen Forderung die Rede sein kann)[173].

Die Abschaffung des Vollstreckbarerklärungsverfahrens in Zivil- und Handelssachen soll allmählich auf alle Forderungen ausgeweitet werden. Zunächst handelt es sich zwar lediglich um die genannten unbestrittenen Forderungen, dabei weist aber der Europäische Wirtschafts- und Sozialausschuss darauf hin, dass derartige Forderungen in der Praxis 90 Prozent der Entscheidungen in der Europäischen Union betreffen, die grenzüberschreitend vollstreckt werden sollen[174].

Die Bestätigung als EVT kann nicht angefochten werden (Art. 10 Abs. 4 EuVTVO). Sie kann nur, wenn sie im Hinblick auf die Voraussetzungen der EuVTVO *„eindeutig zu Unrecht erteilt wurde"*, auf Antrag und durch das Ursprungsgericht gemäß in seinem Staat maßgeblichen Recht widerrufen oder ihr materielle Fehler berichtigt werden (Art. 10 Abs. 1-3 EuVTVO). Infolge dessen, dass im Rahmen der EuVTVO die Anerkennung nicht angefochten werden kann, die Anerkennungshindernisse also wie z.B. die nicht rechtzeitige bzw. ordnungsgemäße Zustellung nicht existieren, sich aber diese Verordnung auch auf die Versäumnisurteile erstreckt, mussten hier - neben den Regelungen für die grenzüberschreitende Vollstreckung - auch Mindestvorschriften für die Zustellung festgelegt werden. Nur so konnte das Recht auf Verteidigung und die Unterrichtung des Schuldners gewahrt bleiben (Art. 12 ff. i. V. m. Art. 6 EuVTVO). Diese Mindestvorschriften unterscheiden sich zum Teil von den Bestimmungen der EuZustVO und sollen für die EU-Mitgliedsstaaten nicht verbindlich, sondern nur auf freiwilliger Basis angepasst werden. Trotz dieser „Freiwilligkeit" bedingt die Einhaltung dieser Zustellungsvorschriften die Qualifizierung eines Titels als EVT, so dass die EU-Mitgliedsstaaten praktisch gezwungen sind die entsprechende nationale Gesetzgebung und im nächsten Schritt alle Verfahrensvorschriften, insbesondere das Vollstreckungsrecht mit der europäischen Gesetzgebung zu harmonisieren[175].

Verfügt der Gläubiger über einen EVT, wird das Zwangsvollstreckungsverfahren im Vollstreckungsstaat durch sein autonomes Recht geregelt. Der Gläubiger braucht für die Zwangsvollstreckung im Vollstreckungsstaat weder eine Zustellanschrift noch einen Bevollmächtigten anzugeben. Darüber hinaus dürfen ihm wegen Fehlens eines

---

[173] *Jayme/Kohler*, a. a. O., S. 486.

[174] Stellungnahme des Europäischen Wirtschafts- und Sozialausschusses, ABl. C 85 vom 08.04.2003, sub. 3.1; *Stadler*, a. a. O., S. 6.

[175] Stellungnahme des Europäischen Wirtschafts- und Sozialausschusses, s. o., sub. 5.3; *Stadler*, a. a. O., S. 4.

Wohnsitzes oder Aufenthalts im Vollstreckungsstaat keine zusätzlichen Gebühren oder Sicherheitsleistungen auferlegt werden (Art. 20 Abs. 3 EuVTVO).

Die Europäisierung des Zivilprozessrechts hat mit der Einführung des EVT, zunächst für unbestrittene Forderungen, eine neue Etappe erreicht[176]. Ob die EU-Mitgliedsstaaten - insbesondere ihre neuen Mitglieder, für die das *„System des europäischen Zivilprozessrechts teilweise völliges Neuland“* ist[177] – für den weitgehenden Liberalisierungsschritt bereit sind und ob eine vollständige Vereinheitlichung der Vollstreckungsformen und der nationalen Prozessordnungen sowie das Vertrauen in den Vollstreckungsmechanismus des Aufnahmelandes in solchem Maß vorhanden sind, dass die EuVTVO ihren Zielen nach verwirklicht und trotzdem der Rechtschutz des Schuldners, der in den Ursprungsstaat verlegt wurde, gesichert werden kann, bleibt fraglich[178]. Dabei soll die EuVTVO gegenüber der EuGVO einen erheblichen Vorteil bieten, indem die im Zusammenhang mit der Erteilung der Vollstreckbarerklärung im Vollstreckungsstaat entstehende Kosten und Verzögerungen vermieden werden können (ErG Nr. 9 zur EuVTVO). Der Gläubiger kann allerdings frei entscheiden, ob er eine Bestätigung als EVT für unbestrittene Forderungen oder aber die Vollstreckbarerklärung gemäß Art. 38 ff. EuGVO beantragen wird (Art. 27 EuVTVO). Auch die EuZustVO bleibt unberührt (Art. 28 EuVTVO).

b. Anpassung des polnischen Zivilverfahrensrechts

Entsprechend den Anforderungen der EuVTVO – allerdings mit einer mehrmonatigen Verspätung – ist am 6. Mai 2006 das Gesetz über die Änderung des Zivilverfahrensgesetzbuches vom 17. Februar 2006 in Kraft getreten[179], dessen Inhalt die Umsetzung dieser Verordnung in Polen ermöglichen soll. Demzufolge wird in dem erstinstanzlichen Verfahren - entsprechend den Anforderungen an Mindestvorschriften über die Zustellung - zu den Vorschriften über die mündliche Verhandlung (Erster Teil, sechster Titel, Abschnitt II) zum Art. 206 KPC, der neben der Anberaumung der mündlichen Verhandlung die Zustellung der Klage regelt, der § 2 beigefügt (der bisherige Inhalt wird in § 1 überführt), damit die Belehrung des Beklagten über folgende Fragen angeordnet. Diese ist gleichzeitig mit der Klage und der Ladung zuzustellen. Der Beklagte soll informiert werden über:

1) Prozesshandlungen, die er vornehmen kann oder soll, wenn er den Anspruch ganz oder zum Teil nicht anerkennt, insbesondere über die Möglichkeit oder Pflicht auf die Klage zu erwidern (eingeschlossen Frist- und Formerfordernisse hierfür) oder eigene Anträge, Stellungsnahmen und Beweise während der Verhandlung vorzulegen,
2) Folgen seiner Passivität in Form eines Versäumnisurteils (eingeschlossen Bedingungen seiner Vollstreckbarkeit) oder der Belastung mit den Prozesskosten,

---

[176] *Jayme/Kohler*, a. a. O., S. 493.
[177] *Stadler*, a. a. O., S. 7.
[178] *Hess*, JZ 2001, S. 573; *Stein*, a. a. O., S. 181 ff.; *Stadler*, a. a. O., S. 4; *Jayme/Kohler*, a. a. O., S. 483.
[179] Dz. U. 2006 Nr. 66, Pos. 466.

3) die Berechtigung des Beklagten, einen Prozessbevollmächtigten zu bestellen und das Fehlen eines Anwaltszwangs.

Dem Dritten Teil des KPC wurde in dem ersten Titel der Abschnitt II a mit den Vorschriften der Art. 795^{1}-795^{5} KPC, genannt „*Bescheinigung des Europäischen Vollstreckungstitels*" („*Zaświadczenie europejskiego tytułu egzekucyjnego*") zugefügt. Gemäß diesen Regelungen erlässt das inländische Gericht auf Antrag des Gläubigers eine Bescheinigung des EVT, sofern der Vollstreckungstitel in Form einer Gerichtsentscheidung (*orzeczenie sądu*) oder eines Vergleichs, der vor dem Gericht geschlossen oder von ihm bestätigt wurde (*ugoda sądowa*), die in besonderen Vorschriften bestimmte Voraussetzungen (die Voraussetzungen der EuVTVO also) erfüllt (Art. 795^{1} § 1 KPC). Funktionell zuständig ist hierfür der Einzelrichter des Rayongerichts (*sędzia jednoosobowy sądu rejonowego*, Art. 795^{2} KPC). Über den Erlass des EVT für alle anderen Vollstreckungstitel als die, die in Art. 795^{1} § 1 KPC genannt werden (für die öffentlichen Urkunden also), entscheidet das Rayongericht, in dessen Bezirk der Vollstreckungstitel ausgefertigt worden ist (Art. 795^{1} § 2 KPC).

Für den Fall, dass der Erlass eines EVT versagt wird, wird diesbezüglicher Beschluss ausschließlich dem Gläubiger zugestellt. Dieser kann den Beschluss mit einer Beschwerde anfechten (Art. 795^{3} KPC). Auf einen Antrag des Schuldners, der binnen eines Monats nach der Zustellung des Beschlusses über den EVT eingereicht wurde (Art. 795^{4} § 2 KPC), kann der EVT aufgehoben werden, sofern einer der Verweigerungsgründe aus Art. 21 EuVTVO besteht (Art. 795^{4} § 1 KPC). Wird das entsprechende Formular nicht genutzt, muss der Antrag die Voraussetzungen der Art. 125-126 KPC erfüllen und die ihn begründenden Umstände genannt haben (Art. 795^{4} § 3 KPC). Bevor der EVT aufgehoben wird, muss der Gläubiger angehört werden (Art. 795^{4} § 4 KPC).

Die Regelungen der Art. 795^{1-2} KPC sind für den Erlass von Bescheinigungen über die Aussetzung oder Beschränkung der Vollstreckbarkeit von Titeln, für die ein EVT erlassen wurde entsprechend anzuwenden (Art. 795^{5} § 1 KPC i. V. m. Art. 23 und Art. 10 EuVTVO). Erlassen in Form eines Beschlusses sind diese mit einer Beschwerde anzufechten (Art. 795^{5} § 2 KPC).

Weitere Bestimmungen des Gesetzes betreffen die Aussetzung und Verweigerung des Zwangsvollstreckungsverfahrens aus einem EVT, wenn der Schuldner über eine Bescheinigung über Aussetzung oder Beschränkung der Vollstreckung verfügt (neue Art. 820^{1}-820^{2}, Art. 825 Nr. 5, Art. 840^{3} KPC). Zum IZVR wurde der Dritte Titel, benannt „*Vollstreckbarkeit von Entscheidungen der Gerichte der Mitgliedsstaaten der Europäischen Union, von Vergleichen, die von solchen Gerichten geschlossen oder durch diese bestätigt sowie von öffentlichen Urkunden, die in den Mitgliedsstaaten der Europäischen Union erstellt worden sind und denen dort ein Europäischer Vollstreckungstitel erteilt wurde*" („*Wykonalność orzeczeń sądów państw członkowskich Unii Europejskiej, ugód zawartych przed takimi sądami lub zatwierdzonych przez takie sądy oraz dokumentów urzędowych sporządzonych w tych państwach, opatrzonych zaświadczeniem europejskiego tytułu egzekucyjnego*") und damit zwei neue Vorschriften zugefügt: Art. 1153^{1} und Art. 1153^{2} KPC. Gemäß Art. 1153^{1} KPC sind Entscheidungen der Gerichte der EU-Mitgliedsstaaten, Vergleiche, die von solchen Gerichten geschlossen oder durch diese bestätigt sowie öffentliche Urkunden, die in den EU-Mitgliedsstaaten erstellt worden sind, und dort durch einen EVT bestätigt wurden, Vollstreckungstitel und werden in Polen nach Erteilung der Vollstreckungsklausel vollstreckt. Die Vollstreckungsklausel für diese Titel wird durch das Rayongericht der allgemeinen Zuständigkeit des Schuldners und wenn diese nicht feststellbar ist, das Rayongericht, in dessen Bezirk die Zwangsvollstreckung eingeleitet werden soll (Art. 1153^2 KPC), erlassen.

Das Gesetz über die Änderung des polnischen Zivilverfahrensrechts bezüglich der EuVTVO zeigt deutliche Vereinfachungen der bisher vorgesehenen Vollstreckungsregeln, gemäß deren z.B. über eine Vollstreckbarkeit drei Berufsrichter und zwar während einer mündlichen Verhandlung entscheiden können (Art. 1151 KPC). Es entspricht auch der europäischen Herausforderung, den Rechtsunterworfenen verschiedener Herkunft einen gleichwertigen Rechtsschutz zu geben, ihre Forderungen in grenzüberschreitenden Fällen daher schnell und einfach durchsetzen lassen und zwar mit der Intensivierung der justiziellen Zusammenarbeit in Zivilsachen.

8. Andere Rechtsakte und Vorschläge der Europäisierung des Zivilprozessrechts

Über die genannten Verordnungen hinaus wurde in der Gemeinschaft u. a. die Richtlinie 2000/31/EG des Europäischen Parlaments und des Rates vom 8. Juni 2000 über bestimmte rechtliche Aspekte der Dienste der Informationsgesellschaft - insbesondere des elektronischen Geschäftsverkehrs - im Binnenmarkt (Richtlinie über den elektronischen Geschäftsverkehr, auch E- Commerce- Richtlinie genannt)[180] und die Richtlinie 2004/80/EG des Rates vom 29. April 2004 zur Entschädigung der Opfer von Straftaten erlassen[181]. Um neben der Rechtsvereinheitlichung ein Informationssystem zu schaffen, das den europäischen Bürgern den Zugang zum Recht erleichtern würde, wurden auch die Entscheidung 2001/470/EG des Rates vom 28. Mai 2001 über die Einrichtung eines Europäischen Justiziellen Netzes für Zivil- und Handelssachen[182] sowie Verordnung (EG) Nr. 743/2002 des Rates vom 25. April 2002 über eine allgemeine Rahmenregelung der Gemeinschaft für Aktivitäten zur Erleichterung der justiziellen Zusammenarbeit in Zivilsachen für den Zeitraum 2002-2006[183] erlassen.

Zurzeit diskutiert werden folgende Vorschläge der Europäischen Kommission:

1) Vorschlag für eine Verordnung des Europäischen Parlaments und des Rates über das auf außervertragliche Schuldverhältnisse anzuwendende Recht („ROM II")[184],

[180] ABl. EG Nr. L 178 vom 17.07.2000, S. 1 ff.
[181] ABl. EG Nr. L 261 vom 06.08.2004, S. 15 ff.
[182] ABl. EG Nr. L 174 vom 27.06.2001, S. 25 ff.
[183] ABl. EG Nr. L 115 vom 01.05.2002, S. 1 ff.
[184] ABl. Nr. C 241 vom 29.09.2004, S. 1 ff. Dieser Vorschlag wurde am 26.04.2006 durch die Justizministerinnen und –minister der EU akzeptiert.

2) Vorschlag für eine Verordnung zur Einführung eines Europäischen Mahnverfahrens[185],
3) Vorschlag für eine Richtlinie des Europäischen Parlaments und des Rates über bestimmte Aspekte der Mediation in Zivil- und Handelssachen[186],
4) Vorschlag für eine Verordnung der Europäischen Parlaments und des Rates zur Einführung eines europäischen Verfahrens für geringfügige Forderungen[187].

Im Rahmen des Haager Programms sollen bis zum Jahr 2011 die genannten Vorschläge zügig abgeschlossen wie auch weitere Maßnahmen zur Gewährleistung des Grundsatzes der gegenseitigen Anerkennung umgesetzt werden. Hierzu gehören u. a. die Regelung des Kollisionsrechts für vertragliche Schuldverhältnisse in Form einer Verordnung ("Rom I"), der Europäische Zahlungsbefehl und Instrumente für eine alternative Streitbeilegung bzw. zur Behandlung von Bagatellsachen[188]. Die Effizienz der bestehenden Instrumente zur gegenseitigen Anerkennung gerichtlicher Entscheidungen sollte durch eine Standardisierung der Verfahren und Schriftstücke sowie die Festlegung von Mindeststandards für verfahrensrechtliche Aspekte – wie Zustellung gerichtlicher und außergerichtlicher Schriftstücke, Einleitung des Verfahrens, Vollstreckung von Entscheidungen und Transparenz der Kosten – verstärkt werden. Dies soll bis zum 2008 mit einem Grünbuch über prozessuale Mindeststandards erreicht werden. Bezüglich des Familien- und Erbrechts wird die Kommission von dem Europäischen Rat ersucht, folgende Vorschläge zu unterbreiten:

1) den Entwurf eines Rechtsinstrumentes zur Anerkennung und Vollstreckung von Unterhaltsentscheidungen, einschließlich Sicherungsmaßnahmen und vorläufiger Vollstreckung,
2) ein Grünbuch über die Regelung des Kollisionsrechts im Bereich des Erbrechts, einschließlich der Frage der Zuständigkeit, der gegenseitigen Anerkennung und der Vollstreckung gerichtlicher Entscheidungen in diesem Bereich, eines europäischen Erbscheins und eines Mechanismus zur eindeutigen Feststellung des Bestehens von Testamenten von in der Europäischen Union Ansässigen,
3) ein Grünbuch über die Regelung des Kollisionsrechts im Bereich des ehelichen Güterstands, einschließlich der Frage der Zuständigkeit und der gegenseitigen Anerkennung,

---

185 KOM/2004/0173 endg. - COD 2004, S. 55. Die Verordnung zur Einführung eines Europäischen Mahnverfahrens in den Mitgliedstaaten wurde am 21.02.220 beschlossen und wird nach einer Umsetzungsfrist von zwei Jahren wirksam werden.
186 SEK(2004) 1314; KOM/2004/0718 endg. - COD 2004, S. 251.
187 SEK (2005) 351-352, KOM/2005/87 endg. – COD 2005, S. 20.
188 Vorschlag der Kommission vom 15.3.2005 über Europäisches Bagatellverfahren, IP/05/296.

4) ein Grünbuch über die Regelung des Kollisionsrechts in Scheidungssachen („Rom III"),
5) Als langfristiges Ziel wird auch die Vereinheitlichung des Ehegüter- und Erbrechts („Rom IV") geplant[189].

[189] *Dörner/Hertel/Lagarde/Riering*, Aus dem Weg zu einem europäischen Internationalen Erb- und Erbverfahrensrecht, IPRax 2005, S. 1.

§ 4. Schlussbetrachtungen

Die Entwicklung der Europäischen Gemeinschaften und ihre permanente Erweiterung seit über fünfzig Jahren hat - unter vielen Erfolgen auf der wirtschaftlichen, politischen und sozialen Ebene – auf der rechtlichen Ebene u. a. das internationale Zivilprozessrecht europäisieren können. Zu den wichtigsten Rechtsakten in diesem Bereich gehören in Europa das EuGVÜ, das LugÜ und die EuGVO, die die internationale Kooperation u. a. dadurch verstärkt haben, dass sie - anders als ihre Vorgänger – neben einer weitgehenden Freizügigkeit von Urteilen im Europäischen Justizraum, eine einheitliche Zuständigkeitsordnung in Zivil- und Handelssachen regeln. Gemeinsam mit den anderen, in ihrer Zahl sehr reichen Rechtsakten europäischer Herkunft in verfahrensrechtlichen Fragen, haben sie - insbesondere die EuGVO - beinahe ein komplett kodifiziertes und in seinen Inhalten weit fortgeschrittenes Europäisches Zivilprozessrecht erreicht. Auch wenn aufgrund der – gegenüber den restlichen EU- Mitgliedsstaaten – außergewöhnlichen Positionierung Dänemarks, die deutlich und stark erstrebte Vereinheitlichung der europäischer Prozessrechte und die Intensivierung der justiziellen Zusammenarbeit noch territorial beschränkt, damit auch uneinheitlich bleibt (vgl. Erstreckungsabkommen, S. 32).

Dabei ist die justizielle Zusammenarbeit zwischen den Mitgliedsstaaten in Zivil- und Handelssachen, als eine Politik der EU im Zusammenhang mit dem freien Personenverkehr, aus diesem Grund so bedeutend, weil ohne die Probleme, die die Justiz- und Verwaltungssysteme der EU-Mitgliedsstaaten manchmal komplex und miteinander unvereinbar machen, zu bekämpfen, ohne die Intensität und Breite der Zusammenarbeit zwischen den Behörden der Mitgliedsstaaten zu erhöhen, könnten kaum welche Personen und Unternehmen ihre Rechte unabhängig von ihrem Aufenthaltsort in der EU vollständig ausüben, würden damit zur Freizügigkeit und Geschäftsaktivitäten ungenügend ermuntert. Und damit sie es sind, stellt die EU drei Handlungsprioritäten auf: einen besseren Zugang zu den Gerichten, die gegenseitige Anerkennung gerichtlicher Entscheidungen und eine stärkere Annäherung im Bereich des Prozessrechts. Dabei geht es bei der erreichten Vereinheitlichung der Gerichtsstände, Rechtshängigkeits- und Anerkennungsregelungen um eine regelrechte „Vernetzung“ der Gerichtssysteme der am Justizraum teilnehmenden Mitgliedsstaaten.

In so ein System vernetzt und an der europäischen Rechtsvereinheitlichung beteiligt werden soll auch die polnische Rechtsordnung, nachdem die kommunistische Hürde ihrer Entwicklung überwunden wurde. Die Entwicklungsgeschichte des polnischen Rechts sowie seine starke und andauernde Zerstreuung verdeutlichen hierbei, wie relevant die Rechtsvereinheitlichung für eine soziale und wirtschaftliche Integration des unabhängigen Staates erst im Rahmen des Landes, aktuell im Rahmen der Europäischen Union ist. Etliche Annäherungsschwierigkeiten im Wege der Basisvereinheitlichung sind insbesondere auf die Differenzen des polnischen Rechts- und Rechtsschutzsysteme gegenüber den alten EU-Mitgliedsstaaten zurückzuführen (vgl. Art. 39 BA), werden jedoch im Prozess der Europäisierung allmählich beseitigt. Dabei ist der Europäisierungsprozess in mehreren Dimensionen erkennbar: in der - quasi primären - Übernahme des europäischen Besitzstandes und der legislativen Anpassung des nationalen Besitzstandes, und in der daraus folgenden - quasi sekundären - Einflüsse auf die

Interpretation des einheimischen Rechts, seine Anwendung und Neuformulierung; ferner als sehr wichtiges Arbeitsthema für die Prozessrechtswissenschaft und Vorbild für die Formulierung bilateraler Verträge mit Drittstaaten. Und so haben z. B. die europäischen Verfahrensgrundsätze aus Art. 6 EMRK in dem polnischen Rechtssystem die verfassungsrechtlich gewährten Menschenrechte und Grundfreiheiten (vgl. Art. 38-56 UK und Art. 12 EGV) und das LugÜ die Gestaltung des bilateralen Vertrags zwischen Polen und Rumänien über Rechtshilfe und Rechtsverhältnisse in Zivilsachen vom 15. Mai 1999[190] beträchtlich geprägt. Eine derartige Harmonisierung polnischer Gesetzgebung entspricht den europäischen Forderungen, die - neben der Aufnahme in die justizielle Gemeinschaftsarbeit, die die unterschiedlich geprägten Zivil- und Prozessrechten der u. a. ehemaligen sozialistischen und kapitalistischen Länder angleichen lässt - ein dem europäischen angeglichenes Recht verlangt. Sie fordert daher eine ausreichende Professionalität der Richterschaft und eine juristische Infrastruktur, die auch tatsächlich ein faires und rechtsstaatliches Verfahren ermöglicht und den Parteien einen mit dem europäischen Niveau vergleichbaren Rechtsschutz gewährleistet. So sind eine unabhängige Justiz, ein zügiges und transparentes Verfahren, die Möglichkeiten eines effektiven Systems der rechtlichen Vertretung durch die Anwaltschaft, soziale Kostenhilfe und Zugang zu entsprechenden Informationen nur einige der Voraussetzungen, die ein Beitrittskandidat erfüllen musste und die Polen, als neues Mitglied der EU in einem - zunächst - genügenden Maße erfüllt hat. Nichtsdestoweniger sind weitere Anstrengungen, insbesondere in den Bereichen der Justiz und der Verwaltung, unabdingbar.

Und das trotz dessen, dass die polnische Demokratie seit 1989 einen bemerkenswerten Fortschritt erreicht hat: Für die mittel- und osteuropäischen Ländern war unter den realsozialistischen Verhältnissen ein dicht geknüpftes Netz von bilateralen Staatsverträgen kennzeichnend, das freilich ein geringes Maß an internationalem Rechtsverkehr, nur wenig privaten Handel und eine viel geringere Mobilität der Bevölkerung zu bewältigen hatte[191]. Der Übergang vom kommunistischen zum marktwirtschaftlichen Rechtszustand sowie die Überwindung der - in dieser Situation natürlichen - Mängel an Erfahrung und Fähigkeiten erforderten daher einen schnellen Aufbau von gemeinsamen Kooperationsplattformen, aus denen sich eine verbesserte Gerichtsbarkeit und ein entsprechender Rechtsverkehr entwickeln könnte. Trotz dieser „Vorgeschichte" gelang es Polen - als einzigem der exkommunistischen Länder - dem LugÜ noch vor der EU-Osterweiterung beizutreten. Dies zeigt nicht nur einen großen Fortschritt im Rahmen der europäischen Integration, sondern auch das Vertrauen der Vertragsunterzeichnerstaaten in die polnische Gerichtsbarkeit und auch Polens Vertrauen auf das Gerechtigkeitsempfinden der anderen Parteien, das erforderlich ist, wenn man den Charakter des Grundsatzes der gegenseitigen Anerkennung berücksichtigt. Die Vereinbarung des LugÜ (wie auch der EuGVÜ und anderer Abkommen in diesem Bereich) mit anderen Staaten wirft nämlich die Frage nach einer Vergleichbarkeit der

---

[190] Polsko-rumuńska umowa o pomocy prawnej i stosunkach prawnych w sprawach cywilnych z dnia 15.05.1999, Dz.U. 2002 Nr. 83, Pos. 752; s. *Ciszewski*, a. a. O.

[191] *Martiny/Ernst*, Der Beitritt Polens zum Luganer Übereinkommen, IPRax 2001, S. 29 ff.

Rechtsordnungen der beteiligten Parteien auf, da durch die Unterzeichnung eines Anerkennungs- und Vollstreckungsübereinkommens der Unterzeichnerstaat notwendig einen weiten Eingriff in den Rechtsschutz seiner Bürger zulässt. Er bewilligt, dass seine Bürger unter gewissen Umständen vor den Gerichten anderer Staaten verklagt werden können und verpflichtet sich, die Urteile ausländischer Gerichte durch seine eigenen Behörden gegen seinen Bürger zu vollstrecken. Dabei darf er nicht oder nur in einem sehr engen Rahmen überprüfen, ob das zu vollstreckende Urteil nach seiner eigenen Rechtsordnung rechtmäßig gewesen wäre. *Conditio sine qua non* derart enger Kooperation und der Zulassung des weitgehenden Eingriffs in das nationale Rechtssystem ist daher u. a. das genannte und seit Jahren steigende wechselseitige Vertrauen der Vertragsstaaten, das sowohl die Geltung von EuGVO, wie auch den Erfolg des EuGVÜ und des LugÜ begleitete.

Das Inkrafttreten des LugÜ in Polen hat seine Ziele erreicht: die Wirtschafts- und Rechtsverhältnisse mit EU- und EFTA-Staaten wurden gesichert, aber auch vereinfacht und gefestigt[192], die Anerkennungs- und Vollstreckungsprozeduren ebenso. Und noch vor dem EU-Beitritt schuf es eine Rechtslage, die Polen gegenüber den EU-Mitgliedstaaten sowie gegenüber Island, Norwegen und der Schweiz bereits so stellte wie nach dem EuGVÜ, und es in die europäische Ordnung der internationalen Zuständigkeit, der Anerkennung und Vollstreckung von Entscheidungen ausländischer Gerichte sowie in die Verwirklichung des Prinzips der Freizügigkeit von gerichtlichen Urteilen einbezog[193]. Die einheitlich geltenden Bestimmungen bezüglich der Gerichtszuständigkeit, der Anerkennung und Vollstreckbarkeitserklärung von Entscheidungen haben für einen wichtigen Rechtsvereinfachungseffekt gesorgt. Und wenn auch das LugÜ die ihm auf europäischer Bühne zugedachte Bedeutung nicht erlangt hat[194], mit seiner Ratifizierung wurde Polen frühzeitig auf die internationale Praxis in diesem Bereich des EuZPR eingestimmt, so dass es „*vor einem Schock bei der Anwendung der EuGVO*“ [195] bewahrt wurde. Das inländische Schrifttum hat sich mit dem LugÜ oft (wenn auch -

---

[192] *Ibidem*, S. 31; *Jayme/Geckler*, Polen und das Europäische Kollisionsrecht, IPRax 1997, 66 ff.

[193] *Martiny/Ernst*, a. a. O., S. 29.

[194] Dies liegt primär daran, dass wichtige Vertragsstaaten (Österreich, Finnland, Schweden) inzwischen als Mitgliedsstaaten der EU dem EuGVÜ beigetreten sind. Andererseits war nicht zu verkennen, dass der Beitritt der EFTA-Staaten zum europäischen Justizraum durch die vorherige Ratifikation des LugÜ nachhaltig erleichtern wurde. Vgl. die Diskussion in: *Jayme* (Hrsg.), Ein internationales Zivilprozessrecht in Gesamteuropa, Heidelberg 1992, S. 469; *Weyde*, Anerkennung und Vollstreckung deutscher Entscheidungen in Polen, Tübingen 1997, S. 18 ff.

[195] *Pazdan*, Poszukiwanie właściwego sądu i właściwego prawa po l maja 2004 r., Rejent 2000 Nr. 3-4, S. 155 f. (ferner als: Poszukiwanie właściwego sądu).

bis auf einige Werke[196] - sehr allgemein) auseinander gesetzt und seine allgemeinen Regeln den Gerichten und den Rechtspraktikern angenähert[197]. Die Anwendung des LugÜ hat darüber hinaus für die Verbreitung der Kenntnisse über das EuZPR, seine Grundsätze und Entwicklungstendenzen gesorgt und die polnischen Rechtspraktiker auf den weiteren Liberalisierungsgrad in Form von Konfrontation mit der EuGVO und weiteren EG-Verordnungen kurzfristig vorbereitet. Trotzdem hat das Inkrafttreten der EuGVO, wie auch der übrigen EG-Verordnungen die polnische Justiz vor viele neue Herausforderungen gestellt. Die komplexe Anwendung beider europäischen Regelungen, des LugÜ und der EuGVO, sowie des einheimischen IZVR (in Rechtsstreitigkeiten, die weder durch das LugÜ, die EuGVO noch andere europäische Rechtsakte geregelt wurden bzw. solche, die aus dem geographischen oder temporären Anwendungsbereich dieser Regelungen herausfallen) ließe sich dabei durch eine grundlegende Aufklärung ihrer Zusammenwirkung und gegenseitiger Beeinflussung auf dem polnischen Hoheitsgebiet wesentlich vereinfachen und beschleunigen.

---

[196] Eine rechtsvergleichende Studie von Teilbereichen des LugÜ ist vor allem in folgenden Werken zu finden: Ciszewski, Przystąpienie Polski, S. 815 ff.; ders. Dochodzenie roszczeń, S. 486 ff.; ders. Wybrane zagadnienia z prawa prywatnego międzynarodowego w konwencji lugańskiej, Rejent 2001, Nr. 7-8, S. 26 ff. (ferner als: Wybrane zagadnienia); ders. Konwencja z Lugano; *Sznajder*, Zasięg jurysdykcji wyłącznej sądu miejsca położenia nieruchomości w konwencji lugańskiej, Rejent 2001 Nr. 4, S. 87 ff.; dieselbe Stan zawisłości sprawy w konwencji z Lugano i w prawie wspólnotowym - pojęcie spraw tożsamych, Rejent 2003 Nr. 5, S. 124 ff.; *Weitz*, PS 1999, S. 98 ff.; ders. KPP 2000, S. 427 ff.; ders. Konwencja z Lugano. Wykonalność zagranicznych orzeczeń przed sądami polskimi, Warszawa 2002.

[197] S. vor allem: *Mączyński*, Jednolite europejskie normy o jurysdykcji krajowej i skuteczności orzeczeń zagranicznych, [w:] Księga pamiątkowa. I Kongres Notariuszy Rzeczypospolitej Polskiej, Poznań-Kluczbork 1993, S. 137 ff.; *Smorszczewski*, Jurysdykcja krajowa w sprawach cywilnych i handlowych według konwencji brukselskiej i lugańskiej, KPP 1997 Nr. 4, S. 627 ff.; *Półtorak*, Uznanie i wykonalność orzeczeń zagranicznych według konwencji brukselskiej i lugańskiej, KPP 1997 Nr. 4, S. 657 ff.; *Flaga-Gieruszyńska*, Jurysdykcja krajowa; *Łopuski*, Konwencja lugańska o jurysdykcji i wykonywaniu orzeczeń sądowych w sprawach cywilnych i handlowych, Bydgoszcz 2001, S. 13 ff.; *Wołosińska*, Odmowa uznania zagranicznego orzeczenia sądowego w świetle postanowień konwencji lugańskiej, Kraków 2002, s. 35 ff.; *Piasecki*, KPC Kom., S. 649 ff.

Kapitel II
Internationale Zuständigkeit

§ 5. Grundlagen

Innerhalb der Grenzen der souveränen, territorialen Hoheitsgewalt ist jeder Staat frei, die inländische Gerichtsbarkeit seiner Gerichte und anderer Organe zu bestimmen. Jeder Staat ist auch berechtigt, innerhalb der Grenzen seiner inländischen Gerichtsbarkeit und durch seine nationalen Regeln die internationale Zuständigkeit festzulegen. Ob ein Staat sich für zuständig erklärt oder nicht, wird daher nicht durch allgemeine Regeln des Völkerrechts bestimmt. Es gibt auch keine dem nationalen Recht übergeordnete internationale Zuständigkeitsordnung. Möglich ist dagegen eine weitgehende Vereinheitlichung der Regelungen über die internationale Zuständigkeit, wie diese eben in den EU- und EFTA–Staaten angestrebt wird.

Die in dem „offenen" Europa sehr hohe Aktualität der Frage nach dem Staat, in welchem die Gerichte über eine Rechtssache entscheiden können, erscheint bei jedem Rechtsstreit mit Auslandsberührung, wenn etwa die Streitparteien in verschiedenen Staaten wohnen oder der Ort des rechtsrelevanten Geschehens im Ausland liegt. Dabei müssen bei der Beantwortung dieser Frage, zwei Aspekte voneinander getrennt werden. Zum einen handelt es sich hier um eine ausreichende Beziehung der betroffenen Rechtssache zum Inland und ihre Zugehörigkeit zum Zuständigkeitsbereich der inländischen Gerichte (Grenzen der internationalen Zuständigkeit). Zum anderen geht es darum, ob die Kompetenz der inländischen Gerichte wegen der Immunitäten, die aus dem Völkerrecht resultieren, nicht ausgeschlossen ist (Grenzen der inländischen Jurisdiktionsgewalt). Abhängig davon, ob beide dieser Aspekte im Rahmen eines Begriffes zusammengeschlossen oder für jeden ein gesonderter Begriff benutzt wird, wird es zwischen dem monistischen und dualistischen Konzept der inländischen Gerichtsbarkeit unterschieden[1]. Und während nach dem monistischen Konzept beide der genannten Aspekte gemeinsam ein Rechtsinstitut bilden (inländische Gerichtsbarkeit i. S. d. internationalen Zuständigkeit und der Jurisdiktionsgewalt), werden nach dem dualistischen Konzept zwei Rechtsinstitute unterschieden – die aus der staatlichen Souveränität fließende Befugnis, das Recht zu sprechen[2], und die aufgrund der Inlandsbeziehung bestehende internationale Zuständigkeit der inländischen Gerichte[3].

Um das in einem konkreten Fall zuständige Gericht festzustellen, muss eine Lösung in den nationalen Regeln der betroffenen Staaten und, sofern diese Staaten Mitglieder eines völkerrechtlichen Abkommens sind, das die internationale Zuständigkeit normiert und gemäß der zwischenstaatlichen Vereinbarung das autonome Zuständigkeitsrecht verdrängt, auch in entsprechenden internationalen Regeln gesucht werden. Angesichts dieser Problematik sind der Begriff, die Rechtsquellen und Funktionen der internationalen Zuständigkeit in Zivilsachen grundsätzliche Problemfaktoren des inter-

---

[1] *Weitz*, Jurysdykcja krajowa w postępowaniu cywilnym, Warszawa 2005, S. 39 ff.
[2] *Geimer*, Internationales Zivilprozessrecht, 5. Aufl., Köln 2005, S. 155.
[3] *Weitz*, Jurysdykcja krajowa w postępowaniu cywilnym, S. 463.

nationalen Zivilverfahrensrechts[4]. Die Relevanz ihrer sorgfältigen Regelung der internationalen Zuständigkeit bestätigt ferner u. a. der Umstand, dass deren Mangel die Bestimmung des Umfangs des Rechtsschutzes, den jeder Rechtsstaat gewährleisten soll, unmöglich machen würde[5]. Auch die Gestaltung von Anerkennungs- und Vollstreckungsmöglichkeiten ausländischer Urteile im Inland werden durch die internationale Zuständigkeit erheblich beeinflusst (vgl. Art. 1146 § 1 Nr. 2 KPC). Die vielfältigen Regelungen über die internationale Zuständigkeit, ihre komplexe Rechtsquellen und Charakter zwingen daher zu ihrer genauen Analyse, die im Rahmen der Untersuchung der europäischen und polnischen Zuständigkeitsordnungen, eingeschlossen die entsprechenden Vorhaben der Kodifikationskommission für das Zivilrecht, durchgeführt wird.

[4] *Ludwiczak*, Międzynarodowe prawo prywatne, wyd. 5 Poznań 1996, S. 139.
[5] *Flaga-Gieruszyńska*, Jurysdykcja krajowa, S. 20.

§ 6. Rechtsquellen der internationalen Zuständigkeit

Die hohe Relevanz der Problematik der internationalen Zuständigkeit im grenzüberschreitenden Rechtsverkehr und ihre Zugehörigkeit zur hoheitlichen Aufgaben jedes Staates verursachen, dass trotz europäischen Vereinheitlichungstendenzen eine große Vielfalt derartiger Regelungen besteht. Die internationale Zuständigkeit wird in erster Linie durch das einheimische Recht, in Polen durch das IZVR (*prawo międzynarodowego postępowania cywilnego*), durch - praktisch bedeutendere - völkerrechtliche Verträge (*umowy międzynarodowe*) sowie durch Gerichtsstandsvereinbarung (*międzynarodowe uzgodnienie stron co do właściwości sądu*) bestimmt.

I. Autonomes polnisches Recht

Die Regelung der internationalen Zuständigkeit befindet sich im autonomen polnischen Recht im Ersten Buch des Vierten Teils des Zivilverfahrensgesetzbuches (Art. 1097-1116 KPC), wo sie -- insbesondere zum Zeitpunkt ihrer Entstehung in 1964 - eine transparente Konstruktion mit modernen und mit dem Internationalen Privatrecht (IPR, *Prawo prywatne międzynarodowe*, PPM) harmonisierten Formulierungen bildete[6], und die immer dann ihre Anwendung findet, wenn es sich um Rechtsstreitigkeiten handelt, die im Anwendungsbereich keines der völkerrechtlichen Verträge, deren Partei Polen ist, fällt. Die Vorschriften der Art. 1097-1116 KPC finden ihre Anwendung auch dann, wenn das LugÜ, die EuGVO oder die EheGVO auf die Vorschriften des nationalen Zivilprozessrechts verweisen.

1. Die inländische Gerichtsbarkeit und die internationale Zuständigkeit

Die Problematik der inländischen Gerichtsbarkeit, die in der polnischen Gesetzgebung gegenüber der meist auf dem Kontinent bekannten eine differenzierte Regelung erfuhr, kann Quelle etlicher Unstimmigkeiten in der Lehre werden. Im autonomen polnischen Recht wird zwischen der inländischen Gerichtsbarkeit eines Staates, und der internationalen Zuständigkeit (*właściwość międzynarodowa*, auch *jurysdykcja krajowa* als ein Aspekt der inländischen Gerichtsbarkeit) seiner Gerichte begrifflich nicht unterschieden[7]. Beide dieser Institute werden seit dem Jahr 1962 in dem Zivilverfahrensgesetzbuch als „*jurysdykcja krajowa*“ bezeichnet (Art. 1097-1116 KPC)[8], die als inländische Jurisdiktion (als Sammelbegriff für inländische Gerichtsbarkeit und internationale Zuständigkeit), als inländische bzw. nationale Gerichtsbarkeit, als inländische Gerichtsgewalt, oder aber - in einem ihrer Aspekte - als internationale Zuständigkeit übersetzt

---

[6] *Ludwiczak*, a. a. O., S. 140.

[7] In der polnischen Übersetzung des LugÜ wird die „Zuständigkeit“ mit dem Begriff „inländische Jurisdiktion“ wiedergegeben.

[8] Ustawa z dnia 15.02.1962 r. o zmianie przepisów postępowania w sprawach cywilnych, Dz.U. 1962 Nr. 10, Pos. 46. Bis dahin bediente sich das polnische Zivilprozessrecht mit dem Begriff der internationalen Zuständigkeit, *Waligórski*, Proces cywilny. Funkcje i struktura, Warszawa 1947, S. 58; *Trammer*, Zarys problematyki międzynarodowego procesu cywilnego państw kapitalistycznych, Warszawa 1956, S. 16 ff.

werden kann. Vordergründig handelt es sich hier um eine allgemeine Kompetenz von Gerichten und anderen Organen eines Staates zur Erkenntnis und Entscheidung in Zivilsachen sowie zur Ausübung von anderen Tätigkeiten im Zivilprozess[9]. In Grenzen dieser inländischen Jurisdiktion kann jeder souveräne Staat frei bestimmen, inwiefern und unter welchen Bedingungen seine Gerichte und andere Organe befugt sind, die Gerichtsgewalt im Erkenntnis- bzw. Anerkennungsverfahren in Fällen mit einer Auslandsberührung auszuüben und wie diese Rechtspflege im Verhältnis zu den Gerichten anderen Staaten eingeschränkt wird[10]. Im polnischen Zivilverfahrensgesetzbuch wird daher das monistische Konzept der inländischen Gerichtsbarkeit vertreten, damit unter ihrem Begriff die Kompetenz der Gerichte im Zivilverfahren verstanden, die sowohl die internationale Zuständigkeit als auch die inländische Jurisdiktionsgewalt umfasst, demzufolge dafür ebenso der Begriff der internationalen Zuständigkeit verwendet werden kann.

Im Zusammenhang mit der Auseinandersetzung des polnischen mit dem europäischen Zuständigkeitsrecht in dem LugÜ und in der EuGVO, stellt der Gegenstand der Abhandlung grundsätzlich die inländische Gerichtsbarkeit i. S. d. internationalen Zuständigkeit polnischer Gerichte dar, die gemäß dem aktuellen IZVR dann besteht, wenn beide genannten Aspekte kumulativ erfüllt wurden: wenn also der betroffene Rechtsstreit eine Inlandsbeziehung aufweist, die die internationale Zuständigkeit begründet, und keine Beschränkung der Jurisdiktionsgewalt aufgrund des Völkerrechts oder der Vorschriften der Art. 1097-1016 KPC über Immunitäten besteht. Dabei kann die Frage nach der internationalen Zuständigkeit polnischer Gerichte, die sich zu der Bestimmung beschränkt, ob sie in ihrer Gesamtheit für die Entscheidung des Rechtsstreites zuständig sind, nach h. M. erst dann gestellt werden, wenn Polen in einem konkreten Fall über die Gerichtsgewalt in einem Fall verfügt (Grundsatz der sog. logischen Priorität[11]; vgl. auch Art. 45 KPC) und die Zulässigkeit des Rechtswegs besteht (Art. 1-2 KPC)[12]. Weniger bedeutend ist bei der Bestimmung der internationalen Zuständigkeit die örtliche Zuständigkeit, die sich - anders als die erste - stets auf das konkrete, von dem Kläger angerufene Gericht bezieht und in Polen von der internationalen Zuständigkeit getrennt in den Vorschriften des Allgemeinen Teils des Zivilverfahrensgesetzbuches geregelt wurde (Art. 27-46 KPC)[13].

Wann die inländische Jurisdiktion i. S. v. Art. 1097 ff. KPC besteht, bestimmen - außer ihrer geographischen Grenzen, die sie auf das polnische Hoheitsgebiet beschränken - die genannten Regelungen über die Befreiung von ihr gegenüber be-

[9] Entscheidung des SN vom 12.03.1957, I CO 43/56, OSN 1957, Pos. 91.

[10] *Ereciński/Ciszewski*, Międzynarodowe postępowanie cywilne, Warszawa 2000, S. 62 ff. (ferner als: Międzynarodowe postępowanie); dieselben (dies.) Komentarz do kodeksu postępowania cywilnego, Część trzecia, Przepisy z zakresu międzynarodowego postępowania cywilnego, wyd. 3 Warszawa 2004, Art. 1097, Rn 1 (ferner als: KPC Kom.); *Piasecki*, a. a. O., vor Art. 1097, Rn 1.

[11] *Schack*, a. a. O., Rn 131.

[12] *Jodłowski*, Nowe przepisy z zakresu międzynarodowego postępowania cywilnego, NP 1962 Nr. 4-6, S. 32; *Ereciński/Ciszewski*, Międzynarodowe postępowanie, S. 64 und Entscheidungen des SN vom 23.08.1966, II CZ 101/66 mit Gl. von *Jodłowski*, PiP 1968 Nr. 4-5 und vom 14.02.1985, II CO 13/85, OSNCP 1985 Nr. 12, Pos. 196.

[13] *Piasecki*, a. a. O., vor Art. 1097, Rn 2.

stimmten Subjekten aufgrund von Immunitäten (*immunitety*), unter deren Begriff die Exemtion und die Exterritorialität zusammengefasst und die – entsprechend der Begrifflichkeit der nationalen Zuständigkeitsvorschriften (Art. 1097-1116 KPC) – neben der internationalen Zuständigkeit in dem Ersten Buch des Vierten Teils des polnischen Zivilverfahrensgesetzbuches und zwar in seinem fünften Titel, den Art. 1111-1116 KPC geregelt wurden. Aufgrund der polnischen Teilnahme an dem Wiener UN-Übereinkommen über diplomatische Beziehungen vom 18. April 1961 (WDÜ)[14] sowie dem Wiener UN-Übereinkommen über konsularische Beziehungen vom 24. April 1963 (WKÜ)[15], denen über 180 Staaten angehören und deren Grundsätze auch zum Teil in die Bestimmungen der Art. 1111-1116 KPC inkorporiert wurden (vgl. betreffend die diplomatische Immunität Art. 1111 KPC i. V. m. Art. 31 WDÜ oder betreffend die konsularische Immunität Art. 1112 KPC i. V. m. Art. 43 Abs. 1 WKÜ), finden die Regelungen des autonomen polnischen Rechts eine seltene Anwendung[16].

Die aktuelle Konstellation der inländischen Jurisdiktion - ähnlich der ihr ursprünglichen österreichischen Jurisdiktionsnorm vor 1997 (§ 27 a ff.)[17] und zum Teil der amerikanischen „*jurisdiction to prescribe* und *to adjudactive*“, wie abweichend von dem deutschen dualistischen Konzept der inländischen Gerichtsbarkeit - ist wegen dem Zusammenschluss zwei unterschiedlicher Rechtsinstitute negativ zu beurteilen und ihre Begrenzung auf den Aspekt der internationalen Zuständigkeit zu fordern[18]. Der Aspekt der Beschränkung der staatlichen Gerichtsgewalt wegen Immunitäten solle dann ausgesondert und als eigenständiges Rechtsinstitut geregelt werden[19]. Diesem Postulat kommt auch der KPC Entwurf entgegen, indem er beide dieser Rechtsinstitute trennt und in gesonderte Bücher verortet:

1) in den Vorschriften der Art. $1097\text{-}1110^1$ KPC E. im Ersten Buch des Vierten Teils: „*Die inländische Jurisdiktion polnischer Gerichte*“, und
2) in den Vorschriften der Art. $1110^2\text{-}1144^1$ KPC E. im Zweiten Buch des Vierten Teils: Titel IV a „Inländische Jurisdiktion im Sicherungs- und Zwangsvollstreckungsverfahren“ und Titel V „*Gerichtliche Immunität und Immunität gegen Zwangsvollstreckungsmaßnahmen*" (auf die Bezeichnung „*Befreiung von der inländischen Jurisdiktion polnischer Gerichte*“ soll verzichtet und die Folgen der fehlenden Jurisdiktion polnischer Gerichte (Art. 1099 KPC E.) sowie des Bestehens einer gerichtlichen Immunität eines Verfahrensbeteiligten (Art. 1113 KPC E.) getrennt geregelt werden)[20].

---

[14] Dz.U. 1961 Nr. 37, Pos. 232-233.
[15] Dz.U. 1982 Nr. 13, Pos. 98-99.
[16] *Jodłowski*, Postępowanie cywilne, S. 470; *Ereciński/Ciszewski*, a. a. O., S. 165 ff.; dies. KPC Kom., Art. 1111, Rn 5 und Art. 1112, Rn 1.
[17] Erweiterte Wertgrenzen – Novelle (WGN), BGBl I 1997/140; EB RV 898 BlgNR 20. GP 33 f;
[18] *Weitz*, a. a. O., S. 93 ff.
[19] *Ibidem*.
[20] Begründung zum KPC Entwurf, S. 3, s. www.ms.gov.pl/kkpc/kkpc.shtml vom 14.05.2006.

Die Übersetzung der "*jurysdykcja krajowa*" mit der inländischen Jurisdiktion entspricht am stärksten der polnischen Rechtstradition und kann vor eventuellen Unstimmigkeiten bewahren (so auch in der Übersetzung der polnischen Gesetzgebung, s. Anhang I, II). Nichtsdestoweniger erscheint es für Zwecke und im Rahmen dieser Abhandlung, derer Gegenstand die internationale Zuständigkeit bildet, einheitlicher den Begriff der internationalen Zuständigkeit – als ein Aspekt der inländischen Jurisdiktion - anzuwenden. Zum Einen, weil unter der Geltung des aktuellen IZVR in Polen der Begriff der internationalen Zuständigkeit als Synonym der inländischen Jurisdiktion verwendet werden kann. Und zum anderen, weil die entworfene Regelung der inländischen Jurisdiktion sich auf ihren Aspekt der internationale Zuständigkeit begrenzen damit zu dem dualistischen Konzept der inländischen Jurisdiktion übergehen wird. Aufgrund der Tradition der polnischen Rechtssprache soll dieser Übergang auf die sachliche Einschränkung vom Umfang des Begriffes hindeuten, ohne es jedoch auf den Begriff der „*jurysdykcja krajowa*" verzichtet wird.

Über die Frage der internationalen Zuständigkeit hinaus ist auch die Frage nach dem Prozessrecht zu beantworten, welches das nationale Gericht in Fällen mit internationalen Bezügen anzuwenden hat. Wie in den meisten Rechtssystemen wird auch in Polen im Fall seiner internationalen Zuständigkeit generell das einheimische Zivilverfahrensrecht (*lex fori processualis*) berufen, wobei die Regelungen betreffend die Rechtshilfe für ausländische Gerichte oder andere Organe die Ausnahmen von diesem Grundsatz zu Gunsten eines fremden Prozessrechts beinhalten[21]. Und während die Zuständigkeitsvorschriften des IZVR u. a. über die Abgrenzung der Tätigkeit der Justiz verschiedener Staaten bestimmen, wird das maßgebende materielle Recht durch die Vorschriften des internationalen Privatrechts (IPR) bestimmt. Davon nämlich, in welchem Staat ein Verfahren schwebt, hängt die Anwendung von entsprechenden Kollisionsnormen und letztendlich von solchem materiellen Recht ab[22].

2. Arten der internationalen Zuständigkeit

Wann die polnischen Gerichte international zuständig sind, wird mit Hilfe von persönlichen und sachlichen Anknüpfungspunkten (*łącznik*) bestimmt, die – neben der kollisionsrechtlichen Regelung im internationalen Privatrecht (vgl. Art. 2 oder Art. 15 PPM) - auch im Rahmen des IZVR geregelt wurden (Art. 1100 ff. KPC)[23]. Um die Zuständigkeit der Gerichte zu eröffnen, knüpfen diese an sachliche oder faktische Merkmale an, die den Fall mit dem Hoheitsgebiet eines konkreten Staates oder seiner Rechtsordnung binden[24]. Im autonomen polnischen Recht sind dabei die Staatsangehörigkeit einer der Parteien (*lex patriae, obywatelstwo polskie*; z.B. Art. 1100 § 1, Art. 1101 § 1, Art. 1106, Art. 1107 § 1 KPC), der die Staatenlosigkeit beim Inlandswohn-

[21] Das Prinzip der Unterordnung des ganzen Zivilprozessrechts dem lex fori wird in der Rechtslehre allgemein akzeptiert, s. Piasecki, a. a. O., vor Art. 1097, Rn 1, 5; vgl. auch Entscheidung des SN vom 09.07.1993, III CZP 89/93, OSNCP 1994, Pos. 16.

[22] *Ereciński/Ciszewski*, KPC Kom., Art. 1097, Rn 1.

[23] *Ibidem* Rn 3; *Piasecki*, a. a. O., vor Art. 1097, Rn 16 ff.; *Flaga-Gieruszyńska*, a. a. O., S. 26.

[24] *Schack*, a. a. O., Rn 242 ff.

sitz gleichgestellt ist, und der Wohnsitz oder Sitz derer im polnischen Hoheitsgebiet (*lex domicili, miejsce zamieszkania* oder *siedziba*, z.B. Art. 1110, Art. 1101, Art. 1103 Nr. 1, Art. 1146 § 2 KPC) am weitesten verbreitet. Von großer Bedeutung sind auch der gewöhnliche Aufenthalt (*pobyt stały*, Art. 1103 Nr. 1 KPC) oder der Tod eines polnischen Staatsangehörigen in Polen (Art. 1108 § 2 KPC). Unter den sachlichen Anknüpfungspunkten sind u. a. die Belegenheit des Vermögens des Schuldners in Polen (Art. 1106 § 2 Nr. 2 KPC) oder der unbeweglichen Sache dort (Art. 1102 § 1 KPC) zu erwähnen.

In dem KPC Entwurf wurde die Bedeutung der Staatsangehörigkeit zugunsten des gewöhnlichen Aufenthaltes zu Recht eingeschränkt (vgl. Art. 1103 KPC E.).

a. Allgemeine und besondere, notwendige und exorbitante Gerichtsstände

Die Unterscheidung zwischen den allgemeinen und besonderen Gerichtsständen (*jurysdykcja ogólna i szczególna*), die auf der Trennung zwischen den partei- und sachbezogenen Merkmalen basiert, wird in Polen grundsätzlich bei der Anwendung von völkerrechtlichen Verträgen, die solche Gerichtsstände vorsehen, getroffen. Im Rahmen des autonomen polnischen Rechts dagegen, das die internationale Zuständigkeit polnischer Gerichte in konkreten Kategorien von Zivilsachen bestimmt, bleibt diese Unterscheidung wenig ausgeprägt. Dieser Zustand soll mit der Novellierung des IZVR geändert werden, da der KPC Entwurf einen allgemeinen Gerichtsstand in Art. 1103 und besondere Gerichtsstände in Art. 1103^{1-9} KPC E. vorsieht.

Anders als mit den allgemeinen und besonderen Gerichtsständen im aktuellen IZVR ist es mit den Notgerichtsständen (*jurysdykcja konieczna*)[25], die dazu dienen, eventuelle negative Kompetenzkonflikte zu vermeiden und den Zugang zum Gericht zu ermöglichen. Hierfür wird dem Kläger in einer Zivilsache, über die das polnische Gericht grundsätzlich keine Entscheidungszuständigkeit besitzt und die grundsätzlich ausschließlich durch die Gerichte anderer Staaten entschieden werden soll, diese aber die Entscheidung über den Rechtsstreit aus verschiedenen Gründen verweigern (*denegatio iustitiae*), eine Möglichkeit gegeben, diesen Rechtsstreit durch das polnische Gericht zu entscheiden. Eine Voraussetzung hierfür ist allerdings irgendein Bezug dieser Sache zum polnischen Rechtsgebiet, weil sonst keinerlei Rechtsgewährung möglich ist (vgl. Art. 1107 § 3 KPC)[26]. Der Mangel an der internationalen Zuständigkeit polnischer Gerichte kann in solchem Fall auch durch eine Prorogation beseitigt werden (Art. 1104 KPC)[27].

In dem KPC Entwurf ist eine explizite Regelung des notwendigen Gerichtsstands vorgesehen (Art. 1099^1 KPC E.), für dessen Begründung nicht mehr „irgendein" sondern ein „ausreichender" Inlandsbezug vorliegen müssen wird. Gleichzeitig soll die betroffene Rechtssache im Ausland nicht entschieden werden können oder man soll nicht vernünftig verlangen können, dass sie im Ausland entschieden wird. Der Notgerichtsstand soll auch durch den Umstand begründet werden können, dass eine Ent-

---

[25] Entscheidung des SN vom 31.05.1975, III CZP 78/75, OSNCP 1976 Nr. 2, Pos. 33.
[26] *Ereciński/Ciszewski*, Międzynarodowe postępowanie, S. 76 f.; dies. KPC Kom. Art. 1097, Rn 6; *Piasecki*, KPC Kom., Art. 1097, Rn 12; *Flaga-Gieruszyńska*, a. a. O., S. 26.
[27] *Ibidem*.

scheidung in Polen nicht anerkennungsfähig ist, die betroffene Rechtssache jedoch einen ausreichenden Inlandsbezug nachweist.

Die exorbitanten Gerichtsstände (*jurysdykcja nadmierna*) bestimmen im polnischen Recht insbesondere die Vorschriften der Art. 1103 Nr. 1 Alt. 1 (Gerichtsstand des Aufenthalts des Beklagten in Polen zum Zeitpunkt der Zustellung der Klageschrift), Nr. 2 (Vermögensgerichtsstand) und Art. 1110 KPC (Gerichtsstand in „*anderen Sachen*")[28]. Möglich ist auch der Gerichtsstand der polnischen Staatsangehörigkeit des Klägers, wie z.B. in Ehesachen gemäß Art. 1100 § 1 KPC oder Kindschaftssachen gemäß Art. 1101 § 1 KPC[29]. Kein exorbitanter Gerichtsstand ist dagegen der Gerichtsstand des Streitobjektes in Art. 1103 Nr. 3 KPC[30]. In dem KPC Entwurf werden derartige Gerichtsstände weitgehend beseitigt. Bis auf die Ausnahme, in der die betroffene Sache vermögensrechtliche Ansprüche betrifft und der Beklagte ein Vermögen in Polen hat oder ihm in Polen Vermögensrechte von erheblichem Wert im Verhältnis zu dem Streitwert zustehen (Art. 1103^7 KPC E.)

b. Fakultative und ausschließliche Zuständigkeit

Eine weitere Art der internationalen Zuständigkeit bildet die Unterscheidung auf fakultative und ausschließliche Zuständigkeit (*jurysdykcja fakultatywna i wyłączna*). Bei der fakultativen Zuständigkeit sind mehrere Gerichtsstände eröffnet und die Parteien haben das Recht, zwischen inländischen und ausländischen Gerichten zu wählen (z.B. Art. 1102 § 2 KPC). Diese Wahlfreiheit entfällt, wenn ein Gesetzgeber eine Zuständigkeit für ausschließlich erklärt. Dabei kann dieser zum einen die ausländische Gerichte oder aber die inländischen Gerichte für – in einem konkreten Rechtsstreit - ausschließlich zuständig erklären.

Europaweit sind Tendenzen zu beobachten, die Regelungen über die ausschließliche internationale Zuständigkeit eigener Gerichte einzuschränken. Auch das autonome polnische Recht bedient sich generell der fakultativen Zuständigkeit. Derartige Regelung ermöglicht die Anerkennung und Vollstreckung von Entscheidungen, die zwar im Ausland erlassen wurden, genauso aber vor einem polnischen Gericht entschieden werden könnten (vgl. Art. 1146 § 1 Nr. 2 KPC). Theoretisch können also in einem Rechtsstreit, der in Polen zur fakultativen Zuständigkeit gehört, parallel zwei Verfahren schweben: eins im Inland und eins im Ausland, die mit zwei Entscheidungen abgeschlossen werden. Solche Situation – als begünstigende für die Entstehung von widersprüchlichen Entscheidungen – ist zu bekämpfen. Im Hoheitsgebiet Polens wird in derartiger Konstellation den Vorrang die Entscheidung des inländischen, im Rahmen der internationalen Zuständigkeit tätigen Gerichts genießen. Wird ferner trotz des Bestehens der ausschließlichen Zuständigkeit polnischer Gerichte im Ausland geklagt und entschieden, kann die auf diesem Wege erlassene Entscheidung in Polen nicht anerkannt werden (Art. 1101 § 2 und Art. 1102 § 1 i. V. m. Art. 1146 § 1 Nr. 2 KPC).

Die ausschließliche Zuständigkeit polnischer Gerichte erstreckt sich auf Ehesachen (*sprawy małżeńskie*), wenn beide Ehegatten ihren Wohnsitz in Polen haben und zu-

---

[28] *Ciszewski*, Konwencja z Lugano, S. 52.
[29] *Weitz*, a. a. O., S. 245, 466.
[30] *Ibidem*, S. 246, 466.

mindest ein Ehepartner polnischer Staatsangehöriger oder Staatenloser ist (Art. 1100 § 2 KPC)[31]. Fakultativ wird die internationale Zuständigkeit polnischer Gerichte wiederum dann, wenn zumindest einer der Ehegatten die polnische Staatsangehörigkeit besitzt und seinen Wohnsitz in Polen hat (Art. 1100 § 1 KPC). Es besteht also die Möglichkeit, dass in einer Ehesache zwischen polnischen Staatsangehörigen, ein ausländisches Gericht entscheidet und seine Entscheidung in Polen anerkannt wird.

Von der ausschließlichen Zuständigkeit polnischer Gerichte sind ferner Kindschafts-[32] und Adoptionssachen[33] (*sprawy między rodzicami a dziećmi*, Art. 1101 § 2 KPC) betroffen, wenn beide Parteien ihren Wohnsitz in Polen haben und mindestens eine polnischer Staatsangehöriger oder Staatenloser ist, sowie stets wenn der Tod einer dieser Personen in Polen eingetreten ist (Art. 1106 § 3 KPC). Die ausschließliche Zuständigkeit polnischer Gerichte gegenüber polnischen Staatsangehörigen und Staatenlosen mit Wohnsitz in Polen besteht auch für Entmündigungen dieser Personen (Art. 1106 § 1 KPC)[34], in Vormundschaftssachen und Pflegschaften (Art. 1107 § 1 KPC)[35] und in allen Fällen immer, wenn Rechtsstreitigkeiten über dingliche Rechte (*prawa rzeczowe*) und den Besitz (*posiadanie*) einer in Polen belegenen unbeweglichen Sache (Immobilie) anliegen, sowie aus einem Miet- oder Pachtverhältnis einer solchen Sache, mit Ausnahme der Rechtsangelegenheiten betreffend Mietzins (*czynsz*), die unter die Regelung des Art. 1103 KPC fallen (Art. 1102 § 1 Satz 1 KPC). Mit den dinglichen Rechten werden sowohl das Eigentum (*własność*) wie auch beschränkte dingliche Rechte (*ograniczone prawa rzeczowe*) gemeint[36]. Die Ausschließlichkeit umfasst auch andere Rechtsangelegenheiten in einem solchen Umfang, in welchem die Entscheidung eine in Polen gelegene unbewegliche Sache betrifft (Art. 1102 § 1 Satz 2 KPC, vgl. Art. 1108 und Art. 1110 KPC). Dementsprechend sind die polnischen Gerichte hinsichtlich einer unbeweglichen Sache im Ausland nicht zuständig (Art. 1102 § 2 KPC). Ausschließlich zuständig sind sie in Nachlasssachen, wenn der Erblasser polnischer Staatsangehöriger war und in Polen verstorben ist (Art. 1108 § 2 KPC)[37]. Die

---

[31] *Piasecki*, Skuteczność i wykonalność w Polsce zagranicznych orzeczeń sądowych, Warszawa 2000, S. 72 ff. Was als „Ehesache" bezeichnet werden kann, bestimmen für das streitige Verfahren Art. 425-452 KPC und für das nichtstreitige Verfahren Art. 561-567 KPC.

[32] Was als „Kindschaftssachen" bezeichnet werden kann, bestimmen für das streitige Verfahren Art. 453 KPC und für das nichtstreitige Verfahren Art. 568-589 KPC.

[33] Nach Art. 453 KPC werden alle Adoptionssachen außer der Auflösung der Adoption im nichtstreitigen Verfahren entschieden.

[34] Durch die polnische Rechtsprechung wird eine enge Auslegung des Art. 1106 § 1 KPC empfohlen, vgl. Entscheidung des SN vom 06.11.1978, IV CZ 127/78, OSNCP 1979 Nr. 7-8, Pos. 155.

[35] Gemäß Art. 1107 § 2 KPC kann das polnische Gericht auf seine ausschließliche internationale Zuständigkeit verzichten, sofern der durch die Anordnung der Vormundschaft oder Pflegschaft betroffene polnische Staatsangehöriger im Ausland wohnt oder dort sein Vermögen hat und ihm dort eine ausreichende Fürsorge gewährleistet ist.

[36] Entscheidungen des SN vom 22.02.1966, III CRN 395/65, OSNCP 1966 Nr. 11, Pos. 197 und vom 24.06.1999, III CRN 377/99, Prokuratura i Prawo 2000 Nr. 1, Pos. 40; *Ereciński/Ciszewski*, KPC Kom., Art. 1102, Rn 2.

[37] Als Beispiel kann ein Fall aus dem Nachlassverfahren dienen, in dem die unbewegliche Sache, Eigentum eines verstorbenen Ausländers, in Polen liegt; vgl. Entscheidung des SN vom 22.02.1966, III CR 396/65, PiP 1967 Nr. 1, S. 152 mit Gl. vom *Jodłowski*.

Aufzählung der ausschließlichen Zuständigkeiten in den Art. 1097-1110 KPC gilt als abschließend[38].

Die ausschließliche Zuständigkeit polnischer Gerichte soll eine Ausnahme bilden, ihr Umfang ist jedoch in einigen Fällen zu breit geregelt und in einigen anderen Fällen, wo sie sinnvoll und gerechtfertigt werden könnte, nicht vorgesehen[39]. Dieser unbefriedigende Zustand soll mit dem KPC Entwurf geändert werden, indem es auf einer Seite die Regelungen der ausschließlichen Zuständigkeit reduziert und auf der anderen Seite ihr neue Grundlagen geschaffen werden (vgl. Art. 1103^9 KPC E., dessen Vorbild Art. 22 Nr. 2 EuGVO bildet). Für die Begründung der ausschließlichen Zuständigkeit polnischer Gerichte wird grundsätzlich ein sehr starker Inlandsbezug notwendig, der erst durch kumulatives Auftreten von bestimmten Umständen erfüllt können wird (vgl. Art. 1103^1 § 2 und Art. 1103^2 § 2 KPC E.; im nichtstreitigen Verfahren auch Art. 1106 § 2 und Art, 1106^4 § 3 KPC E.). Damit erzielt die ausschließliche Zuständigkeit polnischer Gerichte den Schutz vor der exorbitanten Zuständigkeit der Gerichte fremder Staaten[40].

c. Direkte und indirekte Zuständigkeit

Die fakultative und ausschließliche internationale Zuständigkeit regeln die sog. direkte Zuständigkeit polnischer Gerichte (Entscheidungszuständigkeit, *jurysdykcja bezpośrednia*). Als solche ist die Kompetenz von Gerichten eines Staates zu verstehen, über eine Sache zu entscheiden. Anders ist es mit der indirekten Zuständigkeit, die das inländische Gericht, das zur Anerkennung oder Vollstreckbarerklärung eines ausländischen Urteils angerufen wurde, zur Kontrolle von Entscheidungszuständigkeit eines ausländischen Gerichts berechtigt (Anerkennungszuständigkeit, *jurysdykcja pośrednia,* Art. 1146 § 1 Nr. 2 und § 3 KPC)[41].

3. Prozessuale Relevanz der internationalen Zuständigkeit

Das polnische Zuständigkeitssystem stützt sich auf drei Grundsätze, die in den Allgemeinen Vorschriften der Art. 1097-1099 KPC zusammengefasst sind:

a. Kontinuitätsprinzip

Das Kontinuitätsprinzip (*zasada ciągłości i niezmienności jurysdykcji, perpetuatio iurisdictionis*), wonach die internationale Zuständigkeit, die zum Zeitpunkt der Einleitung des Verfahrens bestand, weiterhin besteht, auch wenn ihre Grundlagen im Laufe des Verfahrens entfallen (Art. 1097 KPC und Art. 1097 § 1 KPC E.), leitet die Regelungen über die internationale Zuständigkeit polnischer Gerichte ein und soll im Rahmen der künftigen Novellierung des IZVR um die Möglichkeit ergänzt werden, die

---

[38] *Jodłowski*, Nowe przepisy, S. 31.
[39] *Weitz*, a. a. O., S. 466.
[40] Begründung zum KPC Entwurf, S. 5.
[41] *Schack*, a. a. O., Rn 187; *Ereciński/Ciszewski*, Międzynarodowe postępowanie, S. 74 f.; *Piasecki*, a. a. O., Art. 1097, Rn 10; *Flaga-Gieruszyńska*, a. a. O., S. 26.

internationale Zuständigkeit polnischer Gerichte auch dann feststellen zu können, wenn ihre Gründe während des Verfahrens entstanden sind (Art. 1097 § 2 KPC E.).

b. Litispendenz

Den zweiten Grundsatz des polnischen Zuständigkeitssystems bildet die Unabhängigkeit der internationalen Zuständigkeit polnischer Gerichte in den durch die Zivilprozessordnung festgelegten Situationen, die selbst dann zu achten ist, wenn in derselben Sache zwischen denselben Parteien ein Verfahren bei einem ausländischen Gericht anhängig wäre (*litis pendentia* - Art. 1098 KPC). Außer den in Art. 1103 Nr. 1 und Art. 1113 KPC bestimmten Ausnahmen stellt die *lis alibi pendens* keine negative Prozessvoraussetzung für die internationale Zuständigkeit polnischer Gerichte dar und es bleibt (zumindest nach dem autonomen polnischen Recht) unmöglich, vor einem polnischen Gericht die Einrede der schwebenden Sache, die im fremden Gericht rechtshängig ist, wirksam vorzubringen (Art. 192 Nr. 1 KPC) und in Anlehnung daran die Abweisung der Klage oder des Antrags im Verfahren der freiwilligen Gerichtsbarkeit zu beanspruchen (Art. 199 § 1 Nr. 2 KPC).

Im Fall eines positiven internationalen Kompetenzkonflikts hat sich also der nationale Gesetzgeber für das Modell der Berücksichtigung der ausländischen Rechtshängigkeit nach dem Grundsatz der Wahl des für die gerichtliche Austragung des Rechtsstreites angemessenen Gerichts[42] entschieden. Derartige Regelung tendiert zur absolutistischen Darstellung des polnischen Rechts, soll daher kritisch beurteilt werden. Sie wird auch in dem entworfenen Gesetz zum IZVR - am Vorbild der EuGVO und der EheGVO - geändert, indem die frühere ausländische Rechtshängigkeit im polnischen Verfahren (nach dem Grundsatz der zeitlichen Priorität also) und auf Einwand einer Partei berücksichtigt werden soll (Art. 1098 § 1-4 KPC E.)[43]. Als eine sinnvolle Neuheit wird im Rahmen der Europäisierung des polnischen IZVR die Alternative vorgesehen, das Verfahren vor einem inländischen Gericht auszusetzen, wenn die ausländische Entscheidung für das inländische Verfahren präjudizielle Bedeutung haben kann (Art. 1098^1 KPC E.).

c. Überprüfung der internationalen Zuständigkeit von Amts wegen

Infolge des zwingenden Charakters der Prozessvoraussetzung (*bezwzględna przesłanka procesowa*), die die internationale Zuständigkeit bildet, erfolgt ihre Prüfung von Amts wegen und kann in jeder Lage der Sache stattfinden (Art. 1099 Satz 1 KPC), es sei denn, dass Art. 1105 § 3 KPC anzuwenden ist (vgl. Art. 1099 § 1 Satz 2 KPC E.).

Die internationale Zuständigkeit polnischer Gerichte muss zum Zeitpunkt der Klageerhebung bestehen. Darunter ist die Zustellung der Klage an den Beklagten gemeint. Der Prüfungsmaßstab sind die - entsprechend den Rechtsquellen der internationalen Zuständigkeit - sie betreffenden bi- oder multilateralen Abkommen, und für alle die Fälle, in denen diese nicht greifen, das autonome Recht des Staates, dessen Gerichte

---

[42] *Weitz*, a. a. O., S. 467.

[43] Bedeutend auch für Anerkennungsvoraussetzungen vgl. Art. 1146 § 1 Nr. 4 KPC, Art. 1146 § 1 Nr. 6 i. V. m. Art. 1098 § 1-4 KPC E.; ferner Art. 27 Nr. 5 LugÜ/Art. 34 Nr. 4 EuGVO.

angerufen werden, sowie die Gerichtsstandsvereinbarungen[44]. Der Mangel an internationaler Zuständigkeit kann abhängig von der Rechtsquelle, die seiner Feststellung zugrunde liegt, verschiedene Folgen haben. Im autonomen polnischen Recht sind es, abhängig von dem Zeitpunkt, in dem der Mangel aufgetreten ist, die Abweisung der Klage oder des Antrags im Fall eines primären Mangels, weil die fehlende inländische Jurisdiktion (im aktuellen Art. 1099 handelt es sich noch um ihre beiden Aspekte: die internationale Zuständigkeit und die Jurisdiktionsgewalt)[45] ein Grund der Verfahrensnichtigkeit ist (Art. 1099 Satz 2 KPC)[46], und im Fall eines sekundären Mangels die Einstellung des Verfahrens von Amts wegen (Art. 1113 KPC). An der internationalen Zuständigkeit polnischer Gerichte fehlt es primär dann, wenn diese weder eine gesetzliche Vorschrift des autonomen Rechts noch eine völkerrechtliche Bestimmung vorsieht[47]. Der sekundäre Mangel an internationaler Zuständigkeit polnischer Gerichte liegt vor, wenn eine Person, gegen die eine Sache eingeleitet wurde, im Laufe des Verfahrens aufhört, den polnischen Gerichten zu unterliegen (Art. 1113 KPC). Selbst die Rechtskrafterlangung einer Entscheidung kann die Aufhebung von Folgen des Mangels an internationaler Zuständigkeit polnischer Gerichte nicht hindern (Art. 64 des Gesetzes über das Oberste Gericht)[48]. Dabei sind der Mangel oder das Bestehen der internationalen Zuständigkeit nach der Rechtsprechung polnischer Gerichte entweder gemäß dem Sachverhalt, aus dem der Beklagte seinen Anspruch herleitet[49], oder nach dem Datum des Erlasses von Entscheidung, also *ex tunc*[50], zu beurteilen.

Über die Regelung der verfahrensrechtlichen Grundsätze in diesem Bereich und ausgehend von dem Kriterium der Verfahrensart ordnet das polnische IZVR die internationale Zuständigkeit in drei Gruppen an. Die erste Gruppe bilden die für die internationale Zuständigkeit in einem streitigen Verfahren (*sprawy rozpoznawane w postępowaniu spornym*) und in einem nichtstreitigen Verfahren (*sprawy rozpoznawane w postępowaniu niespornym*) (Art. 1100-1102 KPC). Die zweite und in der Praxis wichtigste Gruppe betrifft die internationale Zuständigkeit in den Rechtsstreitigkeiten, die lediglich im streitigen Verfahren (Art. 1103 KPC) und die dritte Gruppe auf Rechtsstreitigkeiten, die im nichtstreitigen Verfahren (Art. 1106-1108 und Art. 1110 KPC) entschieden werden können[51]. Einige dieser Vorschriften treten gegenüber den europäischen Zuständigkeitsordnungen des LugÜ und der EuGVO, aber auch der EheGVO zurück. Dabei umfasst der Gerichtsschutz auch die ausländischen Verfahrensbeteilig-

---

[44] Im polnischen IZVR werden die Gerichtsstandsvereinbarungen - anders als die anderen Rechtsquellen der internationalen Zuständigkeit - nicht von Amt wegen sondern nur auf Einrede einer interessierten Partei überprüft (Art. 1104-1105 KPC).

[45] *Weitz*, a. a. O., S. 401.

[46] Irrelevant ist hierbei, wann sich der primäre Mangel der internationalen Zuständigkeit herausgestellt hat. Anders im Vollstreckbarerklärungsverfahren, wo im Fall der Feststellung des Mangels erst nach Einleitung des Verfahrens die Vollstreckung eingestellt wird (Art. 824 § 1 Nr. 2 KPC).

[47] *Ereciński/Ciszewski*, Międzynarodowe postępowanie, S. 83; dies. KPC Kom., Art. 1099, Rn 2 f.

[48] Ustawa o Sądzie Najwyższym z dnia 23.11.2002 r., Dz.U. 2002 Nr. 240, Pos. 2052 m. s. Ä.

[49] Entscheidung des SN vom 18.04.1972, I CZ 176/71, OSNCP 1974 Nr. 1, Pos. 140.

[50] Entscheidung des SN vom 27.02.1979, III CRN 306/79, OSPiKA 1980 Nr. 9, Pos. 174 mit Gl. von *Ereciński*.

[51] *Flaga-Gieruszyńska*, a. a. O., S. 38 ff.

ten, die den einheimischen gleich gestellt werden (Ausnahmen von diesem Grundsatz sehen die Vorschriften Art. 1119-1120 KPC vor). Anderseits können auch die polnischen Staatsangehörigen und andere Personen, die sich in Polen aufhalten oder wohnen, Staatenlose oder Ausländer vor einem polnischen Gericht beklagen, sofern in betroffenem Rechtsstreit die inländische Jurisdiktionsgewalt besteht.

Im Rahmen der Rechtsharmonisierung polnischer mit den europäischen Verfahrensregeln sollen die „Gemeinsamen Vorschriften für internationale Zuständigkeit (im streitigen und nichtstreitigen Verfahren)“ Art. 1100-1102 KPC also, verstrichen, dabei die Regelung des bisherigen Art. 1102 § 1 KPC (nach seiner Präzisierung) zum Art. 1103^8 KPC E. verschoben und sein § 2 über die Unzuständigkeit polnischer Gerichte in Sachen betreffend die im Ausland belegenen unbeweglichen Sachen abgeschafft werden. Diese Schritte werden damit begründet, dass die Unübersichtlichkeit der "Gemeinsamen Vorschriften"die Bestimmung der internationalen Zuständigkeit in bestimmten Sachkategorien erschwert. Nach dem Vorbild fremder Rechtssysteme sollen das streitige und nichtstreitige Verfahren nun getrennt geregelt, damit die praktische Anwendung diesbezüglichen Regelungen vereinfacht wird. In den neuen Vorschriften der Art. 1103^1-1103^7 KPC E. werden zusätzliche Zuständigkeitsgründe vorgesehen, die das in Art. 1103 KPC E. ausgedruckte Prinzip *actor sequitur forum rei* ergänzen sollen[52]. Auch diese entsprechen den europäischen Vorbildern und sind positiv zu beurteilen. Darüber hinaus sollen die Zuständigkeitsgründe im nichtstreitigen Verfahren stark ausgebaut werden.

Was die von der internationalen Zuständigkeit getrennte örtliche und sachliche Zuständigkeit polnischer Gerichte (*właściwość miejscowa i rzeczowa*, *competentia fori*) anbelangt, wurden diese in dem Ersten Buch des Ersten Teils des Zivilverfahrensgesetzbuches geregelt (Art. 15-46 KPC), wobei die Zuständigkeitsregeln für Verfahren mit Auslandsbezug auch in den Vorschriften der Art. 28, 45, 58 und 628 KPC enthalten sind[53]. Die sachliche Zuständigkeit bestimmen die Vorschriften der Art. 16-26 KPC. Danach bilden die Eingangsinstanz für die bürgerlichen Rechtsstreitigkeiten generell die Rayongerichte (*sądy rejonowe*), die sachlich zuständig bleiben, sofern die Rechtsangelegenheit gemäß der Zivilprozessordnung den Bezirksgerichten (*sądy okręgowe*) nicht zugewiesen wurde (Art. 16 KPC). Gemäß Art. 17 Nr. 1-5 KPC sind die Bezirksgerichte u. a. in folgenden Fällen zuständig: für die nichtvermögensrechtlichen Ansprüche und die mit ihnen zusammen geltend gemachten vermögensrechtlichen Ansprüche (Nr. 1; dort auch Ausnahmen von dieser Regel, Nr. 1 *in fine*); für die Rechtsangelegenheiten betreffend den Schutz der Urheberrechte (Nr. 2); Presserechte (Nr. 3); die Vermögensrechte, deren Streitwert 75.000 Złoty übersteigt, außer der Unterhaltsansprüche, der Besitzstörungsklagen und der Ansprüche auf die Aufhebung der ehelichen Gütergemeinschaft (Nr. 4). Gleichwohl werden Mahn- und Urkundenzahlungsbefehlsverfahren stets von den Rayongerichten durchgeführt. Als Berufungsinstanz für Bezirksgerichte dienen die Appellationsgerichte. Besondere Zuständigkeit

---

[52]Begründung zum KPC Entwurf, S. 3.

[53] *Jodłowski*, Postępowanie cywilne, S. 458.

sieht das Zivilprozessrecht für Wirtschaftssachen[54] vor, die in die sachliche Zuständigkeit der Wirtschaftsgerichte bei den Rayon- und Bezirksgerichten fallen.

Die Frage der örtlichen Zuständigkeit regeln die Vorschriften der Art. 27-46 KPC. Der allgemeine Gerichtsstand wird dabei gemäß dem Prinzip *actor sequitur forum rei* bestimmt (Art. 27 KPC). Hat der Beklagte keinen Wohnsitz mehr in Polen, richtet sich der Gerichtsstand nach seinem Aufenthaltsort im Inland und wenn dieser Ort unbekannt ist oder nicht in Polen liegt, nach dem letzten Wohnsitz des Beklagten im Inland (Art. 28 KPC). Die Anknüpfung auf den Wohnsitz einer natürlichen Person berücksichtigt ihre tatsächliche und effektive Verbindung mit einem bestimmten Rechtssystem. Der Begriff des Wohnsitzes kann in verschiedenen Rechtssystemen oder sogar in verschiedenen Rechtsgebieten eines Rechtssystems unterschiedlich verstanden werden. Im polnischen Schrifttum wird Wohnsitz als gewisses Element der Individualisierung des Menschen, als rechtliche Qualifikation eines bestimmten Verhältnisses eines Menschen zu einem Ort begriffen. Die rechtliche Konstruktion des Wohnsitzes *(miejsce zamieszkania*, ähnlich dem *domicile habituel)* besteht aus zwei Elementen: des gewöhnlichen Aufenthaltes an einem Ort (*miejsce pobytu stałego,* als das objektive Element, *oridinary residence*) und der Absicht, sich an diesem Ort ständig aufzuhalten *(zamiar stałego pobytu,* als das subjektive Element, *animus manendi)*[55]. Über den ständigen Charakter des Aufenthalts auf dem Territorium eines bestimmten Staates entscheidet insbesondere so ein Aufenthalt, der die Gründung des Zentrums der persönlichen und Vermögensinteressen, des Zentrums der menschlichen Lebensaktivität also, erzielt. Darüber hinaus ist ein Akt des physischen Aufenthalts (*corpus*) in dem Ort wichtig. Durch den Begriff „Absicht" ist in diesem Kontext nicht der innere Wille, sondern vor allem der Wille, der sich auf Grund von objektiven und erkennbaren Umständen bestimmen lässt, zu verstehen. Hierbei darf man sich nicht auf die Aussagen des Interessanten beschränken[56]. Der Wohnsitz wird in Polen gemäß *legis foris* aufgrund von Art. 25 des Zivilgesetzbuches (*Kodeks cywilny* - KC)[57] bestimmt, wonach jede natürliche Person nur einen Wohnsitz haben kann. Ist eine juristische Person oder ein *„sonstiges Subjekt, das keine natürliche Person ist*", der Beklagte, dann tritt ihr Sitz an die Stelle des Wohnsitzes (Art. 30 KPC). Dies wird gemäß Art. 41 KC der Sitz des Leitungsorgans der juristischen Person, solange ein Gesetz oder die gesetzmäßige Satzung nichts anderes besagen.

[54] Als solche werden im KPC die Rechtssachen zwischen Wirtschaftssubjekten, die aus ihrer wirtschaftlichen Tätigkeit hervorgehen oder Rechtssachen aus einem Gesellschaftsverhältnis, Rechtssachen gegen ein Wirtschaftsubjekt wegen Umweltverschmutzung und damit verbundenen Schadenersatzes und Rechtssachen auf dem Gebiet des Kartellrechtes (Art. 479^1-479^3 KPC) verstanden.

[55] Anders als im angloamerikanischen Recht wird i m polnischen keine Absicht verlangt, nicht zurückzukehren (*animus non revertendi*).

[56] Entscheidung des SN vom 15.07.1978, IV CR 242/78, OSPiKA 1981 Nr. 2, Pos. 24 mit Gl. vom *Mączyński.*

[57] Ustawa z dnia 23.04.1964 r. – Kodeks cywilny, Dz.U. 1964 Nr. 16, Pos. 93 m. S. Ä.

4. Einzelne Gerichtsstände

Im streitigen Verfahren wird die internationale Zuständigkeit polnischer Gerichte erst einmal dann begründet, wenn sich die beklagte Partei im Zeitpunkt der Klagezustellung im Hoheitsgebiet der Republik Polen aufhält, wohnt oder ihren Sitz hat (Art. 1103 Nr. 1 KPC). Überdies kennt das genannte Recht gemäß Art. 1103 Nr. 2 KPC den allgemeinen Gerichtsstand des Vermögens, der die internationale Zuständigkeit polnischer Gerichte auf Situationen erstreckt, in denen die beklagte Partei in Polen Vermögen oder ihr zustehende Vermögensrechte hat. Gleiches gilt, wenn der Rechtsstreit einen in Polen befindlichen Streitgegenstand (*lex rei sitae, miejsce położenia przedmiotu sporu*), einen dort eröffneten Nachlass oder eine Verpflichtung betrifft, die in Polen entstanden ist oder erfüllt werden soll (*lex loci actus,* Art. 1103 Nr. 3 KPC). Der Katalog der im polnischen Zivilverfahrensrecht geltenden Anknüpfungspunkte ist nicht abgeschlossen. Ein völkerrechtlicher Vertrag kann zwar zusätzliche Anknüpfungspunkte vorsehen, das kommt dennoch in der Praxis selten vor.

Außer den genannten Fällen der ausschließlichen Zuständigkeit polnischer Gerichte, sind sie ferner auch dann international zuständig, wenn in Ehe-, Kindschafts- und Adoptionssachen eine der Parteien polnischer Staatsbürger oder Staatenloser mit Wohnsitz in Polen ist oder beide ausländische Parteien ihren Wohnsitz in Polen haben (Art. 1100 § 1 und 3, Art. 1101 § 1 und 3 KPC); für Entmündigungen und Todeserklärungen bei Wohnsitz des Antragsberechtigten oder Wohnsitz oder Vermögen des zu Entmündigenden oder für tot zu Erklärenden in Polen (Art. 1106 § 2 KPC); bei Vormundschaft oder Pflegschaft für polnische Staatsbürger mit Wohnsitz oder Vermögen im Ausland sowie für Ausländer (*cudzoziemiec*[58]) mit Wohnsitz oder Vermögen in Polen (Art. 1107 § 2 und 3 KPC), wenn in Nachlasssachen der Erblasser polnischer Staatsangehöriger oder Staatenloser mit Wohnsitz in Polen war (Art. 1108 § 1 KPC), sowie in den Angelegenheiten des nichtstreitigen Verfahrens und zwar alleine aufgrund der polnischen Staatsangehörigkeit oder des in Polen befindlichen Wohnsitzes bzw. Sitzes eines der Verfahrensbeteiligter (Art. 1110 KPC).

II. Völkerrechtliche Verträge

Als nächste und in praktischer Dimension bedeutungsvollste Rechtsquelle der internationalen Zuständigkeit gelten die völkerrechtlichen Verträge[59]. Die meisten von ihnen sind *self executing*, d.h. sie sind so formuliert, dass sie ohne weiteres - zum Teil nach ihrer innerstaatlichen Inkraftsetzung - von den nationalen Gerichten angewendet werden können. Die völkerrechtlichen Verträge gehen dabei in ihrem jeweiligen Anwendungsbereich dem nationalen Recht vor[60]. Zu den wichtigsten völkerrechtlichen Verträgen in dem Europäischen Justizraum gehören gegenwärtig: das EuGVÜ, dessen praktische Bedeutung auf die EuGVO übergangen ist, und das LugÜ. Das LugÜ und

---

[58] Betreffend den Begriff „Ausländer“ im polnischen Recht vgl. Ustawa z dnia 13.06.2003 r. o cudzoziemcach, Dz.U. 2003 Nr. 128, Pos. 1175; wonach „Ausländer“ jeder ist, der die polnische Staatsangehörigkeit nicht besitzt (Art. 2).

[59] *Schack*, a. a. O., Rn 232 ff.

[60] *Ibidem*, Rn 238.

die EuGVO regeln sowohl die Anerkennungs- wie auch Entscheidungszuständigkeit und verdrängen vollständig in ihren Anwendungsbereichen die nationalen Zuständigkeitsvorschriften bereits auf dem Niveau des Erkenntnisverfahrens (*system of direct competence*)[61].

Außer dem LugÜ und der EuGVO existieren viele völkerrechtliche Abkommen, die die internationale Zuständigkeit regeln und die den Vorrang vor dem LugÜ bzw. der EuGVO genießen (Art. 57 Abs. 1 LugÜ/Art. 71 EuGVO). Als Beispiele sind hier das Genfer Übereinkommens über den Beförderungsvertrag im internationalen Straßengüterverkehr vom 19. Mai 1956 (CMR)[62] und das Warschauer Abkommen zur Vereinheitlichung von Regeln über die Beförderung im internationalen Luftverkehr vom 12. Oktober 1929 (WA)[63] zu nennen.

1. Grundlagen

Das europäische Zuständigkeitssystem, das in den Vorschriften der Art. 2–20 (Titel II) LugÜ/Art. 2-26 (Kapitel II) EuGVO niedergelegt und den Bestimmungen über die Anerkennung und Vollstreckbarerklärung von gerichtlichen Entscheidungen und sonstigen Titeln (Titel III, Art. 25-49 LugÜ/Kapitel III, Art. 32-56 EuGVO) vorangestellt wurde, formuliert einen Regelkatalog, der die in den europäischen Rechtsordnungen üblichen und für sinnvoll erachteten Gerichtsstände einbezieht und umfangreiche Sonderregelungen für wirtschaftlich schwächere Parteien vorsieht (vgl. Art. 7-15 LugÜ/Art. 8-17 EuGVO). Sie errichten damit eine moderne und international anerkannte Regelung der internationalen Zuständigkeit, die als Vorbild für eine nationale Kodifizierung empfohlen werden kann und auch durch die Kodifikationskommission des polnischen IZVR als das wichtigste Vorbild berücksichtigt wurde.

Das europäische Zuständigkeitssystem bietet ein umfassendes, in sich geschlossenes System unmittelbar anwendbarer Kompetenznormen, deren räumlich-persönliche Anwendbarkeit grundsätzlich der Wohnsitz des Beklagten in einem der Mitgliedsstaaten der EFTA oder der EU bedingt. Der Gegenstand der europäischen Zuständigkeitsregelung ist die internationale Zuständigkeit, so dass der aufgerufene Staat eine örtliche Zuständigkeit zur Verfügung stellen muss, es sei, diese wird mit der internationalen Zuständigkeit im Rahmen des LugÜ oder der EuGVO mitbestimmt[64]. Letzteres trifft für die besonderen Zuständigkeiten zu (Art. 5-6 a LugÜ/Art. 5-7 EuGVO), nicht dagegen für die allgemeinen (Art. 2 Abs. 1 LugÜ/EuGVO) und die ausschließlichen Zuständigkeiten (Art. 16 LugÜ/Art. 22 EuGVO). Soweit das LugÜ und die EuGVO die örtliche Zuständigkeit mitregeln, sind sie auch für diese direkt anwendbar, so dass das Fehlen eines örtlichen Gerichtsstands im Recht des international zuständigen Staates nicht schadet. In den übrigen Fällen ist auf die inländischen Vorschriften über

---

61 *Geimer/Schütze*, Europäisches Zivilverfahrensrecht, 2. Aufl. München 2004, Einl. Rn 23; *Leible* in *Rauscher* (Hrsg.), a. a. O. Brüssel I-VO Vorb. zu Art. 2, Rn 1.

62 Dz.U. 1962 Nr. 49, Pos. 238.

63 Dz.U. 1933 Nr. 8, Pos. 49.

64 *Jenard* Bericht zum EuGVÜ vom 20.09.1968 und zum Auslegungsprotokoll vom 03.06.1971, ABl. vom 05.03.1979 Nr. C 59, 1-70=BT-Drucksache VI/1973, 52-104 und VI/3294, zu Art. 5 und Art. 6.

die örtliche Zuständigkeit zurückzugreifen. Die Gerichtsbarkeit, Zulässigkeit des Rechtswegs und sachliche Zuständigkeit sind nicht der Gegenstand des LugÜ oder der EuGVO.

2. Anwendungsvoraussetzungen und Grundregeln der Art. 2-4 LugÜ/EuGVO

Aus den Einleitungsvorschriften des europäischen Zuständigkeitssystems, der Art. 2-4 LugÜ/EuGVO ergeben sich drei Grundregeln seiner Anwendbarkeit. Demzufolge kann über eine Klage gemäß den europäischen Regeln dann entschieden werden, wenn der Wohnsitz des Beklagten in einem der Vertragsstaaten und zwar im Gerichtsstaat liegt (Art. 2 Abs. 2 LugÜ/EuGVO). Wenn der Wohnsitz aber in einem anderen Vertragsstaat als im Gerichtsstaat liegt, dann ist die internationale Zuständigkeit des angerufenen Gerichts gemäß Art. 3 Abs. 1 LugÜ/EuGVO nur dann gegeben, wenn sie sich aus den besonderen Zuständigkeiten der Art. 5-18 LugÜ/Art. 5-24 EuGVO oder aus einem speziellen völkerrechtlichen Abkommen, das gemäß Art. 57 LugÜ/Art. 71 EuGVO unberührt bleibt, ergibt. Letztendlich, wenn der Beklagte keinen Wohnsitz in einem der Vertragsstaaten hat, wird die internationale Zuständigkeit der Gerichte eines jeden Vertragsstaats nach dessen autonomen Zuständigkeitsregeln bestimmt (Art. 4 Abs. 1, vorbehaltlich Art. 16-17 LugÜ/Art. 22-23 EuGVO)[65], es sei denn, ein völkerrechtlicher Vertrag bestimmt diese Zuständigkeit. Gegen einen Beklagten, der außerhalb der Vertragsstaaten wohnt, kann jede in Polen wohnhafte Person, unabhängig von ihrer Staatsangehörigkeit, den Unterhaltsanspruch vor dem polnischen Gericht aufgrund von Art. 1103 KPC erheben (Art. 4 Abs. 2 LugÜ/EuGVO).

Darüber hinaus, damit das Zuständigkeitssystem des LugÜ oder der EuGVO angewendet werden kann, muss die vorhandene Klage zu dem sachlichen (Art. 1 LugÜ/EuGVO) und zeitlichen Anwendungsbereich einer dieser Regelungen gehören (Art. 54 LugÜ/Art. 66 EuGVO).

Die wenigen Ausnahmen von dem Grundsatz der Maßgeblichkeit des Wohnsitzes des Beklagten sehen die Vorschriften der Art. 16-17 LugÜ/Art. 22-23 EuGVO vor[66]. Darüber hinaus, wenn mit einem Drittstaat ein bilaterales Abkommen die internationale Zuständigkeit regelt, wird dieses Abkommen und nicht das nationale Recht des betroffenen Staates für ihre Bestimmung anwendbar. Solche Situation trifft in Polen u. a. auf bilaterale Abkommen, die es mit der ehemaligen Tschechoslowakei und Jugoslawien, ferner mit Ungarn, Litauen, Lettland, Estland, mit der Ukraine und Weißrussland abgeschlossen hat, zu. Ausnahmsweise kommt Art. 4 LugÜ/EuGVO auch dann zum Zuge, wenn der Beklagte zwar innerhalb der EU oder EFTA lebt, gleichzeitig aber in keinem dieser Vertragsstaaten nach der gemäß Art. 52 LugÜ/Art. 59 EuGVO anwendbaren Rechtsordnung einen Wohnsitz begründet hat. Beim mehrfachen Wohnsitz findet Art. 4 LugÜ/EuGVO nur dann Anwendung, wenn keiner der Wohnsitze in einem Vertragsstaat liegt. Zu den problematischen Fragen gehört allerdings die Frage nach der Anwendung des LugÜ oder der EuGVO in Situationen, wenn nur eine der Parteien in einem der Vertragsstaaten der EU oder EFTA lebt. Eine einheitliche und

---

[65] *Kropholler*, a. a. O., vor Art. 2, Rn 10.

[66] *Ibidem*, Rn 11.

für alle Fälle gültige Linie über die Notwendigkeit, dass der Rechtsstreit mehrere Vertragsstaaten berührt, lässt sich weder aus dem Wortlaut des Art. 2 LugÜ und der EuGVO, noch ihrer Auslegung durch den EuGH und der Lehre entnehmen[67]. Vor allem nach dem Wortlaut des Art. 2 LugÜ/EuGVO besteht kein Anhaltspunkt dafür, dass die dort festgelegte allgemeine Zuständigkeitsregel, nur anwendbar ist, wenn ein Rechtsverhältnis vorliegt, das einen Bezug zu mehreren Vertragsstaaten aufweist. Das Vorliegen einer Auslandsberührung ist daher keine eigenständige Voraussetzung für die Anwendung des LugÜ oder der EuGVO, wird dennoch schweigend angenommen (ErG Nr. 3 zur EuGVO i. V. m. Art. 65 EGV)[68]. Dabei muss sich diese Auslandsberührung nicht unbedingt daraus ergeben, dass durch den Grund der Streitigkeit oder den jeweiligen Wohnsitz der Parteien mehrere Vertragsstaaten mit einbezogen sind. Auch Binnenfälle, die auf einen einzigen Vertragsstaat beschränkt scheinen (etwa beim Wohnsitz beider Parteien im Gerichtsstaat), unterliegen den vereinheitlichten Regeln, wenn im maßgebenden Zeitpunkt ein Auslandsbezug gegeben ist. Die Einbeziehung eines Vertragsstaats und eines Drittstaats z. B. durch den Wohnsitz des Klägers oder eines Beklagten im erstgenannten Staat und den im zweitgenannten Staat belegenen Ort der streitigen Ereignisse kann ebenfalls einen Auslandsbezug eines Rechtsverhältnisses herstellen[69]. Das LugÜ und die EuGVO finden dagegen bei Sachverhalten keine Anwendung, die reinen Inlandsbezug und Bezug zu Staaten außerhalb der EG haben. Dass die EuGVO für reine Inlandsfälle nicht konzipiert ist, bestätigt ihr Zusammenhang mit Art. 61 EG-V, der die EG zum Erlass von *„Maßnahmen im Bereich der Justiziellen Zusammenarbeit in Zivilsachen"*, nicht aber in rein innerstaatlichen Fällen befugt[70].

Für die Anwendung der Zuständigkeitsvorschriften ist ferner der Hinweis wichtig, dass die Zuständigkeitsvoraussetzungen abschließend geregelt sind und auch keine planwidrige Unvollständigkeit enthalten können, so dass alle hier enthaltenen Begriffe vertragsautonom bestimmt sind, ohne dass man auf die nationale Dogmatik zurückgreifen könnte[71]. Durch den Vorrang der europäischen Zuständigkeitsordnung vor dem nationalen Recht wird demnach jedes nationale Rechtssystem ersetzt. In Polen handelt sich hierbei um die Zuständigkeitsvorschriften der Art. 1097-1116 KPC, so dass Prinzipien des autonomen polnischen Rechts, wie z. B. das Kontinuitätsprinzip, keine Anwendung finden und die Rechtshängigkeit einer Sache vor ausländischem Gericht beachtet werden muss.

---

[67] *Ibidem*, Rn 8; *Schack*, a. a. O., Rn 240 f.; *Schmidt*, a. a. O., Rn 30f.; vgl. auch Entscheidung des EuGH vom 13.07.2000, *Groupe Josi*, s. o. Rn 53, 59.
[68] *Geimer/Schütze*, a. a. O., EuGVO Art. 2, Rn 65; *Kropholler*, a. a. O., Rn 6; Schack, a. a. O., Rn 239.
[69] Vgl. die Entscheidung des EuGH vom 1.03.2005 - Rs. C-281/02, Rn 26, *Owusu*.
[70] *Neumaur*, Die Verordnung (EG) Nr. 44/2001 („Brüssel I-VO") Einführung und Überblick, S. 15, http://www.era.int/web/de/resources/5_2341_2191_file_en.2941.pdf. vom 18.05.2006.
[71] *Kropholler*, a. a. O., Art. 5, Rn 5, 48, 65; *Leible* in *Rauscher* (Hrsg.), a. a. O., Art. 5, Rn 14, 62, 78.

3. Einzelne Gerichtsstände

Die europäische Zuständigkeitsordnung unterscheidet folgende Gerichtsstände:

1) den allgemeinen Gerichtsstand (Art. 2-4 LugÜ/EuGVO),
2) die besonderen Gerichtsstände (Art. 5-6 LugÜ/EuGVO),
3) die Sondergerichtsstände in Versicherungssachen (Art. 7-12a LugÜ/Art. 8-14 EuGVO) und Verbrauchersachen (Art. 13-15 LugÜ/Art. 15-17 EuGVO), sowie die Zuständigkeit für individuelle Arbeitsverträge (Art. 5 Nr.1 LugÜ/Art. 18-21 EuGVO),
4) die ausschließliche Zuständigkeit (Art. 16 LugÜ/Art. 22 EuGVO),
5) den Gerichtsstand für einstweilige Maßnahmen (Art. 24 LugÜ/Art. 31 EuGVO).

Als in der Rechtspraxis besonders wichtig haben sich im Bereich der Zuständigkeitsregelungen des Titels II des LugÜ und des Kapitels II der EuGVO - neben der allgemeinen Zuständigkeit der Gerichte im Staat des Wohnsitzes der Partei - die Normen der Art. 5 Nr. 1-3 LugÜ/EuGVO zur Begründung eines besonderen Gerichtsstands und der ausschließliche Gerichtsstand des Art. 16 Nr. 1 LugÜ/Art. 22 EuGVO erwiesen.

a. Allgemeiner Gerichtsstand

Im Fall eines grenzüberschreitenden Rechtsstreits, dessen zivil- oder handelsrechtliche Bezüge auf den Anwendungsbereich des LugÜ oder der EuGVO hinweisen, wird der allgemeine Gerichtsstand einer natürlichen Person gemäß Art. 2 LugÜ/EuGVO grundsätzlich durch ihren Wohnsitz (*actor sequitur forum rei*), der Gerichtsstand einer juristischen Person gemäß Art. 2 i. V. m. Art. 53 LugÜ/Art. 60 EuGVO durch ihren Sitz als das entscheidende Anknüpfungsmerkmal für die Anwendbarkeit der europäischen Zuständigkeitsordnung bestimmt. Gleichen Grundsatz kennt auch das autonome polnische Recht, wo die Vorschriften der Art. 27 ff. KPC die örtliche Zuständigkeit regeln und diese den inländischen Gerichten im Anwendungsbereich des LugÜ oder der EuGVO zuweisen, es sei denn, dass sie durch das LugÜ oder die EuGVO bereits mitbestimmt wurde (vgl. Art. 5-6 a LugÜ/Art. 5-7 EuGVO)[72]. Relevant ist hierbei der Wohnsitz bzw. Sitz des Beklagten. Auf den Wohnsitz des Klägers kommt es nicht an und auch der gewöhnliche Aufenthalt spielt für diese Regelungen, ausgenommen in Unterhaltssachen, kaum eine Rolle[73]. Ähnlich die Staatsangehörigkeit des Beklagten, auf die sich das polnische Zuständigkeitssystem öfters stützt, ist bei der Anwendung des LugÜ oder der EuGVO bedeutungslos. Die Regelung des Art. 2 LugÜ/EuGVO formuliert den im kontinentaleuropäischen Recht allgemein verbreiteten und auf dem Gebiet der forensischen Zuständigkeit wichtigsten Grundsatz, der die früher bedeutungsvolle Staatsangehörigkeit des Beklagten ihrer Bedeutung entzog und besagt, dass der Beklagte den Vorteil des Heimatgerichtsstandes genießen soll, nachdem der Kläger als Initiator des gerichtlichen Verfahrens schon weitgehend den Zeitpunkt und den

[72] *Schlosser*, a. a. O., EuGVO Art. 2, Rn 2; *Kropholler*, a. a. O., Art. 2, Rn 1 ff.
[73] *Kropholler*, a. a. O.

Gegenstand des Verfahrens bestimmt[74]. Dabei stellt Art. 2 Abs. 2 LugÜ/EuGVO fest, dass für Personen, die in einem Vertragsstaat wohnhaft sind, dem sie nicht angehören die für Inländer geltenden Vorschriften über die örtliche und sachliche Zuständigkeit anzuwenden sind[75].

Wo sich der Sitz von Gesellschaften und juristischen Personen befindet, wird durch das LugÜ und die EuGVO unterschiedlich geregelt. Im Geltungsbereich des LugÜ sind zur Bestimmung dieses Sitzes die Vorschriften des IPR der befragten Gerichte maßgebend (Art 53). Ein Zuständigkeit begründender Sitz einer Gesellschaft oder juristischen Person kann also gemäß Art. 53 LugÜ von den polnischen Gerichte lediglich dann bejaht werden, wenn ein tatsächlicher, nicht ein statutarischer Sitz in Polen besteht (Art. 9 § 2 PPM, trotz Art. 41 KC)[76]. Das Vorliegen eines satzungsmäßigen Sitzes genügt angesichts des klaren Wortlauts von Art. 53 Satz 2 LugÜ nicht. Abweichend vom Art. 53 LugÜ regelt die Frage Art. 60 Abs. 1 EuGVO, die den Sitz von Gesellschaften und juristischen Personen autonom bestimmt und wonach sie ihren Sitz dort haben, wo sich ihr satzungsmäßiger Sitz (lit. a), ihre Hauptverwaltung (lit. b) oder ihre Hauptniederlassung (lit. c) befindet. Fallen diese auseinander, so hat der Kläger zwischen den Orten freie Wahl[77]. Damit wurde einer einheitlichen Begriffsbestimmung durch die EuGVO der Vorzug gegeben, es muss daher im Fall ihrer Anwendung nicht mehr auf das nationale IPR zurückgegriffen werden. Die drei Anknüpfungspunkte (Art. 60 Abs. 1 lit. a-c EuGVO) entsprechen denen des Art. 48 EGV, der das Niederlassungsrecht in der EU regelt.

Für die Erklärung des Begriffes des Wohnsitzes bzw. des Sitzes, der weder durch das LugÜ noch durch die EuGVO formuliert bzw. durch den EuGH autonom ausgelegt wurde, ist das Recht des Vertragsstaates maßgeblich, in dessen Hoheitsgebiet das Gericht angerufen wird (Art. 52 LugÜ/Art. 59 EuGVO). Wird das Gericht in Polen angerufen, so finden ihre Anwendung die Vorschriften der Art. 27-46 KPC. Ist das Bestehen eines Wohnsitzes nicht nur im Gerichtsstaat (Art. 52 Abs. 1 LugÜ/Art. 59 Abs. 1 EuGVO), sondern auch in einem anderen Vertragsstaat (Art. 52 Abs. 2 LugÜ/Art. 59 Abs. 2 EuGVO) zu bejahen, so geht der Wohnsitz im Gerichtsstaat vor[78]. Dabei gilt die Regelung der Art. 52 LugÜ/Art. 59 EuGVO gleichermaßen für die Wohnsitzbestimmung des Klägers wie auch des Beklagten[79]. Sofern jedoch der Wohnsitz in einem Drittstaat liegt, wird das angerufene polnische Gericht die Regeln des IPR anwenden. Maßgebend werden hier die Vorschriften der Art. 25-28 KC (Art. 27 § 2 i. V. m. Art. 13 § 2 KPC), wonach der Wohnsitz der Ort wird, in dem die betroffene Partei einen gewöhnlichen Aufenthalt beabsichtigt.

---

[74] *Jenard* Bericht, zu Art. 2.

[75] *Ciszewski*, Konwencja z Lugano, S. 75.

[76] *Pazdan*, Prawo prywatne międzynarodowe, wyd. 9 Warszawa 2005, S. 97; *Ciszewski*, a. a. O., Art. 53, Rn 7.

[77] *Simons/Hausmann*, The European Legal Forum (EuLF); *Forum iuris communis Europae*, Jahrgang: 2000-2004, 1-2000, S. 43.

[78] *Kropholler*, a. a. O., Rn 2.

[79] *Ibidem*, Art. 59, Rn 4.

In Art. 3 LugÜ/Art. 3 Abs. 2 i. V. m. Anhang I EuGVO wurden die exorbitanten Gerichtsstände geregelt. Diesen Regelungen entsprechend werden in Polen die Fälle der im Zivilverfahrensgesetzbuch vorgesehenen exorbitanten Gerichtsstände ausgeschlossen.

Der allgemeine Gerichtsstand am Wohnsitz des Beklagten steht grundsätzlich für alle Ansprüche offen, für die keine ausschließlichen Gerichtsstände der Art. 16-17 LugÜ/Art. 22-23 EuGVO bestehen, da diese alle anderen Gerichtsstände verdrängen[80]. Die besonderen Gerichtsstände nach Art. 5-6 a LugÜ/Art. 5-7 EuGVO ergänzen den allgemeinen Gerichtsstand aus Art. 2 Abs. 1 LugÜ/EuGVO.

b. Besondere Gerichtsstände

Neben dem Grundsatz des allgemeinen Gerichtsstands statuieren das LugÜ und die EuGVO verschiedene besondere Gerichtsstände, die fakultativer Natur sind und mit der Allgemeinzuständigkeit des Wohnsitzstaates konkurrieren (Art. 5-6 a LugÜ/Art. 5-7 EuGVO)[81]. In derartiger Konstellation steht dem Kläger die Wahl zu, in welchem der Vertragsstaaten er seine Klage erheben will. Praktische Folge dessen ist oftmals die Tatsache, dass sich jede Partei bemüht, möglichst schnell ihren eigenen Richter anzurufen, um die Nachteile einer unvollkommenen Fungibilität des Richters im Rahmen des Europäischen Justizraumes auszuschließen[82].

aa. Besondere Gerichtsstände der Art. 5 LugÜ/EuGVO

Unter den besonderen Gerichtsständen der Art. 5 LugÜ/EuGVO kommt die größte Bedeutung in dem Wirtschaftsverkehr dem Gerichtsstand des Erfüllungsortes zu (Art. 5 Nr. 1). Seine Relevanz folgt zum einen der Tatsache, dass er in einzelnen Vertragsstaaten Zuständigkeiten eingeführt hat, die deren einheimische Rechtssysteme bis dahin überhaupt nicht oder nicht in gleichartigem Umfang kannten und gewisse Rechtsänderungen unternehmen mussten. Zum anderen fließt diese Relevanz aus der Bestimmung der internationalen und der örtlichen Zuständigkeit, womit dem Gläubiger ein Schutz in Form von berechenbarer Zuständigkeitsanknüpfung gegeben wird[83].

Bilden ein Vertrag oder Ansprüche aus einem Vertrag den Gegenstand des Verfahrens, so sehen die Vorschriften der Art. 5 Nr. 1 LugÜ/Art. 5 Nr. 1 lit. a EuGVO als besonderen internationalen und örtlichen Gerichtsstand den Ort vor, in dem die Verpflichtung erfüllt worden ist oder zu erfüllen wäre (*locus executionis*). Den Erfüllungsort bildet i. d. R. der Ort, zu dem die engste Verbindung zwischen dem Rechtsstreit und dem zuständigen Gericht besteht und an dem eine sachgerechte Prozessführung ermöglicht wird[84]. Im Anwendungsbereich des LugÜ fehlt es dabei an einer autonomer Definition des Erfüllungsortes, so dass das angerufene Gericht „*das auf das betreffende Rechtsverhältnis anwendbare Recht nach seinen Kollisionsnormen zu ermitteln und alsdann den Erfüllungsort der streitigen vertraglichen Verpflichtung nach*

---

[80] *Leible* in *Rauscher* (Hrsg.), a. a. O. Brüssel I-VO Vorb. zu Art. 2, Rn 2.
[81] *Ibidem*, Vorb. Art. 5, Rn 1.
[82] *Kropholler*, a. a. O., vor Art. 2, Rn 1.
[83] *Geimer/Schütze*, a. a. O., EuGVO Art. 5, Rn 1.
[84] *Kropholler*, a. a. O. Art. 5, Rn 1.

diesem Recht zu bestimmen (hat)“[85]. Dementsprechend wird im Fall einer vor dem polnischen Gericht erhobenen Klage des Verkäufers wegen der Nichterfüllung des Kaufvertrags durch den Käufer, wenn die Parteien keinen Sitz bzw. Wohnsitz im gleichen Vertragsstaat und keine Gerichtsstandsvereinbarung abgeschlossen haben, das Recht des Vertragsstaates maßgebend, in dem der Verkäufer im Zeitpunkt des Kaufvertragsabschusses seinen Wohnsitz bzw. Sitz hatte (Art. 27 § 1 Nr. 1 PPM)[86]. Hatte der Verkäufer zu diesem Zeitpunkt seinen Wohnsitz bzw. seinen Sitz in Polen, gilt das autonome polnische Recht[87].

Anders gestaltet sich die Situation, wenn der vorliegende Fall zum Anwendungsbereich der EuGVO gehört, die eine autonome Bestimmung des Erfüllungsortes getroffen hat. In Art. 5 Nr. 1 lit. b wurden zwei wichtige Arten von Schuldverträgen eingeführt, nämlich Kaufverträge und Dienstleistungsverträge, bei deren alle vertraglichen Ansprüche am Erfüllungsort der charakteristischen Leistung (Übergabe der Ware, Erbringung der Dienstleistung) geltend gemacht werden können. Für alle anderen Vertragstypen steht Art. 5 Nr. 1 lit. a EuGVO offen (Art. 5 Nr. 1 lit. c EuGVO). Dabei kann sich der besondere Gerichtsstand des Erfüllungsortes - sowohl gemäß dem Art. 5 Nr. 1 LugÜ, wie auch dem Art. 5 Nr. 1 lit. b EuGVO - aus einer Erfüllungsortvereinbarung ergeben[88]. Durch diese Neuerung gegenüber dem EuGVÜ und dem LugÜ sollen die Nachteile vermieden werden, die infolge des Rückgriffs auf das IPR des Staates, dessen Gerichte angerufen werden, entstehen und für die praktisch häufigsten Vertragstypen ein einheitlicher Vertragsgerichtsstand zur Verfügung gestellt werden[89].

Was die Regelung der Art. 5 Nr. 2 LugÜ/EuGVO und die internationale Zuständigkeit in Unterhaltssachen anbelangt, kann sie betreffende Klage - über den allgemeinen Gerichtsstand hinaus - vor dem Gericht des Ortes erhoben werden, an dem der Unterhaltsberechtigte seinen Wohnsitz oder gewöhnlichen Aufenthalt hat, oder im Falle einer Unterhaltssache über die im Zusammenhang mit einem Verfahren in Bezug auf den Personenstand zu entscheiden ist, vor dem nach seinem Recht für dieses Verfahren zuständigen Gericht, es sei denn, diese Zuständigkeit beruht lediglich auf der Staatsangehörigkeit einer der Parteien. Hierbei kommen Unterhaltsansprüche von Kindern gegen ihre Eltern oder von Ehegatten untereinander oder aber Ansprüche der Eltern gegen ihre Kinder ins Spiel[90]. Schwebt das Verfahren vor einem polnischen Gericht, können unter diesem Gerichtsstand die Unterhaltsansprüche (*roszczenia alimentacyjne*) im Ehescheidungsverfahren (*postępowanie rozwodowe*, Art. 58 § 1 und Art. 60 § 1-2 KRiO, Art. 444 KPC), im Trennungsverfahren (*separacja*, Art. 61^{3-4} § 4 KRiO, Art. 444 KPC), im Verfahren um Nichtigkeitserklärung einer Ehe (*postępowanie o unieważnienie małżeństwa*, Art. 21 KRiO, Art. 451 KPC), um Vaterschaftsfeststellung

[85] Entscheidung des EuGH vom 06.10.1976 - 12/76, *Tessili/Dunlop*, Slg. 1976, 1473, NJW 1977, S. 491; s. auch Entscheidung des EuGH vom 15.01.1987 – 286/85, *Shenavai/Kreischer*, Slg. 1987, S. 4861, NJW 1987, S. 1131; *Schmidt*, a. a. O., Rn 86.
[86] *Ciszewski*, a. a. O., Art. 5, Rn 1
[87] Vgl. Entscheidung des SN vom 5.1.2001, I CKN 1180/2000, OSNC 2001 Nr. 7-8, S. 69.
[88] *Kropholler*, a. a. O., Rn 28 ff.
[89] *Ibidem*, Rn 21.
[90] *Ibidem*, Rn 48; *Leible* in *Rauscher* (Hrsg.), a. a. O. Rn 60.

(*postępowanie o stwierdzenie ojcostwa*, Art. 143 KRiO, Art. 458 § 2 KPC) oder um Adoptionsauflösung (*postępowanie o rozwiązanie stosunku adopcji*, Art. 125 § 1 KRiO) erhoben werden. Die Regelung der Art. 5 Nr. 2 LugÜ/EuGVO ist dort die einzige, die sich auf die - kraft Art. 2 Abs. 2 Nr. 1 LugÜ/Art. 1 Abs. 2 lit. a EuGVO aus ihren Anwendungsbereichen generell ausgeschlossenen - familienrechtlichen Rechtsangelegenheiten bezieht[91].

Für Klagen gegen den Unterhaltsberechtigten und für Regressansprüche gegen den Unterhaltsverpflichteten ist der Gerichtsstand des Erfüllungsortes nicht maßgebend[92]. Die Einführung des Anknüpfungspunktes des gewöhnlichen Aufenthalts in Unterhaltssachen verschafft die Möglichkeit, die Klage auch dort zu erheben, wo der Berechtigte zwar keinen Wohnsitz hat, sich aber am häufigsten aufhält. Wo also das gerichtliche Verfahren für ihn am günstigsten wäre[93]. Allerdings schließt diese Alternative die Möglichkeit nicht aus, die Klage am Ort des Wohnsitzes des Beklagten nach allgemeinen Regeln zu erheben (vgl. Art. 3 Abs. 1 LugÜ/EuGVO).

Die Vorschriften der Art. 5 Nr. 3 LugÜ/EuGVO wiederum statuieren einen besonderen Gerichtsstand für Klagen wegen unerlaubter Handlung (*czyn niedozwolony*) oder Handlung, die einer unerlaubten Handlung gleichgestellt ist (*czyn podobny do czynu niedozwolonego*)[94]. Danach wird dem Geschädigten die Möglichkeit gegeben, an dem Ort zu klagen, an dem das schädigende Ereignis eingetreten ist und - unter der EuGVO, die in ihrem Art. 5 Nr. 3 *in fine* gegenüber dem EuGVÜ und dem LugÜ die Zuständigkeit für Deliktklagen präzisiert – ausdrücklich auch dort, wo es einzutreten droht, so dass auch präventive Klagen, wie z.B. vorbeugende Unterlassungsklagen, an dem besonderen Gerichtsstand möglich sind[95]. Derartige Regelung verursacht, dass der Geschädigte auf eine Klageerhebung beim Gericht des Wohnsitzes des Schädigenden nicht angewiesen ist[96]. Der Begriff der unerlaubten Handlung und Handlung, die dieser gleichgestellt wird, ist – wie alle Begriffe dieses Abschnitts - vertragsautonom auszulegen und erfasst Klagen, mit der eine Schadenshaftung des Beklagten geltend gemacht wird und die nicht an einen Vertrag i. S. v. Art. 5 Nr. 1 LugÜ/EuGVO anknüpft, wie z.B. Straßenverkehrsunfälle, Umweltbeeinträchtigungen, Beschädigung durch fehlerhafte Produkte, Kartellverstöße, unlauterer Wettbewerb, Verletzung von immateriellen Güterrechten. Zu den gleichgestellten Handlungen gehört u. a. die Gefährdungshaftung, nicht hingegen Ansprüche aus ungerechtfertiger Bereicherung (*bezpodstawne wzbogacenie*, vgl. Art. 409 ff. KPC).

Die Regelung der Art. 5 Nr. 4 LugÜ/EuGVO begründet eine zusätzliche Zuständigkeit für Adhäsionsverfahren (*postępowanie adhezyjne*). Danach kann international zu-

---

[91] *Leible* in *Rauscher* (Hrsg.), a. a. O.

[92] Entscheidung des EuGH vom 15.01.2004 – C-433/01, *Blijedenstein*, NJW 2004, S. 1439, Rn 25, 34; *Kropholler*, a. a. O., Rn 56; anderer Ansicht (a. A.) *Schlosser*, a. a. O., Art. 5, Rn 13.

[93] *Kropholler*, a. a. O., Rn 46 f.

[94] In Zweifelsfragen betreffend die Anwendung von Art. 5 Nr. 3 LugÜ/EuGVO im Fall der Verwendung von elektronischen Kommunikationsmitteln vgl. *Świerszczyński*, Jurysdykcja krajowa w zakresie zobowiązań deliktowych, MP 2002 Nr. 15, S. 697.

[95] Dieses ist bei Art. 5 Nr. 3 LugÜ und EuGVÜ nicht im Wortlaut enthalten und deswegen umstritten, s. *Kropholler*, a. a. O., Rn 68.

[96] *Leible* in *Rauscher* (Hrsg.), a. a. O. Rn 74.

ständig das Strafgericht werden, bei dem die öffentliche Klage erhoben ist, vorausgesetzt, dass es nach seiner *lex fori* über zivilrechtliche Ansprüche erkennen kann. Gemäß Art. 5 Nr. 4 LugÜ/EuGVO i. V. m. Art. 62 KPK kann daher an das international zuständige polnische Strafgericht (*sąd karny*) eine Klage auf Schadenersatz oder auf Wiederherstellung des früheren Zustands erhoben werden, die auf eine mit Strafe bedrohte Handlung gestützt wird (vgl. auch Art. II des Protokolls zum LugÜ/Art. 61 EuGVO)[97].

Art. 5 Nr. 5 LugÜ/EuGVO eröffnet einen besonderen Gerichtsstand der Niederlassung, an deren Ort über die Streitigkeiten aus dem Betrieb einer Zweitniederlassung, einer Agentur oder einer sonstigen Niederlassung erkannt werden können (sog. verkleinerter Wohnsitzgerichtsstand)[98]. Auch der Begriff der Niederlassung ist vertragsautonom auszulegen und als *„Mittelpunkt geschäftlicher Tätigkeit, der auf Dauer als Außenstelle eines Stammhauses hervortritt, eine Geschäftsführung hat und sachlich so ausgestattet ist, dass er in der Weise Geschäfte mit Dritten betreiben kann, dass diese, obgleich sie wissen, dass möglicherweise ein Rechtsverhältnis mit einem im Ausland ansässigen Stammhaus begründet wird, sich nicht unmittelbar an dieses zu wenden brauchen, sondern Geschäfte an dem Mittelpunkt geschäftlicher Tätigkeit abschließen können"*[99] zu verstehen. Damit der Gerichtsstand am Sitz der Niederlassung begründet wird, muss diese der Aufsicht und Leitung des Stammhauses unterliegen[100]. Die abschließenden Bestimmungen der Art. 5 LugÜ/EuGVO führen die besonderen Gerichtsstände für die Trust-Klagen (Art. 6) und für Berge- und Hilfslohn (Nr. 7).

bb. Besondere Gerichtsstände der Art. 6 LugÜ/EuGVO

Eine weitere Beschränkung des allgemeinen Gerichtsstandes am Wohnsitz des Beklagten begründen im Rahmen der europäischen Zuständigkeitssysteme des LugÜ und der EuGVO ihre Art. 6, die dem Kläger die Alternative des Gerichtsstands des Sachzusammenhangs zur Verfügung stellen. Um einander widersprechende Entscheidungen zu vermeiden wird mit diesem besonderen Gerichtsstand gestattet, in einem Zusammenhang stehende Klagen vor demselben Gericht zu erheben[101]. Der Zuständigkeitskatalog der Art. 6 LugÜ/EuGVO hat abschließenden Charakter und darf nicht durch Auslegung oder Analogie zu einem allgemeinen Gerichtsstand des Sachzusammenhangs erweitert werden. Er gilt nur für Klagen gegen eine Person mit Wohnsitz in einem Vertragsstaat, wenn also der Beklagte seinen Wohnsitz im Gerichtsstaat hat, ergibt sich die internationale Zuständigkeit aus der Grundregel des Art. 2 und nicht aus Art. 6 LugÜ/EuGVO.

Demzufolge begründet die Vorschrift der Art. 6 Nr. 1 LugÜ/EuGVO den sog. Mehrparteiengerichtsstand, der dem Kläger ermöglicht, mehrere Streitgenossen vor

---

[97] Vgl. Entscheidung des EuGH vom 28.03.2000 – 7/98, *Krombach/Bamberski*, Slg. 2000 I, S. 1935, NJW 2000, S. 1853.

[98] *Leible* in *Rauscher* (Hrsg.), a. a. O. Rn 99.

[99] Entscheidung des EuGH vom 22.11.1978 – 33/78, *Somafer/Saar-Ferngas*, Slg. 1978, S. 2183, Recht der Internationalen Wirtschaft (RIW) 1979, S. 56.

[100] *Kropholler*, a. a. O., Rn 92.

[101] *Ibidem*, Art. 6, Rn 1.

dem Gericht zu verklagen, in dessen Bezirk einer der Beklagten seinen Wohnsitz hat[102]. Diese Alternative wird in der EuGVO ausdrücklich durch die Voraussetzung eingeschränkt, dass zwischen den Klagen eine so enge Beziehung (Konnexität) besteht, dass eine gemeinsame Verhandlung und Entscheidung geboten erscheint, um zu vermeiden, dass in getrennten Verfahren widersprechende Entscheidungen ergehen könnten[103]. Obwohl solche Voraussetzung in Art. 6 Nr. 1 LugÜ (sowie im EuGVÜ) nicht niedergelegt wurde, entspricht sie der allgemeinen Ansicht über die Anwendung dieses Gerichtsstands[104].

Art. 6 Nr. 2 LugÜ/EuGVO regelt ferner den Gerichtsstand der Interventions- und Gewährleistungsklage. Während die Interventionsklage die Einbeziehung eines Dritten in den Rechtsstreit betrifft, ist die Gewährleistungsklage ein Unterfall der Interventionsklage[105]. Durch diese Klagen werden alle Regressklagen erfasst, die gemäß dieser Regelung vor dem Gericht des Hauptprozesses erbracht werden können, selbst wenn es nach den allgemeinen Regeln der Art. 2 und Art. 5 LugÜ/EuGVO nicht zuständig wäre[106]. Eine Ausnahme von dieser Alternative bildet der Umstand, dass die Klage nur erhoben worden ist, um eine drittbeteiligte Person dem für sie zuständigen Gericht zu entziehen (vgl. Art. V des Protokolls zum LugÜ/Art. 65 EuGVO). Hier vorgesehene Einschränkung gilt nach h. M. auch für Nr. 1 des Art. 6 LugÜ/EuGVO, womit die Nummer 1 keinen Gerichtsstand bei einer Klage am Wohnsitz des beklagten Streitgenossen gegenüber dem offensichtlich kein Anspruch besteht, eröffnet.

Aufgrund der Regelung der Art. 6 Nr. 3 LugÜ/EuGVO, die den Gerichtsstand der Widerklage eröffnet, kann diese vor dem Gericht erhoben werden, bei dem die Klage selbst anhängig ist. Eine Voraussetzung hierfür ist, dass die Widerklage auf denselben Vertrag oder Sachverhalt gestützt wird, wie die Klage selbst (Erfordernis der Konnexität). Darüber hinaus muss es sich um ein für die Hauptklage zuständiges Gericht handeln und der Widerbeklagte den Wohnsitz in einem Vertragsstaat haben[107]. Ist das nicht der Fall gilt die nationale Zivilprozessrechtsordnung (gemäß polnischer Zivilprozessordnung sind die Vorschriften Art. 192 Nr. 2, 204 § 1 *in fine*, 493 § 1, 502 § 2 KPC maßgebend).

Die letzte von den besonderen Zuständigkeiten der Art. 6 LugÜ/EuGVO betrifft den dinglichen Gerichtsstand des Sachzusammenhangs (Nr. 4) und erlaubt, eine in einem Vertragsstaat wohnhafte Person, wenn ein Vertrag oder Ansprüche aus einem Vertrag den Gegenstand des Verfahrens bilden und die Klage mit einer Klage wegen eines dinglichen Rechts an unbeweglichen Sachen gegen dieselbe Person verbunden werden kann, auch vor dem Gericht des Vertragsstaats zu verklagen, in dessen Hoheitsgebiet die unbewegliche Sache belegen ist.

---

[102] Entscheidung des SN vom 6.4.2001, V CO 3/01, OSNC 2001 Nr. 12, Pos. 175.
[103] Entscheidungen des EuGH vom 17.09.1988, *Kalfelis/Schröder*, s. o., Rn 13.
[104] *Kropholler*, a. a. O., Art. 6, Rn 8.
[105] *Ibidem*, Rn 26.
[106] *Ibidem*, Rn 18 ff.; *Schlosser*, a. a. O, EuGVO Art. 6, Rn 6.
[107] *Kropholler*, a. a. O., Art. 6, Rn 35 ff.; *Leible* in *Rauscher* (Hrsg.), a. a. O. Art. 6, Rn 23.

c. Sondergerichtsstände

Die Vorschriften des Art. 5 Nr. 1 Alt. 2 und des dritten und vierten Abschnitts des LugÜ sowie des dritten, vierten und fünften Abschnitts der EuGVO regeln die sog. Sondergerichtsstände. Hierunter fallen die Bestimmungen über Versicherungssachen (Art. 7-12 lit. a LugÜ/Art. 8-14 EuGVO), die Verbrauchersachen (Art. 13-15 LugÜ/Art. 15-17 EuGVO) und die Arbeitssachen (Art. 5 Nr. 1 Alt. 2 LugÜ/Art. 18-21 EuGVO), die jeweils in sich geschlossene, selbständige und erschöpfende Regelungen der internationalen Zuständigkeit beinhalten und grundsätzlich dann eingreifen, wenn der Beklagte seinen Wohnsitz in einem Vertragsstaat hat (Art. 7, Art. 13 Abs. 1 i. V. m. Art. 4 LugÜ/Art. 8, Art. 15 Abs. 1 und Art. 18 Abs. 1 i. V. m. Art. 4 EuGVO)[108]. Die Existenz dieser Sonderregelungen begründen die „*sozialpolitischen Erwägungen*", gemäß derer die genannten Personengruppen gegenüber ihrem Vertragspartner nicht nur wirtschaftlich schwächer, sondern auch rechtlich weniger erfahren sind, so dass sie einen besonderen Schutz während eines Gerichtsverfahrens bedürfen[109]. Um diesen Schutz sicherzustellen wurde sowohl im LugÜ wie auch in der EuGVO die Lage der Versicherungsnehmer (unter der EuGVO auch der Versicherten und der Begünstigten), der Verbraucher und der Arbeitnehmer begünstigt, indem ihnen eine Wahl zwischen den Gerichten verschiedener Staaten eingeräumt wurde (Art. 8, Art. 13 und Art. 5 Nr. 1 Alt. 2 LugÜ/Art. 9, Art. 15 und Art. 19 EuGVO). Im Gegenteil zu diesen Personengruppen können der Versicherer, der Vertragspartner des Verbrauchers oder der Arbeitgeber lediglich am Wohnsitz des Versicherungsnehmers, des Verbrauchers oder des Arbeitnehmers klagen (Art. 11 und Art. 14 Nr. 2 LugÜ/Art. 12 Abs. 1, Art. 16 Nr. 2 und Art. 20 Abs. 1 EuGVO)[110]. Die Begriffe der Versicherungssachen, des Verbrauchers und des Arbeitsvertrags sind vertragsautonom autonom auszulegen.

Für die Sondergerichtsstände in den Versicherungs-, Verbraucher- und Arbeitssachen gelten nicht die Vorschriften über den allgemeinen und die besonderen Gerichtsstände der Art. 2 und Art. 5 Nr. 1 LugÜ/EuGVO, die durch die entsprechenden Regelungen dieser Sondergerichtsstände verdrängt werden[111]. Hierfür geltende Zuständigkeitsvorschriften sind ferner dadurch aufgewertet, dass ihre Verletzung die Versagung der Anerkennung der Entscheidung nach sich zieht (Art. 28 Abs. 1 LugÜ/Art. 35 Abs. 1 EuGVO).

Gemäß Art. 7 LugÜ/Art. 8 EuGVO bestimmt sich die internationale Zuständigkeit in Versicherungssachen, unbeschadet der Art. 4 und Art. 5 Nr. 5 LugÜ/EuGVO, nach Art. 8-12 lit. a LugÜ/Art. 9-14 EuGVO. Hierunter fallen Rechtsstreitigkeiten zwischen einer Versicherung und einem Versicherungsnehmer. Aufgrund von Art. 1 Abs. 2 Nr. 3 LugÜ/Art. 1 Abs. 2 lit. c EuGVO keine Versicherungssachen sind jedoch die Rechtsstreitigkeiten, die sich auf gesetzliche Versicherungsverhältnisse stützen sowie Rechtsstreitigkeiten zwischen Versicherung und Rückversicherung, weil in diesem

---

[108] *Kropholler*, a. a. O., vor Art. 8, Rn 1; *Staudinger* in *Rauscher* (Hrsg.), a. a. O. Art. 8, Rn 1.

[109] *Jenard* Bericht, Allgemeine Bemerkungen zum 3.-5. Abschnitt des EuGVÜ, *Schlosser*, a. a. O., EuGVO Art. 8, Rn 1; *Kropholler*, a. a. O., Rn 2; *Staudinger* in *Rauscher* (Hrsg.), a. a. O. Rn 7.

[110] *Kropholler*, a. a. O.; vor Art. 7, Rn. 4.

[111] *Ibidem*, vor Art. 5, Rn 6 und Art. 18, Rn 1.

Verhältnis keinerlei Ungleichgewicht und damit Schutzbedürftigkeit für eine der Parteien besteht[112]. Anders als das LugÜ, schließt die EuGVO (Art. 9 Abs. 1 lit. b) Klagen des Versicherten und des Begünstigten ein, weil auch diese im Verhältnis zum Versicherer schutzbedürftig sind[113]. Die Vorschriften der Art. 9 LugÜ/Art. 10 EuGVO lassen zudem bei der Haftpflichtversicherung oder bei der Versicherung von unbeweglichen Sachen die Erhebung der Klage gegen den Versicherer am Ort des schädigenden Ereignisses zu (vgl. Art. V des Protokolls zum LugÜ/Art. 65 Abs. 1 EuGVO). Für Klagen gegen den Versicherer mit Sitz in einem Nichtvertragsstaat reicht auch eine Zweigniederlassung, Agentur oder sonstige Niederlassung innerhalb des geographischen Anwendungsbereichs der Konventionen für die (partielle) Anwendbarkeit des europäischen Zuständigkeitsrechts aus (Art. 8 Nr. 2 und Art. 13 Nr. 2 LugÜ/Art. 9 Nr. 2 und Art. 15 Nr. 2 EuGVO).

Die internationale Zuständigkeit in Verbrauchersachen bestimmt sich, unbeschadet der Art. 4 und Art. 5 Nr. 5 LugÜ/EuGVO, nach Art.13-15 LugÜ/Art. 15-17 EuGVO und wird angewendet, wenn der Verbraucher – verstanden als Einzelperson, die einen Vertrag zur Deckung ihres Eigenbedarfs schließt[114] - eine der Vertragsparteien ist und es sich bei dem Gegenstand des Verfahrens um:

1) den Kauf beweglicher Sachen auf Teilzahlung handelt (Art. 13 Abs. 1 Nr. 1 LugÜ/Art. 15 Abs. 1 lit. a EuGVO),
2) um ein in Raten zurückzahlendes Darlehen oder anderes Kreditgeschäft handelt, dass zur Finanzierung eines Kaufs beweglicher Sache bestimmt ist (Art. 13 Abs. 1 Nr. 2 LugÜ/Art. 15 Abs. 1 lit. b EuGVO).

Darüber hinaus, während sich der Anwendungsbereich des LugÜ auf die Erbringung von Dienstleistungen oder die Lieferung von beweglichen Sachen beschränkt, sind im Anwendungsbereich der EuGVO auch alle anderen Fälle zulässig, in denen der andere Vertragspartner in dem Mitgliedsstaat, in dem der Verbraucher seinen Wohnsitz hat, eine berufliche oder gewerbliche Tätigkeit ausübt oder eine solche auf irgend einem Wege auf diesen Staat oder mehrere Staaten einschließlich dieses eben ausrichtet und der Vertrag in den Bereich dieser Tätigkeit fällt (Art. 15 Abs. 1 lit. c EuGVO).

Unter der EuGVO kommt es auch - anders als gemäß Art. 13 LugÜ - nicht darauf an, dass der Verbraucher den Vertrag in dem Staat abgeschlossen hat, in dem er seinen Wohnsitz hat. Darüber hinaus muss der Vertragspartner des Verbrauchers in der Europäischen Union seinen allgemeinen Gerichtsstand oder zumindest eine Zweigniederlassung, Agentur oder sonstige Niederlassung haben (Art. 13 Abs. 1 i. V. m. Art. 4 und Art. 13 Abs. 2 LugÜ/Art. 15 Abs. 1 i. V. m. Art. 4 und Art. 15 Abs. 2 EuGVO). So-

---

[112] Entscheidung des EuGH vom 13.07.2000, *Groupe Josi*, s. o.

[113] Begründung des Verordnungsentwurfs durch die Kommission, KOM 1999 (348) endg., 16=BR.Drucks, 534/99, S. 15; *Kropholler*, a. a. O., Art. 9, Rn 2; vgl. auch *Jenard* Bericht, zum Art. 8.

[114] Entscheidung des EuGH vom 21.04.1993 – 172/91, *Shearson/TVB Treuhandgesellschaft*, Slg. 1993 I, S. 139, NJW 1993, S. 1251; Anzumerken sind hierbei die Unterschiede in der Formulierung von Begriffen der „Verbraucher" und „Verbrauchervertrags" in LugÜ und EuGVO. Vgl. *Kropholler*, a. a. O.; Art. 13, Rn 4 ff.

wohl das LugÜ wie auch die EuGVO schließen aus dem Verbrauchergerichtsstand die Beförderungsverträge aus (Art. 13 Abs. 3 LugÜ/Art. 15 Abs. 3 EuGVO), wobei die Verordnung einen Ausnahmefall vorsieht, indem sie Reiseverträge, die für einen Pauschalpreis kombinierte Beförderungs- und Unterbringungsleistungen vorsehen (Pauschalreisen), diesem speziellen Gerichtsstand zuordnet. In Art. 16 EuGVO wird ausnahmsweise auch die örtliche Zuständigkeit zum Schutz des Verbrauchers festgelegt, während Art. 14 LugÜ lediglich die internationale Zuständigkeit der Gerichte des Wohnsitzstaates des Verbrauchers betrifft[115].

Eine andere Schutzmaßnahme für die Versicherungsnehmer und die Verbraucher kommt zum Ausdruck angesichts der Möglichkeit, eine Gerichtsstandsvereinbarung abzuschließen, die gegenüber beiden Personengruppen deutlich eingeengt wurde (Art. 12 und Art. 15 i. V. m. Art. 17 Nr. 3 LugÜ/Art. 13 und Art. 17 i. V. m. Art. 23 Nr. 5 EuGVO). Dies folgt aus der Tatsache, dass sowohl in Verbraucher- wie auch in Versicherungssachen die meisten Verträge formularmäßig abgeschlossen werden, was wiederum nicht hilft, die schwächere Partei vor häufig nachteiligen Klauseln zu schützen[116].

Als letzter im Rahmen der Sondergerichtsstände ist der Gerichtsstand für individuelle Arbeitsverträge (*indywidualne umowy o pracę*) zu nennen, der unter der EuGVO - gegenüber dem EuGVÜ aber auch des LugÜ - eine neue Regelung erfahren und mit dieser zwei Neuerungen gebracht hat (Art. 5 Nr. 1 und Art. 17 Abs. 5 LugÜ/Art. 18-21 EuGVO). Die Vorschrift des Art. 18 Abs. 2 EuGVO enthält eine Privilegierung des Arbeitnehmers, die sowohl das EuGVÜ wie auch das LugÜ lediglich gegenüber dem Verbraucher und dem Versicherungsnehmer vorsehen. Über das Vorliegen eines Arbeitsvertrags, dessen Begriff vertragsautonom autonom ausgelegt wird, entscheidet das jeweilige nationale Recht. Dabei ist zu beachten, dass das wesentliche Merkmal des Arbeitsverhältnisses darin besteht, „*dass jemand während einer bestimmten Zeit für einen anderen nach dessen Weisung Leistungen erbringt, für die er als Gegenleistung eine Vergütung erhält*“[117]. In der vorliegenden Norm erfasst sind Individualverträge über abhängige und weisungsgebundene Tätigkeiten. Ausgeschlossen sind daher selbständige Dienst- oder Werkleistungen.

Der Arbeitgeber, sofern er seinen Wohnsitz im Hoheitsgebiet eines Vertragsstaates hat, kann entweder bei dem nach Art. 2 LugÜ/EuGVO zuständigen Gericht (Art. 5 Nr. 1 Alt. 2 LugÜ/Art. 19 Nr. 1 EuGVO) oder bei dem Gericht des Erfüllungsortes nach Art. 5 Nr. 1 Alt. 2 LugÜ/Art. 19 EuGVO verklagt werden. Damit ist – im zweiten Fall - der Ort gemeint, an dem der Arbeitnehmer gewöhnlich seine Arbeit verrichtet (Art. 5 Nr. 1 Alt. 2 LugÜ/Art. 19 Nr. 2 lit. a EuGVO) oder, wenn er Arbeit gewöhnlich nicht in demselben Staat verrichtet oder verrichtet hat, der Ort, an dem sich die Niederlassung, die den Arbeitnehmer eingestellt hat, befinden bzw. befand (Art. 5 Nr. 1 Alt. 2 LugÜ/Art. 19 Nr. 2 lit. b EuGVO). Anders als die EuGVO begründet das LugÜ den Gerichtsstand am Ort der Niederlassung auch für Klagen gegen den Arbeitnehmer

---

[115] *Kropholler*, a. a. O, Einl., Rn 61.
[116] *Ibidem*, Art. 12, Rn 1.
[117] Entscheidung des EuGH vom 26.02.1992 - C-357/89, *Raulin*, Slg.1992-2/I, S.1027, Rn 10, NJW 1992, S. 1493.

(Art. 5 Nr.1 LugÜ), während sie unter der EuGVO nur vor dem Gericht eines EU-Mitgliedsstaates, an dem der Arbeitnehmer seinen Wohnsitz hat, erhoben werden können (Art. 20 Abs. 1 EuGVO). Diese Regelung der EuGVO zeigt deutlich eine beabsichtigte Begünstigung des Arbeitnehmers. Solche erweist sich ebenfalls in der Möglichkeit, eine Gerichtsstandsvereinbarung auch dann abzuschließen, wenn der Arbeitnehmer sie geltend macht, um ein anderes Gericht als das in Art. 19 bezeichnete anzurufen (Art. 21 EuGVO). In dieser Hinsicht ist die EuGVO prorogationsfreundlicher als das LugÜ in seinem Art. 17[118].

Das aktuelle polnische IZVR enthält keine derartigem Schutz entsprechende Regelungen, was im Rahmen seiner Novellierung korrigiert werden soll. Der KPC Entwurf sieht nämlich die Einführung eines besonderen Gerichtsstandes für Arbeitssachen (Art. 1103^4 § 1-3 KPC E.) und Verstärkung des Schutzes der Versicherungsnehmer und Verbraucher (Art. 1103^5-1103^6 KPC E.). Diese Regelungsvorschläge ähneln den Lösungen der EuGVO und dadurch, dass sie den Rechtsschutz der schwächeren Parteien verstärken werden, sind sie positiv zu beurteilen.

d. Ausschließliche Gerichtsstände

In den Vorschriften der Art. 16 LugÜ/Art. 22 EuGVO wird die ausschließliche Zuständigkeit geregelt, welche ihre Geltung völlig unabhängig vom Wohnsitz der Parteien beansprucht und die besonderen Gerichtsstände verdrängt[119]. Auch die Gerichtsstandsvereinbarung nach Art. 17 LugÜ/Art. 23 EuGVO sowie rügelose Einlassung nach Art. 18 LugÜ/Art. 24 EuGVO werden durch die Bestimmungen über die ausschließliche Zuständigkeit verdrängt[120]. Als Ausnahme von der allgemeinen Zuständigkeitsverteilung des LugÜ und der EuGVO sollten die Vorschriften der Art. 16 LugÜ/Art. 22 EuGVO eng interpretiert werden[121].

Die ausschließliche Zuständigkeit bestimmt lediglich die internationale Zuständigkeit, die örtliche richtet sich dagegen nach der *lex fori* des Vertragsstaates, in dem internationale Zuständigkeit eröffnet ist. Im Fall von Polen handelt es sich um die Regelungen der Vorschriften der Art. 27 ff. KPC. Die Anwendung der Bestimmungen über die ausschließliche Zuständigkeit ist lediglich dann möglich, wenn eine der in Art. 16 LugÜ/Art. 22 EuGVO aufgezählten Rechtsstreitigkeiten die Hauptfrage des Verfahrens bildet und die in der Zuständigkeitsnorm vorausgesetzte Beziehung zu einem Vertragsstaat nachgewiesen werden kann. Entsprechend dem Charakter solcher Beziehung werden folgende Gerichtsstände unterschieden:

aa. Der Gerichtsstand der Belegenheit unbeweglicher Sachen (Art. 16 Nr. 1 lit. a-b LugÜ/Art. 22 Nr. 1 EuGVO)

Die Regelung über den Gerichtsstand der Belegenheit unbeweglicher Sachen aus Art. 16 Nr. 1 lit. a-b LugÜ/Art. 22 Nr. 1 Satz 1 EuGVO (*miejsce położenia nieruchomości*)

---

118 *Kropholler*, a. a. O., Einl., Rn 61.

119 *Ibidem*, a. a. O., Art. 22, Rn 1; *Schlosser*, a. a. O., EuGVO Art. 22, Rn 1; *Mankowski* in *Rauscher* (Hrsg.), a. a. O. Art. 22, Rn 1.

120 *Schlosser*, a. a. O.

121 *Kropholler*, a. a. O., Art. 22, Rn 2.

entspricht weitgehend den Bestimmungen über die örtliche Zuständigkeit aus Art. 38 § 1 KPC, wonach eine Klage auf Eigentum oder andere dingliche Rechte an einer unbeweglichen Sache, sowie eine Klage auf Besitz einer unbeweglichen Sache ausschließlich bei dem Gericht des Ortes ihrer Belegenheit erhoben werden kann. Im Anwendungsbereich des LugÜ oder der EuGVO werden von der Regelung der ausschließlichen Zuständigkeit der Art. 16 Nr. 1 lit. a-b LugÜ/Art. 22 Nr. 1 Satz 1 EuGVO ausschließlich Rechtsstreite aus dinglichen Rechten erfasst, ferner auch aus Miete und Pacht, die sich auf die unbewegliche Sache beziehen. Dabei sollen Art. 16 Nr. 1 lit. a-b LugÜ/Art. 22 Nr. 1 EuGVO *„nicht alle Klagen, die dingliche Rechte an unbeweglichen Sachen zum Gegenstand haben, erfassen, sondern nur solche, die darauf gerichtet sind, Umfang oder Bestand einer unbeweglichen Sache, das Eigentum, den Besitz oder das Bestehen anderer dinglicher Rechte hieran zu bestimmen, um den Inhabern dieser Rechte den Schutz der mit ihrer Rechtsstellung verbundenen Vorrechte zu sichern“*[122].

Der Begriff der unbeweglichen Sache wird nach dem Recht des Belegenheitsstaates (*lex rei sitae*)[123], die der dinglichen Rechte, der Miete oder Pacht[124] hingegen vertragsautonom qualifiziert[125]. Bei in Polen belegenen umstrittenen unbeweglichen Sachen handelt es sich insbesondere um Grundstücke (*nieruchomości*). Darunter werden sowohl Teile der Erdoberfläche, die ein getrenntes Eigentumsobjekt bilden (*grunty*), wie auch die darauf errichteten Gebäude (*budynki*), die mit dem Grund dauerhaft verbunden sind und Teile dieser Gebäude (*części budynków*), sofern sie Kraft besonderer Vorschriften ein von dem Grund getrenntes Eigentumsobjekt bilden, verstanden (Art. 46 KC). Was die dinglichen Rechte an unbeweglichen Sachen anbelangt, werden diese - trotz der vertragsautonom autonomen Auslegung - durch das maßgebende polnische Recht insofern beeinflusst, als danach darüber zu entscheiden ist, ob das betreffende Recht den autonomen Kriterien entspricht[126]. Grundsätzlich handelt es sich um das Eigentumsrecht (*prawo własności*, Art. 140 ff. KC). Aufgrund von vielen Differenzen in der nationalen Gestaltung von diesen Rechten entsteht oft die Notwendigkeit die sog. „Grenzfälle“ zu untersuchen. Aus polnischer Sicht sind hierbei z.B. der Erbnießbrauch (*użytkowanie wieczyste*, Art. 232 ff. KC) oder die beschränkten dinglichen Rechte wie: Dienstbarkeit (persönliche und Grunddienstbarkeit - *służebności gruntowe i osobiste*, Art. 285 ff. KC), Nießbrauch (*użytkowanie*, Art. 252 ff. KC) und Hypothek (*hipoteka*, Art. 65 ff. des Gesetzes über Grundbücher und Hypothekenrecht)[127] zu betrachten. Ferner gehören das genossenschaftlich gewährte Wohnrecht, Nutzungsrecht an einem

---

[122] Entscheidung des EuGH vom 10.01.1990 - C-115/88- *Reichert und Kockler/Dresnder Bank* AG I, Slg. 1990 I, S. 27, IPRax 1991, S. 45; *Schlosser*, a. a. O., Rn 3.

[123] *Schlosser*, a. a. O., Rn 2; *Kropholler*, a. a. O., Rn 11 f.; a. A. *Thomas/Putzo/Reichold*, ZPO, 26. Aufl. 2004, EuGVO Art. 2 Rn 3; *Zöller/Geimer*, ZPO 25. Aufl. 2005, EuGVO Art. 22 Rn 1.

[124] Entscheidung des EuGH vom 14.12.1977 – 73/77, *Sanders und Van der Putte*, Slg. 1977, S. 2383, NJW 1978, S. 1107.

[125] *Geimer/Schütze*, a. a. O., EuGVO Art. 16 Rn 49; vgl. Entscheidungen des EuGH vom 10.01.1990, *Reichert*, s. o. und vom 09.06.1994 - C-292/93, *Lieber/Göbel*, Slg. 1994 I, S. 2535, NJW 1995, S. 37.

[126] *Schlosser*, a. a. O., Rn 4.

[127] Ustawa o księgach wieczystych i hipotece z dnia 06.07.1982 r., Dz.U. 1982 Nr. 19, Pos. 147, m. s. Ä.

Geschäftsraum oder Nutzungsrecht an einem Einfamilienhaus in Wohnungsbaugenossenschaft dazu (Art. 244 ff. KC).

Die dinglichen Rechte sind in ihrer Zahl auf dem europäischen Kontinent eingeschränkt, anders aber als persönliche Rechte wirken sie *erga omnes* und nicht nur gegen den jeweiligen Schuldner[128]. Um Art. 16 Nr. 1 lit. a LugÜ/Art. 22 Nr. 1 Satz 1 EuGVO, die zwischen den dinglichen und persönlichen Rechten deutlich trennen, anwenden zu können, muss das dingliche Recht an unbeweglicher Sache der Gegenstand der Klage sein. Es genügt nicht, dass es von der Klage berührt wird oder dass die Klage im Zusammenhang mit dem dinglichen Recht steht. Dabei spielt die Klageart keine Rolle. Die ausschließliche Zuständigkeit aus Art. 16 Nr. 1 lit. a LugÜ/Art. 22 Nr. 1 Satz 1 EuGVO gilt sowohl für Leistungs- wie für Feststellungsklagen sowie für Gestaltungsklagen, sofern diese als dingliche zu qualifizieren sind[129].

Art. 16 Nr. 1 lit. b LugÜ/Art. 22 Nr. 1 Satz 2 EuGVO regelt die internationale Zuständigkeit für die Miet- und Pachtverhältnisse, unter die jede einen Rechtsanspruch begründende Überlassung des Gebrauchs der unbeweglichen Sache auf Zeit fällt[130]. Hierunter fallen alle Streitigkeiten über das Bestehen und die Interpretation des Vertrags, Ersatz für Schäden aus dem Vertrag, auf Räumung oder Überlassung und auch Mietzinsklagen[131], die außer am Belegenheitsort auch an dem Ort geklagt werden können, in dem der Beklagte seinen Wohnsitz hat. Diese Alternative wird durch folgende Voraussetzungen eingeschränkt:

1) es handelt sich um eine vorübergehende Gebrauchsüberlassung unbeweglicher Sachen für einen Zeitraum von höchsten sechs aufeinander folgenden Monaten (z.B. kurzzeitig angemietete Ferienhäuser und Fernwohnungen[132], außer wenn die Vermietung ein Teil eines Reisevertrags ist, der weitere Leistungen umfasst[133]),
2) Mieter und Pächter sind eine natürliche Person und haben mit dem Eigentümer oder sonstigen Vermieter einen Wohnsitz im gleichen Vertragsstaat[134].

---

[128] Es ist häufig über „*numerus clausus* der dinglichen Rechte" die Rede. Anders regelt die Frage der Zahl von dinglichen Rechten das englische und irische Rechtssystem, s. *Geimer/Schütze*, a. a. O., Rn 51.

[129] *Geimer/Schütze*, a. a. O., Rn 61.

[130] *Mankowski* in *Rauscher* (Hrsg.), a. a. O., Rn 13; s. Entscheidung des EuGH vom 27.01.2000 – 8/98, *Dansommer/Götz*, Slg. 2000 I, S. 393, NJW 2000, S. 2009; einschränkend frühere Entscheidung des EuGH vom 14.12.1977, *Sanders*, s. o. - für die Untervermietung eines Ladengeschäfts; *Thomas/Putzo/Reichold*, a. a. O., Art. 22 Rn 6; *Schlosser*, a. a. O., Rn 7.

[131] Entscheidung des EuGH vom 15.01.1985 – 241/83, *Rösler/Rottwinkel*, Slg. 1985, S. 99, NJW 1985, S. 905.

[132] *Ibidem*.

[133] Entscheidung des EuGH vom 26.02.1992 – 280/90, *Hacker/Euro-Relais*, Slg. 1992 I, S. 1111, NJW 1992, S. 1029.

[134] Anzumerken ist, dass das EuGVÜ in seinem Art. 16 Nr. 1 lit. b verlangte, dass auch der Eigentümer der unbeweglichen Sache eine natürliche Person ist. Angesichts dessen bietet Art. 22 Nr. 1 S. 2 EuGVO eine Kompromisslösung zwischen dem EuGVÜ und dem LugÜ, für das nur der Mieter bzw. der Pächter eine natürliche Person sein muss; *Micklitz/Rott*, Vergemeinschaftung des EuGVÜ in der Verordnung (EG) Nr. 44/2001, Europäische Zeitschrift für Wirtschaftsrecht (EuZW) 2001, S. 332.

Anders als Art. I b des Protokolls Nr. 1 zum LugÜ bekam weder Polen noch ein anderer EU-Mitgliedsstaat die Möglichkeit gegenüber der EuGVO den Vorbehalt zu unterbreiten, dass eine aufgrund dieser Zuständigkeit erlassene Entscheidung nicht anerkannt wird, weil die internationale Zuständigkeit des Gerichts des Ursprungsstaats ausschließlich dadurch begründet ist, dass der Beklagte seinen Wohnsitz in dem Ursprungsstaat hat und die unbewegliche Sache im polnischen Hoheitsgebiet gelegen ist. Im Anwendungsbereich der EuGVO müssen daher in Polen auch so ergangene Entscheidungen anerkannt werden. Eine Angleichung an den Art. 16 Nr. 1 lit. b LugÜ enthält Art. 22 Nr. 1 Satz 2 EuGVO, der wie die genannte Vorschrift des LugÜ genügen lässt, dass nur der Mieter oder der Pächter eine natürliche Person ist[135].

Im Gegenteil zur Regelung der Art. 16 LugÜ/Art. 22 EuGVO sieht die entsprechende Regelung des autonomen polnischen Rechts in Art. 1102 § 1 KPC *expressis verbis* vor, dass die polnischen Gerichte außer in Eigentumsfragen an einer in Polen gelegenen unbeweglichen Sache auch im Fall ihres Besitzes (*posiadanie*) ausschließlich zuständig sind. Und während der Besitz im Bezug auf Art. 16 LugÜ/Art. 22 EuGVO neben dem Eigentum und anderen dinglichen Rechten an einer unbeweglichen Sache erwähnt wird, ist er im autonomen polnischen Recht als kein Recht an der Sache (obwohl es üblicherweise mit diesem auftritt), sondern als *stan posiadania* (Tatbestand des Besitzes), damit die tatsächliche Herrschaft über die Sache (Art. 336 ff. KC) anzusehen. Dabei kann der Besitz aus dem Eigentum stammen, muss aber mit keinem Recht verbunden werden. Zu seinem Bestehen braucht er das physische Element der Herrschaft über die Sache (*corpus possesionis*) und das psychische Element, verstanden als die Absicht über die Sache für sich selbst zu herrschen (*animus rem sibi habendi*).

Eine weitere Differenz zwischen den beiden Regelungen besteht darin, dass Art. 1102 § 1 KPC aus der ausschließlichen Zuständigkeit die Rechtsangelegenheiten betreffend Miet- und Pachtzins, die Mietverhältnisse (Art. 659 KC) und die Pachtverhältnisse, die aufgrund von Art. 16 Nr. 1 lit. b LugÜ/Art. 22 Nr. 1 Satz 2 EuGVO zur ausschließlichen Zuständigkeit gehören, ausnimmt[136]. Die Mietverhältnisse wurden aus der Regelung der ausschließlichen Zuständigkeit gemäß Art. 1102 § 1 KPC ausgeschlossen. Umstritten im Kontext des Art. 1102 KPC ist die Auslegung der unklaren Formulierung „*um dingliche Rechte und Besitz von unbeweglicher Sache*". Die Ursache der schwierigen Auslegung liegt daran, dass die dinglichen Rechte sowohl die beweglichen wie auch unbeweglichen Sachen betreffen können. Nach h. M. des polnischen Schrifttums sollen hierbei lediglich unbewegliche Sachen berücksichtigt werden[137]. Im Gefolge solcher Interpretation dieser Vorschrift wird sie im Rahmen der Europäisierung - neben der Verschiebung zum Art. 1103^8 § 1 KPC E. - eine Präzisierung erfahren, in dem zur ausschließlichen internationalen Zuständigkeit polnischer Gerichte Sachen über dingliche Rechte *an einer unbeweglichen Sache* und über Besitz einer in Polen belegenen unbeweglichen Sachen gehören werden. Den Begriff der unbeweglichen Sache bestimmt die Norm des Art. 46 KC. Die Rechtsangelegenheiten

---

[135] *Kropholler*, a. a. O., Einl. Rn 61.
[136] *Ciszewski*, a. a. O., Art. 16, Rn 3.
[137] *Flaga-Gieruszyńska*, Jurysdykcja krajowa, S. 33.

über den Besitz einer unbeweglichen Sache bestimmen die Vorschriften der Art. 336-352 KC und Art. 478-479 KPC.

bb. Der Gerichtsstand der Gesellschaft (Art. 16 Nr. 2 LugÜ/Art. 22 Nr. 2 EuGVO)

Die Bestimmungen der Art. 16 Nr. 2 LugÜ/Art. 22 Nr. 2 EuGVO eröffnen einen ausschließlichen Gerichtsstand für Klagen, welche die Nichtigkeit oder die Auflösung einer Gesellschaft oder juristischen Person (Wirksamkeit der Gesellschaft) oder die Gültigkeit der Beschlüsse ihrer Organe zum Gegenstand haben. In solchen Fällen ist die Klage an das Gericht des Vertragsstaates zu richten, in dessen Hoheitsgebiet die Gesellschaft oder juristische Person ihren Sitz hat. Die Antwort darüber, wo sich dieser Sitz befindet, gibt unter der EuGVO das nationale Kollisionsrecht, also in Polen Art. 9 § 2 PPM (Art. 22 Nr. 2 Satz 2 EuGVO). Für alle anderen Klagen im Zusammenhang mit der Mitgliedschaft in einer Gesellschaft oder juristischen Personen gilt der allgemeine Gerichtsstand aus Art. 2 LugÜ/EuGVO.

Auch an einem Gerichtsstand der Gesellschaft i. S. d. Art. 16 Nr. 2 LugÜ/Art. 22 Nr. 2 EuGVO fehlt es in dem aktuellen IZVR in Polen. Die Kodifikationskommission des KPC hat sich vorgenommen, diesen Mangel mit der Einführung einer neuen ausschließlichen Zuständigkeit polnischer Gerichte zu beseitigen und zwar für Klagen, welche die Auflösung einer juristischen Person oder einer Einheit, die keine juristische Person, der ein Gesetz jedoch die Geschäftsfähigkeit verleiht, zum Gegenstand haben (Art. 1109^1 § 2 KPC E.). Zuständig in solchen Fällen soll das neue Registergericht sein.

cc. Der Gerichtsstand des Registers (Art. 16 Nr. 3 LugÜ/Art. 22 Nr. 3 EuGVO)

Infolge dessen, dass die Führung von öffentlichen Registern zur hoheitlichen Tätigkeit jedes Staates gehört und nach seinem Prozessrecht durchgeführt wird, können Klagen betreffend Rechtsstreitigkeiten um die Gültigkeit von Eintragungen in solche Register lediglich vor den Gerichten des Registerstaates erhoben werden (Art. 16 Nr. 3 LugÜ/Art. 22 Nr. 3 EuGVO)[138].

Diesen Grundsatz bestätigen auch die Vorschläge des KPC Entwurfs, die einen neuen ausschließlichen Gerichtsstand des Registers eröffnen (Art. 1109^1 § 1 wie auch Art. 1109^1 § 2 KPC E.).

dd. Der Gerichtsstand im gewerblichen Rechtsschutz (Art. 16 Nr. 4 LugÜ/Art. 22 Nr. 4 EuGVO)

Einen ähnlichen Hintergrund - *„die Territorialität gewerblicher Schutzrechte, die Schutz jeweils nur für ihren jeweiligen Verleihungsstaat gewähren“*[139] - hat der ausschließliche Gerichtsstand im gewerblichen Rechtsschutz, der für Verfahren gilt, in denen es sich um die Eintragung oder die Gültigkeit von Patenten und anderen ge-

---

[138] *Schlosser*, a. a. O., Rn 20; *Kropholler*, a. a. O., Art. 22, Rn 42; *Mankowski* in *Rauscher* (Hrsg.), a. a. O., Art. 22, Rn 38.
[139] *Mankowski* in *Rauscher* (Hrsg.), a. a. O., Rn 40.

werblichen Schutzrechten handelt (Art. 16 Nr. 4 LugÜ/Art. 22 Nr. 4 EuGVO). Auch dieser Begriff ist vertragsautonom auszulegen[140] und betrifft z. B. die *„Rechtsstreitigkeiten über die Gültigkeit, das Bestehen oder das Erlöschen des Patents oder über die Geltendmachung des Prioritätsrechts aufgrund einer früheren Hinterlegung“*[141]. Somit fallen hieraus Klagen auf Schadensersatz wegen der Verletzung eines gewerblichen Schutzrechts oder Unterlassungsklagen heraus[142].

ee. Der Gerichtsstand des Vollstreckungsortes (Art. 16 Nr. 5 LugÜ/Art. 22 Nr. 5 EuGVO)

Gemäß Art. 16 Nr. 5 LugÜ/Art. 22 Nr. 5 EuGVO sind die Gerichte des Vertragsstaates, in dessen Hoheitsgebiet eine Zwangsvollstreckung durchgeführt werden soll oder durchgeführt worden ist, ausschließlich zuständig für Verfahren, die Zwangsvollstreckung aus Entscheidungen zum Gegenstand haben. Hierunter fallen alle kontradiktorischen Verfahren, *„die sich aus der Inanspruchnahme von Zwangsmittel, insbesondere bei der Herausgabe oder Pfändung von beweglichen oder unbeweglichen Sachen in dem Hinblick auf die Vollstreckung von Entscheidungen oder Urkunden ergeben“*[143].

e. Gerichtsstand für einstweilige Maßnahmen (Art. 24 LugÜ/Art. 31 EuGVO)

Jedes Gericht, das aufgrund einer der Vorschriften des Titels II des LugÜ bzw. des Kapitels II der EuGVO international zuständig ist, ist auch für die Maßnahmen des einstweiligen Rechtsschutzes, die in den Anwendungsbereich des LugÜ bzw. der EuGVO fallen, zuständig[144]. Gemäß Art. 24 LugÜ/Art. 31 EuGVO können nämlich die in dem Recht eines Vertragsstaates vorgesehenen einstweiligen Maßnahmen einschließlich solcher, die auf eine Sicherung gerichtet sind (*środki tymczasowe włącznie ze środkami zabezpieczającymi*), bei den Gerichten dieses Staates auch dann beantragt werden, wenn für die Entscheidung in der Hauptsache das Gericht eines anderen Vertragsstaates aufgrund des LugÜ oder der EuGVO zuständig ist[145]. Die Gerichtswahl steht also dem Antragsteller zur Verfügung[146], allerdings eingeschränkt u. a. durch die Voraussetzung, dass *„zwischen dem Gegenstand dieser Maßnahmen und der gebietsbezogenen Zuständigkeit des Vertragsstaates des angerufenen Gerichts eine reale Verknüpfung besteht“*[147].

---

[140] *Schlosser*, a. a. O., Rn 22; *Kropholler*, a. a. O., Rn 44.

[141] Entscheidung des EuGH vom 15.11.1983, *Duijnstee*, s. o. Rn 24; *Schmidt*, a. a. O., Rn 59.

[142] S. auch Art. 90 Abs. 1 der EG-Verordnung über die Gemeinschaftsmarke Nr. 40/94 des Rates vom 20.12.1993, ABl. EG Nr. L 11 vom 14.01.1994, S. 1; *Schlosser*, a. a. O., Rn 22; *Kropholler*, a. a. O., Rn 48, 58 ff. Zu berücksichtigen ist auch das Münchner Übereinkommen über die Erteilung Europäischer Patente vom 05.10.1973, Dz.U. 2003 Nr. 65, Pos. 598.

[143] Entscheidung des EuGH vom 10.01.1990, *Reichert und Kockler*, s. o. Rn 27; *Jenard* Bericht, zu Art. 16 Nr. 5; *Kropholler*, a. a. O., Art. 22, Rn 61; *Mankowski* in *Rauscher* (Hrsg.), a. a. O., Rn 54.

[144] Entscheidungen des EuGH vom 17.11.1998 -391/95, *Van Uden/Deco-Line*, Slg. 1998 I, S. 7091, JZ 1999, S. 1103, 1089; und vom 27.04.1999 - 99/96, *Mietz/Intership Yachting Sneek*, Slg. 1999 I, S. 1597, IPRax 2000, S. 119, 87; *Schlosser*, a. a. O., Art. 24, Rn 1; *Kropholler*, a. a. O., Art. 31, Rn 1.

[145] Entscheidung des SN vom 06.04.2001, V CO 3/01, OSNC 2001 Nr. 12, Pos. 175.

[146] *Leible Rauscher* (Hrsg.), a. a. O., Art. 31, Rn 14.

[147] Entscheidungen des EuGH vom 17.11.1998, *Van Uden*; und vom 27.04.1999, *Mietz* s. o. Rn 41; *Schlosser*, a. a. O., Rn 4.

Infolge dessen, dass die Vorschriften der Art. 21 LugÜ/Art. 27 EuGVO in einstweiligen Rechtsschutzverfahren nicht gelten[148], entfaltet weder die anderweitige Anhängigkeit der Hauptsache noch eines Antrags auf einstweiligen Rechtsschutz eine Sperrwirkung[149]. Die einstweiligen Maßnahmen sollen sich grundsätzlich auf solche Vermögensgegenstände beschränken, „*die sich im örtlichen Zuständigkeitsbereich des angerufenen Gerichts befinden oder befinden müssten*“[150], so dass auch die Beantragung dieser bei Gerichten verschiedener Vertragsstaaten kein Problem darstellen soll[151].

Den Begriff der einstweiligen Maßnahmen haben das LugÜ und die EuGVO nicht definiert. Gemäß der Rechtsprechung des EuGH sollen es solche sein, „*die auf den Anwendungsbereich des Übereinkommens* (EuGVÜ, analog der EuGVO und des LugÜ) *fallenden Rechtsgebieten ergehen und eine Sach- oder Rechtslage erhalten sollen, um Recht zu sichern, deren Anerkennung im übrigen bei dem in der Hauptsache zuständigen Gericht beantragt wird*“[152]. Auch für den Erlass der einstweiligen Maßnahmen enthalten das LugÜ und die EuGVO keine eigenständige Regelung und verweisen - wie in Fragen ihrer Gültigkeit oder Aufhebung - auf das nationale Recht des angerufenen Vertragsstaates[153]. Entscheidet sich der Beklagte, seinen Antrag auf Gewährung einstweiligen Rechtsschutzes bei dem polnischen Gericht zu stellen, dass nach dem nationalen Recht über die einstweilige Maßnahmen entscheiden soll, stellt sich die Frage, welche Regel des nationalen Rechts es anzuwenden hat. Diese folgt der Tatsache, dass das polnische Zivilverfahrensrecht über keine selbständige Regelung der internationalen Zuständigkeit im Sicherungsverfahren (*postępowanie zabezpieczające*) verfügt. Unbegründet scheint hierbei die Konstruktion einer entsprechenden Anwendung der Regelungen über internationale Zuständigkeit im Prozess gemäß Art. 13 § 2 KPC[154]. Es wird dafür in Erwägung gezogen, die Zuständigkeit im Sicherungsverfahren gemäß Art. 1100-1103 KPC im streitigen Verfahren und gemäß Art. 1100-1102, Art. 1106-1108 und Art. 1110 KPC im nichtstreitigen Verfahren zu bestimmen[155]. Was die Art der einstweiligen Maßnahmen anbelangt, kann in Polen insbesondere die Sicherung (*zabezpieczenie*) gemäß Art. 730-746 KPC erhoben werden (vgl. Art. 747 KPC).

---

[148] *Schlosser*, a. a. O., Art. 27, Rn 5; *Kropholler*, a. a. O., Art. 27, Rn 14.
[149] *Leible* in *Rauscher* (Hrsg.), a. a. O., Rn 17.
[150] Entscheidung des EuGH vom 27.04.1999, *Mietz*, s. o. Rn 43.
[151] *Schmidt*, a. a. O., Rn 139.
[152] Entscheidung des EuGH vom 26.03.1992 - 261/90, *Reichert und Kockler/Dresnder Bank AG II*, Slg. 1992 I, S. 2149, Rn 34, IPRax 1993, S. 26, 17.
[153] *Kropholler*, a. a. O., Art. 31, Rn 1 f.; vgl. auch *Jakubecki*, Postępowanie zabezpieczające w sprawach z zakresu prawa własności intelektualnej, Kraków 2002, S. 238; *Spałek*, Gl. zur Entscheidung des SN vom 06.04.2001, V CO 3/01, PiP 2002 Nr. 12, S. 94; *Zawiślak*, Przesłanki formalne postępowania zabezpieczającego w procedurze cywilnej, PS 2002 Nr. 3, S. 30;. *Zeiler*, Środki tymczasowe i zabezpieczające, KPP 1999 Nr. 4, S. 751, 754.
[154] A. A. *Spałek*, a. a. O.; ders. Zabezpieczenie roszczeń w Konwencji z Lugano, PiP 2003 Nr. 10, S. 88 ff.
[155] *Ciszewski*, a. a. O., Art. 24, Rn 3.

Um diese Auslegungsschwierigkeiten wie auch praktische Probleme zu beseitigen, sollen entsprechende Maßnahmen im Rahmen der KPC Novellierung unternommen werden. Der KPC Entwurf sieht einen neuen Titel IV a: Die internationale Zuständigkeit im Sicherungs- und Vollstreckungsverfahren (*Jurysdykcja krajowa w postępowaniu zabezpieczającym i egzekucyjnym*) vor, nach dessen Regeln die Bestimmung der internationalen Zuständigkeit im Sicherungsverfahren auf Grund einer sinngemäßen Anwendung von Vorschriften über die internationale Zuständigkeit im Erkenntnisverfahren erfolgen soll (Art. 1110^2 § 1 KPC E.). Darüber hinaus soll die internationale Zuständigkeit im Sicherungsverfahren dann begründet werden können, wenn die Sicherung in Polen durchgeführt oder Wirkungen hervorrufen werden kann (Art. 1110^2 § 2 KPC E.).

Der KPC Entwurf sieht auch einen Gerichtsstand des Vollstreckungsortes (Art. 1110^3 § 1 KPC E.) vor, der der Regelung der Art. 16 Nr. 5 LugÜ/Art. 22 Nr. 5 EuGVO ähnelt, im Weiteren auch der Vollstreckung des Sicherungsbescheides (Art. 1110^3 § 2 KPC E.) wie auch Vollstreckungsgegenklage aus Art. 840 § 1 Nr. 2 KPC dienen soll (Art. 1110^3 § 3 KPC E.)

4. Prüfung der Zuständigkeit

Die Abschnitte 7-8 LugÜ/8-9 EuGVO, die als einzige außerhalb der Begründung der internationalen Zuständigkeit, der Anerkennung und Vollstreckung gerichtlicher Entscheidungen wirken, wenden sich der Behandlung der Zuständigkeit im Prozess zu. Dabei sind die Vorschriften der Art. 19-20 LugÜ/Art. 25-26 EuGVO der Prüfung der Zuständigkeit und der Zulässigkeit des Verfahrens gewidmet, die Art. 21-23 LugÜ/Art. 27-30 EuGVO der Beachtung von ausländischer Rechtshängigkeit. Diese greifen in das nationale Verfahrensrecht ein, dessen entgegenstehende Bestimmungen, wie in Polen der Art. 1098 KPC, unanwendbar werden[156]. Dabei hat das angerufene polnische Gericht die Frage, ob die inländischen Gerichte im Anwendungsbereich des LugÜ oder der EuGVO zuständig sind, von Amts wegen zu beantworten, wenn es darum geht, ob es ausschließlich zuständig ist (Art. 19 LugÜ/Art. 25 EuGVO) oder Säumnis des Beklagten vorliegt (Art. 20 LugÜ/Art. 26 EuGVO)[157].

Im ersten dieser Fälle ist das polnische Gericht verpflichtet, sich von Amts wegen für unzuständig zu erklären, sofern es wegen einer Streitigkeit angerufen wird, für die die ausschließliche Zuständigkeit des Gerichts eines anderen Vertragsstaates aufgrund von Art. 16 LugÜ/Art. 22 EuGVO besteht. Bei Nichtbeachtung dieser Vorschriften wird die Anerkennung und Vollstreckung versagt (Art. 28 und Art. 34 LugÜ/Art. 35

[156] Entscheidung des EuGH vom 15.11.1983, Duijnstee, s. o.; *Schlosser*, a. a. O., Vorb. zu den Abschnitten 8. und 9. der EuGVO.

[157] Dass die Überprüfung der internationalen Zuständigkeit polnischer Gerichte nicht immer völkerrechtliche Regelungen berücksichtigt (hier das maßgebende LugÜ), bestätigt u. a. die Entscheidung des SN vom 19.12.2003 III CK 25/03 OSNC 2005/2/30, die als Antwort auf die Anfechtung von Entscheidungen der Gerichte niedrigerer Instanzen kam, die u. a. die Frage der internationalen Zuständigkeit nicht untersucht haben.

und Art. 41 EuGVO)[158]. Die ausschließliche Zuständigkeit gilt zwingend, so dass die Parteien hiervon weder durch eine Gerichtsstandsvereinbarung abweichen (Art. 17 Abs. 3 LugÜ/Art. 23 Abs. 5 EuGVO), noch durch rügelose Einlassung einen anderen Gerichtsstand begründen können (Art. 18 Satz 2 LugÜ/Art. 24 Satz 2 EuGVO)[159]. Die Abweisung mangels Zuständigkeit kann bei der Verletzung der Regelung über die ausschließliche Zuständigkeit in jedem Verfahrensstadium und in jeder Instanz erfolgen, vorausgesetzt, der zur ausschließlichen Zuständigkeit eines anderen Gerichts zugehörige Streitpunkt wird nicht nur als Vorfrage aufgeworfen[160]. Das Instrument dazu stellt das nationale Verfahrensrecht[161], in Polen die Regelung des Art. 1099 KPC, wonach die fehlende Zuständigkeit der Gerichte die Abweisung der Klage begründet[162]. Dabei kann das polnische Gericht die Klage an das gemäß Art. 16 LugÜ/Art. 22 EuGVO zuständige Gericht nicht verweisen[163].

Das angerufene polnische Gericht muss sich auch dann von Amts wegen für unzuständig erklären, wenn sich der Beklagte, der seinen Wohnsitz in dem Hoheitsgebiet eines Vertragsstaates hat, auf das Verfahren vor einem nach dem LugÜ oder der EuGVO unzuständigen Gericht eines anderen Vertragsstaates nicht einlässt (Art. 20 Abs. 1 LugÜ/Art. 26 Abs. 1 EuGVO). Danach muss sich der Beklagte vor dem ausländischen Gericht nicht stellen, um lediglich die Zuständigkeit zu rügen[164]. Liegt eine Gerichtsstandsvereinbarung vor, die die ausschließliche Zuständigkeit in einem anderen Vertragsstaat begründet, ist diese Vorschrift und nicht Art. 19 LugÜ/Art. 25 EuGVO anzuwenden[165].

Die Bestimmungen der Art. 20 Abs. 2-3 LugÜ/Art. 26 Abs. 2-4 EuGVO schützen das Recht des Beklagten auf das rechtliche Gehör, indem sie - mangels rechtzeitiger Zustellung gerichtlicher Urkunden - eine Aussetzung des Prozesses bis zum Zeitpunkt, in dem feststeht, dass dem Beklagten die Möglichkeit zur Verteidigung gegeben worden ist, anordnen. Dabei verweisen sie bezüglich der Zustellungserfordernisse entweder auf Art. 15 des Haager Übereinkommens über die Zustellung gerichtlicher und außergerichtlicher Schriftstücke im Ausland in Zivil- und Handelssachen vom 15. November 1965 (HZÜ[166], Art. 20 Abs. 3 LugÜ) oder auf Art. 19 EuZustVO (Art. 26 Abs. 3 EuGVO). Die Bestimmungen der Art. 20 LugÜ/Art. 26 EuGVO bilden im Zusammenspiel mit Art. 19 LugÜ/Art. 25 EuGVO *„einen einheitlichen europäischen Mindeststandard an Beklagtenschutz zur Gewährleistung eines fairen Verfahrens“*[167], der allerdings nur dann eingreift, wenn der Beklagte seinen Wohnsitz in einem anderen der Vertragsstaaten wohnt, als dem, in dem er verklagt wird[168].

---

[158] *Jenard* Bericht, zu Art. 16.
[159] *Schmidt*, a. a. O., Rn 48.
[160] *Jenard* Bericht, zu Art. 19.
[161] *Mankowski* in *Rauscher* (Hrsg.), a. a. O., Art. 25, Rn 6.
[162] *Ciszewski*, a. a. O., Art. 19, Rn 1.
[163] *Kropholler*, a. a. O., Art. 25, Rn 2; *Mankowski* in *Rauscher* (Hrsg.), a. a. O.
[164] *Kropholler*, a. a. O., Art. 26, Rn 1.
[165] *Ibidem*.
[166] Dz.U. 2000 Nr. 87, Pos. 968 f.
[167] *Mankowski* in *Rauscher* (Hrsg.), a. a. O., Art. 26, Rn 1.
[168] *Schlosser*, a. a. O., Art. 26, Rn 1.

Über die aus den Vorschriften der Art. 19-20 LugÜ/Art. 25-26 EuGVO folgende Verpflichtung, die internationale Zuständigkeit von Amts wegen zu überprüfen, hinaus, wird das angerufene polnische Gericht seine Zuständigkeit im Anwendungsbereich des LugÜ oder der EuGVO lediglich auf die Rüge des Beklagten wegen fehlender Zuständigkeit (*zarzut braku jurysdykcji*) untersuchen, die spätestens zugleich mit der ersten Äußerung zur Sache erfolgen muss[169].

5. Zulässigkeit des Verfahrens

Unter der Geltung des LugÜ und der EuGVO hat der Kläger das Recht, unter mehreren international zuständigen Staaten das für ihn günstigste Gericht zu wählen. Freilich darf er nicht seine Ansprüche gleichlaufend in mehreren Staaten anhängig machen, um sich dann für eine Sachentscheidung zu entschließen[170]. Lediglich der erst angerufene Staat ist zur Justizgewährung verpflichtet. Trotz dessen ist es nicht ausgeschlossen, dass in verschiedenen Vertragsstaaten Klagen wegen derselben Sachen erhoben werden oder die betroffenen Sachen in einem sonstigen Zusammenhang stehen und somit eine doppelte Rechtshängigkeit vorliegt[171]. Um daraus folgende Konflikte in Form von Parallelverfahren oder widersprüchlichen Entscheidungen in der Hauptsache zu vermeiden, haben das LugÜ und die EuGVO die gerichtliche Pflicht zur Beachtung der Rechtshängigkeit (*litis pendens, zawisłość prawna sporu*) in einem anderen Vertragsstaat bei identischem oder konnexem Streitgegenstand in Form des sog. (zeitlichen) Prioritätsprinzips eingeführt (Art. 21-23 LugÜ/Art. 27-30 EuGVO). Diese Regelung schafft für die Praxis eine sehr relevante Rechtsvereinheitlichung, da sie inhaltlich über die Lösungen einiger nationaler Rechtsordnungen, die ausländische Rechtshängigkeit nicht (vgl. Art. 1098 KPC und Art. 1098 § 1-4 KPC E.) oder nur marginal beachten, weit hinausgeht[172].

Gemäß dem Prioritätsprinzip, wenn bei Gerichten verschiedener Vertragsstaaten Klagen wegen desselben Anspruchs zwischen denselben Parteien anhängig gemacht werden (Voraussetzung der Identität), hat das später angerufene Gericht das Verfahren von Amts wegen auszusetzen (vgl. Art. 173-183 KPC), bis die Zuständigkeit des zuerst angerufenen Gerichts geklärt ist (Art. 21 Abs. 1 LugÜ/Art. 27 Abs. 1 EuGVO). Die internationale Zuständigkeit des zuerst angerufenen Gerichts darf hierbei durch das Zweitgericht nicht überprüft werden[173]. Auch das Gericht, dessen Zuständigkeit aufgrund einer Gerichtsstandsvereinbarung gemäß Art. 17 LugÜ/Art. 23 EuGVO geltend gemacht wird, muss das Verfahren aussetzen, bis sich das zuerst angerufene Ge-

---

[169] *Ibidem*, Art. 24, Rn 2; *Schmidt*, a. a. O., Rn 148.

[170] *Geimer/Schütze*, a. a. O., Art. 21, Rn 1.

[171] *Leible* in *Rauscher* (Hrsg.), a. a. O., Art. 27, Rn 1.

[172] Entscheidung des EuGH vom 08.12.1987 - 144/86 *Gubisch Maschinenfabrik/Palumbo*, Slg. 1987, S. 4861, NJW 1989, S. 665; *Jenard* Bericht, zu Art. 21; *Geimer/Schütze*, a. a. O., Art. 21, Rn 1, 4; *Kropholler*, a. a. O., vor Art. 27 Rn 1.

[173] Entscheidung des EuGH vom 27.06.1991 - C-351/89, *Overseas Union/New Hampshire Insurance*, Slg. 1991, I, S. 3317, 3350, NJW 1992, S. 3221.

richt für unzuständig erklärt hat[174]. Wenn die Parteien nur zum Teil identisch sind, ist nur insofern die Unzuständigkeit des später angerufenen Gerichts festzustellen[175]. Darüber, ob der in zweiter Klage genannte Anspruch „derselbe" ist, entscheidet die vertragsautonome Auslegung[176]. Dieser Auslegung zufolge kann sich hierbei um Klagen handeln, die auf derselben Grundlage beruhen, sich also auf denselben Sachverhalt oder dieselbe Rechtsvorschrift stützen und denselben Streitgegenstand, verstanden als Zweck der Klage, haben[177]. Entscheidend ist letztlich, dass die Klagen im Kern den gleichen Gegenstand haben (die sog. Kernpunkttheorie)[178]. Handelt es sich um verschiedene Streitgegenstände, die miteinander in einem Zusammenhang stehen, finden die Vorschriften der Art. 22 LugÜ/Art. 28 EuGVO ihre Anwendung. Danach kann, muss aber nicht, das spätere Verfahren bis zum rechtskräftigen Abschluss des Verfahrens in erster Instanz ausgesetzt werden (Art. 22 Abs. 2 LugÜ/Art. 28 Abs. 2 EuGVO). Die Neuerungen der EuGVO erscheinen in der Regelung seines Art. 28 Abs. 2, wonach das zuerst angerufene Gericht nicht nur für beide Klagen zuständig sein, sondern auch nach seinem Recht - und nicht nach dem Recht des später angerufenen Gerichts, wie es im LugÜ sein Art. 22 Abs. 2 bestimmt - die Verbindung der Klagen zulässig sein muss[179].

Für die Bestimmung, vor welchem Gericht die Klage als erste erhoben wurde, ist der Zeitpunkt, in dem die Voraussetzungen zur Annahme der endgültigen Rechtsanhängigkeit der Sache eingetreten sind, maßgebend[180]. Was für Voraussetzungen hierzu gehören, wird im Anwendungsbereich des LugÜ durch das jeweilige nationale Prozessrecht des Vertragsstaates, in dem die Klage erhoben worden ist (Art. 21 Abs. 2 LugÜ)[181] und im Anwendungsbereich der EuGVO gemäß seines Art. 30 entschieden. Demzufolge handelt es sich in Polen unter dem LugÜ - gemäß Art. 192 Nr. 1 i. V. m. Art. 13 § 2 KPC - um den Zeitpunkt der Klageerhebung. Unter der EuGVO wiederum beginnt die *litis pendentia* zum Zeitpunkt der ersten Befassung durch das Gericht, die entweder mit der Einreichung des verfahrenseinleitenden oder gleichwertigen Schriftstücks bei Gericht oder mit der Zustellung an den Beklagten, sofern diese der Einreichung bei Gericht vorgehen muss, stattfindet. Dabei darf der Antragssteller nicht versäumt haben, die ihm obliegenden Maßnahmen zu treffen, um die noch fehlende Zustellung des Schriftstücks zu bewirken, bzw. das Schriftstück einzureichen. Die Vorschrift des Art. 30 Abs. 1 EuGVO wird in den EU-Mitgliedsstaaten angewendet, wo

---

[174] Entscheidung des EuGH vom 09.12.2003 – C-116/02, EuZW 2004, S. 188; s. dazu *Grothe*, Rechtswegverweisung und Rechtshängigkeitserschleichung im Anwendungsbereich von Art. 21 EuGVÜ/LugÜ und Art. 27 EuGVO, IPRax 2004, S. 205 ff.

[175] Entscheidung des EuGH vom 06.12.1994, *Tatry*, s. o. IPRax 1996, S. 109, Rn 36; *Kropholler*, a. a. O., Art. 27, Rn 5.

[176] *Schlosser*, a. a. O., EuGVO Art. 27, Rn 2; *Kropholler*, a. a. O., Rn 7.

[177] Vgl. Entscheidung des EuGH vom 06.12.1994, *Tatry*, s. o. IPRax 1996, S. 109, Rn 38 ff.; *Leible* in *Rauscher* (Hrsg.), a. a. O., Art. 27, Rn 8; *Kropholler*, a. a. O., Rn 7 ff.

[178] *Geimer/Schütze*, a. a. O., Art. 27, Rn 30 ff.

[179] *Kropholler*, a. a. O., Einl. Rn 63.

[180] *Ibidem*, Art. 27, Rn 15 ff.

[181] Vgl. Entscheidung des EuGH vom 07.06.1984 - 129/83, *Zelger/Salinitri*, Slg. 1984, S. 2397, NJW 1984, S. 2759; *Kropholler*, a. a. O.

die Erhebung einer Klage vor Gericht vor seiner Zustellung an den Beklagten passiert, wie es z.B. in Polen der Fall ist (Art. 187 ff. KPC); die Vorschrift des Art. 30 Abs. 2 EuGVO dagegen in den EU-Mitgliedsstaaten, wo als erstes die Klage der Beklagte erhält[182]. Eine ergänzende Anwendung kann hier die EuZustVO finden.

Entsteht die doppelte Rechtshängigkeit i. S. v. Art. 21 LugÜ/Art. 27 EuGVO im Zusammenhang mit der Erhebung einer Klage vor einem polnischen Gericht, verdrängen die Bestimmungen dieser Vorschriften den Art. 1098 KPC[183]. Wie sich das nach Art. 21 Abs. 1 LugÜ/Art. 27 Abs. 1 EuGVO ausgesetzte Verfahren weiterhin gestaltet, bestimmt die Entscheidung über die Zuständigkeit des zuerst angerufenen Gerichts. Steht diese fest, hat das polnische Gericht das ausgesetzte Verfahren wieder aufzunehmen und die Klage wegen ihm fehlender Zuständigkeit abzuweisen (Art. 21 Abs. 2 LugÜ/Art. 27 Abs. 2 EuGVO). Hat sich aber das zuerst angerufene Gericht für unzuständig erklärt, wird das später angerufene polnische Gericht das ausgesetzte Verfahren wieder aufnehmen und es fortsetzen (Art. 180 KPC).

Darüber hinaus, in dem seltenen Fall, dass für eine Klage die ausschließliche Zuständigkeit mehrerer Gerichte in verschiedenen Vertragsstaaten gegeben ist, hat sich gemäß Art. 23 LugÜ/Art. 29 EuGVO das zuletzt angerufene Gericht zugunsten der zuerst angerufenen für unzuständig zu erklären.

III. Gerichtsstandsvereinbarung

Angesichts der Unmöglichkeit, die internationale Zuständigkeit für alle Fälle, ob auf der nationalen oder internationalen Ebene *ex ante* festzulegen, sind die Rechtsschöpfer geneigt, im jeweiligen Zuständigkeitssystem gewisse Korrekturmöglichkeiten zuzulassen und in bestimmten Sachkategorien den Parteien die Möglichkeit zur Verfügung zu stellen, kraft ihrer Vereinbarung die Ungewissheit darüber abzuschaffen, welche Gerichte eines Staates für ihren eventuellen Rechtsstreit international zuständig wären. Unter Berücksichtigung von Faktoren wie die Gewinnchancen, die Kosten und Dauer des Prozesses, oder die Vollstreckungsmöglichkeiten[184] können die Parteien, sowohl nach dem autonomen polnischen Recht wie auch nach dem LugÜ oder der EuGVO, die internationale Zuständigkeit eines oder mehrerer Gerichte, ausschließlich oder fakultativ (Art. 1104-1105 KPC und Art. 23 Abs. 1 Satz 1 und 2 EuGVO), in Form einer Gerichtsstandsvereinbarung festlegen. Durch diese Ausnahme vom imperativen Charakter der Verfahrensvorschriften, die den Vorrang der Parteienautonomie zum Ausdruck bringt und die dritte Rechtsquelle der internationalen Zuständigkeit bildet, kann entweder ein an sich unzuständiges Gericht des ersten Rechtszuges zuständig (Prorogation, Art. 1104 KPC) oder umgekehrt ein zuständiges Gericht unzuständig werden (Derogation, Art. 1105 KPC). Allein der Wille der Parteien kann also die Gerichtsbar-

---

[182] *Kropholler*, a. a. O., Art. 30, Rn 1 ff.
[183] *Ciszewski*, a. a. O., Art. 21, Rn 1.
[184] *Geimer/Schütze*, a. a. O., Art. 23, Rn 1 ff.

keit eines Staates ausweiten, einengen oder sogar ausschließen[185]. Die Zulässigkeit und Wirksamkeit der Erklärung der Parteien betreffend die Gerichtszuständigkeit wird jeweils gemäß dem Recht des Staates beurteilt, in dem die Klage eingegangen ist (*qui eligit iudicem, eligit ius, kto wybiera sędziego wybiera prawo*)[186]. Allerdings sind hierbei die entsprechenden völkerrechtlichen Verträge zu berücksichtigen und ob ein vor das polnische Gericht gebrachter Rechtsstreit zum Anwendungsbereich des LugÜ oder der EuGVO gehört und die Parteien eine Gerichtsstandsvereinbarung abgeschlossen haben, anstatt der Vorschriften der Art. 1104-1105 KPC die Prinzipien der Art. 17 LugÜ/Art. 23 EuGVO anzuwenden.

1. Autonomes polnisches Recht

Eine Gerichtsstandsvereinbarung (*międzynarodowe uzgodnienie stron co do właściwości sądu*) bilden in der Regel zwei gesonderte Elemente: die Derogation (*derogacja*) als Abwahl der gesetzlichen Zuständigkeit und die Prorogation (*prorogacja*) als Neuwahl einer anderen Zuständigkeit[187]. Im polnischen Rechtssystem, das diese beiden Elemente in den Art. 1105 und Art. 1104 KPC getrennt regelt, können sie auch isoliert vorkommen. Dabei kann die Gerichtsstandsvereinbarung i. S. v. Art. 1104-1105 KPC lediglich die internationale (*prorogatio iurisdictionis*) und nicht die örtliche Zuständigkeit (*prorogatio fori*) bestimmen. Zwischen denen wird nämlich im autonomen polnischen Recht deutlich unterschieden (vgl. Art. 46 KPC betreffend die Gerichtsstandsvereinbarung über die örtliche Zuständigkeit)[188].

a. Prorogation gemäß Art. 1104 KPC

Die Parteien, die sich für eine Gerichtsstandsvereinbarung entscheiden und eine entsprechende zweiseitige Willenserklärung (*dwustronne oświadczenie woli*) abgeben, können Kraft dieser Willenserklärung die Zuständigkeit eines Staates entweder neben (zur Auswahl, fakultativ) oder aber anstatt (obligatorisch und ausschließlich) der Zuständigkeit eines oder mehrerer anderer Staaten festlegen. Dabei darf man den obligatorischen Charakter der vereinbarten Zuständigkeit der inländischen Gerichte nicht vermuten. Vielmehr muss dieser explizit aus dem Inhalt der Gerichtsstandsvereinbarung folgen, die in der Praxis oft in Form einer Klausel bei zivilrechtlichen Verträgen eingeschlossen wird. Das bedeutet allerdings nicht, dass die Gültigkeit der Prorogationsklausel von der Gültigkeit des Hauptvertrags abhängt. Geradezu umgekehrt ist anzunehmen, dass das prorogierte polnische Gericht auch für die Erkennung der Klage auf Nichtigkeitserklärung des zivilrechtlichen Vertrags zuständig ist[189], sofern es zuvor die Wirksamkeit der Gerichtsstandsvereinbarung festgestellt hat.

---

[185] *Ereciński/Ciszewski*, KPC Kom., Art. 1104, Rn 1; *Lewandowski*, Gl. zur Entscheidung des SN vom 16.02.1999, I CKN 1020/98, OSP 1999 Nr. 11; *Rouchaud*, Jurysdykcja umowna, KPP 1999 Nr. 4, S. 729.

[186] Entscheidung des SN vom 10.03.2000, IV CKN 831/00, nicht veröffentlicht (ver.); s. in: *Ereciński/Ciszewski*, a. a. O., Art. 1104, Rn 2.

[187] *Schack*, a. a. O., Rn 433.

[188] *Ereciński/Ciszewski*, a. a. O., Rn 3.

[189] *Ibidem*, Rn 4.

Gemäß Art. 1104 KPC kann kraft einer Gerichtsstandsvereinbarung der ursprüngliche Mangel an internationaler Zuständigkeit polnischer Gerichte lediglich in einem streitigen Verfahren beseitigt werden, vorausgesetzt, es handelt sich um Vermögensstreitigkeiten (*sprawy majątkowe,* das betroffene Rechtsverhältnis kann z.B. nicht dem Familiengericht zugewiesen sein). Auf die objektive Einschränkung verweist die Verortung des Art. 1104 KPC in dem Titel über die internationale Zuständigkeit. Demzufolge kann eine Gerichtsstandsvereinbarung zugunsten polnischer Gerichte nicht abgeschlossen werden, wenn es sich um dingliche Rechte an einer unbeweglichen, im Ausland gelegenen Sache oder deren Besitz handelt; für diese sind nämlich entsprechende ausländische Gerichte ausschließlich zuständig (Art. 1102 § 2 KPC)[190]. Eine weitere Einschränkung der Parteiautonomie, das für ihre Rechtsangelegenheiten zuständige Gericht selbst festzulegen, bilden die völkerrechtlichen Verträge, die ausschließliche Zuständigkeit der Gerichte eines anderen Staates vorsehen (vgl. Art. 17 Abs. 3 LugÜ/Art. 23 Abs. 5 EuGVO)[191].

Für eine Prorogation zugunsten polnischer Gerichte werden vom Gesetzgeber weder fakultative Zuständigkeit dieser Gerichte noch territoriale Zusammenhänge mit Polen verlangt. Die Formulierung des Art. 1104 KPC lässt annehmen, dass es auch keine subjektiven Einschränkungen betreffend die Prorogation gibt. Die Vereinbarung, vor den polnischen Gerichten ihre Rechtsstreitigkeiten auszutragen, steht sowohl den polnischen Staatsangehörigen, Ausländern wie auch Staatenlosen mit Inlandswohnsitz offen. Der Kreis der Berechtigten umfasst ferner natürliche und juristische Personen sowie andere Subjekte, die gemäß dem polnischen Zivilprozessrecht die Parteifähigkeit besitzen (*zdolność sądowa,* Art. 64-71 und Art. 1117 KPC). Bei einem nicht nur vorübergehenden Engagement auf dem polnischen Markt ist (neben der Wahl des polnischen Rechts) die Vereinbarung eines Gerichtsstandes in Polen sehr vorteilhaft. Das polnische Gericht muss sich nicht mit einem fremden Recht nicht auseinandersetzen, was wiederum die Verfahrensdauer und -kosten positiv beeinflussen kann.

Was die Förmlichkeiten einer Prorogation anbelangt, bedarf sie gemäß Art. 1104 KPC einer schriftlichen Form *ad validitatem* und der Bezeichnung des Rechtsverhältnisses, aus dem eine Vermögensstreitigkeit entstehen kann oder entstanden ist. Fehlt die schriftliche Form solcher Vereinbarung, verfügt sie über keine Wirksamkeit in einem Verfahren vor einem polnischen Gericht, es sei denn, dass durch andere Beweise die frühere Einhaltung der Schriftform und der Verlust des Schriftstücks belegt werden[192]. Dieser Normierung entsprechend ist die Entstehung einer internationalen Zuständigkeit kraft rügeloser Einlassung nach dem autonomen polnischen Recht nicht möglich (vgl. Art. 18 LugÜ/Art. 24 EuGVO). Vielmehr folgt umgekehrt das Gericht einer Gerichtsstandsvereinbarung nur, wenn sich eine Partei auf sie beruft, während alle anderen Verstöße gegen die Normen der internationalen Zuständigkeit - nach Art. 1099 KPC von Amts wegen geprüft (vgl. Art. 1105 § 3 KPC) - zur Nichtigkeit der Entscheidung führen.

---

[190] *Siedlecki/Świeboda,* Postępowanie cywilne, Zarys wykładu, wyd. 5 Warszawa 2004, S. 95; s. auch *Ereciński/Ciszewski,* Międzynarodowe postępowanie, S. 109; dies. KPC Kom., Art. 1104, Rn 7 ff.

[191] *Wierzbowski,* Międzynarodowy obrót prawny w sprawach cywilnych, Warszawa 1971, S. 117.

[192] *Ereciński/Ciszewski,* Międzynarodowe postępowanie, S. 109; dies. KPC Kom., Art. 1104, Rn 7.

Anders soll sich derartige Situation vor den polnischen Gerichten künftig gestalten, da die Kodifikationskommission die Einführung der Institution einer rügelosen Einlassung auf das Verfahren (Art. 1104 § 2 KPC E.) plant, mit einem Unterschied: dass die rügelose Einlassung die internationale Zuständigkeit des polnischen Gerichts nur dann begründen kann, wenn sich der Beklagte zur Hauptsache einlässt. Darüber hinaus - um die Bedenken betreffend die Unzulässigkeit der Prorogation polnischer Gerichte zu beseitigen - wird die Lösung des Art. 1104 § 3 KPC E. vorgeschlagen, wonach die Vorschriften des Art. 1104 § 1 und 2 in den Sachen keine Anwendung finden, die aufgrund von Vorschriften des polnischen Rechts zur ausschließlichen Zuständigkeit der Gerichte eines fremden Staates gehören.

b. Derogation gemäß Art. 1105 KPC

Durch viele Jahrzehnte des vorangehenden Jahrhunderts enthielten in Polen weder das Zivilverfahrensgesetzbuch noch andere Gesetze eine Regelung, die die Derogation polnischer Gerichte im Zivilverfahren zuließ. Die Rechtslehre, Rechtsprechung und Rechtspraxis haben in dieser Frage lange Zeit gegeneinander gewirkt, bis endlich im Jahr 1962 die Derogation polnischer Gerichte gesetzlich zugelassen und im Jahr 1990 auf die ausländischen Schiedsgerichte ausgeweitet wurde[193].

Gegenwärtig kann die Derogation gemäß Art. 1105 § 1 KPC im streitigen Verfahren und zwar im Bereich der Verpflichtungen aus Verträgen (Schuldverhältnisse, *zobowiązania umowne*) und lediglich von „Wirtschaftspersonen“ (*podmioty prowadzące działalność gospodarczą, przedsiębiorcy*, Rechtsträger, die eine Wirtschaftstätigkeit ausüben, anders als Unternehmer bezeichnet, vgl. Art. 479^2 KPC, Art. 43^1 KC und Art. 2 Abs. 2 des Gesetzes über die wirtschaftliche Betätigung[194]) schriftlich abgeschlossen werden (Form ad validitatem). Für ihre Wirksamkeit in Polen muss die Derogation auch gemäß dem Recht des Staates, dessen internationale Zuständigkeit für eine bestimmte Rechtsangelegenheit gewählt wurde, wirksam sein. Darüber hinaus kann sie keine Rechtsangelegenheiten betreffen, die zur ausschließlichen Zuständigkeit der polnischen Gerichte angehören (Art. 1105 § 1 KPC).

Im Rahmen einer Derogation können sich die Parteien entscheiden, dass ein oder mehrere Gerichte eines anderen Staates für ihre Rechtsangelegenheit ausschließlich zuständig werden, womit sie die Zuständigkeit der polnischen Gerichte in dieser Angelegenheit ausschließen. Theoretisch könnten sie aber auch die Zuständigkeit polnischer Gerichte ausschließen und die Frage, ob das Gericht oder die Gerichte welches Staates für ihre Rechtsangelegenheit zuständig wird oder werden, offen lassen. Im letzten Fall können gewisse Schwierigkeiten auftauchen, wenn die Rechtsordnung keines Staates außer dem, den die Parteien ausgeschlossen haben, für ihre Rechtsangelegenheit zuständige Gerichte vorsieht. Dann entsteht nämlich die Frage der Gültigkeit

---

[193] *Fenichel*, Umowa o poddanie sporu sądowi zagranicznemu, Głos Adwokatów 1937, S. 157; s. auch Entscheidung des SN vom 05.02.1937, Rechtsprechungssammlung 1937, Pos. 373, Zbiór Orzecznictwa; *Allerhand*, Umowa o wyłączną właściwość sądu zagranicznego, Polska Procedura Cywilna (PPC) 1938, Nr. 3-4, S. 99; *Ereciński/Ciszewski*, KPC Kom., Art. 1105, Rn 1.

[194] Ustawa z dnia 19.11.1999 r. - Prawo działalności gospodarczej, Dz.U. 1999 Nr. 101, Pos. 1178 m. s. Ä.

solcher Derogation. Um diese Schwierigkeiten zu vermeiden, hat sich der polnische Gesetzgeber für die erste Alternative entschieden, indem er verlangt, dass ein wirksamer Ausschluss der Zuständigkeit inländischer Gerichte mit einer korrekten Prorogation zugunsten eines ausländischen Gerichts verbunden ist[195]. Analog zur Prorogation kann die Derogation lediglich im streitigen Verfahren vereinbart werden. Der sachliche Kreis der Rechtsangelegenheiten, die durch Derogation vor anderen als ursprünglich vorgesehenen, Gerichten entschieden werden können, beschränkt sich auf die vertraglichen Verpflichtungen (vgl. Art. 384 ff. KPC). Diese Einschränkung korreliert mit dem Bereich der Willensfreiheit der Prozessparteien im Internationalen Privatrecht (vgl. Art. 25 PPM)[196]. Bis zum Inkrafttreten des Gesetzes über die Änderung des Gesetzes - das Zivilverfahrensgesetzbuch vom 28. Juli 2005[197] enthielt die Vorschrift des Art. 1105 § 2 KPC eine Alternative, in dem in Art. 697 § 1 KPC (kraft dieses Gesetzes auch gestrichen) vorgesehenen Umfang, d. h. im Bereich der vermögensrechtlichen Rechtsstreitigkeiten, mit Ausnahme von Streitigkeiten über Unterhaltsansprüche und aus den Arbeitsverhältnissen die Zuständigkeit inländischer Gerichte zugunsten eines im Ausland tätigen Schiedsgerichts (*sąd polubowny, sąd arbitrażowy*) auszuschließen. Aktuell wird die Schiedsgerichtsbarkeit in Polen durch die Vorschriften des fünften Teils des Zivilverfahrensgesetzbuches, Art. 1154-1217 KPC, geregelt.

Die Gerichtsstandsvereinbarungen zugunsten ausländischer Gerichte und Schiedsgerichte dürfen nach dem autonomen polnischen Recht lediglich auf Einwand des Beteiligten berücksichtigt werden, sofern er vor der Einlassung in den Streit in Hauptsache erhoben und begründet wurde (Art. 1105 § 3 KPC)[198]. Wird der Einwand nicht rechtzeitig und formell richtig vorgebracht, aktualisiert sich die internationale Zuständigkeit polnischer Gerichte und das vor einem solchen Gericht durchgeführte Verfahren leidet an keinem Mangel. Gemäß Art. 1105 § 3 KPC ist also das angerufene inländische Gericht auch nicht befugt, die aus einer Vereinbarung der Parteien folgende internationale Unzuständigkeit vor der Klagezustellung an den Beklagten zu berücksichtigen. Selbst dann nicht, wenn sie selbstverständlich und für das Gericht offensichtlich wäre (z.B. wenn der Kläger die Derogationsvereinbarung zur Klage einfügen würde). Damit wird dem Beklagten die Möglichkeit gewährt, einen entsprechend begründeten Einwand rechtzeitig zu erheben oder aber auf diesen zu verzichten und damit die internationale. Unzuständigkeit polnischer Gerichte zu heilen (deren internationale Zuständigkeit also erneut zu begründen). Derartige Regelung bedeutet allerdings eine Ausnahme von dem zwingenden Charakter der internationalen Zuständigkeit als Prozessvoraussetzung, die hier nicht von Amts wegen überprüft werden darf (Art. 1099 Satz 1 i. V. m. Art. 1105 § 3 KPC). Ob derartige „Freiheit" des Beklagten ihm besser dient als es die Überprüfung der internationalen Zuständigkeit von Amts wegen tun würde, ob sie also die Ausnahme von der Regeln aus Art. 1099 Satz 1 KPC rechtfertigen kann, ist fraglich. Dies insbesondere angesichts der hohen Relevanz der inter-

---

[195] *Ereciński/Ciszewski*, a. a. O., Art. 1105, Rn 7.
[196] *Ibidem*, Rn 5.
[197] Ustawa o zmianie ustawy - kodeks postępowania cywilnego z dnia 28. lipca 2005, Dz. U. 2005 Nr. 178, Pos. 1478.
[198] Vgl. Entscheidung des SN vom 18.05.1982, I CZ 49/82, OSNCP 1982 Nr. 10, Pos. 182.

nationalen Zuständigkeit für das Verhältnis zwischen den Parteien und dem Gericht, wie auch ihnen und dem Gerichtsstaat; für das anwendbare Kollisionsrecht und dort geregelten Rechtschutz, wegen der Bestimmung also des Staates, in dem das Verfahren verlaufen wird. Hier würde dem Rechtsschutz des Beklagten eine grundsätzliche Überprüfung und Beurteilung dessen, ob das erkennende Gericht international zuständig ist von Amts wegen, als Pflicht und Befugnis dieses Gerichts (nur dann also wenn das Gericht Kenntnis davon hätte, weil z.B. die Gerichtsvereinbarung vorliegt) und nicht als ausschließliche Verfügung des Beklagten effizienter dienen können[199]. Sie würde - als eine sehr relevante Prozessgarantie - den Beklagten davon bewahren, sich auf Verfahren in Staaten einlassen zu müssen, dessen Gerichte über keine Zuständigkeit verfügen. Dabei würde der Beklagte lediglich die Gefahr eingehen, dass sich das Gericht bezüglich seiner Zuständigkeit irrt, was er mit einem Rechtmittel anfechten könnte. Wenn aber die Unzuständigkeit inländischer Gerichte nur auf zeitlich erhobenen Einwand berücksichtigt wird, muss der Beklagte immer aktiv bleiben (sich vor das Gericht stellen, auf Klage beantworten, entsprechende Prozessschrift hinterlegen, um diese Unzuständigkeit zu rügen). Kritisch zu beurteilen ist damit auch die Bevorzugung der Partei, die gegen die Derogationsvereinbarung verstößt wie auch aus dieser Vorschrift folgende gesetzliche Einschränkung von Bedeutung des (negativen) Einflusses der Parteien auf die Begründung der internationalen Zuständigkeit polnischer Gerichte.

Im Rahmen ihrer Arbeiten hat sich die polnische Kodifikationskommission auch mit der Problematik der Gerichtsvereinbarungen auseinandergesetzt. Die soeben kritisierte Regelung des Art. 1105 § 3 KPC bleibt dennoch im KPC Entwurf unverändert (Art. 1105 § 5 KPC E.), mit einem Unterschied, dass auf diese wie auch auf die Ausnahme in Art. 1104 § 2 KPC E. vom Art. 1099 § 1 Satz 1 KPC E. im zweiten Satz der vorgeschlagenen Vorschrift direkt hingewiesen wird. Der Grundsatz der Überprüfung der internationalen Zuständigkeit von Amts wegen in jeder Lage und Instanz des Verfahrens wird daher beibehalten, angesichts der Einführung der Zuständigkeit aufgrund der rügelosen Einlassung auf das Verfahren jedoch modifiziert. Die Unzuständigkeit der polnischen Gerichte, die im Wege der rügelosen Einlassung geheilt werden kann, kann nämlich nicht von Amts wegen vor der Klagezustellung sondern erst dann, wenn der Beklagte trotz der Klagezustellung passiv bleiben wird (sich also auf das Verfahren nicht einlässt), berücksichtigt werden. Die Problematik der Überprüfung der inländischen Gerichtsbarkeit i. S. d. Jurisdiktionsgewalt wird in Art. 1113 KPC E. geregelt.

Über diese Änderungen hinaus, soll der Einfluss der Parteien auf das Bestehen einer internationalen Zuständigkeit großer, d. h. die Fälle, in denen die gesetzlich vorgesehene Zuständigkeit inländischer Gerichte zugunsten Gerichte eines fremden Staates zu derogieren, ausgeweitet werden. Anders als im aktuellen Rechtsstand wird diese Derogation allen Beteiligten des Rechtsverkehrs (und nicht nur Wirtschaftssubjekten) und zwar in allen Vermögenssachen zugänglich (Art. 1105 § 1 KPC E.). Derartige Rechtsangleichung an die europäischen Regeln, die die – in heutigem Europa etwas archaische – Bedingungen der Gerichtsvereinbarungen in Art. 1104-1105 KPC liberalisiert

---

[199] *Weitz*, Jurysdykcja krajowa w postępowaniu cywilnym, S. 405.

und diese sehr bedeutende Quelle der internationalen Zuständigkeit größerem Personenkreis zugänglich macht, ist durchaus zu begrüßen. Auch die Beibehaltung der Voraussetzung einer schriftlichen Vereinbarung des Gerichtsstandes (nicht bei der rügelosen Einlassung, wo die internationale Zuständigkeit mit der Einlassung eben entsteht und keine schriftliche Vereinbarung verlangt), lässt sich in Bezug auf die Rechtsverhältnisse mit Drittstaaten noch akzeptieren.

Im weiteren wird vorgeschlagen, den Schutz von schwächeren Parteien, für die neue Gerichtsstände geschaffen werden sollen, auch im Bereich der Gerichtsvereinbarungen fortzusetzen, in dem die Möglichkeit, das inländische Gericht zu derogieren in Arbeitssachen beschränkt (Art. 1105 § 2 Nr. 2 KPC E.) und in Sachen, die aus Verträgen eines Verbrauchers entstanden sind oder entstehen können, der in Polen seinen Wohnsitz oder gewöhnlichen Aufenthalt hat (Art. 1105 § 2 Nr. 3 KPC E.) ausgeschlossen wird. Derartige Regelung kann dieser Gruppe der Beteiligten des Wirtschaftsverkehrs eine große Hilfe leisten und sie in den Verhältnissen mit den Drittstaaten auf dem europäischen Niveau schützen. So auch die Vorschrift Art. 1105 § 3-4 KPC E., wonach die Gerichtsvereinbarungen zugelassen werden sollen, die nur einer der Parteien die Erhebung der Klage vor einem ausländischen Gericht ermöglichen. Solche Vereinbarungen – zulässig vor allem in Verbrauchersachen, wenn sie einseitig günstig für den Verbraucher sind – schließen nicht die internationale Zuständigkeit polnischer Gerichte aus. Letztendlich sollen die Gerichtsvereinbarungen auch in einigen Sachen, die im nichtsstreitigen Verfahren entschieden werden und ein Element des Streits besitzen, zugelassen werden (Art. 1110^1 KPC E.). Damit sind die Sachen über Vermögensauseinandersetzung (Art. 566 f. KPC) und Nachlassauseinandersetzung (Art. 680 ff. KPC), sowie die Sachen über Verwaltung im Zusammenhang mit Eigentum (vgl. Art. 611 ff. KPC) und Aufhebung des Eigentums (Art. 617 ff. KPC) gemeint. Auf diese wären die Vorschriften der Art. 1104-1105^1 KPC E. entsprechend anzuwenden.

2. LugÜ und EuGVO

Ausgehend von dem Grundsatz der Parteiautonomie ermöglichen auch das LugÜ (Art. 17) und die EuGVO (Art. 23), die Ungewissheit bei der Zuständigkeitsprognose durch eine Gerichtsstandsvereinbarung auszuschließen[200]. Kraft dieser Regelungen wird innerhalb des LugÜ und der EuGVO eine zusätzliche Quelle der internationalen Zuständigkeit zugelassen, die den Parteien eines Rechtsverhältnisses die Gewissheit über ihre Gerichtspflichtigkeit, ihre Klagemöglichkeiten sowie das für ihren eventuellen Rechtsstreit anwendbare Verfahrensrecht (insbesondere Beweisrecht) und materielle Recht geben kann[201]. Eine besondere Alternative, die internationale Zuständigkeit zu gestalten, verbirgt sich in der rügelosen Einlassung des Beklagten auf das Verfahren (Art. 18 LugÜ/Art. 24 EuGVO), infolge dessen sich eine besondere Art der Gerichtsstandsvereinbarung ergeben kann (*prorogatio fori tacita*).

---

[200] *Geimer/Schütze*, a. a. O., Art. 17 Rn 7.
[201] *Ibidem*.

a. Gerichtsstandsvereinbarung gemäß Art. 17 LugÜ/Art. 23 EuGVO

Sofern die Parteien, von denen mindestens eine ihren Wohnsitz im Hoheitsgebiet eines Vertragsstaates hat, vereinbart haben, dass ein Gericht oder die Gerichte eines Vertragsstaats über eine bereits entstandene Rechtsstreitigkeit oder eine künftige aus einem Rechtsverhältnis entspringende Rechtsstreitigkeit entscheiden sollen, sind - gemäß Art. 17 Abs. 1 LugÜ - dieses Gericht oder diese Gerichte dieses Vertragsstaats ausschließlich zuständig. Eine Ausnahme von dieser Regel bildet der Umstand, dass die Gerichtsstandsvereinbarung nur zugunsten einer der Parteien abgeschlossen wurde (Art. 17 Abs. 4 LugÜ)[202]. Gemäß Art. 23 Abs. 1 EuGVO werden so bestimmte Gerichte lediglich dann ausschließlich zuständig, wenn die Parteien nichts anderes vereinbart haben. Unter der EuGVO wird daher den Parteien eine Alternative gelassen, die internationale Zuständigkeit eines oder mehrerer Gerichte auch fakultativ zu gestalten. Fehlt es an einem deutlichen Vorbehalt der Parteien, genießt das vereinbarte Gericht die ausschließliche internationale Zuständigkeit. Über die Voraussetzung des Wohnsitzes einer der Parteien in einem der EU- oder EFTA-Staaten und der Auslandsberührung des Sachverhaltes hinaus, muss die betroffene Rechtsstreitigkeit freilich zum sachlichen und zeitlichen Anwendungsbereich des LugÜ oder der EuGVO gehören (Art. 1 und Art. 54 LugÜ/Art. 1 und Art. 66 EuGVO) und die Willenseinigung der Parteien über die Gerichtsstandsvereinbarung vorliegen. Der Inhalt des Art. 17 Abs. 4 EuGVÜ wurde nicht in die EuGVO übernommen, so dass einseitig begünstigende Gerichtsstandsvereinbarungen zulässig sind[203]. Die Vorschrift des Art. 23 EuGVO ist auch auf Gerichtsstandsvereinbarungen innerhalb der Europäischen Union anwendbar, die vor dem Beitritt Polens geschlossen wurden[204]. Art. 17 LugÜ bleibt demzufolge für Gerichtsstandsvereinbarungen maßgeblich, die sich auf einen der EFTA-Staaten beziehen.

Infolge einer Gerichtsstandsvereinbarung gemäß Art. 17 LugÜ/Art. 23 EuGVO wird den Parteien der Zugang zu den nach Art. 2 ff. LugÜ/EuGVO allgemein zuständigen Gerichten versperrt[205] und auf irgendwelchen objektiven Zusammenhang zwischen dem streitigen Rechtsverhältnis und dem durch die Parteien bestimmten Gericht verzichtet[206]. Deshalb sind die Voraussetzungen für die Zulässigkeit einer Vereinbarung in Art. 17 LugÜ/Art. 23 EuGVO grundsätzlich eng[207] und der Begriff der Vereinbarung autonom auszulegen.

Die Wirksamkeit einer Gerichtsstandsvereinbarung gemäß Art. 17 LugÜ/Art. 23 EuGVO ist ferner von Erfüllung bestimmter Formerfordernisse abhängig, die die schwächere Partei vor überraschenden Gerichtsstandsklauseln schützen und ihre Willensfreiheit sicherstellen soll, indem die Beweise für die Willenseinigung gewahrt

---

[202] Vgl. Entscheidung des EuGH vom 24.06.1986 - 22/85, *Anterist/Crédit Lyonnais*, Slg. 1986, S. 1951, IPRax 1987, S. 105, 81.

[203] *Kropholler*, a. a. O., Art. 23, Rn 93 ff.

[204] *Staudinger* in *Rauscher* (Hrsg.), a. a. O., Art. 66, Rn 6; *Hess*, IPRax 2004, S. 375.

[205] *Schmidt*, a. a. O., Art. 24, Rn 61.

[206] Vgl. Entscheidung des EuGH vom 07.06.1984 - 129/83, *Zelger* s. o.

[207] Vgl. Entscheidungen des EuGH vom 14.12.1976 - 24/76, *Estasis Salotti/Rüwa*, Slg. 1976, S. 1831, NJW 1977, S. 494; und 25/76- *Segoura/Bonakdarian*, Slg. 1976, S. 1851, NJW 1977, S. 495.

werden[208]. Demzufolge kann eine Gerichtsstandsvereinbarung schriftlich oder mündlich mit anschließender schriftlicher Bestätigung einer der Parteien geschlossen werden (Art. 17 Abs. 1 lit. a LugÜ/Art. 23 Abs. 1 lit. a EuGVO)[209]. Unter der Geltung der EuGVO werden der Schriftform die elektronischen Übermittlungen, die eine dauerhafte Aufzeichnung der Vereinbarung ermöglichen, gleichgestellt (Art. 23 Abs. 2). Durchaus möglich ist ferner die Vereinbarung in einer zwischen den Parteien anerkannten Gepflogenheit (Art. 17 Abs. 1 lit. b LugÜ/Art. 23 Abs. 1 lit. b EuGVO) oder einem internationalen Handelsbrauch entsprechenden Form, z.B. durch ausdrücklichen Hinweis im Vertrag auf Allgemeine Geschäftsbedingungen (AGB), wobei bei dauernder Geschäftsbeziehung AGB auch ohne ausdrücklichen Hinweis bei Auftragsbestätigung oder durch den Abdruck auf der Rückseite der Rechnungen der Vertragsbestandteil werden (Art. 17 Abs. 1 lit. c LugÜ/Art. 23 Abs. 1 lit. c EuGVO). Was die übrigen Wirksamkeitserfordernisse anbelangt, werden u. a. die Geschäftsfähigkeit der Vertragsparteien, die Mängel der Willenserklärung und deren Folgen oder die Vertretung der Parteien durch das Recht des Staates bestimmt, dessen Gerichte für die Entscheidung über den Rechtsstreit prorogiert werden[210]. Dabei muss das prorogierte Gericht oder die prorogierten Gerichte, ähnlich wie gemäß Art. 1105 KPC, auch im Rahmen des LugÜ und der EuGVO bestimmt, aber zumindest bestimmbar sein. Die Parteien können sich dabei entscheiden, lediglich die internationale Zuständigkeit zu vereinbaren, obwohl sie regelmäßig die örtliche Zuständigkeit mitbestimmen. Bleibt die örtliche Zuständigkeit unbestimmt, wird sie durch das nationale Verfahrensrecht des prorogierten Gerichts festgelegt, in Polen durch die Regelung der Art. 27 ff. KPC.

Die grundsätzliche Zulässigkeit der Gerichtsstandsvereinbarung beschränken lediglich die Schutzvorschriften in Versicherungssachen (Art. 12 LugÜ/Art. 13 EuGVO), Verbrauchersachen (Art. 15 LugÜ/Art. 17 EuGVO) und Arbeitssachen (Art. 21 EuGVO) sowie betreffend die ausschließliche Zuständigkeit aus Art. 16 LugÜ/Art. 22 EuGVO (Art. 17 Abs. 5 LugÜ/Art. 23 Abs. 5 EuGVO), die auch im KPC Entwurf teilweise übernommen wurden (Art. 1105 § 2 Nr. 2-3 und § 3 KPC E.)

In einem Fall, in dem die Parteien die internationale Zuständigkeit im Anwendungsbereich des LugÜ oder der EuGVO den polnischen Gerichten zugewiesen bzw. deren ursprüngliche Zuständigkeit derogiert haben, verdrängen diese Regelungen die Vorschriften der Art. 1104-1105 KPC. Damit entfällt sowohl die Einschränkung der Derogation polnischer Gerichte auf Wirtschaftsträger (Art. 1105 § 1 KPC, vgl. Art. 1105 § 1 KPC E.), wie auch die Notwendigkeit, eine Gerichtsstandsvereinbarung schriftlich abzufertigen (Art. 17 Abs. 1 lit. a LugÜ/Art. 23 Abs. 1 lit. a EuGVO i. V. m. Art. 1104 und Art. 1105 KPC).

---

[208] Vgl. Entscheidung des EuGH vom 20.02.1997 – 106/95, *MSG Mainschifffahrts - Genossenschafft/Les Gravières Rhénanes*, Slg. 1997 I, S. 911, NJW 1997, S. 1431.

[209] Vgl. Entscheidung des EuGH vom 11.11.1986 – 313/85, *Iveco Fiat/Van Hool*, Slg. 1986, S. 3337, NJW 1987, S. 2155..

[210] *Ciszewski*, Wybrane zagadnienia, S. 26 ff.

b. Rügelose Einlassung gemäß Art. 18 LugÜ/Art. 24 EuGVO

Das im Anwendungsbereich des LugÜ (Art. 1 und Art. 54) oder der EuGVO (Art. 1 und Art. 66) angerufene Gericht hat seine Zuständigkeit lediglich unter den Voraussetzungen der Art. 19 und Art. 20 Abs. 1 LugÜ/Art. 25 und Art. 26 Abs. 1 EuGVO von Amts wegen zu prüfen. Fehlt es dem Gericht an internationaler Zuständigkeit, hat es unter allen anderen Umständen der Beklagte zu rügen[211]. Und sofern er sich auf das Verfahren nicht nur deshalb – vorbehaltlos - einlässt, um den Mangel der Zuständigkeit geltend zu machen und kein anderes Gericht aufgrund von Art. 16 LugÜ/Art. 22 EuGVO ausschließlich zuständig ist (Art. 18 Satz 2 LugÜ/Art. 22 Satz 2 EuGVO), wird ein Gericht eines Vertragsstaates, das gemäß den Vorschriften des LugÜ bzw. der EuGVO an sich unzuständig ist, zuständig (Art. 18 LugÜ/Art. 24 EuGVO)[212]. Und zwar auch dann, wenn die Zuständigkeit des angegangenen Gerichts nicht durch die Vereinbarung hätte begründet werden können, also auch in Versicherungs-, Verbraucher- und Arbeitssachen[213]. Die Vorschriften der Art. 18 LugÜ/Art. 24 EuGVO eröffnen also die Zuständigkeit des angegangenen Gerichts, ohne dass ein rechtsgeschäftlicher Wille zur Unterwerfung unter dessen Entscheidungsgewalt vorliegen müsste.

Angesichts der Verortung der Regelung über die rügelose Einlassung zusammen mit der über die Gerichtsstandsvereinbarung in einem Abschnitt 6 des LugÜ und Abschnitt 7 der EuGVO - und unter der gemeinsamen Überschrift „Vereinbarung über die Zuständigkeit“ ist zu schließen, dass für die Anwendung von Art. 18 LugÜ/Art. 24 EuGVO der Kläger oder der Beklagte seinen Wohnsitz in einem der Vertragsstaaten haben muss (vgl. Art. 17 Abs. 1 LugÜ/Art. 23 Abs. 1 EuGVO)[214]. Der Begriff der rügelosen Einlassung auf das Verfahren ist vertragsautonom auszulegen und als jede Verteidigung zu verstehen, die unmittelbar auf Klageabweisung abzielt, ohne die fehlende Gerichtszuständigkeit zu rügen. Keine Einlassung bedeuten aber Handlungen im Vorfeld der Verteidigung[215], wie z.B. die Erklärung der Verteidigungsbereitschaft[216]. Das aktuelle polnische IZVR, das im Anwendungsbereich der Art. 18 LugÜ/Art. 24 EuGVO verdrängt wird, kennt – wie bereits ausgeführt - keine Möglichkeit, sich der Entscheidungszuständigkeit inländischer Gerichte ohne eine klare Willenserklärung zu unterwerfen (vgl. Art. 1104-1105 KPC) und der Begriff der „Einlassung auf das Verfahren“ (*wdanie się w spór*) kommt lediglich im Zusammenhang mit einer Derogation polnischer Gerichte vor. Das Kodifikationsvorhaben bezüglich des polnischen IZVR – gestützt auf Art. 24 EuGVO – ändert diese Regelung. Dabei wird - noch im aktuellen Rechtsstand und zwar bei der Anwendung des Art. 1105 § 3 KPC – der Einwand der mangelnden Zuständigkeit durch die früher vorgebrachten prozessualen Einwände nicht gehindert. Anders ist die Rechtslage im Anwendungsbereich der Art. 18 LugÜ/Art. 24 EuGVO, wonach bereits der Einwand der anderweitigen Rechtshängig-

[211] *Staudinger* in *Rauscher* (Hrsg.), a. a. O., Art. 24, Rn 1.
[212] *Kropholler*, a. a. O., Art. 24, Rn 7.
[213] *Ibidem*, Rn 16; *Geimer/Schütze*, a. a. O., Art. 24, Rn 36.
[214] *Kropholler*, a. a. O., Art. 18, Rn 3; *Staudinger* in *Rauscher* (Hrsg.), a. a. O., Rn 2.
[215] *Kropholler*, a. a. O., Art. 24, Rn 7.
[216] *Schlosser*, a. a. O., Art. 24, Rn 2.

keit die Rüge der örtlichen Zuständigkeit die Einlassung auf das Verfahren im Sinne dieser Vorschrift bedeutet[217].

Für den Fall, dass sich der Beklagte gemäß Art. 18 LugÜ/Art. 24 EuGVO auf das Verfahren nicht eingelassen hat und mangels eines Wohnsitzes des Beklagten in einem der Vertragsstaaten die Regelung der Art. 20 Abs. 1 LugÜ/Art. 26 Abs. 1 EuGVO nicht angewendet werden kann, hat das angerufene polnische Gericht die Regelung des Art. 1105 § 3 KPC anzuwenden. Diese unterscheidet zwischen zwei Situationen: Erstens, wenn der Beklagte die Einrede der mangelnden Zuständigkeit geltend macht und zweitens, wenn er vollkommen passiv bleibt. In ersterer Situation wird das polnische Gericht verpflichtet, den Einwand der mangelnden Zuständigkeit zu untersuchen und im Fall ihrer Berücksichtigung die Klage auf Grund von Art. 1099 Satz 2 KPC i. V. m. Art. 1105 § 3 KPC abzuweisen. Bleibt der Beklagte passiv, ist das polnische Gericht nicht befugt, die Zuständigkeit zu untersuchen und in Verbindung damit die Klage abzuweisen (Art. 1099 Satz 1 KPC und Art. 1099 § 1 Satz 1 und 2 KPC E.)[218]. Diese Differenz folgt der Tatsache, dass gemäß Art. 18 und 20 LugÜ/Art. 24 und 26 EuGVO der Grund für die Zuständigkeit die Einlassung auf das Verfahren und gemäß Art. 1105 § 3 KPC die Nichterhebung der Einrede der Grund für die mangelnde Zuständigkeit ist[219].

Sowohl die Vorschriften der Art. 1097-1116 KPC, der Art. 2-16 LugÜ/Art. 2-22 EuGVO wie auch die Bestimmungen einer Gerichtsstandsvereinbarung gemäß Art. 17 LugÜ/Art. 23 EuGVO/Art. 1104-1105 KPC normieren lediglich die direkte internationale Zuständigkeit, wobei die Mitbestimmung der örtlichen Zuständigkeit im Rahmen einer Gerichtsstandsvereinbarung unter dem LugÜ oder der EuGVO nicht ausgeschlossen ist.

---

[217] *Ciszewski*, Konwencja z Lugano, Art. 18 Rn 7; *Kropholler*, a. a. O.

[218] *Ciszewski*, a. a. O., Rn 9.

[219] *Ibidem*, Rn 10.

§ 7. Schlussfolgerungen

Die Wahl eines Gerichtsstands hat im internationalen Kontext relevante Folgen. Allein im materiellrechtlichen Zusammenhang liegt darin eine entscheidende Weichenstellung für den Ausgang des Verfahrens. Indem jedes Gericht sein eigenes nationales Internationales Privatrecht anwendet, können je nach Gerichtsstand unterschiedliche Privatrechte für anwendbar erklärt werden, die zu unterschiedlichen Ergebnissen kommen. Ferner im prozessrechtlichen Sinne: Jedes Land weist verfahrensrechtliche Besonderheiten auf, auch die zur Verfügung stehenden Rechtsmittel sind anders. In praktischer Hinsicht und im Hinblick auf die Kosten sind die geographische Entfernung zum Gericht, die Gerichtssprache, die eigene Prozessführungsbefugnis und die durchschnittliche Dauer eines Gerichtsverfahrens im betreffenden Staat zu beachten.

Die internationale Zuständigkeit, als eine der wichtigsten zwingenden Prozessvoraussetzungen, wenn es sich um Rechtsstreitigkeiten mit Auslandsberührung handelt, kann auf verschiedene Art und Weise geregelt werden. Ob dies im Rahmen der hoheitlichen Gewalt jedes Souveräns, aufgrund von völkerrechtlichen Vereinbarungen oder letztendlich des autonomen Parteiwillens geschieht, muss die internationale Zuständigkeit vor allem zum Zeitpunkt der Klageerhebung vorhanden sein, damit das angerufene Gericht über den betroffenen Rechtsstreit entscheiden kann.

Jede Rechtsquelle der internationalen Zuständigkeit kennzeichnet hierbei mehr oder weniger formalistische Regeln und Voraussetzungen, von denen die Bedingungen einer Gerichtsstandsvereinbarung den Bedürfnissen der betroffenen Parteien am stärksten angepasst werden können. Das polnische IZVR verfügt über ausgebaute und etwas archaische Regelungen der internationalen Zuständigkeit, wofür als Beispiel die Anknüpfung an die Staatsangehörigkeit der Parteien zu ihrer Bestimmung dienen kann. Das demgegenüber fortschrittliche LugÜ und die EuGVO formulieren den im kontinentaleuropäischen Recht allgemein verbreiteten und auf dem Gebiet der internationalen Zuständigkeit wichtigen Grundsatz, der die früher bedeutungsvolle Staatsangehörigkeit des Beklagten ihrer Bedeutung entzog und besagt, dass der Beklagte den Vorteil des Heimatgerichtsstandes genießen soll, nachdem der Kläger als Initiator des gerichtlichen Verfahrens schon weitgehend den Zeitpunkt und den Gegenstand des Verfahrens bestimmt[220]. Unter dem LugÜ und der EuGVO ist auch die Abkehr von der Regelung des Art. 1098 KPC erheblich. Darüber hinaus enthalten das LugÜ und die EuGVO Bestimmungen, die den wirtschaftlich schwächeren Parteien einen besonderen Schutz geben und damit eine moderne und international anerkannte Regelung der internationalen Zuständigkeit schaffen, die als Vorbild für eine nationale Kodifizierung empfohlen werden kann und im Rahmen der Kodifikationsarbeiten bezüglich des IZVR die tragende Rolle getragen hat. Bevor jedoch die Novellierung des polnischen IZVR zustande kommt, werden die Zuständigkeitsvorschriften im Rahmen der EU- und EFTA-Staaten vereinheitlicht und die nationalen Regelungen im Anwendungsbereich des LugÜ und der EuGVO entsprechend verdrängt. Hierzu gehören auch Binnenfälle. Das LugÜ und die EuGVO finden dagegen bei Sachverhalten keine Anwendung, die reinen Inlandsbezug und Bezug zu Staaten außerhalb der EG haben.

---

[220] *Jenard* Bericht, zu Art. 2.

Kapitel III
Anerkennung und Vollstreckung ausländischer Entscheidungen in Polen

§ 8. Einführung

Neben der Institution der internationalen Zuständigkeit sind im Rahmen des IZVR die Anerkennung und Vollstreckung von Entscheidungen ausländischer Gerichte von großer Bedeutung. Die massiven Migrationen der polnischen Bevölkerung nach dem Zweiten Weltkrieg, die Deportationen während des Weltkrieges und direkt danach sorgten dafür, dass das Thema der Anerkennung und Vollstreckung ausländischer Entscheidungen in Polen, insbesondere im Bereich von ehe- und familienrechtlichen Rechtsstreitigkeiten sehr präsent wurde[1]. Und auch gegenwärtig - angesichts der europaweit fortgeschrittenen Integration und Freizügigkeit von Personen, Waren, Dienstleistungen und Kapital, damit der angestrebten Freizügigkeit von Urteilen - an seiner Relevanz weiterhin gewonnen hat. Eine ausländische Gerichtsentscheidung kann nämlich als Akt hoheitlicher Gewalt zunächst nicht über die Grenzen eines Urteilsstaates hinauswirken, sie muss an der Grenze halt machen[2]. Erst kraft einer souveränen, auf eine nationale Regelung oder ein internationales Abkommen gestützten Entscheidung des Anerkennungsstaates, der diese ausländische Entscheidung in sein eigenes Rechtssystem aufnimmt, können sich ihre Wirkungen außerhalb des Urteilsstaates entfalten. Die Entscheidung darüber, ob und unter welchen Voraussetzungen ein Staat die Urteile eines anderen Staates anerkennt bzw. vollstreckt, gehört nach dem Territorialitätsprinzip zu der legislativen Kompetenz jedes Souveräns[3]. Auch kraft des allgemeinen Völkerrechts ist kein Staat verpflichtet, die Gerichtsentscheidungen anderer Staaten anzuerkennen[4]. Die Anerkennung und Vollstreckung ausländischer Entscheidungen weichen daher von dem Prinzip territorialer Wirkung dieser Entscheidungen ab und begünstigen die Entwicklung des grenzüberschreitenden Rechtsverkehrs, indem sie zu dem Respekt und zu der Verbreitung von Wirkungen des in einem Staat verliehenen Rechtsschutzes auf die Gebiete anderer Vertragsstaaten beitragen und damit hinkende Rechtsverhältnisse oder widersprüchliche Entscheidungen verhindern helfen. Auf diesem Weg werden auch die Universalisierung und Steigerung der Effektivität dieses Rechtsschutzes erreicht. Damit geht es um Realisierung des grundsätzlichen Ziels des IZVR: Um die Verwirklichung von Rechtsverhältnissen im grenzüberschreitenden Rechtsverkehr, die durch Normen des Privatrechts geregelt werden, sowie den Rechtsschutz von subjektiven Rechten, die aus diesen Verhältnissen folgen.

Die normativen Rechtsquellen der Anerkennung und Vollstreckung ausländischer Entscheidungen in Zivil- und Handelssachen können einen nationalen oder einen in-

---

[1] *Ereciński/Ciszewski*, KPC Kom., Art. 1145, Rn 3.

[2] *Martiny*, Anerkennung nach multilateralen Staatsverträgen, in: Max-Planck-Institut für ausländisches und internationales Privatrecht (Hrsg.), Handbuch des Internationalen Zivilverfahrensrechts III/2, 1984, Kap. I § 1, Rn 26; *Schack*, a. a. O., Rn 775.

[3] *Piasecki*, KPC Kom., vor Art. 1145, Rn 1.

[4] *Schack*, a. a. O.

ternationalen Ursprung haben. Auf der nationalen Ebene handelt es sich im autonomen polnischen Recht um das Zivilverfahrensgesetzbuch, das über die internationale Zuständigkeit hinaus auch beide dieser Rechtsinstitutionen im Vierten Buch des IZVR, in den Vorschriften der Art. 1145-1153^2 KPC geregelt hat. Auf der internationalen Bühne, wo unterschiedliche nationale Regelungen der Anerkennungsfähigkeit und Vollstreckbarkeit ausländischer Entscheidungen aufeinander treffen und wo seit Jahren nach einem Übereinkommen gestrebt wurde, das diese Vielfältigkeit durch einheitliche Regeln beseitigen würde, existieren etliche völkerrechtliche bi- und multilaterale Verträge sowie sekundäre Rechtsakte der Europäischen Union, die diese Aufgabe übernommen haben, ein einheitliches und vereinfachtes System der Anerkennung und Vollstreckung ausländischer Entscheidungen zu schaffen: Verträge und Rechtsakte, die sowohl in geographischer wie auch in sachlicher Dimension einen mächtigen Raum umfassen.

Die Anerkennung und Vollstreckung von Entscheidungen ausländischer Gerichte in Polen kann von daher entweder auf der Grundlage von autonomem Recht (Art. 1145-1153^2 KPC) oder von völkerrechtlichen Verträgen (wie z.B. das LugÜ, das polnisch-zyprische Abkommen über die Zusammenarbeit in Zivil- und Strafsachen[5], aber auch die Verordnungen der EU, wie die EuGVO oder die EheGVO) erfolgen. In den meisten Rechtsstreitigkeiten im Zivil- und Handelsbereich, die nach dem Inkrafttreten des LugÜ und später der EuGVO in Polen entstanden sind, finden eben diese europäischen Regelungen ihre Anwendung. Das LugÜ und die EuGVO verdrängen die polnischen Art. 1145-1153^2 KPC und bieten anstatt eines zeit- und kostenaufwendigen Anerkennungs- und Vollstreckungssystems[6] ihr vereinfachtes und den Bedürfnissen des europäischen Rechtsverkehrs entsprechendes Modell an (vgl. Art. 25 ff. LugÜ/Art. 32 ff. EuGVO). Das polnische Anerkennungs- und Vollstreckungsrecht gilt weiterhin für die Fälle, in denen weder das LugÜ noch die EuGVO anwendbar sind (vgl. Art. 1 LugÜ/EuGVO) bzw., wenn es sich um Entscheidungen aus Nichtmitgliedsstaaten der EU oder der EFTA oder aber aus Staaten handelt, mit denen Polen keine entsprechenden bilateralen Abkommen verbinden. Weil die polnische Regelung nicht absolut ausgeschlossen ist und auch subsidiär zum LugÜ und zur EuGVO angewendet wird, ist es wie bei der Regelung der internationalen Zuständigkeit auch hier angebracht den Charakter der Rechtsinstitution der Anerkennung (§ 9), der Vollstreckung (§ 10) sowie der entsprechenden Verfahren (§ 11-12) im polnischen und europäischen Recht darzustellen und dabei auf die Ähnlichkeiten, die Differenzen und die Zusammenwirkung dieser Regelungen hinzuweisen.

---

[5] Polsko-cypryjska umowa o współpracy prawnej w sprawach cywilnych i karnych, sporządzona w Nikozji dnia 14.11.1996 r., Dz.U. 1999 Nr. 39, Pos. 383. Die Anerkennung und Vollstreckung regelt hier Art. 26 ff.

[6] *Zedler*, Wybrane zagadnienia reformy postępowania egzekucyjnego w sprawach cywilnych, [w:] Ruch Prawniczy, Ekonomiczny i Socjologiczny 1989 Nr. 1, S. 36 f. (ferner als: Wybrane zagadnienia reformy).

§ 9. Rechtsinstitution der Anerkennung

I. Grundlagen der Anerkennung im polnischen und europäischen Recht

Die Anerkennung (*uznanie*) von Entscheidungen ausländischer Gerichte wird in den meisten Rechtssystemen als Akt (Urkunde) verstanden, der die Wirkungen dieser Entscheidungen auf das Hoheitsgebiet des Anerkennungsstaates erstreckt und ihrer eventuellen Vollstreckbarkeit (*wykonalność*) vorausgeht und bedingt.

Die Institution der Anerkennung ausländischer Entscheidungen lässt sich nur schwer ohne die Darstellung der Problematik von Vollstreckbarkeit solcher Entscheidungen erklären. Der Grund für die Unterscheidung beider Rechtsinstitute sind - aus Sicht ihrer Genese - die verschiedenen Wirkungen, die diese Entscheidung in einem Staat hervorrufen kann. Die Feststellung der Vollstreckbarkeit einer Entscheidung eines ausländischen Gerichts bedeutet das Einverständnis für ihre Vollstreckung außerhalb des Gebietes seines Ursprungs und zwar im Vollstreckungsstaat. Durch die Anerkennung bezeigt der Anerkennungsstaat den Respekt gegenüber dem, aus der ausländischen Entscheidung folgenden Rechtszustand, ohne ihn vollstrecken zu können. Eine der Prämissen der polnischen Anerkennungsvorschriften ist deshalb eine strenge Trennung zwischen der Vollstreckbarerklärung von ausländischen Vollstreckungstiteln und der Anerkennung von ausländischen Entscheidungen, die zur Durchsetzung im Wege der Zwangsvollstreckung nicht geeignet, d.h. nichtvollstreckungsfähig sind[7]. Dabei beschränken sich die Differenzen zwischen der Anerkennung und Vollstreckung von Entscheidungen ausländischer Gerichte auf die genannte Befähigung, im Wege der Zwangsvollstreckung durchgesetzt zu werden, und auf die Vollstreckbarkeit der ausländischen Entscheidung in ihrem Herkunftsland erst seit der Novelle des IZVR vom 1. März 1996[8]. Auf diesem Wege sind auch die Anerkennungs- und Vollstreckungsvoraussetzungen letztlich gleich geworden, so dass die Problematik der Anerkennung von Entscheidungen, die sich zur Zwangsvollstreckung eignen, weniger umstritten und trotzdem nicht vollkommen geklärt geworden ist[9].

Angesichts der Vielfältigkeit von weltweit bekannten Anerkennungs- und Vollstreckungsregelungen hat sich der polnische Gesetzgeber grundsätzlich für eine individualisierte Anerkennung ausländischer Gerichtsentscheidungen im Rahmen eines Delibationsverfahrens (Anerkennung *in concreto*, Art. 1145 § 1 KPC) und lediglich ausnahmsweise für eine generelle Anerkennung (Anerkennung *ipso iure*) entschieden (Art. 1145 § 2 KPC). Auf diesem Weg wird grundsätzlich zu der ausländischen Entscheidung ein konstitutiver Akt des polnischen Gerichts zugefügt, der in der prozessu-

---

[7] Vgl. die Entscheidung des SN vom 04.10.1972, III CRN 405/71 (nicht ver.); s. *Ereciński/Ciszewski*, a. a. O., Art. 1150, Rn 2.

[8] Ustawa z dnia 01.03.1996 r. o zmianie Kodeksu postępowania cywilnego, rozporządzeń Prezydenta Rzeczypospolitej - Prawo upadłościowe i Prawo o postępowaniu układowym, Kodeksu postępowania administracyjnego, ustawy o kosztach sądowych w sprawach cywilnych oraz niektórych innych ustaw, Dz.U. 1996 Nr. 43, Pos. 89 (in Kraft seit dem 01.07.1996). Vgl. auch Ustawa z dnia 02.07.2004 r. o zmianie ustawy - Kodeks postępowania cywilnego oraz niektórych innych ustaw, Dz.U. 2004 Nr. 172, Pos. 1804 (in Kraft seit dem 05.02.2005). *Dalka/Koenner*, Zalecana analiza Kodeksów i ustaw, Nowelizacja KPC z dnia 02.07.2004 r., Edukacja Prawnicza (EP) 2004 Nr. 7.

[9] *Ereciński/Ciszewski*, a. a. O., Art. 1145, Rn 9.

alen Form der sog. Delibationsentscheidung (*orzeczenie delibacyjne*) als eine unentbehrliche und zwingende Bedingung der Wirksamkeit funktioniert und damit die Grundlage der Anerkennung und der Vollstreckbarkeit dieser Entscheidung in Polen schafft[10]. Über die Anerkennung einer Entscheidung kann nach dem aktuellen IZVR als Vorfrage der Vollstreckbarerklärung und zwar in dem nicht vollstreckbaren Teil dieser Entscheidung (Art. 1151 § 1 Satz 2 KPC) oder auch selbständig entschieden werden (Art. 1145-1149 KPC). Die Durchführung eines Delibationsverfahrens in Polen ist lediglich in zwei Fällen nicht erforderlich: Wenn eine ausländische Entscheidung *ipso iure* anerkannt wird, oder eine supranationale Regelung in diesem Bereich die nationale Norm verdrängt und kein Verfahren verlangt (Art. 1096 KPC)[11]. Ein Anerkennungsverfahren erschwert sicherlich eine freie Entwicklung des internationalen Rechtsverkehrs und wurde in dem LugÜ und der EuGVO nicht eingeführt. Die Entscheidungen i. S. v. Art. 25 LugÜ/Art. 32 EuGVO gelten daher *ipso iure* in allen EU- und der EFTA-Staaten, unabhängig davon, ob sie in dem Urteilsstaat endgültiger oder einstweiliger Natur sind[12].

Für das Verständnis des Verhältnisses zwischen der Anerkennung und der Vollstreckbarkeit im polnischen Rechtssystem ist ferner der Bezug auf den Begriff der „Wirksamkeit" (*skuteczność*) notwendig. Eine gesetzliche Definition hat der Begriff der „Wirksamkeit" in Polen nicht erfahren. Dadurch schaffen sowohl seine Bedeutung wie auch sein Verhältnis zur Vollstreckbarkeit viele Dilemmas[13]. Die weithin akzeptierte Definition der „Wirksamkeit" bezeichnet sie als die Befähigung einer ausländischen Entscheidung, Rechtsfolgen hervorzurufen, die sich aus dem Inhalt der Entscheidung im Zusammenhang mit der in ihr konkretisierten Rechtsnorm und zuweilen auch im Zusammenhang mit einer anderen Rechtsnorm, die den Eintritt irgendeiner besonderen Folge der betreffenden Entscheidung vorsieht, ergeben (Wirksamkeit *sensu largo*)[14]. Von so formulierter Wirksamkeit, deren qualifizierte Form die Vollstreckbarkeit ausländischer Entscheidungen ist und die anerkennungsfähigen Wirkungen umfasst, ist die Wirksamkeit *sensu stricto* zu unterscheiden. Bezeichnet als die Befähigung einer ausländischen Entscheidung, alle rechtlichen Wirkungen außer ihrer Vollstreckbarkeit hervorzurufen[15], ist diese in Art. 1145 § 1 KPC wieder zu erkennen.

---

[10] *Jodłowski*, Nowe przepisy, S. 43; *Korzan*, Orzeczenie konstytutywne w postępowaniu cywilnym, Warszawa 1972, S. 170; *Piasecki*, Skuteczność i wykonalność, S. 13, 148.

[11] Entscheidungen des SN über den Ausschluss von Art. 1146 und Art. 1150 KPC vom 07.12.1973, II CZ 181/73, OSNCP 1974 Nr. 3-4, Pos. 25 mit Gl. von *Jodłowski*, PiP 1976, Nr. 12, S. 163; und vom 21.10.1975, I CR 672/75, PiP 1976, Nr. 10, S. 163 mit Gl. von *Ciszewski* und *Piasecki*, NP 1978, Nr. 3, S. 502.

[12] Entscheidungen des EuGH vom 27.03.1979 - 143/78, *De Cavel/De Cavel I*, Slg. 1979, S. 1055, NJW 1997, S. 1000; und vom 06.03.1980 - 120/79, *De Cavel/De Cavel II*, Slg. 1980, 731, NJW 1998, S. 1218.

[13] *Korzan*, Podział i charakter orzeczeń oraz wykonalność i skuteczność orzeczeń sądowych, [w:] System prawa procesowego cywilnego, Tom II Ossolineum 1987, S. 449 ff.

[14] *Piasecki*, a. a. O., Art. 1145, Rn 13.

[15] *Siedlecki*, Kilka uwag w związku z uznawaniem w Polsce zagranicznych orzeczeń sądowych w sprawach cywilnych, [w:] Księga Pamiątkowa ku czci *K. Przybyłowskiego*, Kraków 1964, S. 267 (ferner als: Kilka uwag); *Weitz*, Pojęcie unania orzeczenia zagranicznego, PS 1998 Nr. 7-8, S. 56.

Die Wirksamkeit *sensu stricto* einer Entscheidung bestimmt daher über ihre Nichtvollstreckbarkeit[16].

Die Anerkennung gerichtlicher Entscheidungen fordert im Rahmen des LugÜ und der EuGVO in der Regel kein besonderes Verfahren. Erst wenn die ausländische Entscheidung der Zwangsvollstreckung im Anerkennungsstaat bedarf, findet ein Vollstreckbarerklärungsverfahren gemäß Art. 31 ff. LugÜ/Art. 38 ff. EuGVO statt. Durch die unterschiedlichen Ziele dieser beiden Verfahren können diese parallel laufen, ohne sich gegenseitig auszuschließen[17]. Während nämlich das Anerkennungsverfahren auf eine Feststellung gerichtet ist, erstrebt das Vollstreckbarerklärungsverfahren eine Rechtsgestaltung[18]. Daraus folgend kann der Feststellungsantrag gemäß Art. 26 Abs. 2 LugÜ/Art. 33 Abs. 2 EuGVO auch neben dem Antrag auf Vollstreckbarerklärung gestellt werden.

Erklärungsbedürftig ist letztendlich der Begriff der Anerkennung von Entscheidungen ausländischer Gerichte. Weder durch das polnische Zivilverfahrensgesetzbuch noch durch das LugÜ oder die EuGVO definiert, wird dieser Begriff im polnischen und europäischen Schrifttum durch mehrere Theorien erklärt, die auch zu erläutern versuchen, wie die anerkennungsfähigen ausländischen Urteilswirkungen in das Inland importiert werden. Aus einer ganzen Palette dieser Theorien hat sich in Polen grundsätzlich die Bezeichnung der Anerkennung als Erstreckung von Urteilswirkungen ausländischer Entscheidung auf das Hoheitsgebiet des Anerkennungsstaates durchgesetzt[19]. Dabei handelt es sich um diejenigen Urteilswirkungen, die der ausländischen Entscheidung in ihrem Herkunftsstaat zukommen (Theorie der Wirkungserstreckung). Die Urteilswirkungen, die verschiedene Rechtssysteme ihren Entscheidungen zuordnen, sind allerdings so vielfältig, dass es unmöglich und für die innerstaatliche Rechtsordnung gefährlich wäre, sie alle in diese Ordnung zu importieren[20]. Unter allen Urteilswirkungen einer ausländischen Entscheidung, die unter den Begriff „Wirksamkeit" fallen, müssen deshalb diejenigen bestimmt werden, die in Polen anerkennungsfähig sind. Dies geschieht während der Qualifikation der ausländischen Entscheidung, die zwecks ihrer Anerkennung in Polen nach dem Recht des Urteilsstaates außerprozessuale Wirkungen hervorgerufen haben muss[21]. Diesem Recht ist auch die Anordnung überlassen worden, ob und welche Wirkungen eine ausländische Entscheidung

---

[16] *Ereciński/Ciszewski*, a. a. O.; *Piasecki*, a. a. O., vor Art. 1145, Rn 5.

[17] *Kropholler*, a. a. O., Art. 33, Rn 5; *Ereciński/Ciszewski*, a. a. O. Rn 5.

[18] *Geimer/Schütze*, a. a. O., Art. 33, Rn 88.

[19] Andere theoretische Ströme vertreten u. a.: *Sawicz*, Uznawanie i wykonywanie orzeczeń sądów zagranicznych, Zeszyty Naukowe IBPS 1988, Nr. 28, S. 108 ff.; *Trammer*, a. a. O., S. 82; ders. Z problematyki wzajemnego wpływu przepisów k.p.c. o uznaniu orzeczeń sądów zagranicznych i przepisów ustawy o p.p.m., NP 1967, S. 717 (ferner als: Z problematyki wzajemnego); *Mączyński*, Przesłanki uznania zagranicznych orzeczeń rozwodowych, PiP 1978 Nr. 3, S. 115; ders. Gl. zur Entscheidung des SN vom 02.09.1980, I CR 273/80, OSPiKA 1983 Nr. 9, Pos. 192; sowie *Jodłowski*, Nowe przepisy, S. 651 ff.; ders. Uznanie i wykonanie zagranicznych orzeczeń sądowych w Polsce na tle orzecznictwa Sądu Najwyższego, Warszawa 1977, S. 73 (ferner als: Uznanie i wykonanie); ders. Gl. zur Entscheidung des SN vom 17.12.1980, I CR 420/80, PiP 1981 Nr. 10, S. 144.

[20] *Schack*, a. a. O., Rn 792.

[21] Entscheidung des SN vom 25.11.1977, I CR 9/77, OSNCP 1978 Nr. 9, Pos. 162.

auslösen kann[22]. Die Beurteilung dagegen, ob es sich dabei um in Polen anerkennungsfähige Urteilswirkungen handelt, findet gemäß dem polnischen Recht statt (*lege fori delibationis*). Danach können der ausländischen Entscheidung lediglich der polnischen Rechtsordnung bekannte Urteilswirkungen zukommen, und diese gerechnet von dem Zeitpunkt ihrer Rechtskrafterlangung im Herkunftsstaat an[23]. Sofern jedoch die Urteilswirkungen der ausländischen Entscheidung von denen abweichen, die den Gegenstand der Anerkennung nach dem polnischen Recht bilden können, können sich auf dem polnischen Hoheitsgebiet lediglich diejenigen Urteilswirkungen entfalten, die eine analoge oder ähnliche Rechtsinstitution des polnischen Rechts hervorrufen würde[24].

Die ausländische Entscheidung wird ferner in das polnische Rechtssystem implementiert und wie eine inländische Entscheidung behandelt, dieser so zu sagen „gleichgestellt“[25]. Dementsprechend ist anzunehmen, dass die Theorie der Wirkungserstreckung im polnischen autonomen Recht durch die Kumulationstheorie bei der Bestimmung des Umfangs der Wirksamkeit einer anerkannten Entscheidung ergänzt wird[26]. Für die Art der anerkennungsfähigen Urteilswirkungen bleibt es ferner unerheblich, ob die ausländische Entscheidung in einem Delibationsverfahren oder *ipso iure* anerkannt wurde[27].

Die Texte des LugÜ sowie der EuGVO schweigen über die Wirkungen ausländischer Entscheidungen. Der Begriff der Anerkennung gerichtlicher Entscheidungen könnte jedoch auch im Rahmen des LugÜ und der EuGVO mit der Kumulationstheorie erklärt werden. Wenngleich bezüglich des EuGVÜ als für den Begriff der Anerkennung maßgeblich die Theorie einer uneingeschränkten Wirkungserstreckung mehrmals angesprochen wurde[28]: „*Durch die Anerkennung sollen (...) den Entscheidungen die Wirkungen beigelegt werden, die ihnen in dem Staat zukommen, in dessen Hoheitsgebiet sie ergangen sind*“ (vgl. Art. V des Protokolls Nr. 1 zum LugÜ/Art. 65 EuGVO)[29]. Von dem Anerkennungsstaat kann jedoch nicht erwartet werden, dass es auf das Inland Urteilswirkungen erstrecken lässt, die seinem Rechtssystem unbekannt sind. Deshalb ist anzunehmen, dass nach dem LugÜ und der EuGVO durch den Anerkennungsstaat lediglich die Wirkungen ausländischer Entscheidungen anerkannt werden können, die dieser Staat als prozessuale versteht[30].

Den europäischen Tendenzen folgend wurden in dem KPC Entwurf[31] auch im Be-

---

[22] *Piasecki*, a. a. O., S. 35.

[23] Betreffend Anerkennung nach Art. 1145 § 1 KPC vgl. *Jodłowski*, Nowe przepisy, S. 43; ders. Uznanie i wykonanie, S. 73 ff. und Gl. zu den Entscheidungen des SN vom 23.02.1968, III CR 86/67, PiP 1969 Nr. 11, S. 916 ff.; und vom 24.04.1975, II CR 67/75, OSPiKA 1976 Nr. 7, Pos. 148.

[24] *Ereciński/Ciszewski*, a. a. O., Rn 6.

[25] *Ereciński/Ciszewski*, Międzynarodowe postępowanie, S. 310.

[26] *Ibidem*, S. 369.

[27] *Piasecki*, a. a. O., S. 117.

[28] *Martiny*, a. a. O., Kap. II, Rn 63, 70.

[29] Entscheidung des EuGH vom 04.02.1988 - 145/86, *Hoffmann/Krieg*, Slg. 1988, S. 645, NJW 1989, S. 663, Rn 10.

[30] *Schack*, a. a. O., Rn 796.

[31] KPC Entwurf der Kodifikationskommission, S. 3, s. www.ms.gov.pl/kkpc/kkpc.shtml vom 14.05.2006.

reich der Anerkennung und Vollstreckung von Entscheidungen ausländischer Gerichte etliche Änderungen vorgesehen, die im Folgenden einzeln benannt werden. An dieser Stelle ist insbesondere die geplante Abschaffung der klaren Trennung zwischen diesen Rechtsinstitute zu nennen, die durch den Verzicht auf die Unfähigkeit der anzuerkennenden Entscheidung im Wege einer Zwangsvollstreckung durchgeführt zu werden (Art. 1145 § 1 KPC E.) erreicht werden soll.

II. Urteilswirkungen

Den Gegenstand der prozessualen Anerkennung bilden in Polen sowohl verfahrens- wie auch materiellrechtliche Urteilswirkungen[32].

1. Rechtskraftwirkung

Die Wirksamkeit einer ausländischen Entscheidung erscheint auf der prozessualen und materiellrechtlichen Ebene[33]. Zu den wichtigsten anerkennungsfähigen Urteilswirkungen gehört, sowohl nach dem polnischen autonomen Recht wie auch im Rahmen des LugÜ und der EuGVO, die materielle Rechtskraft der ausländischen Entscheidung (Rechtskraftwirkung, *powaga rzeczy osądzonej, prawomocność materialna*)[34]. Dabei muss sie, verstanden als die Maßgeblichkeit der Entscheidung über den anhängigen Rechtsstreit für das Gericht und die Parteien eines nachfolgenden Verfahrens[35], von der formellen Rechtskraft der Entscheidung (*prawomocność formalna*), die ihre Unanfechtbarkeit in dem anhängigen Rechtsstreit bedeutet, scharf unterschieden werden[36]. Mit Eintritt der formellen Rechtskraft erlangen die Entscheidungen die materielle Rechtskraft[37], unter der im polnischen Verfahrensrecht die Bindungswirkung verstanden wird, die einer formell rechtskräftigen Entscheidung nur in Bezug darauf, was ihr Gegenstand im Zusammenhang mit dem Streitgrund bildete, und darüber hinaus nur zwischen denselben Parteien zukommt (Art. 366 i. V. m. Art. 13 § 2 und Art. 361 KPC)[38]. Darüber welche Entscheidungen über die materielle Rechtskraft verfügen, wann diese eintritt, und welchen objektiven und subjektiven Umfang sie hat, entschei-

---

[32] *Jodłowski*, Uznanie i wykonanie, S. 42.

[33] *Piasecki*, a. a. O., S. 116.

[34] *Schlosser*- Bericht zu dem Übereinkommen vom 09.10.1978 über den Beitritt des Königreichs Dänemark, Irlands und des Vereinigten Königreichs Großbritannien und Nordirland zum Übereinkommen über die gerichtliche Zuständigkeit und die Vollstreckung gerichtlicher Entscheidungen in Zivil- und Handelssachen sowie zum Protokoll betreffend die Auslegung dieses Übereinkommens durch den Gerichtshof, ABl. Nr. C 59/79, 71 ff. = BT- Drucksache 10/61, zu Art. 26, Rn 3.

[35] *Kropholler*, a. a. O., vor Art. 33, Rn 11.

[36] *Piasecki*, a. a. O.

[37] Das gilt bezüglich der Wirksamkeit gemäß Art. 521 § 1 KPC entsprechend für die Beschlüsse im nichtstreitigen Verfahren, durch die eine Entscheidung in der Sache getroffen wird.

[38] *Broniewicz*, Postępowanie cywilne w zarysie, Warszawa 1999, § 101, S. 209. Über die Problematik der Verhältnisse zwischen der formellen und materiellen Rechtskraft im polnischen Recht s. *Jodłowski*, Uznanie i wykonanie, S. 20 ff., *Piasecki*, a. a. O., S. 65 ff.; Entscheidung des SN vom 31.05.2000, I CKN 183/00, OSNC 2000 Nr. 12, Pos. 225.

det alleine das Recht des Herkunftsstaates der anzuerkennenden Entscheidung[39]. Auf der prozessualen Ebene hat die materielle Rechtskraft einer inländischen wie auch einer in Polen anerkannten ausländischen Sachentscheidung zur Folge, dass das Prinzip *ne bis in idem*, die beide dieser Entscheidungen betrifft, zur Geltung kommt und ein neues Verfahren zwischen denselben Parteien über denselben Streitgegenstand im Anerkennungsstaat unzulässig macht (Art. 199 § 1 Nr. 2 i. V. m. Art. 13 § 2 KPC)[40]. Wird dennoch im Anwendungsbereich des LugÜ bzw. der EuGVO, trotz Existenz einer rechtskräftigen Entscheidung in einem Vertragsstaat, vor einem polnischen Gericht eine wiederholte Klage in gleicher Sache und zwischen gleichen Parteien erhoben, so ist das inländische Gericht verpflichtet, gemäß Art. 26 Abs. 3 LugÜ/Art. 33 Abs. 3 EuGVO zu überprüfen, ob die Anerkennungsvoraussetzungen aus Art. 27 ff. LugÜ/Art. 34 ff. EuGVO vorliegen und wenn dies der Fall ist, die Klage auf Grund von Art. 199 § 1 Nr. 2 KPC abzuweisen[41].

Im Rahmen der Anerkennung *ipso iure* gemäß Art. 26 Abs. 1 LugÜ/Art. 33 Abs. 1 EuGVO wird die in einem Vertragsstaat ergangene Entscheidung zum Zeitpunkt ihrer Rechtskrafterlangung im Herkunftsstaat auch in Polen als dem Anerkennungsstaat rechtskräftig, vorausgesetzt dass sie zu diesem Zeitpunkt die Anerkennungsvoraussetzungen aus Art. 27 ff. LugÜ/Art. 34 ff. EuGVO erfüllt.

2. Gestaltungswirkung

Die Arten der anerkennungsfähigen Urteilswirkungen hängen vor allem davon ab, ob es sich um ein Feststellungs- oder Gestaltungsurteil handelt. Die *erga omnes* wirkenden Gestaltungsurteile erstreben die Umgestaltung der bestehenden Rechtslage, sie begründen, ändern oder heben ein Rechtsverhältnis oder ein Recht auf (z.B. Eheaufhebung oder Auflösung einer offenen Handelsgesellschaft)[42]. Charakteristisch für die Gestaltungsurteile ist dementsprechend - außer der Rechtskraftwirkung - vor allem die Gestaltungswirkung, die mit der Anerkennung einer ausländischen Entscheidung im Inland eintritt und in Form einer rechtskräftigen Entscheidung eine Rechtsänderung auf dem materiellrechtlichen oder prozessualen Gebiet herbeiführt. Die anerkannte ausländische Entscheidung hat daher in Polen eine bindende Wirkung (*moc wiążąca*) und wenn sie in einem Delibationsverfahren vor einem inländischen Gericht anerkannt worden ist, kann sie die Grundlage für die Eintragung in das Personenstandsbuch (*księga stanu cywilnego*), in das Grundbuch (*księga wieczysta*) oder in andere inländische Register, bzw. für eine Eheschließung bilden (sog. Registerwirkung, Art. 1145 § 2 KPC)[43].

---

[39] *Ereciński/Ciszewski*, a. a. O., S. 370.

[40] *Jodłowski*, a. a. O., S. 72; *Piasecki*, a. a. O., S. 116; ders. KPC Kom., Art. 1145, Rn 5; *Ereciński/Ciszewski*, KPC Kom., Art. 1145, Rn 6.

[41] *Weitz*, Konwencja z Lugano, S. 78.

[42] *Thomas/Putzo/Reichold*, a. a. O., vor § 253 ZPO Rn 5; *Broniewicz*, a. a. O., § 94, S. 195.

[43] *Piasecki*, Skuteczność i wykonalność, S. 117

3. Vollstreckbarkeit

Als anerkennungsfähige Urteilswirkung kann auch die Vollstreckbarkeit ausländischer Entscheidungen angenommen werden. Im autonomen polnischen Recht wird diese Vollstreckbarkeit im Zusammenhang mit den anerkennungsfähigen Urteilswirkungen jedoch nicht erwähnt, weil sie als keine anerkennungsfähige Urteilswirkung gilt und auf das polnische Hoheitsgebiet nicht erstreckt wird. Das folgt der strengen Trennung zwischen der Anerkennung und Feststellung der Vollstreckbarkeit. Die Vollstreckbarkeit ausländischer Entscheidungen wird unter den Bedingungen des Art. 1150 § 1 i. V. m. Art. 1146 § 1 Nr. 1-6 KPC originär verliehen. Auch gemäß dem LugÜ und der EuGVO wird die Vollstreckbarkeit nicht im Rahmen der Anerkennung auf den Zweitstaat erstreckt, sondern im Vollstreckungsverfahren verliehen (Art. 31 ff. LugÜ/Art. 38 ff. EuGVO).

Folgend der geplanten Abschaffung der Trennung zwischen den beiden Rechtsinstituten wird auch die Vollstreckbarkeit als Urteilswirkung anzusehen, und die Problematik der Wirksamkeit *sensu stricto* und *sensu largo* im autonomen polnischen Recht gelöst werden können, indem die Wirksamkeit *sensu largo* sowohl die Anerkennungsfähigkeit wie auch die Vollstreckbarkeit von Entscheidungen ausländischer Gerichte umfassen wird. Demzufolge werden zukünftig sowohl die nicht- wie auch vollstreckungsfähigen Entscheidungen anerkennungsfähig, vollstreckbar dagegen weiterhin nur die letztgenannten (Art. 1145 KPC E.).

4. Präklusionswirkung

Aus der materiellen Rechtskraft einer ausländischen Entscheidung folgt ferner die sog. Präklusionswirkung im Sinne von Ausschluss der Tatsachen und Beweismittel bei identischem Streitgegenstand oder Präjudizialität der Vorentscheidung. Erforderlich ist hierbei, dass das tatsächliche Vorbringen im Widerspruch zu den Feststellungen der anzuerkennenden rechtskräftigen Entscheidung steht, wozu auch solche Tatsachen zählen, die im maßgebenden Zeitpunkt des Vorprozesses schon vorhanden waren, dort aber nicht vorgetragen wurden. Die Anerkennung dieser Wirkung im Inland ordnet sich entweder als Teil der materiellen Rechtskraft unter, oder sie kann als eigenständige Wirkung daneben angesehen werden[44]. Eine von der materiellen Rechtskraft zu unterscheidende Präklusionswirkung kennt das polnische Recht nur für Vollstreckungsgegenklage in Art. 840 § 1 Nr. 2 KPC, so dass es sich keine Frage nach der Anerkennung einer besonderen Präklusionswirkung stellt.

5. Streitverkündungswirkung

Eine Partei kann einem Dritten den Streit verkünden, wenn sie befürchtet, für den Fall des ihr ungünstigen Ausgangs eines Rechtsstreites den Ansprüchen des Dritten ausge-

---

[44] *Zöller/Geimer*, a. a. O., § 328 Rn 43; *Martiny*, a. a. O., Kap. I Rn 393 f.; *Kropholler*, a. a. O., vor Art. 33, Rn 14.

setzt zu sein oder wenn sich die Partei schadlos an dem Dritten halten will[45]. Die daraus folgende (Interventions-) und Streitverkündungswirkung eines ausländischen Urteils sind in einer Anerkennung inbegriffen und auch in Art. V des Protokolls Nr. 1 zum LugÜ/Art. 65 EuGVO vorgesehen[46]. Die Anerkennungsfähigkeit der Streitverkündung und Interventionswirkung wurde durch polnische Rechtsprechung und Rechtsliteratur bisher nicht behandelt[47]. Folgend aber der gesetzlichen Regelung der Hauptintervention (Art. 75 KPC), der Nebenintervention (Art. 76 KPC) und der Streitverkündung (Art. 84 § 1 KPC), können die Voraussetzungen für die gegenseitige Anerkennung festgestellt werden[48].

6. Tatbestandswirkung

Keine Anerkennung benötigen die sog. Tatbestandswirkungen (*skutki wynikające z mocy faktycznej*). Diese Urteilswirkungen beantworten die Frage, ob eine ausländische Entscheidung als inlandrechtlich relevante Tatsache zu beachten ist. Sie folgen nicht direkt aus der ausländischen Entscheidung und unterliegen wegen ihrer materiellrechtlichen Natur nicht dem IZVR oder dem IPR, sondern dem anwendbaren sachlichen Recht (*lex causae*)[49]. Das LugÜ und die EuGVO geben über die Tatbestandswirkung keine Auskunft[50].

7. Beweiswirkung

Von der Tatbestandswirkung ist der Umstand zu unterscheiden, dass jede ausländische Entscheidung in dem Anerkennungsstaat als Tatsache relevant werden kann. Nicht ohne Bedeutung für die polnische Rechtsordnung bleiben deshalb auch diejenigen ausländischen Entscheidungen, deren Anerkennung auf Grund von der Nichterfüllung der Anerkennungsvoraussetzungen versagt wurde. Zwar erlangen diese Entscheidungen keine materielle Rechtskraft, analog zu den in Polen anerkannten Entscheidungen ausländischer Gerichte behalten sie jedoch die Richtigkeitsvermutung und dadurch die Beweiswirkung (*moc dowodowa*), die jede öffentliche Urkunde besitzt. Die Beweiswirkung ist keine prozessuale oder materiellrechtliche Urteilswirkung, sondern eher der Ausdruck von Eignung einer ausländischen Entscheidung als Beweismittel, das in

---

[45] *Martiny*, a. a. O., Kap. I Rn 398.
[46] *Kropholler*, a. a. O., vor Art. 33, Rn 16.
[47] *Weyde*, a. a. O., S. 43.
[48] Der Nebenintervenient (Streitverkündete) darf im Verhältnis zu der Partei, der er beigetreten ist, den Einwand nicht erheben, dass der Rechtstreit unrichtig entschieden worden sei oder dass die Partei den Prozess mangelhaft geführt habe, es sei denn, dass der Stand des Rechtsstreits im Zeitpunkt seines Beitritts ihm die Inanspruchnahme von Verteidigungsmittel unmöglich gemacht hat oder dass die Partei absichtlich oder aus Fahrlässigkeit keinen Gebrauch von Verteidigungsmitteln gemacht hat, die dem Intervenienten unbekannt waren (Art. 82 KPC). Tritt der Streitverkündete dem Rechtsstreit nicht bei, dann treten die Wirkungen des Art. 82 KPC zum Zeitpunkt ein, in dem der Beitritt möglich gewesen wäre (Art. 85 KPC).
[49] *Piasecki*, a. a. O., S. 119.
[50] *Kropholler*, a. a. O., vor Art. 33, Rn 17.

einem in Polen anhängigen Verfahren als solches eingeführt werden kann (vgl. Art. 1138 i. V. m. Art. 233 und Art. 244 KPC). Darüber hinaus kann eine in Polen nicht anerkannte ausländische Entscheidung die Tatbestandswirkung hervorrufen[51]. Die Beweiswirkung können auch gerichtliche Entscheidungen aus einem Vertragsstaat der EU oder der EFTA haben, wenn einer der Versagungsgründe ihrer Anerkennung vorlag und der Anerkennungsantrag abgewiesen werden musste.

8. Innerprozessuale Wirkungen

Nicht anerkennungsfähig sind nach dem polnischen autonomen Recht die rein innerprozessualen Wirkungen und auch solche Urteilswirkungen, die einer ausländischen Entscheidung auch im Herkunftsstaat nicht zukommen[52].

III. Anerkennungsinteressen

Für die Anerkennung von Entscheidungen ausländischer Gerichte interessieren sich sowohl die Staaten, die diese Rechtsinstitution im eigenen Hoheitsgebiet zulassen, wie auch die Gerichte und Prozessparteien.

Das Interesse jedes Staates für die Anerkennung und Vollstreckung ausländischer Entscheidungen kann verschiedene Motive haben: den ungehinderten Rechts- und Handelsverkehr, internationale Zusammenarbeit oder hohen Schutz eigener Bürger. Obwohl diese Ziele zu erreichen einen hohen Preis haben kann, sind die meisten Staaten bereit, diesen zu tragen und im Rahmen der Vereinbarung von Anerkennungs- und Vollstreckungsabkommen einen weiten Eingriff in den Rechtschutz seiner Bürger zu gestatten (s. § 4). Auch den Gerichten jedes Unterzeichnerstaates solcher Abkommen fällt es leichter, die Entscheidungen ausländischer Gerichte anzuerkennen und zu vollstrecken, als über die gesamten Rechtsstreite in tatsächlicher und rechtlicher Hinsicht alleine entscheiden zu müssen. Durch die Anerkennung von ausländischen Entscheidungen wird nämlich nicht nur der Aufwand des Gerichts, seine Rechtswahl (*wybór prawa*) sowie die Anwendung des gewählten Rechts eingespart[53], sondern auch die Verhinderung einander widersprechender Entscheidungen gewährleistet[54].

Aus Sicht des Interesses der Prozessparteien bedeutet die Möglichkeit, die Entscheidung eines ausländischen Gerichts anzuerkennen und zu vollstrecken, die Verhinderung von Kosten eines wiederholten Verfahrens und des Aufwands, so ein Verfahren in einem weiteren Staat führen zu müssen[55]. Die Interessen der Parteien können dabei auch widersprüchlich werden, wenn sich der Schuldner nach Erlass eines ihm ungünstigen Urteils aus einem erneuten Verfahren in einem anderen Staat eine günstigere Lösung des Rechtsstreites erhofft. In einem solchen Fall wird durch die Anerken-

---

[51] *Piasecki*, a. a. O.
[52] *Weitz*, Skuteczność zagranicznych orzeczeń w Polsce według Art. 1145 § 2 k.p.c., PS 1999 Nr. 4 (ferner als: Skuteczność zagranicznych).
[53] *Piasecki*, a. a. O., S. 7.
[54] *Schack*, a. a. O., Rn 788.
[55] *Ereciński/Ciszewski*, Międzynarodowe postępowanie, S. 304.

nung auch die Gefahr beseitigt, dass sich der Schuldner seinen Verpflichtungen entzieht, indem er sich mit seinem Vermögen ins Ausland absetzt[56].

IV. Entscheidung als Gegenstand der Anerkennung

Die Wirksamkeit einer ausländischen Entscheidung in Zivilsachen hängt auf dem Hoheitsgebiet Polens von ihrer Anerkennung durch ein polnisches Gericht ab (Art. 1145 § 1 KPC)[57]. Diese beschränkt sich kraft Gesetzes auf Entscheidungen ausländischer Gerichte (*orzeczenia sądów zagranicznych*), die zur Durchsetzung im Wege einer Zwangsvollstreckung (*wykonania w drodze egzekucji*) nicht geeignet sind und in Zivilsachen (*sprawy cywilne*) ergangen sind, die in Polen zum Rechtsweg (*droga sądowa*, auch als Gerichtsweg übersetzbar) gehören. Werden die polnischen Regelungen durch das LugÜ oder die EuGVO verdrängt, wird lediglich verlangt, dass die anzuerkennende Entscheidung von einem ausländischen staatlichen Gericht, erlassen wurde und einen Rechtsstreit zwischen den Parteien in der Sache beendet (Art. 25 LugÜ/Art. 32 EuGVO)[58]. Auf die Art der Gerichtsbarkeit kommt es gemäß Art. 1 Abs. 1 LugÜ/EuGVO nicht an. Vielmehr ist hier der Gegenstand der „Zivil- und Handelssache" ausschlaggebend[59].

1. Qualifikation

Ist das inländische Gericht mit der Anerkennung einer Entscheidung eines ausländischen Gerichts befasst, muss es festlegen, was unter diesem Begriff zu verstehen ist, diese Entscheidung also qualifizieren. Dabei stellt sich die sehr umstrittene Frage, nach welchem Recht diese Qualifikation durchzuführen ist[60]. Trotz vieler Kontroversen betreffend die Einzelheiten dieser Frage hat sich die polnische Rechtslehre zwischen dem Recht des Urteilsstaates (Qualifikation *lege caúsae*), des Anerkennungsstaates (Qualifikation *lege fori* oder nach der *lex caúsae*[61]) und der Doppelqualifikation[62], für die Qualifikation gemäß dem *lex fori* und ausnahmsweise für die Doppel-

---

[56] *Schack*, a. a. O., Rn 787.

[57] Der Gegenstand der Anerkennung ist daher nicht das Recht oder das Rechtsverhältnis, sondern die Feststellung der Wirksamkeit einer ausländischen Entscheidung, *Piasecki*, a. a. O., S. 13.

[58] Entscheidung des EuGH vom 02.06.1994 - 414/92, *Solo Kleinmotoren/Boch*, Slg. 1994 I, S. 2237, Rn 17, NJW 1994, S. 1007; *Schack*, a. a. O., Rn. 810.

[59] *Kropholler*, a. a. O., Art. 32, Rn 9.

[60] *Piasecki*, a. a. O., S. 27.

[61] Die Qualifikation *lege fori* beruft sich ausschließlich auf das Recht, in diesem Fall auf das IZPR des Anerkennungsstaates. Hierbei soll die Wirksamkeit einer ausländischen Entscheidung von ihrer Qualifikation klar getrennt werden, diese nämlich lediglich die Möglichkeit der Anerkennung einer ausländischen Entscheidung nicht aber ihre Wirksamkeit nach der Anerkennung umfasst.

[62] Gemäß der Doppelqualifikation zur Bestimmung, was sich unter dem Begriff Entscheidungen ausländischer Gerichte verbirgt, ist sowohl sein Inhalt in dem Urteilsstaat wie auch in dem Anerkennungsstaat heranzuziehen. Und nur wenn ein Urteil in beiden diesen Rechtssystemen als solches gesehen wird, kann über Gerichtsentscheidung die Rede sein.

qualifikation entschieden[63]. Hierfür spricht nicht nur der Wortlaut des Art. 1145 KPC sowie die Kompetenz des Anerkennungsstaates zur selbständigen Entscheidung über seine Fähigkeit, bestimmte Jurisdiktionsakte fremder Gerichte anzuerkennen, sondern auch die begriffliche Einheitlichkeit, die davon unabhängig bleiben soll, die Gerichte welchen Staates eine konkrete Entscheidung erlassen haben[64].

Auch die Bestimmung des ausländischen Charakters einer anzuerkennenden Entscheidung beruht in Polen auf die *lex fori* des Anerkennungsstaates. „Ausländisch" ist danach eine Entscheidung, wenn sie auf dem Hoheitsgebiet eines anderen Staates und im Rahmen seiner gerichtlichen Hoheitsgewalt über dieses Gebiet erlassen wurde[65].

Der Begriff der Entscheidung ausländischer Gerichte wiederum soll im Bezug auf andere Vorschriften des polnischen Zivilverfahrensrechts und mit Rücksicht auf den internationalen Charakter des IZVR ausgelegt werden. Das Prinzip der internationalen Zusammenarbeit suggeriert dabei eine breite und nicht restriktive Auslegung der Vorschriften der Art. 1145-1146 KPC[66]. Ähnlich wie in dem LugÜ und in der EuGVO sind deshalb die Bezeichnung und die Form der Entscheidung auch aus Sicht der polnischen Anerkennungsregeln unerheblich. Lediglich der Inhalt der Entscheidung zählt. Dabei sollen unter dem Begriff der Entscheidung i. S. v. Art. 1145-1146 KPC nicht nur solche Akte verstanden werden, die in ihrer Form den im polnischen Recht vorgesehenen Entscheidungen entsprechen, sondern auch Entscheidungen aller Art, die nach dem Recht des Urteilsstaates außerprozessuale Wirkungen haben[67]. Der Begriff der Entscheidung in dem LugÜ und der EuGVO ist für alle Vertragsstaaten einheitlich zu definieren und wird durch Beispiele ausgefüllt (Art. 25 LugÜ/Art. 32 EuGVO).

2. Anerkennungsfähige Entscheidungen im polnischen und europäischen Recht

Als anerkennungsfähige Entscheidungen werden in Polen das Urteil (*wyrok*), der Beschluss (*postanowienie*) und die Verfügung (*zarządzenie*) angesehen, die über den Rechtsstreit in der Sache entscheiden (*orzeczenia merytoryczne* - Sachentscheidungen). Hierzu gehören sowohl kontradiktorische Urteile (*wyroki kontradyktoryjne*) wie auch Versäumnisurteile (*wyroki zaoczne*) vorbehaltlich ordnungsmäßige Zustellung der Ladung an den Schuldner, Art. 1147 § 2 KPC, ergänzende und Teilurteile (*wyroki uzupełniające i częściowe*), unabhängig davon, ob sie das ganze Verfahren endgültig oder nur sein Stadium abschließen. Anders ist es mit der Berichtigung des Urteils (*sprostowanie wyroku*) oder der Entscheidung über die Auslegung eines Urteils

---

[63] *Ereciński/Ciszewski*, KPC Kom., Art. 1145, Rn 12; *Jodłowski*, a. a. O., S. 9; a. A. *Wierzbowski*, der die Qualifikation gemäß dem Recht des Urteilsstaates bevorzugt, *Wierzbowski*, Międzynarodowy obrót, S. 62; und *Piasecki*, der sich für die sog. Doppelqualifikation entscheidet, *Piasecki*, a. a. O.; ders. KPC Kom., Art. 1145, Rn. 1.

[64] *Ereciński/Ciszewski*, Międzynarodowe postępowanie, S. 316.

[65] *Ereciński/Ciszewski*, KPC Kom., Art. 1145, Rn 13.

[66] *Piasecki*, a. a. O., S. 28.

[67] *Ibidem*; vgl. Entscheidung des SN vom 25.11.1977, I CR 9/77, OSNCP 1978 Nr. 9, Pos. 162; *Ereciński/Ciszewski*, KPC Kom., Art. 1145, Rn 15.

(*wykładnia wyroku*). Weil diese keinen selbständigen Charakter haben, können sie nur zusammen mit der Hauptentscheidung anerkannt werden.

Anerkennungsfähig nach dem LugÜ und der EuGVO ist grundsätzlich jede Entscheidung eines ausländischen Gerichts. Als Beispiel nennen Art. 25 LugÜ/Art. 32 EuGVO das Urteil, den Beschluss, den Vollstreckungsbefehl (LugÜ) und den Zahlungsbefehl (EuGVO). Gemeint sind ferner die Versäumnis- und Anerkenntnisurteile oder die z.B. im polnischen Recht bekannten Entscheidungen der gerichtlichen Referendare, die über einige Sachen im Register- und Grundbuchverfahren entscheiden (Art. 2 § 1 a und Art. 509 KPC)[68]. Dabei möchte der EuGH - ähnlich der Linie der polnischen Gesetzgebung - die Anerkennung gerichtlicher Entscheidungen auf solche beschränken, die in einem *„prinzipiell kontradiktorischen Verfahren ergangen sind*"[69].

Wegen ihres instrumentalen Charakters sind nach dem polnischen IZVR die sog. Prozessurteile (Prozessabweisungen oder andere Entscheidungen über prozessuale Fragen) nicht anerkennungsfähig[70]. Darüber, ob eine ausländische Entscheidung sachlich oder prozessual ist, wird ausschließlich aufgrund des nationalen Rechts entschieden[71]. Auch Entscheidungen ausländischer Gerichte, die bereits im Ausland im Delibationsverfahren ergangen sind, können weder nach dem polnischen IZVR noch unter dem LugÜ und der EuGVO anerkannt werden (Verbot des sog. Doppelexequaturs)[72]. Im Geltungsbereich des LugÜ und der EuGVO nicht anerkannt werden auch Vollstreckungsakte wie z.B. Pfändungs- und Überweisungsbeschlüsse oder Zwischenentscheidungen, die nur innerprozessuale Bedeutung haben[73].

Angesichts der Überlegungen über den Gegenstand der Anerkennung entsteht für die polnische Rechtspraxis die Frage, welche Teile einer Entscheidung ausländischer Gerichte tatsächlich anerkannt werden sollen. Aus der Tatsache, dass keine der nationalen Anerkennungsvorschriften eine Verpflichtung erwähnt, im Delibationsverfahren die Begründung der anzuerkennenden Entscheidung vorzulegen, ist zu schließen, dass lediglich ihre Entscheidungsformel (Urteilstenor, *teza wyroku*) anerkannt wird[74].

a. Vollstreckbarer Charakter der Entscheidung

Die zu einer Anerkennung gemäß Art. 1145 § 1 KPC notwendige Unfähigkeit einer ausländischen Entscheidung im Wege einer Zwangsvollstreckung durchgesetzt zu werden, betrifft insbesondere die Statusentscheidungen und andere Entscheidungen aus dem nichtstreitigen Verfahren; ferner die Gestaltungsurteile (*orzeczenia konstytutywne*) und Feststellungsurteile (*orzeczenia deklaratywne*), vorwiegend familien- und erbrechtliche Statusurteile, die sie sich selbst „vollstrecken" (Gestaltungsurteile) bzw. nicht vollstreckt werden können, weil sie keinen Leistungsbefehl an den Beklagten

---

[68] *Weitz*, Przedmiotowy zakres; *Trzeciakowska*, Das Lugano-Übereinkommen - Anerkennung und Vollstreckbarkeitserklärung ausländischer Urteile in Polen; WiRO 2000, S. 404.

[69] *Schack*, a. a. O., Rn 825.

[70] *Piasecki*, KPC Kom., Art. 1145, Rn 11.

[71] *Ereciński/Ciszewski*, Międzynarodowe postępowanie, S. 318.

[72] *Piasecki*, a. a. O., vor Art. 25 LugÜ, Rn 9.

[73] *Schack*, a. a. O., Rn 810.

[74] *Piasecki*, a. a. O., Art. 1145, Rn 4.

enthalten (Feststellungsurteile)[75]. Solche Urteile rufen auch von sich selbst und zwar seit dem Zeitpunkt der Rechtskrafterlangung im Herkunftsstaat rechtliche Wirkungen hervor. Vollstreckt werden dagegen die in ihrem Herkunftsstaat vollstreckbaren Leistungsurteile, die den Beklagten zu einer Leistung, d.h. zu einem Tun, Unterlassen oder Dulden verurteilen (*orzeczenia zasądzające świadczenie*) und ausnahmsweise die Gestaltungsurteile mit vollstreckbarem Inhalt, die gleichzeitig Vollstreckungstitel sind und keiner verfahrensrechtlichen Anerkennung unterliegen[76], durch die Feststellung ihrer Vollstreckbarkeit und die Erteilung der Vollstreckungsklausel aber der Anerkennung gleiche Folgen, eingeschlossen ihre Wirksamkeit, erreichen (Wirksamkeit *sensu largo*, Art. 1150 § 1 i. V. m. Art. 1146 KPC)[77].

Über die Un- bzw. Fähigkeit einer ausländischen Entscheidung ihrem Inhalt nach der Gegenstand eines Zwangsvollstreckungsverfahrens gemäß dem autonomen polnischen Recht zu bilden, wird im Rahmen einer Qualifikation gemäß dem inländischen Verfahrensrecht (*lege fori delibationis*) entschieden. Im Regelfall unproblematisch, kann diese Qualifikation dann schwierig werden, wenn die ausländische Entscheidung einen gemischten Charakter hat. Enthält das fremde Urteil mehrere Entscheidungen über mehrere verfahrensrechtliche Ansprüche, von denen nicht alle einen vollstreckbaren Inhalt haben, wie z.B. bei Verbundurteilen von Scheidung und Unterhalt, so kommt bezüglich der vollstreckbaren Sentenzen das Verfahren zur Feststellung und Vollstreckbarkeit und bezüglich der nicht vollstreckbaren Sentenzen das Verfahren zur Anerkennung zur Anwendung. Art. 1151 § 1 Satz 2 KPC, der auch für diese Fälle eine einheitliche örtliche Zuständigkeit aufbewahrt.

Anders als nach dem polnischen IZVR spielt bei der Anerkennung von Entscheidungen gemäß der europäischen Anerkennungsordnung keine Rolle, ob „*es sich um ein Feststellungs- oder ein Leistungs- oder ein Gestaltungsurteil handelt, ob zu einem Handeln oder Unterlassen verurteilt wurde, ob die Entscheidung mit Gründen versehen ist oder nicht*“[78]. Im Gegensatz zum Art. 1145 § 1 KPC werden also unter dem LugÜ oder der EuGVO auch Feststellungs- und Gestaltungsurteile automatisch anerkannt (Art. 25 ff. LugÜ/Art. 32 ff. EuGVO).

b. Negative Entscheidungen

Umstritten im polnischen Rechtsschrifttum ist die Frage der Anerkennung von sog. negativen Entscheidungen, die eine Klage bzw. einen Antrag im nichtsstreitigen Verfahren abweisen[79]. Nach der herrschenden Rechtslehre kommt den negativen Entscheidungen, die feststellen, dass behauptete Rechtslage nicht besteht, außer dem negativen eine positive Bindungswirkung zu. Solche Entscheidungen halten nämlich eine Rechtslage fest, und sofern sie Rechtskraft genießen, können sie als Einrede der

---

[75] *Jodłowski*, Postępowanie cywilne, S. 472 ff.; *Ereciński/Ciszewski*, KPC Kom., Art. 1145, Rn 9 ff.
[76] *Jodłowski*, Nowe przepisy, S. 17.
[77] *Piasecki*, Skuteczność i wykonalność, S. 121, a. A. *Wierzbowski*, Międzynarodowy obrót, S. 307.
[78] *Geimer/Schütze*, a. a. O., Art. 32, Rn 27.
[79] Ausführlich zu diesem Thema z.B. *Jodłowski*, Nowe przepisy, S. 21 f.; *Siedlecki*, Kilka uwag, S. 265 ff.; *Piasecki*, a. a. O., S. 34 f.

Rechtskraftwirkung berücksichtigt und auch anerkannt werden[80]. Für die Anerkennungsfähigkeit von negativen Entscheidungen spricht im polnischen Recht auch die Formulierung des Art. 1145 KPC, der zwischen den positiven und negativen Entscheidungen ausländischer Gerichte nicht differenziert. Etwas komplizierter gestaltet sich die Problematik der Anerkennung von negativen Entscheidungen aus dem nichtsstreitigen Verfahren, die keine „vollkommene" Rechtskraft genießen (vgl. Art. 523 KPC, die die Änderung selbst rechtskräftigen Entscheidungen zulässt) und somit ihre Anerkennungsfähigkeit in Frage stellen[81].

Auch aus Sicht des LugÜ und der EuGVO sind die negativen Urteile für anerkennungsfähig zu halten. Vorausgesetzt, sie genießen im Urteilsstaat die materielle Rechtskraft und enthalten eine Sachentscheidung[82].

c. Unbekannte Entscheidungen

Gewisse Auslegungsschwierigkeiten kann ferner die Anerkennung von solcher Art von Entscheidungen ausländischer Gerichte bereiten, die dem polnischen Rechtssystem unbekannt bleiben. Aus strikt formeller Sicht können solche in Polen nicht anerkannt werden. Dieser Sicht gegenüber steht allerdings der Grundsatz der gleichen Behandlung von Rechtssystemen, der zu einem anderen Ergebnis führt und auch die in Polen unbekannten Entscheidungen anerkennen lässt[83].

d. Rechtskraft der Entscheidung

Damit eine ausländische Entscheidung in Polen anerkannt werden kann, muss sie bereits in ihrem Herkunftsstaat rechtskräftig (wirksam) sein. Diese Voraussetzung bleibt zwar in Art. 1145 KPC unerwähnt (vgl. Art. 1146 § 1 Nr. 1 KPC), sie ergibt sich aber aus dem Wesen der Anerkennung, die die Wirkungen einer ausländischen Entscheidung auf das Hoheitsgebiet anderer Staaten ausweitet. Solange nämlich die Urteilswirkungen einer Entscheidung in ihrem Herkunftsstaat nicht eingetreten sind, können sie auch nicht auf das Hoheitsgebiet des Anerkennungsstaates erstreckt werden[84]. Nicht anerkennungsfähig sind demzufolge die Nichturteile sowie die Entscheidungen, die nicht bestehen oder aus anderen Gründen *ex lege* ungültig oder unwirksam sind[85]. Ausgeschlossen sind auch Entscheidungen, die in sich widersprüchlich, unklar oder in einem Verfahren ergangen sind, das wieder aufgenommen wurde[86].

Im Gegensatz zum polnischen IZVR (Art. 1146 § 1 Nr. 1 KPC), setzen das LugÜ und die EuGVO für die Anerkennung einer ausländischen Entscheidung nicht voraus, dass diese nach dem Recht des Urteilsstaates in Rechtskraft erwachsen ist und den Fall endgültig löst. Die europäischen Regelungen gehen von der Rechtsvermutung aus,

---

[80] *Piasecki*, a. a. O., S. 35.
[81] *Ereciński/Ciszewski*, a. a. O., Art. 1145, Rn 20.
[82] *Geimer/Schütze*, a. a. O., Rn 29.
[83] *Piasecki*, a. a. O., S. 30 f.; ders. KPC Kom., Art. 1145 KPC, Rn 5. Vgl. auch Art. 61 ff. KRiO und Kodeks Prawa Kanonicznego, Kan. 1151-1153, s. http://www.archidiecezja.lodz.pl/prawo.html vom 16.08.2005.
[84] *Martiny*, a. a. O., Kap. I, Rn 483.
[85] *Ereciński/Ciszewski*, Międzynarodowe postępowanie, S. 322.
[86] *Piasecki*, Skuteczność i wykonalność, S. 32.

dass die ausländische Entscheidung ordnungsgemäß ergangen ist. Das bedeutet, dass generell auch gerichtliche Entscheidungen, die mit Rechtsmitteln noch angegriffen werden können, in Polen gemäß Art. 25 ff. LugÜ/Art. 32 ff. EuGVO für anerkennungsfähig und gemäß Art. 31 ff. LugÜ/Art. 38 ff. EuGVO für vollstreckbar erklärt werden können.

e. Unvereinbare Entscheidungen

Existieren zwei oder mehrere unvereinbare Entscheidungen, die durch Gerichte verschiedener Staaten in einem Rechtsstreit wegen desselben Anspruchs und zwischen denselben Parteien erlassen wurden, ist es unmöglich, mehr als eine von ihnen anzuerkennen. Darüber, welche dieser Entscheidungen in dem Anerkennungsstaat ihre Wirkungen entfalten kann, ist entweder gemäß dem Grundsatz des zeitlichen Vorrangs (*zasada pierwszeństwa w czasie)* oder dem Grundsatz der Wirksamkeit der späteren Entscheidung (*zasada skuteczności orzeczenia późniejszego*) zu bestimmen. Welche dieser Alternativen bevorzugt wird, soll sich nach den allgemeinen Verfahrensregeln richten. Dementsprechend wird in Polen, sowohl nach Art. 1146 § 1 Nr. 4 KPC wie auch nach Art. 27 Nr. 5 LugÜ/Art. 34 Nr. 4 EuGVO in deren Anwendungsbereich die spätere Entscheidung, die mit der Rechtskraft der früheren Entscheidung kollidiert, als für ungültig angesehen und die Möglichkeit der Anerkennung einer früher rechtskräftigen Entscheidung nicht ausgeschlossen sein können. In solchem Fall unbegründet wäre hingegen die Ablehnung der Anerkennung von beiden Entscheidungen ausländischer Gerichte. Diese wäre nur dann akzeptabel, wenn zwei Entscheidungen eines ausländischen Gerichts *in merito* widersprüchlich wären (Art. 1146 § 1 Nr. 4 KPC)[87].

f. Einstweilige Verfügungen

Generell möglich ist nach dem autonomen polnischen Recht die Anerkennung von ausländischen einstweiligen Verfügungen (*zarządzenia tymczasowe*), die im Sicherungsverfahren erlassen wurden und eine Form der vorläufigen Vollstreckbarkeit des Gläubigers darstellen (vgl. Art. 730-757 KPC)[88]. Sofern die Anerkennung dieser Verfügungen im Grunde unkompliziert verläuft, können sich bei ihrer Vollstreckbarkeit einige Probleme ergeben[89]. Diese können auf der Tatsache beruhen, dass einstweilige Verfügungen zwar auch sachbezogenen Inhalt haben und rechtsmaterielle Wirkungen hervorrufen, wegen des abweichenden Regelungsgegenstands und der Umstände ihres Erlasses aber nicht so beständig sein können wie die rechtskräftigen Urteile, so dass bei der Zulassung derer Vollstreckung eine gewisse Vorsicht und jeweils eine individuelle Beurteilung der Erteilung von Vollstreckbarkeit geboten ist.

Auch gemäß Art. 25 LugÜ/Art. 32 EuGVO sind die einstweiligen Maßnahmen

---

[87] *Ibidem*, S. 33, *Ereciński/Ciszewski*, KPC Kom., Art. 1145, Rn 19.

[88] *Piasecki*, a. a. O., S. 35 ff.; vgl. Entscheidung des Wojewodschaftsgerichts (Sąd Wojewódzki - SW) Warszawa vom 16.10.1979, I Co 1093/79, OSPiKA 1980 Pos. 180 mit Gl. von *Jodłowski*, in der die Verfügungen ausländischer Gerichte in Sache der Anvertrauung der Obhut des Kindes für keine Entscheidung i. S. v. Art. 1145 § 1 KPC anerkannt wird.

[89] *Ereciński/Ciszewski*, a. a. O., Art. 1145, Rn 18.

ausländischer Gerichte anerkennungsfähig[90]. Allerdings soll nach der Rechtsprechung des EuGH zwischen der beantragten Maßnahme und dem nationalen Zuständigkeitsgrund „*eine reale Verknüpfung*" bestehen[91] und die einstweilige Maßnahme in einem Verfahren erlassen worden sein, das dem Beklagten die Möglichkeit gewährleistet hat, seine Argumente darzustellen. Verlief das Verfahren *ex parte*, wird der erlassenen einstweiligen Maßnahme das Recht zur Anerkennung in Polen versagt[92].

g. Öffentliche Urkunden und Prozessvergleiche

Nicht anerkennungsfähig sind in Polen öffentliche Urkunden und vor einem ausländischen Gericht abgeschlossene Vergleiche, die zwar die materiellrechtlichen Wirkungen entfalten und in dieser Hinsicht durch das inländische Gericht gewürdigt werden[93], gleichzeitig aber keine Rechtskraft genießen, weshalb sie auch bei den Anerkennungsregeln des IZVR unerwähnt bleiben[94]. Anderseits aber sind solche Vergleiche fähig, in Polen den Gegenstand der Vollstreckbarerklärung zu bilden (Art. 1152 und Art. 777 § 1 Nr. 1 KPC).

Die Anerkennung von öffentlichen Urkunden und Prozessvergleichen gestatten dagegen - wie es auch viele andere in Polen wirksame bilaterale Abkommen tun - die Vorschriften der Art. 50-51 LugÜ/Art. 57-58 EuGVO, die gegenüber dem polnischen IZVR den Kreis von anerkennungsfähigen ausländischen Entscheidungen erheblich vermehrt haben. Zu den öffentlichen Urkunden i. S. v. Art. 50 Abs. 1 LugÜ/Art. 57 Abs. 2 EuGVO gehören vor allem ein notarieller Akt (*akt notarialny*), in dem sich der Schuldner der Vollstreckung unterworfen hat (Art. 777 § 1 Nr. 4-5 KPC) sowie – auf Grund von Art. 50 Abs. 2 LugÜ/Art. 57 Abs. 2 EuGVO - eine Vereinbarung über den Unterhalt, die von Verwaltungsbehörden (*organy administracyjne*) abgeschlossen bzw. durch solche autorisiert wurde[95]. Eine Neuheit für das polnische Rechtssystem stellt ferner die Bescheinigung von Behörden anderer EU-Mitgliedsstaaten dar, in denen die öffentliche Urkunde mit Hilfe des Formulars aus Anhang VI der EuGVO errichtet wurde (Art. 57 Abs. 4 Satz 2 EuGVO)[96].

---

[90] *Schack*, a. a. O., Rn 825; vgl. Entscheidungen des EuGH vom 27.03.1979 - *De Cavel I*, und vom 06.03.1980, *De Cavel II*, s. o.

[91] *Schack*, a. a. O., Rn 425; vgl. Entscheidung des EuGH vom 17.11.1998, *Van Uden*, s. o. S. 7122.

[92] Vgl. Entscheidung des EuGH vom 21.05.1980 - 125/79, *Denilauler/Couchet Fréres*, Slg. 1980, S. 1553, NJW 1980, S. 2016. Mit der neueren Rechtsprechung des EuGH (z.B. in Sache *Van Uden*, s. o.) wurde die Vollstreckbarkeit derartiger Maßnahmen weiter eingeschränkt, indem für ihre Vollstreckbarkeitserklärung vorausgesetzt wird, dass die Rückzahlung des zugesprochenen Betrages an den Antragsgegner für den Fall, dass der Antragssteller in der Hauptsache obsiegt, gewährleistet wird. Vgl. dazu *Stadler*, Erlass und Freizügigkeit einstweiliger Maßnahmen im Anwendungsbereich des EuGVÜ, JZ 1999, S. 1089.

[93] *Ereciński/Ciszewski*, a. a. O., Art. 1145, Rn 22.

[94] *Ludwiczak*, a. a. O., S. 106.

[95] *Pazdan*, Poszukiwanie właściwego sądu, S. 155 f.; vgl. auch *Piasecki*, KPC Kom., Art. 50 LugÜ, Rn 3; *Szpunar*, Pojęcie dokumentu urzędowego w rozumieniu art. 50 Konwencji lugańskiej o jurysdykcji i wykonywaniu orzeczeń sądowych w sprawach cywilnych i handlowych, Rejent 2000 Nr. 12, S. 93.

[96] *Pazdan*, a. a. O.

3. Gericht

a. Grundlagen

Die Anerkennung durch polnische Gerichte erfahren Entscheidungen ausländischer Gerichte in Zivilsachen, die dort zum Rechtsweg gehören (Art. 1145 § 1 KPC). Ähnlich wie der Begriff der „Entscheidungen ausländischer Gerichte" unterliegt auch der Begriff des „Gerichts" einer Qualifikation gemäß dem Recht des Anerkennungsstaates, *lex fori* also. Das polnische autonome Recht bestimmt dabei lediglich den Begriff des „Gerichts", die Funktionen eines konkreten Organs dagegen das Recht des Urteilsstaates. Gemäß dem *lex cause* wird also festgestellt, ob es sich in einem konkreten Fall um die Entscheidung eines Organs handelt, das als Gericht anerkannt werden kann. Gemäß Art. 1145 § 1 KPC muss es aber gleiche Funktionen wie das nationale Gericht erfüllen, d.h. im Namen des Staates entscheiden, staatliche Macht ausüben und keinen vorläufigen Charakter haben. Was die Entscheidungen ausländischer Gerichte anbelangt, die gemäß Art. 1145 § 2 KPC in Polen *ipso iure* anerkannt werden, muss das Gericht, das sie erlassen hat, nach dem Heimatrecht der Verfahrensbeteiligten zuständig gewesen sein.

Gemäß Art. 1145 § 1 KPC können in Polen generell alle wirksamen Entscheidungen ausländischer - allgemeiner oder besonderer - Gerichte anerkannt werden. Infolge dessen nämlich, dass die Frage der besonderen Gerichtsbarkeit zur innerstaatlichen Problematik jenes konkreten Rechtssystems gehört, kann aus dem Umstand, dass die besonderen Gerichte in Polen in keinen Zivilsachen entscheiden können kein Grund für die Verweigerung der Anerkennung von Entscheidungen ausländischer besonderer Gerichte abgeleitet werden[97].

Viele Rechtsangelegenheiten im Bereich des Familien- und Vormundschaftsrechts, die im Inland zur ausschließlichen Kompetenz der allgemeinen Gerichte gehören, werden in anderen Staaten im Verwaltungsverfahren entschieden. Ob solche Entscheidungen (grundsätzlich handelt sich hier um Entscheidungen ausländischer Organe in Scheidungssachen) im Inland anerkannt werden können, ist in der polnischen Rechtslehre sehr umstritten. Angesichts der anerkennungsfreundlichen Rechtsprechung des SN, der sich in seinen Entscheidungen auf eine funktionelle Auslegung der Vorschrift des Art. 1145 § 1 KPC stützt und diese mit dem *„im internationalen Zivilprozessrecht anerkannten Grundsatz der gegenseitigen Respektierung der ausländischen Zuständigkeitsverteilung zwischen Gerichten und sonstigen staatlichen Behörden"*[98] begründet, lässt sich dennoch eine positive Antwort auf diese Frage annehmen, vorausgesetzt,

[97] *Piasecki*, Skuteczność i wykonalność, S. 41 ff., *Jodłowski*, Nowe przepisy, S. 17 ff., *Ereciński/Ciszewski*, a. a. O., Rn 13.

[98] Entscheidung des SN vom 02.09.1980, I CR 273/80, OSPiKA 1983 Nr. 9, Pos. 192 mit Gl. von *Mączyński*.

dass das ausländische Recht die ausschließliche Zuständigkeit für eine zivilrechtliche Sache einer Verwaltungsbehörde zuweist (vgl. auch Art. 13 ff. EheGVO)[99].

Von den verwaltungsrechtlichen Ehescheidungen sind solche zu unterscheiden, die durch die Registrierung oder Beurkundung einer Erklärung der Eheleute vor einer Verwaltungsbehörde erfolgen. Derartige Ehescheidungen unterliegen in Polen keiner Anerkennung[100]. Kein Gegenstand der Anerkennung nach Art. 1145 § 1 KPC können generell auch sog. religiöse Ehescheidungen[101] sowie rechtsgeschäftliche Privatakte werden, insbesondere Ehescheidungen, die durch rechtsgeschäftliche Erklärung der Eheleute zustande gekommen sind[102].

Im Rahmen des KPC Entwurfs wurde die Frage nach dem Organ eines fremden Staates, dessen Entscheidungen in Polen anerkennungs- und vollstreckungsfähig werden, expressis geregelt (Art. 1149^1 und Art. 1151^4 KPC E.).

Eine Regelung über das zum Erlass einer Entscheidung berechtigte Organ beinhalten auch Art. 25 LugÜ/Art. 32 EuGVO, die für anerkennungsfähig solche Entscheidungen ansehen, die vor einem Gericht eines Vertragsstaates in Zivil- und Handelssachen ergangen sind. Damit scheiden Entscheidungen internationaler Gerichte und Gerichtshöfe[103] sowie nichtstaatlicher Gerichte, insbesondere von Schiedsgerichten, als Gegenstand einer Anerkennung aus. Im Zusammenhang mit dieser Norm dürfen das LugÜ und die EuGVO im Verwaltungsverfahren vor Behörden nicht angewendet werden, auch wenn diese zivilrechtliche Sachen betreffen. Der im LugÜ und in der EuGVO angewendete Begriff des „Gerichts" wird in der europäischen Lehre weit ausgelegt. Er umfasst nicht nur das Gericht im strikten Sinne des Wortes, sondern auch Organe, denen gerichtliche Kompetenzen verliehen wurden und die laut Rechtsvorschriften im Rahmen formeller Verfahren entscheiden, wie z.B. die Verwaltungsbehörden in Unterhaltssachen in Dänemark.

b. Zivilsachen

Die weitere Einschränkung der Anerkennung von Entscheidungen ausländischer Gerichte im Inland folgt der Voraussetzung des Art. 1145 § 1 KPC, dass diese in „Zivil-

[99] *Piasecki*, a. a. O., S. 44 ff., *Ereciński/Ciszewski*, a. a. O., Rn 25; vgl. Entscheidung des SN vom 02.09.1975, in der die Anerkennung der Scheidung einer in Polen geschlossenen Ehe zweier norwegischer Staatsbürger - beide wohnhaft in Norwegen - durch eine norwegische Verwaltungsbehörde zugelassen wurde, I CR 559/82 (nicht ver.); verneinend Entscheidung des SN vom 10.01.1978, I CR 308/77, OSNPG 1978 Nr. 7, Pos. 38; und wieder bejahend die Entscheidungen des SN vom 02.09.1980, I CR 273/80, s. o. und vom 20.09.1983, in der es um die Scheidung der Ehe eines Dänen mit einer Polin – beide in Dänemark wohnhaft - durch eine dänische Verwaltungsbehörde ging, II CR 278/83, OSNCP 1984 Nr. 4, Pos. 61 mit Gl. von *Mączyński*, NP 1985 Nr. 4, S. 97. Zu berücksichtigen sind hierbei Art. 73 Abs. 2 des Gesetzes über das Recht über Personenstandsbücher vom 29.09.1986, Dz.U. 1986 Nr. 36, Pos. 180; und Art. 6 PPM.

[100] *Piasecki*, a. a. O., S. 48 ff.

[101] *Ibidem*, S. 50 ff.; ders. KPC Kom., Art. 1145, Rn 20-22, 28-30; *Ereciński/Ciszewski*, a. a. O., Rn 27.

[102] Diese Akte können ihre Wirkungen auf das polnische Hoheitsgebiet erstrecken, wenn sie mit dem nach Art. 18 PPM berufenen Sachrecht übereinstimmen. Zu berücksichtigen ist hierbei auch Art. 6 PPM; *Piasecki*, a. a. O., S. 49, *Ereciński/Ciszewski*, a. a. O., Rn 26.

[103] *Schack*, a. a. O., Rn 814.

sachen" gefallen sind, die in Polen zu dem „Rechtsweg" gehören. Die etwas absolutistische Einstellung des nationalen Gesetzgebers verursacht, dass der Zuständigkeitsbereich ausländischer Gerichte zum Zwecke der Anerkennung auf das nationale Modell reduziert wird (vgl. auch Art. 1 und 2 KPC)[104]. Als prozessuale Begriffe unterliegen die „Zivilsache" und der „Rechtsweg" einer Qualifikation gemäß *lex fori*[105]. Danach gibt es nach der polnischen Rechtslehre – bezüglich des Begriffs der „Zivilsache" - keinen Grund, derartige Sache im internationalen Zivilverfahren anders als solche ohne das ausländische Element auszulegen. Maßgebend für die Qualifikation im Rahmen von Art. 1145 § 1 und Art. 1150 KPC ist deshalb die Definition der „Zivilsache" aus Art. 1 KPC[106], die als solche Streitigkeiten aus Rechtsverhältnissen aus dem Bereich des Zivilrechts, des Familien- und des Vormundschaftsrechts sowie des Arbeitsrechts ansehen (vgl. Art. 476 § 1 KPC). Dieser Definition folgend sind als „Zivilsachen" auch Streitigkeiten aus dem Bereich der Sozialversicherung (vgl. Art. 476 § 2 KPC) sowie andere Rechtsstreitigkeiten, auf welche die Vorschriften des KPC kraft besonderer Zuweisung anwendbar sind[107]. Die Einschränkung der Anerkennung auf zivilrechtliche Entscheidungen ausländischer Gerichte verursacht, dass nach dem autonomen polnischen Recht weder strafgerichtliche Entscheidungen ausländischer Gerichte (selbst wenn diese zivilrechtliche Folgen haben, wie z.B. das verurteilende Urteil des Strafgerichts, das einen Zivilanspruch betrifft oder das strafgerichtliche Urteil, das die elterliche Sorgerechte oder die Vormundschaft entzieht)[108] noch Entscheidungen aus klassischen verwaltungsrechtlichen Streitigkeiten anerkennungsfähig sind (Art. 1145 § 1 und Art. 1150 i. V. m. Art. 1 KPC)[109].

Was die Zugehörigkeit der Zivilsache zu dem polnischen „Rechtsweg" (den zivilrechtlichen Rechtsweg zu den allgemeinen Gerichten) anbelangt, soll diese so verstanden werden, dass die Entscheidung einer Sache im Inland durch das allgemeine Gericht i. S. v. Art. 2 § 1 KPC getroffen werden soll[110]. Ausgeschlossen von der Anerkennung im Inland sind dementsprechend Entscheidungen ausländischer Gerichte, die im Herkunftsstaat zwar in einer Zivilsache ergangen sind, diese Sache aber im polnischen Hoheitsgebiet nicht zum Rechtsweg gehört[111]. Der Umstand also, dass eine Sache im Ausland, im formellen oder materiellen Sinn als Zivilsache angesehen wird, bedeutet noch nicht, dass die diese Sache betreffende Entscheidung auch im Inland anerkannt werden kann.

---

[104] Kritisch *Piasecki*, KPC Kom., Art. 1145, Rn 16.

[105] So auch Entscheidung des SN vom 02.09.1980, I CR 273/80, OSPiKA 1983 Nr. 9, Pos. 192 mit Gl. von *Mączyński*.

[106] *Ereciński/Ciszewski*, Międzynarodowe postępowanie, S. 327.

[107] *Piasecki*, Skuteczność i wykonalność, S. 43 ff., *Weyde*, a. a. O., S. 60. Das Familien- und Vormundschaftsrecht ist im KRiO und das Arbeitsrecht im Arbeitsgesetzbuch (*Kodeks pracy*) geregelt. Der Begriff des Zivilrechts im engeren Sinne umfasst nicht das Familien-, Vormundschafts- und Arbeitsrecht.

[108] *Ereciński/Ciszewski*, a. a. O., S. 317; dies. KPC Kom., Art. 1145, Rn 13.

[109] *Piasecki*, a. a. O., S. 42; ders. KPC Kom., Art. 1145, Rn 6.

[110] Gemäß Art. 2 § 1 KPC sind zur Entscheidung der Zivilsachen die allgemeinen Gerichte berufen, soweit diese Sachen nicht in die Zuständigkeit besonderer Gerichte fallen, sowie der SN.

[111] *Piasecki*, Skuteczność i wykonalność, S. 44.

Erfreulicherweise wird auf die Voraussetzung der Zugehörigkeit der anzuerkennenden Entscheidung zur solchen Zivilsachen, die auch in Polen zum Rechtsweg gehören in Art. 1145 KPC E. nicht mehr vorgesehen, damit auch die Entscheidungen anerkennungsfähig, die im Ausland gemäß dem dort geltenden Recht in einer Zivilsache ergangen sind.

Während sich die Anerkennung und Vollstreckung von ausländischen Entscheidungen nach dem autonomen polnischen Recht auf zivilrechtliche Entscheidungen eines ausländischen Gerichts beschränkt (Art. 1145 § 1, Art. 1150 i. V. m. Art. 1 KPC), können gemäß dem LugÜ und der EuGVO Entscheidungen anerkannt werden, die in Zivil- und Handelssachen, und zwar ohne Rücksicht auf die Art der Gerichtsbarkeit, erlassen worden sind (Art. 1 Abs. 1 LugÜ/EuGVO). Beinahe jeder Vertragsstaat versteht unter den Zivil- und Handelssachen andere Rechtsstreitigkeiten, die Besonderheiten der nationalen Gerichtsorganisationen spielen jedoch für die Einordnung als Zivilsache i. S. v. Art. 1 Abs. 1 LugÜ/EuGVO keine Rolle[112]. Der Anwendung der EuGVO dient eine vertragsautonome Auslegung ihres Art. 1 Abs. 1 durch den EuGH (am Vorbild des EuGVÜ)[113]. Hierunter fallen Entscheidungen von Gerichten eines Vertragsstaates in Zivil- und Handelssachen, die zu dem Anwendungsbereich der EuGVO gehören, gleichgültig, ob die Parteien ihren Wohnsitz innerhalb oder außerhalb der Gemeinschaft haben, und ohne Rücksicht auf ihre Staatsangehörigkeit. Sofern eine anzuerkennende Entscheidung zum Anwendungsbereich des LugÜ oder der EuGVO gehört, wird sie - anders als nach dem polnischen IZVR - auch dann anerkannt, wenn sie vom Strafgericht im Adhäsionsverfahren über zivilrechtliche Ansprüche erlassen worden ist (Art. 5 Nr. 4 LugÜ/EuGVO, Art. 1145 § 1 und Art. 1150 i. V. m. Art. 1 KPC).

Sowohl gemäß der polnischen wie auch der europäischen Anerkennungsordnung ist es grundsätzlich unerheblich, ob es sich um ein streitiges oder ein nichtsstreitiges Verfahren handelt[114]. Jedoch sind die klassischen Bereiche des nichtsstreitigen Verfahrens, die Vormundschafts- und Nachlasssachen, gemäß Art. 2 Nr. 1 LugÜ/EuGVO von deren Anwendungsbereich ausgeschlossen.

V. Anerkennungsvoraussetzungen

1. Grundlagen

Ein mehr oder weniger ausgebauter Katalog von Anerkennungs- und Vollstreckungsvoraussetzungen von Entscheidungen ausländischer Gerichte beinhalten alle völkerrechtlichen Abkommen und Regelungen des autonomen Rechts jedes Staates, die diese Rechtsinstitute zum Gegenstand haben. Um die polnische Rechtsordnung vor ungewollten Wirkungen zu schützen, wurden die Anerkennung und Vollstreckung auf rechtskräftige Entscheidungen ausländischer Gerichte eingeschränkt, die dem Katalog

---

[112] *Schack*, a. a. O., Rn 819.
[113] Entscheidungen des EuGH vom 14.10.1976 - LTU, s. o. und vom 21.04.1993, *Sonntag*, s. o.
[114] *Piasecki*, a. a. O., S. 38, *Erecinski/Ciszewski*, KPC Kom., Art. 1145, Rn 13.

der Anerkennungsvoraussetzungen des Art. 1146 § 1 Nr. 1-6 KPC entsprechen[115]. Dieser - sehr stark ausgebaute - Katalog erschwert deutlich die Erstreckung von Wirksamkeit ausländischer Entscheidungen im Inland, so dass die liberalen Lösungen entsprechender völkerrechtlicher Verträge in ihren Anwendungsbereichen viel besser der Beschleunigung und Erleichterung von Durchsetzung ausländischer Entscheidungen dienen können. Im Anwendungsbereich des LugÜ oder der EuGVO sind dementsprechend anstatt des Art. 1146 § 1 Nr. 1-6 KPC die Vorschriften der Art. 27 LugÜ/Art. 34 EuGVO anzuwenden, die – ähnlich dem polnischen IZVR – sowohl für die Anerkennung wie auch Vollstreckung ausländischer Entscheidungen gelten. Die Anerkennungsvoraussetzungen des Art. 1146 § 1 Nr. 1-6 KPC binden nämlich kraft Art. 1150 § 1 Nr. 2 KPC nicht nur die anzuerkennenden Gestaltungs- und Feststellungsurteile, sondern auch diejenigen ausländischen Entscheidungen, die im polnischen Hoheitsgebiet vollstreckt werden sollen, die Leistungsurteile also. Einige Einschränkungen erfährt der Katalog der nationalen Anerkennungsvoraussetzungen in den in § 2-4 des Art. 1146 KPC formulierten Fällen. Darüber hinaus braucht er nicht erfüllt werden, wenn es sich um Entscheidungen ausländischer Gerichte handelt, die gemäß Art. 1145 § 2 KPC *ipso iure* anerkannt werden. Die Verweigerung der Anerkennung einer solchen Entscheidung kann nur aufgrund der Klausel *ordre public* erfolgen (Art. 1146 § 4 KPC)[116]. Eine über diese Voraussetzungen hinausgehende Überprüfung der ausländischen Entscheidung auf ihre Rechtsmäßigkeit findet in Polen nicht statt (Verbot der *révision au fond*)[117]. Die inländischen Gerichte überprüfen alle Anerkennungsvoraussetzungen von Amts wegen[118] und sofern diese fehlen, wird der Anerkennungsantrag abgewiesen[119].

Das System der Versagungsgründe des LugÜ und der EuGVO ist gegenüber dem polnischen, aber auch gegenüber etlichen völkerrechtlichen Verträgen in diesem Bereich deutlich liberaler. Formuliert in Art. 27-28 LugÜ/Art. 34-35 EuGVO erlaubt es die Rechtsvermutung zugunsten der Anerkennung einer Entscheidung nur dann widerlegen, wenn einer dieser Versagungsgründe vorliegt. Infolge der Revision des EuGVÜ wurden die Hindernisse der Anerkennung weiterhin eingeschränkt, so dass sie unter der EuGVO (Art. 41) nur dann geprüft werden können, wenn der Schuldner einen Rechtsbehelf gegen die Vollstreckbarerklärung erhebt. Die Vollstreckbarerklärung ist daher in erster Instanz praktisch automatisch zu erteilen. Dies führt nicht nur allgemein zu einer Beschleunigung des Verfahrens, sondern speziell zu einem schnelleren Zugriff auf das Schuldnervermögen (vgl. Art. 39 Abs. 2 LugÜ/Art. 47 Abs. 2 EuGVO, wonach auch die noch nicht rechtskräftige Vollstreckbarerklärung die Befugnis zu Sicherungsmaßnahmen gibt).

---

[115] *Ereciński/Ciszewski*, a. a. O., Art. 1146, Rn 1.

[116] Entscheidung des SN vom 08.01.1976, I CR 909/75 (nicht ver.); s. *Piasecki*, a. a. O., S. 100.

[117] Dazu z.B. Entscheidungen des SN vom 21.10.1975, I CR 672/75, s. o.; und vom 05.11.1975, OSN 1976, Pos. 215 mit Gl. von *Jodłowski*, NP 1977, Nr. 6; *Ereciński/Ciszewski*, a. a. O., Art. 1148, Rn 10; dies. Międzynarodowe postępowanie, S. 398.

[118] Entscheidung des SN vom 11.10.1969, I CR 240/68, PiP 1972 Nr. 2, S. 161 mit Gl. von *Jodłowski*.

[119] Entscheidung des SN vom 31.08.1983, IV CZ 196/83 (nicht ver.); s. *Ereciński/Ciszewski*, KPC Kom., Art. 1145 Rn 25.

Das LugÜ und die EuGVO formulieren die Anerkennungsvoraussetzungen „negativ" als Versagungsgründe[120]. Negativ formuliert wurden auch einige der Voraussetzungen des Art. 1146 § 1 KPC (vgl. die Voraussetzungen der entgegenstehenden Rechtskraft der inländischen Entscheidung und der Klausel *ordre public*)[121]. Der EuGH betrachtet die Versagungsgründe des EuGVÜ und der EuGVO als Hindernisse für die Verwirklichung der Freizügigkeit der gerichtlichen Entscheidungen in der Europäischen Union. Sowohl er wie auch der SN stellen klar, dass vor allem der anerkennungsrechtliche *ordre public* restriktiv zu handhaben sei.

Die Palette von formellen und materiellen Anerkennungs- und Vollstreckungsvoraussetzungen im polnischen IZVR soll - laut der Begründung der Kodifikationskommission für das Zivilrecht[122] zum KPC Entwurf und am Vorbild der EuGVO und der EheGVO - weitgehend liberalisiert werden. Auf die geplanten Innovationen wird bei den betroffenen Regelungen hingewiesen.

2. Verbürgung der Gegenseitigkeit

Eine ausländische Entscheidung kann in Polen nur dann anerkannt werden, wenn die Gegenseitigkeit verbürgt wird (Art. 1146 § 1 KPC). Die Verbürgung der Gegenseitigkeit (*zasada wzajemności*) gehört zu den wichtigsten Anerkennungsvoraussetzungen des polnischen Rechts[123] und das, obwohl sie mehrmals kritisiert wurde[124]. Eine gesetzliche Definition haben der Grundsatz und die Arten der Gegenseitigkeit in Polen nicht erfahren. Nach der herrschenden Rechtslehre reicht für die Erfüllung dieser Voraussetzung aus, dass ein Staat die Entscheidungen inländischer Gerichte in Zivilsachen tatsächlich anerkennt, ohne dass es auf eine Vergleichbarkeit der Anerkennungsvoraussetzungen und den Verfahrensablauf ankäme[125]. Es genügt auch, dass in diesem Staat zumindest bestimmte Kategorien inländischer Entscheidungen anerkennungsfähig sind, hingegen kommt es nicht darauf an, ob genau die Art der ausländischen Entscheidung, die im gegebenen Verfahren in Polen anerkannt werden soll, in dem anderen Staat anerkannt würde, wenn sie polnischer Herkunft wäre[126].

Die Voraussetzung der Verbürgung der Gegenseitigkeit wird in der gerichtlichen Praxis in Polen liberal behandelt, diese Tendenz jedoch oft kritisiert[127]. Umstritten ist vor allem die Ansicht des SN, dass die einmal festgestellte Gegenseitigkeit mit einem Staat und für einen Bereich das Bedürfnis nach einer erneuten Prüfung der Gegensei-

---

[120] *Geimer/Schütze*, a. a. O., Art. 34, Rn 1.
[121] *Ereciński/Ciszewski*, a. a. O., Art. 1146, Rn 1.
[122] *Ibidem*, S. 9.
[123] Entscheidung des SN vom 15.04.1971, I CR 143/71 (nicht ver.); vgl. *Ereciński/Ciszewski*, a. a. O., Art. 1146, Rn 3.
[124] *Jodłowski*, Uznanie i wykonanie, S. 11 f., *Piasecki*, a. a. O., S. 59 f., *Ereciński/Ciszewski*, a. a. O.
[125] *Jodłowski*, a. a. O., S. 13; *Piasecki*, a. a. O., S. 60; ders. KPC Kom., Art. 1146, Rn 4; *Wierzbowski*, Międzynarodowy obrót, S. 299; so auch Entscheidung des SN vom 11.10.1969, I CR 240/68, s. o.
[126] *Piasecki*, a. a. O., S. 62.
[127] *Ibidem*, S. 63; ders. KPC Kom., Art. 1146 Rn 4.

tigkeit in gleichartigen Fällen aus diesem Staat entfallen ließe[128]. Nach h. M. könnte hier eventuell von einer Rechtsvermutung die Rede sein, wonach in der Behandlung inländischer Gerichtentscheidungen in diesem Staat keine Änderungen eingetreten sind[129]. Um zu erfahren, welche Staaten die formelle Gegenseitigkeit gegenüber polnischen Entscheidungen gewährleisten, wenden sich die nationalen Gerichte an das Justizministerium (*Ministerstwo Sprawiedliwości*), das laut Gesetz entsprechende Auskünfte erteilt (Art. 1143 § 2 KPC). Die Verbürgung der Gegenseitigkeit kann ferner aus einer Urkunde des Gerichts des Herkunftsstaates der betroffenen Entscheidung bzw. aus einer Befragung von Konsulanten erfolgen. Die Auskünfte des Justizministeriums gemäß Art. 1143 § 2 KPC sowie auch Mitteillungen aus anderen Quellen sind für den Richter rechtlich nicht bindend.

Die Einhaltung der Gegenseitigkeitsvoraussetzung ist in Polen nicht erforderlich, wenn die Entscheidung eines ausländischen Gerichts nach den Vorschriften ihres Herkunftsstaates über die Zuständigkeit seiner Gerichte und in Übereinstimmung mit dem Recht dieses Staates über den Antritt des Nachlassvermögens durch eine in Polen wohnhafte Person, das sich zum Zeitpunkt des Todes des Erblassers auf dem Gebiet dieses Herkunftsstaates befand, feststellt (Art. 1146 § 2 KPC). Die Verbürgung der Gegenseitigkeit entfällt auch dann, wenn Rechtsstreite betroffen sind, die nach dem polnischen Recht zur ausschließlichen Zuständigkeit des Herkunftsstaates der Entscheidung gehören (Art. 1146 § 3 KPC).

Für die Anerkennung einer ausländischen Entscheidung ist es relevant, dass die Gegenseitigkeit im Zeitpunkt des Anerkennungsverfahrens vor einem polnischen Gericht besteht[130]. Fehlt es an der Gegenseitigkeit, muss der Antrag auf Anerkennung einer ausländischen Entscheidung abgewiesen werden.

Folgend der – zu Recht ausgedruckten und zahlreichen - Kritik der Voraussetzung der Verbürgung der Gegenseitigkeit, die das Anerkennungsverfahren deutlich verlangsamt und erschwert, soll diese im Rahmen der Novellierung des IZVR beseitigt werden (vgl. Art. 1146 § 1 KPC E.).

3. Rechtskraft der ausländischen Entscheidung

a. Art. 1146 § 1 Nr. 1 KPC

Gemäß den Vorschriften der Art. 1146 § 1 Nr. 1 und Art. 1150 § 1 KPC unterliegen der Anerkennung und Vollstreckung in Polen lediglich die Entscheidungen ausländischer Gerichte, die in ihrem Herkunftsstaat die formelle Rechtskraft[131] erlangt haben, gegen die also gemäß dem Recht des Herkunftsstaates in demselben Verfahren keine

---

[128] Entscheidung des SN vom 08.03.1972, OSNCP 1972, Pos. 166. Kritisch zu dieser Entscheidung v. a. *Piasecki*, Skuteczność i wykonalność, S. 63. A. A. *Jodłowski*, a. a. O., S. 13.

[129] *Ereciński/Ciszewski*, a. a. O., Rn 5.

[130] *Ibidem*; *Jodłowski*, Chwila miarodajna dla ustalenia warunków uznania orzeczeń zagranicznych, NP 1977 Nr. 12, S. 1571 ff.

[131] Über die Problematik der Verhältnisse zwischen der formellen und materiellen Rechtskraft im polnischen Recht s. *Jodłowski*, Uznanie i wykonanie, S. 20 ff.; *Piasecki*, a. a. O., S. 65 ff.; vgl. Entscheidung des SN vom 31.05.2000, I CKN 183/00, OSNC 2000 Nr. 12, Pos. 225.

Rechtsmittel oder Rechtsbehelfe erhoben werden können[132]. Kein Anerkennungshindernis bildet hierbei die Eventualität, die betroffene Entscheidung in ihrem Herkunftsstaat mit einem außerordentlichen Rechtsmittel anfechten zu können, wie es z.B. im Rahmen der Rechtsinstitution der Wiederaufnahme des Verfahrens im polnischen Recht möglich ist (Art. 399-416 KPC)[133]. Die Definition der formellen Rechtskraft befindet sich im autonomen polnischen Recht in Art. 363 § 1 KPC[134]. In Bezug auf die Anerkennung ausländischer Entscheidungen darf sie allerdings nicht automatisch übertragen und muss präzisiert werden[135].

Darüber ob eine ausländische Entscheidung formell rechtskräftig ist, kann lediglich nach dem Verfahrensrecht ihres Herkunftsstaates beurteilt werden[136]. Zwecks der Überprüfung der Erfüllung dieser Voraussetzung hat der Antragssteller dem Antrag auf Anerkennung eine Bestätigung beizufügen, dass die betroffene Entscheidung in ihrem Herkunftsstaat rechtskräftig ist (Art. 1147 § 2 KPC).

Im Hinblick auf die Problematik der Rechtskraft einer ausländischen Entscheidung in den polnischen Anerkennungsvorschriften ist das Verhältnis zwischen der Rechtskraft in Art. 1146 § 1 Nr. 1 und Art. 1147 § 2 KPC zu erläutern. Im ersten Fall ist die Rechtskraft einer ausländischen Entscheidung die Voraussetzung ihrer Anerkennung. Im zweiten Fall handelt es sich dagegen um den Beweis der Rechtskraft solcher Entscheidung in ihrem Herkunftsstaat[137]. Wird die Anerkennungsvoraussetzung nach Art. 1146 § 1 Nr. 1 KPC nicht erfüllt, unterliegt der Anerkennungsantrag der Abweisung durch das inländische Gericht. Fehlt aber einem Antrag auf Anerkennung die Bestätigung der Rechtskraft der betroffenen Entscheidung, so hat das Gericht den Antragssteller gemäß Art. 130 § 1-2 KPC zur Behebung dieses Formmangels binnen Wochenfrist aufzufordern und nach deren fruchtlosem Ablauf den Antrag abzuweisen[138].

Als Neuheit gegenüber dem aktuellen Art. 1147 KPC ist auch seine Regelung im KPC Entwurf zu betrachten, die insbesondere eine größere Transparenz von Pflichten des Antragsstellers erreichte. Zwar wäre in Art. 1146 § 1 Nr. 1 und demzufolge in Art. 1147 § 1 KPC E. ein vollkommener Verzicht auf die Voraussetzung der Rechtskraft einer ausländischen Entscheidung für ihre Anerkennung im Inland wünschenswert,

---

[132] Entscheidung des SN vom 04.02.1975, II CR 849/74, OSNCP 1976 Nr. 1, Pos. 11 mit Gl. von *Ciszewski*, PiP 1977, Nr. 5; Vgl. auch Begründung zur Entscheidung des SN vom 28.05.1987, II CZ 61/87, OSNCP 1988 Nr. 11, Pos. 162. *Piasecki*, a. a. O., S. 65.

[133] *Piasecki*, a. a. O., S. 65, *Ereciński/Ciszewski*, Międzynarodowe postępowanie, S. 336.

[134] Es wird in der polnischen Rechtslehre auch die Ansicht vertreten, dass es sich in den Anerkennungsvorschriften in der Frage der Rechtskraft nicht um die Unanfechtbarkeit der ausländischen Entscheidung i. S. v. Art. 363 § 1 KPC, sondern um den Zeitpunkt, in dem die ausländische Entscheidung nach dem Recht ihres Herkunftsstaates rechtliche Wirkungen hervorruft handelt. Vgl. *Ereciński/Ciszewski*, a. a. O., S. 337.

[135] *Ereciński/Ciszewski*, a. a. O., S. 336.

[136] *Jodłowski*, a. a. O., S. 18; ders. *Nowe przepisy*, S. 28; *Piasecki*, a. a. O., S. 66.

[137] *Ereciński/Ciszewski*, KPC Kom., Art. 1147, Rn 18; *Piasecki*, KPC Kom., Art. 1147, Rn 5.

[138] Entscheidung des SN vom 06.06.1977, II CZ. 45/77, OSNCP 1978, Pos. 51; OSPiKA 1978, Pos. 52; vgl. auch *Jodłowski* zur Entscheidung SN vom 29.12.1972, in: OSPiKA 1975, Pos. 267. *Ereciński/Ciszewski*, a. a. O., Art. 1147, Rn 18; *Piasecki*, a. a. O., Art. 1147, Rn 5.

dieser wurde jedoch – wahrscheinlich aus Vorsichtsgründen in den Verhältnissen mit den Drittstaaten - als ungeeignet angesehen.

b. LugÜ und EuGVO

Die Voraussetzung der formellen Rechtskraft entfällt, sofern eine ausländische Entscheidung zu dem Anwendungsbereich des LugÜ oder der EuGVO gehört. Aus Sicht dieser Regelungen können nämlich gerichtliche Entscheidungen auch dann anerkannt und für vollstreckbar erklärt werden, wenn sie in ihrem Urteilsstaat keine Rechtskraft erlangt haben und mit Rechtsmitteln noch angreifbar sind. Die Vorschrift der Art. 31 Abs. 1 LugÜ/Art. 38 Abs. 1 EuGVO lässt es genügen, dass die Entscheidung im Urteilstaat nach dessen Recht vollstreckbar ist. Allerdings muss es sich um Entscheidungen handeln, die den Rechtsstreit zwischen den Parteien in der Sache beenden (Art. 25 LugÜ/Art. 32 EuGVO)[139]. Der Verzicht des polnischen Anerkennungsrichters auf diese Anerkennungsvoraussetzung im Anwendungsbereich des LugÜ und der EuGVO verlangt von diesen ein gewisses Vertrauen in die sachliche Richtigkeit der ausländischen Entscheidung und die Rechtspflege des Herkunftsstaates. Dieses Vertrauen kommt im Rahmen des LugÜ und der EuGVO auch darin zum Ausdruck, dass die ausländische Entscheidung – ähnlich wie im polnischen Anerkennungssystem - keinesfalls in der Sache selbst nachgeprüft werden darf (Verbot der *rèvision au fond*, Art. 29 LugÜ/Art. 36 EuGVO)[140]. Den Verzicht auf die Bedingung der formellen Rechtskraft bzw. Endgültigkeit der fremden Entscheidungen bestätigen auch die Vorschriften über die Möglichkeit der Aussetzung des Anerkennungs- und Vollstreckungsverfahrens, wenn im Ursprungsstaat ein ordentlicher Rechtsbehelf eingelegt worden ist (Art. 30 Abs. 1 LugÜ/Art. 37 Abs. 1 EuGVO) oder wenn die Frist für einen ordentlichen Rechtsbehelf noch nicht verstrichen ist (Art. 38 Abs. 1 LugÜ/Art. 46 Abs. 1 EuGVO).

4. Ausschließliche internationale Zuständigkeit

a. Art. 1146 § 1 Nr. 2 KPC

Die Problematik der ausschließlichen Zuständigkeit bleibt im Zusammenhang mit der Gerichtsgewalt von Gerichten und anderen Organen jedes souveränen Staates in bestimmten Sachkategorien[141]. Jeder Staat kann zwar frei über die Entscheidungszuständigkeit seiner Gerichte bestimmen, keiner hat aber einen Anspruch auf die Anerkennung seiner Entscheidungen im Ausland, wenn der Rechtsstreit über keine „*hinreichende Beziehungen zum Urteilsstaat*“ verfügt[142]. Die Entscheidungszuständigkeit ist in den nationalen Rechtssystemen sehr unterschiedlich geregelt. Zu einer Abgrenzung der internationalen Gerichtsbarkeitssphären der einzelnen Staaten kommt es erst auf der Ebene der Anerkennung ausländischer Entscheidungen. In jedem Anerkennungsstaat existieren deshalb gesetzliche Beurteilungskriterien dafür, ob das Entschei-

[139] *Schack*, a. a. O., Rn. 810.
[140] *Jenard* Bericht, zu Art. 28.
[141] *Erecińsk/Ciszewski*, a. a. O., Art. 1146, Rn 9.
[142] *Schack*, a. a. O., Rn 829.

dungsgericht im konkreten Fall aus Sicht des Anerkennungsstaates über internationale Zuständigkeit verfügte[143].

Nach Art. 1146 § 1 Nr. 2 KPC ist die Anerkennung einer ausländischen Entscheidung im Inland zu verweigern, wenn entweder nach dem polnischem IZVR oder nach einem völkerrechtlichen Abkommen dem Gericht ihres Herkunftsstaates die Zuständigkeit fehlte und die inländischen Gerichte bzw. die Gerichte eines Drittstaates ausschließlich zur Entscheidung berufen sind[144]. Das polnische Delibationsgericht überprüft dabei nicht, ob das Gericht des Herkunftsstaates im konkreten Fall zuständig gewesen ist[145], sondern sucht nach einer negativen Bestätigung, dass die entschiedene Sache nach dem polnischen Recht[146] oder nach einem für Polen wirksamen völkerrechtlichen Abkommen zur ausschließlichen Zuständigkeit inländischer Gerichte oder Gerichte eines Drittstaates gehört[147]. Für die Beantwortung der Frage nach der ausschließlichen Zuständigkeit ist also das Recht des Anerkennungsstaates maßgeblich. Die ausschließliche Zuständigkeit inländischer Gerichte als eine der Anerkennungsvoraussetzungen ist für das nationale Rechtssystem ein Ausdruck der personalen und territorialen Souveränität des Staates, zu der die Entscheidung gehört, über bestimmte Sachkategorien ausschließlich zu entscheiden. Sie kann nicht aus einer Verweisung der Zuständigkeit erfolgen und auch nicht derogiert werden[148]. Die ausschließliche Zuständigkeit polnischer Gerichte muss ausdrücklich als solche bezeichnet werden.

In welchen Situationen die ausschließliche Zuständigkeit den inländischen Gerichten vorbehalten wurde, regeln die Vorschriften der Art. 1097-1110 KPC. Sofern mit einer ausländischen Entscheidung gegen die in einem für Polen wirksamen völkerrechtlichen Abkommen vorgesehene ausschließliche Zuständigkeit inländischer Gerichte oder der Gerichte eines Drittstaates verstoßen wurde, scheitert die Anerkennung nicht an Art. 1146 § 1 Nr. 2 KPC, sondern am Fehlen der entsprechenden – vorrangigen - in diesem völkerrechtlichen Abkommen geregelten Anerkennungsvoraussetzung[149].

Relevant für die Anerkennung und Vollstreckung ausländischer Entscheidungen ist der maßgebliche Zeitpunkt für die Kontrolle der ausschließlichen Zuständigkeit, d.h. wann diese Zuständigkeit inländischer Gerichte in einer Sache nicht bestehen dürfte, damit die betroffene Entscheidung im Inland anerkannt werden kann. Der Zeitpunkt der Zuständigkeitsprüfung - im polnischen Schrifttum sehr umstritten - kann von großer Bedeutung werden, wenn sich die tatsächlichen Grundlagen der Zuständigkeitsanknüpfung bzw. die rechtlichen Bestimmungen im Zeitraum zwischen dem Erlass der

---

[143] *Ibidem.*
[144] Entscheidung des SN vom 06.05.1997, I CKU 56/97, Prokuratura i Prawo 1997 Nr. 10, Pos. 42.
[145] *Ereciński/Ciszewski*, a. a. O.
[146] *Jodłowski*, Nowe przepisy, S. 31.
[147] Entscheidung des SN vom 21.06.1978, IV R. 65/78, OSNCP 1979 Nr. 1, Pos. 12. *Piasecki*, Skuteczność i wykonalność, S. 72 ff.
[148] *Piasecki*, a. a. O.
[149] *Ibidem*, S. 75. Vgl. auch Entscheidung des SN vom 23.08.1966, II CZ. 101/66, PiP 1968 Nr. 4-5, S. 811, mit Gl. von *Jodłowski*; *Weyde*, a. a. O., S. 106.

Entscheidung und ihrer Anerkennung im Inland ändern[150]. Die Zuständigkeitsprüfung kann sich entweder nach dem Zeitpunkt des Erlasses der ausländischen Entscheidung[151] oder nach dem Zeitpunkt, zu dem das Delibationsgericht über ihre Anerkennung entscheidet[152] oder aber nach beiden diesen Momenten richten[153], was auch am meisten befürwortet wird[154].

Der KPC Entwurf lindert die Voraussetzung der ausschließlichen Zuständigkeit, indem es künftig kein Anerkennungshindernis mehr die ausschließliche Zuständigkeit der Gerichte eines Drittstaates bilden soll (Art. 1146 § 1 Nr. 2 KPC E.).

b. Art. 28 LugÜ/Art. 35 EuGVO

Das Anerkennungshindernis in Form von Verletzungen der internationalen Zuständigkeit der Gerichte anderer Vertragsstaaten kennen auch das LugÜ und die EuGVO. Gemäß Art. 28 LugÜ/Art. 35 EuGVO wird die Anerkennung einer ausländischen Entscheidung verweigert, wenn die Vorschriften über die Zuständigkeit in Verbraucher- und Versicherungssachen, sowie über die ausschließliche Zuständigkeit nach Art. 16 LugÜ/Art. 22 EuGVO (des 3, 4 und 5 Abschnittes des Titels II des LugÜ[155] bzw. des 3, 4 und 6 des Kapitels II der EuGVO) verletzt worden sind oder wenn ein Fall des Art. 59 LugÜ/Art. 72 EuGVO vorliegt. Bei der Prüfung ob eine dieser Zuständigkeiten gegeben ist, ist das Gericht oder die sonst befugte Stelle des Vertragsstaates, in dem die Anerkennung geltend gemacht wird an die tatsächlichen Feststellungen gebunden, aufgrund deren das Erstgericht seine Zuständigkeit angenommen hat (Art. 28 Abs. 3 LugÜ/Art. 35 Abs. 2 EuGVO). Gleichgültig bleibt dabei, ob das Erstgericht seine Zuständigkeit auf das LugÜ, die EuGVO oder aber auf das autonome Recht stützt[156].

Im Gegenteil zum polnischen IZVR, aber auch zu den meisten Anerkennungs- und Vollstreckungsabkommen[157], ist gemäß dem LugÜ und der EuGVO grundsätzlich keine Nachprüfung der Zuständigkeit des Urteilsstaates zulässig (Art. 28 Abs. 3 LugÜ/Art. 35 Nr. 3 EuGVO), so dass hier die negative Voraussetzung der ausschließlichen internationalen Zuständigkeit des polnischen Delibationsgerichts entfällt und an diese Stelle die Vermutung dieser Zuständigkeit des Erstgerichts eintritt.

Eine andere Neuigkeit gegenüber der Rechtslage vor dem Inkrafttreten des LugÜ und der EuGVO bzw. außerhalb ihres Anwendungsbereichs in Polen bringen die Regelungen der Art. 28 LugÜ/Art. 35 EuGVO für den Beklagten. Sofern sich dieser unter der Regelung des Art. 1146 § 1 Nr. 2 KPC im Fall der internationalen Unzuständigkeit

---

[150] *Weyde*, a. a. O., S. 107.

[151] *Ciszewski*, Gl. zur Entscheidung des SW in Łódź vom 31.10.1975, OSPiKA 1977 Nr. 11-12, Pos. 199; und zur Entscheidung des SN vom 06.02.1975, II CR 849/75, PiP 1977 Nr. 5, S. 165 f.

[152] *Mączyński*, Rozwód w prawie międzynarodowym, Warszawa 1983, S. 88 (ferner als: Rozwód w prawie).

[153] Entscheidung des SN vom 15.07.1978, IV CR 242/78, OSNCP 1979 Nr. 6, Pos. 120; *Piasecki*, a. a. O., S. 75.

[154] *Ereciński/Ciszewski*, Międzynarodowe postępowanie, S. 340; vgl. Entscheidung des SN vom 15.07.1978, s. o.

[155] Vgl. auch Art. I b des Protokolls Nr. 1 zum LugÜ.

[156] *Geimer/Schütze*, a. a. O, Art. 35, Rn 2, *Kropholler*, a. a. O., Art. 35, Rn 1.

[157] *Geimer/Schütze*, a. a. O., Rn 1.

des Erststaates aus Sicht des inländischen Delibationsgerichts auf das Verfahren im Erststaat nicht einlassen brauchte, weil ihm der Einwand der Unzuständigkeit zustand, ist er im Anwendungsbereich der Art. 25 ff. LugÜ/Art. 31 ff. EuGVO verpflichtet, an dem Verfahren im Erststaat teilzunehmen. Diese Verpflichtung folgt der Tatsache, dass auch Entscheidungen, die unter der Verletzung der Art. 20 Nr. 1 LugÜ/Art. 26 Nr. 1 EuGVO ergehen, wirksam sind und in den übrigen Vertragsstaaten prinzipiell anerkannt und vollstreckt werden müssen. Weist das Gericht des Erststaates den Einwand der Unzuständigkeit zurück, kann der Beklagte lediglich die dem Recht des Erststaates bekannten Rechtsmittel und Rechtsbehelfe ausschöpfen, um eine Prozessabweisung wegen internationaler Unzuständigkeit zu erreichen[158].

5. Rechtliches Gehör

a. Art. 1146 § 1 Nr. 3 KPC

Der Grundsatz der Wahrung des rechtlichen Gehörs ist eine der fundamentalen und allen europäischen Rechtsordnungen gemeinsamen Verfahrensgrundregeln[159]. Abgesichert durch Art. 6 Abs. 1 EMRK[160], der garantiert, dass eine gerichtliche Entscheidung nur nach Anhörung der Parteien ergehen darf, wirkt der Grundsatz gegen die Anerkennung ausländischer Entscheidungen viel wirksamer als der Einwand der Unzuständigkeit des Erststaates (Art. 1146 § 1 Nr. 2 KPC, Art. 28 LugÜ/Art. 35 EuGVO). Das Fehlen des rechtlichen Gehörs zählt zu den häufigsten Gründen der Anerkennungsverweigerung, was unter anderem daran liegen mag, dass es meistens in grenzüberschreitenden Rechtsstreitigkeiten auftritt, wo das Verfahren im Ausland stattfindet und für die Partei schwierige Teilnahmebedingungen vorprogrammiert sind[161].

Über den Schutz der Prozessparteien, sowohl des Beklagten wie auch des Klägers, denen das rechtliche Gehör in einem ausländischen Verfahren nicht ausreichend gewährt wurde, bestimmen im polnischen autonomen Recht das Verfassungsgesetz und das IZVR. Die Vorschrift des Art. 45 Abs. 1 UK gibt jedem das Recht auf gerechte und öffentliche Verhandlung der Sache ohne unbegründete Verzögerung vor einem zuständigen, unabhängigen und unparteiischen Gericht. Prozessual gesehen ergänzt diese Regelung die Vorschrift des Art. 1146 § 1 Nr. 3 KPC, nach dem die Anerkennung einer ausländischen Entscheidung dann ausgeschlossen ist, wenn der Partei[162] die Verteidigungsmöglichkeit (*możność obrony*), und im Falle fehlender Prozessfähigkeit die ordnungsgemäße Vertretung (*należyte przedstawicielstwo*) genommen wurde.

---

[158] *Ibidem*, Rn 5.

[159] *Ereciński/Ciszewski*, KPC Kom., Art. 1146, Rn 15. Entscheidungen des EuGH vom 29.06.1994 - 288/92, *Custom Made Commercial/Stawa Metallbau*, Slg. 1994 I, S. 2913, NJW 1995, S. 183; und vom 24.10.1996 - C-32/95, *Kommission/Lisrestal*, Slg. 1996 I, S. 5373, Rn 21.

[160] *Schmidt*, a. a. O., Rn 168.

[161] *Piasecki*, a. a. O., S. 76 f., *Ereciński/Ciszewski*, a. a. O.

[162] Als Partei sind hier außer dem Beklagten auch der Kläger im streitigen Verfahren, sowie die Beteiligten im nichtstreitigen Verfahren zu verstehen (wenn z.B. Klage oder Antrag abgewiesen wurde); *Piasecki*, a. a. O., S. 88 ff. *Ereciński/Ciszewski*, a. a. O., Rn 18.

Der Begriff der fehlenden Möglichkeit zur Verteidigung wird nach dem polnischen IZVR qualifiziert. Bei der Prüfung, ob der Partei im erststaatlichen Verfahren die Möglichkeit zur Verteidigung bzw. die ordnungsgemäße Vertretung genommen wurde, stützt sich zwar das inländische Delibationsgericht auf das Verfahrensrecht des Urteilsstaates[163], es ist aber an seine Feststellungen nicht gebunden und entscheidet schließlich aufgrund des polnischen IZVR[164]. Die Beurteilung der Frage, ob der Partei die Möglichkeit der Verteidigung vorenthalten worden ist, beschränkt sich allerdings nicht auf die ordnungsgemäße Anwendung des ausländischen Verfahrensrechts. Diese bedeutet quasi die erste Phase der Prüfung. Die zweite Phase bezieht sich auf die reale Möglichkeit, in dem erststaatlichen Verfahren teilzunehmen und sich aus der Sicht des polnischen Rechts, unter Rücksicht auf seine obersten verfahrensrechtlichen Grundsätze zu verteidigen[165]. Problematisch bei dieser Beurteilung ist im Einzelnen die Grenze dessen zu ziehen, was zur Möglichkeit der Verteidigung oder der ordnungsgemäßen Vertretung i. S. v. Art. 1146 § 1 Nr. 3 KPC gehört.

Die wichtigste Voraussetzung für die Gewährung des rechtlichen Gehörs ist die ordnungsgemäße Zustellung (*doręczenie*) der Klageschrift oder der Ladung zum Verhandlungstermin (*data rozprawy*), bei der auch die meisten Versäumnisse vorkommen. Notwendig sind ferner die Bekanntgabe des Verhandlungstermins, die Wirksamkeit der Zustellungen im späteren Verlauf des Verfahrens und der Ersatzzustellungen. Darüber hinaus wird verlangt, dass dem Anerkennungsantrag neben der amtlichen Abschrift der Entscheidung ihre beglaubigte Übersetzung ins Polnische beigefügt und beim Versäumnisurteil eine Bescheinigung vorgelegt wird, dass die Ladung dem Beklagten ordnungsgemäß zugestellt wurde (Art. 1147 § 2 KPC). Sofern der Empfänger das zugestellte Schriftstück ohne Übersetzung ins Polnische freiwillig entgegennimmt ist auch die Zustellung in einer Fremdsprache, vor allem in einer im Inland bekannten UN-Sprache, für die leicht ein Übersetzer zu finden ist, ausreichend (Art. 1132 § 2 KPC)[166].

Eine ordnungsgemäße Zustellung i. S. v. Art. 1147 § 2 KPC ist eine wirksame Zustellung (*doręczenie skuteczne*), die so rechtzeitig erfolgt, dass die Partei im normalen

---

163 Entscheidung des SN vom 07.12.1973, II CZ 181/73, s. o., S. 169 ff.; *Piasecki*, a. a. O., S. 82.

164 *Jodłowski*, Nowe przepisy, S. 22; ders. Uznanie i wykonanie, S. 18 ff.; *Piasecki* spricht über die kumulative Beurteilung gemäß dem polnischen und ausländischen Prozessrecht, als ausschlaggebend sieht er jedoch das polnische Prozessrecht an, a. a. O., S. 84 ff.; vgl. auch Entscheidung des SN vom 06.02.1975, II CR. 849/75, OSNCP 1976 Pos. 11, PiP 1977, Nr. 5, S. 165 mit Gl. von *Ciszewski*; zustimmend *Ereciński/Ciszewski*, a. a. O., Rn 15.

165 *Ereciński/Ciszewski*, a. a. O.; vgl. Entscheidungen des SN vom 05.12.1979, I CR. 174/79, OSNCP 1980, Pos. 100; vom 07.12.1973, II CZ 181/73, s. o.; und vom 09.02.2000, III CKN 597/98, Prokuratura i Prawo 2000, Nr. 6, S. 31. Besonders relevant ist hierbei der Grundsatz der Gleichbehandlung der Parteien, der vor allem darin besteht, dass „*der Partei die Möglichkeit gewährt wird, ihre Behauptungen in das Verfahren einzubringen und darin, dass sie über die Folgen unterlassener Prozesshandlungen und des Nichterscheinens in der Verhandlung belehrt wird*"; *Piasecki*, a. a. O., S. 85 ff.

166 *Piasecki*, a. a. O. Allerdings kann auch die Zustellung der fremdsprachigen Abschrift der Klage und der Ladung an eine in Polen wohnhafte Person, die die Sprache dieser Schriftstücke nicht kennt, ihr die Möglichkeit zur Verteidigung vorenthalten; vgl. Entscheidung des SN vom 21.02.1979, I CR 29/79, Gazeta Prawna (GP) 1979 Nr. 17.

Handlungsablauf ihre Verteidigung verwirklichen könnte. Zu berücksichtigen sind hierbei die Regeln des Art. 131 ff. KPC[167]. Die Partei soll daher für folgende Aktivitäten ausreichend viel Zeit haben: Falls sie ein fremdsprachiges Schriftstück angenommen hat, für eine zuverlässige Übersetzung dessen ins Polnische, für die Kontaktaufnahme mit einem Rechtsanwalt und eine Stellungnahme zu den Behauptungen in der Klageschrift, für eine Übersetzung einer eigenen Stellungnahme in die Amtsprache des ausländischen Gerichts sowie für eine rechtzeitige Aufgabe dieser im inländischen Postamt, damit sie fristgerecht beim ausländischen Gericht eingeht[168].

Die Zustellung der Klageschrift darf keine Zweifel wecken, deshalb sind die öffentlichen Zustellungen wie z.B. die Benachrichtigung durch Anzeigen in der Presse, ungenügend[169]. Der Zustellungsmangel schadet jedoch nicht, wenn der Beklagte die entsprechende Kenntnis von dem Verhandlungstermin und dem Gegenstand des Verfahrens rechtzeitig erhielt[170]. Nicht ausreichend ist dagegen die Bekanntgabe des Prozesses z.B. innerhalb eines der Staaten der USA, wenn der Beklagte in Polen lebt[171]. Auch wird an die Absendung eines Schriftsatzes nicht die Vermutung geknüpft, dass der Beklagte ihn tatsächlich erhalten habe[172]. Folglich bedeutet selbst die in Übereinstimmung mit dem ausländischen Recht erfolgte Benachrichtigung der Partei von der Verhandlung alleine nicht, dass ihr die Möglichkeit zur Verteidigung nicht vorenthalten wurde[173]. Auch die Benachrichtigung des Beklagten durch „irgendjemanden" – eingeschlossen durch den Kläger -, dass gegen ihn ein Scheidungsverfahren eingeleitet wurde oder wann die Verhandlung stattfindet, sichert nicht die Möglichkeit zur Verteidigung, insbesondere wenn das Verfahren im Ausland stattfindet[174]. Anderseits nehmen die Schwierigkeiten, die sich daraus ergeben, dass eine Partei ein Verfahren im Ausland führen muss, ihr nicht die Möglichkeit, sich zu verteidigen[175]. Das tut auch nicht das Erstgericht, das das Vorbringen des Beklagten in seiner Entscheidung nicht berücksichtigt hat[176]. In solchem Fall vorliegender Verfahrensverstoß kann eventuell im Rahmen des Rechtsmittelverfahrens im Urteilsstaat und wenn diese Eventualität ausgeschlossen ist, im Rahmen der *ordre public* Klausel gerügt werden[177].

Das Anerkennungshindernis aus Art. 1146 § 1 Nr. 3 KPC betrifft in erster Linie die Versäumnisurteile, die i. S. v. Art. 1146 § 2 KPC dann vorliegen, wenn der Beklagte zu der für eine mündliche Verhandlung festgesetzten Sitzung nicht erschienen ist oder

---

[167] Vgl. Entscheidung des SN vom 09.03.2000, II CKN 39/00, OSNC 2000 Nr. 9, Pos. 166.

[168] Entscheidungen des SN vom 05.12.1979, I CR. 174/79, s. o.; und vom 18.10. 1989, II CR 406/89.

[169] Entscheidung des SN vom 03.06.1977, IV CR 189/77 (nicht ver.); s. *Ereciński/Ciszewski*, a. a. O., Rn 16.

[170] Entscheidungen des SN vom 09.01.1980, IV CR. 478/79, OSNCP 1980 Nr. 12, Pos. 233, und vom 26.11.1981, IV CR 422/81, OSNCP 1982 Nr. 5-6, Pos. 85.

[171] Entscheidung des SN vom 20.12.1977, IV CR. 491/7, OSN PG 1978 Nr. 6, Pos. 35.

[172] Entscheidung des SN vom 07.05.1980, IV CR. 116/80, OSNCP 1980, Pos. 220.

[173] Entscheidungen des SN vom 20.12.1977, IV CR 491/77, OSNPG 1978, Pos. 35, und vom 05.12.1979, I CR. 174/79, s. o.

[174] Entscheidung des SN vom 25.11.1988, II CKN 70/98, Prokuratura i Prawo 1999, Nr. 3, Pos. 39.

[175] Entscheidung des SN vom 07.12.1973, II CZ 181/73, s. o.

[176] Entscheidung des SN vom 26.11.1981, IV CR. 422/81, OSNCP 1982, Nr. 5-6, Pos. 85.

[177] Kritisch zu dieser Entscheidung *Piasecki*, a. a. O., S. 87.

trotz seines Erscheinens nicht verhandelt hat (Art. 339 § 1 KPC). Für die Qualifikation des Versäumnisurteils ist also das inländische und nicht das ausländische Recht oder die Bezeichnung der Entscheidung ausschlaggebend.

Gegenüber der ersten Alternative des Art. 1146 § 1 Nr. 3 KPC ist für die Anerkennungspraxis die Bedeutung der Voraussetzung der ordnungsgemäßen Vertretung von prozessunfähigen Parteien, die den Schutz von Parteien wie Minderjährige und Entmündigte in Form von gesetzlicher Vertretung durch die Eltern, den Vormund o. ä. vorsieht, viel geringer (vgl. Art. 1117 § 1 i. V. m. Art. 64 ff. KPC und Art. 9 § 1 PPM)[178].

b. Art. 27 Nr. 2 LugÜ/Art. 34 Nr. 2 EuGVO

Das Fehlen des rechtlichen Gehörs hindert die Anerkennung ausländischer Entscheidungen nicht nur nach dem inländischen Recht, sondern auch nach den Vorschriften von sämtlichen völkerrechtlichen Anerkennungs- und Vollstreckungsabkommen, die für Polen bindend sind[179]. Im Anwendungsbereich des LugÜ und der EuGVO wird die Regelung des Art. 1146 § 1 Nr. 3 KPC entsprechend durch Art. 27 Nr. 2 LugÜ oder Art. 34 Nr. 2 EuGVO verdrängt, die auch die Anerkennung ausländischer Entscheidungen (überwiegend Versäumnisurteile)[180] aufgrund vom fehlenden rechtlichen Gehör verweigern.

Gemäß Art. 27 Nr. 2 LugÜ wird die Anerkennung einer Entscheidung versagt, wenn dem Beklagten, der sich auf das Verfahren nicht eingelassen hat, das dieses Verfahren einleitende Schriftstück oder ein gleichwertiges Schriftstück (*pismo wszczynające postępowanie lub dokument równorzędny*)[181] nicht ordnungsgemäß und nicht so rechtszeitig zugestellt worden ist, dass er sich verteidigen konnte. Die Ordnungsmäßigkeit und die Rechtzeitigkeit der Zustellung müssen, trotz dem Wortlaut des Art. 27 Nr. 2 LugÜ, nicht kumulativ vorliegen[182]. In Fragen betreffend die Zustellung finden das Recht des Urteilsstaates und die völkerrechtlichen Abkommen über Zustellung gerichtlicher Schriftstücke, das HZÜ (Art. 15 HZÜ i. V. m. Art. 20 Abs. 3 LugÜ) oder die EuZustVO (Art. 19 EuZustVO i. V. m. Art. 26 Abs. 3 EuGVO) ihre Anwendung.

Die Voraussetzung einer ordnungsmäßigen Zustellung wurde in Art. 34 Nr. 2 EuGVO gestrichen. Gemäß dieser Vorschrift muss das verfahrenseinleitende Schriftstück dem Beklagten rechtzeitig und in einer Weise zugestellt werden, die ihm die Verteidigung ermöglicht. Dem Beklagten soll daher ein Zeitraum zur Verfügung stehen, in dem er die Verteidigung vorbereiten oder die zur Verhinderung eines Versäumnisurteils erforderlichen Maßnahmen einleiten kann[183]. Für eine rechtzeitige

---

[178] Unter diese Regelung fällt nicht die Problematik der prozessualen Vertretung durch einen geeigneten Prozessbevollmächtigten; Piasecki, a. a. O., S. 89, *Ereciński/Ciszewski*, a. a. O., Rn 19.

[179] *Ereciński/Ciszewski*, a. a. O., Rn 15.

[180] *Kropholler*, a. a. O., Art. 34, Rn 22.

[181] Unter dem „*verfahrenseinleitenden Schriftstück*" ist eine durch „*das Recht des Urteilsstaates vorgesehene Urkunde zu verstehen, durch deren Zustellung der Beklagte erstmalig von dem der Entscheidung zugrunde liegenden Verfahren Kenntnis erlangt*"; *Kropholler*, a. a. O., Rn 29; *Weitz*, Konwencja z Lugano, S. 118.

[182] *Schack*, a. a. O., Rn 845.

[183] *Kropholler*, a. a. O., vor Art. 34, Rn 34.

Kenntnis genügt nicht jede Information über die Klage, sondern erst eine Benachrichtigung, die auf Veranlassung der für die Zustellung zuständigen Stelle erfolgt ist. Fortschrittlich gegenüber dem polnischen IZVR (Art. 1147 § 2 i. V. m. Art. 1146 § 1 Nr. 3 KPC) ist im Anwendungsbereich des LugÜ oder der EuGVO kein Nachweis erforderlich, dass der Beklagte von dem verfahrenseinleitenden Schriftstück tatsächlich wusste (Art. 26 Abs. 2 i. V. m. Art. 46 ff. LugÜ/Art. 33 Abs. 2 i. V. m. Art. 53 ff. EuGVO). Außerdem ist in der Frage, ob die Zustellung rechtzeitig erfolgte, auf die Umstände des konkreten Falles abzustellen[184].

Analog zum LugÜ darf sich der Beklagte gemäß der EuGVO auf das ausländische Verfahren nicht eingelassen haben (Art. 32 Nr. 2 EuGVO, vgl. auch Art. 221 KPC). Selbst der Einwand der Unzuständigkeit des Gerichts (vgl. Art. 18 LugÜ/Art. 24 EuGVO), wie jede andere Äußerung des Beklagten gegenüber dem Gericht stehen einer späteren Anerkennungsverweigerung auf Grund vom Fehlen des rechtlichen Gehörs entgegen, weil sie darauf hinweisen, dass der Beklagte von dem Verfahren Kenntnis hatte[185]. Einzig akzeptabel erscheint die Mitteilung des Beklagten an das Gericht, dass die Zustellung nicht rechtzeitig erfolgt ist[186]. Anders regelt die Frage das autonome polnische Recht, in dem die Einlassung des Beklagten auf das erststaatliche Verfahren dem Erlass eines Versäumnisurteils, also auch einer eventuellen Anerkennungsverweigerung dessen nicht entgegensteht. Eine Voraussetzung hierfür ist lediglich, dass der Beklagte an der mündlichen Verhandlung trotz seines Erscheinens nicht teilgenommen hat (Art. 339 § 1 KPC).

Wiederum anders als nach Art. 27 Nr. 2 LugÜ wird laut Art. 34 Nr. 2 EuGVO *in fine* die ausländische Entscheidung selbst dann anerkannt, wenn das verfahrenseinleitende Schriftstück oder ein gleichwertiges Schriftstück mangelhaft zugestellt wurde, der Beklagte es aber schuldhaft unterlassen hat, einen Rechtsbehelf gegen diese Entscheidung einzulegen. Zu diesen Rechtsbehelfen gehört außer den ordentlichen Rechtsbehelfen nach dem Recht des Herkunftsstaates auch der außerordentliche Rechtsbehelf des Art. 16 des HZÜ bzw. Art. 19 Abs. 4-5 EuZustVO in Form der Möglichkeit, den Antrag auf Wiedereinsetzung in den vorigen Stand wegen fehlerhafter Zustellung einzulegen[187]. Der Beklagte muss sich daher im Ursprungsstaat verteidigen. Unterlässt er dies, stellt ein Zustellmangel beim verfahrenseinleitenden Schriftstück keinen Verweigerungsgrund mehr dar.

Von großer Bedeutung ist bei der Problematik der Wahrung des rechtlichen Gehörs - sowohl im Rahmen der Europäischen Union, wie auch im Rechtsverkehr Polens mit Drittstaaten - die Sprachenfrage. Ohne das zugestellte Schriftstück verstehen zu können, kann sich der Beklagte gegen die Klage auch nicht wehren. Bei der Beurteilung der Frage, ob das rechtliche Gehör sichergestellt wurde ist in der Europäischen Union die EuZustVO zu berücksichtigen. Und sofern gemäß seiner Regelung eine Überset-

---

[184] *Schack*, a. a. O., Rn 850.
[185] *Geimer/Schütze*, a. a. O., Art. 34, Rn 112.
[186] *Ibidem*, Rn 84.
[187] *Ibidem*; Kritisch *Schack*, a. a. O., Rn 851.

zung des Schriftstücks erforderlich war, kann auch nur unter dieser Voraussetzung von einer rechtzeitigen Kenntnis ausgegangen werden (Art. 8 EuZustVO)[188].

Anders als das polnische autonome Recht, in dem der Schutz in Form des rechtlichen Gehörs auch dem Kläger zugute kommen kann, sprechen das LugÜ und die EuGVO lediglich den Schutz des Beklagten an[189]. Die Möglichkeit der Berufung auf die Zustellungsmängel ist für den Antragssteller nicht vorgesehen. Ferner, während sich das LugÜ und die EuGVO auf die Zustellung des verfahrenseinleitenden oder eines gleichwertigen Schriftstückes konzentrieren, gehören zur Problematik des rechtlichen Gehörs i. S. v. Art. 1146 § 1 Nr. 3 KPC auch Zustellungen im späteren Verlauf des Verfahrens und Ersatzzustellungen[190]. Im Anwendungsbereich des LugÜ oder der EuGVO werden diese jedoch kein Grund für die Versagung der Anerkennung sein können. Verstöße bei den weiteren Zustellungen können eventuell im Rahmen der *ordre public* Klausel erhoben werden[191]. Als verfahrenseinleitendes Schriftstück i. S. v. Art. 27 Nr. 2 und Art. 46 Nr. 2 LugÜ/Art. 34 Nr. 2 und Art. 53 und Art. 54 i. V. m. Anhang V, Punkt 4.4 EuGVO sind dabei in Polen die Klage (*pozew*) im streitigen Verfahren (Art. 187 KPC) oder Antrag (*wniosek*) im nichtstreitigen Verfahren (Art. 511 § 1 KPC) anzusehen[192]. Im Rahmen der Kodifikation des polnischen IZVR soll die Voraussetzung der Zustellung des verfahrenseinleitenden Schriftstücks an den Beklagten, der sich auf das Verfahren nicht eingelassen hat, - am Vorbild der europäischen Lösung - ausgesondert werden (Art. 1146 § 1 Nr. 3-4 KPC E., vgl. Art. 27 Nr. 2 LugÜ/Art. 34 Nr. 2 EuGVO).

6. Entgegenstehende Rechtskraft oder Rechtshängigkeit

a. Art. 1146 § 1 Nr. 4 KPC

Um das Rechtsleben in einem Staat ungestört zu gestalten, wird auf der nationalen und internationalen Bühne versucht, Situationen zu vermeiden, in denen man sich auf zwei sich widersprechende Urteile berufen könnte. Trotzdem kann es immer wieder passieren, dass *„einander widersprechende Entscheidungen in die Welt gelangen"*[193]. Um dann eine eventuelle Urteilskollision zu lösen, sieht eine weitere Anerkennungsvoraussetzung des polnischen IZVR vor, dass die in der anzuerkennenden Entscheidung geregelte Sache nicht bereits rechtskräftig von einem polnischen Gericht entschieden worden war oder nicht vor einem zu ihrer Entscheidung berufenen polnischen Gericht anhängig gemacht worden war, bevor die Entscheidung des ausländischen Gerichts rechtskräftig wurde (Art. 1145 § 1 Nr. 4 KPC).

Die auf das Modell der Berücksichtigung der ausländischen Rechtshängigkeit nach dem Grundsatz der Wahl des für die gerichtliche Austragung des Rechtsstreites angemessenen Gerichts (Art. 1098 KPC) gestützte Regelung des Art. 1146 § 1 Nr. 4 KPC

---

[188] *Schmidt*, a. a. O., Rn 171.
[189] *Kropholler*, a. a. O., Art. 34, Rn 23.
[190] *Piasecki*, KPC Kom., Art. 1146 Rn 13.
[191] *Schack*, a. a. O., Rn 852.
[192] *Weitz*, a. a. O., S. 118 ff.
[193] *Schack*, a. a. O., Rn 854.

bestimmt also die Vorgehensweise im Fall eines eventuellen positiven Konflikts zwischen einem inländischen und einem ausländischen Verfahren. Danach wird die Anerkennung der ausländischen Entscheidung in Polen grundsätzlich durch die Rechtskraft einer in derselben Sache ergangenen Entscheidung des inländischen Gerichts gehindert. Unerheblich ist hierbei, ob, als die inländische Entscheidung ergangen ist, das ausländische Verfahren noch nicht eingeleitet wurde oder bereits lief[194]. Wichtig ist lediglich, dass *„die polnische Entscheidung ihre Rechtskraft vor der Anerkennung ausländischer Entscheidung (*in derselben Sache in Polen*) und nicht bevor diese ausländische Entscheidung rechtskräftig geworden ist*" erlangte[195]. Dafür spricht u. a. die Regelung des Art. 1145 § 1 KPC, die die Wirksamkeit der ausländischen Entscheidung in Polen von ihrer Anerkennung bedingt. Daraus folgend wird eine noch nicht anerkannte Entscheidung des ausländischen Gerichts durch die polnische rechtskräftige Entscheidung verdrängt[196] und eine anerkannte Entscheidung für die Einleitung eines Verfahrens in derselben Sache vor einem inländischen Gericht das Prozesshindernis sein[197]. Dagegen genießt die Entscheidung, die in Polen nach Art. 1145 § 2 KPC *ipso iure* anerkannt und gleichzeitig mit ihrer Rechtskraft im Herkunftsstaat auch im Inland rechtskräftig wurde, den Vorrang vor einer inländischen rechtskräftigen Entscheidung in derselben Sache. Eine Voraussetzung hierfür ist, dass die ausländische Entscheidung in die Rechtskraft früher erwachsen ist als die polnische[198].

Im Fall, dass eine ausländische Entscheidung vor der Rechtskrafterlangung der inländischen Entscheidung in derselben Sache in Polen anerkannt wurde, soll das diesbezügliche Verfahren vor dem inländischen Gericht eingestellt werden. Und wenn sich während des Verfahrens vor dem inländischen Gericht, das nach der Rechtskrafterlangung einer ausländischen Entscheidung und vor ihrer Anerkennung in Polen eingeleitet wurde, eine der Parteien auf diese ausländische Entscheidung beruft, kann das Verfahren ausgesetzt und der Partei eine Frist auf die Einleitung des Delibationsverfahrens festgesetzt werden (vgl. Art. 177 § 1 Nr. 1-2 KPC)[199].

Art. 1146 § 1 Nr. 4 KPC *in fine* begründet die Verweigerung der Anerkennung einer ausländischen Entscheidung auch dann, wenn sie mit der polnischen Rechtshängigkeit in derselben Sache kollidiert und das inländische Gericht zur Entscheidung der Sache berufen ist. Für die Erfüllung dieser Anerkennungsvoraussetzung ist die Einleitung des einheimischen Verfahrens, bevor die ausländische Entscheidung rechtskräftig geworden ist, erforderlich[200]. Infolge dessen, dass ausländische Rechtshängigkeit in derselben Sache keine negative Prozessvoraussetzung für die Einleitung eines Verfahrens

---

[194] *Jodłowski*, Nowe przepisy, S. 33; *Piasecki*, Skuteczność i wykonalność, S. 90; *Ereciński/Ciszewski*, a. a. O., Rn 20.

[195] Entscheidung des SN vom 16.10.1987, I CR 230/87, OSNCP 1988, Nr. 7-8, Pos. 126 mit Gl. von *Proksy*, PiP 1990 Nr. 3 und *Ereciński*, PiP 1990 Nr. 12.

[196] *Jodłowski*, a. a. O., S. 34; *Ereciński/Ciszewski*, a. a. O., Art. 1146, Rn 20; vgl. Entscheidung des Verwaltungsgerichts (Sąd Administracyjny – SA) in Warszawa vom 20.07.1999, I ACa 400/99, Apelacja 2000 Nr. 2, Pos. C-19.

[197] *Mączyński*, Rozwód w prawie, S. 73.

[198] *Piasecki*, a. a. O., S. 90 f.

[199] *Jodłowski*, a. a. O.

[200] Entscheidung des SN vom 16.10.1987, I CR 230/87, s. o.

vor einem inländischen Gericht darstellt (Art. 1098 i. V. m. Art. 199 § 1 Nr. 2 KPC), kann eine nach der Einleitung eines solchen Verfahrens ergangene Entscheidung in Polen nicht anerkannt werden[201].

Damit das Anerkennungshindernis des Art. 1146 § 1 Nr. 4 KPC angewendet werden darf, muss es sich bei der rechtskräftigen inländischen Entscheidung oder dem inländischen Verfahren um „dieselbe Sache" handeln. Als solche ist nach dem maßgeblichen autonomen Recht[202] ein Rechtsstreit zu verstehen, in dem es zwischen denselben Parteien um denselben Anspruch geht (vgl. Art. 192 Nr. 1 und Art. 199 § 1 Nr. 2 KPC). Die Identität der Parteien bleibt auch dann gewährleistet, wenn in derselben Sache die Rechtsnachfolgern der Parteien, die als Parteien i. S. v. Art. 192 Nr. 1, Art. 199 § 1 Nr. 2 und Art. 366 KPC angesehen werden, auftreten[203]. Die Ansprüche sind wiederum dann als identisch zu betrachten, wenn der Streitgegenstand und seine Grundlagen, d. h. die tatsächlichen Umstände, die den Streitgegenstand bestimmen, identisch sind[204].

Die Einhaltung der in Art. 1146 § 1 Nr. 4 KPC genannten Anerkennungsvoraussetzung und der Gegenseitigkeitsvoraussetzung ist nicht erforderlich, wenn die Entscheidung eines ausländischen Gerichts nach den Vorschriften ihres Herkunftsstaates die Zuständigkeit seiner Gerichte und in Übereinstimmung mit dem Recht dieses Staates über den Antritt des Nachlassvermögens durch eine in Polen wohnhafte Person, das sich zum Zeitpunkt des Todes des Erblassers auf dem Gebiet dieses Herkunftsstaates befand, feststellt (Art. 1146 § 2 KPC). Sie entfällt auch dann, wenn das für eine Entscheidung maßgebliche völkerrechtliche Abkommen die Problematik der entgegenstehenden Rechtskraft oder Rechtshängigkeit gesondert regelt.

b. Art. 27 Nr. 3 und 5 LugÜ/Art. 34 Nr. 3 und 4 EuGVO

Für die Verhinderung von widersprüchlichen Entscheidungen im Anwendungsbereich des LugÜ und der EuGVO sorgen grundsätzlich die Bestimmungen über die Rechtshängigkeit und den Sachzusammenhang (Art. 21 ff. LugÜ/Art. 27 ff. EuGVO)[205]. Trotz ihrer Geltung können in verschiedenen Staaten unvereinbare Entscheidungen ergehen. Für diese Fälle formulieren die Vorschriften der Art. 27 Nr. 3 und 5 LugÜ und Art. 34 Nr. 3 und 4 EuGVO das Anerkennungshindernis in Form der Unvereinbarkeit mit einer anderen Entscheidung. Diese Normen unterscheiden zwischen der Unvereinbarkeit mit einer Entscheidung aus dem Anerkennungsstaat (Art. 27 Nr. 3 LugÜ/Art. 34 EuGVO) und aus einem Nichtvertragsstaat (Art. 27 Nr. 5 LugÜ) bzw. aus einem anderen Mitgliedstaat oder Drittstaat (Art. 34 Nr. 4 EuGVO) und in ihrem Anwendungsbereich – temporär unterschiedlich – verdrängen sie die Regelung des Art. 1146 § 1 Nr. 4 KPC.

Im Fall einer Urteilskollision richten sich das LugÜ und die EuGVO nach dem Prioritätsprinzip und zwar in beiden Fällen der Unvereinbarkeit. Die Entscheidungen sind

---

[201] *Jodłowski*, a. a. O., S. 35; *Piasecki*, a. a. O., S. 91.
[202] Entscheidung des SN vom 03.02.1981, IV CR 569/80, OSNCP 1981, Nr. 12, Pos. 236.
[203] *Piasecki*, KPC Kom., Art. 366, Rn 28; *Weyde*, a. a. O., S. 123.
[204] *Weyde*, a. a. O., S. 123; vgl. Entscheidung des SN vom 09.07.1971, II CZ 59/71, OSNCP 1971 Nr. 12, Pos. 226.
[205] *Kropholler*, a. a. O., Art. 34, Rn 47.

dabei dann als unvereinbar anzusehen, wenn ihre Ergebnisse einander widersprechen, „*wenn sie Rechtsfolgen haben, die sich gegenseitig ausschließen*“[206]. Diese Rechtsfolgen sind grundsätzlich nach dem Recht des Herkunftsstaates der Entscheidung zu beurteilen, in Polen nach Art. 1145 KPC. Gemäß Art. 27 Nr. 3 LugÜ/Art. 34 Nr. 3 EuGVO bleibt es ferner für die Unvereinbarkeit mit einer Entscheidung aus dem Anerkennungsstaat unerheblich, in welcher zeitlichen Reihenfolge die widersprechenden Entscheidungen ergangen sind. Die inländische Entscheidung des Anerkennungsstaates wird jeweils vorrangig. Im Unterschied zum polnischen IZVR (Art. 1146 § 1 Nr. 4 i. V. m. Art. 1145 § 2 KPC) wird daher im Fall der Unvereinbarkeit mit einer inländischen Entscheidung auch der *ipso iure* anerkannten ausländischen Entscheidung ihre Anerkennung *ex nunc* versagt[207].

Auch anders als im polnischen IZVR wird durch Art. 27 Nr. 3 LugÜ/Art. 34 Nr. 3 EuGVO nicht verlangt, dass es sich bei den unvereinbaren Entscheidungen um denselben Streitgegenstand handelt[208]. Die Ansprüche müssen dennoch übereinstimmen oder miteinander im Zusammenhang stehen[209]. Und ebenfalls müssen die Parteien beider Rechtsstreite identisch sein[210].

Nach Art. 27 Nr. 5 LugÜ/Art. 34 Nr. 4 EuGVO wird die Anerkennung einer Entscheidung auch dann verweigert, wenn sie mit einer früheren Entscheidung, die in einem Drittstaat bzw. in einem anderen Mitgliedsstaat zwischen denselben Parteien in einem Rechtsstreit wegen desselben Anspruchs ergangen ist, unvereinbar ist. Damit diese Regelung berufen werden kann, muss diese Entscheidung die notwendigen Voraussetzungen für ihre Anerkennung in dem Staat erfüllt haben, in dem die Anerkennung geltend gemacht wird. Wichtig für dieses Anerkennungshindernis ist die zeitliche Abfolge der Entscheidungen, es sei denn, die erste Entscheidung ist im Anerkennungsstaat aus einem anderen Grund nicht anerkennungsfähig[211].

Und letztendlich: Während Art. 1146 § 1 Nr. 4 KPC *in fine* die Anerkennung einer ausländischen Entscheidung auf Grund der früheren Rechtshängigkeit polnischer Gerichte scheitern lässt, darf sie im Anwendungsbereich des LugÜ und der EuGVO „*nicht deshalb verweigert werden, weil das Erstgericht entgegen* (Art. 21 LugÜ) *Art. 27 EuGVO eine frühere inländische Rechtshängigkeit missachtet hat*“[212].

Aufgrund des Übergangs zur zeitlichen Priorität bei Fragen der Rechtshängigkeit (Art. 1098 § 1-4 KPC E.) und ihres Einflusses auf die Anerkennungsfähigkeit einer Entscheidung in Polen wird sich jedoch auch diese Regelung des IZVR gravierend ändern und dem europäischen Modell angleichen. Folgend dem zwingenden Charakter des Prioritätsgrundsatz nämlich soll eine Entscheidung zum Einen dann nicht anerkannt werden, wenn sie in einer Sache erlassen wurde, die zwischen den gleichen Parteien früher als bei einem Gericht eines fremden Staates in Polen anhängig wurde,

---

[206] Entscheidung des EuGH vom 04.02.1988, *Hoffmann*, s. o.
[207] .*Kropholler*, a. a. O., Rn 54.
[208] *Ibidem*, Rn 49.
[209] *Schmidt*, a. a. O., Rn 177.
[210] Entscheidung des EuGH vom 06.12.1994, *Tatry*, s. o.
[211] *Schmidt*, a. a. O., Rn 179.
[212] *Schack*, a. a. O., Rn 857.

oder in einer Sache, die in Polen später als bei einem Gericht eines fremden Staates anhängig wurde, wenn kein Einwand gemäß Art. 1098 KPC E. erhoben wurde (Art. 1146 § 1 Nr. 5 KPC E.). Zum anderen wird die Anerkennung einer Entscheidung verweigert, die unvereinbar mit einer früheren rechtskräftigen Entscheidung eines polnischen Gerichts oder mit einer früheren rechtskräftigen Entscheidung eines Gerichts eines fremden Staates ist, die in Polen die Anerkennungsvoraussetzungen erfüllt und in einer Sache wegen desgleichen Anspruchs zwischen gleichen Parteien erlassen wurde (Art. 1146 § 1 Nr. 6 KPC E., vgl. Art. 27 Nr. 5 LugÜ/Art. 34 Nr. 4 EuGVO).

7. Verstoß gegen den *ordre public*

a. Art. 1146 § 1 Nr. 5 KPC

Ein Hindernis für die Anerkennung einer ausländischen Entscheidung bildet ferner der Verstoß gegen die Grundregeln der Rechtsordnung der Republik Polen (*sprzeczność z podstawowymi zasadami porządku prawnego Rzeczypospolitej Polskiej [RP], klauzula porządku publicznego*, Art. 1146 § 1 Nr. 5 KPC). Dieses Hindernis hat zwingenden Charakter und steht auch der Anerkennung von Entscheidungen in nichtvermögensrechtlichen Rechtsangelegenheiten fremder Staatsangehöriger, die im Regelfall nach Art. 1145 § 2 KPC *ipso iure* anerkannt werden, entgegen[213]. Es ist ferner wie jede Generalklausel unbestimmt, funktioniert selbständig und soll von den anderen Anerkennungsvoraussetzungen – insbesondere von dem Erfordernis der Gewährung rechtlichen Gehörs - deutlich getrennt werden[214].

Den Vorbehalt des *ordre public* beinhaltet außer dem IZVR das polnische IPR (PPM), das in Art. 6 dem Richter die Anwendung des ausländischen Rechts verbietet, wenn es mit den Grundregeln der polnischen Rechtsordnung unvereinbar ist[215]. Sowohl Art. 1146 § 1 Nr. 5 KPC wie auch Art. 6 PPM erzielen die Verhinderung von Wirkungen auf dem polnischen Hoheitsgebiet, die den souveränen Interessen[216] oder der Rechtsordnung der Republik Polen widersprechen würden[217]. Für unvereinbar mit dieser Rechtsordnung sind nach Art. 1146 § 1 Nr. 5 KPC diejenigen Wirkungen ausländischer Entscheidungen anzusehen, die gegen die öffentliche Ordnung, also die fundamentalen Prinzipien des politischen, gesellschaftlichen und wirtschaftlichen Systems Polens verstoßen[218]. Als erste sind hier die Verfassungsgrundsätze zu nennen[219]. Daraus folgend sind grobe Verstöße gegen die Gleichberechtigung nach Geschlecht, Rasse, Religion und anderen Merkmalen ohne weiteres auch Verstöße gegen

---

[213] *Erecinski/Ciszewski*, a. a. O., Rn 23.

[214] *Piasecki*, Skuteczność i wykonalność, S. 93, 100; vgl. Entscheidung des SN vom 30.06.1979, IV CR 156/9 (nicht ver.); und Entscheidung des SN vom 20.12.1977, IV CR 491/77, s. o.

[215] *Piasecki*, a. a. O., S. 96.

[216] *Ibidem*, S. 92.

[217] *Ereciński/Ciszewski*, a. a. O.

[218] *Jodłowski*, Uznanie i wykonanie, S. 34 ff.; *Piasecki*, a. a. O., S. 95 ff.; vgl. Entscheidung des SN vom 11.10.1969, I CR 240/68, s. o.

[219] Diese können sich allerdings ändern und mit sich die Änderung des Inhalts des *ordre public* ziehen, vgl. *Ereciński/Ciszewski*, a. a. O.

den *ordre public*. Ebenso sind davon Widersprüche mit der Souveränität des polnischen Staates und erhebliche Abweichungen von den Wertungen der einzelnen Rechtsgebiete: des Zivil-, Familien-, Arbeits- und Verfahrensrechts betroffen[220]. So sind z.B. Ehescheidungen auf Antrag des ausschließlich schuldigen Ehegatten ohne Einverständnis des nichtschuldigen Ehegatten, das gemäß Art. 56 § 3 KRiO unerlaubt sind, mit der polnischen *ordre public* widersprüchlich[221]. Nicht anerkennungsfähig ist auch solche Entscheidung, die eine Partei durch vorsätzliche Irreführung erreicht und damit gegen die guten Sitten (*dobre obyczaje*) oder Grundregeln des gesellschaftlichen Zusammenlebens (*zasady współżycia społecznego*) verstoßen hatte (vgl. den Rechtsmissbrauch i. S. v. Art. 5 KC, wenn z.B. gegen Treu und Glauben verstoßen wurde)[222] oder die die Adoption (*przysposobienie*) zwischen den Geschwistern zugelassen hatte[223]. Die polnische Rechtsordnung darf freilich nicht für absolut angesehen werden[224]. Deshalb ist es für die Entwicklung des internationalen Rechtsverkehrs sehr wichtig, dass die Klausel *ordre public* lediglich ausnahmsweise angewendet wird. Dementsprechend wird Art. 1146 § 1 Nr. 5 KPC restriktiv ausgelegt und die daraus folgende „Notbremse" durch die inländische Rechtsprechung insgesamt zurückhaltend berufen[225].

Die Verstöße gegen den *ordre public* können sowohl im materiellrechtlichen wie auch im verfahrensrechtlichen Bereich auftreten. Materiellrechtlich erscheinen sie meistens in ehe- und familienrechtlichen Fällen, wenn das, in einer ausländischen Entscheidung geregelte Rechtsverhältnis Einwände des polnischen Delibationsrichters weckt und deshalb nicht akzeptiert werden kann[226]. Damit wiederum die Unvereinbarkeit des ausländischen Verfahrens mit den Grundregeln des polnischen Verfahrensrechts die Anerkennungsverweigerung einer Entscheidung begründen kann, muss sie besonders wichtige Verfahrensgrundsätze des polnischen Rechts betreffen (z.B. den Verhandlungsgrundsatz oder den Grundsatz der Gleichbehandlung der Parteien)[227]. Für die Überprüfung, ob die ausländische Entscheidung gegen den polnischen *ordre public* verstößt, ist auf den Zeitpunkt der Anerkennungsentscheidung und nicht des Erlasses dieser Entscheidung abzustellen[228]. Dabei wird eine weitgehende Inhaltskontrolle der ausländischen Entscheidung nicht angestrebt, weil dem inländischen Richter

---

[220] Entscheidungen des SN vom 21.04.1978, IV CR 65/78, OSNCP 1979 Nr. 1, Pos. 12, und vom 21.06.1985, III CRN 58/85, NP 1988 Nr. 10-12 mit Gl. von *Gneła*.

[221] Entscheidung des SN vom 03.10.1975, II Co, 727/75, OSPiKA 1978 Pos. 146..

[222] *Piasecki*, a. a. O., S. 94; vgl. Entscheidung des SN vom 26.07.1978, II CR 248/78, PiP 1981, Nr. 1 mit Gl. von *Jodłowski*.

[223] Entscheidung des SN vom 21.06.1985, III CRN 58/85, s. o.

[224] *Ereciński/Ciszewski*, a. a. O., Rn 25.

[225] *Piasecki*, a. a. O., S. 94 ff.; *Jodłowski*, Uznanie i wykonanie, S. 34.

[226] *Ereciński/Ciszewski*, a. a. O., Rn 24; dies. Międzynarodowe postępowanie, S. 347. Zahlreiche Beispiele aus der Rechtsprechung bei *Jodłowski*, a. a. O., S. 35 ff.; *Piasecki*, a. a. O., S. 92 ff.

[227] *Jodłowski*, a. a. O., S. 36.

[228] *Ereciński/Ciszewski*, KPC Kom., Art. 1146, Rn 26.

generell jede Nachprüfung des Verfahrens oder der Entscheidung in tatsächlicher und rechtlicher Hinsicht verboten ist (Verbot der *révision au fond*)[229].

Sofern ein völkerrechtliches Abkommen keine *ordre public* Klausel beinhaltet, ist nach der polnischen Rechtslehre davon auszugehen, dass die Anwendung dieser Klausel gemäß Art. 1146 § 1 Nr. 5 KPC unbegründet bleibt[230]. Sie ist auch dann ausgeschlossen, wenn die ausländische Entscheidung zum Anwendungsbereich eines für Polen wirksamen völkerrechtlichen Abkommens gehört, das die Frage der Unvereinbarkeit mit dem *ordre public* des Anerkennungs- bzw. Vollstreckungsstaates gesondert regelt, so wie es beispielsweise das LugÜ und die EuGVO tun[231].

b. Art. 27 Abs. 1 LugÜ/Art. 34 Abs. 1 EuGVO

Die Klausel *ordre public* in dem LugÜ und in der EuGVO hat jeweils einen unterschiedlichen Umfang. Während nämlich nach Art. 27 Nr. 1 LugÜ die Anerkennung einer Entscheidung versagt werden kann, wenn sie der öffentlichen Ordnung des Staates, in dem sie geltend gemacht wird, widersprechen würde, muss es sich nach Art. 34 Nr. 1 EuGVO beim gleichen Anerkennungshindernis um einen „offensichtlichen" Verstoß gegen diesen *ordre public* handeln. Für die Frage, ob so ein Verstoß vorliegt, ist entscheidend, ob *„die Anerkennung oder Vollstreckung der in dem anderen Vertragsstaat erlassenen Entscheidung gegen einen wesentlichen Rechtsgrundsatz verstieße und deshalb in einem nicht hinnehmbaren Gegensatz zur Rechtsordnung des Vollstreckungsstaates stünde"*[232]. Ähnlich dem autonomen polnischen Recht handelt sich bei diesem Anerkennungshindernis um die Wirkungen der ausländischen Entscheidung in dem Anerkennungsstaat und nicht darum, ob sie selbst gegen den *ordre public* dieses Staates verstieße.

Für die Entscheidung, ob ein Verstoß gegen den *ordre public* des Anerkennungsstaates vorliegt, sind seine nationalen Gerichte zuständig[233]. Der EuGH hat demnach keine Kompetenz, den Inhalt der öffentlichen Ordnung eines Mitgliedstaates zu definieren und achtet lediglich darauf, dass die Auslegung des „Verstoßes gegen *ordre public*" mit dem Sinn und Ziel der EuGVO vereinbar bleibt[234] und den allgemeinen Rechtsgrundsätzen, wie z.B. den Grundrechten entspricht[235], wie es die Vorschrift des Art. 1146 § 1 Nr. 5 KPC auch tut. Als Beurteilungsgrundlage dienen dementsprechend

[229] Entscheidungen des SN vom 07.05.1975, I CR 625/75, OSNCP 1976 Nr. 10, Pos. 215; vom 21.10.1975, I CR 672/75, s. o., S. 163; und vom 07.05.1980, IV CR, 116/80, OSNCP 1980, Pos. 220.

[230] *Piasecki*, a. a. O., S. 101; vgl. Entscheidung des SN vom 26.04.1968, II CZ 118/69, OSNCP 1969, Pos. 95. Anders *Jodłowski*, a. a. O., S. 37 ff.

[231] Entscheidung des SN vom 07.02.2000, I CKN 372/98, OSNC 2000, Nr. 9, Pos. 156.

[232] Entscheidungen des EuGH vom 10.10.1996 - C-78/95, *Hendrikmann und Feyen/Magenta Druck*, Slg. 1996 I, S. 4960, NJW 1997, S: 1061; vom 28.03.2000, *Krombach*, s. o., und vom 11.05.2000 - C-38/98, *Renault/Maxicar*, Slg. 2000 I, S. 2793, NJW 2000, S. 2185.

[233] *Kropholler*, a. a. O., Rn 5.

[234] Entscheidung des EuGH vom 02.06.1994, *Solo Kleinmotoren*, s. o. Rn 20; vom 28.03.2000, *Krombach*, s. o.; und vom 11.05.2000, *Renault*, s. o.

[235] Entscheidungen des EuGH vom 17.12.1998 - C-185/95, *Baustahlgewebe/Kommission*, Slg. 1998 I, S. 8417, Rn 20 f.; und vom 11.01.2000, in den verbundenen Rechtssachen C-174/98 und C-189/98 P, *Niederlande und Van der Wal/Kommission*, Slg. 2000, I-0000 Rn 17.

auch die aus Art. 6 EMRK folgenden verfahrensrechtlichen Garantien. Dabei kann die Notbremse des *ordre public* im Anwendungsbereich des LugÜ und der EuGVO wie auch nach Art. 1146 § 1 Nr. 5 KPC nur in Ausnahmefällen eingesetzt werden[236]. Ihre zurückhaltende Anwendung erfordert die Gewährleistung der *„gleichförmigen Urteilsanerkennung in Europa"*[237]. Dabei gilt auch hier das Überprüfungsverbot der Gesetzmäßigkeit der ausländischen Entscheidung (Art. 29 LugÜ/Art. 36 EuGVO). Der EuGH geht davon aus, dass *„das in jedem Vertragsstaat eingerichtete Rechtsbehelfsystem, ergänzt durch das Vorabentscheidungsverfahren (...) den Rechtsbürgern eine ausreichende Garantie bietet"*[238]. Dieses Grundprinzip bekräftigt die Bestimmung, dass die Vorschriften über die internationale Zuständigkeit nicht zur öffentlichen Ordnung i. S. v. Art. 27 Abs. 1 LugÜ/Art. 34 Nr. 1 EuGVO (Art. 28 Abs. 3 LugÜ/Art. 35 Nr. 3 EuGVO) gehören. Demnach darf die Anerkennung oder Vollstreckung einer Entscheidung mit Berufung auf die Klausel *ordre public* nicht allein mit der Begründung versagt werden, dass das fremde Gericht die Zuständigkeitsregeln des LugÜ oder der EuGVO nicht beachtet oder ein anderes Recht seiner Entscheidung zugrunde gelegt hat, als dies der Richter im Anerkennungsstaat getan hätte. Ausschlaggebend ist hier vielmehr, ob der Inhalt des vom ausländischen Gericht *in concreto* angewendeten Rechts mit elementaren Grundwertungen des Anerkennungsstaates kollidiert.

Wie bereits erwähnt, die Verstöße gegen den *ordre public* können sowohl im Verfahrensrecht wie auch im materiellen Recht vorkommen. Damit der Einwand des *ordre public* zulässig wird und das Überprüfungsverbot der Gesetzmäßigkeit der ausländischen Entscheidung gewahrt bleibt, muss es sich bei diesem Verstoß um eine *„untragbare Verletzung wesentlicher Grundsätze"* des inländischen Verfahrensrechts, IPR oder materiellen Rechts handeln[239]. Ähnlich dem polnischen Recht ist bei der Kontrolle dieses Verweigerungsgrundes der Zeitpunkt, in dem die Anerkennung geltend gemacht wird und nicht der, in dem die Entscheidung ergangen ist, maßgebend.

Die Klausel *ordre public* wurde durch das autonome polnische Recht insofern anders als in dem LugÜ und der EuGVO formuliert, dass der Verstoß der ausländischen Entscheidung gegen die Grundregeln der inländischen Rechtsordnung und nicht der Verstoß des Ergebnisses der Anerkennung solcher Entscheidung ein Grund für ihre Versagung bildet (Art. 1146 § 1 Nr. 5 KPC, vgl. Art. 27 Nr. 1 LugÜ/Art. 34 Nr. 1 EuGVO). In dem KPC Entwurf wurde die *ordre public* Klausel neu formuliert und auch hier dem europäischen Modell angepasst, indem die Anerkennung einer ausländischen Entscheidung wegen des Verstoßes des Ergebnisses der Anerkennung gegen die Grundregeln der polnischen Rechtsordnung zu versagen wird (Art. 1146 § 1 Nr. 7 KPC E.).

---

[236] *Kropholler*, a. a. O., Rn 4, Entscheidung des SN vom 19.12.2003, III CK 25/03 (nicht ver.).
[237] *Schack*, a. a. O., Rn 862.
[238] Entscheidung des EuGH vom 11.05.2000, *Renault*, s. o. Rn 30; *Schmidt*, a. a. O., Rn 181.
[239] *Kropholler*, a. a. O., Rn 12.

8. Kollisionsrechtlicher *ordre public*

a. Art. 1146 § 1 Nr. 6 KPC

Das letzte Anerkennungshindernis im Rahmen des polnischen IZVR stellt der Verstoß gegen den kollisionsrechtlichen *ordre public* dar. Geregelt durch Art. 1146 § 1 Nr. 6 KPC erfordert dieses, dass beim Erlass einer ausländischen Entscheidung in einer Sache, in der das polnische Recht zur Anwendung kommen sollte, tatsächlich das polnische Recht angewendet worden ist, es sei denn, dass sich das in der Sache angewendete fremde Recht von dem polnischen Recht nicht erheblich unterscheidet.

Die Anerkennungsvoraussetzung des kollisionsrechtlichen *ordre public* erschwert deutlich die Anerkennung ausländischer Entscheidungen, weshalb sie auch in den meisten nationalen Rechtssystemen unbekannt bleibt[240]. In Polen soll diese Anerkennungsvoraussetzung die enge Verbindung der entschiedenen Rechtssache zum nationalen Rechtssystem schützen und sicherstellen, dass alle im Inland wirksamen Entscheidungen, für die das autonome Recht eigene Zuständigkeit vorbehalten hat, tatsächlich nach diesem Recht entschieden werden[241]. Das in Art. 1146 § 1 Nr. 6 KPC *in fine* zum Ausdruck gebrachte Äquivalenzprinzip (*zasada ekwiwalentności*) und die einschränkende Auslegung dieser Vorschrift entschärfen allerdings diese Anerkennungsvoraussetzung, die dadurch auch dann erfüllt ist, wenn die Beurteilung der Hauptsache nach dem autonomen polnischen und nach dem ausländischen Recht zu denselben oder zumindest zu ähnlichen Ergebnissen führt[242]. Trotzdem bereitet die Feststellung des Verstoßes gegen den kollisionsrechtlichen *ordre public* große praktische Schwierigkeiten[243].

Bei der Überprüfung der Erfüllung dieser Anerkennungsvoraussetzung ist die Frage, welches materielle Recht angewendet hätte werden müssen, aufgrund der inländischen Kollisionsnormen zu ermitteln[244]. Dabei handelt es sich nicht um die formelle Berufung der polnischen Vorschriften als Grundlage der ausländischen Entscheidung, sondern darum, dass sich der Inhalt der Entscheidung mit den entsprechenden Vorschriften des polnischen Rechts vereinbaren lässt, diese also nicht „deformiert"[245]. So besteht z.B. kein Anerkennungshindernis aus Art. 1146 § 1 Nr. 6 KPC, wenn ein

---

[240] *Piasecki*, a. a. O., S. 102. Bis zum IPR- Reform des deutschen Rechts in 1986 auch dort in Art. 328 Abs. 1 Nr. 3 a. F. ZPO bekannt. S. Neufassung des Gesetzes zur Neuregelung des IPR vom 25.07.1986, BGBl. I 1142, 1151.

[241] *Ereciński/Ciszewski*, a. a. O., Rn 28.

[242] *Jodłowski*, Zastosowanie prawa polskiego jako przesłanka uznania orzeczenia sądu zagranicznego i zasada ekwiwalentności prawa, w: Studia z prawa postępowania cywilnego. Księga pamiątkowa ku czci prof. Z. *Resicha*, Warszawa 1985, S. 136 (ferner als: Zastosowanie prawa).

[243] *Ereciński/Ciszewski*, a. a. O., Rn 28 ff.

[244] *Piasecki*, a. a. O., S. 103; *Jodłowski*, a. a. O., S. 124 ff.; *Trammer*, Z problematyki wzajemnego S. 719; vgl. Entscheidungen des SN vom 09.01.1980, IV CR 478/79, OSNCP 1980, Pos. 233; vom 29.08.2000, I CKN 240/00 (nicht ver.); und vom 29.09.2000, I CKN 853/00 (nicht ver.); *Ereciński/Ciszewski*, a. a. O., Rn 29.

[245] *Piasecki*, a. a. O., S. 104; *Ciszewski*, Gl. zur Entscheidung des SW Warszawa vom 30.10.1975, II Co 727/75, OSPiKA 1978, Pos. 146, S. 345, 349; *Jodłowski*, Uznanie i wykonanie, S. 39 ff.

fremdes Gericht das polnische Recht fehlerhaft ausgelegt hat[246]. Verfehlt aber die Auslegung der angewendeten Vorschriften dieses Rechts ihren Inhalt, kann die Ansicht begründet werden, dass das polnische Recht nicht angewendet worden ist und die Anerkennung der ausländischen Entscheidung in Polen aufgrund von Art. 1146 § 1 Nr. 6 KPC verweigert werden muss[247]. So kann z.B. die Anerkennung eines ausländischen Scheidungsurteils an Art. 1146 § 1 Nr. 6 KPC scheitern, wenn es die Ehe polnischer Staatsangehöriger auflöst, ohne dass eine völlige und dauerhafte Zerrüttung der Ehe (*rozkład małżeństwa*), die im polnischen Recht zu den unabdingbaren Voraussetzungen der Scheidung (*rozwód*) gehört (Art. 56 § 1 KRiO), eingetreten ist[248].

Bei der Problematik dieses Anerkennungshindernisses kann sich außer der Frage, ob das polnische Recht anzuwenden war und richtig angewendet worden ist, auch die Frage nach der Methode und Genauigkeit der Kontrolle durch das inländische Gericht ergeben, ob das gegebenenfalls angewendete ausländische Recht von dem einschlägigen polnischen Recht wesentlich abweicht und dieses damit umgeht. Während sich nämlich das inländische Gericht bei der Kontrolle, ob das polnische Recht nicht „deformiert" wurde ausschließlich auf die von dem Gericht des Herkunftsstaates festgestellten Tatsachen stützen und keine ergänzenden tatsächlichen Feststellungen treffen darf[249], ist es bei der Kontrolle, ob das polnische Recht in der Sache anzuwenden war und ob das ausländische Recht von dem einschlägigen polnischen Recht wesentlich abweicht nach der herrschenden Rechtslehre an diese Tatsachen nicht gebunden und auch berechtigt, die für die kollisionsrechtliche Anknüpfung relevanten Tatsachen selbständig festzustellen[250]. Die in Art. 1146 § 1 Nr. 6 KPC verortete Kontrolle kann daher der im polnischen Recht unzulässigen Kontrolle *révision au fond* ähneln, soll jedoch keine umfassende und reguläre Inhaltskontrolle der ausländischen Entscheidung darstellen[251].

Ähnlich wie die Klausel *ordre public* wird auch Art. 1146 § 1 Nr. 6 KPC in der Praxis einschränkend ausgelegt. Die kollisionsrechtliche Kontrolle greift nur ein, wenn sich die Anwendbarkeit des polnischen Rechts aus Anknüpfungspunkten allseitiger Kollisionsnormen ergibt[252]. Ausgeschlossen sind damit alle Fälle, in denen die Anwendung polnischen Rechts nur erfolgt, wenn der Rechtsstreit vor einem inländischen Gericht entschieden wird, das polnisches Recht als *lex fori* anwendet oder wenn die Anwendbarkeit polnischen Rechts nur hilfsweise vorgesehen ist[253]. Über den für die Erfüllung der Anerkennungsvoraussetzung aus Art. 1146 § 1 Nr. 6 KPC maßgeblichen Zeitpunkt entscheidet das Datum des Erlasses der ausländischen Entscheidung[254].

---

[246] *Piasecki*, a. a. O., S. 104.
[247] *Ibidem*, S. 104 ff.; *Jodłowski*, Zastosowanie prawa, S. 130 ff.
[248] Entscheidung des SW in Warszawa vom 30.10.1975, II Co 727/75, s. o.; zustimmend *Jodłowski*, a. a. O., S. 137.
[249] *Jodłowski*, a. a. O., S. 133.
[250] *Ereciński/Ciszewski*, a. a. O., Rn 33.
[251] *Piasecki*, KPC Kom., Art. 1146, Rn 22.
[252] *Jodłowski*, a. a. O., S. 125.
[253] *Trammer*, Z problematyki wzajemnego, S. 715.
[254] *Piasecki*, Skuteczność i wykonalność, S. 108; *Jodłowski*, a. a. O., S. 134.

Die Anerkennungsvoraussetzung des Art. 1146 § 1 Nr. 6 KPC betrifft darüber hinaus keine Entscheidungen in nichtvermögensrechtlichen Sachen. Die Einhaltung dieser Anerkennungsvoraussetzung sowie der Gegenseitigkeitsvoraussetzung ist auch nicht erforderlich, wenn die Entscheidung eines ausländischen Gerichts nach den Vorschriften ihres Herkunftsstaates über die Zuständigkeit seiner Gerichte und - in Übereinstimmung mit dem Recht dieses Staates - den Antritt des Nachlassvermögens (*nabycie mienia spadkowego*), das sich zum Zeitpunkt des Todes des Erblassers auf dem Gebiet dieses Herkunftsstaates befand, durch eine in Polen wohnhafte Person feststellt (Art. 1146 § 2 KPC).

Wurde weder das polnische noch das äquivalente ausländische Recht angewendet, so ist die Anerkennung ausländischer Entscheidungen lediglich auf Grund von Art. 1146 § 1 Nr. 6 KPC zu verweigern[255]. Entscheidungen, in denen eine Anerkennung an wesentlichen Unterschieden des angewendeten Rechts gegenüber dem nach den polnischen Kollisionsnormen anzuwendenden polnischen Rechts scheiterte, sind jedoch kaum bekannt. Die praktische Bedeutung von Art. 1146 § 1 Nr. 6 KPC scheint im Großen und Ganzen kaum über die Klausel *ordre public* hinauszugehen. Häufiger als in den nationalen Rechtssystemen kommt das kollisionsrechtliche Anerkennungshindernis in den bilateralen Abkommen vor. Als Beispiel können die für Polen wirksamen Abkommen mit Weißrussland, Lettland, Bulgarien, Rumänien und der Türkei genannt werden.

b. Art. 27 Abs. 4 LugÜ

In rudimentärem Umfang kennt das kollisionsrechtliche Anerkennungshindernis auch das LugÜ, wobei die Anerkennung von Entscheidungen in seinem Anwendungsbereich grundsätzlich nicht lediglich deswegen versagt werden darf, weil das Gericht des Urteilsstaates ein anderes Recht angewendet hat als das, das nach den Vorschriften des IPR des Anerkennungsstaates anwendbar gewesen wäre[256]. Die einzige Ausnahme von dieser Regel betrifft die Situationen, wenn sich das Erstgericht bei seiner Entscheidung hinsichtlich einer Vorfrage, die den Personenstand, die Rechts- und Handlungsfähigkeit, die gesetzliche Vertretung einer natürlichen Person, die ehelichen Güterstände oder das Gebiet des Erbrechts einschließlich des Testamentsrechts betrifft, in Widerspruch zu einer Vorschrift des IPR des Staates, in dem die Anerkennung geltend gemacht wird, gesetzt hat, es sei denn, dass die Entscheidung zu dem gleichen Ergebnis geführt hätte, wenn die Regeln des IPR des Anerkennungsstaates angewendet worden wären.

Während das LugÜ das kollisionsrechtliche Anerkennungshindernis lediglich in den Materien zulässt, die aus seinem Anwendungsbereich ausgenommen wurden (Art. 1 Abs. 2 Nr. 2 LugÜ), erstreckt sich die Wirkung des Art. 1146 § 1 Nr. 6 KPC in den Fällen, wo das autonome polnische Recht angewendet wird, auf alle ausländischen Entscheidungen in vermögensrechtlichen Rechtsangelegenheiten.

---

[255] *Piasecki*, a. a. O., S. 107; vgl. Entscheidungen des SN vom 15.04.1971, I CR, 143/71 (nicht ver.); und vom 08.01.1976, I CR, 909/75 (nicht ver.).

[256] *Kropholler*, a. a. O., 6. Aufl. Art.27, Rn 52.

Ähnlich wie gemäß Art. 1146 § 1 Nr. 6 KPC auch bei der Anwendung des Art. 27 Nr. 4 LugÜ kann die Anerkennung einer ausländischen Entscheidung nur dann verweigert werden, wenn der Widerspruch zu einer Vorschrift des IPR des Anerkennungsstaates die Entscheidung zu einem anderen Ergebnis führt[257]. Auch hier muss also eine gewisse Inhaltskontrolle durchgeführt werden, die eine Ausnahme von dem Überprüfungsverbot aus Art. 29 LugÜ bedeutet. Während dieser kollisionsrechtlichen *révision au fond* ist der Richter des Anerkennungsstaates an die tatsächlichen Feststellungen des Erstgerichts gebunden[258]. In der EuGVO dagegen wurde das Anerkennungshindernis des Verstoßes gegen das IPR des Anerkennungsstaates ersatzlos gestrichen. Nach dieser Verordnung folgt die Anerkennung einer Entscheidung unabhängig davon, ob diese Entscheidung mit dem einschlägigen materiellen Recht des Anerkennungsstaates übereinstimmend oder widersprüchlich ist[259]. So soll es auch in dem polnischen IZVR nach seiner Novellierung werden. Die seltene Anwendung und die Nähe der Kontrolle nach Art. 1146 § 1 Nr. 6 KPC zur Kontrolle *révision au fond* der betroffenen Entscheidung hat nämlich die Kodifikationskommission dazu überzeugt, auf dieses Anerkennungshindernis zu verzichten.

---

[257] *Ibidem*, Rn 55.

[258] *Ibidem*, Rn 56.

[259] *Ciszewski*, Konwencja z Lugano, Art. 27 LugÜ, Rn 1; ders. Wybrane zagadnienia, S. 27.

§ 10. Rechtsinstitution der Vollstreckung im polnischen und europäischen Recht

I. Grundlagen

Die Problematik der Anerkennung von Entscheidungen ausländischer Gerichte ist eng mit der Vollstreckung solcher Entscheidungen verbunden. Damit nämlich außer der Wirkungserstreckung von nichtvollstreckungsfähigen Gestaltungs- und Feststellungsurteilen im Anerkennungsstaat, auch einem vollstreckungsfähigen Leistungsurteil eines ausländischen Gerichts außerhalb seines Herkunftsstaates die Wirkung verliehen werden kann[260], muss die Rechtsordnung jedes Staates die zwangsweise Verwirklichung des in solchem Urteil fixierten Rechts ermöglichen. Nach dem Erkenntnisverfahren (*postępowanie rozpoznawcze*), wenn der Schuldner dem Urteil nicht nachkommt, muss also das Verfahren zur Feststellung der Vollstreckbarkeit (sog. Vollstreckungsverfahren, genauer Vollstreckbarerklärungsverfahren[261], *postępowanie o stwierdzenie wykonalności*), das der Erteilung der Vollstreckungsklausel vorangeht (*nadanie klauzuli wykonalności*)[262], und nach einem erfolgreichen Vollstreckbarerklärungsverfahren auch das Zwangsvollstreckungsverfahren (*egzekucja*) folgen können[263]. Die Zwangsvollstreckung setzt also einen mit der Vollstreckungsklausel versehenen Titel voraus. Stammt der Titel aus Ausland, so muss er zuerst für in Polen vollstreckbar erklärt werden, da die Vollstreckbarerklärung die Erteilung der Vollstreckungsklausel bedingt (Art. 1151 § 3 i. V. m. Art. 776-795 KPC). Die Vollstreckbarerklärung eines ausländischen Titels in Polen kann entweder auf Grund von dem autonomen polnischen Recht (Art. 1150-1153^2 KPC), von dem LugÜ (Art. 31 ff.) bzw. der EuGVO (Art. 38 ff.) oder auch von anderen völkerrechtlichen Abkommen erfolgen.

1. Das polnische Vollstreckungsrecht

Sofern ein ausländischer Vollstreckungstitel in den Anwendungsbereich des LugÜ, der EuGVO oder eines anderen völkerrechtlichen Vollstreckungsabkommens nicht fällt, kommen für seine Vollstreckung die Vorschriften der Art. 1150-1153^2 KPC zum Zuge. Diese trennen deutlich das Vollstreckbarerklärungsverfahren von der Erteilung der Vollstreckungsklausel für einen ausländischen Vollstreckungstitel[264], so dass für seine Zwangsvollstreckung zwei gerichtliche Beschlüsse notwendig sind. Einer der Beschlüsse, der funktionell der Vollstreckbarerklärung entspricht, stellt die Vollstreckbarkeit des ausländischen Titels in Inland fest und wird mit seiner konstitutiven

---

[260] *Geimer/Schütze*, a. a. O., Art. 38, Rn 2. Bei der Vollstreckung handelt es sich lediglich um Leistungsurteile und keine Gestaltungs- und Feststellungsurteile, die zur Vollstreckung im Wege der Zwangsvollstreckung nicht geeignet sind.

[261] *Ibidem*, Rn 11, wo das Vollstreckbarerklärungsverfahren, das weder ein Vollstreckungsverfahren noch Beginn der Zwangsvollstreckung ist, als ein „*Erkenntnisverfahren besonderer Art*" bezeichnet wird.

[262] Ähnlich in Frankreich, *Ibidem*, Rn 1.

[263] *Ereciński/Ciszewski*, Międzynarodowe postępowanie, S. 374.

[264] *Weitz*, a. a. O., S. 62.

Wirkung zum Vollstreckungstitel im Inland (Art. 1151 § 3 KPC *in principio*)[265]. Der Eintritt der Rechtskraft dieses Beschlusses begründet den zweiten Beschluss, der von einem Richter des gleichen Bezirksgerichts auf Antrag des Gläubigers erlassen wird, die Vollstreckungsklausel erteilt und die Zwangsvollstreckung des ausländischen Vollstreckungstitels in Polen begründet (Art. 1153 § 3 i. V. m. Art. 776-795 KPC)[266]. Der Antrag auf die Erteilung der Vollstreckungsklausel kann sowohl isoliert wie auch neben dem Antrag auf die Feststellung der Vollstreckbarkeit gestellt werden.

Infolge der gerichtlichen Feststellung der Vollstreckbarkeit wird ein ausländischer Vollstreckungstitel dem inländischen gleichgestellt. Zwar spricht Art. 1150 KPC über die Feststellung der Vollstreckbarkeit eines ausländischen Titels, diese wird ihm aber *de facto* verliehen[267], so dass der, mit einer Vollstreckungsklausel versehene, ausländische Vollstreckungstitel im gesamten Hoheitsgebiet Polens mittelbar und die inländische Vollstreckbarerklärung, die als Vollstreckungstitel für das Inland gilt, unmittelbar vollstreckbar[268] und zur Erwirkung der Herausgabe von Sachen bzw. zur Erwirkung von Handlungen und Unterlassungen in Polen fähig werden. Gleichzeitig kann der inländische Vollstreckungstitel in keinem anderen Vertragsstaat vollstreckt werden, weil seine Wirkung immer nur für das Gebiet des Vollstreckungsstaates gilt[269]. Die Zwangsvollstreckung ausländischer Entscheidungen erfolgt daher allein nach den Vorschriften des polnischen Zwangsvollstreckungsrechts (Art. 758-1095 KPC)[270]. Sie wird dann durch Vollstreckungsorgane abgewickelt: grundsätzlich einen Gerichtsvollzieher (*komornik*), außerdem das Rayongericht (*sąd rejonowy*). Gegen die Maßnahmen des Gerichtsvollziehers kann vor dem Rayongericht eine Beschwerde erhoben werden (Art. 767 KPC und Art. 1 Abs. 2 des Gesetzes über die Beschwerde auf Verletzung des Parteirechts zur Entscheidung einer Rechtssache im Gerichtsverfahren ohne unbegründeten Verzug[271]). Dem Schuldner steht darüber hinaus die Vollstreckungsgegenklage zur Verfügung (*powództwo przeciwegzekucyjne,* Art. 840-843 KPC). Eine Klage auf vorzugsweise Befriedung kennt das polnische Recht nicht, vielmehr werden unter Berücksichtigung bestimmter Rangfolgen Verteilungspläne aufgestellt und die Gläubiger gemäß diesen befriedigt. Das Zwangsvollstreckungsverfahren galt in Polen bislang als zeitaufwendig und uneffektiv[272], was u. a. mit der Novelle des Zivilverfahrensgesetzbuches vom 2. Juli 2004, der Verbesserungen des Sicherungs- und Zwangsvollstreckungsverfahrens, wie auch der vorstehenden IZVR-Novelle geändert werden könnte[273].

---

[265] *Ibidem*; *Jodłowski*, Uznanie i wykonanie, S. 53; *Piasecki*, a. a. O., S. 121.
[266] *Jodłowski*, a. a. O., S. 53.
[267] *Piasecki*, a. a. O., S. 129.
[268] *Geimer/Schütze*, a. a. O., Rn 6. Zu berücksichtigen sind hierbei Art. 31 Abs. 2 LugÜ/Art. 38 Abs. 2 EuGVO.
[269] *Ibidem*, Rn 14, 17.
[270] *Weyde*, a. a. O., S. 49.
[271] Dz.U. 2004 Nr. 179, Pos. 1843.
[272] *Zedler*, Wybrane zagadnienia reformy, S. 36 f.
[273] Dz.U. 2004 Nr. 172, Pos. 1804 (Inkrafttreten am 05.02.2005), s. o.

Infolge der mit der Novelle des polnischen Zivilverfahrensgesetzbuches im Jahr 1996 eingeführten Änderungen des IZVR, ist die Vollstreckung ausländischer Entscheidungen in Polen eine zu der Anerkennung symmetrische Institution geworden[274]. Der Unterschied zwischen diesen Institutionen beschränkt sich seitdem auf die Befähigung der zu vollstreckenden ausländischen Entscheidung, im Wege der Zwangsvollstreckung ausgeübt zu werden und auf ihre Vollstreckbarkeit im Urteilsstaat, die ferner als primäre und grundsätzliche Bedingung der Erteilung der Vollstreckbarerklärung existiert[275]. In der praktischen Hinsicht gilt die vielschichtige Vollstreckung ausländischer Entscheidungen als viel wichtiger als die Anerkennung solcher Entscheidungen. Ein Grund hierfür mag - außer dem komplexen Charakter der Vollstreckung - darin liegen, dass, während für eine Anerkennung lediglich Gerichte bzw. andere Organe für die Anerkennung *ex lege* berufen werden, zur Durchführung der Vollstreckung eines ausländischen Titels die exekutiven Organe des Vollstreckungsstaates beansprucht[276] und mehrere gerichtliche Beschlüsse erlassen werden.

Obwohl zur Vollstreckung einer ausländischen Entscheidung nach dem Wortlaut der Art. 1150-1153^2 KPC keine ausdrückliche Anerkennung erforderlich ist, schließt der Beschluss über deren Vollstreckbarkeit die Wirksamkeit *sensu stricto*, die Anerkennung also, gedanklich ein[277]. Während des Verfahrens zur Feststellung der Vollstreckbarkeit werden daher dem für vollstreckbar erklärten ausländischen Titel außer der Vollstreckungswirkung sämtliche anerkennungsfähigen prozessualen und materiellen Urteilswirkungen verliehen[278]. Dementsprechend verweist Art. 1150 § 1 Nr. 2 KPC für die Voraussetzungen der Vollstreckbarerklärung bezüglich gerichtlicher Entscheidungen auf die Anerkennungsvoraussetzungen aus Art. 1146 § 1 Nr. 1-6 KPC, welche lediglich für die Vollstreckbarerklärung eines ausländischen gerichtlichen Vergleichs gemäß Art. 1152 KPC unbeachtlich sind. Somit kann im Folgenden, in Fragen der vollstreckbaren Entscheidungen, der Voraussetzungen einer Vollstreckung und allen dazugehörigen Begriffen auf die Ausführungen über die anerkennungsfähigen Entscheidungen und Anerkennungsvoraussetzungen im § 9 dieser Arbeit verwiesen werden.

2. Das europäische Vollstreckungsrecht im Rahmen des LugÜ und der EuGVO

Wenn ein zu vollstreckender Titel im Anwendungsbereich des LugÜ und der EuGVO aus einem der Vertragsstaaten stammt und in einem anderen Vertragsstaat vollstreckt werden soll, werden die Vorschriften der Art. 1150-1153^2 KPC zum großen Teil durch entsprechende europäische Regelung verdrängt. Vor allem die Phase der Zulassung der Zwangsvollstreckung wird ausschließlich durch die Vorschriften der Art. 31 ff.

---

274 *Ereciński/Ciszewski*, KPC Kom., Art. 1150, Rn 1.
275 *Weitz*, a. a. O., S. 86.
276 *Piasecki*, a. a. O., S. 122; *Ereciński/Ciszewski*, a. a. O., Rn 2; dies. Międzynarodowe postępowanie, S. 374.
277 *Jodłowski*, a. a. O., S. 71 f.; *Piasecki*, a. a. O., S. 121.
278 *Weyde*, a. a. O., S. 145.

LugÜ/Art. 38 ff. EuGVO geregelt. Ihre Durchführung dagegen bleibt grundsätzlich dem autonomen Recht des Vollstreckungsstaates überlassen, was für den Fall der Zwangsvollstreckung einer ausländischen Entscheidung in Polen die Anwendung der Vorschriften Art. 758-1095 KPC bedeutet[279]. Die wenigen Ausnahmen hierfür enthalten die Vorschriften der Art. 38 LugÜ/Art. 46 EuGVO betreffend die Aussetzung des Verfahrens nach Einlegung eines Rechtsbehelfs im Urteilsstaat, und Art. 39 LugÜ/Art. 47 EuGVO betreffend die Sicherung während der Rechtsbehelfsfrist[280]. Auch die dem ausländischen Titel nach Art. 31 ff. LugÜ/Art. 38 ff. EuGVO verliehene Vollstreckbarkeit, die Besetzung des Delibationsgerichts (*skład orzekający*) und die örtliche Zuständigkeit beurteilt sich ausschließlich nach dem Recht des Vollstreckungsstaates[281].

Die Regelung der Vollstreckung durch das LugÜ und die EuGVO bildet einen „*bedeutsamen Teil des europäischen Zivilprozessrechts*" und schafft ein einheitliches Vollstreckbarerklärungsverfahren, das durch die Form des Antragsverfahrens des Gläubigers deutliche Beschleunigung und Vereinfachung des Verfahrens erreicht[282]. Dabei erzielt dieses Vollstreckbarerklärungsverfahren die Öffnung der Möglichkeit für den Gläubiger, „*in dem Vollstreckungsstaat schnell alle geeigneten Maßnahmen zu ergreifen, ohne vorherige Warnung des Schuldners vorzugehen und die Vollstreckung ohne weitere Erschwerungen zu erreichen*"[283].

II. Entscheidung als Gegenstand der Vollstreckung

1. Das autonome polnische Recht

Welche ausländischen Entscheidungen nach dem polnischen IZVR vollstreckt werden können bestimmt Art. 1150 KPC. Danach sind die Entscheidungen ausländischer Gerichte in Zivilsachen (also auch in Handels- und Familiensachen), die m Inland zum Rechtsweg gehören und zur Durchsetzung im Wege der Zwangsvollstreckung geeignet sind, unter der Verbürgung der Gegenseitigkeit die Vollstreckungstitel und werden auf dem polnischen Hoheitsgebiet vollstreckt, sofern die Entscheidung im Ursprungsstaat rechtskräftig und die Voraussetzungen aus Art. 1146 § 1 Nr. 1-6 KPC erfüllt worden sind (Art. 1150 § 1 i. V. m. Art. 1-2 KPC). Abgesehen von deren Bezeichnung gehören hierzu anerkennungsfähige Leistungsurteile, dabei sowohl kontradiktorische wie auch Versäumnisurteile sowie ergänzende und Teilurteile. Bis zur Einführung des fünften Teils des Zivilverfahrensgesetzbuches bezüglich der Schiedsgerichtsbarkeit (Art. 1154-1217 KPC), fand die Regelung des Art. 1150 § 1 KPC zu Schiedssprüchen, die im Ausland gefallen sind, ihre entsprechende Anwendung (Art. 1150 § 2 KPC a. F.).

---

[279] Entscheidungen des EuGH vom 02.07.1985 - 148/84, *Deutsche Genossenschaftsbank/Brasserie du Pêcheur*, Slg. 1985, S. 1981, Rn. 18, NJW 1986, S. 657; und vom 04.02.1988, *Hoffmann*, s. o. Rn 27.

[280] *Kropholler*, a. a. O., Art. 38, Rn 2.

[281] *Geimer/Schütze*, a. a. O., Rn 4.

[282] *Kropholler*, a. a. O., Rn 2 ff.

[283] *Ibidem*, Rn 3; *Jenard* Bericht, vor Art. 31.

Unter der Verbürgung der Gegenseitigkeit für vollstreckbar erklärt werden auch die vor einem ausländischen Gericht geschlossenen Vergleiche (*ugody sądowe*, sog. gerichtliche Vergleiche Art. 1152 KPC, vgl. Art. 1145 KPC). Vollstreckbarerklärungsfähig sind nach dem autonomen polnischen Recht meistens Urteile in vermögensrechtlichen Sachen. Urteile in nichtvermögensrechtlichen Streitigkeiten dagegen besitzen diese Fähigkeit, sofern sie die Vollstreckungsvorschriften expressis zulassen[284] (so z.B. Art. 44 i. V. m. Art. 1 und 16 des polnisch-tschechischen Abkommens über die rechtlichen Beziehungen in Zivil-, Familien-, Arbeits- und Strafsachen vom 21. Dezember 1987[285], die ausländische Urteile, die zur Herausgabe eines minderjährigen Kindes verpflichten, für vollstreckbar erklären lassen[286]). Für vollstreckbar erklärt werden können ferner einstweilige Verfügungen, die im Sicherungsverfahren eines ausländischen Gerichts– insbesondere in Unterhaltssachen[287] - ergangen sind. Infolge dessen, dass das ausländische Vollstreckungsurteil die Vollstreckbarkeit nur für das Gebiet des betreffenden ausländischen Staates erteilt, müssen auch ausländische Beschlüsse über die Eröffnung des Insolvenzverfahrens gemäß Art. 1150 ff. KPC für vollstreckbar erklärt werden[288].

Keine Vollstreckbarerklärung erfahren dagegen negative Entscheidungen, da diese dem Anspruch der Vollstreckbarkeit nicht nachkommen. Nur der Teil solcher Entscheidung, der die Prozesskosten betrifft, kann auch im Ausland vollstreckt werden. Ausgeschlossen von der Vollstreckbarerklärung in Polen sind ferner die erstinstanzlichen Entscheidungen ausländischer Gerichte, die lediglich vorläufig vollstreckbar sind (*rygor natychmiastowej wykonalności*) und dadurch keine formelle Rechtskraft genießen[289]. Die Vorschriften der Art. 1150-1153^2 KPC gestatten auch nicht - anders als die meisten völkerrechtlichen Vollstreckungsabkommen – die Adhäsionsurteile, die über einen zivilrechtlichen Anspruch entscheiden, zu vollstrecken. So eine Möglichkeit wird allerdings durch die herrschende Rechtslehre in Polen und zwar mit Rücksicht auf die Unterschiede der nationalen Rechtssysteme hinsichtlich des Umfangs von Rechtsstreitigkeiten, die in einem Adhäsionsverfahren entschieden werden können, befürwortet[290]. Von einer Vollstreckung nach dem autonomen polnischen Recht definitiv ausgeschlossen sind dagegen strafrechtliche Entscheidungen ausländischer Gerichte, die Geldbußen oder Strafen zum Gegenstand haben[291].

Gemäß dem Wortlaut des Art. 1150 § 1 KPC vollstreckt werden können lediglich Entscheidungen, die durch „ausländische Gerichte" erlassen wurden. Die Frage nach der Zulassung zur Vollstreckung solcher Entscheidungen in Polen, die vor anderen

---

[284] *Jodłowski*, a. a. O., S. 99; *Piasecki*, a. a. O., S. 122.

[285] Dz.U. 1989 Nr. 39, Pos. 210-211; vgl. auch das Abkommen über die Regelung des Rechtsverkehrs in Zivil-, Familien- und Strafsachen vom 04.08.1961, Dz.U. 1962 Nr. 23, Pos. 103-104.

[286] *Piasecki*, a. a. O., S. 1; vgl. Entscheidungen des SW in Warszawa vom 16.10.1979, I Co 1093/79, s. o.; und des SN vom 18.05.1988, CRN 111/88, OSNCP 1990 Nr. 9, Pos. 118.

[287] Entscheidung des SN vom 18.05.1988, CRN 111/88, s. o.

[288] *Ereciński/Ciszewski*, a. a. O., S. 375 f.; dies. KPC Kom., Art. 1150, Rn 5 f.

[289] *Piasecki*, a. a. O., S. 123; ders. KPC Kom., Art. 1150, Rn 2.

[290] *Piasecki*, Skuteczność i wykonalność, S. 125; *Ereciński/Ciszewski*, KPC Kom., Art. 1150, Rn 9.

[291] *Piasecki*, a. a. O., S. 126. *Ereciński/Ciszewski*, Międzynarodowe postępowanie, S. 376.

kompetenten Organen des Urteilsstaates ergangen sind, ist – mit Rücksicht auf Art. 1145 § 1 KPC - gemäß der teleologischen Auslegung und *per analogiam* zu beantworten[292]. Expressis geregelt wird sie dagegen im KPC Entwurf, wo gemäß Art. 1151^4 KPC E. auch Entscheidungen und Vergleiche anderer als gerichtliche Herkunft (dabei handelt es sich um Entscheidungen anderer Organe eines fremden Staates in Zivilsachen) vollstreckungsfähig sind. Zukünftig soll die Vollstreckbarerklärung auch Vergleiche umfassen, die durch ein Gericht oder ein anderes Organ autorisiert wurden (Art. 1152 und Art. 777 § 1 Nr. 1 KPC E.).

2. Das Lugano Übereinkommen und die EuGVO

Der Kreis der ausländischen Titel, aus denen in Polen die Zwangsvollstreckung betrieben werden kann, ist in den diesbezüglichen völkerrechtlichen und für Polen wirksamen Verträgen unterschiedlich geregelt[293]. Viele dieser Regelungen sehen außer der Vollstreckbarerklärung von den bisher genannten Titeln die Möglichkeit vor, ausländische öffentliche Urkunden zu vollstrecken. Und so lassen auch das LugÜ und die EuGVO die Vollstreckung aus drei Typen von Titeln zu: gerichtlichen Entscheidungen (Art. 31 ff. LugÜ/Art. 38 ff. EuGVO), vollstreckbaren öffentlichen Urkunden (Art. 50 LugÜ/Art. 57 EuGVO) und gerichtlichen Vergleichen (Art. 51 LugÜ/Art. 58 EuGVO). Was eine „Entscheidung" im Sinne dieser Regelungen ist, ergibt sich - wie bei der Anerkennung - aus der Legaldefinition in Art. 25 i. V. m. Art. 1 und Art. 54 LugÜ/Art. 32 i. V. m. Art. 1 und Art. 66 EuGVO. Dabei handelt es sich generell nur um zivilrechtliche Vollstreckungstitel, die zum sachlichen Anwendungsbereich des LugÜ bzw. der EuGVO gehören (mit Ausschluss der in Art. 1 Abs. 2 und Art. 57 LugÜ/Art. 1 Abs.1 und Art. 1 Abs. 2 und Art. 71 EuGVO genannten Materien)[294].

Aus Sicht der Art. 31 LugÜ/Art. 38 EuGVO können u. a. Leistungsurteile (auch Versäumnisurteile), wie die den Vollstreckungsbescheiden entsprechenden ausländischen Staatsakte, Arreste und einstweilige Verfügungen bzw. Anordnungen sowie Kostentitel, vollstreckt werden[295]. Die vollstreckbarerklärungsfähigen Prozessvergleiche sollen zwecks Vollstreckbarerklärung als solche beurkundet werden (Art. 51 LugÜ/Art. 58 EuGVO)[296]. Vollstreckbarerklärungsfähig sind auch vollstreckbare öffentliche Urkunden ausländischer Notare und sonstige nach dem Recht des Urteilsstaates vollstreckbare Urkunden[297]. Betreffend den Begriff der „öffentlichen Urkunde" verweist die Vorschrift der Art. 50 Abs. 2 LugÜ/Art. 57 Abs. 3 EuGVO auf das Recht des Errichtungsstaates. Das autonome polnische Recht kennt allerdings keine Möglichkeit, öffentliche Urkunden - insbesondere die im Ursprungsstaat vollstreckbaren Notarurkunden - zu vollstrecken, so dass der Kreis von vollstreckungsfähigen Entscheidungen und anderer Akte im Anwendungsbereich des LugÜ und der EuGVO ge-

---

[292] *Erecinski/Ciszewski*, a. a. O., S. 375 f.
[293] *Ludwiczak*, a. a. O., S. 107.
[294] *Geimer/Schütze*, a. a. O., Rn 35.
[295] *Ibidem*, Rn 38 ff.
[296] *Schmidt*, a. a. O., Rn 190.
[297] *Zöller/Geimer*, a. a. O., Art. 57, Rn 1; *Geimer/Schütze*, a. a. O., Art. 57, Rn 1 ff., 16.

genüber dem nationalen System wesentlich erweitert wurde und angesichts des Mangels an solcher Rechtsinstitution im polnischen IZVR ein weiteres Diskussionsthema seiner Entwicklung bildet[298]. Die Eventualität von Vollstreckung von öffentlichen Urkunden sahen bisher nur einzelne bilaterale Verträge vor (die bereits erwähnten Abkommen mit Frankreich, Italien, aber auch mit Vietnam und Ägypten).

Aus Sicht des LugÜ und der EuGVO nicht für vollstreckbar erklärt werden können dagegen ausländische Vollstreckbarerklärungen (sog. Exequatururteile, Verbot des Doppelexequatur)[299] sowie ausländische Schiedssprüche, die zum Anwendungsbereich dieser Regelungen nicht gehören (Art. 1 Abs. 2 Nr. 4 LugÜ/EuGVO)[300].

III. Vollstreckungsvoraussetzungen

1. Vollstreckbarkeit

Die Erteilung der inländischen Vollstreckbarerklärung setzt stets voraus – sowohl nach dem autonomen polnischen Recht, wie auch nach dem LugÜ und der EuGVO - die Vollstreckbarkeit der ausländischen Entscheidung in ihrem Urteilsstaat (*wykonalność orzeczenia zagranicznego w państwie jego pochodzenia*, Art. 1150 § 1 Nr. 1 und Art. 1153 KPC/Art. 31 und Art. 47 Abs. 1 LugÜ/Art. 38, Art. 53 Abs. 2 und 54 EuGVO). Darüber, ob eine Entscheidung in ihrem Urteilsstaat vollstreckbar ist, entscheidet das Verfahrensrecht dieses Staates[301], das u. a. auch für die Art der Leistung, die vollstreckt werden soll, den Umfang der Pflicht des Schuldners, die dieser Leistung folgt, oder die Voraussetzungen der formellen Vollstreckbarkeit einer Entscheidung maßgeblich ist[302]. Das polnische IZVR verlangt nicht, dass der ausländische Titel - außer seiner Vollstreckbarkeit - über eine Vollstreckungsklausel im Urteilsstaat verfügt[303]. Auch müssen sich die Vollstreckungsmethoden der betroffenen Urteilsstaaten mit der inländischen nicht decken, sofern nämlich ein ausländischer Titel in Polen vollstreckt werden soll, wird die inländische Vollstreckungsmethode entscheidend[304]. Danach kann eine Vollstreckung in Polen scheitern, wenn eine der genannten Voraussetzungen nicht erfüllt wird oder den Schuldner gegen die Zwangsvollstreckungsmaßnahmen eine Immunität schützt (Art. 1115 KPC).

Die Voraussetzung der Vollstreckbarkeit im Rahmen des LugÜ und der EuGVO hat die Voraussetzung der, in vielen Rechtssystemen der Vertragsstaaten und auch in Polen bekannten, formellen Rechtskraft oder der Endgültigkeit (*ostateczność, finality*) ersetzt. Ihr universaler Charakter, durch den sie nicht nur den gerichtlichen Entschei-

---

[298] *Geimer/Schütze*, a. a. O., Rn 18.
[299] *Schack*, a. a. O., Rn 936.
[300] *Geimer/Schütze*, a. a. O., Art. 38, Rn 53, 57.
[301] *Ereciński/Ciszewski*, a. a. O., S. 379; dies. KPC Kom., Art. 1150, Rn 11.
[302] In Polen gehören hier u. a. die formelle Rechtskraft der Entscheidung (Art. 777 § 1 Nr. 1 KPC *in principio*), sofortige Vollstreckbarkeit der Entscheidung (Art. 333 KPC) oder die Sicherheitsleistung des Klägers im Fall der Abhängigkeit der Vollstreckbarkeit von der Sicherung (Art. 334 § 1 KPC). *Weitz*, a. a. O., S. 93 ff.
[303] *Piasecki*, a. a. O., S. 129; ders. KPC Kom., Art. 1150, Rn 10.
[304] *Piasecki*, Skuteczność i wykonalność, S. 128.

dungen, sondern auch öffentlichen Urkunden und gerichtlichen Vergleichen zukommt (Art. 25, Art. 50 und Art. 51 LugÜ/Art. 32, Art. 57 und Art. 58 EuGVO, vgl. auch Art. 777 § 1 KPC), trägt dazu bei, dass *„sich der Kreis der für vollstreckbar zu erklärenden ausländischen Entscheidungen nicht mit der anzuerkennenden zu decken braucht*"[305]. Sofern eine ausländische Entscheidung in ihrem Herkunftsstaat aus irgendeinem Grunde nicht vollstreckbar ist, scheidet sie aus[306].

Den Begriff der „Vollstreckbarkeit" definieren weder das autonome polnische Recht noch das LugÜ und die EuGVO[307]. Für die Auslegung von Art. 31 Abs. 1 LugÜ/Art. 38 Abs. 1 EuGVO ergibt sich allerdings aus der allgemeinen Systematik dieser Regelungen, dass der dort enthaltene Begriff „vollstreckbar" lediglich die Vollstreckbarkeit in formeller Hinsicht betrifft, nicht aber Voraussetzungen, unter denen die ausländischen Titeln im Urteilsstaat vollstreckt werden können[308]. Der ausländische Vollstreckungstitel muss so gefasst sein, dass er durch inländische Zwangsvollstreckungsorgane (*krajowe organy egzekucyjne*) auch vollstreckt werden kann. Sein vollstreckbarer Inhalt muss daher bestimmt oder wenigstens bestimmbar sein (Gebot der Titelklarheit), damit das Vollstreckungsgericht eine genug eindeutige Vorstellung davon bekommt, was eigentlich für vollstreckbar zu erklären ist[309]. Die Art und der Umfang der Vollstreckbarkeit richten sich dabei nach dem Recht des Erststaates (Art. 31 Abs. 1 und Art. 47 Nr. 1 LugÜ/Art. 38 Abs. 1 und Art. 53 EuGVO)[310].

Im Unterschied zum rigoristischen Voraussetzungssystem des polnischen IZVR, verlangen das LugÜ und die EuGVO für die Vollstreckung eines ausländischen Titels in einem der Vertragsstaaten weder die Verbürgung der Gegenseitigkeit (Art. 1150 § 1 KPC), noch seine formelle Rechtskraft im Urteilsstaat (Art. 1150 § 1 Nr. 2 i. V. m. Art. 1146 § 1 KPC). Für die Vollstreckbarerklärung nach Art. 31 ff. LugÜ/Art. 38 ff. EuGVO braucht der ausländische Titel auch nicht endgültig vollstreckbar zu sein. Vielmehr genügt hierfür die vorläufige Vollstreckbarkeit[311], die wiederum nach dem autonomen polnischen Recht ein Grund für die Ablehnung des Vollstreckungsantrags wäre[312]. Sofern aber ein ausländischer Titel, gegen den im Urteilsstaat ein Rechtsbehelf eingelegt werden kann oder eingelegt worden ist, dort nicht vorläufig vollstreckt werden kann, kann er auch in keinem anderen Staat vollstreckt werden[313]. Die Vollstreckungswirkung eines ausländischen Titels muss also nach dem Recht des Urteilsstaates in jedem Fall gegeben sein, denn er kann nicht mit Rechtswirkungen ausgestattet werden, die ihm im Urteilsstaat fehlen. Dabei bestimmen das LugÜ und die EuGVO nicht, wann die Vollstreckbarkeit einer Entscheidung als Voraussetzung im

---

[305] *Kropholler*, a. a. O., Art. 38, Rn 9.
[306] *Ibidem*; *Geimer/Schütze*, a. a. O., Rn 37.
[307] Vgl. Entscheidung des EuGH vom 29.04.1999 - C-267/97, *Èric Coursier/Fortis Bank SA/Martine Bellami*, Slg. 1999 I, S. 2543, 2570 f., Rn 24 ff., IPRax 2000, S. 8, 18.
[308] *Ibidem.*
[309] *Mankowski* in *Rauscher* (Hrsg.), a. a. O., Art. 38, Rn 21.
[310] *Ibidem*, Rn 13.
[311] *Ibidem*, Rn 15; *Kropholler*, a. a. O., Rn 10.
[312] *Piasecki*, a. a. O., S. 123; ders. KPC Kom., Art. 1150, Rn 2.
[313] *Kropholler*, a. a. O.

Verfahren nach Art. 31 ff. LugÜ/Art. 38 ff. EuGVO zu bestehen hat. In Rücksicht auf die allgemeinen Verfahrensregeln betreffend die Entscheidungszeit im Zivilverfahren ist im Fall einer Vollstreckung in Polen davon auszugehen, dass die Vollstreckbarkeit eines Titels im Zeitpunkt der Vollstreckbarerklärung bestehen muss (Art. 316 § 1 und 2 i. V. m. Art. 13 § 2 KPC)[314]. Wenn also ein ausländischer Titel in dem Zeitpunkt, in dem der Antrag auf ihre Vollstreckbarerklärung in Polen gestellt wurde, in seinem Urteilsstaat noch nicht vollstreckbar war, das aber bis zum Zeitpunkt der Entscheidung über seine Vollstreckbarkeit in Polen geworden ist, darf der Antrag nicht abgewiesen werden[315]. Auf der anderen Seite, wenn die Vollstreckbarkeit einer ausländischen Entscheidung nachträglich entfallen ist (etwa durch Zeitablauf oder durch Aufhebung der Entscheidung im Urteilsstaat)[316], muss dieser Umstand durch das Gericht berücksichtigt und der Antrag auf Vollstreckbarerklärung abgewiesen werden[317].

Ausländische Entscheidungen, die auf Zahlung eines Zwangsgelds lauten, sind im Vollstreckungsstaat nur vollstreckbar, wenn die Höhe des Zwangsgelds durch die Gerichte des Ursprungsstaates endgültig festgesetzt ist (Art. 43 LugÜ/Art. 49 EuGVO).

2. Weitere Voraussetzungen des autonomen polnischen Rechts (Art. 1146 § 1 KPC)

Über die Voraussetzung der Vollstreckbarkeit und Gegenseitigkeit hinaus, müssen die ausländischen Entscheidungen in Polen die Erfüllung der restlichen Tatbestände des Art. 1146 § 1 Nr. 1-6 KPC gewährleisten (Art. 1150 § 1 Nr. 2 KPC). Die Vollstreckbarerklärung ausländischer gerichtlicher Vergleiche wird hingegen bereits dann verliehen, wenn der Vergleich im Staat des Abschlusses vollstreckbar und rechtskräftig ist, dem *ordre public* der polnischen Rechtsordnung nicht widerspricht und die Gegenseitigkeit mit diesem Staat verbürgt ist (Art. 1152 KPC). Die Zulässigkeit und die Vollstreckbarkeit eines ausländischen Prozessvergleichs richtet sich nach dem Prozessrecht des Staates, in dem der Vergleich geschlossen worden ist[318].

Anders als gegenüber den Feststellungs- und Gestaltungsurteilen inländischer Gerichte, die im Herkunftsstaat der in Polen anzuerkennenden Entscheidung tatsächlich anerkannt werden sollen (Art. 1146 § 1 KPC), setzte, bis zum Inkrafttreten der Novelle des polnischen Zivilverfahrensrechts von 1996, die Vollstreckbarerklärung der ausländischen Leistungsurteile in Polen - mit Ausnahme solcher über Unterhaltspflichten zwischen Eltern und Kindern - stets voraus, dass dies in einem völkerrechtlichen Vertrag geregelt ist (a. F. Art. 1150 § 1 KPC). Zum 1. Juli 1996 verlor diese Differenzie-

---

[314] *Ereciński/Ciszewski*, Międzynarodowe postępowanie, S. 416; *Weitz*, a. a. O., S. 98.

[315] *Siedlecki/Świeboda*, a. a. O., S. 271; *Weitz*, a. a. O., S. 98.

[316] *Kropholler*, a. a. O.

[317] Eine Ausnahme hierfür bildet das Kassationsverfahren (*postępowanie kasacyjne*), in dem der SN wegen Art. 393^{11} § 2 KPC den nachträglichen Verlust der Vollstreckbarkeit einer Entscheidung in ihrem Urteilsstaat nicht berücksichtigen kann, sofern sein Grund nach dem Erlass der zweitinstanzlichen Entscheidung in Sache der Vollstreckbarerklärung entstanden ist und diese Entscheidung mit der Kassation angefochten wurde; *Weitz*, a. a. O., S. 99.

[318] *Ereciński/Ciszewski*, KPC Kom., Art. 1152, Rn 4.

rung an Wichtigkeit, weil der neue Art. 1150 § 1 KPC für die Anerkennung und Vollstreckung von Leistungsurteilen die tatsächliche Verbürgung der Gegenseitigkeit genügen ließ. Diese muss demzufolge - im Gegensatz zu Art. 1146 § 1 KPC - nicht nur hinsichtlich der Anerkennung, sondern gerade der Vollstreckung vorliegen. Dieses Erfordernis kommt rechtstechnisch dadurch zum Ausdruck, dass Art. 1150 § 1 KPC für die Gegenseitigkeit nicht wie für die übrigen Tatbestände des Art. 1146 § 1 KPC auf diesen verweist. Bemerkenswert ist ferner, dass der polnische Gesetzeswortlaut eine Formulierung, nach der die Gegenseitigkeit „verbürgt" sein muss, vermeidet. Dies entspricht dem schon bisher eher anerkennungsfreundlichen Verständnis dieses Tatbestandmerkmals in Art. 1146 § 1 KPC, so dass für die Verweigerung der Vollstreckung einer ausländischen Entscheidung in Polen der Umstand sprechen würde, dass analoge polnische Entscheidungen im Herkunftsstaat einer konkreten Entscheidung rigoristischen Voraussetzungen unterliegen oder inhaltlich überprüft würden[319].

3. Weitere Voraussetzungen des LugÜ (Art. 31 ff.) und der EuGVO (Art. 38 ff.)

Die weiteren Vollstreckungsvoraussetzungen des LugÜ und der EuGVO können aus der Verweisung auf die Anerkennungsvoraussetzungen der Art. 27-27 LugÜ/Art. 34-35 EuGVO (dort auch ausdrücklich in Art. 45 Abs. 1) entnommen werden, daraus kann jedoch nicht geschlossen werden, die Vollstreckbarerklärung setzte die Anerkennung voraus[320]. Vielmehr existieren die Voraussetzungen der Vollstreckbarerklärung *„selbständig neben den Anerkennungsvoraussetzungen, und auch wenn sie inhaltlich weitgehend mit den letzten übereinstimmen"*, es besteht keine Deckungsgleichheit[321]. Demzufolge kann die Vollstreckbarerklärung eines ausländischen Titels an einer fehlenden Vollstreckbarkeit oder am Fehlen von Urkunden nach Art. 33 Abs. 3 i. V. m. Art. 46-47 LugÜ/Art. 40 Abs. 3 i. V. m. Art. 53 ff. EuGVO scheitern. Darüber hinaus lässt sich aus Art. 31-33 LugÜ/Art. 38-40 EuGVO das Erfordernis des Vorliegens der Gerichtsbarkeit des Vollstreckungsstaates gegen den Vollstreckungsschuldner und das Bestehen des Vollstreckungsanspruchs, der nicht erloschen sein darf, ableiten. Ist dieser durch freiwillige Erfüllung, Zwangsbetreibung oder Aufrechnung nach Abschluss des erststaatlichen Verfahrens oder aus sonstigen Gründen untergegangen, darf die Vollstreckbarerklärung nicht mehr erfolgen[322].

Die Vollstreckbarerklärung von vollstreckbaren öffentlichen Urkunden und gerichtlichen Vergleichen wird wiederum lediglich von der Einhaltung des *ordre public* des Anerkennungsstaates abhängig gemacht (Art. 50 Abs. 2 und Art. 51 LugÜ/Art. 57 Abs. 1 Satz 2 und Art. 58 EuGVO)[323].

Ferner - anders als im autonomen polnischen Recht - wird im Rahmen des LugÜ (Art. 47 Nr. 1) zwecks einer Vollstreckbarerklärung in Polen eine Zustellung der ur-

[319] *Ereciński/Ciszewski*, Międzynarodowe postępowanie, S. 379.
[320] *Geimer/Schütze*, a. a. O., Rn 61.
[321] *Ibidem*, und Art. 41, Rn 10.
[322] *Ibidem*, Art. 41, Rn 11 ff.
[323] *Ibidem*, Art. 57, Rn 51.

sprünglichen Entscheidung an den Schuldner verlangt. Während jedoch gemäß Art. 47 Nr. 1 LugÜ die gegebenenfalls fehlende Zustellung der ursprünglichen Entscheidung nach den Regeln des Urteilsstaates nachgeholt werden muss[324], ist sie gemäß Art. 42 Abs. 2 EuGVO nicht erforderlich und kann - soweit dies noch nicht geschehen ist - zusammen mit der Vollstreckbarerklärung zugestellt werden. Daraus folgt die Möglichkeit der Vollstreckbarerklärung vor Zustellung der Entscheidung[325].

Obwohl die Zustellung der ursprünglichen Entscheidung nach dem polnischen Recht keine Voraussetzung der Zwangsvollstreckung ist, hat das zuständige Organ dem Schuldner bei der ersten Amtshandlung ihm gegenüber die Mitteilung der Einleitung und der Art und Weise der Zwangsvollstreckung sowie den Inhalt des Vollstreckungstitels zuzustellen (Art. 805 § 1 KPC). Auf Verlangen des Schuldners ist ihm das Original vorzuweisen (Art. 805 § 2 KPC).

Zur gerichtlichen Vollstreckbarerklärung des ausländischen Titels bestehen keine Alternativen, soweit eine Zwangsvollstreckung des zugrunde liegenden Titels im Ausland angestrebt wird. Einer erneuten Klage auf Unterhaltszahlung am jeweiligen Aufenthaltsort des Schuldners steht in der ersten Linie die Rechtskraft der bereits erlassenen Entscheidung im Urteilsstaat entgegen, wenn diese im Vollstreckungsstaat anerkannt werden muss[326]. Lediglich dann, wenn eine Anerkennung des ausländischen Urteilstitels im Vollstreckungsstaat nicht in Betracht kommt, kann erneut ohne Bindung an die vorausgegangene ausländische Entscheidung eine Leistungsklage erhoben werden.

---

[324] *Mankowski* in *Rauscher* (Hrsg.), a. a. O., Rn 28.
[325] *Ibidem*, Rn 29; *Kropholler*, a. a. O., Rn 8.
[326] *Nagel/Gottwald*, Internationales Zivilprozessrecht, 5 Aufl. Münster/Köln 2002; § 11, Rn.17 ff.; *Kropholler*, a. a. O., vor Art. 33, Rn.12.

§ 11. Anerkennungsmodi

I. Delibationsverfahren

1. Grundlagen

Um die Interessen der polnischen Staatsangehörigen ausreichend zu schützen, hat sich der nationale Gesetzgeber grundsätzlich für die Anerkennung von Entscheidungen ausländischer Gerichte in zivilrechtlichen Angelegenheiten eigener Staatsangehörigen[327] i. S. v. Art. 1145 §1 KPC im Rahmen eines Delibationsverfahrens entschieden (Anerkennung *in concreto*). Den Entscheidungen ausländischer Gerichte wiederum, die lediglich fremde Staatsangehörige betreffen und aus Sicht des polnischen Gesetzgebers weniger bedeutsam sind[328], wurde ein leichterer Weg zur Erstreckung ihrer Wirkungen in Polen geschaffen, indem sie *ipso iure* und keinesfalls in einem Delibationsverfahren anerkannt werden können (Art. 1145 § 2 KPC)[329]. Das autonome polnische Recht sieht ferner keine Möglichkeit vor, die im Rahmen eines Delibationsverfahrens anzuerkennenden Entscheidungen *ad hoc*, inzident, d.h. in jedem Verfahren, in dem die inländische von einer ausländischen Entscheidung abhängt, anzuerkennen[330].

Über die Anerkennung kann als Vorfrage der Vollstreckbarerklärung (Art. 1151 § 1 Satz 2 KPC) oder auch selbständig, jeweils aber im Delibationsverfahren (*postępowanie delibacyjne*) entschieden werden (Art. 1145-1149 KPC)[331]. Unter dem Delibationsverfahren wird in der polnischen Rechtslehre ein Verfahren verstanden, dessen Gegenstand sowohl die Anerkennung (Anerkennungsverfahren) wie auch die Feststellung der Vollstreckbarkeit einer ausländischen Entscheidung (Vollstreckbarerklärungsverfahren) werden kann[332]. Das Delibationsverfahren ist daher ein besonderes Gerichtsverfahren, das über die Wirksamkeit der ausländischen Entscheidung, nicht aber über sie betreffendes Rechtsverhältnis entscheidet und den Schutz von subjektiven Rechten der Verfahrensbeteiligten erzielt[333]. Infolge dessen, dass das Delibationsverfahren im Rahmen des IZVR keine vollkommene Regelung erfahren hat, werden - im Fall von mangelnden autonomen Bestimmungen – die allgemeinen Vorschriften über das streitige Verfahren aus dem Ersten Buch des Ersten Teils des Zivilverfahrensgesetzbuches entsprechend angewendet (Art. 13 § 2 KPC)[334]. Im Zusammenhang damit vertritt der

[327] Dabei soll mindestens eine der Parteien oder der Beteiligten polnischer Staatsangehörigkeit sein. Personen mit zwei, also polnischer und ausländischer Staatsangehörigkeit werden durch die inländischen Behörden nur als polnische Staatsangehörige behandelt, Art. 2 § 1 PPM.

[328] *Ereciński/Ciszewski*, a. a. O., S. 362.

[329] *Piasecki*, Skuteczność i wykonalność, S. 139; *Ereciński/Ciszewski*, a. a. O., S. 384; dies. KPC Kom., Art. 1147, Rn 3.

[330] Entscheidung des SN vom 07.05.1999, II CKN, 211/98, OSNC 1999 Nr. 11, Pos. 199; *Piasecki*, a. a. O.; ders. KPC Kom., Art. 1147, Rn 1.

[331] *Piasecki*, Skuteczność i wykonalność, S. 121.

[332] *Ibidem*, S. 139; *Ereciński/Ciszewski*, Międzynarodowe postępowanie, S. 384; dies. KPC Kom., Art. 1147, Rn 1.

[333] *Piasecki*, a. a. O., S. 141.

[334] *Ibidem*, S. 140 ff.; *Jodłowski*, Uznanie i wykonanie, S. 62 ff.; ders. Nowe przepisy, S. 39 ff.; *Ereciński/Ciszewski*, a. a. O.; dies. KPC Kom., Art. 1147, Rn 1.

SN die Ansicht, dass das Delibationsverfahren kein nichtstreitiges Verfahren darstellt und eine ersatzweise Anwendung von Vorschriften des Zweites Buches des KPC, die das nichtstreitige Verfahren betreffen, unzulässig ist[335]. Ausgeschlossen ist hier auch die Anwendung von Vorschriften über die Gegenklage (*powództwo wzajemne*, Art. 204 KPC) und über die Haupt- und Nebenintervention (*interwencja główna i uboczna*, Art. 75-83 KPC), die nur im Allgemeinen streitigen Verfahren angewendet werden können[336].

Aus dem besonderen Charakter des Delibationsverfahrens sowie einer sinngemäßen Anwendung von Vorschriften über das streitige Verfahren folgt u. a. der Kontradiktorietätsgrundsatz (*zasada kontradyktoryjności*); es sei denn, die Entscheidung eines ausländischen Gerichts ist in einem nichtstreitigen Verfahren ergangen, an dem nur eine Person beteiligt gewesen ist) und die mit diesem Grundsatz verbundene Unzulässigkeit, die Beteiligten des Delibationsverfahrens, deren Verhältnis zueinander durch den kontradiktorischen Charakter dieses Verfahrens ausgeprägt ist, mit den Beteiligten des nichtstreitigen Verfahrens zu identifizieren[337]. Außerdem gilt im Delibationsverfahren der Grundsatz der Öffentlichkeit von Gerichtsverhandlung (*zasada jawności posiedzeń sądowych*, Art. 45 UK, Art. 206-226 KPC), auf den nur aus Gründen der Moral, der Sicherheit des Staates und der öffentlichen Ordnung sowie zum Schutz des Privatlebens der Parteien oder eines anderen wichtigen privaten Interesses verzichtet werden kann (Art. 45 § 2 UK). Einzelne Stimmen sprechen für eine volle Öffentlichkeit des Delibationsverfahrens[338].

Das Delibationsverfahren im Rahmen des polnischen IZVR verläuft gemäß *lege fori*, es sei denn, dass ein in Polen wirksames völkerrechtliches Abkommen etwas anderes bestimmt[339]. Eine supranationale Regelung der Anerkennung und Vollstreckung ausländischer Entscheidungen kann dabei entweder lediglich ausgewählte Fragen dieser Rechtsinstitute oder aber das ganze Verfahren gemäß Art. 1145-1149 KPC verdrängen, ohne hierzu ein Delibationsverfahren vorgesehen zu haben, wie das die Vollstreckungssysteme des LugÜ und der EuGVO tun (vgl. Art. 1096 KPC)[340].

---

[335] Entscheidungen des SN vom 09.12.1975, I CO 9/75, OSNCP 1976 Nr. 10, Pos. 219; und vom 12.04.1984, II CO 5/84 (nicht ver.). Trotzdem wird in den Bestimmungen über das Delibationsverfahren eine, mit dem nichtstreitigen Verfahren verwandte Terminologie angewendet: anstatt *strona* (Partei) ist von *uczestnik postępowania* (Verfahrensbeteiligter), anstatt *pozew* (Klage) über *wniosek* (Antrag) die Rede, vgl. *Jodłowski*, a. a. O., S. 39 ff. und ähnlich wie im Rahmen des nichtstreitigen Verfahrens die Delibationsentscheidung mit einer Appellation angefochten.

[336] *Ereciński/Ciszewski*, Międzynarodowe postępowanie, S. 385; dies. KPC Kom., Art. 1147, Rn 2.

[337] *Jodłowski*, a. a. O., S. 64; Piasecki, a. a. O., S. 146.

[338] *Jodłowski*, Gl. zur Entscheidung des SN vom 11.10.1969, VI KZP 25/70, PiP 1972 Nr. 2, S. 173.

[339] *Piasecki*, a. a. O., S. 140.

[340] Entscheidungen des SN vom 07.12.1973, II CZ 181/73, s. o.; und vom 21.10.1975, I CR 672/75, s. o.

2. Einleitung des Verfahrens

a. Das Prozessbefugnis

Das in Art. 1145-1149 KPC vorgesehene Delibationsverfahren kann lediglich nach wirksamer Stellung des Antrags auf Anerkennung durch eine berechtigte Person und niemals von Amts wegen eingeleitet werden (Art. 1147 § 1 KPC). Aktiv legitimiert ist hierfür jeder, der an der Anerkennung einer ausländischen Entscheidung im Inland ein „rechtliches Interesse" hat („*każdy kto ma interes prawny*"), es sei denn, dass eine direkt anwendbare Vorschrift eines durch Polen ratifizierten Abkommens etwas anderes bestimmt[341]. Findet jedoch Art. 1147 § 1 KPC Anwendung, so können den Anerkennungsantrag nicht nur die Beteiligten des Verfahrens vor dem ausländischen Gericht und deren Rechtsnachfolger, die über die primäre Legitimation verfügen[342], sondern auch jeder, der sein rechtliches Interesse nachweisen kann und somit über die sekundäre Legitimation verfügt, stellen[343]. Das „rechtliche Interesse" wird als ein objektives und - im Lichte des geltenden Rechts - aus einer realen Notwendigkeit des Schutzes einer bestimmten Rechtssphäre folgendes Bedürfnis, eine konkrete Gerichtsentscheidung zu erwerben, verstanden[344]. Der Begriff des „rechtlichen Interesses" soll daher auf die Urteilswirkungen der anzuerkennenden ausländischen Entscheidung zurückgeführt werden. Demzufolge kann von „Interesse" i. S. v. Art. 1147 § 1 KPC dann die Rede sein, wenn diese Wirkungen – vermittelt durch die Delibationsentscheidung eines inländischen Gerichts - die Sphäre der subjektiven Rechte des Antragsstellers beeinflussen oder zum Schutz von Rechten oder zur Erfüllung von gesetzlichen Verpflichtungen erforderlich sind[345].

Keine Rolle spielt für das Delibationsverfahren die Staatsangehörigkeit des Antragsstellers. Lediglich die Partei- und Prozessfähigkeit von ausländischen natürlichen und juristischen Personen sowie ausländischer Einheiten, die keine Rechtspersönlichkeit besitzen, wird in Polen ausschließlich nach der *lex fori* beurteilt, anders also als die der polnischen Verfahrensbeteiligten (Art. 64-71 i. V. m. Art. 13 § 2 KPC) nach Art. 1117 KPC[346].

Die Problematik des rechtlichen Interesses spielt keine Rolle im Delibationsverfahren zur Feststellung der Vollstreckbarkeit, in dem aktiv legitimiert der Gläubiger

---

[341] Vgl. Entscheidungen des SN vom 07.02.2000, I CKN 372/98, s. o.; und vom 05.07.2000, I CKN 123/00 (nicht ver.); *Piasecki*, KPC Kom., Art. 1147, Rn 15; *Ereciński/Ciszewski*, KPC Kom., Art. 1147, Rn 6.

[342] Vgl. Entscheidung des SN vom 15.07.1978, IV CR 242/78, s. o. in der die Ansicht geäußert wurde, dass primär legitimiert sind: die Parteien des Verfahrens und alle Personen, die an diesem Verfahren als Streitgenossen, Haupt- und Nebenintervenienten, sowie deren Einzel- und Gesamtnachfolger teilgenommen haben; *Piasecki*, a. a. O., Art. 1147, Rn 7; ders. Skuteczność i wykonalność, S. 144.

[343] *Piasecki*, Skuteczność i wykonalność, S. 143 ff.; ders. KPC Kom., Art. 1147, Rn 7.

[344] *Ereciński/Ciszewski*, Międzynarodowe postępowanie, S. 386. Vgl. auch Art. 76, 189, 510 KPC.

[345] Entscheidung des SN vom 23.09.1977, I CR 309/77, OSNCP 1978 Nr. 8, Pos. 139; s. auch *Ereciński/Ciszewski*, a. a. O., S. 386 ff. und *Piasecki*, Skuteczność i wykonalność, S. 143 ff. mit zahlreichen Nachweisen aus der Rechtsprechung des SN. Dort auch ausführlich über den Begriff des „Interesses" im polnischen Zivilprozessrecht.

[346] *Ereciński/Ciszewski*, a. a. O., S. 389.

(*wierzyciel*) bzw. seine Einzel- oder Gesamtrechtsnachfolger (*następcy prawni pod tytułem ogólnym albo szczególnym*) sind[347]. Passiv legitimiert ist in der Regel - sowohl im Anerkennungs- wie auch im Vollstreckbarerklärungsverfahren - die Person, die im ausländischen Verfahren verklagt gewesen ist, in dem letzt genannten Verfahren also der Schuldner, gegen den die Zwangsvollstreckung geführt wird[348]. Infolge dessen, dass in einem Delibationsverfahren keine ersatzweise Anwendung von Vorschriften über das nichtstreitige Verfahren zulässig ist (also auch von Art. 510 KPC, der festlegt, wer an diesem Verfahren beteiligt werden darf), bleibt es offen, wer außer dem Antragssteller und den Beteiligten in dem Ausgangsverfahren an dem Delibationsverfahren vor einem inländischen Gericht teilnehmen kann[349]. Gegenüber den Beteiligten eines Delibationsverfahrens kann auf Grund von Art. 143-144 KPC ein Zustellungspfleger (*kurator do doręczeń*) bestellt werden[350]. Ausgeschlossen von dieser Regelung ist der Antragssteller.

b. Die formellen Bedingungen des Antrags

Die formellen Bedingungen des Antrags auf Anerkennung einer ausländischen Entscheidung formuliert die Vorschrift des Art. 1147 § 2 KPC; des Antrags auf Vollstreckbarerklärung die Vorschrift des Art. 1151 und Art. 1153 i. V. m. Art. 1147 § 2 KPC. Demzufolge sind dem Anerkennungsantrag – außer den allgemeinen formellen Bedingungen eines prozessualen Schriftsatzes, eingeschlossen das Begehren der Anerkennung und die Angaben über die anzuerkennende ausländische Entscheidung (Art. 126 KPC)[351] - eine beglaubigte Ausfertigung der Entscheidung, ihre Übersetzung in die polnische Sprache (vgl. Art. 27 UK) sowie eine amtliche Bestätigung ihrer Rechtskraft beizufügen (Art. 1147 § 2 KPC)[352]. Darüber hinaus, wenn die anzuerkennende ausländische Entscheidung ein Versäumnisurteil ist, wird von dem Antragssteller eine Bescheinigung verlangt, dass die Ladung dem Beklagten ordnungsgemäß zugestellt wurde (Art. 1147 § 2 KPC *in fine*). Darüber, ob die Zustellung der Ladung im Ausland ordnungsgemäß erfolgt ist, entscheidet nach der polnischen Rechtsprechung und Rechtslehre zwar das Recht des Herkunftsstaates der anzuerkennenden Entscheidung[353], trotzdem soll die Zustellung auch aus Sicht des polnischen Rechts wirksam sein (s. o. § 9 V 5 a)[354] und die Bescheinigung darüber nach dem letzteren Recht ent-

[347] *Ibidem*; dies., KPC Kom., Art. 1147, Rn 13; *Weitz*, a. a. O., S. 106.
[348] *Piasecki*, a. a. O., S. 146; ders. KPC Kom., Art. 1147, Rn 3; *Ereciński/Ciszewski*, a. a. O.
[349] *Weyde*, a. a. O., S. 172.
[350] Entscheidung des SN vom 10.04.1978, III CRN 40/78, OSNCP 1978, Nr. 12, Pos. 236.
[351] *Ereciński/Ciszewski*, KPC Kom., Art. 1147, Rn 18.
[352] *Piasecki*, KPC Kom., Art. 1147, Rn 4.
[353] Entscheidung des SN vom 06.02.1975, II CR 849/75, s. o.; *Piasecki*, Skuteczność i wykonalność, S. 141 f.; *Ereciński/Ciszewski*, a. a. O., Art. 1147, Rn 20; dies. Międzynarodowe postępowanie, S. 394. Über den ordnungsgemäßen Charakter der Zustellung vgl. auch Entscheidungen des SN vom 08.03.1972, I CR 4/72, OSNCP 1972 Nr. 9, Pos. 166, und vom 07.05.1980, IV CR 116/80, OSNCP 1980 Nr. 11, Pos. 220
[354] Entscheidungen des SN vom 08.03.1972, I CR 4/72, s. o.; und vom 07.05.1980, IV CR. 116/80, s. o.

fallen können, sofern der Antragssteller in dem ausländischen Verfahren die beklagte Partei gewesen ist[355].

Gemäß Art. 126 KPC sollen dem Antrag auf Anerkennung oder Vollstreckbarerklärung einer ausländischen Entscheidung – wie jedem Prozessschriftsatz - die folgenden Elemente beigefügt werden:

1) Die Bezeichnung des Gerichts, an welches der Antrag gerichtet ist, die Vor- und Familiennamen oder Namen der Parteien, ihrer gesetzlichen Vertreter und Bevollmächtigten,
2) Die Bezeichnung der Art des Schriftsatzes,
3) Eine kurze Darstellung des Antragsinhalts (hier also das Anerkennungs- bzw. Vollstreckbarerklärungsbegehren) sowie der Beweise für die angeführten tatsächlichen Umstände,
4) Die Unterschrift der Partei, ihres gesetzlichen Vertreters oder Bevollmächtigten,
5) Die Aufzählung der Anlagen (§ 1).

Infolge dessen, dass der Antrag auf Anerkennung oder Vollstreckbarerklärung einer ausländischen Entscheidung in der Regel der erste prozessuale Schriftsatz in der Sache ist, muss ihm zusätzlich die Bezeichnung des Berufs und des Wohnsitzes oder des Sitzes der Parteien, ihrer gesetzlichen Vertreter und Bevollmächtigten beigefügt werden (§ 2). Handelt es sich jedoch um weitläufige Schriftsätze in der Sache, gehört hierzu auch die Signatur der Akten. Gemäß Art. 125 § 2 KPC müssen viele der Prozessschriftsätze auf amtlichen Vordrucken (*urzędowe formularze*) eingereicht werden. Einige von denen können auch auf elektronischen Datenträgern (*elektroniczne nośniki informacji*) eingereicht werden. Für die Anträge im Delibationsverfahren – anders als im Fall des Antrags auf die Erteilung einer Vollstreckungsklausel – sind allerdings keine Vordrucke vorgesehen worden[356].

Was das Erfordernis der Vorlage einer Bestätigung über die Rechtskraft der im Inland anzuerkennenden Entscheidung betrifft, fehlt in dem polnischen IZVR Bestimmung, welches ausländische Organ berechtigt ist, diese zu bestätigen[357]. Nach Ansicht des SN genügt dem inländischen Anerkennungsgericht eine entsprechende Feststellung des ausländischen Gerichts, dass es die Entscheidung erlassen bzw. in der ersten Instanz entschieden hat[358]. Diese kann in einem Vermerk auf einer Ausfertigung der Entscheidung oder in einer gesonderten Bestätigung enthalten sein. Die Feststellung der Rechtskraft einer ausländischen Entscheidung bindet das inländische Gericht und bildet für dieses den obligatorischen und ausschließlichen Beweis ihrer Unanfechtbar-

---

[355] *Piasecki*, a. a. O., S. 142.

[356] Rozporządzenie Ministra Sprawiedliwości z dnia 20.09.2000 r. w sprawie określenia wzorów i sposobu udostępniania stronom urzędowych formularzy pism procesowych w postępowaniu cywilnym, Dz. U. 2000 Nr. 81, Pos. 911.

[357] *Ereciński/Ciszewski*, Międzynarodowe postępowanie, S. 391; dies. KPC Kom., Art. 1147, Rn 17.

[358] Entscheidungen des SN vom 29.10.1982, IV CR 458/81, OSPiKA 1983, Pos. 123, und vom 07.05.1980, IV CR. 116/80, s. o.

keit (*wyłączny dowód niezaskarżalności*), es sei denn, die Feststellung stammt von dem polnischen Konsulat im Herkunftsstaat oder von dem Konsulat des Herkunftsstaates in Polen[359]. Ist dem Antragssteller der Beweis der Rechtskraft der anzuerkennenden Entscheidung in ihrem Herkunftsstaat nicht gelungen, wird sein Antrag zurückgewiesen[360]. Lediglich dann, wenn der Antragssteller in dem Verfahren vor dem Erstgericht als Beklagter beteiligt gewesen ist, soll das Erfordernis der Vorlage solcher Bestätigung entfallen[361].

Wenn der Antrag auf Anerkennung oder Vollstreckbarerklärung einer ausländischen Entscheidung nicht ordnungsgemäß in Lauf gesetzt werden kann, weil die erforderlichen Dokumente nicht vorgelegt, die formellen Antragsbedingungen also nicht erfüllt wurden[362], wird der Antragssteller – unter Androhung der Zurückweisung des Schriftsatzes - zur Berichtigung oder zur Ergänzung der Dokumentation gemäß Art. 130 § 1 KPC i. V. m. Art. 13 § 2 KPC aufgefordert. Sofern das erforderliche Dokument innerhalb einer durch das Gericht bestimmten Frist (in der Regel innerhalb einer Woche, vgl. auch Art. 166 KPC) nicht zugestellt wird, wird der Antrag gemäß Art. 130 § 2 KPC zurückgewiesen[363], ohne jedoch irgendwelche prozessualen Wirkungen hervorzurufen, so dass die Möglichkeit einer erneuten Antragsstellung offen bleibt[364]. Anders bei einem Antrag auf Anerkennung einer Entscheidung, die entweder gemäß Art. 1145 § 2 KPC oder nach den Regeln eines für Polen wirksamen völkerrechtlichen Vertrags *ex lege* anerkannt wird. Aus Mangel an Zweckmäßigkeit eines Delibationsverfahrens wird solcher Antrag, ohne die Möglichkeit ihn erneut zu stellen, zurückgewiesen[365].

---

[359] Gl. von *Jodłowski* zur Entscheidung des SN vom 29.12.1972, I CZ. 150/72, OSPiKA 1975, Pos. 267.; s. auch Entscheidungen des SN vom 29.10.1982, IV CR 458/81, s. o.; und vom 28.05.1987, II CZ 61/87 (nicht ver.); *Piasecki*, a. a. O., S. 68 ff. Der Ausschluss von Beweiskraft der von solchen Konsulaten stammenden Feststellungen der Rechtskraft einer ausländischen Entscheidung wird - als zu rigoristisch - vermehrt kritisiert, vgl. *Ereciński/Ciszewski*, Międzynarodowe postępowanie, S. 392; dies. KPC Kom., Art. 1147, Rn 17; *Gneła*, Gl. zur Entscheidung des SN von 29.10.1982, s. o.; *Piasecki*, KPC Kom., Art. 1147, Rn 4.

[360] *Ereciński/Ciszewski*, Międzynarodowe postępowanie, S. 392 ff.; dies. KPC Kom., Art. 1147, Rn 18.

[361] *Ereciński/Ciszewski*, KPC Kom., s. o.

[362] Die Entscheidung darüber, ob es sich im Fall von unterlassener Beifügung um eine formelle Voraussetzung i. S. v. Art. 130 KPC oder aber um eine materielle Voraussetzung handelt, derer Mangel zur sachlichen Abweisung des Antrags führt, ist sehr umstritten; vgl. *Jodłowski*, Uznanie i wykonanie, S. 64 ff.; *Weitz*, a. a. O., S. 143; *Ereciński/Ciszewski*, a. a. O.; dies. Międzynarodowe postępowanie, S. 392 ff.

[363] Entscheidungen des SN vom 06.06.1977, III CZ 45/77, OSPiKA 1978 Nr. 3, Pos. 51; und vom 10.03.1980, IV CR 28/80 (nicht ver.); Gl. von *Jodłowski* zur Entscheidung des SN vom 29.12.1972, I CZ 150/72, OSPiKA 1975 Nr. 12, Pos. 267, in der der SN den Verstoß gegen Art. 1147 § 2 oder Art. 1153 KPC als keinen formellen Mangel und damit auch keinen Grund für die Anwendung von Art. 130 i. V. m. Art. 13 § 2 KPC angesehen hat; *Piasecki*, a. a. O., Rn 5; ders. Skuteczność i wykonalność, S. 70; *Ereciński/Ciszewski*, KPC Kom., s. o.

[364] *Ciszewski*, Konwencja z Lugano, Art. 49, Rn 2.

[365] *Jodłowski*, Uznanie i wykonanie, S. 55; *Ereciński/Ciszewski*, a. a. O., Art. 1148, Rn 7; Entscheidung des SN vom 23.09.1964, I CZ 15/64 (nicht ver.).

Der Antrag auf die Anerkennung einer ausländischen Entscheidung ist in Polen bei dem Bezirksgericht (*sąd okręgowy*) einzureichen, das für die Entscheidung in der Sache zuständig ist oder in dessen Bezirk sich das örtlich zuständige Rayongericht (*sąd rejonowy*) befindet (Art. 1148 § 1 i. V. m. Art. 27 ff. KPC). In einem Fall, in dem es nach den allgemeinen Regeln über die örtliche Zuständigkeit an solcher in Polen fehlt, weil die inländischen Gerichte international nicht zuständig sind, ist der Antrag bei dem Bezirksgericht Warszawa zu stellen (Art. 1148 § 1 KPC). Nach Ansicht des SN ist die durch Art. 1148 § 1 KPC bestimmte örtliche Zuständigkeit des Anerkennungsgerichts ausschließlich. Daraus folgt der Ausschluss der Regelungen des Art. 45 KPC über die Bestimmung des zuständigen Gerichts durch den SN[366], sowie des Art. 508 KPC, der aufgrund seiner Zugehörigkeit zu den Vorschriften über das nichtstreitige Verfahren in einem Delibationsverfahren nicht angewendet werden kann[367]. Demzufolge kann auch das Gericht des Wohnsitzes des Antragsstellers nicht zuständig werden (Art. 508 § 2 KPC)[368]. Eine ausnahmsweise Anwendung von Art. 508 § 1 KPC, die das örtlich zuständige Gericht bestimmen würde, findet lediglich dann statt, wenn die anzuerkennende Entscheidung in einer Sache ergangen ist, die in Polen in einem nichtstreitigen Verfahren entschieden würde[369].

3. Verfahrensablauf und Kognitionsgegenstand

Das berufene Bezirksgericht in der Besetzung von drei Berufsrichtern überprüft von Amts wegen, ob der Antragssteller an der Anerkennung ein rechtliches Interesse hat und die Voraussetzungen aus Art. 1146 § 1 Nr. 1-6 KPC vorliegen[370]. Hierzu hat es eine mündliche Verhandlung anzuberaumen, die unter der Teilnahme des Staatsanwalts verlaufen soll (Art. 1148 § 2 KPC). In der Praxis ist die Beteiligung des Staatsanwalts an solchen Verfahren selten. Ob zu Recht ist in der polnischen Rechtslehre umstritten[371]. Der Charakter der Position des Staatsanwalts in einem Anerkennungsverfahren hängt ferner davon ab, ob er, kraft Art. 7 KPC[372], den Anerkennungsantrag stellt oder aber, kraft Art. 1148 § 2 KPC, an dem Verfahren einfach teilnimmt, indem er den Antrag unterstützt oder ihm widerspricht[373]. In jedem Fall der Antragsstellung muss auch der Staatsanwalt sein rechtliches Interesse nachweisen[374], das allerdings auch das von ihm vertretene Subjekt betreffen kann. Anders ist die Position des Staatsanwalts in einem Verfahren zur Feststellung der Vollstreckbarkeit, wo er zu einer Teilnahme nicht verpflichtet, sondern berechtigt ist (Art. 7, Art. 59 und Art. 60 KPC). Zu einer Teilnahme an einem Delibationsverfahren sind auch gesellschaftliche Organi-

---

366 *Ereciński/Ciszewski*, a. a. O., Rn 1; dies. Międzynarodowe postępowanie, S. 395.
367 *Ereciński/Ciszewski*, KPC Kom., Art. 1147, Rn 2.
368 *Ereciński/Ciszewski*, a. a. O., Art. 1148, Rn 1; dies. Międzynarodowe postępowanie, s. o.
369 *Ibidem*.
370 Entscheidung des SN vom 23.08.1990, I CR 415/90, OSP 1992 Nr. 3, Pos. 68.
371 *Ereciński/Ciszewski*, KPC Kom., Art. 1148, Rn 12; dies. Międzynarodowe postępowanie, S. 400.
372 S. Anhang I.
373 *Piasecki*, a. a. O., Rn 10; *Ereciński/Ciszewski*, a. a. O.
374 *Ereciński/Ciszewski*, KPC Kom., Art. 1147, Rn 11; dies. Międzynarodowe postępowanie, S. 389.

sationen berechtigt, die jedoch anders als der Staatsanwalt, einen Antrag nur unterstützen und nicht stellen können (Art. 8 und Art. 61 KPC)[375].

Am Anfang jedes Delibationsverfahrens muss das inländische Gericht überprüfen, in welchem Verfahren die vorliegende ausländische Entscheidung anzuerkennen bzw. zu vollstrecken ist, ob also für den gerichtlichen Entscheidungsprozess die Regeln des autonomen polnischen Rechts oder vielleicht eines völkerrechtlichen Vertrags maßgeblich sind. Nicht nach jedem Anerkennungs- und Vollstreckungssystem sind die dort beinhalteten Voraussetzungen von Amts wegen zu überprüfen (vgl. Art. 41 Satz 1 i. V. m. Art. 34-35 EuGVO). Unabhängig jedoch davon, ob die Anerkennungs- oder Vollstreckungsvoraussetzungen von Amts wegen oder erst auf Einrede des Antragsstellers überprüft werden, findet in den meisten Fällen der Nichtfeststellbarkeit einiger dieser Voraussetzungen durch das Delibationsgericht die allgemeine Regel des Art. 6 KC ihre Anwendung. Demzufolge, wenn das Delibationsgericht der Richtigkeit von Behauptungen über bestimmte Tatsachen nicht sicher ist, trägt der Antragssteller - als derjenige, der aus diesen Tatsachen für sich Rechtsfolgen herleiten will - die Beweislast[376]. Außer der Feststellung der Anerkennungs- oder Vollstreckungsvoraussetzungen, ist das Delibationsgericht gezwungen, die sog. äußerlichen Umstände zu untersuchen, also die Fragen zu beantworten, ob z.B. die Gegenseitigkeit verbürgt wurde oder die Sache zur ausschließlichen Zuständigkeit der polnischen oder der Gerichte eines Drittstaates gehört[377]. Eine über diese Voraussetzungen und äußerliche Umstände hinausgehende Überprüfung der ausländischen Entscheidung auf ihre Rechtsmäßigkeit findet nicht statt (Verbot der *révision au fond*)[378]. Zufolge diesem Verbot, sowie der Tatsache, dass das Delibationsverfahren keine Fortsetzung des ausländischen Erkenntnisverfahrens ist und von diesem unabhängig läuft, ist es nicht möglich, vor dem inländischen Delibationsgericht eine Einwendung gegen die ausländische Entscheidung bzw. das in ihr festgestellte Rechtsverhältnis vorzubringen[379].

Gehört die anzuerkennende Entscheidung zum Anwendungsbereich der Art. 1145-1149 KPC, so stellt das Delibationsgericht jedem Verfahrensbeteiligten die Abschrift des Antrags (Art. 140 KPC) und die Ladung zur Verhandlung (Art. 149 § 2 KPC) zu[380]. Für die Zustellungen im Ausland, wo die meisten Verfahrensbeteiligten der Delibationsverfahren wohnen, werden die Regeln der internationalen Rechtshilfeabkommen angewendet (Art. 1133-1136 KPC)[381]. Danach ist u. a. der im Ausland wohnhafte Verfahrensbeteiligte, der keinen in Polen wohnhaften Bevollmächtigten zur Führung der Sache bestellt hat, verpflichtet, einen Zustellungsbevollmächtigten im Inland anzugeben (Art. 1135 KPC). Eine Ausnahme von dieser Pflicht gilt, wenn dieser Verfah-

---

[375] S. Anhang I.

[376] *Siedlecki*, Postępowanie nieprocesowe, Warszawa 2001, § 31 S. 73; *Weyde*, a. a. O. S. 173.

[377] *Jodłowski*, a. a. O., S. 58 f.; *Ereciński/Ciszewski*, KPC Kom., Art. 1148, Rn 9; dies. Międzynarodowe postępowanie, S. 397.

[378] Vgl. Entscheidungen des SN vom 21.10.1975, I CR 672/75, s. o.; und vom 05.11.1975, OSN 1976, s. o.; *Ereciński/Ciszewski*, KPC Kom., Art. 1148, Rn 10; dies. Międzynarodowe postępowanie, S. 398.

[379] Entscheidung des SN vom 23.08.1990, I CR 415/90, s. o.; *Ereciński/Ciszewski*, a. a. O.

[380] *Ereciński/Ciszewski*, KPC Kom., Art. 1147, Rn 22; dies. Międzynarodowe postępowanie, S. 395.

[381] *Ereciński/Ciszewski*, KPC Kom., Art. 1148, Rn 3; dies. Międzynarodowe postępowanie, S. 396.

rensbeteiligte nach einer wirksamen Erbringung des Anerkennungsantrags eine Erklärung abgegeben hat, dass er keinen Zustellungsbevollmächtigten bestellen möchte und damit einverstanden ist, dass die für ihn bestimmten Gerichtsschriftsätze in der Fallakte zurückgelassen werden und damit als zugestellt gelten[382].

Der Kognitionsgegenstand des Delibationsgerichts wird durch das Begehren des Antragsstellers bestimmt, so dass es in einem Delibationsverfahren entweder:

1) über die Anerkennung einer ausländischen Entscheidung, also die Feststellung und damit die Erstreckung ihrer Wirkungen - außer der Vollstreckbarkeit (Wirksamkeit *sensu stricto*) - auf das polnische Hoheitsgebiet, oder
2) über die Feststellung der Vollstreckbarkeit solcher Entscheidung im Inland, also ihre volle Anerkennung - eingeschlossen ihre Vollstreckungskraft (Wirksamkeit *sensu largo*) – entschieden.

Das Delibationsgericht kann das Verfahren von Amts wegen aussetzen[383]. Das gilt vor allem dann, wenn seine Entscheidung vom Ausgang eines ausländischen Zivilverfahrens um die Aufhebung der anzuerkennenden Entscheidung aufgrund eines außerordentlichen Rechtsmittels abhängig ist (Art. 177 § 1 Nr. 1 KPC).

4. Delibationsentscheidung und Rechtsmittel

Ein inländisches Delibationsverfahren wird mit einer individuellen positiven (stattgebenden, im Fall der Zulassung der Anerkennung oder Vollstreckbarerklärung) oder negativen (im Fall der Zurückweisung der Anerkennung oder Vollstreckbarerklärung) Entscheidung des inländischen Gerichts abgeschlossen[384]. Abhängig von dem Gegenstand der gerichtlichen Kognition handelt es sich hierbei entweder um den Beschluss über die Anerkennung der Feststellungs- und Gestaltungsurteile (die sog. Delibationsentscheidung) oder um den Beschluss über die Feststellung der Vollstreckbarkeit der Leistungsurteile sowie der Gestaltungsurteile mit vollstreckbarem Inhalt (der sog. Feststellungsbeschluss oder die Vollstreckbarerklärung)[385]. Das Delibationsgericht, das die Erfüllung von sämtlichen Anerkennungs- bzw. Vollstreckungsvoraussetzungen festgestellt hat, kann weder über mehr noch über weniger als das Begehren des Antragsstellers entscheiden[386].

[382] *Ibidem*; vgl. Entscheidung des SN vom 18.05.1975, III CRN 404/74, PiP 1975 Nr. 10 mit Gl. von *Jodłowski*.
[383] *Ereciński/Ciszewski*, KPC Kom., Art. 1148, Rn 3; dies. Międzynarodowe postępowanie, s. o.
[384] *Ereciński/Ciszewski*, KPC Kom., Rn 11.
[385] *Piasecki*, Skuteczność i wykonalność, S. 139.
[386] *Ereciński/Ciszewski*, a. a. O., Rn 6; dies. Międzynarodowe postępowanie, s. o.

Nur wenn bei einem Antrag auf die Anerkennung einer ausländischen Entscheidung außer den Anerkennungs- auch die Vollstreckungsvoraussetzungen vorliegen, soll das Delibationsgericht den Antragssteller über die Möglichkeit und Zweckmäßigkeit eines Antrags auf Vollstreckbarerklärung dieser Entscheidung informieren und zur Modifikation seines ursprünglichen Antrags führen[387].

Infolge des Anerkennungsverfahrens wird daher der ausländischen Entscheidung die konstitutive Delibationsentscheidung des polnischen Gerichts eingefügt, die zusammen mit der ausländischen Entscheidung und ihrer amtlichen Übersetzung eine integrierte Ganzheit bildet[388]. Die Delibationsentscheidung funktioniert ferner als eine unentbehrliche und rücksichtslose Bedingung der Wirksamkeit und damit als Grundlage der Anerkennung der ausländischen Entscheidung im Inland[389], die mit der Rechtskrafterlangung der Delibationsentscheidung erfolgt[390]. Dadurch, dass die Anerkennung *ex tunc* geschieht, wirkt sie auf den Zeitpunkt zurück, in dem die Urteilswirkungen gemäß dem für sie maßgebenden Recht eingetreten sind, regelmäßig demnach auf die Rechtskrafterlangung im Urteilsstaat. Lediglich die Vollstreckungswirkung wird den ausländischen Entscheidungen *ex nunc* verliehen.

Eine im Rahmen eines Delibationsverfahrens in das polnische Rechtssystem inkorporierte Entscheidung bleibt im Inland so lange wirksam, bis sie – nach ihrer eventuellen Aufhebung oder Abänderung in einem außerordentlichen Rechtsbehelfsverfahren im Herkunftsstaat – durch eine Wiederaufnahmeklage gemäß Art. 403 § 2 KPC, wenn es sich um Gestaltungs- und Feststellungsurteile handelt, oder durch die Wiederaufnahmeklage gemäß Art. 403 § 1 Nr. 1 KPC bzw. die Vollstreckungsgegenklage gemäß Art. 840 § 1 Nr. 2 KPC), wenn Leistungsurteile betroffen sind, auch in Polen aufgehoben wird[391].

Die Delibationsentscheidung kann mit einer Appellation (*apelacja*) angefochten werden. Diese ist – innerhalb von zwei Wochen ab der Zustellung dieser Entscheidung samt Begründung an die anfechtende Partei oder, wenn die Begründung nicht angefordert wurde, nach Ablauf der Frist, innerhalb derer eine Urteilsbegründung angefordert werden konnte (eine Woche also, Art. 369 KPC) – bei dem Bezirksgericht, das die angefochtene Delibationsentscheidung erlassen hat, einzulegen (Art. 1148 § 3 und Art. 367 ff. KPC) und steht allen Verfahrensbeteiligten zu, die an dem Verfahren in erster Instanz beteiligt waren, eventuell also auch dem Staatsanwalt (Art. 55 ff. KPC). Besteht ein Grund, den Beschluss der Appellationsinstanz, der das Verfahren in der Sache beendet, anzufechten, so kann eine Kassationsbeschwerde an den SN (Art. 398^1 ff.

---

387 *Ibidem.*

388 *Ereciński/Ciszewski*, KPC Kom., Art. 1147, Rn 8; *Mączyński*, a. a. O., S. 73.

389 *Jodłowski*, Nowe przepisy, S. 43; *Korzan*, Orzeczenie konstytutywne, S. 170; *Piasecki*, a. a. O., S. 13, 148.

390 Im Anerkennungsverfahren grundsätzlich zwei Wochen (Art. 373 § 1 Satz 1 KPC), im Vollstreckbarerklärungsverfahren eine Woche ab Zustellung oder Verkündung (Art. 394 § 2 KPC).

391 Vgl. Entscheidung des SN vom 06.02.1975, II CR 849/74, mit Gl. von *Ciszewski*, PiP 1977 Nr. 5, S. 165 f.; vgl. Anhang I.

KPC[392] i. V. m. Art. 13 § 2 KPC) Art. 392 ff. i. V. m. Art. 13 § 2 KPC)[393] oder eine Klage auf Wiederaufnahme des Verfahrens (*skarga o wznowienie postępowania*), das durch eine rechtskräftige Entscheidung beendet wurde, erhoben werden (Art. 1148 § 3 als *lex specialis* gegenüber Art. 399 ff. KPC)[394]. Dabei ist die Kassationsbeschwerde an das Gericht, das den angefochtenen Beschluss erlassen hat, innerhalb von zwei Monaten (Art. 398^5 § 1 KPC) und die Wiederaufnahmeklage an das gleich bestimmte Gericht innerhalb von einer dreimonatigen Frist einzureichen (Art. 407 § 1 KPC), wobei über die Beschwerde vor dem jeweils nächst höherem Gericht verhandelt wird (sog. Devolutionsprinzip, *zasada dewolutywności*). In dem Verfahren vor dem SN, wie auch in niedrigerer Instanz bezüglich der Prozesshandlungen, die mit diesem Verfahren zusammenhängen, müssen die Parteien durch einen Bevollmächtigten vertreten werden, der ein Rechtsanwalt oder ein Rechtsberater ist (Art. 87^1 § 1 KPC).

Kraft Art. 408 i. V. m. 13 § 2 KPC gilt für die Wiederaufnahmeklage eine zeitliche Einschränkung. Diese kann nämlich nach Ablauf von fünf Jahren seit der Rechtskrafterlangung der Delibationsentscheidung nicht beantragt werden, mit Ausnahme des Falls, wenn der Partei die Handlungsmöglichkeit genommen wurde oder wenn sie nicht ordnungsgemäß vertreten wurde[395]. Ferner ist die Wiederaufnahmeklage, ähnlich wie die Wiedereinsetzung in den vorigen Stand zur Einlegung eines Rechtsmittels (Art. 170 KPC)[396], auch dann ausgeschlossen, wenn die rechtskräftigen Delibationsentscheidungen inländischer Gerichte, die ausländischen Entscheidungen anerkennt, durch welche eine Scheidung erkannt, eine Ehe für nichtig erklärt oder das Nichtbestehen einer Ehe festgestellt wird, wenn nur ein Verfahrensbeteiligter nach Rechtskraft der Entscheidung eine neue Ehe eingegangen ist (Art. 1149 KPC).

II. Anerkennung *ipso iure*

1. Art. 1145 § 2 KPC

a. Grundlagen

Folgend der Ausnahme von dem Grundsatz der förmlichen Anerkennung von zivilrechtlichen Entscheidungen ausländischer Gerichte in Form von Anerkennung *ipso iure* gemäß Art. 1145 § 2 KPC bedürfen die in ihrem Herkunftsstaat rechtskräftigen[397] Entscheidungen in nichtvermögensrechtlichen Angelegenheiten fremder Staatsangehöriger (*sprawy niemajątkowe obywateli obcych*), die durch das nach ihrem Heimatrecht

---

[392] Novellierung mit dem Gesetz zur Änderung des Gesetzes – das Zivilverfahrensgesetzbuch – und des Gerichtsverfassungsgesetzes - Ustawa z dnia 22.12.2004 o zmianie ustawy - Kodeks postępowania cywilnego oraz ustawy - Prawo o ustroju sądów powszechnych, Inkrafttreten am 06.02.2005.

[393] Mit dem Änderungsgesetz vom 24.05.2000 wurde in Art. 1148 § 3 KPC die Möglichkeit der Erhebung einer Kassation eingeführt, Dz.U. 2000, Nr. 48, Pos. 554; s. *Ereciński/Ciszewski*, a. a. O., Art. 1148, Rn 13.

[394] *Piasecki*, KPC Kom., Art. 1148, Rn 5.

[395] *Piasecki*, Skuteczność i wykonalność, S. 149.

[396] S. Anhang I.

[397] *Ereciński/Ciszewski*, Międzynarodowe postępowanie, S. 362

zuständige Gericht erlassen worden sind, keiner Anerkennung und können ihre Wirkungen auf dem polnischen Hoheitsgebiet automatisch erstrecken[398].

Eine Ausnahme von der Ausnahme von dem Grundsatz der Anerkennung im Rahmen eines Delibationsverfahrens sieht Art. 1145 § 2 KPC *in fine* vor, der für den Fall, dass die ausländische Entscheidung die Grundlage für eine Eheschließung oder für die Eintragung in ein Personenstandsbuch, in ein Grundbuch oder in ein anderes Register in Polen bilden, eine förmliche Anerkennung der dort genannten ausländischen Entscheidungen fordert.

b. Voraussetzungen

Im Rahmen der in Art. 1145 § 2 KPC geregelten Anerkennung *ipso iure* wird die ausländische Entscheidung zum Zeitpunkt ihrer Rechtskrafterlangung im Herkunftsstaat auch in Polen rechtskräftig, es sei denn, dass ein Verstoß gegen den polnischen *ordre public* (Art. 1146 § 4 KPC) oder die entgegenstehende Rechtskraft einer polnischen Entscheidung (vgl. Art. 365 § 1, Art. 366 und Art. 1146 § 1 Nr. 4 KPC) vorliegt[399]. Die Erfüllung der sonstigen für die förmliche Anerkennung in Art. 1146 § 1 Nr. 1-6 KPC festgelegten Voraussetzungen, einschließlich der Verbürgung der Gegenseitigkeit und der Bestätigung von Rechtskraft der ausländischen Entscheidung gemäß Art. 1147 § 2 KPC[400], ist gemäß Art. 1145 § 2 KPC nicht erforderlich. Eine im Wege der Anerkennung *ipso iure* in das polnische Rechtssystem inkorporierte Entscheidung ist im Inland so lange wirksam, bis ihre Urteilswirkungen im Herkunftsstaat nicht beseitigt wurden. Außerdem ist davon auszugehen, dass die *ipso iure* anzuerkennenden Entscheidungen ausländischer Gerichte in Zivilsachen gefallen und zur Durchsetzung im Wege der Zwangsvollstreckung nicht geeignet sein müssen[401], sowie dass an dem ausländischen Verfahren kein polnischer Staatsangehöriger beteiligt gewesen sein darf[402].

c. Gegenstand der Anerkennung

Die Wirksamkeit der in Art. 1145 § 2 KPC genannten Entscheidungen beschränkt sich auf die nichtvermögensrechtlichen Angelegenheiten fremder Staatsangehöriger. Darüber, was solche Angelegenheiten umfassen, entscheiden die Vorschriften *legis fori*, so dass hierunter in Polen u. a. Entscheidungen aus familienrechtlichen und nichtvermögensrechtlichen Eheverhältnissen wie auch zivilrechtlichen Verhältnissen im breiteren Sinne fallen[403]. Wenn eine ausländische Entscheidung sowohl vermögensrechtliche wie auch nichtvermögensrechtliche Bestimmungen beinhaltet und die Letzten selbständig oder von den vermögensrechtlichen Bestimmungen unabhängig bleiben, dann ist auch eine teilweise Anerkennung *ipso iure* zulässig[404]. In solchem Fall wird über die Wirksamkeit einer ausländischen Entscheidung im Inland in zwei Verfahren

---

[398] *Weitz*, Skuteczność zagranicznych, S. 70 ff.

[399] Vgl. Entscheidung des SN vom 08.01.1976, I CR 909/75 (nicht ver.); *Piasecki*, Skuteczność i wykonalność, S. 100; *Weitz*, a. a. O., S. 93 f.; *Ereciński/Ciszewski*, a. a. O., S. 364 f.

[400] *Weitz*, a. a. O., S. 86; *Mączyński*, a. a. O., S. 80.

[401] *Weitz*, a. a. O., S. 70; *Ereciński/Ciszewski*, a. a. O., S. 360; *Mączyński*, a. a. O., S. 74.

[402] *Weitz*, a. a. O., S. 74; *Piasecki*, KPC Kom., Art. 1145, Rn 26.

[403] *Ereciński/Ciszewski*, a. a. O., S. 360.

[404] *Weitz*, a. a. O., S. 76; *Mączyński*, a. a. O., S. 76.

entschieden. Viel häufiger kommen allerdings Situationen vor, in denen über die Anerkennung von *ipso iure* anzuerkennenden Entscheidungen inzident entschieden wird, ohne hierbei eine Delibationsentscheidung zu erlassen. Dabei überprüft jedes Gericht oder andere Anerkennungsorgan eigenständig, ob die vorliegende ausländische Entscheidung die hierfür vorgesehenen inländischen Anerkennungsvoraussetzungen erfüllt. Die jeweilige Beurteilung der Anerkennungsfähigkeit solcher Entscheidung bindet kein anderes Gericht oder Organ. Deren Autonomie ermöglicht daher die Erleichterung der Freizügigkeit von ausländischen Entscheidungen, obwohl sie auch zu uneinheitlichen Beurteilungen der Anerkennungsfähigkeit einer und der gleichen Entscheidung führen kann[405].

d. Gericht

Damit eine ausländische Entscheidung in Polen automatisch anerkannt werden kann, muss sie von einem nach dem Heimatrecht der Staatsangehörigen, in deren Rechtsangelegenheit sie ergangen ist, international zuständigen Gericht erlassen worden sein[406]. Anders als im Fall eines Delibationsverfahrens (Art. 1146 § 1 Nr. 2 KPC), ist bei der Anerkennung *ipso iure* eine positive Feststellung erforderlich, dass das Gericht des Herkunftsstaates im konkreten Fall zuständig gewesen ist, die Entscheidung zu erlassen (Art. 1145 § 2 KPC)[407]. Dabei ist für die Bestimmung, ob die internationale Zuständigkeit des Erstgerichts vorhanden gewesen ist, das Heimatrecht der betroffenen Staatsangehörigen maßgeblich[408]. Eine negative Feststellung der internationalen Zuständigkeit i. S. v. Art. 1145 § 2 KPC schließt nicht aus, dass die ausländische Entscheidung in einem polnischen Delibationsverfahren anerkannt werden kann, vorausgesetzt, sie erfüllt die Bestimmungen aus Art. 1146 § 1 Nr. 1-6 KPC[409]. In dem Fall jedoch, wenn eine ausländische Entscheidung in Polen der Anerkennung *ipso iure* unterliegt, dieser Art der Anerkennung zugeschriebene Voraussetzungen also erfüllt, und trotzdem für ihre Anerkennung ein Antrag gestellt wird, unterliegt dieser einer Zurückweisung[410].

e. Internationale Regelungen

Über die automatische Anerkennung im Rahmen des Art. 1145 § 2 KPC hinaus kann diese im Inland auch auf Grund von dem LugÜ (Art. 26 ff.), der EuGVO (Art. 33 ff.) und der EheGVO (Art. 14), aber auch gestützt auf andere bi- und multilaterale völkerrechtliche Abkommen, wie z.B. das polnisch-weißrussische Abkommen über die Rechtshilfe und Rechtsverhältnisse in Zivil-, Familien-, Arbeits- und Strafsachen vom 26. Oktober 1994 (Art. 53 Abs. 1)[411] oder das Haager Übereinkommen über den Schutz von Kindern und die Zusammenarbeit auf dem Gebiet der internationalen

---

[405] *Ereciński/Ciszewski*, a. a. O.; *Schack*, a. a. O., Rn 879.
[406] *Weitz*, a. a. O., S. 87 ff.
[407] *Ereciński/Ciszewski*, a. a. O., S. 363.
[408] *Ibidem*, S. 364.
[409] *Weitz*, a. a. O., S. 91.
[410] *Ereciński/Ciszewski*, a. a. O., S. 365.
[411] Polsko-białoruska umowa o pomocy prawnej i stosunkach prawnych w sprawach cywilnych, rodzinnych, pracowniczych i karnych z dnia 26.10.1994 r., Dz.U. 1995 Nr. 128, Pos. 619-620.

Adoption vom 29. Mai 1993 (Art. 23)[412], jeweils in deren Anwendungsbereich, stattfinden.

2. Art. 26 ff. LugÜ/Art. 33 ff. EuGVO

a. Anerkennung *ipso iure* nach Art. 26 Abs. 1 LugÜ/Art. 33 Abs. 1 EuGVO

Die Anerkennung *ex lege*, die im autonomen polnischen Recht eine Ausnahme bildet (Art. 1145 § 2 KPC), ist im Rahmen des europäischen Anerkennungsrechts die Regel. Demgemäß - um in dem Staat, in dem die Anerkennung geltend gemacht wird, erstreckt werden zu können - bedürfen die Wirkungen ausländischer Gestaltungs- und Feststellungsurteilen, die zum Anwendungsbereich des LugÜ und der EuGVO gehören, weder eines besonderen Verfahrens noch einer gerichtlichen Entscheidung (Art. 26 LugÜ/Art. 33 EuGVO)[413]. Das Delibationsverfahren wird also unter der Geltung von Art. 26 Abs. 1 LugÜ bzw. Art. 33 Abs. 1 EuGVO abgelehnt und in den meisten Fällen durch das inländische Gericht, in dessen Verfahren sich die Wirksamkeit der anzuerkennenden Entscheidung als vorgreifliche Frage ergibt, inzident entschieden (Art. 26 Abs. 1 LugÜ/Art. 33 Abs. 1 EuGVO)[414]. In dieser Hinsicht funktionieren die Regelungen der automatischen Anerkennung in dem LugÜ oder in der EuGVO ähnlich dem in Art. 1145 § 2 KPC bekannten Muster.

Im Rahmen der Anerkennung gemäß Art. 26 Abs. 1 LugÜ/Art. 33 Abs. 1 EuGVO wird die in einem Vertragsstaat ergangene Entscheidung zum Zeitpunkt ihrer Rechtskrafterlangung im Herkunftsstaat in allen anderen Vertragsstaaten rechtskräftig. Die Erstreckung der Rechtskraftwirkung geschieht unabhängig davon, ob die Entscheidung in dem Urteilsstaat endgültiger oder einstweiliger Natur ist. Wichtig ist lediglich, dass sie zum Zeitpunkt ihrer Rechtskrafterlangung im Herkunftsstaat die Anerkennungsvoraussetzungen aus Art. 27-28 LugÜ/Art. 34-35 EuGVO erfüllt[415]. Diese Voraussetzungen werden durch jedes Gericht und jede Verwaltungsbehörde, für deren Entscheidung die Frage der Anerkennung relevant ist, von Amts wegen überprüft[416]. Ähnlich wie gemäß Art. 1145 § 2 KPC sind im Rahmen des LugÜ und der EuGVO die Gerichte, die über die Anerkennungsfähigkeit als Vorfrage entscheiden, an die Inzidentanerkennung anderer Gerichte nicht gebunden[417]. Daraus folgt die theoretische Möglichkeit, dass in einem späteren Verfahren (z.B. gemäß Art. 33 Abs. 2 oder Art. 38 ff. EuGVO) über die Anerkennungsfähigkeit einer ausländischen Entscheidung abwei-

---

[412] Konwencja o ochronie dzieci i współpracy w dziedzinie przysposobienia międzynarodowego, sporządzona z dnia 29.05.1993 r., Dz.U. 2000 Nr. 39, Pos. 448; *Piasecki*, KPC Kom., vor Art. 1096; *Ereciński/Ciszewski*, a. a. O., S. 366.

[413] *Geimer/Schütze*, a. a. O., Art. 33, Rn 70.

[414] *Ibidem*, Rn 88 ff.; *Koch/Magnus/Winkler von Mohrenfels*, a. a. O., S. 271.

[415] Vgl. Entscheidungen des EuGH vom 27.03.1979, *De Cavel/De Cavel I*, s. o.; und vom 06.03.1980, *De Cavel/De Cavel II*, s. o.

[416] *Geimer/Schütze*, a. a. O., Rn 71.

[417] *Leible* in *Rauscher* (Hrsg.)., a. a. O., Art. 33, Rn 12.

chend entschieden wird[418]. Liegen die Anerkennungsvoraussetzungen nicht vor, wird die Anerkennung einer ausländischen Entscheidung verweigert.

Durch die Geltung des LugÜ und der EuGVO in Polen brauchen die gerichtlichen Entscheidungen aus anderen EU- bzw. EFTA-Staaten, die sonst kraft Art. 1145 § 2 KPC *ipso iure* anerkannt werden, weder rechtskräftig, noch in einer nichtvermögensrechtlichen Angelegenheit fremder Staatsangehörigen vor einem nach ihrem Heimatrecht zuständigen Gericht erlassen worden zu sein (Art. 1145 § 2 i. V. m. Art. 1096 KPC).

Infolge dessen, dass auf Grund von Art. 42 LugÜ/Art. 49 EuGVO die Möglichkeit besteht, die Vollstreckbarerklärung nur für einen Teil des Gegenstands der Verurteilung zu erteilen, wird – trotz dem Mangel an einer parallelen Vorschrift für die Anerkennung – auch eine Teilanerkennung zugelassen, sofern die ausländische Entscheidung teilbar ist, d.h. über mehrere eigenständige Ansprüche entschieden wurde. Fallen nur einige Verfahrensgegenstände der ausländischen Entscheidung in den Anwendungsbereich des LugÜ oder der EuGVO, entfalten auch nur diese Anerkennungswirkung nach Art. 25 ff. LugÜ/Art. 32 ff. EuGVO[419]. In solchem Fall müssen auch die Anerkennungsvoraussetzungen getrennt geprüft werden. Wenn nur eine Teilanerkennung möglich ist, erfolgt diese von Amts wegen, ohne das ein Antrag auf Anerkennung auch von Teilen der beantragten Anerkennung gestellt werden muss[420].

b. Anerkennungsverfahren nach Art. 26 Abs. 2 LugÜ/Art. 33 Abs. 2 EuGVO

aa. Einleitung des Verfahrens

Wenn über die Anerkennung *ex lege* hinaus ein Interesse besteht, die Anerkennungsfähigkeit einer ausländischen Entscheidung bindend festzustellen, dann stellt das LugÜ und die EuGVO zu diesem Zweck ein besonderes Verfahren zur Verfügung. Nach Art. 26 Abs. 2 LugÜ/Art. 33 Abs. 2 EuGVO kann jede Partei des ausländischen Verfahrens, ihre Rechtsnachfolger oder Dritte, die daran Interesse haben, den Antrag auf die Feststellung der Anerkennungsfähigkeit stellen[421]. Das vereinfachte sog. Feststellungs- bzw. Anerkennungsverfahren des LugÜ und der EuGVO, das vor allem für eine Entscheidungsharmonie im Bereich der Zivil- und Handelssachen sorgt (Art. 26 Abs. 2 LugÜ/Art. 33 Abs. 2 EuGVO i. V. m. Art. 1 LugÜ/EuGVO) und in allen Vertragsstaaten unmittelbar anwendbar und für alle einheitlich ist, bildet eine komplexe Regelung einer bindenden Feststellung der Anerkennungsfähigkeit einer gerichtlichen Entscheidung, was sie von den meisten Anerkennungs- und Vollstreckungsabkommen unterscheidet[422].

Hinsichtlich des Begriffes „Interesse", das jeder Antragssteller besitzen soll, handelt es sich hier um *„das für jede gerichtliche Entscheidung erforderliche Rechtsschutz-*

---

[418] *Kropholler*, a. a. O., Art. 33, Rn 11; *Geimer/Schütze*, a. a. O.

[419] Vgl. Entscheidung des EuGH vom 27.02.1997 - C-220/95, *Van den Boogaard/Laumen*, Slg. 1997 I, S. 1147, Rn 22, IPRax 1999, S. 35; *Kropholler*, a. a. O., vor Art. 33, Rn 11, *Geimer/Schütze*, a. a. O., Rn 66 ff.; *Leible* in *Rauscher* (Hrsg.)., a. a. O., Rn 2.

[420] *Geimer/Schütze*, a. a. O., Rn 67.

[421] *Ibidem*, Rn 73, 94; *Kropholler*, a. a. O., Art. 33, Rn 3.

[422] *Kropholler*, a. a. O., Rn 2.

interesse"[423]. Nur ein an eine bindende Feststellung der Anerkennungsfähigkeit interessierter Dritte hat zusätzlich das Feststellungsinteresse, das nach dem polnischen IZVR jeweils notwendig ist (Art. 1147 § 1 KPC), nachzuweisen[424]. Damit das Anerkennungsverfahren gemäß Art. 26 Abs. 2 LugÜ/Art. 33 Abs. 2 EuGVO eingeleitet werden kann, muss zwischen den Parteien ein Streit über die Anerkennungsfähigkeit der betroffenen Entscheidung bestehen. Dass ihre Anerkennung ausdrücklich bestritten wird, ist nicht erforderlich[425]. Die interessierte Partei kann die Feststellung der Anerkennungsfähigkeit isoliert von oder neben dem Antrag auf Vollstreckbarerklärung gemäß Art. 31 ff. LugÜ/Art. 38 ff. EuGVO begehren, wenn z.B. die Entscheidung neben dem vollstreckbaren Leistungsanspruch noch einen Feststellungsanspruch enthält[426].

Das in Art. 26 Abs. 2 LugÜ/Art. 33 Abs. 2 EuGVO geregelte Anerkennungsverfahren umfasst gerichtliche Entscheidungen, die einer Vollstreckbarerklärung nicht zugänglich sind, trotzdem aber in einem anderen Vertragsstaat ergangen sind und zum sachlichen und zeitlichen Anwendungsbereich des LugÜ und der EuGVO gehören[427]. Ein Antrag auf Feststellung der Anerkennungsfähigkeit einer vor dem Inkrafttreten des LugÜ in Polen ergangenen Entscheidung wird deshalb durch das inländische Bezirksgericht zurückgewiesen und eine eventuelle Anerkennung entweder nach Art. 1145-1149 KPC oder nach einem entsprechenden Abkommen durchgeführt. Der Vertragsstaat, in dem die Feststellung der Anerkennungsfähigkeit beantragt wird, muss dabei die Gerichtsbarkeit über den Antragsgegner besitzen[428].

Sowohl das polnische IZVR wie auch das LugÜ und die EuGVO kennen lediglich den positiven Feststellungsantrag (Art. 1145 KPC/Art. 26 Abs. 2 LugÜ/Art. 33 Abs. 2 EuGVO)[429]. Ein Antrag auf die „Nichtanerkennung" einer ausländischen Entscheidung im Rahmen des Verfahrens gemäß Art. 1145 ff. KPC/Art. 31 ff. LugÜ/Art. 38 ff. EuGVO ist deshalb abzulehnen[430]. Für den Fall, dass eine der Parteien die Feststellung erstreben möchte, dass eine ausländische Entscheidung keiner Anerkennung unterliegt, stehen ihr nur die Rechtsmittel des Staates zur Verfügung, in dem der Anerkennungsantrag geltend gemacht wird[431]. Da aber auch in Polen keine negative Feststellungsklage möglich ist, bleibt diese Alternative bedeutungslos.

bb. Verfahrensablauf

Wie das zur Feststellung der Anerkennungsfähigkeit einer ausländischen Entscheidung angerufene Gericht zu verfahren hat, bestimmen die Vorschriften des 2. und 3. Abschnitts des III. Titels des LugÜ bzw. des III. Kapitels der EuGVO, also die Art. 31 ff. und Art. 46 ff. LugÜ bzw. Art. 38 ff. und Art. 53 ff. EuGVO, auf die Art. 26 Abs. 2

---

[423] *Ibidem*, Rn 4; *Geimer/Schütze*, a. a. O., Rn 95; *Leible* in *Rauscher* (Hrsg.)., a. a. O., Rn 14.
[424] *Geimer/Schütze*, a. a. O., Rn 85, 96.
[425] *Kropholler*, a. a. O., Rn 4.
[426] *Ibidem*, Rn 5; *Geimer/Schütze*, a. a. O., Rn 88 ff.; *Leible* in *Rauscher* (Hrsg.)., a. a. O., Rn 15.
[427] *Geimer/Schütze*, a. a. O., Rn 75 ff.
[428] *Ibidem*, Rn 99.
[429] *Ibidem*, Rn 85; *Jenard* Bericht, zu Art. 26; *Kropholler*, a. a. O., Rn 7.
[430] *Piasecki*, a. a. O., Art. 1145 KPC, Rn 31; Entscheidung des SN vom 20.07.1978, II CR 235/78 (nicht ver.).
[431] *Ereciński/Ciszewski*, KPC Kom., Art. 1145, Rn 5; *Kropholler*, a. a. O.

LugÜ/Art. 33 Abs. 2 EuGVO verweisen. Dementsprechend finden hier die Regelungen des Vollstreckbarerklärungsverfahrens ihre Anwendung, so dass grundsätzlich auf die Erläuterungen zu diesem Verfahren im folgenden Paragraph dieser Arbeit (§ 12) verwiesen werden kann. Nur wenn die Regelungen der Vollstreckbarerklärung speziell auf Fragen der Zulassung zur Zwangsvollstreckung zugeschnitten sind, ist auch von dieser Verweisung abzuweichen[432]. Darüber hinaus ist zu erwähnen, dass die Frage der örtlichen Zuständigkeit gemäß Art. 32 Abs. 2 Satz 2 LugÜ/Art. 39 Abs. 2 Satz 2 EuGVO (also dann, wenn der Schuldner keinen Wohnsitz im Hoheitsgebiet des Anerkennungsstaates hat) im Feststellungsverfahren - sofern eine Zwangsvollstreckung nicht in Betracht kommt – durch den Ort des Feststellungsinteresses beantwortet wird[433]. Ist die Frage der Anerkennungsfähigkeit einer ausländischen Entscheidung bereits die Vorfrage in einem anhängigen Verfahren, so ist dieses Gericht auch zur Feststellung nach Art. 26 Abs. 2 LugÜ/Art. 33 Abs. 2 EuGVO zuständig (Art. 26 Abs. 3 LugÜ/Art. 33 Abs. 3 EuGVO)[434]. Das angerufene Gericht hat über den Feststellungsantrag unverzüglich zu entscheiden, ohne dass der Schuldner in diesem Abschnitt des Verfahrens die Gelegenheit erhält, eine Erklärung abzugeben (Art. 26 Abs. 2 i. V. m. Art. 34 Abs. 1 LugÜ/Art. 33 Abs.2 i. V. m. Art. 41 EuGVO). Der Antragsgegner ist u. a. dann zu laden, wenn der Antragssteller es beantragt[435].

cc. Entscheidung

Anders als gemäß Art. 26 Abs. 1 LugÜ/Art. 33 Abs. 1 EuGVO wird ein Feststellungsverfahren gemäß Abs. 2 dieser Vorschriften mit einer Feststellungsentscheidung des zuständigen Bezirksgerichts abgeschlossen, die auch materielle Rechtskraft hinsichtlich der Anerkennungsfähigkeit entfaltet[436] und nach den Regeln der Art. 36 ff. LugÜ/Art. 43 ff. EuGVO angefochten werden kann. Beschwerdeberechtigt sind danach der Antragssteller, soweit sein Feststellungsantrag zurückgewiesen wurde, und der Antragsgegner, soweit dem Feststellungsantrag stattgegeben wurde.

Eine der in Art. 26 Abs. 2 LugÜ/Art. 31 Abs. 2 EuGVO vorgesehenen ähnliche Feststellungsklage sieht das polnische Recht – trotz breiter Befürwortung ihrer Einführung - nicht vor (vgl. Art. 189 KPC)[437].

c. Inzidentanerkennung nach Art. 26 Abs. 3 LugÜ/Art. 33 Abs. 3 EuGVO

Wird die Anerkennung in einem Rechtsstreit vor dem Gericht eines Vertragsstaates, dessen Entscheidung von der Anerkennung abhängt, verlangt, so kann das mit der Hauptsache befasste Gericht über die Anerkennung entscheiden (Art. 26 Abs. 3 LugÜ/Art. 33 Abs. 3 EuGVO). Dieser Fall, dass die Anerkennung nur als Vorfrage geltend gemacht wird, ist viel häufiger als das Feststellungsverfahren. Allerdings müs-

---

432 *Kropholler*, a. a. O., Rn 8; kritisch zu der „*pauschalen Verweisung*", *Geimer/Schütze*, a. a. O., Rn 101.
433 *Kropholler*, a. a. O.
434 *Ibidem*, Rn 10; *Leible* in *Rauscher* (Hrsg.)., a. a. O., Rn 1.
435 *Geimer/Schütze*, a. a. O., Rn 105.
436 *Ibidem*, Rn 126.
437 *Ereciński/Ciszewski*, Międzynarodowe postępowanie, S. 366; *Weitz*, a. a. O., S. 97 ff.

sen auch hier die in Art. 46-47 LugÜ/Art. 53-54 EuGVO aufgeführten Urkunden vorgelegt werden[438].

Im Rahmen einer Inzidentanerkennung, wenn im Urteilsstaat der anzuerkennenden Entscheidung gegen diese ein ordentlicher Rechtsbehelf eingelegt wurde, ist das Gericht berechtigt, das Verfahren auszusetzen und die Entscheidung der Gerichte im Urteilsstaat abzuwarten (Art. 30 LugÜ/Art. 37 Abs. 1 EuGVO)[439]. Diese Regelung soll den Schuldner vor Nachteilen schützen, die sich bei einer Vollstreckung nur vorläufig vollstreckbarer Entscheidungen unter Umständen ergeben könnten[440]. Der Anwendungsbereich dieser Vorschrift erstreckt sich nur auf die Inzidentanerkennung gemäß Art. 26 Abs. 3 LugÜ/Art. 33 Abs. 3 EuGVO, nicht aber auf das Feststellungsverfahren gemäß Abs. 2 dieser Vorschriften, für das Verfahren gilt nämlich die Verweisung auf die entsprechende Regelung des Art. 38 LugÜ/Art. 46 EuGVO[441]. Die Frage der Aussetzung ist als eine Ermessensentscheidung des Gerichts von Amts wegen zu prüfen (anders im Vollstreckbarerklärungsverfahren, Art. 38 LugÜ/Art. 46 EuGVO), die Aussetzung des Verfahrens selbst aber keine Pflicht[442].

III. Anerkennungsmodi im KPC Entwurf[443]

Die Kostenaufwendigkeit und Langwierigkeit eines Delibationsverfahrens zwecks Erstreckung einer Wirksamkeit einer ausländischen Entscheidung in Polen ist unumstritten und als ein die Freizügigkeit von Urteilen aus Drittstaaten in Zivil- und Handelssachen hemmender Faktor negativ zu beurteilen. Angesichts dessen wie auch der über vierzigjährigen Tradition im polnischen Zivilverfahrensrecht in diesem Bereich ist die Änderung des aktuellen IZVR in Form der Abschaffung des Delibationsverfahrens besonders zu begrüßen[444]. Der Grundsatz einer individualisierten Anerkennung soll durch den Grundsatz einer automatischen Anerkennung ersetzt (Art. 1145 KPC E.) und durch das fakultative Anerkennungs- bzw. Feststellungsverfahren (Art. 1148-1148[1] KPC E.) ergänzt werden. Gestaltet nachdem Vorbild der europäischen Lösungen (vgl. Art. 26 LugÜ/Art. 33 EuGVO) sollen diese Regelungen den grenzüberschreitenden Rechtsverkehr auch mit denjenigen Staaten liberalisieren, für die das LugÜ, die EuGVO sowie die weiteren EG-Verordnungen gelten. Im Rahmen der Europäisierung des polnischen IZVR trägt dieses Kodifikationsvorhaben auch dazu bei, die vorrangigen Regelungen europäischer Herkunft zu ergänzen (ausgenommen Regelungen, wie z.B. Art. 1148[1] § 2 Satz 1 KPC E., die den Vorschriften des LugÜ, der EuGVO oder EheGVO widersprechen)[445].

---

[438] *Kropholler*, a. a. O., Rn 10; *Leible* in *Rauscher* (Hrsg.)., a. a. O., Rn 2.
[439] *Kropholler*, a. a. O., vor Art. 33, Rn 2.
[440] *Ibidem*, Art. 37, Rn 1.
[441] *Geimer/Schütze*, a. a. O., Art. 46, Rn 6; *Kropholler*, a. a. O., Art. 37, Rn 2.
[442] *Kropholler*, a. a. O., Rn 5.
[443] KPC Entwurf, www.ms.gov.pl/kkpc/kkpc.sthml vom 14.05.2006.
[444] S. dazu KPC Entwurf www.ms.gov.pl/kkpc/kkpc.shtml vom 14.05.2006.
[445] Begründung zum KPC Entwurf, S. 10.

Das fakultative Feststellungsverfahren gemäß Art. 1148-1148[1] KPC E., das den eventuellen Diskrepanzen betreffend die Anerkennungsfähigkeit einer Entscheidung in Polen entgegenwirken soll, wird einfacher als das geltende Delibationsverfahren gestaltet, um hier nur die Besetzung des zuständigen Bezirksgerichts mit einem anstatt drei Richter zu benennen (Art. 1148[1] § 1 KPC E.).

§ 12. Vollstreckbarerklärungsverfahren im polnischen und europäischen Recht

I. Grundlagen

Das Delibationsverfahren zur Feststellung der Vollstreckbarkeit einer ausländischen Entscheidung (das Vollstreckbarerklärungsverfahren), geregelt in Art. 1150-1151 KPC, ist - ähnlich wie das Anerkennungsverfahren - ein besonderes, selbständiges und von dem Erkenntnisverfahren in dem Urteilsstaat unabhängiges Verfahren, nach dessen Durchführung die ausländische Entscheidung materiell anerkannt und ihr dadurch die Vollstreckbarkeit im Inland verliehen wird[446]. Das Verfahren zur Erteilung der Vollstreckungsklausel, oft als „Brücke" zwischen dem Vollstreckbarerklärungs- und dem Zwangsvollstreckungsverfahren genannt, ist durch seine Verortung in den Vorschriften über die Zwangsvollstreckung auch mit dieser mehr verbunden. Der besondere Charakter des Vollstreckbarerklärungsverfahrens erscheint in der sachlichen und örtlichen Zuständigkeit polnischer Gerichte, die anders als bei der Vollstreckbarerklärung von inländischen Titeln geregelt wurde und die davon unabhängig ist, in welcher Instanz die zu vollstreckende Entscheidung erlassen wurde[447]. Infolge dessen, dass das Delibationsverfahren in dem IZVR keine vollkommene Regelung erfahren hat, werden analog zum Anerkennungsverfahren auch im Vollstreckbarerklärungsverfahren - im Fall fehlender autonomer Bestimmungen – die allgemeinen Vorschriften über das streitige Verfahren (Art. 13 § 2 KPC) entsprechend angewendet (s. dazu § 11 I 1).

Das Vollstreckbarerklärungsverfahren nach den Regeln des polnischen IZVR findet allerdings nur dann statt, wenn keine der entsprechenden internationalen Regelungen zur Anwendung kommt. Wie bei den Rechtsinstitutionen der internationalen Zuständigkeit und der Anerkennung handelt es sich auch bei der Vollstreckung ausländischer Entscheidungen im europäischen Raum grundsätzlich um das LugÜ und die EuGVO, deren einfaches und schnelles Vollstreckbarerklärungsverfahren gemäß Art. 31-45 LugÜ/Art. 38-52 EuGVO im Bereich von Zivil- und Handelssachen (vgl. Art. 1 LugÜ/EuGVO) das aufwendige und langwierige Verfahren gemäß Art. 1150-1151 KPC – bis auf einige Verweisungen auf das nationale Recht – verdrängt. Dabei folgen beide dieser Vollstreckungsmodelle dem Grundsatz, dass die Vollstreckung einer ausländischen Entscheidung ohne ein *expressis verbis* ausgedrücktes Einverständnis des Vollstreckungsstaates, also nicht von Amts wegen durchgeführt werden kann (vgl. EuVTVO)[448].

Das Vollstreckbarerklärungsverfahren gemäß Art. 31 ff. LugÜ/Art. 38 ff. EuGVO ist kein Vollstreckungsverfahren oder Beginn der Zwangsvollstreckung[449]. Es ist eher ein Verfahren zwischen dem Erkenntnisverfahren vor dem ausländischen Gericht, das

---

[446] *Jodłowski*, Uznawanie i wykonywanie w Polsce wyroków zagranicznych w sprawach o pochodzenie i o alimenty; Studia Cywilistyczne, Zagadnienia Prawa Procesowego Cywilnego, Tomy XXV-XXVI, Warszawa-Kraków 1975, S. 71.

[447] *Ereciński/Ciszewski*, a. a. O., S. 402; dies. KPC Kom., Art. 1151, Rn 1.

[448] *Gottwald*, Grundfragen der Anerkennung und Vollstreckung ausländischer Entscheidungen in Zivilsachen, Zeitschrift für Zivilprozess (ZZP) 1990 Band 103, Nr. 3, S. 284.

[449] *Weitz*, Konwencja z Lugano, S. 69.

den zu vollstreckenden Titel erlassen hat, und dem inländischen Vollstreckungsverfahren, das die Zwangsvollstreckung dieses Titels erstrebt und gleichzeitig bedingt. Mit anderen Worten also ein „Zwischenverfahren“[450], das auch als eigener Art „Erkenntnisverfahren“ bezeichnet werden darf[451] und das dazu führt, den ausländischen Titel mit einem funktionsäquivalenten inländischen Vollstreckungstitel gleichzustellen, ihn in das inländische Rechtssystem zu implementieren. Das europäische Vollstreckbarerklärungsverfahren zieht nach sich die Möglichkeit des Gläubigers, „*in dem Vollstreckungsstaat alle geeigneten Maßnahmen zu ergreifen, ohne vorherige Warnung des Schuldners vorzugehen und die Vollstreckung ohne weitere Erschwerungen zu erreichen*“[452]. Diese Argumentation trifft natürlich nur für Beklagte mit einem Wohnsitz in einem Vertragsstaat zu (vgl. Art. 4 Abs. 1 LugÜ/EuGVO)[453].

Die subsidiäre Anwendung von Vorschriften des polnischen Rechts im Vollstreckbarerklärungsverfahren gemäß LugÜ/EuGVO umfasst sowohl das IZVR (Art. 1096 ff. KPC), wie auch die allgemeinen Vorschriften über das streitige Verfahren, die in dem Ersten Buch des Ersten Teils des Zivilverfahrensgesetzbuches verortet wurden (Art. 13 § 2 KPC). Diese finden ihre Anwendung in folgender Reihenfolge: das LugÜ bzw. die EuGVO, das IZVR und die allgemeinen Vorschriften über das streitige Verfahren, die allerdings häufiger als die des IZVR berufen werden, vor allem deshalb, dass sie eine Reihe von Fragen regeln, die die europäischen Vollstreckungssysteme offen gelassen oder direkt auf das nationale Recht des Vollstreckungsstaates verwiesen haben. Eine entsprechende Anwendung von polnischem Recht, wie es Art. 13 § 2 KPC anordnet, bedeutet, dass einige Vorschriften direkt und ohne Modifizierung, während andere lediglich indirekt und eingeschränkt, mit Rücksicht auf spezifische Konstruktion und Besonderheiten des europäischen Vollstreckbarerklärungsverfahrens, noch andere überhaupt nicht angewendet werden[454].

Im Rahmen des Vollstreckbarerklärungsverfahrens gemäß Art. 31 ff. LugÜ/Art. 38 ff. EuGVO ist es der Partei, zu deren Gunsten in einem Vertragsstaat eine gerichtliche Entscheidung ergangen ist, die gemäß Art. 31 ff. LugÜ/Art. 38 ff. EuGVO in einem anderen Vertragsstaat mit der Vollstreckungsklausel versehen werden könnte, verboten, bei einem Gericht dieses Vertragsstaates eine erneute Verurteilung der anderen Partei zu der ihr bereits in dem ersten Staat zugesprochenen Leistung zu begehren, es sei, dass die Vollstreckbarerklärungsvoraussetzungen Art. 34 Abs. 2 LugÜ/Art. 41 EuGVO fehlen und deshalb eine Vollstreckbarerklärung gemäß Art. 31 ff. LugÜ/Art. 38 ff. EuGVO unmöglich ist[455]. Das Vollstreckbarerklärungsverfahren unter dem

[450] Eine Ausnahme bildet die Vollstreckbarerklärung von öffentlichen Urkunden, wo das Verfahren gemäß dem LugÜ und der EuGVO kein Zwischenverfahren im erwähnten Sinne ist; *Weitz*, a. a. O., S. 72.

[451] *Geimer/Schütze*, a. a. O., Art. 38, Rn 11; *Mankowski* in *Rauscher* (Hrsg.), a. a. O., Art. 38, Rn 4.

[452] *Jenard* Bericht, vor Art. 31; *Kropholler*, a. a. O., Art. 38, Rn 3.

[453] *Kropholler*, a. a. O.

[454] *Weitz*, a. a. O., S. 103.

[455] *Ibidem*, S. 75; vgl. Entscheidung des EuGH vom 30.11.1976 - 42/75, *De Wolf/Cox*, Slg. 1976, S. 1759, NJW 1977, S. 495; *Geimer/Schütze*, a. a. O., Art. 33, Rn 64; *Kropholler*, a. a. O., Art. 32, Rn 7.

LugÜ oder der EuGVO hat daher einen ausschließlichen Charakter (*ne bis in idem*)[456]. Sofern jedoch im Anwendungsbereich einer diesen Regelungen - und trotz Existenz einer rechtskräftigen Entscheidung in einem Vertragsstaat - vor einem inländischen Gericht eine wiederholte Klage in gleicher Sache und zwischen gleichen Parteien erhoben würde, ist das Gericht verpflichtet, gemäß Art. 26 Abs. 3 LugÜ/Art. 33 Abs. 3 EuGVO zu überprüfen, ob die Voraussetzungen aus Art. 27 ff. LugÜ/Art. 34 ff. EuGVO vorliegen und wenn dies der Fall ist, die Klage auf Grund von Art. 199 § 1 Nr. 2 KPC abzuweisen[457].

II. Verhältnis des Vollstreckbarerklärungsverfahrens gemäß Art. 31 ff. LugÜ/Art. 38 ff. EuGVO zu anderen Verfahren im Herkunfts- und Vollstreckungsstaat

Das Vollstreckbarerklärungsverfahren gemäß Art. 31 ff. LugÜ/Art. 38 ff. EuGVO kann in erster Instanz parallel zum Erkenntnisverfahren im Ursprungsstaat und zum Vollstreckungsverfahren im Vollstreckungsstaat laufen (Art. 38 Abs. 3 und Art. 39 Abs. 1-2 LugÜ/Art. 46 Abs. 3 und Art. 47 Abs. 2-3 EuGVO) und in zweiter Instanz mit dem Erkenntnisverfahren im Ursprungsstaat der Entscheidung konkurrieren (Art. 38 Abs. 1 LugÜ/Art. 46 Abs. 1 EuGVO)[458]. Diese Konkurrenz folgt dem Verzicht auf die Voraussetzung der formellen Rechtskraft der ausländischen Entscheidung in ihrem Ursprungsstaat (Art. 31 Abs. 1 LugÜ/Art. 38 Abs. 1 EuGVO), aber auch der Berechtigung des Gerichts im Vollstreckungsstaat, die Vollstreckbarerklärung zu erteilen, bevor das Erkenntnisverfahren im Ursprungsstaat rechtskräftig beendet wurde (Art. 39 Abs. 1 LugÜ/Art. 47 Abs. 3 EuGVO). Daraus folgt die theoretische Möglichkeit, in einem Vollstreckungsstaat eine lediglich vorläufig vollstreckbare Entscheidung zu vollstrecken (wenn z.B. das Gericht in zweiter Instanz aus Art. 38 Abs. 1 oder Abs. 3 LugÜ/Art. 46 Abs. 1 oder Abs. 3 EuGVO keinen Gebrauch machen würde)[459]. Dadurch, dass die Errichtung von öffentlichen Urkunden das Erfordernis eines Erkenntnisverfahrens im Ursprungsstaat, in dem ein Vollstreckungstitel erstrebt wird, ersetzt, kann hinsichtlich öffentlicher Urkunden nicht mehr von Konkurrenz mit dem Verfahren gemäß Art. 31 ff. i. V. m. Art. 50 Abs. 1 LugÜ/Art. 38 ff. i. V. m. Art. 57 Abs. 1 EuGVO gesprochen werden[460].

Darüber hinaus kann die Vollstreckbarerklärung nach dem LugÜ und der EuGVO zu einer Vervielfältigung der Vollstreckungstitel führen, da der Gläubiger seinen Titel theoretisch in allen Vertragsstaaten für vollstreckbar erklären lassen kann und dabei auch alleine entscheidet, in welchem Staat er vorgehen will (Art. 31 ff. LugÜ/Art. 38

---

[456] *Geimer*, Gl. zur Entscheidung des EuGH vom 30.11.1976, *De Wolf*/Cox, s. o., NJW 1977, S. 2023; *Weitz*, a. a. O., S. 76. Betreffend die Begründung des ausschließlichen Charakters des Vollstreckbarerklärungsverfahrens gemäß dem LugÜ und der EuGVO s. *Wolf*, Vollstreckbarerklärung, in: Handbuch des Internationalen Zivilprozessrechts, Band III Teil 2, Tübingen 1984, Rn 341 ff.

[457] *Weitz*, a. a. O., S. 78.

[458] *Ibidem*, S. 71, 74; *Ereciński/Ciszewski*, Międzynarodowe postępowanie, S. 420; dies. KPC Kom., Art. 1150, Rn 18.

[459] *Ibidem*.

[460] *Weitz*, a. a. O., S. 72.

ff. EuGVO)[461]. Die Vollstreckbarerklärung ist territorial eingeschränkt, sie wirkt immer nur für das Gebiet des Staates, dem das Vollstreckungsgericht angehört, weshalb die Vorschrift der Art. 21 LugÜ/Art. 27 EuGVO auch keine Anwendung auf das *„parallele Vollstreckbarerklärungsverfahren"* findet[462]. Gegen die Gefahr einer Doppelvollstreckung kann sich der Schuldner mit den vollstreckungsrechtlichen Rechtsbehelfen des betroffenen Vertragsstaats schützen, in Polen also mit einer Vollstreckungsgegenklage nach Art. 840 § 1 KPC.

Erwähnenswert ist auch das Verhältnis zwischen dem Vollstreckbarerklärungsverfahren gemäß dem LugÜ oder der EuGVO und dem gemäß dem autonomen polnischen Recht. Das parallele Funktionieren von der europäischen und der nationalen Vollstreckungsordnung kann nämlich zu einigen Problemen führen, die z.B. bei der prozessualen Qualifikation des Antrags auf die Vollstreckbarerklärung durch das inländische Gericht entstehen können. Nach dem Eingang des Antrags auf die Vollstreckbarerklärung einer ausländischen Entscheidung oder eines ausländischen Schiedsspruchs ist der Vorsitzende des zuständigen Bezirksgerichts verpflichtet, von Amts wegen zu überprüfen, nach welchen Verfahrensregeln über den Antrag zu entscheiden ist, ob also hierzu die Regeln des autonomen polnischen Rechts oder vielleicht eines völkerrechtlichen Vertrags maßgebend sind[463]. Dabei entsteht die Frage, wie der Richter vorgehen soll, wenn von ihm ein Antrag auf Feststellung der Vollstreckbarkeit gemäß dem LugÜ bzw. der EuGVO gestellt wird, während der ausländische Titel, den der Antrag betrifft, weder zum Anwendungsbereich des LugÜ noch der EuGVO gehört. Oder wenn der Antragssteller die Vollstreckbarerklärung gemäß dem KPC begehrt und der betroffene Titel zum Anwendungsbereich des LugÜ bzw. der EuGVO gehört. Dann besteht nämlich die Pflicht, das LugÜ bzw. die EuGVO von Amts wegen anzuwenden, ohne dass der Antragssteller verpflichtet ist, diese als maßgebliche Rechtsquelle der Entscheidung zu nennen[464]. Eine fehlerhafte Zuordnung der betroffenen Sache und die Verweisung des Antrags zur Entscheidung in einem unangemessenen Verfahren könnte dem Antragssteller den sog. Überraschungseffekt (Art. 34 Abs. 1–2 und Art. 39 Abs. 2 LugÜ/Art. 41 und Art. 47 Abs. 2 EuGVO) entziehen, wenn der Antrag anstatt gemäß Art. 31 ff. LugÜ/Art. 38 ff. EuGVO in einem kontradiktorischen Verfahren gemäß Art. 1150-1153 KPC entschieden wird. In einem umgekehrten Fall wiederum, d.h. wenn über die Vollstreckbarkeit anstatt im Verfahren gemäß Art. 1150-1153 KPC in einem einseitigen Verfahren in erster Instanz gemäß Art. 31 ff. LugÜ/Art. 38 ff. EuGVO entschieden wird, dem Antragsgegner also das rechtliche Gehör nicht gewahrt wird, ist dieser Verstoß gegen die prozessualen Vorschriften ein Grund für die Nichtigkeit des Verfahrens (Art. 379 Nr. 5 KPC und Art. 34 Abs. 1–2 LugÜ/Art. 41 EuGVO). Die gleiche Regel betrifft die Entscheidung über den Antrag auf Vollstreckbarerklärung einer ausländischen öffentlichen Urkunde oder Prozessvergleiche, auf die - gemäß Art. 50 Abs. 3 und Art. 51 LugÜ/Art. 57 Abs. 4 und Art. 58

---

[461] *Kropholler*, a. a. O., Art. 38, Rn 4.

[462] *Ibidem*; *Mankowski* in *Rauscher* (Hrsg.), a. a. O., Rn 5.

[463] *Weitz*, a. a. O., S. 79.

[464] *Ibidem*, S. 79.

EuGVO - die Vorschriften des 3. Abschnitts des Titels III (Kapitels III) entsprechend anzuwenden sind.

Angesichts dieser Problematik vertritt die polnische Rechtslehre die Ansicht, dass die Vorschriften der Art. 201 § 1 i. V. m. Art. 13 § 2 KPC betreffend die Untersuchung der Verfahrensart ihre entsprechende Anwendung finden sollen. Dafür spricht u. a. der Umstand, dass sowohl das polnische wie auch das europäische Vollstreckbarerklärungsverfahren als zwei verschiedene Verfahrensarten, mit jeweils verschiedenen Anwendungsbereichen zu betrachten sind. Deren Verhältnis zueinander kann mit dem Verhältnis des allgemeinen (*postępowanie procesowe ogólne*) und des streitigen Sonderverfahrens (*postępowanie procesowe odrębne, szczególne*) im Inland erklärt werden. Dem Verfahren nach dem autonomen polnischen Recht kommt dabei der Charakter des allgemeinen und dem nach dem LugÜ oder nach der EuGVO, des streitigen Sonderverfahrens zu, das lediglich die durch ihre Zuordnung zum LugÜ oder zur EuGVO qualifizierten Entscheidungen betreffen kann. Ressumierend wird der Antrag - abhängig von dem Ergebnis seiner Qualifikation - auf Grund von Art. 201 § 1 i. V. m. Art. 13 § 2 KPC zur Entscheidung im entsprechenden Vollstreckbarerklärungsverfahren verwiesen[465]. Sofern eine zu vollstreckende Entscheidung dem Anwendungsbereich des LugÜ oder der EuGVO zugehört, hat das Sonderverfahren nach Art. 31 ff. LugÜ/Art. 38 ff. EuGVO einen ausschließlichen Charakter[466].

III. Einleitung des Verfahrens

1. Das autonome polnische Recht

a. Antrag auf Vollstreckbarerklärung und auf Vollstreckungsklausel

Die Vollstreckungsprozedur kann lediglich nach wirksamer Stellung des Antrags auf Vollstreckbarerklärung (*wniosek o stwierdzenie wykonalności*), der den allgemeinen Bedingungen des Prozessschriftsatzes entspricht (Art. 125-126 i. V. m. Art. 13 § 2 KPC) und gebührend bezahlt wurde[467], eingeleitet werden. Trotz dessen, dass Art. 1153 KPC den Antragssteller verpflichtet, die in Art. 1147 § 2 KPC genannten Urkunden sowie die Bescheinigung über die Vollstreckbarkeit der ausländischen Entscheidung im Urteilsstaat (Art. 1150 § 1 Nr. 1 KPC) in zweiter Verfahrensphase bei dem Antrag auf die Erteilung der Vollstreckungsklausel dem ausländischen Vollstreckungstitel (*wniosek o nadanie klauzuli wykonalności zagranicznemu tytułowi egzekucyjnemu*) und nicht bei dem Antrag auf ihre Vollstreckbarerklärung beizufügen, wird das Vollstreckbarerklärungsverfahren mit dem Vollstreckbarerklärungsantrag und nicht mit dem Antrag auf die Erteilung der Vollstreckungsklausel eingeleitet. Diese Annahme folgt der Bestimmung, dass die Vollstreckungsklausel für die ausländische Entscheidung oder den Prozessvergleich erst nach der Rechtskrafterlangung des Beschlusses über dessen Vollstreckbarerklärung im Inland erteilt werden kann (Art. 1151

---

[465] *Ibidem*, S. 81; *Ciszewski*, Konwencja z Lugano, Art. 33, Rn 2.
[466] *Weitz*, a. a. O. S. 80.
[467] S. Anhang I.

§ 3 KPC). Anders als bei dem Antrag auf die Vollstreckbarerklärung, bei dem die Anmeldegebühr (*wpis*) erhoben wird, ist bei dem Antrag auf Vollstreckungsklausel eine sog. Kanzleigebühr (*opłata kancelaryjna*) fällig[468].

Die Formulierung des Gesetzes über die Erteilung der Vollstreckungsklausel könnte zu der Annahme führen, dass diese nach der Rechtskraft des Beschlusses über die Vollstreckbarerklärung von Amts wegen erfolgt. Dies ist jedoch im Lichte des Art. 782 KPC - wonach die Vollstreckungsklausel grundsätzlich auf Antrag erteilt wird und nur ausnahmsweise von Amts wegen, wenn auch das Verfahren insgesamt von Amts wegen hätte eingeleitet werden können (so in Unterhaltssachen, Art. 1082 KPC) - nicht der Fall. Die Anträge auf Vollstreckbarerklärung des ausländischen Vollstreckungstitels in Polen und auf anschließende Erteilung der Vollstreckungsklausel können zusammengestellt werden[469].

Gemäß Art. 1153 i. V. m. Art. 1147 § 2 KPC sind dem Antrag eine amtliche Abschrift der Entscheidung und ihre beglaubigte Übersetzung in die polnische Sprache, eine Bestätigung der Rechtskraft und der Vollstreckbarkeit dieser Entscheidung von den zuständigen Stellen im Herkunftsland sowie - im Falle eines Versäumnisurteils - eine Bescheinigung über die ordnungemäße Ladung des Beklagten beizufügen.

b. Antragsberechtigung

Wer die Feststellung der Vollstreckbarkeit begehren kann, ist im polnischen IZVR ausdrücklich nicht geregelt. Die Rechtslehre und Praxis gehen dennoch davon aus, dass aktiv legitimiert der Gläubiger, dem die Leistung zuerkannt und zu dessen Gunsten die Zwangsvollstreckung nach Erlangung der Vollstreckungsklausel durchgeführt wird, sowie seine Einzel- oder Gesamtrechtsnachfolger sind. Passiv legitimiert ist in der Regel der Schuldner, gegen den die Zwangsvollstreckung geführt wird. Dieser muss nicht immer das gleiche Subjekt sein, das im Ausland zur Leistungserbringung verurteilt wurde, auch seine Einzel- und Gesamtrechtsnachfolger sind legitimiert[470]. Anders als im Anerkennungsverfahren, an dem ein Staatsanwalt teilnehmen soll (Art. 1148 § 2 KPC), ist dieser im Vollstreckbarerklärungsverfahren lediglich berechtigt, seine Teilnahme nach den allgemeinen Vorschriften der Art. 7, Art. 59 und Art. 60 KPC anzumelden[471].

c. Gericht

Während über die Vollstreckung von inländischen Titeln die Rayongerichte entscheiden (Art. 758 ff. KPC), ist zur Feststellung der Vollstreckbarkeit ausländischer Titel in erster Instanz das Bezirksgericht am Ort des Wohnsitzes oder Sitzes des Schuldners, und beim Fehlen eines solchen Gerichts das Bezirksgericht, in dessen Bezirk die Zwangsvollstreckung durchgeführt werden soll, jeweils in Besetzung von drei Berufs-

---

468 *Ereciński/Ciszewski*, Międzynarodowe postępowanie, S. 403.

469 *Ibidem*; dies. KPC Kom., Art. 1151, Rn 2; *Piasecki*, KPC Kom., Art. 1151, Rn 1.

470 *Piasecki*, a. a. O., Rn 2 und Art. 1147, Rn 3; ders. Skuteczność i wykonalność, S. 146 f.; *Ereciński/Ciszewski*, Międzynarodowe postępowanie, S. 390.

471 *Ereciński/Ciszewski*, a. a. O., S. 395; dies. KPC Kom., Art. 1148, Rn 1.

richter ausschließlich zuständig (Art. 1151 i. V. m. Art. 27 ff. KPC)[472]. Dieses Gericht ist auch für die gleichzeitige Entscheidung über die Anerkennung der Entscheidung in ihrem nicht vollstreckbaren Teil, sofern diese nicht früher erfolgt ist (Art. 1151 § 1 KPC) sowie für die Erteilung der Vollstreckungsklausel für die für vollstreckbar erklärte ausländische Entscheidung oder solchen Prozessvergleich zuständig (Art. 1151 § 3 KPC). Im letzten Fall finden allerdings die Vorschriften der Art. 776 ff. KPC ihre Anwendung, so dass über die Vollstreckungsklausel der Einzelrichter, und nicht drei Berufsrichter des zuständigen Bezirksgerichts, entscheidet (Art. 782 KPC)[473]. Dieser ist bei Erforderlichkeit berechtigt, gleichzeitig über den Umfang der Vollstreckung zu beschließen (Art. 783 § 1 KPC).

Eine gesetzliche Definition hat der Begriff des Wohnsitzes in Art. 25 KC erfahren. Danach ist als Wohnsitz ein Ort zu verstehen, in dem sich eine natürliche Person mit der Absicht eines ständigen Aufenthalts aufhält. Als Sitz einer juristischen Person ist nach Art. 41 KC ein Ort zu verstehen, in dem ihr Vorstandsorgan seinen Sitz hat, es sei denn, ein Gesetz oder eine auf dem Gesetz gestützte Satzung bestimmt etwas anderes.

2. Das Lugano-Übereinkommen und die EuGVO

a. Antrag und Antragsberechtigung

Soll der vorliegende Titel im Vollstreckbarerklärungsverfahren gemäß dem LugÜ oder der EuGVO vollstreckt werden, wird dieses auf einen Vollstreckbarerklärungsantrag eines Berechtigten eingeleitet (Art. 31 Abs. 1 LugÜ/Art. 38 Abs. 2 EuGVO). Lediglich im Vereinigten Königreich wird ein derartiger Titel in England und Wales, in Schottland und Nordirland bereits dann vollstreckt, wenn sie auf Antrag eines Berechtigten zur Vollstreckung in dem betreffenden Teil des Vereinigten Königreiches registriert worden ist (Art. 31 Abs. 2 LugÜ/Art. 38 Abs. 2 EuGVO).

Wer berechtigt ist, bestimmen das LugÜ und die EuGVO nicht und lassen es nach h. M. durch das Recht des Urteilsstaates der zu vollstreckenden Entscheidung regeln[474]. In der Praxis können die Vollstreckbarerklärung - ähnlich wie nach dem autonomen polnischen Recht – meistens der verfügungsberechtigte Gläubiger oder seine Rechtsnachfolger begehren[475]. Nicht berechtigt ist dagegen der Schuldner[476], der - sofern er in dem ausländischen Titel bezeichnet wurde – passiv legitimiert ist. Dies kann gegebenenfalls auch die Person sein, die statt des Schuldners aus dem ausländischen Titel schuldet[477].

Über den Inhalt der Antragsschrift enthalten das LugÜ und die EuGVO – bis auf die Vorlagepflicht einiger Urkunden - keine Bestimmungen, so dass hinsichtlich aller für eine wirksame Antragsstellung erforderlichen Förmlichkeiten das nationale Recht des

---

[472] *Ereciński/Ciszewski*, Międzynarodowe postępowanie, S. 402; dies. KPC Kom., Art. 1151, Rn 1.
[473] *Ibidem.*
[474] *Geimer/Schütze*, a. a. O., Art. 38, Rn 30 f. und Art. 40, Rn 12.
[475] *Kropholler*, a. a. O., Art. 38, Rn 15.
[476] *Geimer/Schütze*, a. a. O., Art. 38, Rn 32.
[477] *Kropholler*, a. a. O.; *Mankowski* in *Rauscher* (Hrsg.), a. a. O., Rn 10.

Vollstreckungsstaates maßgebend ist (Art. 33 LugÜ/Art. 40 EuGVO). Demzufolge soll der bei einem polnischen Bezirksgericht eingereichte Antrag auf Vollstreckbarerklärung eines aus einem anderen Vertragsstaat des LugÜ oder der EuGVO stammenden Titels sowohl den allgemeinen, für alle Prozessschriftsätze geltenden formellen Anforderungen aus Art. 125-126 KPC als auch den Voraussetzungen aus Art. 1150 § 1 Nr. 2 i. V. m. Art. 1147 § 2 KPC entsprechen. Dabei darf die nationale Rechtsordnung die Ziele des LugÜ oder der EuGVO nicht gefährden[478]. Ähnlich wie in dem Anerkennungsrecht kein negativer Feststellungsantrag zulässig ist (Art. 26 Abs. 2 i. V. m. Art. 31 ff. LugÜ/Art. 33 i. V. m. Art. 38 ff. EuGVO), kann auch im Verfahren nach Art. 31 ff. LugÜ/Art. 38 ff. EuGVO kein Antrag auf Verweigerung einer Vollstreckbarerklärung gestellt werden[479]. Lediglich zulässig ist im Verfahren nach Art. 26 Abs. 2 LugÜ/Art. 33 Abs. 2 EuGVO, für welches Art. 31 ff. LugÜ/Art. 38 ff. EuGVO entsprechend anzuwenden sind, ein negativer Feststellungsantrag hinsichtlich der Anerkennungsvoraussetzungen[480].

Ein Antrag auf Vollstreckbarerklärung eines aus einem EU- oder EFTA-Staat stammenden Vollstreckungstitels ist in Polen ausschließlich in Schriftform[481] und in polnischer Sprache[482] an das Bezirksgericht zu richten. Gemäß Art. 128 KPC sind dem Antrag seine Abschriften und die Abschriften der Anlagen zwecks ihrer Zustellung an die Verfahrensbeteiligten beizufügen, sowie, falls im Gericht die Anlagen im Original nicht niederlegt wurden, jeweils eine Abschrift jeder Anlage zu den Gerichtsakten. Unter Umständen, insbesondere. wenn der Schuldner keinen Wohnsitz im Vollstreckungsstaat hat und der Antragssteller darzulegen hat, dass die Zwangsvollstreckung im Bezirk des angerufenen Gerichts durchgeführt werden soll[483], ist es angebracht, in dem Vollstreckbarerklärungsantrag gemäß Art. 187 § 1 Nr. 2 i. V. m. Art. 13 § 2 KPC Tatsachen aufzuführen, die die Zuständigkeit des Gerichts begründen[484]. Sofern eine teilweise Vollstreckbarerklärung nicht ausdrücklich beantragt wird (Art. 42 Abs. 2 LugÜ/Art. 48 Abs. 2 EuGVO), soll das Vollstreckungsgericht die Gesamtheit des ausländischen Titels für vollstreckbar erklären[485]. Ähnlich wie nach dem autonomen polnischen Recht kann auch unter der Geltung des LugÜ und der EuGVO der Vollstreckbarerklärungsantrag zusammen mit dem Antrag auf Vollstreckungsklausel, die alleine nach dem polnischen Zivilverfahrensrecht zu erteilen ist, gestellt werden. Förmliche Mängel des Antrags sind im Verfahren gemäß Art. 130 i. V. m. Art. 13 § 2 KPC zu beseitigen. Auch eine objektive Anhäufung ist nicht ausgeschlossen[486].

---

[478] *Kropholler*, a. a. O., Art. 40, Rn 7.

[479] *Geimer/Schütze*, a. a. O., Art. 33, Rn 85 und Art. 38, Rn 33.

[480] *Ibidem*, Art. 38, Rn 34.

[481] Die Berechtigung aus Art. 760 § 1 KPC, den Vollstreckbarerklärungsantrag auch mündlich zum Protokoll abzugeben, kann hier nicht in Anspruch genommen werden, weil sie lediglich Anträge und Erklärungen im Zwangsvollstreckungsverfahren betrifft; *Weitz*, a. a. O., S. 109.

[482] Vgl. Art. 4 Nr. 1 und Art. 5 Abs. 1-2 des Gesetzes über die polnische Sprache, Ustawa o języku polskim z dnia 07.10.1999 r., Dz.U. 1999 Nr. 90, Pos. 999; *Weitz*, a. a. O., S. 110.

[483] *Kropholler*, a. a. O., Rn 1.

[484] *Weitz*, a. a. O., S. 109.

[485] *Geimer/Schütze*, a. a. O., Art. 40, Rn 3, 5; *Kropholler*, a. a. O., Art. 40, Rn 1.

[486] *Weitz*, a. a. O., S. 110.

Obwohl für die Antragsstellung und für die im Einzelfall erforderlichen Urkunden das Recht des Vollstreckungsstaates maßgebend ist[487] wird in Art. 33 Abs. 3 LugÜ/Art. 40 Abs. 3 EuGVO auf die Vorschriften der Art. 46-47 LugÜ/Art. 53 EuGVO verwiesen, die den notwendigen Inhalt eines Vollstreckbarerklärungsantrags bestimmen. In der EuGVO wurden die Anforderungen der Art. 46-47 EuGVÜ in einer eingeschränkten Form in Art. 53 Abs. 1 EuGVO übernommen. Alle übrigen Anforderungen wurden in die zusammenfassende Bescheinigung des Anhangs V übernommen[488]. Darüber hinaus betreffen die Vorschriften der Art. 46 ff. LugÜ/Art. 53 ff. EuGVO die Verfahrensförmlichkeiten des Anerkennungs- und Vollstreckbarerklärungsverfahrens. Die EuGVO erleichtert in Art. 53 Abs. 2 und Art. 54 die Förmlichkeiten für den Antragssteller, indem sie neben der Vorlage einer Entscheidungsausfertigung nur verlangen, dass eine dem Muster des Anhangs V entsprechende Bescheinigung vorgelegt wird, welche alle für die Vollstreckbarerklärung erforderlichen Angaben enthält[489]. Diese Bescheinigung wird durch zuständige Gerichte und Behörden nur auf Antrag erstellt (vgl. Art. 1144[1] KPC E.)[490]. Die Beweiskraft derartiger Bescheinigungen ist einheitlich durch das Gemeinschaftsrecht definiert. Die Unrichtigkeit der Bescheinigung kann der Antragsgegner im Rechtsbehelfsverfahren nach Art. 43 ff. EuGVO darlegen und mit allen nach den jeweiligen *lex fori* zulässigen Beweismitteln beweisen[491].

Gemäß den hier einschlägigen Art. 46-47 LugÜ/Art. 53-54 EuGVO sind so einem Antrag folgende Urkunden beizufügen:

1) Die Bezeichnung des Antragsstellers und des Antragsgegners sowie des angegangenen Gerichts und Ursprungsstaates bzw. des Gerichts, das die Bescheinigung nach Art. 54 i. V. m. Anhang V der EuGVO ausgestellt hat (vgl. Nr. 1-3, Nr. 4.3 der Bescheinigung aus Anhang V der EuGVO),
2) Die Bezeichnung der zu vollstreckenden ausländischen Entscheidung (Nr. 4 der Bescheinigung aus Anhang V der EuGVO),
3) Die Erklärung, inwieweit eine Vollstreckbarerklärung beantragt wird,
4) Die Ausfertigung der ausländischen Entscheidung, welche die für ihre Beweiskraft erforderlichen Voraussetzungen erfüllt (Art. 46 Nr. 1 LugÜ/Art. 53 Abs. 1 EuGVO). Welche Voraussetzung solche Ausfertigung erfüllen muss, um von ihrer Beweiskraft zu überzeugen, bestimmt das Recht des Urteilsstaates[492]. Stammt der Vollstreckungstitel aus Polen, so wird für diese Ausfertigung Art. 244 § 1 KPC maßgeblich,
5) Bei einer im Versäumnisverfahren ergangenen Entscheidung[493] die Urschrift oder eine beglaubigte Abschrift der Urkunde, aus der sich ergibt, dass das den

[487] *Geimer/Schütze*, a. a. O., Art. 41, Rn 31.
[488] *Ibidem*, Art. 54, Rn 1.
[489] *Kropholler*, a. a. O., Art. 53, Rn 1.
[490] *Ibidem*, Art. 54, Rn 3.
[491] *Geimer/Schütze*, a. a. O., Art. 54, Rn 2 f.
[492] *Jenard* Bericht, vor Art. 48; *Kropholler*, a. a. O., Rn 2.
[493] Vgl. Art. 339 § 1 KPC und § 9 V 5 a.

Erstprozess einleitende Schriftstück oder ein gleichwertiges Schriftstück der säumigen Partei zugestellt worden ist (Art. 46 Nr. 2 LugÜ) bzw. Datum der Zustellung (Nr. 4.4 der Bescheinigung aus Anhang V der EuGVO),

6) Die Urkunden, aus denen sich ergibt, dass die erststaatliche Entscheidung nach dem Recht des Urteilsstaates vollstreckbar ist und dass sie zugestellt worden ist (Art. 47 Nr. 1 LugÜ/durch EuGVO nicht übernommen, so dass die Vollstreckbarerklärung unter dieser Verordnung bereits vor Zustellung der erststaatlichen Entscheidung an den Schuldner bzw. dessen Rechtsnachfolger erteilt werden kann[494], Art. 41 EuGVO; es genügt, wenn die erststaatliche Entscheidung dem Schuldner zusammen mit der Vollstreckbarerklärung zugestellt wird, Art. 42 Abs. 2 EuGVO)[495],

7) Gegebenenfalls eine Urkunde, durch die nachgewiesen wird, dass der Antragssteller im Urteilsstaat des ausländischen Titels Prozesskostenhilfe erhalten hat bzw. Namen der Parteien, denen Prozesshilfe gewährt wurde (Art. 47 Nr. 2 i. V. m. Art. 44 LugÜ/Nr. 5 der Bescheinigung aus Anhang V der EuGVO),

8) Falls der Antrag durch einen Prozessbevollmächtigen gestellt wird, die Vollmachtsurkunde.

Was den Nachweis der Vollstreckbarkeit im Urteilsstaat anbelangt, kann dieser – außer in Form einer Bescheinigung - unter Art. 47 Nr. 1 LugÜ durch die zu vollstreckende Entscheidung selbst gewährleistet werden (wie z.B. eine Entscheidung mit vorläufiger Vollstreckbarkeit gemäß Art. 333-338 KPC, oder mit Vollstreckungsklausel gemäß Art. 783 § 2 KPC)[496]. Im Rahmen der EuGVO ist gemäß Art. 53 Abs. 2 i. V. m. Art. 54 und Anhang V die auf Antrag des erststaatlichen Gerichts auszufüllende Bescheinigung, die alle wesentlichen Momente dokumentiert und gleichsam verbrieft, vorzulegen. Die Vollstreckbarkeit wird nur auf Grund von Angaben in der offiziellen Bescheinigung geprüft[497]. Falls die Bescheinigung nicht vorgelegt wird, eröffnet Art. 55 EuGVO dem Gericht die Möglichkeit, eine Frist zu ihrer Vorlage zu bestimmen, eine gleichwertige Urkunde zu akzeptieren oder unter Umständen auf die Vorlage zu verzichten.

Die Voraussetzung der Zustellung der zu vollstreckenden Entscheidung im Urteilsstaat (Art. 33 Abs. 3 i. V. m. Art. 47 Nr. 1 LugÜ *in fine*) bedeutet auf der Seite des polnischen Erstgerichts die Pflicht, dem Schuldner folgende Entscheidung zuzustellen:

1) Rechtskräftige Entscheidungen, die zum Zeitpunkt ihrer Rechtskrafterlangung auch vollstreckbar werden. Hinsichtlich erstinstanzlicher Entscheidungen, werden es solche sein, die entweder mit keinem Rechtsbehelf angefochten werden bzw. ein erhobener Rechtsbehelf abgewiesen wird. Wird der Rechtsbehelf des Beklagten in zweiter Instanz abgewiesen, so ist die erstinstanzliche Entschei-

---

494 *Geimer/Schütze*, a. a. O., Art. 41, Rn 32.
495 *Ibidem*, Art. 53, Rn 12.
496 *Weitz*, a. a. O., S. 124.
497 *Mankowski* in *Rauscher* (Hrsg.), a. a. O., Rn 19.

dung zuzustellen. Im Fall einer Abänderung der erstinstanzlichen Entscheidung, in dem das Gericht in zweiter Instanz die Klage abweist, kann diese Entscheidung zugestellt werden, da sie sofort vollstreckbar ist (Art. 388 § 1 KPC),

2) Entscheidungen, denen gemäß Art. 333 oder Art. 477^2 § 1 KPC die vorläufige Vollstreckbarkeit verliehen wird,
3) Zahlungsbescheide, die ab dem Zeitpunkt ihres Erlasses Sicherungstitel bilden und ohne dass ihnen eine Vollstreckungsklausel verliehen wird vollstreckbar sind (Art. 492 § 1 KPC). Lediglich Zahlungsbescheide, die aufgrund eines Wechsels, eines Warrants, eines Revers oder eines Scheck erlassen werden, sind nach dem Ablauf der Frist für die Befriedigung der Forderung sofort vollstreckbar (Art. 492 § 3 KPC). Sofern gegen den Zahlungsbescheid keine Einwendungen erhoben werden, hat dieser Wirkungen einer rechtskräftigen Entscheidung (Art. 494 § 1 KPC),
4) Beschlüsse über die Sicherung, die während einer nichtöffentlichen Sitzung erlassen und dem Schuldner durch das Vollstreckungsorgan gleichzeitig mit dem Beitritt zur Durchführung der Entscheidung zugestellt werden (Art. 740 § 1 KPC)[498].

Unter der Geltung des LugÜ bzw. der EuGVO, abhängig davon wo und wann der inländische Titel vollstreckt werden soll, stellt sich die Frage, ob eine „besondere“ Zustellung der Abschrift der Entscheidung an den Beklagten vorzunehmen ist, um dem Antragssteller den Nachweis dieses Umstandes zu ermöglichen, wenn die Abschrift der Entscheidung gemäß den allgemeinen Prinzipien des polnischen Zivilverfahrensrechts zugestellt wird. Es handelt sich hierbei um die Zustellung von Entscheidungen über einstweilige Verfügungen von Amts wegen, die Zustellung von Abschrift der erst- und zweitinstanzlichen Entscheidung samt Begründung auf Antrag der Partei (Art. 331 und Art. 387 § 3 KPC) sowie die Zustellung von Amts wegen eines Mahnbescheides (Art. 491 § 3 KPC). Sofern das inländische Gericht in einem dieser Fälle seine Entscheidung zugestellt hat, scheint es überflüssig zu sein, dem Beklagten noch eine Abschrift zu zustellen. Wenn der Gläubiger die Entscheidung des inländischen Gerichts im Ausland vollstrecken lassen möchte, muss er zum Antrag darauf den Beweis der Zustellung dieser Entscheidung hinzufügen. Freilich müssen die zugestellte und die vollstreckbare Entscheidung, die den Gegenstand des Vollstreckbarerklärungsverfahrens bildet, identisch bleiben. Im Fall also, wenn dem Beklagten auf seinen Antrag die Abschrift der Entscheidung des Gerichts in erster Instanz mit Begründung zugestellt wird, später aber die Entscheidung durch das Gericht in zweiter Instanz geändert und die Klage zum Teil abgewiesen wird, ist dem Beklagten die spätere Entscheidung zuzustellen. Es sei, sie wird ihm auf seinen Antrag gemäß Art. 387 § 3 KPC zugestellt.

Die in Art. 46 ff. LugÜ/Art. 53 ff. EuGVO enthaltenen Urkunden sowie die Urkunde über die Prozessvollmacht, falls eine solche erteilt wird, bedürfen in Polen weder der Legalisierung noch einer ähnlichen Förmlichkeit (Art. 49 LugÜ/Art. 56

[498] *Ciszewski*, a. a. O., Art. 47 LugÜ, Rn 8.

EuGVO). Diese Regelung erstreckt sich auch auf die ausländischen öffentlichen Urkunden. Die Privaturkunden wiederum haben im Licht des polnischen Zivilverfahrensrechts - unabhängig davon, wo sie errichtet wurden – den inländischen gegenüber gleiche Beweiskraft (Art. 245 KPC)[499]. Die ausländischen öffentlichen Urkunden genießen gegenüber den polnischen öffentlichen Urkunden gleiche Beweiskraft nur dann, wenn sie keine Übertragung des Eigentums einer im Inland belegenen unbeweglichen Sache betreffen[500] und keine Zweifel hinsichtlich ihrer Echtheit hervorrufen (Art. 1138 KPC). In einem Vollstreckbarerklärungsverfahren gemäß Art. 31 ff. LugÜ/Art. 38 ff. EuGVO bedürfen sie jedoch auch beim Bestehen dieser Hindernisse keiner Legalisierung oder einer ähnlichen Förmlichkeit (Art. 49 LugÜ/Art. 56 EuGVO i. V. m. Art. 1138 KPC)[501]. Demzufolge werden die gemäß Art. 46-47 und Art. 48 Abs. 2 LugÜ/Art. 53-54 und Art. 55 Abs. 2 EuGVO vorgelegten Urkunden den inländischen gleichgestellt und den Beweis dafür bilden, was in ihnen amtlich bescheinigt worden ist (Art. 244 KPC). Gleichzeitig unterliegen sie einer freien Beweiswürdigung durch das Vollstreckungsgericht gemäß Art. 233 KPC und können gemäß Art. 252 KPC hinsichtlich ihrer Echtheit bestritten werden. Gleiche Regeln betreffen die Privaturkunden, wobei die Bestimmung des Art. 245 KPC berücksichtigt werden muss (Art. 233 und Art. 253 KPC)[502]. Die Befreiung von Förmlichkeiten bezieht sich auch auf die Prozessvollmacht im Vollstreckbarerklärungsverfahren[503].

Das inländische Bezirksgericht kann jedoch jeder Zeit die Vorlegung einer Übersetzung der Urkunden in die polnische Sprache verlangen, die von einer in einem der Vertragsstaaten hierzu befugten Person beglaubigt werden muss (Art. 48 Abs. 2 LugÜ/Art. 55 Abs. 2 EuGVO)[504]. Sofern ein Antragssteller solcher gerichtlichen Anforderung innerhalb der gerichtlich bestimmten Frist (vgl. Art. 166 KPC) nicht nachkommt und die Sache ihren Fortgang nicht nehmen kann, kann das Gericht das Vollstreckbarerklärungsverfahren aussetzen (Art. 177 § 1 Nr. 6 *in fine* i. V. m. Art. 13 § 2 KPC)[505]. Dadurch wird die Einheitlichkeit in jedem Vertragsstaat sowie gewisse Vereinfachung wegen komplizierter Auslegung geschaffen.

b. Dokumentenmangel

Falls der Antragssteller zu seinem Antrag die gemäß Art. 46 Nr. 1 oder Art. 47 Nr. 1 LugÜ/Art. 53 Abs. 1 und Art. 54 i. V. m. Anhang V EuGVO erforderlichen Urkunden nicht beigefügt hat, ist – mangels einer Regelung des LugÜ oder der EuGVO und der Verweisung aus Art. 33 Abs. 1 LugÜ/Art. 40 Abs. 1 EuGVO - das Recht des Vollstreckungsstaates entsprechend anzuwenden. Demzufolge hat der Vorsitzende des inländischen Bezirksgerichts während der Überprüfung der formellen Voraussetzungen des

---

[499] Vgl. Entscheidung des SN vom 22.08.1950, C 142/50, OSN 1952 Nr. 1, Pos. 7; *Weitz*, a. a. O., S. 131.

[500] Vgl. Art. 16 Nr. 1 a und den Vorbehalt Polens kraft Art. I b des Protokolls Nr. 1; *Weitz*, a. a. O.

[501] *Weitz*, a. a. O., S. 131; a. A. *Ereciński/Ciszewski*, KPC Kom., Art. 1138, Rn 34.

[502] *Weitz*, a. a. O., S. 132.

[503] *Kropholler*, a. a. O., Art. 56, Rn 2.

[504] *Ibidem*, Art. 55, Rn 3.

[505] *Ciszewski*, a. a. O., Art. 48 LugÜ, Rn 6; *Weitz*, a. a. O., S. 129.

Antrags gemäß Art. 130 i. V. m. Art. 13 § 2 KPC eine Frist zu bestimmen, in der die erforderliche Dokumentation zu vervollständigen ist, die aber den unverzüglichen Charakter des Vollstreckbarerklärungsverfahrens nicht hindern kann[506]. Die auf diesem Wege bestimmte Frist hat einen gerichtlichen Charakter (Art. 164 i. V. m. Art. 13 § 2 KPC), so dass sie verkürzt, verlängert (Art. 166 i. V. m. Art. 13 § 2 KPC) oder sogar in den vorherigen Stand wiedereingesetzt werden kann (Art. 168 i. V. m. Art. 13 § 2 KPC)[507]. Anders gestaltet sich die Vervollständigung der Dokumentation, wenn die Urkunden aus Art. 46 Nr. 2 oder Art. 47 Nr. 2 LugÜ/Art. 54 EuGVO fehlen. Diese Situation wurde durch Art. 48 Abs. 1 LugÜ/Art. 55 Abs. 1 EuGVO geregelt, die wiederum eine Ausnahme von der Maßgeblichkeit des Rechts des Vollstreckungsstaates für die Antragsstellung bilden[508]. Danach kann dem Antragssteller eine Frist zur Vorlage dieser Urkunde gestellt werden. Das inländische Bezirksgericht kann sich aber auch mit gleichwertigen Urkunden begnügen oder aber von der Vorlage der Urkunden befreien, wenn es eine weitere Klärung für nicht erforderlich hält. Diese Erleichterungen haben die Urkunden aus Art. 46 Nr. 1 oder Art. 47 Nr. 1 LugÜ nicht erfahren, mit der Begründung, dass der Gläubiger sie jede Zeit beschaffen könne[509]. Aufgrund dieser Regelungen ist zu schließen, dass abhängig davon, welche Urkunden dem Vollstreckbarerklärungsantrag nicht zugefügt worden sind deren Vervollständigung in anderen Verfahrensphasen und gemäß verschiedenen Regeln verläuft.

c. Zustellungsbevollmächtigte

Über diese Voraussetzungen hinaus ist der Antragssteller verpflichtet, wenn er im Bezirk des angerufenen Gerichts keinen Wohnsitz bzw. Sitz hat, dort ein Wahldomizil (d.h. eine Zustellungsanschrift im Vollstreckungsstaat) zu begründen. Infolge dessen jedoch, dass dem autonomen polnischen Recht die Institution des Wahldomizils (*instytucja wskazywania adresu do doręczeń*) nicht bekannt ist, soll das zuständige Bezirksgericht die zweite Alternative der Art. 33 Abs. 2 LugÜ/Art. 40 Abs. 2 EuGVO nutzen und die Vorschriften des Art. 1135 KPC über die Benennung eines Zustellungsbevollmächtigten (*wyznaczenie pełnomocnika do doręczeń*) entsprechend anwenden[510]. Eine entsprechende Anwendung dieser Regelung verlangt allerdings eine gewisse Einschränkung ihres Umfangs. Während nämlich das LugÜ und die EuGVO verlangen, den Zustellungsbevollmächtigten dann anzugeben, wenn der Antragssteller im Bezirk des angerufenen Gerichts keinen Wohnsitz bzw. Sitz hat, greift solche Pflicht aus Art. 1135 § 1 KPC nur dann, wenn der Antragssteller im Ausland wohnt und kein im Inland wohnhafter Prozessbevollmächtigten angegeben wird. Folgend dem Grundsatz einer entsprechenden Auslegung der – gegenüber dem LugÜ bzw. der

---

[506] *Ciszewski*, a. a. O., Rn 2; *Weitz*, a. a. O., S. 135, 142 ff.
[507] *Weitz*, a. a. O., S. 144.
[508] Entscheidung des EuGH vom 14.03.1996 - C-275/94, *Van der Linden/Berufsgenossenschaft der Feinmechanik und Elektronik*, Slg. 1996 I, S. 393, Rn 14 ,17, IPRax 1997, S. 186.
[509] *Geimer/Schütze*, a. a. O., Art. 55, Rn 1.
[510] Entscheidung des EuGH vom 10.07.1986 - 198/85, *Carron/Bundesrepublik Deutschland*, Slg. 1986, S. 2437, Rn 10, IPRax 1987, S. 229, 209; *Kropholler*, a. a. O., Art. 40, Rn 6; *Weitz*, a. a. O., S. 148; *Ciszewski*, a. a. O., Art. 33 LugÜ, Rn 4.

EuGVO - sekundär angewendeten Vorschriften des autonomen polnischen Recht, sollen daher die Bestimmungen des Art. 1135 KPC im Sinne der Art. 33 Abs. 2 LugÜ/Art. 40 Abs. 2 EuGVO angewendet werden, so dass der Zustellungsbevollmächtigte aus dem Bezirk des angerufenen Gerichts stammen muss, es sei denn dort wurde bereits ein Prozessbevollmächtigter angegeben.

Unverändert findet Art. 1135 KPC seine Anwendung in Fragen der Belehrung der Partei über ihre Berechtigung, eine Erwiderung auf das das Verfahren einleitende Schriftstück und schriftliche Erklärungen einzureichen und einen Zustellungsbevollmächtigten zu benennen. Außerdem regelt Art. 1135 Abs. 2 KPC die Folgen einer Verletzung der Pflichten aus Art. 33 Abs. 2 LugÜ/Art. 40 Abs. 2 EuGVO, wie es andere Vorschriften des KPC auch gegenüber anderen Modalitäten der Antragsstellung tun. Die Vorschrift des Art. 1135 KPC nennt nicht ausdrücklich, wer als Zustellungsbevollmächtigter genannt werden kann. Nach der herrschenden Rechtslehre können es natürliche und juristische Personen sowie andere Organisationseinheiten sein, die geschäftsfähig sind[511].

Der Zustellungsbevollmächtigte kann im Inland als Vollstreckungsstaat ab dem Zeitpunkt der Antragsstellung benannt werden. Wird er das nicht, soll der Antragssteller über die Sanktionen des Art. 1135 § 2 KPC belehrt und zur Benennung des Zustellungsbevollmächtigten binnen einer gerichtlich bestimmten Frist, die allerdings vor einer eventuellen Zustellung der Vollstreckbarerklärung an den Antragsgegner ablaufen soll, aufgefordert werden[512]. Erst wenn trotz der Aufforderung kein Zustellungsbevollmächtigter angegeben wird, werden die für den Antragssteller mit Wohnsitz außerhalb des Bezirks des zuständigen Bezirksgerichts bestimmten Gerichtsschriftsätze in der Fallakte zurückgelassen und zwar mit der Folge, dass sie als zugestellt gelten. Wird der Zustellungsbevollmächtigte nach der genannten Frist benannt, bewirkt der Antragssteller, dass die Sanktion aus Art. 1135 § 2 KPC künftig entfallen wird. Generell ist anzunehmen, dass die Sanktion aus Art. 1135 § 2 KPC nach h. M. mit den Zielen des LugÜ und der EuGVO übereinstimmt und i. V. m. Art. 33 Abs. 2 LugÜ/Art. 40 Abs. 2 EuGVO angewendet werden kann.

Durch die Schaffung einer Zustellungsanschrift im Vollstreckungsstaat bzw. - wie in Polen - die Benennung eines Zustellungsbevollmächtigten werden die Zustellungen ins Ausland vermieden und dem Antragsgegner die Möglichkeit geboten, die Zulassung der Zwangsvollstreckung vor Ort anzufechten (vgl. Art. 35-36 LugÜ/Art. 42-43 EuGVO) - insgesamt also die rasche Durchführung des Vollstreckbarerklärungsverfahrens ermöglicht[513].

Im Rahmen des Europäisierungsprozesses hat sich die Kodifikationskommission für das Zivilrecht erfreulicherweise entschieden, die Zustellungsvorschriften zu standardisieren (Art. 1130-1136^2 KPC E.) und auch die Institution des Wahldomizils entsprechend der Lösung der Art. 33 LugÜ/Art. 40 EuGVO damit den Bedürfnissen der Praxis einzuführen (Art. 1136^3 KPC E.).

---

511 *Ereciński/Ciszewski*, Międzynarodowe postępowanie, S. 236.
512 *Weitz*, a. a. O., S. 149.
513 *Kropholler*, a. a. O., Art. 40, Rn 5.

d. Gerichtszuständigkeit

Welche Gerichte sachlich zuständig sind, regeln Art. 32 Abs. 1 LugÜ, der diese direkt benennt, und Art. 39 Abs. 1 EuGVO, der in dieser Frage eine Verweisung auf die Auflistung im Anhang II zur Verordnung beinhaltet. Wurde ein Antrag auf Vollstreckbarerklärung im Rahmen des LugÜ oder der EuGVO an eine falsche Stelle eingereicht, ist er nach Maßgabe des nationalen Verfahrensrechts zurückzuweisen (Art. 201 i. V. m. Art. 13 § 2 KPC)[514]. In Polen sind für die Vollstreckbarerklärung gemäß Art. 31 ff. LugÜ/Art. 38 ff. EuGVO die Bezirksgerichte ausschließlich zuständig (Nr. 2 der Regierungserklärung zum Art. 32 LugÜ gemäß Art. 63 LugÜ)[515].

Die einheitliche Bestimmung der örtlichen Zuständigkeit des Vollstreckungsgerichts gemäß Art. 32 Abs. 2 LugÜ entspricht im Wesentlichen der aus Art. 1151 § 1 KPC (vgl. auch Art. 2 und Art. 5 Abs. 1 LugÜ). Unter der EuGVO wiederum ist die Regelung der örtlichen Zuständigkeit liberaler, indem sie dem Antragssteller die Wahl zwischen dem Ort des Wohnsitzes bzw. Sitzes des Vollstreckungsgegners und dem Ort der Vollstreckung überlässt (Art. 39 Abs. 2)[516]. Seine Wahl muss der Gläubiger lediglich mit der Absicht der Zwangsvollstreckung (*zamiar prowadzenia egzekucji*) im Gerichtsbezirk begründen[517]. Seine Erfolgsaussichten oder die Belegenheit des Vermögens des Schuldners in diesem Gerichtsbezirk sind nicht erforderlich[518]. Für die Wohnsitzbestimmung sind Art. 52-53 LugÜ/Art. 59-60 EuGVO heranzuziehen. Danach wendet das inländische Bezirksgericht sein Recht an, sofern zu entscheiden ist, ob eine Partei in Polen als dem Vollstreckungsstaat einen Wohnsitz hat und wenn ja, in welchem Bezirk dieser besteht. Im Fall, dass eine Partei keinen Wohnsitz in Polen als dem Vollstreckungsstaat hat, wird das Bezirksgericht darüber, ob die Partei einen Wohnsitz in einem anderen Vertragsstaat hat, unter Anwendung des Rechts dieses Staates entscheiden. Dabei werden im Inland gegenüber natürlichen Personen die Vorschriften der Art. 25-28 KC und gegenüber juristischen Personen die Vorschrift des Art. 9 § 2 PPM maßgebend.

e. Prozesskostenhilfe

Angesichts einer prompten Entwicklung internationaler Transaktionen, sowohl im europäischen als auch im weltweiten Rechtsraum, bemühen sich viele Länder, der in einem Rechtsstreit mit grenzüberschreitendem Bezug schwächeren Partei eine Prozesskostenhilfe zu gewährleisten. Die polnische Republik hat in diesem Bereich mehrere Abkommen ratifiziert (wie z.B. das Straßburger Europäische Übereinkommen über die Übermittlung von Anträgen auf Verfahrenshilfe vom 27. Januar 1977)[519]. Auch das LugÜ und die EuGVO sehen Begünstigungen in Form von Prozesskostenhilfe für die schwächere Partei vor. Ist unter Geltung einer diesen Regelungen dem Antragssteller

---

[514] *Mankowski* in *Rauscher* (Hrsg.), a. a. O., Art. 39, Rn 1 ff.

[515] Dz.U. 2000 Nr. 10, Pos. 133, s. o.; *Piasecki*, KPC Kom., S. 819.

[516] *Kropholler*, a. a. O., Art. 39, Rn 6.

[517] *Ibidem*, Rn 8.

[518] *Geimer/Schütze*, a. a. O., Art. 39, Rn 2; *Weitz*, a. a. O., S. 156.

[519] Porozumienie europejskie w sprawie przekazywania wniosków o przyznanie pomocy sądowej z dnia 27.01.1977 r., Dz.U. 1999 Nr. 102, Pos. 1183.

im Ursprungsstaat ganz oder teilweise die Prozesskostenhilfe oder die Kosten- und Gebührenbefreiung gewährt worden, so genießt er – anders als der Antragsgegner - in jenem Vollstreckungsstaat, in dem das Antragsverfahren gemäß Art. 32-35 LugÜ/Art. 39-43. EuGVO läuft, hinsichtlich der Prozesskostenhilfe oder der Kosten- und Gebührenbefreiung die günstigste Behandlung, die das Recht des Vollstreckungsstaates vorsieht (Art. 44 Abs. 1 LugÜ/Art. 50 EuGVO). Nachdem das Antragsverfahren in Gang gekommen ist, kann die Prozesskostenhilfe auf Grund vom Art. 9 § 2 PKH- Richtlinie gewährt werden, die ihre Anwendung in zivil- und handelsrechtlichen Streitsachen mit grenzüberschreitendem Bezug findet (ErG Nr. 9 zur PKH- Richtlinie). Was unter zivil- und handelsrechtlichen Streitigkeiten zu verstehen ist, kann durch Auslegung der Art. 1 LugÜ/Art. 1 EuGVO ermittelt werden. Auch eine Gewährung der Prozesskostenhilfe nach dem autonomen Recht Polens als Vollstreckungsstaat (vgl. Art. 113 und Art. 117 § 1 KPC) oder nach völkerrechtlichen Verträgen (z.B. Art. 15 HUVÜ oder Art. 20 ff. HZPÜ), sind nicht ausgeschlossen[520].

Als günstigste Behandlung (*najbardziej dogodne traktowanie*) hinsichtlich der Prozesskostenhilfe oder der Kosten- und Gebührenbefreiung ist nach dem autonomen polnischen Recht entweder die auf Grund von Art. 44 Abs. 1 LugÜ/Art. 50 EuGVO für das Antragsverfahren verliehene Befreiung von allen Gerichtskosten (*zwolnienie od kosztów sądowych*), gemäß der der Antragssteller keine Gerichtsgebühren zu entrichten und auch keine Auslagen zu tragen hat, die für ihn die Staatskasse entrichtet (Art. 112 § 1 KPC a. F., vgl. Gesetz über Prozesskosten in Zivilsachen vom 28. Juli 2005[521]), oder aber die Bestellung eines Rechtsanwalts oder Rechtsberaters (*ustanowienie adwokata lub radcy prawnego*, Art. 117 § 1 KPC), anzusehen. Infolge einer klaren Trennung zwischen der Prozesskostenhilfe und der Kosten- und Gebührenbefreiung kommt die Bestellung eines Rechtsanwalts oder eines Rechtsberaters im Inland dem Antragssteller nur dann zugute, wenn die Voraussetzungen des Art. 117 KPC vorliegen oder dem Antragssteller im Ursprungsstaat sowohl derartige Rechtshilfe wie auch Kosten- und Gebührenbefreiung gewährt wurden[522]. Eine Überprüfung, ob die Vergünstigung im Erststaat nach dortigem Recht zutreffend erteilt worden ist und ob die Gründe für die Bewilligung weiterhin bestehen ist unzulässig. Die durch Art. 44 LugÜ/Art. 50 EuGVO geschaffene Bevorzugung kommt dem Antragssteller *ipso iure* zugute[523]. Der Antragssteller muss lediglich eine Urkunde vorlegen, durch die nachgewiesen wird, dass er im Ursprungsstaat die Prozesskostenhilfe erhalten hat (Art. 47 Nr. 2 LugÜ/Art. 40 Abs. 3 und Art. 54 i. V. m. Anhang V Nr. 5 EuGVO).

Gemäß Art. 45 LugÜ/Art. 51 EuGVO darf der Partei, die in Polen eine in einem anderen Vertragsstaat ergangene Entscheidung vollstrecken will, wegen ihrer Eigenschaft als Ausländer oder wegen Fehlens eines inländischen Wohnsitzes oder Aufenthalts eine Sicherheitsleistung oder Hinterlegung, in Polen also die in Art. 1119-1127 KPC vorgesehene Prozesskostensicherheit (*kaucja aktoryczna*) nicht auferlegt werden,

---

[520] *Geimer/Schütze*, a. a. O., Art. 50, Rn 6.

[521] Ustawa o kosztach sądowych w sprawach cywilnych z dnia 28 lipca 2005, Dz.U. 2005 Nr. 167, Pos. 1398 m. s. Ä.

[522] *Weitz*, a. a. O., S. 161 f.

[523] *Kropholler*, a. a. O., Art. 50, Rn 4 f.; *Geimer/Schütze*, a. a. O., Art. 50, Rn 3.

es sei denn aus anderen als den in dieser Vorschrift genannten Gründen (vgl. Art. 38 Abs. 3 LugÜ/Art. 46 Abs. 3 EuGVO und Art. 97 Abs. 1 KPC)[524]. Auch Angehörige dritter Staaten und Staatenlose können sich auf diese Bestimmung, die für die gesamte Dauer des Vollstreckbarerklärungsverfahrens nach Art. 31 ff. LugÜ/Art. 38 ff. EuGVO gilt, berufen[525]. Alternativ anwendbar ist Art. 17 HZPÜ[526].

Art. 50 EuGVO ist weiter gefasst als Art. 44 LugÜ und bezieht sich auf das gesamte Vollstreckbarerklärungsverfahren nach Art. 38-48 EuGVO, einschließlich das Rechtsbehelfs- sowie das Anerkennungsverfahren (Art. 33 Abs. 2 EuGVO). Für die eigentliche Zwangsvollstreckung ist die Gewährung von Prozesskostenhilfe bzw. Kosten- und Gebührenbefreiung im Erststaat irrelevant. Insoweit ist für die Gebührenbefreiung bzw. Ermäßigung allein das autonome polnische Recht maßgeblich. Auch kann der Antragssteller die Prozesskostenhilfe lediglich nach Maßgabe des zweitstaatlichen Rechts erhalten, in Polen also des Gesetzes über das Recht auf Prozesskostenhilfe in Zivilverfahren in den EU-Mitgliedsstaaten[527] und Art. 117 ff. KPC. Infolge dessen, dass der Anwendungsbereich der Art. 44 LugÜ/Art. 50 EuGVO deutlich eingeschränkt ist, kann es in vielen Fällen dazu kommen, dass der Antragssteller die Prozesskostenhilfe nach dem Recht des Zweitstaates für das gesamte Verfahren beantragen wird[528].

Hinzuweisen ist auch auf Art. III des Protokolls Nr. 1 zum LugÜ und Art. 52 EuGVO, die den Vertragsstaaten verbieten, gegenüber dem Antragssteller oder dem Antragsgegner die nach dem Streitwert abgestuften Stempelabgaben oder Gebühren zu erheben und damit die Anwendung von Art. 32 Satz 2 des Gesetzes über Gerichtskosten in Zivilsachen[529], der solche nach dem Streitwert abgestuften Gebühren bestimmt, ausschließen[530]. Die Vorschriften der Art. 44-45 sowie des Art. III des Protokolls Nr. 1 zum LugÜ/Art. 50-51 EuGVO sind die einzigen Bestimmungen betreffend Prozesskosten des Vollstreckbarerklärungsverfahrens. Deshalb können in Fragen der Rückerstattung von Prozesskosten im Vollstreckbarerklärungsverfahren Art. 111 ff. i. V. m. Art. 13 § 2 KPC ihre Anwendung finden[531].

IV. Verfahrensablauf

1. Das autonome polnische Recht

Das Vollstreckbarerklärungsverfahren – als eine Form des Delibationsverfahrens – wurde hinsichtlich seiner wesentlichen Merkmale im § 11 I dargestellt, so dass hier grundsätzlich auf diese Aufführungen zu verweisen ist und im Folgenden nur Einzelheiten dieses Verfahrens im autonomen polnischen Recht dargelegt werden.

---

[524] *Weitz*, a. a. O., S. 164 f.
[525] *Kropholler*, a. a. O., Art. 51, Rn 1; *Geimer/Schütze*, a. a. O., Art. 51, Rn 1 f.
[526] *Geimer/Schütze*, a. a. O:, Rn 7.
[527] Dz.U. 2005 Nr. 10, Pos. 67.
[528] *Ibidem*, Art. 50 EuGVO, Rn 1 f.
[529] Ustawa o kosztach sądowych w sprawach cywilnych z dnia 13.06.1967 r., Dz.U. 1964 Nr. 24, Pos. 110, m. s. Ä. und Dz.U. 2002 Nr. 9, Pos. 88.
[530] *Weitz*, a. a. O., S. 166.
[531] *Ibidem*, S. 167.

a. Kontradiktorisches Verfahren

Das gemäß Art. 1151 § 1 KPC zur Vollstreckbarerklärung ausländischer Entscheidungen und Prozessvergleiche zuständige Bezirksgericht beraumt nach einer Qualifizierung der vorliegenden Entscheidung eine mündliche Verhandlung an, auf der es einen Beschluss über die Vollstreckbarkeit der ausländischen Entscheidung fasst (Art. 1151 § 2 Satz 1 KPC). Die mündliche Verhandlung ist sowohl für das Vollstreckbarerklärungs- wie auch Klauselverfahren anzuberaumen. Sofern jedoch über die Vollstreckbarerklärung drei Berufsrichter entscheiden müssen, wird eine Vollstreckungsklausel von einem Einzelrichter erlassen (Art. 782 KPC). Wie das Verfahren zu verlaufen hat, entscheidet die Regelung der Art. 210 i. V. m. Art. 1151 KPC, die auf den Grundsatz der Gleichheit der Parteien stützt (vgl. Art. 32 Abs. 1 UK) und die Anhörung beider Parteien vorschreibt.

b. Kognitionsgegenstand

Den Kognitionsgegenstand des Vollstreckungsgerichts bilden die Feststellung der Vollstreckbarkeit eines ausländischen Titels sowie hier zugehörige Voraussetzungen. Handelt es sich um die Vollstreckbarerklärung eines ausländischen Schiedsspruchs, werden aus der Untersuchung des Vollstreckungsgerichts die Voraussetzungen des Art. 1146 § 1 KPC ausgeschlossen. Darüber hinaus wird die Vollstreckbarkeit des ausländischen Titels in seinem Ursprungsstaat überprüft. Die Prüfung der Vollstreckbarkeit umfasst außer im Hinblick auf den polnischen *ordre public* gemäß Art. 1146 § 1 Nr. 5 KPC und die Frage nach einer Übergehung polnischen Rechts gemäß Art. 1146 § 1 Nr. 6 KPC keine materiellrechtlichen Einwände gegen den Anspruch wie etwa dessen Erlöschen oder Verjährung[532]. Diese können nur mit der Vollstreckungsgegenklage nach Art. 840 KPC geltend gemacht werden. Möglich ist dagegen die Konkretisierung eines ausländischen Titels, sofern sie die Zwangsvollstreckung im Inland vereinfachen und beschleunigen könnte[533].

c. Vollstreckbarerklärung und Vollstreckungsklausel

Nach einer mündlichen Verhandlung erlässt das inländische Bezirksgericht einen Beschluss über die Feststellung der Vollstreckbarkeit eines ausländischen Leistungsurteils oder Gestaltungsurteils mit vollstreckbarem Inhalt (*postanowienie o stwierdzeniu wykonalności*, der sog. Feststellungsbeschluss, Vollstreckbarerklärung) oder weist den Antrag auf diese zurück (Art. 1151 § 2 und Art. 361 KPC, s. § 11 I 4). Es kann auch das Verfahren von Amts wegen aussetzen (Art. 177 § 1 Nr. 1 KPC). Sowohl positive wie auch negative Entscheidung des Vollstreckungsgerichts hat die Form des Beschlusses. Eine polnische Vollstreckbarerklärung ist ein konstitutiver Akt, der nach ihrer Rechtskrafterlangung über die materielle Rechtskraft verfügt (Art. 365-366 i. V. m. Art. 13 § 2 und Art. 361 KPC), damit das Prinzip *ne bis in idem* geltend macht (Art.

---

[532] Entscheidung des SN vom 27.02.1969, II CZ 37/69, OSPiKA 1979, Pos. 34.
[533] *Erecinski/Ciszewski*, a. a. O., S. 403 f.; dies. KPC Kom., Art. 1151, Rn 3.

199 § 1 Nr. 2 i. V. m. Art. 13 § 2 KPC)[534]. Die bisher unwirksame ausländische Entscheidung gewinnt also im Inland die Kraft des funktionsäquivalenten polnischen Vollstreckungstitels und kann nur mit der inländischen Vollstreckbarerklärung, die zusammen mit ihrer amtlichen Übersetzung beigefügt wird, als eine integrierte Ganzheit gesehen werden[535].

Der Rechtskrafterlangung der Vollstreckbarerklärung folgt nicht automatisch die Erstreckung ihrer Vollstreckungswirkung. Vielmehr berechtigt die rechtskräftige Vollstreckbarerklärung zum Antrag auf die Vollstreckungsklausel, die durch das gleiche Bezirksgericht verliehen wird, das über die Vollstreckbarkeit des ausländischen Titels entschieden hat (Art. 1151 § 3 KPC). Durch die Erteilung der Vollstreckungsklausel wird aus einem Vollstreckungstitel (*tytuł egzekucyjny*) eine vollstreckbare Ausfertigung (*tytuł wykonawczy*)[536], die die Erstreckung der Vollstreckungswirkung erzielt und die Einleitung einer Zwangsvollstreckung aus dem ausländischen Vollstreckungstitel begründet (Art. 776 KPC). Die Vollstreckungsklausel wird - anders als der Feststellungsbeschluss – in Form eines deklaratorischen Beschlusses erlassen[537]. Das Klauselverfahren gilt dabei als ein autonomes Verfahren gegenüber dem Zwangsvollstreckungsverfahren[538]. Gemäß Art. 783 § 1 KPC hat die Vollstreckungsklausel die Feststellung zu enthalten, dass der Titel zur Zwangsvollstreckung berechtigt und bei Erforderlichkeit ihren Umfang zu bestimmen. Aus Art. 1151 § 1 KPC ergibt sich eindeutig, dass die Vollstreckungsklausel der ausländischen Entscheidung und nicht der polnischen Vollstreckbarerklärung zu erteilen ist[539].

Eine im Rahmen eines Delibationsverfahrens in das polnische Rechtssystem inkorporierte Entscheidung, wird im Inland so lange wirksam, bis sie – nach ihrer eventuellen Aufhebung oder Abänderung in einem außerordentlichen Rechtsbehelfsverfahren im Herkunftsstaat – durch eine Wiederaufnahmeklage aus Art. 403 § 1 Nr. 1 KPC bzw. die Vollstreckungsgegenklage aus Art. 840 § 1 Nr. 2 KPC, wenn Leistungsurteile betroffen sind, auch in Polen aufgehoben wird[540].

d. Teilvollstreckung

Geht es um eine Entscheidung, die zum Teil anzuerkennen und nur zum Teil zu vollstrecken ist, ist im autonomen polnischen Recht Art. 1151 § 1 Satz 2 KPC anzuwenden[541]. Aufgrund dieser Differenzierung kann die Erteilung der Vollstreckbarkeit einer ausländischen Entscheidung sowohl die ganze Entscheidung, wie auch nur ihre Teile

---

[534] *Jodłowski*, Uznanie i wykonanie, S. 72; *Piasecki*, Skuteczność i wykonalność, S. 116; ders. KPC Kom. Art. 1145, Rn 5; *Ereciński/Ciszewski*, KPC Kom., Art. 1145, Rn 6; *Weitz*, a. a. O., S. 194.

[535] *Ereciński/Ciszewski*, a. a. O., Art. 1147, Rn 8; dies. Międzynarodowe postępowanie, S. 397.

[536] *Tytul wykonawczy* ist also einer mit Vollstreckungsklausel versehener Vollstreckungstitel, *Weyde*, a. a. O., S. 178.

[537] *Ereciński/Ciszewski*, Międzynarodowe postępowanie, S. 404; dies. KPC Kom., Art. 1151, Rn 3; vgl. Entscheidung des SN vom 27.12.1977, IV CZ 146/79, OSNCP 1980 Nr. 5, Pos. 104.

[538] *Weitz*, a. a. O., S. 204.

[539] *Piasecki*, Skuteczność i wykonalność, S. 131; *Weyde*, a. a. O., S. 178.

[540] Vgl. Entscheidung des SN vom 06.02.1975, II CR 849/74, s. o.

[541] *Piasecki*, a. a. O., S. 129; *Ereciński/Ciszewski*, Międzynarodowe postępowanie, S. 396; dies. KPC Kom. s. o.

(*części*) umfassen (sog. Teilvollstreckung, *częściowe stwierdzenie wykonalności*)[542]. Der letzte Fall kann beispielsweise das Ergebnis der Entscheidung über den Antrag des Gläubigers sein, der das Vollstreckungsgericht unabhängig von dem Charakter der Sache bindet. Es kann aber auch der Tatsache folgen, dass nur ein Teil der ausländischen Entscheidung im Inland vollstreckt werden kann (z.B. wegen dem Verstoß gegen den polnischen *ordre public*). Anderseits kann auch für eine ausländische Entscheidung hinsichtlich ihres nichtvollstreckungsfähigen Teils ein Anerkennungsbeschluss und hinsichtlich ihres vollstreckungsfähigen Teils eine Vollstreckbarerklärung ergehen, die nach Art. 1151 § 1 Satz 2 KPC beide zusammen von dem für die Vollstreckbarerklärung zuständigen Gericht erlassen werden können. Das ergibt sich im polnischen Recht schon daraus, dass die Anerkennung einzelner Teile eines Urteils, nämlich jener die keiner Zwangsvollstreckung unterliegen, u. U. in verschiedenen Verfahren und unter verschiedenen Voraussetzungen erfolgt[543]. Die Zulässigkeit einer teilweisen Vollstreckbarerklärung ausländischer Entscheidung erlaubt anzunehmen, dass auch eine Teilanerkennung möglich ist, sofern die betroffenen Teile einer ausländischen Entscheidung trennbar sind.

2. Das Lugano-Übereinkommen und die EuGVO

a. Verfahren *ex parte*

Das Vollstreckbarerklärungsverfahren betreffend gerichtliche Entscheidungen in Zivil- und Handelssachen aus einem EU- oder EFTA-Staat regeln Art. 31 ff. LugÜ/Art. 38 ff. EuGVO, die eine einheitliche und rasche Zulassung zur Zwangsvollstreckung von solchen Entscheidungen erzielen, um möglichst große Freizügigkeit im europäischen Rechtsraum zu gewährleisten. Den Vollstreckungsregeln des LugÜ und der EuGVO zufolge soll das Vollstreckbarerklärungsverfahren sehr effizient und zügig sein. Seinen unverzüglichen Charakter soll der Umstand gewährleisten, dass der Antragsgegner in diesem Abschnitt des Verfahrens keine Gelegenheit erhält, eine Erklärung abzugeben (sog. Verfahren *ex parte*, Art. 34 LugÜ/Art. 41 EuGVO). Günstig ist dies in Hinsicht auf die Freizügigkeit der Urteile, und verletzt auch nicht den Grundsatz des rechtlichen Gehörs, weil der Antragsgegner die Rechtsbehelfe im Verfahren in zweiter Instanz erheben kann. Ausnahmsweise ist seine Anhörung auch in erster Instanz möglich und dann auch nicht gemeinschaftswidrig, insbesondere in *„rechtlich komplizierten Fällen, in denen mit Sicherheit eine Beschwerde zu erwarten ist"* oder wenn eine mündliche Auffassung des Antragsgegners das Vollstreckbarerklärungsverfahren beschleunigt[544]. Außerdem soll das von jedem Vertragsstaat zur Prüfung der Anträge bestimmte Gericht bzw. Behörde die mit dem Antrag eingereichten Unterlagen nur formal untersuchen. Den schriftlichen oder mündlichen Charakter des Vollstreckbarerklärungsverfahrens sowie die in diesem Verfahren einschlägige Gerichtsbesetzung bestimmt dabei die nationale Zivilprozessordnung des Vollstreckungsstaates. Nach erfolgreicher Voll-

---

[542] *Piasecki*, a. a. O.
[543] *Ibidem*, S. 128; *Weyde*, a. a. O., S. 50.
[544] *Geimer/Schütze*, a. a. O., Art. 41, Rn 5.

streckbarerklärung kann der ausländische Titel genau wie ein inländischer Titel durch die Behörden des Vollstreckungsstaates vollstreckt werden. Der Schuldner bzw. sein/e Rechtsnachfolger erfährt darüber erst mit der Zustellung der Vollstreckbarerklärung des ausländischen Titels (sog. Überraschungseffekt).

Im autonomen polnischen Recht, das - wenn ein ausländischer Titel gemäß dem LugÜ bzw. der EuGVO in Polen für vollstreckbar erklärt werden soll - darüber entscheidet, ob das erstinstanzliche Verfahren schriftlich verläuft oder aber die Anhörung einer oder beider der Parteien verlangt, ist das Verfahren *ex parte* zwar in einigen Sonderverfahren bekannt (vgl. Art. 484^1 ff. KPC betreffend das Urkundeverfahren, *postępowanie nakazowe*[545]; Art. 497^1 ff. KPC betreffend das Mahnverfahren, *postępowanie upominawcze*, oder Art. 781 ff. KPC über Klauselverfahren, *postępowanie klauzulowe*), für das Vollstreckbarerklärungsverfahren ausländischer Titel jedoch nicht vorgesehen. Auch der im europäischen Vollstreckungsrecht stark ausgeprägte Überraschungseffekt bleibt auf der nationalen Ebene kaum bekannt.

Während das LugÜ und die EuGVO das kontradiktorische Verfahren in erster Instanz aufheben, womit das Vollstreckbarerklärungsverfahren keine Verhandlung (*rozprawa*) i. S. v. Art. 210 KPC werden kann (Art. 34 Abs. 1 LugÜ/Art. 41 EuGVO), verlangt das polnische Recht, dass über die Anerkennung und Vollstreckbarerklärung in erster Instanz nach Durchführung einer mündlichen Verhandlung entschieden wird (Art. 1148 § 2 und Art. 1151 § 2 Satz 1 i. V. m. Art. 206-226 KPC). Der Ausschluss der Öffentlichkeit bedarf im Inland eines besonderen Grundes (Art. 148 § 1 KPC), den weder das polnische autonome Recht noch das LugÜ oder die EuGVO formulieren. Dem aktuellen Rechtsstand zufolge ist es daher problematisch zu entscheiden, ob der Anerkennungs- bzw. Vollstreckbarerklärungsantrag während einer öffentlichen Sitzung oder unter Ausschluss der Öffentlichkeit und damit sinngemäß nach den Zielen des LugÜ und der EuGVO entschieden werden soll. Einerseits ist das Verhältnis zwischen den primären LugÜ und EuGVO und sekundärem polnischem Recht, das durch die europäischen Anerkennungs- und Vollstreckungsvorschriften verdrängt wird (Art. 99 UK, Art. 1096 KPC), klar. Anderseits aber fehlt es an einer ausdrücklichen Regelung, die dem inländischen Bezirksgericht den Grund verleihen würde, über den Antrag unter Ausschluss der Öffentlichkeit zu entscheiden[546]. Der Umstand, dass der Antragsgegner zum erstinstanzlichen Verfahren nicht geladen wird, spricht zwar für eine schriftliche Verhandlung, ist aber nach der polnischen Rechtslehre ungenügend, um den – sehr rigoristisch behandelten - Grundsatz der öffentlichen Gerichtsverhandlung für die Vollstreckbarerklärung im Rahmen des LugÜ bzw. der EuGVO abzuschaffen[547]. Deshalb wird in dieser Lehre u. a. die Ansicht vertreten, dass auch das erstinstanzliche Anerkennungs- und Vollstreckbarerklärungsverfahren unter dem LugÜ

---

[545] Nowelizacja przepisów Kodeksu postępowania cywilnego dotyczących postępowania nakazowego przepisami ustawy z dnia 12.6.2003 r. o terminach zapłaty w transakcjach handlowych, Dz.U. 2003 Nr. 139, Pos. 1323 m. s. Ä.

[546] Als Beispiel können Art. 484^1 § 3 KPC im Urkundeverfahren, Art. 497^1 § 2 KPC im Mahnverfahren oder Art. 738 KPC im Sicherungsverfahren dienen.

[547] Weitz, a. a. O., S. 179 ff.

bzw. der EuGVO öffentlich werden muss[548], wegen der Regelung des Art. 34 Abs. 1 LugÜ/Art. 41 EuGVO jedoch nicht wie die mündliche Verhandlung gemäß Art. 1148 § 2 oder Art. 1151 § 2 Satz 1 i. V. m. Art. 210 KPC gestaltet (der Antragsgegner also geladen) werden darf. Gemäß Art. 34 Abs. 1 LugÜ/Art. 41 EuGVO hat das erstinstanzliche Gericht das Verfahren ohne Teilnahme des Schuldners durchzuführen und die Entscheidung unverzüglich zu erlassen. Die Durchführung einer durch Art. 210 KPC bestimmten Verhandlung, in der beide Parteien nicht nur mündlich ihre Sach- und Prozessanträge stellen sowie Tatsachenbehauptungen und Beweise zu ihrer Stützung vorbringen (§ 1), sondern auch verpflichtet sind, Erklärungen in Bezug auf die Tatsachenbehauptungen der Gegenpartei abzugeben (§ 2), und in der u. U. die Beweisaufnahme und die Erörterung ihrer Ergebnisse stattfinden kann (§ 3), würde gegen die Ziele des LugÜ und der EuGVO verstoßen und den unverzüglichen Erlass der Entscheidung über die Feststellung der Anerkennungsfähigkeit oder der Vollstreckbarererklärung unmöglich machen[549]. Auch die in dem europäischen Rechtsverkehr relevante Absicht, den Schuldner mit der Vollstreckbarerklärung zu überraschen, damit er seiner Verpflichtung nicht entgehen kann, würde durch solche Verhandlung verhindert.

Die Ansicht über die Notwendigkeit der Durchführung einer mündlichen Verhandlung im Rahmen des LugÜ und der EuGVO, die eine vollkommene Freizügigkeit ausländischer Entscheidungen hindert, indem sie ihre Anerkennung und Vollstreckbarerklärung erschwert und verlangsamt, ist negativ zu beurteilen[550]. Angesichts des verfassungs- und zivilverfahrensrechtlichen Grundsatzes des Vorrangs von völkerrechtlichen Verträgen, die im Gesetzblatt der Republik Polen veröffentlicht worden sind (vgl. Art. 99 UK und Art. 1096 KPC), ist vielmehr für die These zu plädieren, dass das erstinstanzliche Vollstreckbarerklärungsverfahren nach dem LugÜ und der EuGVO unter Ausschluss der Öffentlichkeit verlaufen darf[551]. Hierfür spricht ferner die Regelung des Art. 91 § 2 UK, wonach der völkerrechtliche Vertrag, dessen Ratifizierung ein Zustimmungsgesetz vorausgegangen ist, den Vorrang vor einem Gesetz hat, wenn das Gesetz mit dem Vertrag unvereinbar ist. Auch der EuGH hat mehrmals darauf hingewiesen, dass das EuGVÜ (analog das LugÜ und die EuGVO) den innerstaatlichen Bestimmungen, die mit ihm unvereinbar sind vorgehen muss. Der Grundsatz der Rechtssicherheit innerhalb der Gemeinschaftsordnung und die mit dem LugÜ und der EuGVO verfolgten Ziele verlangen nämlich, dass die Gleichheit und Einheitlichkeit der sich aus diesen Regelungen für die Vertragsstaaten und die betroffenen Personen ergebenden Recht und Pflichten sichergestellt werden, wie die einschlägigen Vorschriften in der Rechtsordnung dieser Staaten auch immer beschaffen seien[552]. Bei Annahme dieser These muss der Antragssteller zum erstinstanzlichen Verfahren nicht

[548] *Ibidem*; *Beciński/Ciszewski*, KPC Kom., Art. 1151, Rn 11; *Wołosińska*, a. a. O., S. 89.
[549] *Weitz*, a. a. O., S. 181; *Beciński/Ciszewski*, a. a. O.
[550] *Weitz*, a. a. O.
[551] *Ibidem*; ders. Założenia i kierunki reformy przepisów Kodeksu postępowania cywilnego o uznawaniu i wykonywaniu zagranicznych orzeczeń, KPP 2001 Nr. 4, S. 943 f. (ferner als: Założenia i kierunki).
[552] Entscheidungen des EuGH vom 15.11.1983, *Duijnstee*, s. o. Rn 13; und vom 13.11.1979, *Sanicentral*, s. o.

geladen werden, so dass das Verfahren deutlich beschleunigt wird. Die Ladung des Antragsstellers und damit eine öffentliche Sitzung des Bezirksgerichts ist dabei - gemäß Art. 148 § 1 i. V. m. Art. 13 § 2 KPC - dann zulässig, wenn die Urkunden aus Art. 46 Abs. 2 oder 47 Abs. 2 LugÜ/Art. 53-54 EuGVO fehlen oder andere Unklarheiten bestehen (vgl. auch Art. 152 Satz 2 KPC)[553].

Angesichts dieser Problematik ist also eine klare Regelung von Ausschlussmöglichkeiten gegenüber dem Grundsatz der Öffentlichkeit im Anerkennungs- und Vollstreckbarerklärungsverfahren und dieser Verfahren im polnischen IZVR zu postulieren.

b. Gerichtsbesetzung

Mit der Problematik der Einseitigkeit des erstinstanzlichen Vollstreckbarerklärungsverfahrens eng verbunden bleibt die Frage der gerichtlichen Besetzung, die das LugÜ und die EuGVO dem Vollstreckungsstaat offen lässt[554]. Anders als in vielen europäischen Ländern, wo für die Vollstreckbarerklärung einer ausländischen Entscheidung der Einzelrichter oder der Gerichtsvorsitzende zuständig ist, entscheidet im Fall eines Vollstreckbarerklärungsantrags in Polen das zuständige Bezirksgericht in der Besetzung von drei Berufsrichtern und unter fakultativer Teilnahme des Staatsanwalts (Art. 1151 § 1 KPC). Auch diese Regelung ist im Lichte des Vollstreckbarerklärungsverfahrens gemäß dem LugÜ oder der EuGVO negativ zu beurteilen. Vor allem im Anwendungsbereich der EuGVO, in dem das Vollstreckungsgericht in erster Instanz lediglich eine Bescheinigung des Erstgerichts oder einer anderen Behörde formal überprüfen muss, ist der unnötige Aufwand der inländischen Gerichtsbarkeit offensichtlich und angesichts der schwierigen Lage der polnischen Justiz unangebracht. Aber auch im Anwendungsbereich des LugÜ, wo außer den Förmlichkeiten aus Art. 46-47 in dieser Verfahrensphase die Versagungsgründe aus Art. 27-28 zu überprüfen sind, besteht kein Grund, zu dieser Tätigkeit drei Berufsrichter einzuziehen. Umso mehr, dass ihre Beteiligung in besonders komplizierten Fällen auf Grund von Art. 47 § 4 i. V. m. Art. 13 § 2 KPC angeordnet werden kann[555]. Ähnlich wie bei der Regelung der Verfahrensart ist auch hier eine Liberalisierung der nationalen Vorschriften zu postulieren. Die Gerichtsbesetzung für das Vollstreckbarerklärungsverfahren soll den europäischen Maßstäben angepasst und die Entscheidung über den Vollstreckbarerklärungsantrag dem Einzelrichter – wie es bezüglich des EVT geregelt wurde (vgl. Art. 795^2 KPC) - oder dem Vorsitzenden des Bezirksgerichts ermöglicht werden.

c. Kognitionsgegenstand

Im Anwendungsbereich des LugÜ oder der EuGVO bildet den Gegenstand des Verfahrens vor dem inländischen Vollstreckungsgericht vor allem die Feststellung der Anerkennungsfähigkeit oder der Vollstreckbarkeit einer ausländischen Entscheidung. Bevor eine dieser Wirkungen für das polnische Hoheitsgebiet verliehen wird, müssen, außer der erwähnten Zugehörigkeit der vorliegenden Entscheidung zum Anwendungs-

---

[553] *Weitz*, a. a. O., S. 182.
[554] *Piasecki*, KPC Kom., Art. 1145 Rn 36.
[555] *Weitz*, a. a. O., S. 179.

bereich des LugÜ oder der EuGVO, die inländische Gerichtsbarkeit (die z.B. wegen Immunität fehlen kann) und Vollstreckungsgewalt, also die örtliche und sachliche Zuständigkeit zur Vollstreckbarerklärung ausländischer Vollstreckungstitel, die Wirksamkeit und Vollstreckbarkeit des ausländischen Titels nach dem Recht seines Herkunftsstaates, sowie die Gerichtsbarkeit des Urteilsstaates geprüft werden[556]. Die weiteren Kognitionsgegenstände unterscheiden sich abhängig davon, ob die ausländische Entscheidung zum Anwendungsbereich des LugÜ oder aber der EuGVO gehört. Sofern nämlich die Versagungsgründe der Art. 27-28 LugÜ bereits in der ersten Phase des Verfahrens von Amts wegen überprüft werden (Art. 34 Abs. 2 LugÜ)[557], werden die Versagungsgründe der Art. 34-35 EuGVO in erster Instanz nicht berücksichtigt und nur dann in zweiter Instanz überprüft, wenn der Schuldner einen Rechtsbehelf gemäß Art. 43 EuGVO einlegt (vgl. Art. 41 Abs. 1, Art. 45, Art. 57 Abs. 4 Satz 1 und Art. 58 EuGVO)[558]. Hinsichtlich öffentlichen Urkunden und gerichtlicher Vergleiche kann ein Anerkennungs- oder Vollstreckbarerklärungsantrag nur dann abgelehnt werden, wenn die Zwangsvollstreckung aus der Urkunde oder dem Vergleich dem polnischen *ordre public* widersprechen würde (Art. 50 Abs. 1 Satz 2 und Art. 51 LugÜ/Art. 57 Abs. 1 Satz 2 und Art. 58 EuGVO).

Die Voraussetzungen der Feststellung der Anerkennungsfähigkeit bzw. der Vollstreckbarerklärung werden nur formal und generell aufgrund von Urkunden überprüft, die der Antragssteller gemäß Art. 46-47 LugÜ/Art. 53-54 EuGVO vorzulegen hat. Unter der EuGVO, wenn ein Gericht oder eine andere Behörde des Urteilsstaates im Formblatt nach Anhang V bescheinigt hat, dass die erststaatliche Entscheidung dort vollstreckbar ist, hat das inländische Vollstreckungsgericht dies zu akzeptieren und auf dieser Basis fort zu fahren (Art. 54 EuGVO)[559]. Unter dem LugÜ muss die Vollstreckbarkeit der ausländischen Entscheidung wie auch ihre Zustellung im Urteilsstaat nach wie vor mit getrennten Bescheinigungen nachgewiesen werden. Das zuständige Bezirksgericht stützt sich also – wie im Anerkennungsverfahren - lediglich auf das von dem Antragsgegner gelieferte Prozessmaterial, ohne dass es sich mit den materiellen Fragen der Entscheidung befassen dürfte (Verbot der *révision au fond*, Art. 34 Abs. 3 LugÜ/Art. 45 Abs. 2 EuGVO). Allerdings kann das Vollstreckungsgericht gemäß den im polnischen Recht geltenden Verfahrensregeln seine Rechte zur Verfahrensanweisung und Ergänzung des Prozessmaterials gebrauchen (vgl. Art. 232 Satz 2 i. V. m. Art. 13 § 2 KPC)[560].

In dem Ausnahmefall eines erstinstanzlichen Verfahrens mit der Beteiligung des Schuldners ist das inländische Vollstreckungsgericht berechtigt, sich mit den eventuellen Einwendungen des Schuldners zu befassen (Art. 34 Abs. 2 LugÜ/Art. EuGVO i. V. m. Art. 232 Satz 2 KPC).

---

556 *Geimer/Schütze*, a. a. O., Rn 15 ff.

557 Eine Ausnahme - nur unter dem LugÜ - besteht, wenn eine mündliche Verhandlung stattgefunden hat, während dessen von dem Antragsgegner die Versagungsgründe vorgebracht worden sind, *Ibidem*, Rn 29.

558 *Ibidem*, Rn 1; *Kropholler*, a. a. O., Art. 41, Rn 5.

559 *Mankowski* in *Rauscher* (Hrsg.), a. a. O., Art. 38, Rn 12.

560 *Weitz*, a. a. O., S. 174.

d. Rücknahme des Antrags

Eine Rücknahme des Antrags ist jederzeit möglich, ohne dass hierfür die Zustimmung des Antragsgegners erforderlich wäre[561]. Das LugÜ und die EuGVO bilden hier eine Ausnahme von der Regelung des Art. 203 § 1 i. V. m. Art. 13 § 2 KPC, die eine Rücknahme des Antrags ohne Zustimmung des Antragsgegners nur bis zur Eröffnung der mündlichen Verhandlung und - falls mit der Rücknahme der Verzicht auf den Anspruch verbunden ist - bis zum Erlass des Urteils ermöglicht[562]. Nach dem Erlass des Beschlusses über die Anerkennungsfähigkeit oder Vollstreckbarkeit des ausländischen Titels kann der Antrag - mit der Zustimmung des Antragsgegners - gemäß Art. 332 § 2 KPC zurückgenommen werden[563] - allerdings nur solange, wie der Beschluss noch nicht in Rechtskraft erwachsen ist[564]. Das polnische Bezirksgericht kontrolliert die Rücknahme des Antrags auf die Feststellung der Anerkennungsfähigkeit oder die Vollstreckbarerklärung aus Sicht ihrer Zulässigkeit gemäß Art. 203 § 4 i. V. m. Art. 13 § 2 KPC. Nur wenn die Fallumstände darauf hinweisen, dass die Rücknahme des Antrags gegen das Recht oder gegen die Grundsätze des gesellschaftlichen Zusammenlebens verstoßen oder die Rechtsumgehung bezwecken, wird diese für unzulässig erklärt[565].

e. Entscheidung

aa. Erlass des Feststellungsbeschlusses

Nach einer formalen Überprüfung des Vollstreckbarerklärungsantrags samt der gemäß Art. 33 Abs. 3 i. V. m. Art. 46-47 LugÜ/Art. 41 i. V. m. Art. 53 EuGVO zugefügten Urkunden wird die ausländische Entscheidung unverzüglich für vollstreckbar erklärt, es sei denn, dass einer der Versagungsgründe vorliegt oder der Antrag aus einem anderen Grund unzulässig und deshalb negativ zu beantworten ist. Wird der Antrag zurückgewiesen, weil die Voraussetzungen nicht vorliegen, kann er nicht mit Aussicht auf Erfolg wiederholt werden[566]. Für die Feststellung des unverzüglichen Charakters der Vollstreckbarerklärung enthält das EuZPR keine bestimmte Frist, im Rahmen der EuGVO hat die Vollstreckbarerklärung jedoch automatisch zu erfolgen, sobald der Antragssteller eine vollstreckbare Ausfertigung des Urteils und eine Bescheinigung entsprechend dem Formblatt nach Anhang V vorgelegt hat (Art. 35 LugÜ/Art. 42 EuGVO).

Die Vollstreckbarerklärung nach Art. 31 ff. LugÜ/Art. 38 ff. EuGVO erfolgt im Inland – ähnlich wie nach dem polnischen IZVR - in Form eines konstitutiven Feststellungsbeschlusses (Art. 1151 § 2 und Art. 361 i. V. m. Art. 1096 KPC)[567], mit dem der

---

[561] *Kropholler*, a. a. O., Art. 40, Rn 2; *Geimer/Schütze*, a. a. O., Art. 40, Rn 23.
[562] *Weitz*, a. a. O., S. 189 f.; *Ereciński/Ciszewski*, Międzynarodowe postępowanie, S. 417.
[563] *Weitz*, a. a. O., S. 190.
[564] *Geimer/Schütze*, a. a. O., Rn 24.
[565] *Weitz*, a. a. O., S. 190.
[566] Kritisch dazu *Geimer/Schütze*, a. a. O., Art. 41, Rn 49; vgl. *Mankowski* in *Rauscher* (Hrsg.), a. a. O., Art. 43, Rn 20.
[567] *Ereciński/Ciszewski*, a. a. O., S. 403; dies. KPC Kom., Art. 1151, Rn 3; *Geimer/Schütze*, a. a. O., Art. 33, Rn 1, 88.

ausländische Vollstreckungstitel zum inländischen, funktionsäquivalenten Vollstreckungstitel wird, seine Vollstreckungswirkung also auf das polnische Hoheitsgebiet erstreckt und zur Sicherung nach Maßgabe von Art. 39 Abs. 1 LugÜ/Art. 47 Abs. 3 EuGVO sowie – nach seiner Rechtskrafterlangung - zum Antrag auf Erteilung der Vollstreckungsklausel berechtigt.

bb. Konkretisierung

Neben dem Verbot, den ausländischen Titel in der Sache selbst nachzuprüfen (Art. 34 Abs. 3 LugÜ/Art. 45 Abs. 2 EuGVO), ist das Vollstreckungsgericht weder verpflichtet noch berechtigt, irgendwelche Ergänzungen, Anpassungen oder Änderungen des ausländischen Vollstreckungstitels zu unternehmen[568]. Demzufolge kann die Vollstreckbarerklärung vor einem inländischen Gericht nicht dadurch gehindert werden, dass die ausländische Entscheidung die Angaben über die Höhe der zu erstattenden Kosten auf „eigenartige Art" (*swoisty sposób*) bestimmt[569]. Das betrifft vor allem Entscheidungen, die die Höhe von Unterhaltsleistungen (*wysokość świadczeń alimentacyjnych*) in einem prozentual bestimmten Betrag oder in einem Betrag angeben, der sich auf einen (verhältnismäßigen) Teil im Verhältnis zum Verdienst des Schuldners stützt[570]. Zulässig ist dagegen im Rahmen der Auslegung des ausländischen Titels eine Konkretisierung der zu vollstreckenden Leistung, die ihrer Anpassung an die inländischen Vollstreckungsregeln dienen soll[571].

cc. Teilvollstreckung

Ähnlich wie im autonomen polnischen Rech ist es auch im Rahmen des LugÜ (Art. 42) und der EuGVO (Art. 48) möglich, nur einen Teil des Titels für vollstreckbar zu erklären[572]. Die Teilvollstreckung findet entweder dann statt, wenn die ausländische Entscheidung, die über mehrere selbständige Ansprüche befunden hat, nicht im vollen Umfang zur Zwangsvollstreckung zugelassen werden kann (Art. 42 Abs. 1 LugÜ/Art. 48 Abs. 1 EuGVO), oder wenn sie von dem Antragssteller beantragt wurde (Art. 42 Abs. 2 LugÜ/Art. 48 Abs. 2 EuGVO), vorausgesetzt, dass sich die betroffenen Ansprüche trennen lassen (*świadczenia podzielne*, unter dieser Voraussetzung ist - trotz des Mangels an einer ausdrücklichen Regelung - auch Teilanerkennung möglich). Daher soll das Vollstreckungsgericht die Gesamtheit des ausländischen Titels für voll-

---

[568] *Geimer/Schütze*, a. a. O., Art. 38, Rn 19; *Weitz*, a. a. O., S. 190.

[569] *Piasecki*, Skuteczność i wykonalność, S. 124 f.; *Ereciński/Ciszewski*, Międzynarodowe postępowanie, S. 379; dies. KPC Kom., Art. 1150, Rn 8.

[570] Ausführlich über die praktischen Schwierigkeiten der Vollstreckung von solchen Entscheidungen s. *Piasecki*, a. a. O.; vgl. Entscheidungen des SN vom 26.06.1968, II CZ 118/68, OSNCP 1969, Nr. 5, Pos. 95 mit Gl. von *Ereciński*, PiP 1969 Nr. 12; vom 09.07.1973, I CZ 51/73, NP 1976 Nr. 1 mit Gl. von *Ereciński*, und vom 22.09.1979, III CZP 16/79, OSNCP 1980 Nr. 7-8, Pos. 129; in der der SN u. a. die Vollstreckung eines ausländischen Titels ohne Modifizierung zulässt, wenn er die Unterhaltsleistung in der Höhe von einem Viertel des Verdienstes des Schuldners bestimmt ist.

[571] *Ereciński/Ciszewski*, KPC Kom., s. o.; *Weitz*, a. a. O., S. 190.

[572] *Geimer/Schütze*, a. a. O., Art. 33, Rn 66.

streckbar erklären, wenn in dem Titel alle Vollstreckungsvoraussetzungen vorliegen und keine teilweise Vollstreckbarerklärung ausdrücklich beantragt wird[573].

dd. Zustellung der Vollstreckbarerklärung

Der Beschluss über die Vollstreckbarkeit wird dem Antragssteller unverzüglich in der Form mitgeteilt, die das autonome polnische Recht als Recht des Vollstreckungsstaates vorsieht (Art. 35 LugÜ/Art. 42 EuGVO). Diese Mitteilung sollte in der Regel unproblematisch sein, da ein im Ausland wohnender Antragssteller gemäß Art. 33 Abs. 2 LugÜ/Art. 40 Abs. 2 EuGVO ein Wahldomizil zu begründen oder einen Zustellungsbevollmächtigten zu benennen hat (Art.1135 und Art. 133 KPC)[574].

Das autonome polnische Recht kennt die Benachrichtigung der Parteien über den Gerichtsbeschluss (*powiadomienie stron o postanowieniu sądowym*) in Form einer Verkündung (*ogłoszenie,* vgl. Art. 326 KPC), wenn er in einer öffentlichen Sitzung ergangen ist, oder einer Zustellung (*doręczenie*): von Amts wegen, wenn der Beschluss in einer nichtöffentlichen Sitzung ergangen ist und eine besondere Vorschrift nichts anderes bestimmt (vgl. Art. 357 § 4 KPC), oder auf Antrag der Partei, die über den Beschluss bereits während seiner Verkündung nach einer öffentlichen Sitzung erfahren hat, die ihn aber mit einer Begründung erhalten möchte (Art. 357 § 1-2 KPC).

Infolge dessen, dass das Vollstreckbarerklärungsverfahren gemäß Art. 31 ff. LugÜ/Art. 38 ff. EuGVO in Polen im Rahmen einer öffentlichen Sitzung verläuft, wird der Feststellungsbeschluss dem Antragssteller in Form einer Verkündung mitgeteilt (Art. 357 i. V. m. Art. 13 § 2 KPC). Wann dieser erfolgt, wird der Antragssteller bzw. sein Zustellungs- oder Prozessbevollmächtigter durch eine Ladung oder durch eine Verkündung während einer öffentlichen Sitzung benachrichtigt (Art. 149 § 2 Satz 1 KPC, vgl. auch Art. 326 § 1 Satz 1-2 i. V. m. Art. 361 KPC). In der Regel wird es die Sitzung sein, in der das zuständige Vollstreckungsgericht die mündliche Verhandlung geschlossen hat (Art. 326 § 1 Satz 1-2 i. V. m. Art. 361 KPC). Das Ausbleiben des Antragsstellers hindert die Verkündung des Feststellungsbeschlusses nicht (Art. 326 § 2 Satz 2 i. V. m. Art. 361 und Art. 13 § 2 KPC). Auch ihre Folgen, eingeschlossen den Beginn des Laufes der Frist für die Einreichung einer Beschwerde (Art. 394 § 2 *in fine* KPC), sind unter diesem Umstand gleich[575]. Die in Art. 326 § 1 Satz 1-2 i. V. m. Art. 361 KPC vorgesehene Vertagungsmöglichkeit sollte im Hinblick auf den unverzüglichen Charakter des Verfahrens nach Art. 31 ff. LugÜ/Art. 38 ff. EuGVO lediglich in Ausnahmefällen angewendet werden[576].

Der Antragssteller kann binnen einer Woche seit dem Tag der Verkündung des Feststellungsbeschlusses die Anfertigung seiner Begründung und Zustellung dieses Beschlusses samt Begründung beantragen (Art. 357 § 1-2 KPC). Unter Geltung des LugÜ oder der EuGVO ist der Antragssteller hierzu gezwungen, sofern er gegen den Antragsgegner die Sicherungsmaßnahmen gemäß Art. 39 Abs. 2 LugÜ/Art. 47 Abs. 2 EuGVO veranlassen möchte. Ähnlich wie die Ladung zur öffentlichen Verhandlung

[573] *Ibidem*, Art. 40 EuGVO, Rn 5.
[574] *Kropholler*, a. a. O., Art. 42, Rn 1.
[575] *Weitz*, a. a. O., S. 195 ff.
[576] *Ibidem*, S. 196.

wird der auf diesem Weg beantragte Feststellungsbeschluss dem Antragssteller zugestellt und wenn er im Bezirk des angerufenen Gerichts keinen Wohnsitz oder Sitz hat, seinem Zustellungs- oder Prozessbevollmächtigten (Art. 33 Abs. 2 LugÜ/Art. 40 Abs. 2 EuGVO). Wenn trotz der gerichtlichen Aufforderung kein Zustellungsbevollmächtigter angegeben wurde, wird der Feststellungsbeschluss - mit der Folge, dass er als zugestellt gilt - in der Fallakte zurückgelassen (Art. 1135 § 2 i. V. m. Art. 1096 KPC)[577].

Die Zustellung des erstinstanzlichen Beschlusses über die Vollstreckbarerklärung des ausländischen Titels an den Antragsgegner ist zwar weder durch das LugÜ noch die EuGVO ausdrücklich geregelt worden, trotzdem für unentbehrlich anzusehen und nach der herrschenden Rechtslehre von Amts wegen anzuordnen[578]. Ihre Notwendigkeit folgt aus den Vorschriften der Art. 36 LugÜ/Art. 43 EuGVO, die dem Antragsgegner, der in der Regel keine Kenntnis von dem Vollstreckbarerklärungsverfahren in erster Instanz hat und von dem Feststellungsbeschluss überrascht werden soll, die Möglichkeit geben, einen Rechtsbehelf gegen diesen Beschluss zu stellen. Einen Rechtsbehelf kann der Antragsgegner freilich erst dann einlegen, wenn er über die Vollstreckbarerklärung erfahren hat, der erstinstanzliche Feststellungsbeschluss also zugestellt wurde. Für die Notwendigkeit der Zustellung an den Antragsgegner spricht auch der Umstand, dass die Frist auf die Einlegung des Rechtsbehelfes gegen den Feststellungsbeschluss gemäß Art. 36 Abs. 1 LugÜ/Art. 43 Abs. 5 EuGVO von dem Zeitpunkt seiner Zustellung an läuft. Außer dem Feststellungsbeschluss soll dem Antragsgegner die Abschrift des Vollstreckbarerklärungsantrags samt Dokumentation, die der Antragssteller gemäß Art. 46-47 LugÜ/Art.53-54 EuGVO vorgelegt hat, zugestellt werden (vgl. Art. 491 § 3 KPC *in fine*)[579]. Keine Zustellung verlangt der negative Beschluss über die Vollstreckbarkeit des inländischen Vollstreckungstitels, es sei denn, dass der Antragssteller gegen diesen einen Rechtsbehelf erhoben hat (vgl. Art. 40 Abs. 2 Satz 1 LugÜ).

Auch die Einzelheiten der Zustellung sind im LugÜ und in der EuGVO nicht geregelt worden. Sofern der Antragsgegner in Polen als Vollstreckungsstaat seinen Wohnsitz oder Sitz hat, entscheidet das autonome polnische Recht über die Inlandszustellung (Art. 131 ff. KPC)[580]. Befindet sich aber sein Wohnsitz oder Sitz in einem Nichtvertragsstaat, so ist die Zustellung nach den Regeln des völkerrechtlichen Abkommens vorzunehmen, das Polen mit dem betroffenen Staat bindet (Art. IV Abs. 1 des Protokolls Nr. 1 zum LugÜ). Wenn mit dem Staat, in dem die Zustellung erfolgen soll, Polen kein der Haager Übereinkommen oder anderer völkerrechtlicher Vertrag bindet, finden die inländischen Regeln über die Auslandszustellung ihre Anwendung (Art.

[577] *Ciszewski*, a. a. O., Art. 35 LugÜ, Rn 2 f.
[578] *Kropholler*, a. a. O., Art. 43, Rn 3; *Weitz*, a. a. O., S. 197.
[579] *Weitz*, a. a. O., S. 198.
[580] *Kropoholler*, a. a. O., Art. 43, Rn 14.

1133 KPC)[581]. Wenn der Antragsgegner aber in einem der EU- oder EFTA-Staaten wohnt, kommen sämtliche völkerrechtlichen Verträge ins Spiel, insbesondere das Haager Zivilprozessübereinkommen vom 1. März 1954[582] und das Haager Zustellungsübereinkommen vom 15. November 1965[583], in der EU grundsätzlich die EuZustVO, es sei denn, ihre Anwendung – unter dem LugÜ - findet die Vorschrift des Art. IV Abs. 2 des Protokolls Nr. 1 zum LugÜ. Jeder Antragsgegner, der keinen Wohnsitz oder Sitz in Polen als Vollstreckungsstaat hat, ist über die Pflicht der Benennung eines Zustellungsbevollmächtigten zu belehren (Art. 1135 § 2 Sätze 2-3 i. V. m. Art. 1096 KPC)[584].

ee. Vollstreckungsklausel

Wie im autonomen polnischen Recht kann ein ausländischer Titel, der im Inland gemäß Art. 31 ff. LugÜ/Art. 38 ff. EuGVO für vollstreckbar erklärt wird, eine Zwangsvollstreckung erst zusammen mit einer Vollstreckungsklausel begründen (Art. 1151 § 3 i. V. m. Art. 1096 KPC). Mangels einer ausdrücklichen Regelung des Verhältnisses zwischen dem Vollstreckbarerklärungsverfahren gemäß dem LugÜ bzw. der EuGVO und der Zwangsvollstreckungsverfahren im Vollstreckungsstaat ist die Durchführung der Zwangsvollstreckung, eingeschlossen die Voraussetzungen ihrer Einleitung, nach dem Recht des Vollstreckungsstaates, in Polen also nach Art. 758-1095 KPC, zu bestimmen[585]. Die wenigen Ausnahmen hiervon sehen Art. 38 LugÜ/Art. 46 EuGVO betreffend die Aussetzung des Verfahrens nach Einlegung eines Rechtsbehelfs im Urteilsstaat, und Art. 39 LugÜ/Art. 47 EuGVO betreffend die Sicherung während der Rechtsbehelfsfrist vor[586]. Folglich berechtigt die inländische Vollstreckbarerklärung zu Sicherungsmaßnahmen nach Art. 39 Abs. 2 LugÜ/Art. 47 Abs. 2 EuGVO, ohne dass hierfür die Erteilung einer einstweiligen Verfügung gemäß Art. 730 ff. KPC oder der Vollstreckungsklausel gemäß Art. 1151 § 3 und Art. 7 i. V. m. Art. 1096 KPC notwendig wäre[587]. Weitere Folge der zweiten dieser Ausnahmen ist, dass lediglich erstinstanzliche Feststellungsbeschlüsse, gegen die keine Rechtsbehelfe erhoben worden sind, um eine Vollstreckbarkeitsklausel zu erwerben, rechtskräftig werden müssen (Art. 1151 § 3 KPC). Gemäß Art. 39 Abs. 1 LugÜ/Art. 48 Abs. 3 EuGVO darf die Zwangsvollstreckung in das Vermögen des Antragsgegners nicht über Maßnahmen zur Sicherung hinausgehen, solange die in Art 36 LugÜ/Art. 43 Abs. 5 EuGVO vorgesehene Frist für den Rechtsbehelf läuft und solange über den Rechtsbehelf nicht entschieden ist. Nur dann also, wenn die Frist für den Rechtsbehelf abgelaufen ist, be-

---

[581] Vgl. Rozporządzenie Ministrów Sprawiedliwości i Spraw Zagranicznych w sprawie zasad i trybu zwracania się przez sądy i państwowe biura notarialne o udzielenie pomocy prawnej w międzynarodowym postępowaniu cywilnym z dnia 28.08.1966 r., Dz.U. 1966 Nr. 40, Pos. 240, die aufgrund von Art. 1136 KPC erlassen wurde.

[582] Dz.U. 1963 Nr. 17, Pos. 90.

[583] Dz.U. 2000 Nr. 87, Pos. 968 f., s. o.

[584] *Weitz*, a. a. O., S. 200.

[585] Vgl. Entscheidung des EuGH vom 02.07.1985, *Deutsche Genossenschaftsbank*, s. o. Rn 18; und vom 04.02.1988, *Hoffmann*, s. o. Rn 27.

[586] *Kropholler*, a. a. O., Art. 38, Rn 2.

[587] *Weitz*, a. a. O.

dingt die Rechtskraftwirkung des Feststellungsbeschlusses die Einleitung des Zwangsvollstreckungsverfahrens. Wenn aber der Feststellungsbeschluss angefochten und der ausländische Titel durch den zweitinstanzlichen Beschluss für vollstreckbar erklärt wurde, wird die Erteilung der Vollstreckbarkeitsklausel des betroffenen ausländischen Titels nicht mehr durch die Rechtswirkung des zweitinstanzlichen Beschlusses bedingt. Anders daher als nach Art. 1151 § 3 KPC, der für die Erteilung der Vollstreckungsklausel die Rechtskraft der Vollstreckbarerklärung verlangt, kann der Gläubiger gemäß Art. 39 Abs. 1 LugÜ/Art. 47 Abs. 3 EuGVO die Zwangsvollstreckung beginnen, bevor das Vollstreckbarerklärungsverfahren rechtskräftig beendet wird[588].

f. Sicherungsmaßnahmen

Eine der erwähnten Ausnahmen von der Anwendung des Rechts des Vollstreckungsstaates für die Durchführung der Zwangsvollstreckung des ausländischen Titels, in Polen der Art. 758 ff. KPC, beinhaltet die Regelung der Art. 39 LugÜ/Art. 47 EuGVO über die einstweiligen Maßnahmen. Dabei unterscheiden sich die Vorschriften beider dieser Rechtsquellen entscheidend. Während nämlich Art. 39 LugÜ lediglich die einstweiligen Maßnahmen nach der Vollstreckbarerklärung des ausländischen Titels vorsieht, sind sie gemäß Art. 47 Abs. 1 EuGVO - nach Maßgabe des nationalen Rechts des Vollstreckungsstaates - auch schon vor der Vollstreckbarerklärung zulässig[589]. Solange die in Art. 36 LugÜ/Art. 43 Abs. 5 EuGVO vorgesehene Frist für den Rechtsbehelf gegen die Vollstreckbarerklärung läuft und solange der Schuldner die Möglichkeit hat, einen solchen Rechtsbehelf einzulegen, darf gemäß Art. 39 Abs. 1 LugÜ/Art. 47 Abs. 3 EuGVO die Zwangsvollstreckung in das Vermögen des Antragsgegners nicht über Maßnahmen zur Sicherung hinausgehen, die Befriedigung des Antragsstellers also nicht erfolgen (vgl. Art. 731 KPC)[590].

Die Bestimmung der Art. 39 LugÜ/Art. 47 EuGVO erzielt das Gleichgewicht zwischen den Belangen des Antragsstellers und Antragsgegners sowohl im wie auch vor dem Vollstreckbarerklärungsverfahren. Sie schützt gleichzeitig den Antragsgegner vor den Gefahren einer vorschnellen Vollstreckung, indem sie Maßnahmen gegen ihn verhindert, „*die nicht rückgängig gemacht werden können*"[591] und den Antragssteller, indem sie ihm einen Anspruch auf vorläufige Sicherungsvollstreckung nach Art. 39 Abs. 2 LugÜ/Art. 47 Abs. 2 EuGVO gibt[592]. Welche Formen von einstweiligen Maßnahmen hier angewendet werden können, bestimmt das Recht des Vollstreckungsstaates. Dabei darf dessen Anwendung nicht dazu führen, dass die durch das LugÜ oder die EuGVO selbst aufgestellten Grundsätze hinterfragt werden[593].

Die Regelung der Art. 39 Abs. 2 LugÜ/Art. 47 Abs. 2 EuGVO betrifft eine besondere Art der Sicherung, die sog. Sicherungsvollstreckung (*egzekucja dla zabezpieczenia*). Im autonomen polnischen Recht hat diese bisher keine Entsprechung gefunden

---

588 *Ibidem*, S. 73, 204.
589 *Geimer/Schütze*, a. a. O., Art. 47, Rn 1; *Kropholler*, a. a. O., Art. 47, Rn 4 ff.
590 *Geimer/Schütze*, a. a. O., Rn 4; *Kropholler*, a. a. O., Art. 46, Rn 8.
591 *Jenard* Bericht, zu Art. 39; *Kropholler*, a. a. O., Art. 47, Rn 7 ff.
592 *Geimer/Schütze*, a. a. O., Rn 5.
593 *Kropholler*, a. a. O., Rn 10.

und ist nach der herrschenden Lehre mit der in Vorschriften der Art. 730 ff. KPC geregelten Institution der einstweiligen Verfügungen (*zarządzenia tymczasowe*) am ähnlichsten und funktionell konvergent[594]. Diese Konvergenz betrifft vor allem die Phase der Durchführung (*faza wykonawcza*), nicht aber die vorangehende Phase des Erkenntnis (*faza rozpoznawcza*) des Sicherungsverfahrens. Trotz der eingeschränkten Konvergenz beider Institutionen: Der Sicherungsvollstreckung gemäß dem LugÜ und der EuGVO sowie der einstweiligen Verfügungen im autonomen polnischen Recht, wird durch die nationale Rechtslehre die Ansicht vertreten, dass deren Vergleich – mangels anderen maßgeblichen Vorschriften - im Anwendungsbereich des LugÜ und der EuGVO auf die entsprechende Anwendung von Regelungen über die einstweiligen Verfügungen gemäß Art. 730 ff. KPC schließen lässt[595].

Infolge dessen, dass die Regelung der Sicherungsvollstreckung in Art. 39 Abs. 2 LugÜ/Art. 47 Abs. 2 EuGVO keinen ausschließlichen Charakter hat, kann der Antragssteller auch die in Art. 730 ff. KPC vorgesehene Sicherung vor und in dem erstinstanzlichen Vollstreckbarerklärungsverfahren gemäß Art. 31 ff. LugÜ/Art. 38 ff. EuGVO beantragen[596]. Wird diese Möglichkeit während des Vollstreckbarerklärungsverfahrens gemäß dem LugÜ oder der EuGVO genutzt, so hat das Sicherungsverfahren gemäß Art. 730 ff. KPC gegenüber dem erst genannten einen subsidiären Charakter und das zur Vollstreckbarerklärung zuständige Bezirksgericht ist gleichzeitig zur Verleihung von Sicherungsmaßnahmen zuständig (Art. 734 KPC). Sofern aber die Sicherung gemäß Art. 730 ff. KPC vor der Einleitung des Vollstreckbarerklärungsverfahrens beantragt wird, hat das angerufene Gericht eine Frist (maximal bis zu zwei Wochen) zu bestimmen, in der das Vollstreckbarerklärungsverfahren unter dem Vorbehalt des Verfalls der Sicherung (*rygor upadku zabezpieczenia*) angestrengt werden soll (Art. 733 KPC). Um berücksichtigt zu werden, muss der Antrag auf die Sicherung gemäß Art. 730 ff. KPC – in beiden der genannten Situationen - begründet werden, d.h. das Bestehen des Anspruchs darf keine Zweifel aufwerfen und die Befriedigung des Antragsstellers ohne die Verhängung der Sicherungsmaßnahme gefährdet sein (Art. 730 § 1 KPC)[597].

Anders gestaltet sich diese Situation, wenn die Sicherungsmaßnahmen nach dem Erlass des Beschlusses über die Vollstreckbarerklärung des inländischen Vollstreckungsgerichts verhängt werden sollen. Gemäß dem Wortlaut der Art. 39 Abs. 2 LugÜ/Art. 47 Abs. 2 EuGVO folgt die Befugnis zur Sicherungsvollstreckung *ipso iure* aus der Vollstreckbarerklärung und nicht - wie in Art. 39 Abs. 1 LugÜ/Art. 47 Abs. 1 EuGVO – aus dem nationalen Recht des Vollstreckungsstaates. Der Antragssteller braucht deshalb keine besondere Entscheidung des Vollstreckungsstaates über die Zulassung der Sicherungsmaßnahmen vorzulegen, selbst wenn diese durch das Recht des

---

[594] *Ereciński/Ciszewski*, a. a. O., Art. 1151, Rn 11; *Weitz*, a. a. O., S. 208 ff.

[595] *Ibidem*; vgl. Entscheidung des SN vom 24.02.1999, III CKN 182/98, OSNCP 1999 Nr. 9, Pos. 157, in der der SN dem Antragssteller, der über einen Vollstreckungstitel in Form einer notariellen Urkunde verfügte, im Klauselverfahren betreffend diesen Titel die Verleihung der einstweiligen Verfügung ermöglicht hat.

[596] *Weitz*, a. a. O. S. 209 ff.

[597] *Ibidem*, S. 212.

Vollstreckungsstaates vorgeschrieben wird[598]. Der inländische Beschluss über die Vollstreckbarkeit bildet daher den unmittelbaren Titel zur Durchführung von Sicherungsmaßnahmen[599]. Über diesen Beschluss verfügender Antragssteller kann den Antrag auf die Sicherungsmaßnahme beim zuständigen Organ stellen. Dabei handelt es sich meistens um Vollstreckungsorgane: den Gerichtsvollzieher oder das Rayongericht (Art. 759 § 1 i. V. m. Art. 743 KPC).

Was die Formen der Sicherungsmaßnahmen anbelangt, werden diese – für Geldforderungen – in Art. 747 KPC bestimmt. In Verbindung mit der Regelung der Art. 39 Abs. 2 LugÜ/Art. 47 Abs. 2 EuGVO können u. a. folgende Sicherungsmaßnahmen angewendet werden:

1) die Pfändung beweglicher Sachen, eines Lohnes, einer Forderung aus dem Bankkonto oder einer anderen Forderung oder Vermögensrechts (*zajęcie ruchomości, wynagrodzenia za pracę albo wierzytelności z rachunku bankowego albo innej wierzytelności lub innego prawa majątkowego*), Nr. 1,
2) die Belastung der unbeweglichen Sache des Schuldners mit einer Zwangshypothek (Art. 109 KWU, *obciążenie nieruchomości dłużnika hipoteką przymusową*), Nr. 2,
3) das Veräußerungs- und Belastungsverbot einer unbeweglichen Sache, für die kein Grundbuch errichtet bzw. ein errichtetes verloren oder vernichtet wurde (*zakaz zbywania lub obciążania nieruchomości*), Nr. 3.

Ausgeschlossen dagegen ist die Regelung des Art. 753 § 1-2 KPC, die in Unterhaltssachen die Sicherung von Amts wegen und zwar in Form von Verpflichtung des Schuldners zur Bezahlung eines bestimmten Beitrags an den Gläubiger, einmalig oder in sich wiederholenden Fristen, vorsieht[600].

Für die unentgeltlichen Forderungen, eingeschlossen solche, die in einer Herausgabe-, Handlungs- oder Unterlassungspflicht bestehen und durch das LugÜ und die EuGVO umfasst werden, kennt das autonome polnische Recht keine Sicherungsmaßnahmen, die aufgrund von der erstinstanzlichen Vollstreckbarerklärung gemäß der Bestimmung der Art. 39 Abs. 2 LugÜ/Art. 47 Abs. 2 EuGVO getroffen werden könnten. Lediglich gemäß Art. 755 § 1 Satz 1 KPC für Sicherungsmaßnahmen, deren Gegenstand keine Geldforderungen sind, ist das Gericht berechtigt, für diese u. U. die Maßnahmen gemäß Art. 747 KPC anzuwenden. Die Sicherungsmaßnahmen kann das Vollstreckungsgericht in erster Instanz und ausschließlich auf Antrag des Antragsstellers in seinem Beschluss über die Vollstreckbarkeit bestimmen[601]. Dabei braucht der Antragssteller nicht nachweisen, dass seine Befriedigung ohne die Sicherung gefährdet werden könnte (Art. 731 KPC i. V. m. Art. 39 Abs. 1 LugÜ/Art. 47 Abs. 3 EuGVO), weil die

[598] *Kropholler*, a. a. O., Art. 47, Rn 9.
[599] *Weitz*, a. a. O., S. 216.
[600] *Ibidem*, S. 219.
[601] *Ibidem*, S. 220 ff., wo ausnahmsweise die Anwendung von Art. 757 KPC zugelassen wird; ders. Założenia i kierunki, S. 944.

Voraussetzungen des Art. 730 § 1 Satz 1 KPC gegenüber der Sicherungsmaßnahmen im Feststellungsbeschluss entfallen. Die Anwendung von Sicherungsmaßnahmen darf nicht von der Sicherheitsleistung des Gläubigers für eventuelle Ansprüche des Schuldners wegen der Durchführung von Sicherungsmaßnahmen abhängig gemacht werden, wodurch in Polen die Anwendung von Art. 739 § 1 und Art. 1119-1128 KPC ausgeschlossen wird[602].

Die Sicherungsmaßnahmen können auch vor der Zustellung des erstinstanzlichen Beschlusses über die Vollstreckbarerklärung an den Antragsgegner zugelassen werden[603]. Dabei müssen – im Fall ihrer Anwendung in Polen als Vollstreckungsstaat – die Bedingungen der Art. 805 i. V. m. Art. 743 KPC erfüllt werden[604]. Demzufolge wird dem Schuldner mit der ersten Vollstreckungshandlung die Benachrichtigung über die Einleitung der Zwangsvollstreckung (*zawiadomienie o wszczęciu egzekucji*), eingeschlossen der Inhalt des Vollstreckungstitels (der Beschluss über die Vollstreckbarkeit also) und der Vollstreckungsklausel zugestellt (Art. 805 § 1 KPC). Auf sein Begehren muss dem Schuldner der Vollstreckungstitel im Original vorgelegt werden (Art. 805 § 2 KPC).

Der Antrag auf Erlass einstweiliger Maßnahmen kann nur dann abgelehnt werden, wenn weder das LugÜ noch die EuGVO anwendbar ist (Art. 1), keine Entscheidung i. S. v. Art. 25 LugÜ/Art. 32 EuGVO oder ein sonstiger Vollstreckungstitel nach Art. 50-51 LugÜ/Art. 57-58 EuGVO vorliegt oder das Recht des Zweitstaates die beantragte Maßnahme nicht zulässt[605].

V. Rechtsmittel

1. Das autonome polnische Recht

Anders als gegen den Anerkennungsbeschluss, der mit einer Appellation anzufechten ist, ist der Feststellungsbeschluss mit einer Beschwerde (*zażalenie*) anzufechten (Art. 1151 § 2 und Art. 394-398 KPC), die innerhalb einer Woche ab Zustellung des Beschlusses durch einen der Verfahrensbeteiligten (*uczestnik postępowania*) vor dem Bezirksgericht zu erheben ist, das über die Vollstreckbarerklärung des ausländischen Titels in Polen entschieden hat. Wenn eine der Verfahrensbeteiligten innerhalb der vorgeschriebenen Frist die Zustellung eines in einer mündlichen Verhandlung ergangenen Beschlusses nicht beantragt hat, wird die wöchentliche Frist ab der Verkündung des Beschlusses berechnet (Art. 394 § 2 KPC). Über die Rechtsbehelfe gegen den Feststellungsbeschluss wird vor dem jeweils nächst höherem Gericht verhandelt, hier also vor dem Appellationsgericht[606]. Der Beschluss wiederum, der auf die Beschwerde ergangen ist, kann mit einer Kassationsbeschwerde (Art. 398 ff. i. V. m. Art. 13 § 2

---

[602] *Ibidem*, S. 230.
[603] *Kropholler*, a. a. O., Rn 6.
[604] *Weitz*, a. a. O., S. 228.
[605] *Geimer/Schütze*, Rn 1.
[606] *Weitz*, a. a. O., S. 252.

KPC)[607] oder mit einer Klage auf Wiederaufnahme des Verfahrens angefochten werden, wenn der Beschluss rechtskräftig geworden ist (Art. 1151 § 2, vgl. auch Art. 1148 § 3 und Art. 399 ff. i. V. m. Art. 13 § 2 KPC)[608].

In einem Fall, in dem der Gegenstand der Beschwerde ein Feststellungsbeschluss ist, wovon ein Teil eine Delibationsentscheidung bildet, die aufgrund von Art. 1151 § 1 Satz 1 KPC erlassen wurde, ist auch diese Entscheidung des Bezirksgerichts mit einer Beschwerde anzufechten; es sei denn, dass der Verfahrensbeteiligte lediglich den Teil der Delibationsentscheidung über die Wirksamkeit (Anerkennungsfähigkeit) der ausländischen Entscheidung anfechten möchte, dann ist die Appellation statthaft[609].

Auch gegen den Beschluss über die Vollstreckungsklausel kann eine Beschwerde eingelegt werden (Art. 795 § 1 KPC)[610], nicht aber die Kassationsbeschwerde (Art. 767^4 § 2 KPC). Sehr wichtig im Rahmen des Vollstreckbarerklärungsverfahrens, eingeschlossen die Erteilung der Vollstreckungsklausel, ist die Frage der Grenzen, in denen sich der Schuldner verteidigen kann, d.h. welche Einwendungen (*zarzuty*) er in diesem Verfahren erheben darf[611]. Das polnische Zivilverfahrensrecht regelt diese Frage nicht ausdrücklich. Trotzdem bleibt es unumstritten, dass Einwendungen gegen die Zulässigkeit der Vollstreckbarerklärung im Inland zulässig sind, wenn sie auf fehlende internationale Regelungen, mangelnde Vollstreckungsvoraussetzungen, gerichtliche Zuständigkeit oder Fehlen an Rechtskraft des ausländischen Titels hinweisen: nicht jedoch materielle Einwendungen gegen den Anspruch selbst, da diese bereits Gegenstand des ursprünglichen Verfahrens waren. Es gibt keinen Grund während des Vollstreckbarerklärungsverfahrens zu untersuchen, ob nach dem Erlass des ausländischen Vollstreckungstitels Umstände vorgekommen sind, die im Licht des materiellen Rechts das Erlöschen in diesem Titel festgestellter Leistung begründen[612]. Auch das Verbot der inhaltlichen Kontrolle erlaubt nicht, solche materiellrechtlichen Einwendungen, wie Verjährung (vgl. Art. 840 § 1 Abs. 2 KPC)[613], die Einwendung der Befriedung des Gläubigers, die Aufrechnung oder die Zwangsvollstreckung des Titels im Ausland zuzulassen. Um so einen Vollstreckungstitel abzuändern oder aufzuheben kann der Schuldner zu Vollstreckungsgegenklage greifen[614]. Gegen die Entscheidung über den Rechtsbehelf ist nur ein weiterer, auf Rechtsfragen beschränkter Rechtsbehelf und die Verjährungseinrede nur aufgrund der Vollstreckungsgegenklage (Art. 840 § 1 KPC) zulässig.

---

607 Vgl. Entscheidungen des SN vom 18.09.1988, III CKN 309/98, OSNC 1999, Pos. 54; vom 09.02.1999, I CKN 887/98, OSNC 1999 Nr. 10, Pos. 172; vom 15.03.2000, II CKN 552/00, OSNC 2000 Nr. 10, Pos. 182; und vom 27.04.2001, III CZ 4/01 (nicht ver.), Biuletyn SN 2001 Nr. 8, Pos. 6; *Ereciński/Ciszewski*, a. a. O., Art. 1148, Rn 13; *Piasecki*, KPC Kom., Art. 1151, Rn 5, 9.

608 *Piasecki*, a. a. O., Rn 6.

609 *Ereciński/Ciszewski*, a. a. O., Art. 1151, Rn 6 ff.; dies. Międzynarodowe postępowanie, S. 405.

610 *Ibidem*; vgl. Entscheidung des SN vom 25.05.1987, II CZ 73/87 (nicht ver.); *Piasecki*, Skuteczność i wykonalność, S. 131.

611 *Piasecki*, KPC Kom., Art. 1151, Rn 7.

612 *Ereciński/Ciszewski*, Międzynarodowe postępowanie, S. 406; dies. KPC Kom., Art. 1151, Rn 9.

613 Entscheidung des SN vom 27.02.1969, II CZ 37/69, s. o.

614 *Jodłowski*, Uznanie i wykonanie, S. 68.

2. Das Lugano-Übereinkommen und die EuGVO

a. Grundlagen

Die Rechtsbehelfe unter dem LugÜ und der EuGVO sind in Art. 36-37 und Art. 40-41 LugÜ sowie in Art. 43-46 EuGVO abschließend geregelt. Demzufolge dürfen den Verfahrensbeteiligten in einem Vollstreckungsstaat aufgrund des nationalen Rechts keine umfassenderen prozessualen Rechtsbehelfe gegen die Zulassung der Zwangsvollstreckung gewährt werden als diejenigen die in dem LugÜ und in der EuGVO eingeführt sind[615]. Die einheitliche europäische Normierung lässt also keinen Raum für die Regelungen des autonomen polnischen Rechts über die Rechtsbehelfe gegen die Zulassung oder die Ablehnung eines Vollstreckbarerklärungsantrags (vgl. Art. 394 § 2 KPC), verdrängt aber nicht die Rechtsbehelfe gegen die Durchführung der Zwangsvollstreckung, die dem nationalen Recht überlassen wurden.

Das LugÜ und die EuGVO sehen zwei Instanzen des Rechtsbehelfsverfahrens vor, indem sie den Verfahrensbeteiligten einen Rechtsbehelf gegen die erstinstanzliche Entscheidung über die Vollstreckbarkeit eines ausländischen Titels (Art. 36 LugÜ/Art. 43 EuGVO) und einen weiteren Rechtsbehelf gegen die Entscheidung über den ersten Rechtsbehelf (Art. 37 Abs. 2 und Art. 40 LugÜ/Art. 44 EuGVO) zur Verfügung stellen. Und während in dem zweitinstanzlichen Rechtsbehelfsverfahren die sachliche Entscheidung in der Sache der Vollstreckbarerklärung fortgesetzt und die rechtlichen Tatsachen des erstinstanzlichen Vollstreckbarerklärungsverfahrens sowie der Feststellungsbeschluss gewürdigt werden (Art. 37 Abs. 1 LugÜ/Art. 43 Abs. 2 i. V. m. Anhang III EuGVO), dient das besondere drittinstanzliche Rechtsbehelfsverfahren allein der Kontrolle der instanzbeendenden Rechtsbehelfsentscheidung der zweiten Instanz auf Rechtsverletzungen[616]. Dabei fasst Art. 43 EuGVO über den Rechtsbehelf gegen die erstinstanzliche Entscheidung die zuvor in den Art. 36, Art. 37 und Art. 40 EuGVÜ (wie auch im LugÜ) verstreuten Regelungen zusammen[617] und stellt klar, dass der Rechtsbehelf beiden Parteien (nicht aber Dritten) offen steht (Art. 43 Abs. 1 EuGVO)[618].

b. Gericht

Auf die für die Rechtsbehelfe zuständigen Gerichte verweisen für die zweite Instanz die Vorschriften der Art. 37 Abs. 1 und Art. 40 Abs.1 LugÜ/Art. 43 Abs. 2 i. V. m. Anhang III und für die dritte Instanz die Vorschriften der Art. 37 Abs. 2 und Art. 40

[615] Vgl. Entscheidungen des EuGH vom 02.07.1985, *Deutsche Genossenschaftsbank*, s. o. Rn 17; und vom 21.04.1993, *Sonntag*, s. o. Rn 32 f.; *Kropholler*, a. a. O., Art. 38, Rn 1 und Art. 43; *Rauscher*, a. a. O., EuGVO Art. 38, Rn 4 und Art. 43, Rn 3. Nicht ausgeschlossen sind dagegen die Rechtsbehelfe der Dritten im späteren Zwangsvollstreckungsverfahren.

[616] *Geimer/Schütze*, a. a. O., Art. 44, Rn 1, 8; *Kropholler*, a. a. O., Art. 44, Abs. 1 ff.; *Weitz*, a. a. O., S. 340.

[617] Vgl. Entscheidung des EuGH vom 11.08.1995 - C- 432/93, *SISRO/Ampersand*, Slg. 1995 I, S. 2269,NJW 1997, S. 45; *Kropholler*, a. a. O., Art. 38, Rn 1; *Mankowski* in *Rauscher* (Hrsg.), a. a. O., Art. 38, Rn 4.

[618] Vgl. Entscheidung des EuGH vom 02.07.1985, *Deutsche Genossenschaftsbank*, s. o.; *Weitz*, a. a. O., S. 236 ff.; *Mankowski* in *Rauscher* (Hrsg.), a. a. O., Art. 43, Rn 3.

Abs. 2 LugÜ/Art. 44 i. V. m. Anhang IV EuGVO. Dementsprechend handelt es sich hier in Polen um ein Appellationsgericht in zweiter Instanz und den SN in dritter Instanz (der allerdings im Rahmen des inländischen Gerichtssystems keine dritte Instanz bildet, vor allem weil der SN keine inhaltliche Kontrolle der angefochtenen Entscheidung durchführt, vgl. Art. 398^9 § 1 KPC und Art. 176 UK)[619], die kraft dieser Regelungen jeweils ausschließlich zuständig sind[620].

Angesichts der Regelungen der Art. 37 Abs. 1 LugÜ/Art. 43 Abs. 2 i. V. m. Anhang III EuGVO, die das Prinzip einführen, dass der Rechtsbehelf gegen den Feststellungsbeschluss direkt beim Gericht eingereicht werden soll, das zu seiner Erkennung zuständig ist, wird der Rechtsbehelf im Inland direkt bei dem Appellationsgericht eingelegt und somit von dem verfahrensrechtlichen Grundsatz, die Beschwerde bei dem Gericht einzureichen, das die angefochtene Entscheidung erlassen hat, abgewichen (vgl. Art. 369 § 1 i. V. m. Art. 397 § 2 KPC)[621]. Die Zuständigkeit für den Rechtsbehelf gegen die Entscheidung, die über den Rechtsbehelf ergangen ist, wird wiederum – wie die ganze Einleitung des drittinstanzlichen Rechtsbehelfsverfahrens - durch das polnische Zivilverfahrensrecht bestimmt (Art. 398^5- 398^7 KPC). Demzufolge wird der entsprechende Rechtsbehelf übereinstimmend mit dem Devolutionsprinzip an das Appellationsgericht eingelegt, das den angefochtenen Beschluss erlassen hat (Art. 398^5 KPC). Nach der Feststellung der Zulässigkeit dieses Rechtsbehelfs wird ihn das Appellationsgericht der Gegenpartei zustellen und mit deren eventuellen Erwiderung dem SN samt Gerichtsakte unverzüglich nach Ablauf der Frist für die Einreichung der Erwiderung oder nach der Anordnung der Zustellung der Erwiderung an die anfechtende Partei vorlegen (Art. 393^6 KPC).

c. Das Rechtsbehelfsverfahren gegen den erstinstanzlichen Feststellungsbeschluss

Die Einzelheiten des Rechtsbehelfsverfahrens eingeschlossen die Form der Rechtsbehelfe, teilweise die Fristen für ihre Einlegung sowie viele andere Voraussetzungen ihrer Zulassung werden durch das Verfahrensrecht des Vollstreckungsstaates geregelt (Art. 37 und Art. 41 LugÜ/Art. 43 Abs. 3 EuGVO)[622].

aa. Formelle Bedingungen des Rechtsbehelfs

Ist der Gegenstand des Rechtsbehelfs ein erstinstanzlicher Feststellungsbeschluss des polnischen Bezirksgerichts, so ist dieser mit einer Beschwerde anzufechten (Art. 1151 § 2 Satz 2 i. V. m. Art. 1096, sowie Art. 394 § 1 und Art. 367 § 1 i. V. m. Art. 13 § 2 KPC). Entsprechende Anwendung finden die Vorschriften über das Beschwerdeverfahren in zweiter Instanz (Art. 394 ff. i. V. m. Art. 13 § 2 KPC), ferner die Vorschrif-

---

[619] In dem Zivilverfahrensgesetzbuch wird auch eine „dritte Instanz" nicht einmal genannt. Vgl. dennoch den Beschluss des SN vom 17.12.2002, III CZP 72/02, der über solche spricht.

[620] Anhang II der BA sub 18 A., s. o., S. 771; *Geimer/Schütze*, a. a. O., Art. 1, Rn 170, und Art. 43; *Weitz*, a. a. O., S. 251.

[621] Punkt 3 der Regierungserklärung, *Ereciński/Ciszewski*, KPC Kom., Art. 1151, Rn 11; *Weitz*, a. a. O., S. 252; *Trzeciakowska*, a. a. O., S.406.

[622] *Geimer/Schütze*, a. a. O., Art. 43, Rn 46 ff.; *Kropholler*, a. a. O., Art. 43, Rn 1, 10.

ten über das Appellationsverfahren (Art. 367 ff. i. V. m. Art. 397 § 2 und Art. 13 § 2 KPC) und über das Verfahren in erster Instanz gemäß dem autonomen polnischen Recht – mangels besonderen Vorschriften betreffend das zweitinstanzliche Verfahren (Art. 391 § 1 i. V. m. Art. 397 § 2 und Art. 13 § 2 KPC)[623]. Demzufolge muss die Beschwerde den Bedingungen aus Art. 394 § 3 KPC entsprechen, also den für einen Prozessschriftsatz vorgeschriebenen Erfordernissen genügen (Art. 126 KPC) und folgende Elemente enthalten:

1) Die Bezeichnung des angefochtenen Feststellungsbeschlusses,
2) Den Antrag auf seine Abänderung oder Aufhebung,
3) Eine kurze Begründung der Beschwerde und gemäß Art. 395 § 2 KPC konkrete Einwendungen gegen den erstinstanzlichen Feststellungsbeschluss,
4) Die Angabe, ob der Feststellungsbeschluss im Ganzen oder teilweise angefochten wird.

Anhand dieser Elemente bestimmt das zuständige Appellationsgericht die Grenzen seiner Entscheidung (Art. 378 § 1 i. V. m. Art. 397 § 2 und Art. 363 § 3 KPC)[624].

bb. Fristen

Die Fristen auf Einlegung einer Beschwerde werden in den Vorschriften der Art. 36 Abs. 1-2 LugÜ/Art. 43 Abs. 5 EuGVO geregelt. Dieser Regelung zufolge muss lediglich der Schuldner den Rechtsbehelf gegen den Feststellungsbeschluss des inländischen Bezirksgerichts innerhalb einer Frist einlegen[625]. Ein in Polen wohnender Schuldner hat dafür einen Monat ab der Zustellung (Art. 36 Abs. 1 LugÜ/Art. 43 Abs. 5 EuGVO)[626]. Liegt der Wohnsitz bzw. Sitz des Schuldners nicht in Polen, sondern in einem anderen EU- oder EFTA-Staat, beträgt diese Frist zwei Monate und beginnt von dem Tag an zu laufen, an dem der inländische Feststellungsbeschluss dem Schuldner entweder in Person oder in seiner Wohnung zugestellt worden ist. Eine Verlängerung dieser Frist (beispielsweise wegen großer Entfernung) ist ausgeschlossen (Art. 36 Abs. 2 LugÜ/Art. 43 Abs. 5 EuGVO).

Die Einzelheiten der für den Fristbeginn maßgeblichen Zustellung haben das LugÜ und die EuGVO nicht geregelt und - sofern der Schuldner seinen Wohnsitz im Vollstreckungsstaat hat - den innerstaatlichen Vorschriften über die Inlandszustellung überlassen[627]. In Polen regeln diese die Vorschriften der Art. 131-147 KPC, deren Voraussetzungen erfüllt werden müssen, damit die Zustellung des erstinstanzlichen Feststellungsbeschlusses an den im Inland wohnhaften Schuldner in einem Vollstreckbarerklärungsverfahren gemäß Art. 31 ff. LugÜ/Art. 38 ff. EuGVO für wirksam anerkannt werden kann. Der Lauf der Frist i. S. v. Art. 36 Abs. 1 LugÜ/Art. 43 Abs. 5

---

[623] *Weitz*, a. a. O., S. 234.
[624] *Ibidem*, S. 235.
[625] *Geimer/Schütze*, a. a. O., Rn 1.
[626] *Ibidem*, Rn 31 ff.
[627] *Ibidem*; *Jenard* Bericht, zu Art. 36 Abs. 2; *Kropholler*, a. a. O., Rn 14.

EuGVO wird demzufolge aufgrund von Zustellungen durch die Post, den Gerichtsvollzieher, die Gerichtsboten sowie durch den Gerichtszustellungsdienst beginnen können und zwar in den folgenden Formen:

1) gegenüber einer natürlichen Person mit Wohnsitz in einem anderen Vertragsstaat sowohl Ersatzzustellungen (vgl. Art. 138 KPC) wie auch Zustellungen durch Zurücklassung am Ort der Zustellung im Fall der Verweigerung ihrer Annahme (vgl. Art. 139 § 2 KPC),
2) gegenüber einer juristischen Person die Zustellungen an das zu ihrer Vertretung berechtigte Organ oder zu Händen eines zum Empfang der Schriftstücke berechtigten Angestellten (vgl. Art. 133 § 2 KPC)[628].

Auch für die Fristberechnung (*obliczanie terminów*) aus Art. 36 Abs. 1 und Abs. 2 Satz 1 LugÜ/Art. 43 Abs. 5 EuGVO gilt generell das Recht des Vollstreckungsstaates, in Polen die Vorschriften des Art. 165 § 1 KPC[629]. Möglich ist auch die Wiedereinsetzung in den vorigen Stand (*przywrócenie terminów do wniesienia środka zaskarżenia*), die der Schuldner gemäß Art. 168 ff. KPC beantragen kann, wenn er z.B. wegen Ersatzzustellung von der inländischen Vollstreckbarerklärung nicht rechtzeitig Kenntnis erlangt hat[630].

Für den Rechtsbehelf des Antragsstellers, dessen Vollstreckbarerklärungsantrag abgelehnt worden ist, wurde weder im LugÜ noch in der EuGVO eine Frist eingeführt, so dass er den Rechtsbehelf in der Frist einlegen kann, die ihm zweckdienlich erscheint und die er beispielsweise zur Beschaffung der erforderlichen Urkunden benötigt[631]. Durch derartige Regelung lässt sich jedes Vollstreckbarerklärungsverfahren zu Lasten des Schuldners jahrelang verzögern. Deshalb plädieren einzelne Stimmen der polnischen Rechtslehre für eine entsprechende Anwendung des nationalen Rechts des Vollstreckungsstaates als desjenigen, das die Voraussetzungen der Zulassung von Rechtsbehelfen im Vollstreckbarerklärungsverfahren gemäß Art. 31 ff. LugÜ/Art. 38 ff. EuGVO bestimmt[632]. Demzufolge hätte der Antragssteller in Polen als dem Vollstreckungsstaat innerhalb einer Woche nach der Zustellung des Feststellungsbeschlusses samt Begründung, den Rechtsbehelf einzulegen (Art. 394 § 2 i. V. m. Art. 1096 KPC und Art. 40 Abs. 1 LugÜ/Art. 43 Abs. 5 EuGVO). Der Umstand, dass die Frist für den Antragssteller viel kürzer als die gemäß Art. 36 Abs. 1 LugÜ/Art. 43 Abs. 5 EuGVO dem Schuldner zustehende ist, wird dabei mit dem Argument des Rechtschutzes des Schuldners, der im erstinstanzlichen Vollstreckbarerklärungsverfahren ausgeschlossen wird, gerechtfertigt[633].

---

[628] *Weitz*, a. a. O., S. 242 ff.
[629] *Ibidem*, S. 245.
[630] *Geimer/Schütze*, a. a. O., Rn 30.
[631] *Jenard* Bericht, zu Art. 40-41 EuGVÜ; *Kropholler*, a. a. O., Rn 13.
[632] *Ereciński/Ciszewski*, Międzynarodowe postępowanie, S. 420; *Weitz*, a. a. O., S. 250.
[633] *Weitz*, a. a. O., S. 250 f.

cc. Verfahren *inter partes*

Infolge der Erhebung von Rechtsbehelfen gemäß Art. 36 LugÜ/Art. 43 EuGVO wird das einseitige Vollstreckbarerklärungsverfahren in erster Instanz in ein kontradiktorisches (*inter partes*) Verfahren in zweiter Instanz übergeleitet (Art. 43 Abs. 3 EuGVO). Sein Charakter ändert die Pflicht des Rechtsbehelfsgerichts, dem Schuldner das rechtliche Gehör zu gewähren, ihm also die Gelegenheit zu verschaffen, seine Einwendungen gegen die Zulässigkeit bzw. Begründetheit des Vollstreckbarerklärungsantrags vorzubringen (Art. 40 Abs. 2 Satz 1 LugÜ/Art. 43 Abs. 3 EuGVO). Und zwar selbst dann, wenn diese mit dem Überraschungseffekt zugunsten des Gläubigers kollidieren könnte[634]. Im Fall einer Beschwerde gegen den polnischen Feststellungsbeschluss wird der Rechtsschutz des Schuldners im Rahmen des Rechtsbehelfsverfahrens vor dem Appellationsgericht während einer Anhörung des Schuldners in einer nichtöffentlichen Sitzung (Art. 397 § 1 KPC), oder in einer Verhandlung (Art. 148 § 2 KPC) gewährleistet[635].

Obwohl es in dem LugÜ und in der EuGVO nicht ausdrücklich geregelt wurde, ist hierbei darauf hinzuweisen, dass im Fall eines Rechtsbehelfs des Gläubigers der Schuldner nicht verpflichtet ist, an dem darauf folgenden Rechtsbehelfsverfahren teilzunehmen (Art. 40 Abs. 2 Satz 1 LugÜ/Art. 43 Abs. 3 EuGVO). Lässt er sich auf das vom Gläubiger initiierte Rechtsbehelfsverfahren nicht ein, so werden die Art. 20 Abs. 2-3 LugÜ/Art. 26 Abs. 2-4 EuGVO anwendbar, und zwar selbst dann, wenn der Schuldner seinen Wohnsitz bzw. Sitz nicht in einem Vertragsstaat hat (Art. 40 Abs. 2 Satz 2 LugÜ/Art. 43 Abs. 4 EuGVO). Das Rechtsbehelfsverfahren muss demnach so lange ausgesetzt werden, bis festgestellt ist, dass die Rechte der Verteidigung für den Schuldner gewahrt werden, also eine wirksame Zustellung der Abschrift des Rechtsbehelfs des Antragsstellers samt Ladung zu einer nichtöffentlichen Sitzung, die seiner Anhörung gewidmet wird bzw. zu einer mündlichen Verhandlung wird (Art. 131 ff. KPC)[636].

dd. Kognitionsgegenstand und Verlauf des Verfahrens

Den Gegenstand des Rechtsbehelfsverfahrens kann lediglich die Beschwerde gegen den instanzbeendenden Feststellungsbeschluss (bzw. die Delibationsentscheidung) - sofern dieser auch das Verfahren beendet - bilden, nicht aber Beschwerde gegen die Zwischenentscheidungen oder Beweiserhebungsanordnungen des Bezirksgerichts (vgl. Art. 174 ff. i. V. m. Art. 391 § 1 und Art. 397 § 2 KPC)[637]. Der Prüfungsumfang des mit dem Rechtsbehelf befassten Gerichts beschränkt sich darauf, ob die Vollstreckbarerklärung aus den in Art. 34-35 EuGVO genannten Gründen versagt oder aufgehoben werden darf, was unter dem LugÜ im erstinstanzlichen Vollstreckbarerklärungsverfahren stattfindet (Art. 45 Abs. 1 EuGVO)[638]. Das Rechtsbehelfsgericht hat – sowohl in

---

[634] *Kropholler*, a. a. O., Rn 9; *Mankowski* in *Rauscher* (Hrsg.), a. a. O., Art. 43, Rn 9.
[635] *Weitz*, a. a. O., S. 258 f.
[636] *Ibidem*.
[637] *Ibidem*, S. 347; *Geimer/Schütze*, a. a. O., Art. 44, Rn 2.
[638] *Kropholler*, a. a. O., Rn 1.

zweiter wie auch in dritter Instanz - eine Entscheidung unverzüglich zu erlassen (Art. 45 Abs. 2 EuGVO). Darüber hinaus hat das Rechtsbehelfsgericht über die Einwendungen des Schuldners gegen die Vollstreckung wegen veränderter Umstände zu entscheiden, während das mit der Vollstreckbarerklärung gemäß Art. 39 EuGVO befasste Gericht nach dem System der EuGVO lediglich die formellen Vollstreckbarerklärungsvoraussetzungen zu prüfen hat (Art. 38 EuGVO).

Wird ein ausländischer Titel im Inland für vollstreckbar erklärt und legt der Schuldner hiergegen eine Beschwerde ein, wird das mit dem Rechtsbehelf befasste Gericht – wie auch nach dem autonomen polnischen Recht - lediglich die Einwendungen des Schuldners gegen die Rechtmäßigkeit der Vollstreckbarerklärung berücksichtigen (z.B. aufgrund von Art. 192 Nr. 1 und Art. 199 § 1 Nr. 2 i. V. m. Art. 13 § 2 KPC wenn ein Vollstreckbarerklärungsverfahren über denselben Titel zwischen denselben Parteien vor einem anderen inländischen Gericht im Laufe ist oder aufgrund von Art. 1111 ff. KPC, wenn eine diplomatische Immunität besteht)[639]. Mit den materiellen Einwendungen, die vor dem Erlass der ausländischen Entscheidung entstanden sind, ist der Schuldner im inländischen Vollstreckungsverfahren ausgeschlossen (vgl. Art. 45 EuGVO) und kann sie lediglich als Grundlage der Vollstreckungsgegenklage gemäß Art. 840 § 1 KPC nutzen[640]. Mit dieser Klage kann sich der Schuldner vor allem vor einer ungerechten, wiederholten Zwangsvollstreckung wehren und zwar dann, wenn gegen ihn eine Vollstreckbarerklärung eines ausländischen Titels ersucht wurde, dessen Vollstreckbarkeit in einem anderen Vertragsstaat festgestellt und der auch in einem anderen Vertragsstaat im Ganzen oder teilweise vollstreckt wurde. In einem Fall, wenn die wiederholte Zwangsvollstreckung in Polen bereits stattgefunden hat, kann der Schuldner die Rückgabe der erfüllten Leistung und den Schadenersatz wegen der Zwangsvollstreckung des ausländischen Titels beim inländischen Gericht beantragen. Derartige Ansprüche werden – dadurch, dass sie widerrechtlich im polnischen Hoheitsgebiet durchgesetzt wurden - grundsätzlich durch das nationale Recht geregelt (Art. 31 Abs. 1 PPM), und auf Grund von Vorschriften über die ungerechtfertigte Bereicherung (*bezpodstawne wzbogacenie,* Art. 405 ff. KC) oder über die Delikthaftung (Haftung aus unerlaubter Handlung, *odpowiedzialność deliktowa,* Art. 415 KC) geltend gemacht[641].

Der Antragssteller wiederum, dessen Vollstreckbarerklärungsantrag abgelehnt worden ist, kann sich gegen den ablehnenden Feststellungsbeschluss des Bezirksgerichts wenden. Ein Beispiel: Dem Antragssteller wurde wegen seiner Eigenschaft als Ausländer oder wegen Fehlens eines Wohnsitzes in Polen eine unzulässige Sicherheitsleistung oder Hinterlegung auferlegt (vgl. Art. 46 Abs. 3 und Art. 51 EuGVO).

Das Appellationsgericht entscheidet in Besetzung von drei Berufsrichtern (Art. 367 § 3 Satz 1 i. V. m. Art. 397 § 2 KPC), generell in einer nichtöffentlichen Sitzung (Art.

---

639 *Ibidem*, Rn 24; *Geimer/Schütze*, a. a. O., Art. 45, Rn 6 ff.; *Weitz*, a. a. O., S. 318; *Erecinski/Ciszewski*, KPC Kom., Art. 1111, Rn 4.

640 *Kropholler*, a. a. O., Rn 4; *Zöller/Geimer*, a. a. O. Art. 45, Rn 1; *Weitz*, a. a. O, S. 322 ff.; ders. Dopuszczalność merytorycznej, S. 106 ff.; a. A. *Ereciński/Ciszewski*, Międzynarodowe postępowanie, S. 419 ff.

641 *Weitz*, a. a. O., S. 85.

397 § 1 KPC) und ausnahmsweise in einer Verhandlung (Art. 148 § 2 KPC), die vor allem dann eingeräumt wird, wenn die Durchführung eines Beweisverfahrens für notwendig erscheint (Art. 232 Satz 2 i. V. m. Art. 391 und Art. 397 § 2 KPC). Das angerufene Appellationsgericht fordert bei dem in erster Instanz zuständigen Bezirksgericht die Vorlegung der Akten in der Sache, überprüft die Zulässigkeit der Beschwerde (Art. 373 i. V. m. Art. 397 § 2 KPC) und stellt nach der Feststellung dieser der Gegenpartei die Beschwerde zu (Art. 395 § 1 Satz 1 KPC). Binnen einer Woche nach Zustellung der Beschwerde kann an das Appellationsgericht eine Beschwerdeerwiderung der Gegenpartei eingereicht werden (Art. 395 § 1 Satz 2 KPC). Die Rücknahme der Beschwerde ist wie Rücknahme des Antrags auf Anerkennung oder Vollstreckbarerklärung jeder Zeit möglich (Art. 391 § 2 i. V. m. Art. 397 § 2 KPC)[642].

ee. Aussetzung des Rechtsbehelfsverfahrens

Das polnische Appellationsgericht (unter der EuGVO auch der SN als dritte Instanz)[643] als Rechtsbehelfsgericht kann auf Antrag des Schuldners das Verfahren aussetzen, wenn gegen die Entscheidung im Ursprungsstaat ein ordentliches Rechtsmittel eingelegt oder die Frist für einen solchen Rechtsbehelf noch nicht verstrichen ist, und auch eine Frist bestimmen, innerhalb deren der Rechtsbehelf einzulegen ist (Art. 38 Abs. 1 LugÜ/Art. 46 Abs. 1 EuGVO). Dem Schutz des Schuldners dient auch die Berechtigung des Rechtsbehelfsgerichts, die Zwangsvollstreckung zwar zuzulassen, gleichzeitig aber von der Leistung einer Sicherheit, die es bestimmt, abhängig zu machen (Art. 38 Abs. 2 LugÜ/Art. 46 Abs. 2 EuGVO). Beide diese Berechtigungen sollen den Schuldner *„vor möglichen Nachteilen bei einer Vollstreckung vorläufig vollstreckbarer Entscheidungen schützen und widersprüchliche Entscheidungen in den Mitgliedsstaaten vermeiden helfen“* (vgl. auch Art. 30 LugÜ/Art. 37 EuGVO)[644].

Die Aussetzung des Verfahrens bzw. die Anordnung einer Sicherheitsleistung setzen voraus, dass im Urteilsstaat ein ordentlicher Rechtsbehelf eingelegt wurde oder eingelegt werden kann. Der Begriff des „ordentlichen Rechtsbehelfs“ wurde autonom durch den EuGH formuliert und umfasst jeden Rechtsbehelf *„der zur Aufhebung oder Abänderung der dem Anerkennungs- oder Vollstreckbarerklärungsverfahren nach dem Übereinkommen* (EuGVÜ, sinngemäß dem LugÜ und der EuGVO) *zugrunde liegenden Entscheidung führen kann und für dessen Einlegung im Urteilsstaat eine gesetzliche Frist bestimmt ist, die durch die Entscheidung selbst in Lauf gesetzt wird“* (vgl. Art. 840 § 1 KPC)[645]. Eine Sonderregelung erfahren hier gerichtliche Entscheidungen über die Vollstreckbarkeit eines ausländischen Titels aus Irland und dem Vereinigten Königreich (Art. 38 Abs. 2 LugÜ/Art. 46 Abs. 2 EuGVO). Jeder im Urteilsstaat statt-

---

[642] *Ibidem*, S. 253, 329.

[643] *Kropholler*, a. a. O., Art. 46, Rn 2.

[644] Vgl. Entscheidungen des EuGH vom 21.05.1980, *Denilauler*, s. o.; und vom 17.11.1998, *Van Uden*, s. o. IPRax 1999, S. 240; *Stadler*, JZ 1999, S. 1089; *Kropholler*, a. a. O., Art. 41, Rn 41 und Art. 46, Rn 1.

[645] Vgl. Entscheidung des EuGH vom 22.11.1977 - 43/77, *Industrial Diamond Supplies/Riva*, Slg. 1977, S. 2175, NJW 1978, S. 1107; *Kropoller*, a. a. O., Art. 37, Rn 3; *Ereciński/Ciszewski*, a. a. O., S.411.

hafte Rechtsbehelf gilt als ein ordentlicher Rechtsbehelf i. S. v. Abs. 1 dieser Vorschriften. Das LugÜ und die EuGVO folgen dem Grundsatz, dass eine anerkannte ausländische Entscheidung, die jedoch anschließend im Urteilsstaat aufgehoben oder abgeändert wird, ihre Urteilswirkung in Polen verliert. Anders gestaltet sich die Wirksamkeit einer Entscheidung, die in einem Anerkennungsverfahren gemäß Art. 26 Abs. 2 LugÜ/Art. 33 Abs. 2 EuGVO (analog zu einer Entscheidung mit der das Delibationsverfahren nach Art. 1145 § 1 KPC abgeschlossen worden ist) anerkannt oder der gemäß Art. 31 ff. LugÜ/Art. 38 ff. EuGVO (sowie Art. 1151 ff. KPC) eine Vollstreckbarerklärung verliehen wird. Die Aufhebung oder Abänderung der ausländischen Entscheidung bzw. die Aufhebung des Vollstreckungstitels im Urteilsstaat führt nämlich nicht automatisch zur Unbeachtlichkeit von inländischer Delibationsentscheidung oder Vollstreckbarerklärung[646]. Die von der Aufhebung oder Abänderung begünstigte Partei kann bei dem Gericht, das die Entscheidung abgeändert oder aufgehoben hat eine Feststellung darüber beantragen (Art. 403 und Art. 840 § 1 Nr. 1 i. V. m. 1148 § 3 KPC)[647]. Wird der Vollstreckungstitel im Urteilsstaat aufgehoben bevor die Vollstreckbarerklärung nach Art. 31 ff. LugÜ/Art. 38 ff. EuGVO unanfechtbar erteilt ist, so kann der Titel im Vollstreckungsstaat nicht mehr für vollstreckbar erklärt werden. Wird der Titel während des Vollstreckbarerklärungsverfahrens in Polen aufgehoben, so kann dies der Schuldner mit dem nach Art. 36 LugÜ/Art. 43 EuGVO vorgesehenen Rechtsbehelf geltend machen[648]. Jeder Verfahrensbeteiligte kann die Aufhebung oder Abänderung des Urteils jederzeit geltend machen[649].

Damit Art. 38 Abs. 1 und 3 LugÜ/Art. 46 Abs. 1 und 3 EuGVO angewendet werden können, muss der ausländische Vollstreckungstitel, trotz des Rechtsbehelfs im Urteilsstaat, vollstreckbar bleiben. Das Erlöschen oder die Aussetzung der Vollstreckbarkeit des ausländischen Titels hindert die Anwendung von diesen Normen[650]. Die Frage der Aussetzung ist - anders als im Anerkennungsverfahren gemäß Art. 30 LugÜ/Art. 37 EuGVO - auf Antrag des Schuldners zu prüfen und lediglich dann positiv zu beantworten, wenn mit einem Erfolg des im Erststaat eingelegten Rechtsbehelfs gerechnet werden soll[651]. Das Gericht darf bei seiner Entscheidung über die Aussetzung auch solche Gründe berücksichtigen, die der Schuldner vor dem Gericht des Erststaates noch nicht geltend machen konnte[652]. Dagegen sind alle Gründe außer Betracht zu lassen, die der Schuldner in dem erststaatlichen Erkenntnisverfahren vorgetragen hat oder hätte vortragen können[653]. Entscheidet sich das Gericht für eine Aussetzung, so hat

---

646 *Geimer/Schütze*, a. a. O., Art. 33, Rn 8 f.
647 *Mankowski* in *Rauscher* (Hrsg.), a. a. O., Art. 43, Rn 16.
648 *Geimer/Schütze*, a. a. O., Art. 41, Rn 44.
649 *Ibidem*, Art. 33, Rn 123.
650 *Weitz*, a. a. O., S. 267.
651 *Kropholler*, a. a. O., Art. 37, Rn 5 und Art. 46, Rn 5.
652 *Geimer/Schütze*, a. a. O., Art. 46, Rn 11; a. A. der EuGH, vgl. Entscheidung vom 04.10.1991 - C-183/90, *Berend van Dalfsen/Bernard van Loon*, Slg. 1991 I, S. 4743; *Kropholler*, a. a. O., Art. 46, Nr. 5; kritisch *Weitz*, a. a. O., S. 290 ff.
653 *Geimer/Schütze*, a. a. O., Rn 8.

dies gemäß Art. 47 Abs. 3 EuGVO zur Folge, dass nur eine Sicherungsvollstreckung zulässig ist.

Beruft sich der Schuldner – im Rahmen der Art. 38 Abs. 1 LugÜ/Art. 46 Abs. 1 EuGVO - auf mögliche ordentliche Rechtsbehelfe in Polen als dem Urteilsstaat, können als solche u. a. die Appellation (Art. 369 KPC), der Einspruch gegen ein Versäumnisurteil (Art. 344 § 1 KPC), die Einwendungen gegen einen Zahlungsbescheid (Art. 493 § 1 KPC) oder die Beschwerde gegen einen Beschluss über die Sicherung aus einer öffentlichen Sitzung (Art. 394 § 2 i. V. m. Art. 13 § 2 und Art. 741 KPC) angesehen werden. Die Folgen der Aussetzung des Rechtsbehelfsverfahrens bestimmen im Inland die Vorschriften des Art. 179 § 2-3 KPC, mit dem Vorbehalt, dass die Aussetzung den Lauf der Frist, die das Gericht aufgrund von Art. 38 Abs. 1 LugÜ *in fine*/Art. 46 Abs. 1 EuGVO *in fine* bestimmt hat, nicht beeinflussen kann[654]. Das ausgesetzte Verfahren kann entweder von Amts wegen oder auf Antrag des Schuldners wieder aufgenommen werden und zwar dann, wenn der Aussetzungsgrund weggefallen ist, d.h. über den Rechtsbehelf im Urteilsstaat entschieden oder die Frist auf die Einlegung solches Rechtsbehelfs (vgl. Art. 180 § 1 KPC) bzw. die durch das Appellationsgericht gemäß Art. 38 Abs. 1 LugÜ *in fine*/Art. 46 EuGVO *in fine* bestimmte Frist erfolglos verstrichen ist[655].

Auch wenn eine Aussetzung nicht in Betracht kommt oder das bereits ausgesetzte Rechtsbehelfsverfahren wieder aufgenommen wird, kann die Zwangsvollstreckung von der Leistung der Sicherheit, derer Art und Höhe durch das autonome polnische Recht zu bestimmen ist, abhängig gemacht werden (Art. 38 Abs. 3 LugÜ/Art. 46 Abs. 3 EuGVO)[656]. Es sei denn, dass der ausländische Vollstreckungstitel bereits die Zwangsvollstreckung von der Leistung einer Sicherheit im Urteilsstaat abhängig macht. Dann besteht nämlich generell kein Bedürfnis an einer Sicherheitsleistung, weil die Schuldnerinteressen in solchem Fall genügend gewahrt sind[657]. Betreffend die Art und Höhe der Sicherheitsleistung findet in Polen die Vorschrift des Art. 334 § 1 KPC Anwendung, die das Appellationsgericht berechtigt, die sofortige Vollstreckbarkeit des Urteils von einer entsprechenden Sicherheitsleistung durch den Kläger abhängig zu machen[658].

ff. Beschluss über die Beschwerde

Nach einer sachlichen Überprüfung der Beschwerde hat das Appellationsgericht unverzüglich über ihre Rechtmäßigkeit zu entscheiden (Art. 45 EuGVO). Mit Berücksichtigung der Versagungs- oder Aufhebungsgründe der Art. 34-35 EuGVO, deren Überprüfung unter der Verordnung in erster Instanz ausgeschlossen ist, hier aber als Maßstab einer Überprüfung des erstinstanzlichen Feststellungsbeschlusses dient, wird die Beschwerde entweder abgewiesen oder es kann ihr stattgegeben werden (Art. 385-

---

[654] *Weitz*, a. a. O., S. 297 ff.
[655] *Ibidem*; *Kropholler*, a. a. O. Art. 37, Rn 5.
[656] *Geimer/Schütze*, a. a. O., Rn 10 f.; *Weitz*, a. a. O., S. 299.
[657] *Kropholler*, a. a. O., Rn 7; *Geimer/Schütze*, a. a. O., Rn 13.
[658] *Weitz*' a. a. O., S. 311.

386 i. V. m. Art. 397 § 2 KPC)[659]. Ein abweisender Beschluss des Appellationsgerichts bedeutet, dass der angefochtene Feststellungsbeschluss in Kraft gelassen und ein stattgebender Beschluss, dass dieser Feststellungsbeschluss entweder aufgehoben oder abgeändert wird. Wurde hierbei die Nichtigkeit des erstinstanzlichen Vollstreckbarerklärungsverfahrens festgestellt, wird außer der Aufhebung des angefochtenen Feststellungsbeschlusses auch das betroffene Vollstreckbarerklärungsverfahren aufgehoben und die Sache an das Bezirksgericht erster Instanz zur erneuten Entscheidung zurückverwiesen (Art. 386 § 2 i. V. m. Art. 397 § 2 KPC), wie es z.B. aufgrund der Einwendung, dass der ausländische Vollstreckungstitel zum Anwendungsbereich des LugÜ oder der EuGVO nicht gehört (Art. 1 und Art. 54 LugÜ/Art. 1 und Art. 66 EuGVO) und trotzdem gemäß einer dieser Regelungen für vollstreckbar erklärt wurde, der Fall ist. Weil dem Schuldner die Möglichkeit zur Verteidigung seiner Rechte genommen wird (Art. 379 Nr. 5 i. V. m. Art. 397 § 2 und Art. 13 § 2 KPC), ist der Vollstreckbarerklärungsantrag nach der Aufhebung des Feststellungsbeschlusses und des erstinstanzlichen Vollstreckbarerklärungsverfahrens zur Entscheidung im Vollstreckbarerklärungsverfahren gemäß Art. 1150-1153^{2} KPC zu verweisen (Art. 386 § 2 i. V. m. Art. 397 § 2 KPC)[660].

Das Appellationsgericht entscheidet in Form eines Beschlusses (Art. 354 § 1 i. V. m. Art. 391 und Art. 397 § 2 KPC), für dessen Begründung und Zustellung eine entsprechende Anwendung die Vorschriften der Art. 397 § 1^{1} und Art. 387 § 2-3 i. V. m. Art. 397 § 2 KPC finden. Somit wird ein in einer nichtöffentlichen Sitzung erlassener Beschluss samt Begründung an die Parteien von Amts wegen innerhalb einer Woche ab der Anfertigung der Begründung zugestellt (Art. 397 § 1^{1} und Art. 387 § 3 Satz 3 KPC). Wird der zweitinstanzliche Beschluss nach einer Verhandlung verkündet, muss er zwar von Amts wegen begründet werden, zugestellt wird er aber lediglich an die Partei, die innerhalb einer Woche nach der Verkündung die Zustellung samt Begründung beantragt hat (Art. 397 § 1^{1} und Art. 387 § 3 Satz 1 KPC). Aufgrund von der Regelung der Art. 33 Abs. 2 Satz 2 LugÜ/Art. 40 Abs. 2 EuGVO und Art. 1135 § 1-2 KPC handelt es sich hier jeweils um eine inländische Zustellung[661].

Wird durch einen abweisenden oder einen stattgebenden Beschluss des Appellationsgerichts die Vollstreckbarkeit des ausländischen Titels festgestellt, ist der Titel in Polen sofort vollstreckbar und begründet die Einleitung der Zwangsvollstreckung (Art. 39 Abs. 1 und Art. 38 Abs. 3 LugÜ/Art. 47 Abs. 3 und Art. 46 Abs. 3 EuGVO). Eine Kassationsbeschwerde gegen diesen Beschluss gemäß Art. 37 Abs. 2 LugÜ/Art. 44 EuGVO – anders als im autonomen polnischen Recht, das von dem Beschluss über die Vollstreckbarkeit des ausländischen Titels seine Rechtskraft verlangt (vgl. Art. 1151 § 3 und Art. 776 KPC) - hindert also nicht die Zwangsvollstreckung des ausländischen Titels[662]. Die Erteilung der Vollstreckungsklausel für solche Titel darf deshalb nicht aufgrund dessen versagt werden, dass der Beschluss über seine Vollstreckbarkeit nicht

[659] *Ibidem*, S. 332; *Kropholler*, a. a. O. Art. 45, Rn 1.
[660] *Weitz*, a. a. O., S. 319.
[661] *Ibidem*, S. 334.
[662] *Ibidem*, S. 335 ff.; a. A. *Erecinski/Ciszewski*, a. a. O:, S. 421.

rechtskräftig ist[663]. Lediglich dann, wenn das Appellationsgericht die Vollstreckbarkeit dieses Titels von der Sicherheitsleistung abhängig gemacht hat, bedingt diese die Erteilung der Vollstreckungsklausel (Art. 786 § 1 KPC). Nachdem dem ausländischen Vollstreckungstitel die Vollstreckungsklausel verliehen wurde, kann der Gläubiger die Zwangsvollstreckung einleiten und sein Anspruch befriedigt werden.

d. Das Rechtsbehelfsverfahren gegen den Beschluss des Appellationsgerichts

Besteht ein Grund, den rechtskräftigen Beschluss des polnischen Appellationsgerichts in der Sache der Vollstreckbarerklärung eines ausländischen Titels anzufechten, können vor allem beide der Parteien eine Kassationsbeschwerde bei dem SN beantragen (Art. 398^1 § 1 KPC, der das Recht auch dem Generalstaatsanwalt und dem Beauftragter für Bürgerrechte gibt, i. V. m. Art. 13 § 2 KPC)[664]. Allerdings nicht in dem Fall, wenn das Appellationsgericht der Beschwerde stattgegeben, gleichzeitig den Feststellungsbeschluss des Bezirksgerichts aufgehoben und die Sache an dieses Bezirksgericht zur erneuten Entscheidung zurückverwiesen hat (Art. 386 § 2 i. V. m. Art. 397 § 2 KPC). In diesem Fall nämlich beendet der Beschluss des Appellationsgerichts nicht das Vollstreckbarerklärungsverfahren, sondern lediglich das Instanzverfahren (Art. 398^1 i. V. m. Art. 13 § 2 KPC), was zu keiner Kassationsbeschwerde berechtigt, auch wenn nach dem Wortlaut der Art. 37 Abs. 2 und Art. 41 LugÜ/Art. 44 EuGVO auch kassatorische instanzbeendende Beschlüsse des Appellationsgerichts eine Kassationsbeschwerde begründen möchten[665]. Entsprechend den Zielen des drittinstanzlichen Rechtsbehelfsverfahrens gemäß dem LugÜ und der EuGVO erfüllt die Kassationsbeschwerde nur Kontrollfunktionen, sie soll rechtliche Verfahrensfehler bestimmter Kategorie beseitigen und einheitliche Rechtsprechung schaffen. Die Regelung des Art. 398^9 § 1 KPC lässt eine Kassationsbeschwerde dann zu, wenn in der Sache eine wesentliche Rechtsfrage vorliegt (Nr. 1) oder es einen Bedarf gibt, die Rechtsvorschriften, die erhebliche Zweifel erwecken bzw. die Unstimmigkeiten in der Rechtsprechung der Gerichte hervorrufen, auszulegen (Nr. 2), wenn die Nichtigkeit des Verfahrens vorliegt (Nr. 3) oder die angefochtene Entscheidung das Recht offensichtlich verletzt (Nr. 4).

Eine Kassationsbeschwerde unterliegt dem Anwaltszwang (Art. 87^1 § 1 KPC). Die anfechtende Partei kann sich bei ihrer Einlegung im Rahmen eines Vollstreckbarerklärungsverfahrens auf eine Verletzung des materiellen Rechts durch seine fehlerhafte Auslegung oder unrichtige Anwendung, und auch auf eine Verletzung des Verfahrensrechts, wenn der Verstoß einen wesentlichen Einfluss auf den Ausgang der Sache haben konnte, stützen (Art. 398^3 § 1 KPC). Dabei ist in dem Kassationsverfahren keine Benennung von neuen Tatsachen und Beweisen zulässig und der SN ist an die tatsächlichen Feststellungen, die der angefochtenen Entscheidung zugrunde liegen, gebunden (Art. 398^{13} § 1 KPC).

---

[663] *Weitz*, a. a. O., S. 338.
[664] Vgl. Punkt 3 Abs. 2 und Punkt 5 der Regierungserklärung vom 31.12.1999, s. o.
[665] *Weitz*, a. a. O., S. 347.

aa. Formelle Bedingungen der Kassationsbeschwerde

Die Kassationsbeschwerde als ein außerordentlicher Rechtsbehelf gegen den Beschluss des Appellationsgerichts muss die Bedingungen aus Art. 398^4 § 1 KPC erfüllen und deshalb folgende Elemente enthalten:

1) die Bezeichnung der Entscheidung, gegen die sie eingereicht wird, unter Angabe, ob die Entscheidung im Ganzen oder teilweise angefochten wird,
2) die Anführung der Kassationsgrundlagen und deren Begründung,
3) den Antrag auf die Annahme der Kassationsbeschwerde und seine Begründung,
4) den Antrag auf die Aufhebung oder Abänderung der Entscheidung unter Bezeichnung des Umfangs der beantragten Aufhebung oder Abänderung.

Darüber hinaus muss eine Kassationsbeschwerde den für einen Prozessschriftsatz vorgeschriebenen Erfordernissen genügen und in Sachen über vermögensrechtliche Rechte den Wert des Anfechtungsgegenstandes angeben (Art. 398^4 § 2 Satz 1 KPC). Neu ist die Pflicht, der Kassationsbeschwerde ihr zwei Abschriften beizufügen: eine für die Akte des SN und zweite für den Generalstaatsanwalt (Art. 398^4 § 2 Satz 2 KPC).

bb. Fristen

Die Frage der Fristen bei der Einlegung einer Kassationsbeschwerde gestaltet sich anders als im zweitsinstanzlichen Rechtsbehelfsverfahren. Infolge dessen, dass das LugÜ und die EuGVO keine Frist für die Einlegung dieses Rechtsbehelfs vorsehen und Art. 37 Abs. 2 und Art. 41 LugÜ/Art. 44 i. V. m. Anhang IV EuGVO vielmehr auf das nationale Recht des Vollstreckungsstaates verweisen[666], findet die Vorschrift des Art. 398^5 § 1 KPC *in fine* entsprechende Anwendung. Danach ist die Kassationsbeschwerde innerhalb von zwei Monaten ab der Zustellung der Entscheidung des Appellationsgerichts mit ihrer Begründung an die anfechtende Partei einzulegen. Der Generalstaatsanwalt und der Beauftragte für die Bürgerechte haben hierfür sechs Monate ab dem Zeitpunkt der Rechtskrafterlangung solcher Entscheidung bzw. seit der Zustellung der beantragten Begründung dieser Entscheidung (Art. 398^5 § 2 KPC).

Seit dem 5. Februar 2005 keine Anwendung findet im Kassationsverfahren Art. 130 KPC[667]. Wenn das Appellationsgericht über die Beschwerde in einer Verhandlung entschieden hat, ist die Einlegung der Kassationsbeschwerde von dem Antrag der anfechtenden Partei auf die Zustellung des Beschlusses samt Begründung innerhalb einer Woche ab seiner Verkündung abhängig (Art. 387 § 3 i. V. m. Art. 397 § 2 KPC). Erging aber der Beschluss des Appellationsgerichts in einer nichtöffentlichen Sitzung, wird er samt Begründung an die Parteien von Amts wegen innerhalb einer Woche ab der Anfertigung der Begründung zugestellt (Art. 387 § 3 Satz 3 i. V. m. Art. 397 § 2 KPC, vgl. auch Art. 387 § 2 KPC)[668].

---

[666] *Geimer/Schütze*, a. a. O., Art. 44, Rn 7.
[667] Dz.U. 2004 Nr. 172, Pos. 1804.
[668] *Weitz*, a. a. O., S. 343.

cc. Kognitionsgegenstand und Verlauf des Verfahrens

Das Rechtsbehelfsverfahren in dritter Instanz verläuft nach dem nationalen Recht des Vollstreckungsstaates, in Polen also gemäß Art. 398[10] ff. KPC über das Kassationsverfahren. Entsprechende Anwendung finden auch die Vorschriften über das Appellationsverfahren (Art. 398[21] KPC) und gegebenenfalls aufgrund einer doppelten Verweisung die Vorschriften über das Verfahren in erster Instanz (Art. 391 § 1 Satz 1 KPC). Demzufolge ist über die Kassationsbeschwerde gemäß Art. 37 Abs. 2 und Art. 41 LugÜ/Art. 44 EuGVO generell in einer nichtöffentlichen Sitzung und in der Besetzung mit drei Richtern und nur ausnahmsweise in einer mündlichen Verhandlung zu entscheiden (Art. 398[10]-398[11] KPC). Dabei ist dem SN im Rahmen des LugÜ nicht gestattet, das Verfahren aufgrund von Art. 38 Abs. 1 und 3 auszusetzen oder von einer Sicherheitsleistung abhängig zu machen. Anders unter der Geltung der EuGVO, wo der SN auf Grund von Art. 46 Abs. 1 und 3 in dieser Hinsicht ähnlich wie das Appellationsgericht berechtigt wird[669].

Der SN entscheidet in den Grenzen der Anfechtung durch die Kassationsbeschwerde und ihrer Grundlagen, wobei es von Amts wegen die Nichtigkeit des Vollstreckbarerklärungsverfahrens in den Anfechtungsgrenzen beachtet (Art. 398[13] § 1 KPC). Nach sachlicher Überprüfung der Kassationsbeschwerde wird über sie unverzüglich in Form eines Beschlusses (Art. 354 i. V. m. Art. 398[21] und Art. 391 KPC) ablehnend (Art. 398[14] KPC) oder stattgebend entschieden (Art. 398[15] § 1 KPC). Der SN kann aber auch ein Reformationsurteil erlassen und den angefochtenen Beschluss abändern und über die Vollstreckbarkeit des ausländischen Titels entscheiden, sofern die Grundlage der Verletzung des materiellen Rechts begründet ist und die Kassationsbeschwerde nicht auf der Grundlage der Verletzung der Verfahrensvorschriften gestützt wird oder sich diese Grundlage als unbegründet erweist (Art. 398[16] KPC).

Über die Zustellung und Begründung des Beschlusses des SN entscheiden grundsätzlich die Vorschriften über das Appellationsverfahren (Art. 387 i. V. m. Art. 398[21] KPC). Dabei handelt es sich – wie beim Beschluss des Appellationsgerichts - aufgrund von der Regelung der Art. 33 Abs. 2 Satz 2 LugÜ/Art. 40 Abs. 2 EuGVO und Art. 1135 § 1-2 KPC um eine inländische Zustellung[670].

3. Wiederaufnahmeklage

Das geschlossene System der Rechtsmittel des LugÜ und der EuGVO umfasst lediglich die ordentlichen Rechtsmittel im Rahmen eines Vollstreckbarerklärungsverfahrens, die die nicht rechtskräftigen Entscheidungen der Gerichte des Vollstreckungsstaates betreffen und insofern das nationale Recht verdrängen. Die außerordentlichen Rechtsmittel wiederum, wie die Wiederaufnahmeklage im autonomen polnischen Recht, werden durch das nationale Recht des Vollstreckungsstaates bestimmt[671]. Demzufolge ist gegen rechtskräftige Beschlüsse der polnischen Vollstreckungsgerichte eine

---

[669] *Ibidem*, S. 358 ff.
[670] *Weitz*, a. a. O., S. 362.
[671] *Ibidem*, S. 363 f.

Klage auf Wiederaufnahme des Vollstreckbarerklärungsverfahrens zulässig (Art. 1151 § 2 i. V. m. Art. 1096 KPC). Diese kann sich auf Nichtigkeitsgründe aus Art. 401 KPC oder auf Restitutionsgründe aus Art. 403 KPC stützen, wie z.B. dass das Urteil auf einer gefälschten oder verfälschten Urkunde oder auf einem verurteilenden Strafurteil, das in der Folge aufgehoben wird, gestützt wird. Gleichzeitig ist auch die Wiedereinsetzung in den vorigen Stand, wenn eine Frist auf Erhebung einer Beschwerde oder einer Kassationsbeschwerde versäumt wird nach Art. 168 ff. KPC, möglich.

VI. Das Vollstreckbarerklärungsverfahren im KPC Entwurf[672]

Neben dem Verzicht auf die strenge Trennung zwischen der Anerkennung und Vollstreckung ausländischer Entscheidungen, auf das Delibationsverfahren und auf einige der Anerkennungs- und damit der Vollstreckungsvoraussetzungen, bringt der KPC Entwurf eine weitere Verbesserung des grenzüberschreitenden Rechtsverkehrs in Zivilsachen, indem er das bisherige Vollstreckbarerklärungs- und Klauselverfahren grundsätzlich umgestaltet. Diesem Vorhaben zufolge sollen die aktuell geltenden Vollstreckbarerklärungs- und Klauselverfahren durch ein integriertes Klauselverfahren ersetzt (Art. 1151 § 1 KPC E.) und dieses weitgehend vereinfacht werden. Danach wird ein ausländischer Titel direkt nach dem integrierten Klauselverfahren für vollstreckbar erklärt und mit einer Vollstreckungsklausel versehen, so dass die Zwangsvollstreckung von ausländischen Titeln nach einem statt nach zwei Verfahren statthaft wird. Das integrierte Klauselverfahren wurde ausführlicher als das bisherige Vollstreckbarerklärungsverfahren zuvor und zwar am Vorbild der europäischen Lösungen geregelt[673]. In dem KPC Entwurf wurde deshalb auf den umstrittenen Öffentlichkeitsgrundsatz verzichtet, und die Zahl der Richter, die über die Erteilung einer Vollstreckungsklausel entscheiden, wurde von drei auf einen beschränkt (Art. 1151^1 § 2 KPC E.). Geregelt wurde auch die Sicherung eines Anspruchs für den Zeitraum vor der Einleitung der Zwangsvollstreckung und der Sicherung einer eventuellen Vollstreckung der Entscheidung im Zusammenhang mit dem Kassationsverfahren, wenn dieser Anspruch mit einer ausländischen Entscheidung festgestellt wurde (Art. 1151^2 KPC E.). Und im Verfahren aus einer Vollstreckungsgegenklage gegen eine ausländischen Entscheidung wurde die Möglichkeit ausgeschlossen, Einwände betreffend Hindernisse einer Vollstreckbarerklärung aus Art. 1150 § 1 KPC zu erheben (Art. 1151^3 KPC E.). Die bisher im Anerkennungs- und im Vollstreckbarerklärungsverfahren unterschiedlichen Rechtsmittel wurden angeglichen, somit in dem Feststellungs- wie auch im Klauselverfahren eine Beschwerde gegen den Beschluss des Bezirksgerichts zugelassen (Art. 1148^1 § 3 Satz 1 und Art. 1151^1 § 3 Satz 1 KPC E.). Eine zusätzliche Klarheit wird auch das Ersetzen des Wortes „Vollstreckung" durch die „Vollstreckbarerklärung" in Art. 1150 ff. KPC E. verschaffen.

Über diese Vorhaben hinaus wurde Art. 1153^3 KPC formuliert, der die Anwendung von Vorschriften der Art. 1150-1152 KPC gegenüber Vollstreckungstiteln aus EU-

[672] KPC Entwurf, www.ms.gov.pl/kkpc/kkpc.shtml vom 14.05.2006.

[673] Begründung zum KPC Entwurf, S. 11.

Mitgliedsstaaten, die mit einem EVT versehen wurden und wie die inländischen Vollstreckungstitel durchgeführt werden, ausschließt (vgl. Art. 1153^1-1153^2 und Art. 758 - 1095 KPC).

§ 13. Schlussfolgerungen

Angesichts der Intensität und Tragweite der zwischenmenschlichen Integration in Europa, wo die Wahrscheinlichkeit, in einen Rechtsstreit mit internationalen Bezügen verwickelt zu werden sowohl für Privatpersonen wie auch für Unternehmen in den letzten Jahren beständig angestiegen ist, ist die hohe Relevanz der Rechtsinstitute der Anerkennung und Vollstreckung von Entscheidungen ausländischer Gerichte in Zivil- und Handelssachen unumstritten. Sämtliche nationalen und internationalen Regelungen in diesem Bereich brechen den Territorialitätsgrundsatz und erstrecken – vor allem mit Hilfe des Grundsatzes der gegenseitigen Anerkennung und unter verschiedenen Bedingungen - die Wirkungen ausländischer Entscheidungen außerhalb der Ursprungsstaaten, womit die Durchsetzung der im Ausland anerkannten Ansprüche beschleunigt und vereinfacht wird. Der Grundsatz der gegenseitigen Anerkennung, der insbesondere durch die Abschaffung langwieriger und komplizierter Zwischenverfahren wie etwa des Vollstreckbarerklärungsverfahrens, damit die Förderung einer vollkommenen Freizügigkeit von Urteilen in der Europäischen Union realisiert wird, kann hierbei als Eckstein ihrer justiziellen Zusammenarbeit bezeichnet werden.

Im Hoheitsgebiet Polens, wo in Fragen der Anerkennung und Vollstreckung ausländischer Entscheidungen das LugÜ, die EuGVO sowie andere völkerrechtliche Verträge und das nationale Recht aufeinander treffen, ist der Vorrang der europäischen Regelungen und die lediglich subsidiäre Anwendung des polnischen Zivilverfahrensrechts und zwar der Vorschriften Art. 1145-1153^2 KPC zu beachten. Demzufolge – und zwar zugunsten des grenzüberschreitenden Wirtschafts- und Rechtsverkehrs sowie des europaweit vereinheitlichten Rechtsschutz der Rechtsunterworfenen verschiedener Herkunft – entfallen im Anwendungsbereich des LugÜ und der EuGVO das im autonomen polnischen Recht geltende Delibationsverfahren einschließlich die zahlreichen Anerkennungs- und Vollstreckungsvoraussetzungen - wie die oftmals schwierige und langwierige Prüfung des ausländischen Rechts (etwa bei der Feststellung der Verbürgung der Gegenseitigkeit, aber auch bei der Ermittlung der jeweiligen internationalen Zuständigkeit). In dem Fall, dass die Voraussetzungen der Art. 25 ff. LugÜ/Art. 31 ff. EuGVO vorliegen, werden also ausländische Gestaltungs- und Feststellungsurteile im Gegensatz zu dem polnischen IZVR (Art. 1145 § 1 KPC) *ex lege*, in vollem Umfang und ohne gesondertes Verfahren anerkannt. Alle anderen Titel bedürfen grundsätzlich der gerichtlichen Vollstreckbarerklärung in dem Staat, in dem sie der Zwangsvollstreckung zugeführt werden sollen. Wird die Vollstreckbarerklärung in Polen angestrengt, entsteht u. a. das Problem der subsidiären Anwendung des inländischen Zivilverfahrensrechts wie z. B in dem Fall, wo es die zuständigen Bezirksgerichte zur Durchführung einer mündlichen Verhandlung in Besetzung von drei Berufsrichter und mit Teilnahme beider Parteien sowie des Staatsanwalts verpflichtet (Art. 1148 § 2 und Art. 1151 § 2 Satz 1 i. V. m. Art. 148 § 1 und Art. 206-226 KPC), und diese Pflicht weder durch das LugÜ, die EuGVO noch durch eine andere nationale Regelung aufgehoben wurde. Nichtsdestotrotz sowohl die verfassungsrechtliche Normierung (Art. 91 § 2 UK), die Bedürfnisse und Möglichkeiten der justiziellen Praxis, wie auch die weitgehende Europäisierung des polnischen IZVR, die insbesondere in der Rechtsprechung inländischer Gerichte, in den völkerrechtlichen Abkommen mit Drittstaaten wie auch in der gesetzgeberischen Entwicklungstendenzen erscheint[674], sprechen im Hinblick auf diese Problematik für ein vereinfachtes Anerkennungs- und Vollstreckbarerklärungsverfahren unter Ausschluss der Öffentlichkeit und in Besetzung mit einem Richter.

Resümierend hat das europäische Anerkennungs- und Vollstreckungssystem in Polen große Erleichterungen im Rechtsverkehr mit den EU- und EFTA-Staaten gebracht und auch die Kodifikationsarbeiten an diesbezüglichen Regelungen stark beeinflusst. Viel liberaler als das aktuell geltende nationale Anerkennungskonzept, das häufig als rigoristisch und ausgebaut bezeichnet wird und die Grundprinzipien eigener Rechtsordnung und Justizsystems hervorhebt, hat es nämlich dazu beigetragen, dass die Delibations- und Vollstreckbarerklärungsverfahren in ihren aktuellen Form in dem KPC Entwurf abgeschafft und durch europakonforme Regelungen ersetzt werden (Art. 1145 ff. und Art. 1150 ff. KPC E.).

---

[674] Entscheidung des SA vom 22.11.2002, I ACa 462/02, Wokanda 2004/1/33 w Katowicach mit Gl. von *Pazdan*, OSP 2003 Nr. 12, Pos. 160.

§ 14. Zusammenfassung

In einer Welt, in der sämtliche Transaktionen über die Grenzen mehrerer Staaten hinaus schreiten und ihre rechtlichen Wirkungen immer mehr internationale Elemente einbeziehen; In einem Europa, in dem der freie Verkehr von Waren, Dienstleistungen, Kapital und Personen eine natürliche Quelle internationaler Rechtsbeziehungen und damit eventueller Rechtskonflikten bildet, ist ein europaweit vereinheitlichter Rechtsschutz von Akteuren solches Verkehrs unerlässlich und damit die hohe Relevanz der prozessualen Fragen unumstritten geworden.

Um dem Bedürfnis nach derartigem Rechtsschutz nachzukommen, haben sich die Gründer der EWG vor fast 50 Jahren die „Vereinfachung der Förmlichkeiten für die gegenseitige Anerkennung und Vollstreckung" von Entscheidungen vorgenommen und damit die rechtliche Grundlage für die Harmonisierung des Prozessrechts in Europa gegeben (Art. 220 EGW-V, Art. 293 EG-V). 1968 folgte dem Vorhaben der EG das Brüsseler-Übereinkommen über die gerichtliche Zuständigkeit, die Anerkennung und Vollstreckung von gerichtlichen Entscheidungen in Zivil- und Handelssachen (EuGVÜ), das 20 Jahre später mit dem parallelen Lugano-Übereinkommen (LugÜ) auf die EFTA-Staaten erweitert und 2002 durch EuGVO ersetzt wurde. Ein Übereinkommen, das als Meilenstein der europäischen Vereinheitlichung, damit der Europäisierung des IZPR bezeichnet werden kann.

Seit diesem Zeitpunkt haben sich sowohl die rechtlichen Grundlagen wie auch die Geschwindigkeit und das Ausmaß der Europäisierung deutlich entwickelt. Besonders wichtig für die Effektuierung des grenzüberschreitenden Zivilrechtsschutzes im Binnenmarkt und den Ausbau eines Europäischen Justizraums war der Amsterdamer Vertrag, der die Gemeinschaft zur Angleichung von internationalen Privat- und Verfahrensrechte ihrer Mitglieder befugt hat (Art. 65 EG). Aufgrund dieser Befugnis wurden - zunächst im Rahmen des sog. Tampere und aktuell des Haagers Programms - sämtliche Rechtsakte erlassen, die ein vollkommen vereinheitlichtes sog. Europäisches Zivilprozessrecht (EuZPR) für grenzüberschreitende Streitigkeiten im Europäischen Justizraum erstreben und ein solches in den Hauptfragen des Zivilprozessrechts weitgehend auch erreicht haben.

An dem Prozess der europäischen Rechtsangleichung wollte sich auch - kurz nach ihrer politischen und rechtlichen Transformation – die Republik Polen beteiligen. Bereits im Jahr 2000 ist sie dem LugÜ beigetreten und damit - noch vor dem damals ungewissen Zeitpunkt der EU-Osterweiterung - mit den kontinentalen Schutzstandards konfrontiert worden. Durch die Anteilnahme an der justiziellen Zusammenarbeit wollte die junge Demokratie dem dringenden Bedürfnis nach einem europaweit vereinheitlichten Rechtschutz für die Beteiligten des grenzüberschreitenden Rechtsverkehrs nachkommen und der Intensivierung dieses Verkehrs in der letzten Dekade im Inland entgegenkommen. Das – bereits aus einer permanenten Steigerung der internationalen Wirtschaftstransaktionen nach der Transformation des polnischen Staatssystems 1989 folgende – Bedürfnis, diese Transaktionen auf einem europaweit einheitlichen Niveau rechtlich zu schützen, zunächst durch den Beitritt zum LugÜ (am 1.02.2000) erfüllt wurde.

Dank dem wechselseitiges Vertrauen in die Funktionsfähigkeit der Justizsysteme aller Staaten konnte das bisher geltende Netz von bilateralen Staatsverträgen durch die Urteilsfreizügigkeit ersetzt werden. Der Rechtsverkehr Polens mit den EU-und EFTA-Staaten konnte weitgehend vereinfacht, die Kenntnisse über das EuZPR und die verfahrensrechtlichen Entwicklungstendenzen in Europa, v. a. jedoch das Interesse hierfür gesät werden. Infolge des Beitritts Polens zur EU ist die mit dem LugÜ eingeleitete Integration noch komplexer geworden und hat ihre Grenzen noch weiter gezogen, so dass auch im Verhältnis zwischen Polen und den restlichen Beitrittsländern das einheitliche EuZPR gilt. Nichtsdestoweniger hat die Übernahme des europäischen Besitzstandes für eine enorme Beanspruchung der polnischen Jurisprudenz sowie des nationalen Gesetzgebers gesorgt. Dabei weist Polen – als größtes der neuen Mitgliedsstaaten der EU – ein großes Potenzial für die Entwicklung von zivil- und handelsrechtlichen Beziehungen mit Auslandsberührung nach und kann als ein Modell dafür gelten, welche Probleme bei der Konfrontation einer exkommunistischen Justizstruktur mit den fortgeschrittenen und – gegenüber den inländischen – liberalen Lösungen des LugÜ und der EuGVO entstehen können sowie wie das EuZPR das nationale Recht beeinflussen kann.

Die Frage nach der Europäisierung des IZVR in Polen ist daher untrennbar mit der Einführung des LugÜ und der EuGVO verbunden. Vorwiegend diese, aber auch andere Rechtsakte europäischer Herkunft in prozessrechtlichen Fragen prägen die Anwendung, die Interpretation und die Neuformulierung des polnischen IZVR beträchtlich. Ohne eine dieser Dimensionen unter zu bewerten oder die Bedeutung des europäischen Modells für die Auslegung des innerstaatlichen Rechts[675], die Prozessrechtswissenschaft und Formulierung bilateraler Verträge mit Drittstaaten zu verkennen, wurden in der Arbeit – wegen ihrer praktischen Aktualität - die wichtigsten Harmonisierungsvorhaben der nationalen Gesetzgebung skizziert. Die letztere Praxis findet bereits seit einigen Jahren statt, wofür als Beispiel der polnisch-rumänische Vertrag über Rechtshilfe und Rechtsverhältnisse in Zivilsachen von 1999[676] dienen kann.

Die Entwicklung des EuZPR sowie die Desaktualisierung des polnischen IZVR haben seit mehreren Jahren auf die Notwendigkeit seiner Angleichung an die europäischen Prozessregeln hingewiesen. Im Rahmen der Rechtsharmonisierung wurden alleine bezüglich des Zivilverfahrensgesetzbuches und innerhalb der letzten fünf Jahre über vierzig Novellen eingeführt und letztendlich sein IV Teil betreffend das IZVR überdacht. Die Intensität dieser Arbeiten ist insbesondere auf das Bemühen des Staates zurückzuführen, die Transparenz und Effizienz in dem Gerichtswesen zu erhöhen und die Rechtsharmonisierung wie auch die justizielle Zusammenarbeit in Zivilsachen weiterhin zu fördern. Damit jedoch die Justiz effizient arbeiten und ihr gesellschaftliches Ansehen erhöhen kann, muss dem polnischen Richter ein Werkzeug gegeben werden, mit dem er den Rechtsunterworfenen verschiedener Herkunft einen Rechtschutz bieten kann, der mit den europäischen Standards vergleichbar wäre. Es müssen

[675] Vgl. Entscheidungen des SN vom 18.02.1993, I CRN 6/93, OSNCP 1993 Nr. 11, Pos. 204; und vom 14.07.1998, III CKN 548/98, OSNCP 1999 Nr. 3, Pos. 48, S. 16.
[676] Dz.U. 2002 Nr. 83, Pos. 752, s. o.

ferner die Kapazitätsprobleme und die Korruptionsgründe beseitigt werden, die ihn von einer schnellen und unparteiischen Entscheidung abhalten mögen.

Um den genannten rechtspolitischen und wirtschaftlichen Erwartungen gerecht zu werden, hat die Kodifikationskommission für das Zivilrecht am 9. März 2006 den Entwurf eines Gesetzes über die Änderung des Zivilverfahrensgesetzbuches und einige andere Gesetzen betreffend das IZVR erarbeitet und am 3. April 2006 veröffentlicht[677]. In diesem Vorhaben hat sich die Kommission für eine weitgehende Angleichung des IZVR an das EuZPR entschieden, in dem sie - zunächst im Bereich der inländischen Jurisdiktion - u. a. in folgende Änderungen vorsieht:

1) Die Berücksichtigung der ausländischen Rechtshängigkeit nach dem Grundsatz der zeitlichen Priorität (Art. 1098 § 1-4 KPC E.),
2) Die Einführung der Möglichkeit der Verfahrensaussetzung vor einem polnischen Gericht, wenn die ausländische Entscheidung für das polnische Verfahren präjudizielle Bedeutung haben kann (Art. 1098^1 KPC E.),
3) Die Einführung eines Gerichtsstandes für Arbeitssachen (Art. 1103^4 § 1-3 KPC E.; Umsetzung der Richtlinie 96/71 EG) und Verstärkung des Schutzes der Versicherungsnehmer und Verbraucher (Art. 1103^5-1103^6 KPC E.),
4) Die Einführung der Institution einer rügelosen Einlassung auf das Verfahren (Art. 1104 § 2 KPC E.).

Die in dem „offenen“ Europa sehr hohe Aktualität der Frage nach dem Staat, in welchem die Gerichte über eine Rechtssache entscheiden können, unterstreicht die Gewichtung der Problematik der inländischen Gerichtsbarkeit, die in der polnischen Gesetzgebung gegenüber der meist auf dem Kontinent bekannten eine differenzierte Regelung erfuhr. In dem polnischen Zivilverfahrensgesetzbuch wird nämlich das monistische Konzept der inländischen Gerichtsbarkeit vertreten. Damit ist die Kompetenz der Gerichte im Zivilverfahren gemeint, die sowohl die internationale Zuständigkeit als auch die inländische Jurisdiktionsgewalt umfasst, demzufolge dafür ebenso der Begriff der internationalen Zuständigkeit verwendet werden kann. Im Zusammenhang mit der Auseinandersetzung des polnischen mit dem europäischen Zuständigkeitsrecht, stellt der Gegenstand der Abhandlung grundsätzlich die inländische Gerichtsbarkeit i. S. d. internationalen Zuständigkeit polnischer Gerichte dar, die nach dem aktuellen IZVR dann besteht, wenn beide genanten Aspekte kumulativ erfüllt wurden. Aufgrund der zahlreichen Kritik am monistischen Konzept der inländischen Gerichtsbarkeit wurde in dem KPC Entwurf der Übergang zum dualistischen Konzept dieser Institution vorgeschlagen (Art. 1097-1110^1 und Art. 1110^2-1144^1 KPC E.).

Was die Anerkennung und Vollstreckung ausländischer Entscheidungen anbelangt, gilt aktuell in Polen eine klare Trennung dieser Institute. Der nationale Gesetzgeber hat sich grundsätzlich für eine individualisierte Anerkennung im Rahmen eines Delibationsverfahrens (Art. 1145 § 1 KPC) und lediglich ausnahmsweise für eine generelle

[677] KPC Entwurf, www.ms.gov.pl/kkpc/kkpc.shtml vom 14.05.2006.

Anerkennung entschieden (Art. 1145 § 2 KPC). Dieses Verfahren dürfte mit der Anerkennung für Entscheidungen in Ehesachen gemäß dem deutschen Art. 7 § 1 FamRÄndG verglichen werden. Dabei umfasst die recht langwierige Anerkennung i. S. d. Art. 1145 § 1 KPC – anders als im Rahmen des LugÜ und der EuGVO - lediglich die gerichtlichen Entscheidungen, die zur Vollstreckung im Wege der Zwangsvollstreckung nicht geeignet sind. Dagegen unterliegen die in ihrem Herkunftsstaat vollstreckbaren Urteile dem sog. Vollstreckbarerklärungsverfahren gemäß Art. 1150 ff. KPC.

Den europäischen Tendenzen folgend ist in dem Kodifikationsvorhaben u. a. die Abschaffung der klaren Trennung zwischen diesen Rechtsinstituten beabsichtigt, die durch den Verzicht auf die Vollstreckungsunfähigkeit der anzuerkennenden Entscheidung (Art. 1145 § 1 KPC E.) erreicht werden soll.

Eine der wichtigsten Folgen der Europäisierung des polnischen IZVR liegt jedoch in der Abschaffung des Delibationsverfahrens, das durch die Anerkennung kraft Gesetzes ersetzt werden soll (Art. 1145 KPC E.). Um den Diskrepanzen betreffend die Anerkennungsfähigkeit einer Entscheidung in Polen zu entgehen, will der nationale Gesetzgeber – nach dem Vorbild des LugÜ und der EuGVO - die Möglichkeit eines fakultativen Anerkennungsverfahrens einführen (Art. 1148-11481 KPC E.).

Eine andere sehr wichtige Neuerung dieses Entwurfs liegt in der Vereinfachung der Zwangsvollstreckung von ausländischen Titeln in Polen, die auch im Anwendungsbereich des LugÜ und der EuGVO nach den nationalen Regeln zu erfolgen hat. Die aktuell geltenden Vollstreckbarerklärungs- und Klauselverfahren sollen durch ein integriertes Klauselverfahren ersetzt (Art. 1151 § 1 KPC E.) und dieses weitgehend vereinfacht werden. Dies soll u. a. durch den Verzicht auf den Öffentlichkeitsgrundsatz und die Erteilung einer Vollstreckungsklausel durch einen anstatt drei Richter, wie es gemäß Art. 1151 § 1 KPC betreffend die Vollstreckbarerklärung der Fall ist, erreicht werden (art. 11511 § 2 KPC E.). Im Weiteren werden im Bereich der Anerkennung und Vollstreckung u. a. folgende Änderungen vorgeschlagen:

1) Der Verzicht auf die Anerkennungsvoraussetzung der Gegenseitigkeit und der kollisionsrechtlichen Kontrolle der Entscheidung eines ausländischen Gerichts (Art. 1146 § 1 Satz 1 und Nr. 6 KPC) sowie der ausschließlichen Zuständigkeit eines Drittstaates als Anerkennungshindernis (ihre Linderung also als Anerkennungshindernis, Art. 1146 § 1 Nr. 2 KPC),
2) Die Einführung als Vorraussetzung der Zustellung des verfahrenseinleitenden Schriftstücks an den Beklagten, der sich auf das Verfahren nicht eingelassen hat (Art. 1146 § 1 Nr. 3 KPC E.; vgl. Art. 27 Nr. 2 LugÜ/Art. 34 Nr. 2 EuGVO),
3) Die Neuformulierung der *ordre public* Klausel, indem die Anerkennung einer ausländischen Entscheidung wegen des Verstoßes des Ergebnisses der Anerkennung - und nicht der Entscheidung selbst – gegen die Grundregeln der polnischen Rechtsordnung versagt werden kann (Art. 1146 § 1 Nr. 5 KPC, Art. 1146 § 1 Nr. 7 KPC E.; vgl. Art. 27 Nr. 1 LugÜ/Art. 34 Nr. 1 EuGVO).

Zwecks praktischer Umsetzung der EuGVO und der EheGVO wird ferner eine Zuständigkeit für Ausstellung von entsprechenden Bescheinigungen vorgesehen. Dies darf nicht mit dem EVT verwechselt werden (Art. 1144^1 KPC E.). Nachahmenswert wäre auch der Abbau des Erfordernisses der formellen Rechtskraft einer Entscheidung in Polen.

Das Kodifikationsvorhaben der polnischen Kommission ist überraschend und im Hinblick darauf sehr positiv zu beurteilen, dass das LugÜ und - insbesondere - die EuGVO für die Gestaltung polnischer Regeln bezüglich der internationalen Zuständigkeit, der Anerkennung und Vollstreckung von ausländischen Entscheidungen damit große Bedeutung gewonnen haben. Zum einen bringt das Vorhaben in internationalverfahrensrechtlicher Hinsicht einige fundamentalen Neuerungen und die Angleichung an die europäischen Verfahrensregeln, damit die Verfahrensbeschleunigung und –Vereinfachung mit sich. Zum anderen kommt es den Erwartungen des „offenen" Europas entgegen, ihre Herausforderung wird also erkannt, indem es den Abbau der aufwendigen Verfahren, die gegenseitige Anerkennung und die Schaffung der - den anderen EU-Mitgliedsstaaten gleichwertigen - Rechtsschutzstandards im nationalen Recht plant. Trotz einer sehr aufgeschlossenen Positionierung Polens zu dem Vereinheitlichungsprozess soll jedoch nicht der Eindruck einer „mechanischen" Übernahme von europäischen Lösungen geweckt werden. Bei den Kodifikationsarbeiten wurde u. a. berücksichtigt, dass das polnische IZVR (wie auch andere Teile des Zivilverfahrensgesetzbuches) für die Rechtsverhältnisse mit Drittstaaten, mit denen Polen keine multi- bzw. bilateralen völkerrechtlichen Verträge verbindet maßgebend werden kann, weil *„eine übermäßige Erleichterung der Anerkennungs- und Vollstreckungsvoraussetzungen unangebracht wäre"*[678]. Deshalb werden - insbesondere in den Vorschriften über die Voraussetzungen der Anerkennung und Vollstreckung von ausländischen Entscheidungen – meistens Lösungen vorgeschlagen, die weniger liberal als die Regelungen des LugÜ, der EuGVO und der EheGVO sind.

Resümierend hat die Geltung des LugÜ und der EuGVO in Polen sowohl das bisherige Ausmaß der subjektiven und objektiven Anwendung wie auch die Neuformulierung des polnischen IZVR stark beeinflusst, so dass im Inland ein Liberalisierungsgrad erreicht wurde, der neben der Gleichbehandlung von Beteiligten des Binnenmarktes, die Aufhebung diskriminierenden Prozessrechts ermöglichte und insbesondere der den Abbau von Delibations- und Vollstreckbarerklärungsverfahren entbehrlich macht. Die Europäisierung des polnischen IZVR unter dem Eindruck des LugÜ und der EuGVO bleibt daher unbestritten. Es wird auch weiterhin daran gearbeitet, um die Probleme der Kapazität und der Infrastruktur der Justiz zu beseitigen und ein mit anderen europäischen Ländern vergleichbar zügiges Verfahren sichern zu können[679].

---

[678] Begründung zum KPC Entwurf, S. 2.

[679] S. Anhang II.

Literaturverzeichnis

Kommentare

Ciszewski J., Konwencja z Lugano, Komentarz (Das Lugano Übereinkommen, Kommentar, poln.), wyd. 2, Warszawa 2004

Ereciński T./Ciszewski J., Komentarz do kodeksu postępowania cywilnego. Część trzecia. Przepisy z zakresu międzynarodowego postępowania cywilnego (Der Kommentar zum Zivilverfahrensgesetzbuch. Teil Drei. Die Vorschriften aus dem Bereich des Internationalen Zivilverfahrensrechts, poln.), wyd. 3, Warszawa 2004

Geimer R./Schütze R. A., Europäisches Zivilverfahrensrecht, 2. Aufl., München 2004

Jenard, Bericht zu dem Übereinkommen über die gerichtliche Zuständigkeit und die Vollstreckung gerichtlicher Entscheidungen in Zivil- und Handelssachen, unterzeichnet in Brüssel am 27.09.1968 und zum Auslegungsprotokoll vom 03.06.1971, ABl. vom 05.03.1979 Nr. C 59, 1-70=BT-Drucksache VI/1973, 52-104 und VI/3294

Jodłowski J./Piasecki K., Kodeks postępowania cywilnego z komentarzem (Das Zivilverfahrensgesetzbuch mit Kommentar), wyd. 2, Warszawa 1989

Kropholler J., Europäisches Zivilprozessrecht, Kommentar zu EuGVO und Lugano-Übereinkommen, 7. Aufl., Heidelberg 2002

Piasecki K., Kodeks postępowania cywilnego (Art. 844-1153), Konwencja z Lugano, Komentarz Tom III, pod red. *K. Piaseckiego,* (Das Zivilverfahrensgesetzbuch (Art. 844-1153), Das Lugano Übereinkommen, Kommentar Band III, unter Leitung von *K. Piasecki*, poln.), wyd. 3, Warszawa 2002

Rauscher T., (Hrsg.) Europäisches Zivilprozessrecht, Kommentar, München 2004

Schlosser P., Bericht zu dem Übereinkommen vom 09.10.1978 über den Beitritt des Königreichs Dänemark, Irlands und des Vereinigten Königreichs Großbritannien und Nordirland zum Übereinkommen über die gerichtliche Zuständigkeit und die Vollstreckung gerichtlicher Entscheidungen in Zivil- und Handelssachen sowie zum Protokoll betreffend die Auslegung dieses Übereinkommens durch den Gerichtshof, ABl. Nr. C 59/79, 71 ff. = BT- Drucksache 10/61

EU-Zivilprozessrecht, Kommentar EuGVVO, EuEheVO, EuBVO, EuZVO, 2. Aufl., München 2003

Hand- und Lehrbücher, Monographien und Aufsätze

Allerhand M., Umowa o wyłączną właściwość sądu zagranicznego (Die Vereinbarung über die ausschließliche Zuständigkeit eines ausländischen Gerichts, poln.), PPC 1938 Nr. 3-4, S. 99

Bardach J./Leśnodorski B./Pietrzak M., Historia ustroju i prawa polskiego (Die Geschichte des polnischen Systems und Rechts, poln.), Warszawa 2003

Broniewicz W., Postępowanie cywilne w zarysie (Die Grundlagen des Zivilverfahrensrechts, poln.), Warszawa 1999

Ciszewski J., Przystąpienie Polski do konwencji lugańskiej i do europejskiej konwencji o doręczaniu pism sądowych i pozasądowych (Der Beitritt Polens zum Lugano-Übereinkommen und zum Europäischen Übereinkommen über die Zustellung von gerichtlicher und außergerichtlicher Schriftstücke, poln.), KPP 1999 Nr. 4, S. 816

Wybrane zagadnienia z zakresu prawa prywatnego międzynarodowego w konwencji lugańskiej (Ausgewählte Fragen aus dem Bereich des Internationalen Privatrechts im Lugano-Übereinkommen, poln.), Rejent 2001 Nr. 7-8, S. 26

Dochodzenie roszczeń alimentacyjnych za granicą na podstawie konwencji lugańskiej i konwencji haskiej (Die Geltendmachung von Unterhaltsansprüchen im Ausland aufgrund von dem Lugano-Übereinkommen und dem Haager-Übereinkommen, poln.) MP 2000 Nr. 8, S. 486

Dalka S., Postępowanie cywilne (Zivilverfahren, poln.), Gdańsk 1993

Dalka S./Koenner M., Zalecana analiza Kodeksów i ustaw, Nowelizacja KPC z dnia 02.07.2004 r. (Empfohlene Analyse von Gesetzbücher und Gesetzen, Novellierung des KPC vom 02.07.2004, poln.), EP 2004 Nr. 7

Ereciński T./Ciszewski J., Międzynarodowe postępowanie cywilne (Internationales Zivilverfahrensrecht, poln.), Warszawa 2000

Fenichel Z., Umowa o poddanie sporu sądowi zagranicznemu (Die Derogationsvereinbarung, poln.), Głos Adwokatów 1937

Flaga-Gieruszyńska K., Jurysdykcja krajowa i uznanie orzeczeń sądów zagranicznych, Polska i standardy euuropejskie (Die inländische Jurisdiktion und Anerkennung von Entscheidungen ausländischer Gerichte, Polen und europäische Standarts, poln.), Kraków 1999

Frey R., Zasady ustalania jursdykcji krajowej w sprawach pracowniczych w Konwencji z Lugano (Die Grundsätze der Feststellung der inländischen Jurisdiktion in Arbeitssachen nach dem Lugano-Übereinkommen, poln.), Radca Prawny 2000 Nr. 3, S. 41

Geimer R., Internationales Zivilprozessrecht, 5. Aufl., Köln 2005

Grothe H., Rechtswegverweisung und Rechtshängigkeitserschleichung im Anwendungsbereich von Art. 21 EuGVÜ/LugÜ und Art. 27 EuGVO, IPRax 2004, S. 205

Hess B., Die „Europäisierung" des internationalen Zivilprozessrechts durch den Amsterdamer Vertrag – Chancen und Gefahren, NJW 2000, S. 24

Aktuelle Perspektiven der europäischen Prozessrechtsangleichung, JZ 2001, S. 573

Jakubecki A., Postępowanie zabezpieczające w sprawach z zakresu prawa własności intelektualnej (Das Sicherungsverfahren in Urheberrechtssachen, poln.), Kraków 2002

Jakubowski J., Uznawanie i wykonywanie zagranicznych orzeczeń arbitrażowych w Polsce (Die Anerkennung und Vollstreckung von ausländischen Schiedssprüchen in Polen, poln.), Studia Iuridica 1976 Band V

Jayme E. (Hrsg.), Ein internationales Zivilprozessrecht in Gesamteuropa, Heidelberg 1992

Jayme E./Geckler A., Polen und das Europäische Kollisionsrecht, IPRax 1997, S. 66

Jayme/Kohler, Europäisches Kollisionsrecht 2003: Der Verfassungskonvent und das Internationale Privat- und Verfahrensrecht, IPRax 2003, S. 485

Jodłowski J., Nowe przepisy k.p.c. z zakresu międzynarodowego postępowania cywilnego (Die neuen Vorschriften des KPC im Bereich des internationalen Zivilverfahrensrechts, poln.), NP 1962 Nr. 4-6

Zasady przewodnie polskiego międzynarodowego prawa procesowego cywilnego [w:] Księga pamiątkowa dla uczczenia pracy naukowej prof. *K. Stefki* (Die Grundprinzipien des polnischen internationalen Zivilverfahrensrechts [in:] Gedächtnisbuch für die Ehrung der wissenschaftlichen Arbeit von Prof. *K. Stefko*, poln.) Warszawa- Wrocław 1967

Uznawanie i wykonywanie w Polsce wyroków zagranicznych w sprawach o pochodzenie i o alimenty (Die Anerkennung und Vollstreckung in Polen von ausländsichen Urteilen in Abstammungs- und Unterhaltssachen, poln.), Studia Cywilistyczne, Zagadnienia Prawa Procesowego Cywilnego, Tomy XXV-XXVI, Warszawa- Kraków 1975.

Uznanie i wykonanie zagranicznych orzeczeń sądowych w Polsce na tle orzecznictwa Sądu Najwyższego (Die Anerkennung und Vollstreckung von ausländischen Gerichtsentscheidungen in Polen im Hinblick auf die Rechtsprechung des Obersten Gerichts), Biblioteka Palestry, Warszawa 1977

Koch H., Einführung in das europäische Zivilprozessrecht, JuS 2003, S. 105

Koch H./Magnus U./Winkler von Mohrenfels P., IPR und Rechtsvergleichung, 3. Aufl., München 2004

Kohler C., Von der EuGVO zum Europäischen Vollstreckungstitel – Entwicklungen und Tendenzen im Recht der Anerkennung und Vollstreckung ausländischer Entscheidungen – in Reichelt/Rechberger, Europäisches Kollisionsrecht, Wien 2004

Der europäische Justizraum für Zivilsachen und das Gemeinschaftskollisionsrecht, IPRax 2003, S. 401

Korzan K., Orzeczenie konstytutywne w postępowaniu cywilnym (Die rechtskräftige Entscheidung im Zivilverfahren), Warszawa 1972

Podział i charakter orzeczeń oraz wykonalność i skuteczność orzeczeń sądowych, [w:] System prawa procesowego cywilnego (Die Gliederung und Charakter sowie Vollstreckbarkeit und Wirksamkeit von gerichtlichen Entscheidungen, [in:] System des Zivilprozessrechts, poln.) Tom II, Ossolineum 1987

Ludwiczak W., Międzynarodowe prawo prywatne (Internationales Privatrecht), wyd. 5 Poznań 1996

Łopuski J., Konwencja lugańska o jurysdykcji i wykonywaniu orzeczeń sądowych w sprawach cywilnych i handlowych (Das Lugano-Überkeinkommen über die internationale Zuständigkeit, die Anerkennung und Vollstreckung von gerichtlichen Entscheidungen, poln.), Bydgoszcz 2001

Maciejowska J., Paragrafy z Lugano (Paragraphen aus Lugano, poln.), PiŻ 1998 Nr. 35, S. 18

Mankowski P., Spezialabkommen und EuGVÜ, EWS 1996, S. 301

Martiny D., Anerkennung nach multilateralen Staatsverträgen, in: Max- Planck- Institut für ausländisches und internationales Privatrecht (Hrsg.), Handbuch des Internationalen Zivilverfahrensrechts III Band 2, Tübingen 1984

Martiny D./Ernst U., Der Beitritt Polens zum Luganer Übereinkommen, IPRax 2001, S. 29

Mączyński A., Przesłanki uznania zagranicznych orzeczeń rozwodowych (Die Voraussetzungen der Anerkennung von ausländischen Scheidungsurteilen, poln.), PiP 1978 Nr. 3, S. 115

Rozwód w prawie prywatnym międzynarodowym (Die Ehescheidung im internationalen Privatrecht, poln.), Warszawa 1982

Jednolite europejskie normy o jurysdykcji krajowej i skuteczności orzeczeń zagranicznych [w:] Księga pamiątkowa. I Kongres Notariuszy RP, (Die einheitlichen europäischen Normen über die inländische Jurisdiktion und der Wirksamkeit von ausländischen Entscheidungen [in:] Gedächtnisbuch. I Kongres von Notaren der Republik Polen, poln.) Poznań 1993

Micklitz H.-W./Rott P., Vergemeinschaftung des EuGVÜ in der Verordnung (EG) Nr. 44/2001, EuZW 2001, S. 332

Miszczuk K., Kodeks postępowania cywilnego, Polnisches Zivilverfahrensgesetzbuch, Zweisprachige Textausgabe Polnisch- Deutsch, CH. Beck, Warszawa 2005

Müller-Graff P.-C./Kainer F., Die justizielle Zusammenarbeit in Zivilsachen in der Europäischen Union, DRiZ 2000, S. 350

Nagel H./Gottwald P., Internationales Zivilprozessrecht, 5. Aufl. Köln 2002

Pazdan M., Poszukiwanie właściwego sądu i właściwego prawa po 1 maja 2004 r. (Die Suche nach einem zuständigen Gericht und Recht nach dem 1. Mai 2004, poln.), Rejent - 2000 Nr. 3-4, S: 155

Prawo prywatne międzynarodowe (Internationales Privatrecht, poln.), wyd. 9 Warszawa 2005

Piasecki K., Skuteczność i wykonalność w Polsce zagranicznych orzeczeń sądowych (Die Wirksamkeit und Vollstreckbarkeit von ausländischen Gerichtsentscheidungen in Polen, poln.), Warszawa 1990

Półtorak M., Uznanie i wykonalność orzeczeń zagranicznych według konwencji brukselskiej i lugańskiej (Die Anerkennung und Vollstreckung von ausländischen Entscheidungen gemäß dem Brüssel- und Lugano-Übereinkommen, poln.), KPP 1997 Nr. 4, S. 657

Quigley C., Zakres zastosowania konwencji brukselskiej i konwencji lugańskiej (Anwendungsbereich des Brüssel- und des Lugano-Übereinkommens, poln.), KPP 1999 Nr. 4, S. 699

Rouchaud A.-M., Jurysdykcja umowna (Die Schiedsgerichtsbarkeit), KPP 1999 Nr. 4, S. 729

Sawicz C., Uznawanie i wykonywanie orzeczeń sądów zagranicznych (Die Anerkennung und Vollstreckung von ausländischen Gerichtsentscheidungen, poln.), Zeszyty Naukowe IBPS 1988, Nr. 28

Schack H., Internationales Zivilverfahrensrecht, 3. Aufl., München 2002

Schmidt U., Europäisches Zivilprozessrecht, Das 11. Buch der ZPO, München 2004

Siedlecki W., Kilka uwag w związku z uznawaniem w Polsce zagranicznych orzeczeń sądowych w sprawach cywilnych, [w:] Księga Pamiątkowa ku czci *K. Przybyłowskiego* (Einige Anmerkungen im Bezug auf die Anerkennung in Zivilsachen, [in:] Gedächtnisbuch für die Ehrung von *K. Przybyłowski*), Kraków 1964

Siedlecki W./Świeboda Z., Postępowanie cywilne, Zarys wykładu (Die Grundlagen des Zivilverfahrensrechts, poln.), wyd. 5, Warszawa 2004

Postępowanie nieprocesowe, Warszawa 2001

Simons T./Hausmann R., The European Legal Forum; Forum iuris communis Europae, Jahrgang: 2000-2004

Smorszczewski C., Jurysdykcja krajowa w sprawach cywilnych i handlowych według konwencji brukselskiej i lugańskiej (Die inländische Jurisdiktion in Zivil- und Handelssachen gemäß dem Brüssel- und Lugano-Übereinkommen, poln.), KPP 1997 Nr. 4, S. 627

Stadler A., Erlass und Freizügigkeit einstweiliger Maßnahmen im Anwendungsbereich des EuGVÜ, JZ 1999, S. 1089

Das Europäische Zivilprozessrecht- Wie viel Beschleunigung verträgt Europa? IPRax 2004, S. 2

Stein A., Der Europäische Vollstreckungstitel für unbestrittene Forderungen tritt in Kraft – Aufruf zu einer nüchternen Betrachtung, IPRax 2004, S. 181

Sturm R./Pehle H. **(Hrsg.)**, Die neue Europäische Union: Die Osterweiterung und ihre Folgen, Leverkusen 2006

Sznajder K., Zasięg jurysdykcji wyłącznej sądu miejsca położenia nieruchomości w konwencji lugańskiej (Der Umfang der ausschließlichen Zuständigkeit des Gerichts am Ort der Belegenheit einer unbeweglichen Sache im Lugano-Übereinkommen, poln.), Rejent 2001 Nr. 4, S. 87

Stan zawisłości sprawy w konwencji z Lugano i w prawie wspólnotowym - pojęcie spraw tożsamych (Die Rechtshängigkeit einer Sache im Lugano-Übereinkommen und Gemeinschaftsrecht – der Begriff einer identischen Sache, poln.), Rejent 2003 Nr. 5, S. 124

Szpunar A., Pojęcie dokumentu urzędowego w rozumieniu art. 50 Konwencji lugańskiej o jurysdykcji i wykonywaniu orzeczeń sądowych w sprawach cywilnych i handlowych (Der Begriff einer öffentlichen Urkunde im Sinne von Art. 50 des Lugano-Übereinkommens über die Zuständigkeit und Vollstreckung von gerichtlichen Entscheidungen in Zivil- und Handelssachen, poln.) Rejent 2000 Nr. 12, S. 93

Świerszczyński M., Jurysdykcja krajowa w zakresie zobowiązań deliktowych (Die inländische Jurisdiktion in Deliktssachen, poln.), MP 2002 Nr. 15, S. 697

Thomas H./Putzo H./Reichold K., ZPO, 26. Aufl., München 2004

Trammer H., Zarys problematyki międzynarodowego procesu cywilnego państw kapitalistycznych (Umriss der Problematik des Zivilverfahrensrechts der kapitalistischen Staaten, poln.), Warszawa 1956

Z problematyki wzajemnego wpływu przepisów kodeksu postępowania cywilnego o uznawaniu orzeczeń zagranicznych i przepisów ustawy o prawie prywatnym międzynarodowym (Aus der Problematik der gegenseitigen Beeinflussung von Anerkennungsvorschriften des Zivilverfahrensgesetzbuches und des Gesetzes über das internationale Privatrecht, poln.), NP 1967 Nr. 6, S. 717

Wagner R., Zum Inkrafttreten des Lugano Übereinkommens für die Republik Polen, WiRO 2000, S. 47

Waligórski M., Proces cywilny. Funkcje i struktura (Zivilprozess. Funktionen und Struktur, poln.), Warszawa 1947

Weitz K., Dopuszczalność merytorycznej obrony dłużnika w postępowaniu o stwierdzenie wykonalności zagranicznego orzeczenia (Die Zulässigkeit einer inhaltlichen Verteidigung des Schuldners im Vollstreckbarerklärungsverfahren, poln.), PS 1999 Nr. 11-12, S. 98

Zakres zastosowania konwencji lugańskiej w Polsce (Der Anwendungsbereich des Lugano-Übereinkommens in Polen, poln.), KPP 2000 Nr. 2, S. 427

Założenia i kierunki reformy przepisów Kodeksu postępowania cywilnego o uznawaniu i wykonywaniu zagranicznych orzeczeń (Die Voraussetzungen und Reformrichtungen der Vorschriften des Zivilverfahrensgesetzbuches über die Anerkennung und Vollstreckung von ausländischen Entscheidungen, poln.), KPP 2001 Nr. 4

Konwencja z Lugano. Wykonalność zagranicznych orzeczeń przed sądami polskimi (Das Lugano-Übereinkommen. Die Vollstreckbarkeit von ausländischen Entscheidungen von den polnischen Gerichten, poln.), Warszawa 2002

Jurysdykcja krajowa w postępowaniu cywilnym (Die inländische Jurisdiktion im Zivilverfahren, poln.), Warszawa 2005

Weyde D., Anerkennung und Vollstreckung deutscher Entscheidungen in Polen, Tübingen 1997

Wierzbowski E., Międzynarodowy obrót prawny w sprawach cywilnych (Der internationale Rechtsverkehr in Zivilsachen, poln.), Warszawa 1971

Wierzbowski P., Wykonalność orzeczeń sądów polubownych na podstawie Konwencji nowojorskiej o uznawaniu i wykonywaniu orzeczeń arbitrażowych (Die Vollstreckbarkeit von Schiedssprüchen gemäß dem New Yorker Übereinkommen über die Anerkennung und Vollstreckung von Schiedssprüchen, poln.), MP 2004 Nr. 5

Wittwer A., Die Rechtsprechung des EuGH zum Europäischen Zivilprozessrecht im Jahr 2002, ZEuP 2003, S. 847

Wolf M.-K., Vollstreckbarerklärung, in: Handbuch des Internationalen Zivilprozessrechts, Band III Teil 2, Tübingen 1984

Zawiślak K., Przesłanki formalne postępowania zabezpieczającego w procedurze cywilnej (Die formellen Voraussetzungen des Sicherungsverfahrens im Zivilprozess, poln.), PS 2002 Nr. 3, S. 30

Zedler F., Wybrane zagadnienia reformy postepowania egzekucyjnego w sprawach cywilnych [w:] Ruch Prawniczy, Ekonomiczny i Socjologiczny (Ausgewählte Fragen der Reform des Zwangsvollstreckungsverfahrens in Zivilsachen [in:] Rechtliche, Ökonomische und Soziale Bewegung), Jg. LI 1989 Nr. 1, S. 36

Zeiler G., Środki tymczasowe i zabezpieczające (Einstweilige und Sicherungsmaßnahmen, poln.), KPP 1999 Nr. 4, S. 751

Zöller/Geimer, Zivilprozessordnung, 25. Aufl. 2005

Anhang

I. Ausschnitte des polnischen Zivilverfahrensgesetzbuches vom 17.11.1964[1]

Einleitungstitel. Allgemeine Vorschriften

Art. 1.
Das Zivilverfahrensgesetzbuch regelt das Gerichtsverfahren in Sachen aus den Rechtsbeziehungen aus dem Bereich des Zivilrechts, des Familien- und Vormundschaftsrechts und des Arbeitsrechts, sowie in Sachen aus dem Bereich der Sozialversicherungen, und in anderen Sachen, auf welche die Vorschriften dieses Gesetzbuches kraft besonderer Gesetze Anwendung finden (Zivilsachen).

Art. 2.
§ 1. Zur Entscheidung der Zivilsachen sind die ordentlichen Gerichte berufen, soweit diese Sachen nicht in die Zuständigkeit besonderer Gerichte fallen, sowie das Oberste Gericht.
§ 1 a. In den im Gesetz genannten Fällen können die Handlungen im Zivilverfahren durch die bei den Gerichten tätigen Referendaren vorgenommen werden. Die Referendaren besitzen im Rahmen der ihnen anvertrauten Handlungen die Befugnisse des Gerichts, unter Berücksichtigung der Vorschriften des Art. 518^1 § 1 und 2.
§ 2. (*gestrichen*)
§ 3. Die Zivilsachen werden nicht im Gerichtsverfahren entschieden, soweit besondere Vorschriften sie der Zuständigkeit anderer Organe übertragen.

Art. 3
Die Parteien und die Beteiligten des Verfahrens sind verpflichtet, Erklärungen betreffend die Fallumstände wahrheitsgemäß, und ohne etwas zu verheimlichen, abzugeben, sowie Beweise vorzubringen.

Art. 4 (*gestrichen*)

Art. 5
Das Gericht hat den Parteien und Verfahrensbeteiligten, die in der Sache ohne Rechtsanwalt oder Rechtsberater auftreten, die notwendigen Hinweise in Bezug auf die Prozesshandlungen zu erteilen, sowie sie über die Rechtsfolgen dieser Handlungen und der Versäumnisse zu belehren.

---

[1] Dz.U. 1964 Nr. 43, Pos. 296, m. s. Ä. In diesem Teil der Arbeit wurde grundsätzlich auf die Übersetzung: *Miszczuk*, Polnisches Zivilverfahrensgesetzbuch, Zweisprachige Textausgabe Polnisch-Deutsch, CH. Beck, Warszawa 2005, gestützt.

Art. 6
Das Gericht hat der Langwierigkeit des Verfahrens entgegenzuwirken und eine Entscheidung in der Sache in der ersten Sitzung anzustreben, wenn dieses ohne Nachteil für die Aufklärung der Sache möglich ist.

Art. 7
Der Staatsanwalt kann die Einleitung des Verfahrens in jeder Sache verlangen, sowie an jedem laufenden Verfahren teilnehmen, wenn es nach seiner Beurteilung für den Schutz der Rechtsmäßigkeit, der Bürgerrechte oder des gesellschaftlichen Interesses erforderlich ist. In nichtvermögensrechtlichen Sachen aus dem Bereich des Familienrechts kann der Staatsanwalt Klagen nur in gesetzlich genannten Fällen erheben.

Art. 8
Gesellschaftliche Organisationen, deren Aufgabe nicht die Führung einer wirtschaftlichen Tätigkeit ist, können die Einleitung des Verfahrens zum Schutz der Bürgerrechte in gesetzlich genannten Fällen veranlassen, sowie an einem laufenden Verfahren teilnehmen.

Art. 13
§ 1. Das Gericht verhandelt die Sachen im nichtstreitigen Verfahren, es sei denn, dass das Gesetz etwas anderes bestimmt. In gesetzlich vorgesehenen Fällen entscheidet das Gericht die Sachen nach Vorschriften über besondere Verfahren.
§ 2. Die Vorschriften über das nichtstreitige Verfahren werden auf andere Arten der in diesem Gesetzbuch geregelten Verfahren entsprechend angewandt, es sei denn, dass besondere Vorschriften etwas anderes bestimmen.

Erster Teil. Erkenntnisverfahren, Erstes Buch. Das streitige Verfahren
Titel 1. Gericht
Abschnitt I. Zuständigkeit des Gerichts
Einleitungsvorschrift

Art. 15
§ 1. Das zum Zeitpunkt der Klageerhebung zuständige Gericht bleibt zuständig bis zur Beendigung des Verfahrens, selbst wenn sich die Zuständigkeitsgrundlagen im Laufe der Sache geändert haben.
§ 2. Das Gericht darf sich nicht für unzuständig erklären, wenn es im Laufe des Verfahrens zuständig geworden ist.

Unterabschnitt 2. Örtliche Zuständigkeit
Kapitel 1. Allgemeiner Gerichtsstand

Art. 27
§ 1. Die Klage ist bei dem Gericht erster Instanz zu erheben, in dessen Bezirk der Beklagte seinen Wohnsitz hat.
§ 2. Der Wohnsitz richtet sich nach den Vorschriften des Zivilgesetzbuches.

Art. 28
Hat der Beklagte keinen Wohnsitz in Polen, so wird der allgemeine Gerichtsstand nach seinem Aufenthaltsort in Polen bestimmt, und wenn dieser Ort unbekannt ist oder nicht in Polen liegt – nach dem letzten Wohnsitz des Beklagten in Polen.

Art. 29
Eine Klage gegen den Staatsschatz wird nach dem Sitz der staatlichen Organisationseinheit erhoben, mit deren Tätigkeit der geltend gemachte Anspruch im Zusammenhang steht.

Art. 30
Eine Klage gegen eine juristische Person oder gegen einen anderen Rechtsträger, der keine natürliche Person ist, wird nach dem Ort ihres Sitzes erhoben.

Kapitel 4. Sondervorschriften

Art. 45
Kann der Gerichtsstand nach den Vorschriften des Gesetzbuches aufgrund der Fallumstände nicht ermittelt werden, so wird das Oberste Gericht in einer nichtöffentlichen Sitzung das Gericht bestimmen, bei dem die Klage zu erheben ist.

Art. 46
§ 1. Die Parteien können schriftlich vereinbaren, dass eine bereits entstandene Streitigkeit oder Streitigkeiten, die in Zukunft aus einem bestimmten Rechtsverhältnis entstehen können, einem Gericht erster Instanz unterworfen wird, das nach dem Gesetz örtlich nicht zuständig ist. Dieses Gericht wird dann ausschließlich zuständig sein, sofern die Parteien nichts anderes beschlossen haben. Die Parteien können auch das Wahlrecht des Klägers zwischen mehreren für solche Streitigkeiten zuständigen Gerichten durch eine schriftliche Vereinbarung einschränken.
§ 2. Die Parteien können jedoch nicht den ausschließlichen Gerichtsstand abändern.

Abschnitt II. Besetzung des Gerichts

Art. 47
§ 1. Das Gericht entscheidet in der ersten Instanz in der Besetzung mit einem Richter als Vorsitzenden und mit zwei Schöffen die Sachen aus dem Bereich des Arbeitsrechts und der Sozialversicherungen und die Sachen aus den Familienverhältnissen mit Ausnahme der Sachen auf Unterhaltsansprüche.
§ 2. Beschlüsse außerhalb der mündlichen Verhandlung und Anordnungen werden durch den Vorsitzenden gefasst.
§ 3. Andere als in § 1 genannten Sachen werden durch das Gericht in der ersten Instanz in der Besetzung mit einem Richter entschieden, es sei denn, dass eine besondere Vorschrift etwas anderes bestimmt.

§ 4. Der Präsident des Gerichts kann anordnen, dass eine Sache in der Besetzung mit drei Berufsrichtern entschieden wird, wenn er dieses wegen besonderer Kompliziertheit oder wegen des Präzedenzcharakters des Falls für erforderlich hält.

Titel II. Staatsanwalt

Art. 55

Der Staatsanwalt hat bei der Erhebung einer Klage zugunsten einer bestimmten Person diese in der Klageschrift zu benennen. Dies gilt nicht für die nichtvermögensrechtlichen Sachen aus dem Bereich des Familienrechts, es sei denn, dass eine besondere Vorschrift etwas anderes bestimmt.

Art. 56

§ 1. Die Person, zugunsten derer eine Klage durch den Staatsanwalt erhoben wurde, wird durch das Gericht darüber benachrichtigt, indem ihr eine Abschrift der Klageschrift zugestellt wird. Diese Person kann in jeder Lage des Verfahrens in die Sache als Kläger eintreten; in diesem Fall werden in Bezug auf die Beteiligung des Staatsanwalts an der Sache die Vorschriften über die einheitliche Streitgenossenschaft entsprechend angewendet.
§ 2. Der Staatsanwalt darf nicht selbständig über den Streitgegenstand verfügen.

Art. 57

Handelt der Staatsanwalt bei der Erhebung einer Klage nicht zugunsten einer bestimmten Person, so erhebt er die Klage gegen alle Personen, die Parteien des durch die Klage betroffenen Rechtsverhältnisses sind.

Art. 58

Ein rechtskräftiges Urteil, das in einer durch den Staatsanwalt eingeleiteten Sache erging, hat die Rechtskraftwirkung zwischen der Partei, zugunsten derer der Staatsanwalt die Klage erhoben hat, und der Gegenpartei. Eine interessierte Partei, die an dem Streit nicht beteiligt war, hat jedoch die Möglichkeit, trotz der rechtskräftigen Entscheidung in den Sachen über vermögensrechtliche Ansprüche, ihre Ansprüche im Ganzen oder in dem Teil geltend zu machen, in welchem sie ihr nicht zuerkannt wurde.

Art. 59

Das Gericht benachrichtigt den Staatsanwalt über jede Sache, in der es seine Mitwirkung für erforderlich hält.

Art. 60

§ 1. Der Staatsanwalt kann sich dem Verfahren in jedem seinen Stadium anschließen. Der Staatsanwalt ist mit keiner der Parteien verbunden. Er kann Erklärungen abgeben und Anträge stellen, die er für zweckmäßig hält, sowie Tatsachen und Beweise für ihre Bestätigung vorbringen. Dem Staatsanwalt sind Prozessschriftsätze, Benach-

richtigungen über Termine und Sitzungen sowie Gerichtsentscheidungen ab dem Zeitpunkt der Anmeldung seiner Beteiligung am Verfahren zuzustellen.
§ 2. Der Staatsanwalt kann jede Gerichtsentscheidung anfechten, gegen die ein Rechtsmittel zulässig ist. Die Fristen für die Anfechtung der Gerichtsentscheidung, die für die Parteien bestimmt wurden, gelten auch für den Staatsanwalt.

Titel III. Gesellschaftliche Organisationen

Art. 61

§ 1. In Sachen, die Unterhaltsansprüche sowie in Sachen, die den Verbraucherschutz betreffen, können gesellschaftliche Organisationen, deren Aufgabe nicht in der Führung einer Wirtschaftsfähigkeit besteht, Klagen zugunsten der Bürger erheben. Der Justizminister legt das Verzeichnis dieser Organisation im Wege einer Rechtsverordnung fest.
§ 2. In den im vorangehenden Paragraphen genannten Sachen kann eine solche Organisation sich einem Verfahren in jedem seinen Stadium anschließen.
§ 3. Gesellschaftliche Organisationen, zu deren Satzungsaufgaben der Umweltschutz, der Verbraucherschutz oder der Schutz der Rechte im Bereich des Erfindungswesens gehört, können sich dem Verfahren in den Sachen aus diesem Gebiet in jedem seinen Stadium mit Zustimmung des Klägers anschließen. Der Justizminister legt das Verzeichnis dieser Organisationen im Wege einer Rechtsverordnung fest.

Titel IV. Parteien
Abschnitt I. Partei- und Prozessfähigkeit

Art. 64

§ 1. Jede natürliche und juristische Person besitzt die Fähigkeit, im streitigen Verfahren als Partei aufzutreten (Parteifähigkeit).
§ 2. Die Parteifähigkeit besitzen auch die aufgrund der geltenden Vorschriften zur Tätigkeit zugelassenen gesellschaftlichen Organisationen, selbst wenn sie keine Rechtspersönlichkeit besitzen.

Art. 65

§ 1. Die Fähigkeit zu Prozesshandlungen (Prozessfähigkeit) besitzen voll geschäftsfähige natürliche Personen, juristische Personen sowie Organisationen im Sinne des vorangehenden Artikels.
§ 2. Eine beschränkt geschäftsfähige natürliche Person ist in den Sachen prozessfähig, die sich aus solchen Rechtsgeschäften ergeben, die sie selbständig vornehmen kann.

Art. 66

Eine nicht prozessfähige natürliche Person kann Prozesshandlungen nur durch ihren gesetzlichen Vertreter vornehmen.

Art. 67
§ 1. Juristische Personen sowie andere parteifähige Organisationen nehmen Prozesshandlungen durch die zur Handlung in ihrem Namen berechtigten Organe vor.
§ 2. Für den Staatsschatz nimmt Prozesshandlungen ein Organ der staatlichen Organisationseinheit vor, mit deren Tätigkeit der geltend gemachte Anspruch im Zusammenhang steht, oder ein Organ der übergeordneten Einheit.

Art. 68
Der gesetzliche Vertreter und das Organ im Sinne des vorangehenden Artikels sind verpflichtet, ihre Bevollmächtigung bei der ersten Prozesshandlung durch ein Dokument nachzuweisen.

Art. 69
Für eine prozessunfähige Partei, die keinen gesetzlichen Vertreter hat, sowie für eine Partei, die kein zu ihrer Vertretung berufenes Organ hat, bestellt das Gericht auf Antrag der Gegenpartei einen Pfleger, wenn diese Partei gegen die andere Partei eine Prozesshandlung vornimmt, die keinen Aufschub duldet. Der Beschluss des Gerichts kann in einer nichtöffentlichen Sitzung ergehen.

Art. 70
§ 1. Lassen sich die Mängel in der Partei- oder Prozessfähigkeit oder in der Zusammensetzung der zuständigen Organe beheben, so wird das Gericht zu diesem Zweck eine entsprechende Frist festsetzen. In den Fällen, in denen die Bestellung des gesetzlichen Vertreters von Amts wegen zu erfolgen hat, wendet sich das Gericht deswegen an das zuständige Vormundschaftsgericht.
§ 2. Das Gericht kann zur Handlung vorläufig eine Person zulassen, die partei- oder prozessunfähig ist oder eine Person, die über keine entsprechende gesetzliche Bevollmächtigung verfügt, unter dem Vorbehalt, dass die Mängel vor Ablauf der festgesetzten Frist behoben werden und die Handlungen durch die dazu berufene Person bestätigt werden.

Art. 71
Können die oben aufgeführten Mängel nicht behoben werden oder wurden sie in der festgesetzten Frist nicht behoben, so wird das Gericht das Verfahren in dem Umfang aufheben, in dem es durch die Mängel betroffen ist, und bei Bedarf einen entsprechenden Beschluss erlassen.

Abschnitt III. Haupt- und Nebenintervention

Art. 75
Wer einen Anspruch auf eine Sache oder ein Recht geltend macht, über die eine Sache zwischen anderen Personen anhängig ist, kann bis zur Schließung der mündlichen Verhandlung in der ersten Instanz eine Klage auf diese Sache oder das Recht gegen beide Parteien bei dem Gericht erheben, bei welchem die Sache anhängig ist (Hauptintervention).

Art. 76
Wer ein rechtliches Interesse daran hat, dass eine Sache zugunsten einer der Parteien entschieden wird, kann dieser Partei in jedem Verfahrensstadium bis zur Schließung der mündlichen Verhandlung in der zweiten Instanz beitreten (Nebenintervention).

Abschnitt IV. Streitverkündung

Art. 84
§ 1. Eine Partei, deren im Falle einer für sie ungünstigen Entscheidung ein Anspruch gegenüber einem Dritten zustehen würde oder gegen die ein Dritter einen Anspruch geltend machen könnte, kann dem Dritten den anhängigen Prozess verkünden und ihn auffordern, daran teilzunehmen.
§ 2. Zu diesem Zweck hat die Partei bei dem Gericht einen Schriftsatz einzureichen, in dem der Grund der Verkündung und der Stand der Sache anzugeben sind. Der Schriftsatz ist unverzüglich dem Dritten zuzustellen, der sein Beitritt zu der Partei als Nebenintervenient anmelden kann.

Abschnitt V.Prozessbevollmächtigte

Art. 97
§ 1. Das Gericht kann nach der Einreichung der Klageschrift eine Person, die zurzeit die Vollmacht nicht vorlegen kann, zur Vornahme einer dringenden Prozesshandlung vorläufig zulassen. Das Gericht kann diese Anordnung von einer Sicherheitsleistung für die Kosten abhängig machen.
§ 2. Das Gericht wird gleichzeitig die Frist festsetzen, in der die ohne Vollmacht handelnde Person eine Vollmacht nachzureichen oder eine Bestätigung ihrer Handlung durch die Partei vorzulegen hat. Ist die Frist erfolglos abgelaufen, so wird das Gericht die Prozesshandlungen dieser Person außer Acht lassen. In einem solchen Fall kann der Gegner von dem ohne Vollmacht Handelnden die Rückerstattung der durch seine vorläufige Zulassung entstandenen Kosten verlangen.

Titel V. Prozesskosten
Abschnitt II.Befreiung von den Gerichtskosten

Art. 112 KPC a. F.
§ 1. Eine Partei, die im Ganzen von den Gerichtskosten befreit wurde, hat keine Gerichtsgebühren zu entrichten und trägt keine Auslagen, die für sie der Staatsschatz entrichtet.
§ 2. Das Gericht kann die Befreiung von den Gerichtskosten teilweise zuerkennen. Die Grundsätze der teilweisen Befreiung von den Gerichtskosten werden in einer Rechtsverordnung des Justizministers festgelegt.

Art. 113 KPC a. F.
§ 1. Die Befreiung von den Gerichtskosten kann eine natürliche Person verlangen, die eine Erklärung abgeben wird, dass sie nicht imstande ist, sie ohne Gefährdung des

für sie selbst und ihre Familie notwendigen Unterhalts zu tragen. Die Erklärung hat genaue Angaben über Stand der Familie, Vermögen sowie Einkünfte zu enthalten. Die Anerkennung dieser Erklärung als ausreichend zur Befreiung von den Gerichtskosten, hängt vom Gericht ab.

§ 2. Einer juristischen Person sowie einer Organisation ohne Rechtspersönlichkeit kann die Befreiung von den Gerichtskosten zuerkannt werden, wenn sie nachweist, dass sie keine ausreichenden Mittel für diese Kosten hat.

Art. 114 KPC a. F.

§ 1. Ein Antrag auf die Befreiung von den Gerichtskosten ist schriftlich oder mündlich zu Protokoll bei dem Gericht zu stellen, bei dem die Sache zu erheben ist oder bereits erhoben wurde.

§ 2. Die Partei, die ihren Wohnsitz nicht am Sitz dieses Gerichts hat, kann den Antrag auf die Bewilligung der Befreiung von den Gerichtskosten, sowie den Antrag, für sie einen Rechtsanwalt oder einen Rechtsberater zu bestellen, beim Rayongericht ihres Wohnsitzes stellen. Das Rayongericht übersendet diese Anträge unverzüglich dem zuständigen Gericht.

Art. 117

§ 1. Eine teilweise oder im Ganzen durch das Gericht von den Gerichtskosten befreite Partei ist berechtigt, einen Antrag auf die Bestellung eines Rechtsanwalts oder eines Rechtsberaters für sie zu stellen. Die Vorschriften der Art. 114 und 115 finden entsprechende Anwendung. Das Gericht wird dem Antrag stattgeben, wenn es die Teilnahme eines Rechtsanwalts oder eines Rechtsberaters an der Sache für notwendig hält. Wegen der Benennung eines Rechtsanwalts oder eines Rechtsberaters wendet sich das Gericht an den zuständigen Rechtsanwaltsrat oder die Rechtsberaterbezirkskammer. Hat ein auf diese Weise bestellter Rechtsanwalt oder Rechtsberater die Handlungen außerhalb des Sitzes des erkennenden Gerichts vorzunehmen, wird der zuständige Rechtsanwaltsrat oder die Rechtberaterbezirkskammer auf Antrag des bestellten Rechtsanwalts oder Rechtsberaters bei Bedarf einen Rechtsanwalt oder Rechtsberater aus einem anderen Ort bestellen.

§ 2. Die Vorschrift des vorstehenden Paragraphen findet auch auf eine gesetzliche Befreiung von den Gerichtskosten genießende Partei Anwendung, die durch eine in Art. 113 § 1 vorgesehene Erklärung nachweist, dass sie die Kosten der Vergütung eines Rechtsanwalts oder eines Rechtsberaters ohne Beeinträchtigung des Unterhalts für sie und ihre Familie nicht tragen kann. Das Gericht wird der Partei bei offensichtlicher Unbegründetheit ihrer Klage oder Abwehr die Bestellung eines Rechtsanwalts oder eines Rechtsberaters verweigern.

Titel VI. Verfahren

Abschnitt I. Allgemeine Vorschriften über Prozesshandlungen

Unterabschnitt 1. Prozessschriftsätze

Art. 125

§ 1. Die Prozessschriftsätze umfassen die Anträge und die Erklärungen der Parteien, die außerhalb der mündlichen Verhandlung eingereicht werden.

§ 2. Die Prozessschriftsätze werden auf amtlichen Vordrucken oder auf elektronischen Datenträgern eingereicht, sofern eine Sondervorschrift dieses bestimmt.

§ 3. Der Justizminister legt im Wege einer Rechtsverordnung die Muster und die Weise der Gestellung der amtlichen Vordrucke an die Parteien im Sinne des § 2 fest, die den Anforderungen für Prozessschriftsätze, den besonderen Anforderungen des Verfahrens, in dem sie eingesetzt werden, entsprechen, und die unentbehrliche Belehrung für die Parteien betreffend die Weise deren Ausfüllung, Einreichung sowie die Folgen der Nichtanpassung des Schriftsatzes an diese Anforderungen enthalten. Amtliche Vordrucke sind am Sitz der Gerichte und außerhalb der Gerichte auf die für die Parteien günstige Weise gegen eine mäßige Gebühr zur Verfügung zu stellen.

§ 4. Der Justizminister legt im Wege einer Rechtsverordnung die detaillierten Grundsätze und die Frist der Einführung der EDV-Technik, die Bedingungen, denen die elektronischen Datenträger, auf welchen die Prozessschriftsätze einzureichen sind, entsprechen müssen, das Verfahren zur Wiedergabe der darauf enthaltenen Daten sowie die Weise ihrer Aufbewahrung und Sicherstellung, unter Berücksichtigung des Zustandes der Ausstattung der Gerichte mit entsprechenden technischen Mitteln und des Entwicklungsniveaus der EDV-Techniken, fest.

Art. 126

§ 1. Jeder Prozessschriftsatz muss enthalten:

1) die Bezeichnung des Gerichts, an das er gerichtet ist, den Vor- und Familiennamen oder den Namen der Parteien, ihrer gesetzlichen Vertreter und Bevollmächtigten,

2) die Bezeichnung der Art des Schriftsatzes,

3) den Inhalt des Antrags oder der Erklärung und die Beweismittel zur Stützung der angeführten Umstände,

4) die Unterschrift der Partei oder ihres gesetzlichen Vertreters oder Bevollmächtigten,

5) die Auflistung der Anlagen.

§ 2. Ist der Schriftsatz der erste in der Sache, so muss er zusätzlich die Bezeichnung des Berufs und des Wohnsitzes oder des Sitzes der Parteien, ihrer gesetzlichen Vertreter und Bevollmächtigten sowie des Streitgegenstandes enthalten; die darauf folgenden Schriftsätze müssen auch das Aktenzeichen enthalten.

§ 3. Wird der Schriftsatz von einem Bevollmächtigten eingereicht, der früher die Vollmacht nicht vorgelegt hat, so ist dem Schriftsatz die Vollmacht beizufügen.

§ 4. Für eine Partei, die schreibunfähig ist, wird der Schriftsatz von einer durch sie bevollmächtigten Person unter Nennung des Grundes, aus welchem die Partei selbst nicht unterschrieben hat, unterschrieben.

Art. 128

Einem Prozessschriftsatz sind seine Abschriften und die Abschriften der Anlagen zwecks ihrer Zustellung an die an der Sache teilnehmenden Parteien beizufügen, sowie, falls im Gericht die Anlagen im Original nicht niedergelegt wurden, jeweils eine Abschrift jeder Anlage zu den Gerichtsakten.

Art. 130

§ 1. Kann ein Prozessschriftsatz wegen Nichterfüllung von Formerfordernissen nicht ordnungsgemäß in Lauf gesetzt werden, so fordert der Vorsitzende die Partei auf, den Schriftsatz binnen einer Woche unter Androhung der Rücksendung des Schriftsatzes zu berechtigen oder zu ergänzen. Eine unrichtige Bezeichnung eines Prozessschriftsatzes oder andere offenbare Ungenauigkeiten stellen kein Hindernis für die Ingangsetzung des Schriftsatzes und seine Prüfung im einschlägigen Verfahren dar.

§ 2. Nach erfolglosem Ablauf der Frist sendet der Vorsitzende den Schriftsatz an die Partei zurück. Ein zurückgesendeter Schriftsatz ruft keine Wirkungen hervor, die das Gesetz mit der Einreichung des Schriftsatzes an das Gericht verbindet.

§ 3. Ein fristgemäß berechtigter oder ergänzter Schriftsatz ruft Wirkungen vom Zeitpunkt seiner Einreichung hervor.

§ 4. Die Anordnung des Vorsitzenden über die Rücksendung der Klageschrift wird ausschließlich dem Kläger zugestellt.

Unterabschnitt 2. Zustellungen

Art. 131

§ 1. Das Gericht bewirkt die Zustellungen durch die Post, Gerichtsvollzieher, Gerichtsboten sowie durch den Gerichtszustellungsdienst.

§ 2. Das detaillierte Verfahren der Zustellung von gerichtlichen Schriftstücken durch die Post wird durch eine im Einvernehmen mit dem Minister für Verkehrswesen erlassene Rechtsverordnung des Justizministers festgelegt.

§ 3. Der Justizminister kann im Wege einer Rechtsverordnung einen Gerichtszustellungsdienst bilden, der zur Durchführung von Zustellungen im Sinne des § 1 berufen ist, sowie die Organisation des Zustellungsdienstes und das detaillierte Verfahren der Zustellung der gerichtlichen Schriftstücke durch diesen Dienst bestimmen, unter Berücksichtigung der Sicherstellung der Wirksamkeit der Zustellungen, der Einbehaltung der Erfordernisse des Gerichtsverfahrens, des Schutzes der Rechte der Personen, an welche die Schriftsätze zuzustellen sind, sowie der Grundsätze des Datenschutzes dieser Personen.

Art. 132

§ 1. Die Rechtsanwälte und Rechtsberater können im Laufe des Verfahrens sich gegenseitig Schriftsätze unmittelbar gegen Empfangsbestätigung und mit Angabe des Datums zustellen.

§ 2. Die Zustellung an den Empfänger kann auch durch die Aushändigung des Schriftsatzes an ihn unmittelbar in der Geschäftsstelle erfolgen.

Art. 133

§ 1. Ist die Partei eine natürliche Person, so erfolgt die Zustellung an sie persönlich, und wenn sie prozessunfähig ist – an ihren gesetzlichen Vertreter.

§ 2. Prozessschriftsätze oder Entscheidungen für eine juristische Person sowie für eine Organisation ohne Rechtspersönlichkeit werden an das zu ihrer Vertretung vor Gericht berechtigte Organ oder zu Händen eines zum Empfang der Schriftstücke berechtigten Angestellten zugestellt.

§ 2 a. Prozessschriftsätze für Unternehmen und Gesellschafter der Handelgesellschaften, die aufgrund von besonderen Vorschriften in ein Gerichtsregister eingetragen sind, werden an die in dem Register angegebene Adresse zugestellt, es sei denn, dass die Partei eine andere Zustellungsadresse bestimmt hat. Wenn die letzteingetragene Adresse als die mit der Wirklichkeit nicht übereinstimmende gelöscht und kein Antrag auf die Eintragung einer neuen Adresse gestellt worden ist, ist die gelöschte Adresse als die im Register angegebene Adresse anzusehen.

§2 b. (*gestrichen*)

§3. Ist ein Prozessbevollmächtigte oder ein Zustellungsbevollmächtigte bestellt worden, so hat die Zustellung an diese Personen zu erfolgen. Die Zustellungen an den Staatsschatz sind dennoch nach der in § 2 bestimmten Art auszuführen.

Art. 138

§ 1. Trifft der Zustellende den Empfänger in seiner Wohnung nicht an, so kann er das gerichtliche Schriftstück an einen erwachsenen Hausbewohner zustellen, und wenn dieser nicht anwesend ist – an die Hausverwaltung, an den Hausmeister oder an den *Dorfschulzen*, wenn diese Personen keine Gegner des Empfängers in der Sache sind und die Abgabe des Schriftstücks an ihn übernommen haben.

§ 2. Für einen Empfänger, den der Zustellende am Arbeitsort nicht antrifft, kann das Schriftstück einer zum Empfang von Schriftstücken ermächtigten Person zugestellt werden.

Art. 139

§ 1. Im Falle der Unmöglichkeit der Zustellung auf die in vorangehenden Artikeln vorgesehene Weise ist ein per Post übersendetes Schriftstück in einem Postamt des öffentlichen Betreibers, und ein auf andere Weise zugestelltes Schriftstück – im Amt der zuständigen Gemeinde niederzulegen, wobei die Benachrichtigung darüber an der Tür der Wohnung des Empfängers oder im Briefkasten anzubringen ist.

§ 2. Falls der Empfänger oder sein Hausbewohner die Annahme des Schriftstücks verweigert, so ist es am Ort der Zustellung zurückzulassen, und wenn dieses nicht möglich wäre, so ist ein per Post übersendetes Schriftstück – unter Hinweis darauf – in einem Postamt des öffentlichen Betreibers, oder, im Falle der auf andere Weise zugestellten Schriftstücke, im Amt der zuständigen Gemeinde niederzulegen.

§ 3. Schriftstücke an juristische Personen, Organisationen, natürliche Personen die aufgrund von besonderen Vorschriften der Eintragung in ein gerichtliches Register oder ein öffentliches Register unterliegen – im Fall der Unmöglichkeit einer Zustellung gemäß der in vorangehenden Artikel vorgesehenen Art, weil die Änderungen der Adresse im Register nicht offenbart wurden – sind in der Fallakte zurückgelassen mit der Folge, dass sie als zugestellt gelten, es sei denn, dass dem Gericht die neue Adresse bekannt ist.

§ 4. Bei der Verkündung oder Zustellung des Beschlusses über die erste Eintragung hat das Registergericht den Antragssteller über die Folgen der Unterlassung von Offenlegung im Register der in § 3 bestimmten Änderungen.

Art. 140
Prozessschriftsätze und Entscheidungen sind in Abschriften zuzustellen.

Art. 143
Ist einer Partei, deren Aufenthaltsort nicht bekannt ist, eine Klageschrift oder ein anderer Prozessschriftsatz zuzustellen, der die Wahrung ihrer Rechte notwendig macht, so kann die Zustellung bis zum Zeitpunkt der Meldung der Partei oder ihres Vertreters oder Bevollmächtigten nur zu Händen eines Pflegers erfolgen, der auf Antrag der interessierten Partei durch das erkennende Gericht bestellt worden ist.

Unterabschnitt 3. Gerichtssitzungen

Art. 148
§ 1. Soweit eine besondere Vorschrift nichts anderes bestimmt, sind die Gerichtssitzungen öffentlich und das erkennende Gericht entscheidet die Sachen in einer mündlichen Verhandlung.
§ 2. Das Gericht kann eine Sache zu einer öffentlichen Sitzung überweisen und eine mündliche Verhandlung auch dann anberaumen, wenn die Sache in einer nichtöffentlichen Sitzung zu entscheiden ist.

Art. 149
§ 1. Die Gerichtssitzungen werden von dem Vorsitzenden von Amts wegen anberaumt, jeweils dann wenn dies der Stand der Sache erfordert.
§ 2. Über öffentliche Sitzungen sind die Parteien und interessierte Personen durch eine Ladung oder durch die Verkündung während einer Sitzung zu benachrichtigen. Einer während einer öffentlichen Sitzung abwesenden Partei ist immer die Ladung zur nächsten Sitzung zuzustellen. Die Ladung muss mindestens eine Woche vor der Sitzung zugestellt worden sein. In dringenden Fällen kann diese Frist auf drei Tage verkürzt werden.

Art. 152
Bei öffentlichen Sitzungen haben den Zutritt zum Gerichtssaal – außer den Parteien und geladenen Personen – nur volljährige Personen. Zu nichtöffentlichen Sitzungen haben nur geladene Personen Zutritt.

Unterabschnitt 4. Fristen

Art. 164
Der Lauf einer durch das Gericht oder durch den Vorsitzenden bestimmten Frist (gerichtliche Frist) beginnt mit der Verkündung eines Beschlusses oder einer Anordnung

darüber, oder, wenn das Gesetzbuch die Zustellung von Amts wegen vorsieht – mit deren Zustellung.

Art. 165
§ 1. Die Fristen sind nach den Vorschriften des Zivilrechts zu berechnen.
§ 2. Die Aufgabe eines Prozessschriftsatzes auf einem polnischen Postamt des öffentlichen Betreibers ist gleichbedeutend mit seiner Einreichung beim Gericht.
§ 3. Das gleiche gilt für die Abgabe eines Schriftsatzes durch einen Soldaten bei dem Kommando einer Militäreinheit oder durch eine der Freiheit entzogene Person bei der Verwaltung der Strafvollzugsanwalt sowie durch ein Besatzungsmitglied eines polnischen Seeschiffes bei dem Schiffskapitän.

Art. 166
Der Vorsitzende kann aus einem wichtigen Grund eine gerichtliche Frist auf einen vor dem Ablauf der Frist gestellten Antrag verlängern oder verkürzen, auch ohne Anhörung der Gegenpartei.

Unterabschnitt 5. Versäumung einer Frist und Wiedereinsetzung in den vorigen Stand

Art. 168
§ 1. Hat die Partei eine Prozesshandlung ohne ihr Verschulden fristgerecht nicht vorgenommen, so wird das Gericht auf ihren Antrag über die Wiedereinsetzung in den vorigen Stand beschließen. Der Beschluss kann in einer nichtöffentlichen Sitzung ergehen.
§ 2. Die Wiedereinsetzung in den vorigen Stand ist nicht zulässig, wenn die Versäumung der Frist keine negativen Prozessfolgen für die Partei nach sich zieht.

Art. 170
Unzulässig ist die Wiedereinsetzung in den vorigen Stand zur Einlegung eines Rechtsmittels gegen ein Urteil, das eine Ehe für nichtig erklärt oder eine Scheidung anerkennt oder das Nichtbestehen einer Ehe feststellt, sofern sie nur eine Partei - nach Rechtskrafterlangung des Urteils - eine neue Ehe eingegangen ist.

Abschnitt II. Verfahren vor den Gerichten erster Instanz
Unterabschnitt 2. Klageschrift

Art. 187
§ 1. Eine Klage muss den Erfordernissen eines Prozessschriftsatzes entsprechen, und darüber hinaus enthalten:
1) einen genau bestimmten Klageantrag, und in den Sachen über Vermögensrechte auch die Angabe des Wertes des Streitgegenstandes, es sei denn, dass der Gegenstand der Sache ein bestimmter Geldbetrag ist,
2) die Aufführung von Tatsachen, die den Klageantrag begründen, und bei Bedarf auch solcher, die die Zuständigkeit des Gerichts begründen.

§ 2. Eine Klageschrift kann Anträge auf die Klagesicherung, auf die Erteilung dem Urteil der sofortigen Vollstreckbarkeit und auf die Durchführung der mündlichen Verhandlung in Abwesenheit des Klägers enthalten, sowie Anträge, die der Vorbereitung der mündlichen Verhandlung dienen, und insbesondere Anträge auf:

1) die Ladung der durch den Kläger genannten Zeugen und Sachverständigen zur mündlichen Verhandlung,

2) die Inaugenscheinnahme,

3) die Anweisung an den Beklagten, eine sich in seinem Besitz befindende Urkunde, die zur Beweisführung erforderlich ist, oder einen Gegenstand des Augenscheins zur mündlichen Verhandlung zu bringen,

4) die Anforderung der Beweise zur mündlichen Verhandlung, die sich bei Gerichten, Behörden oder Dritten befinden.

Art. 189

Der Kläger kann die Feststellung des Bestehens oder Nichtbestehens eines Rechtsverhältnisses oder eines Rechts durch das Gericht verlangen, wenn er daran ein rechtliches Interesse hat.

Art. 199

§ 1. Das Gericht wird die Klage verwerfen:

1) wenn der Rechtsweg unzulässig ist,

2) wenn eine Sache über denselben Anspruch zwischen denselben Parteien am Laufen ist oder bereits rechtskräftig entschieden wurde,

3) wenn eine der Parteien nicht parteifähig ist oder wenn der Kläger nicht prozessfähig ist und kein gesetzlicher Vertreter für ihn handelt, oder wenn in der Zusammensetzung der Organe einer Organisationseinheit, die Kläger sind, Mängel auftreten, die ihr das Handeln unmöglich machen,

4) wenn die Entscheidung der Sache einem Schiedsgericht zusteht.

§ 2. Das Gericht wird die Klage aufgrund der fehlenden Parteifähigkeit einer der Parteien oder der fehlender Parteifähigkeit des Klägers und des Nichthandelns eines gesetzlichen Vertreters oder des Mangels in der Zusammensetzung einer Organisationseinheit, die Kläger ist, der ihr das Handeln unmöglich macht, erst dann verwerfen, wenn der Mangel in Übereinstimmung mit den Vorschriften des Gesetzes nicht behoben wird.

§ 3. Die Klageverwerfung kann in einer nichtöffentlichen Sitzung erfolgen.

Art. 201

§ 1. Der Vorsitzende untersucht, in welcher Art des Verfahrens die Sache zu entscheiden ist und ob nach den Vorschriften über ein Sonderverfahren zu entscheiden ist, sowie erlässt entsprechende Anordnungen. In den gesetzlich vorgesehenen Fällen wird von ihm eine nichtöffentliche Sitzung zum Zwecke des Erlasses eines Zahlungsbescheides in einem Mahnverfahren anberaumt.

§ 2. Wurde die Sache in einer unrichtigen Verfahrensart eingeleitet oder geführt, so wird das Gericht diese Sache in richtiger Verfahrensart entscheiden oder sie zur Entscheidung in dieser Verfahrensart an ein zuständiges Gericht verweisen. Im Falle einer

Verweisung finden die Vorschriften der § 2 und § 3 des vorangehenden Artikels entsprechende Anwendung. Jede Partei kann jedoch verlangen, dass die ohne ihre Teilnahme vorgenommenen Handlungen wiederholt werden.

Art. 203

§ 1. Eine Klage kann ohne Zustimmung des Beklagten bis zur Eröffnung der mündlichen Verhandlung zurückgenommen werden, und falls mit der Rücknahme der Verzicht auf den Anspruch verbunden ist – bis zum Erlass des Urteils.

§ 2. Eine zurückgenommene Klage erzeugt keine Rechtswirkungen, die das Gesetz mit der Klageerhebung verbindet. Auf Verlangen des Beklagten erstattet ihm der Kläger die Kosten zurück, falls das Gericht nicht bereits zuvor rechtskräftig über die Verpflichtung des Beklagten zu ihrer Entrichtung entschieden hat.

§ 3. Wird die Klage außerhalb der mündlichen Verhandlung zurückgenommen, so sagt der Vorsitzende die anberaumte mündliche Verhandlung ab und benachrichtigt den Beklagten über die Rücknahme der Klage, der binnen zwei Wochen den Antrag auf die Zuerkennung der Kosten an das Gericht stellen kann. Hängt die Wirksamkeit der Klagerücknahme von der Zustimmung des Beklagten ab, so gilt die Nichtabgabe einer Erklärung diesbezüglich durch ihn innerhalb der obigen Frist als die Erklärung der Zustimmung.

§ 4. Das Gericht kann die Rücknahme der Klage, den Verzicht auf den Anspruch oder seine Einschränkung nur dann für unzulässig erklären, wenn die Fallumstände darauf hinweisen, dass die genannten Handlungen gegen das Recht oder gegen die Grundsätze des gesellschaftlichen Zusammenlebens verstoßen oder die Rechtsumgehung bezwecken.

Unterabschnitt 3. Mündliche Verhandlung

Art. 206

§ 1. Der Vorsitzende beraumt den Termin der mündlichen Verhandlung an. Gleichzeitig ordnet er mit der Anberaumung der ersten mündlichen Verhandlung die Zustellung der Klage an und bestimmt je nach Bedarf einen Berichterstatter.

§ 2. Gleichzeitig mit der Zustellung der Klage und der Ladung ist der Beklagte über Folgendes zu belehren:

1) Prozesshandlungen, die er vornehmen kann oder soll, wenn er das Klagebegehren ganz oder zum Teil nicht anerkennt, insbesondere über die Möglichkeit oder Pflicht auf die Klage zu erwidern, eingeschlossen über die in diesem Bereich geltenden Frist- und Formerfordernisse, oder über die Vorlegung eigener Anträge, Stellungsmaßnahmen und Beweise während der Verhandlung,

2) über die Folgen von Unterlassung solcher Maßnahmen, insbesondere über die Möglichkeit des Erlasses durch das Gericht eines Versäumnisurteils und über die Bedingungen seiner Vollstreckbarkeit, sowie über die Belastung des Beklagten mit den Prozesskosten,

3) über die Möglichkeit von dem Beklagten einen Prozessbevollmächtigten zu bestellen und über das Fehlen eines Anwaltszwangs.

Abschnitt III. Beweise

Art. 232
Die Parteien sind verpflichtet, die Beweismittel für die Feststellung der Tatsachen, aus welchen sie die Rechtfolgen herleiten, zu nennen. Das Gericht kann ein durch die Partei nicht genanntes Beweismittel zulassen.

Art. 233
§ 1. Das Gericht würdigt die Glaubwürdigkeit und die Kraft der Beweise nach eigener Überzeugung, aufgrund der allseitigen Erörterung des gesammelten Materials.
§ 2. Das Gericht wird auf derselben Grundlage bewerten, welche Bedeutung der Ablehnung der Vorführung eines Beweises durch eine Partei oder durch sie bei seiner Erhebung gegen einen Gerichtsbeschluss gestellten Hindernissen beizumessen ist.

Unterabschnitt 2. Beweisaufnahme
Kapitel 2. Urkunden

Art. 244
§ 1. Amtliche Urkunden, die in der vorgeschriebenen Form durch die dazu berufenen staatlichen Organe innerhalb ihre Tätigkeitsbereichs angefertigt wurden, bilden den Beweis dafür, was in ihnen amtlich bescheinigt worden ist.
§ 2. Die Vorschrift des vorangehenden Paragraphen findet entsprechende Anwendung auf die amtlichen Urkunden, die durch Berufs-, Selbstverwaltungs-, Genossenschafts- und sonstige gesellschaftliche Organisationen innerhalb der ihnen gesetzlich übertragenen Sachen aus dem Bereich der staatlichen Verwaltung angefertigt wurden.

Art. 245
Eine private Urkunde bildet den Beweis dafür, dass die Person, die sie unterschrieben hat, die in der Urkunde enthaltene Erklärung abgegeben hat.

Art. 252
Eine Partei, die die Echtheit einer amtlichen Urkunde bestreitet oder behauptet, dass die in dieser Urkunde enthaltenen Erklärungen des Organs, von welchem diese Urkunde stammt, unwahr sind, muss diese Umstände beweisen.

Art. 253
Bestreitet eine Partei die Echtheit einer privaten Urkunde oder behauptet sie, dass die darin enthaltene Erklärung der Person, die diese Urkunde unterschrieben hat, von dieser Person nicht stammt, so ist sie verpflichtet, diese Umstände zu beweisen. Betrifft der Streit jedoch eine private Urkunde, die von einer anderen als der bestreitende Partei stammt, so ist die Echtheit der Urkunde durch die Partei zu beweisen, die von dieser Urkunde Gebrauch machen will.

Abschnitt IV. Entscheidungen
Unterabschnitt 1. Urteile

Kapitel 1. Erlass des Urteils

Art. 326

§ 1. Die Urteilsverkündung muss in der Sitzung erfolgen, in welcher die mündliche Verhandlung geschlossen wurde. Das Gericht kann jedoch in einer verwickelten Sache die Verkündung des Urteils bis zu zwei Wochen vertagen. Im Beschluss über die Vertagung muss das Gericht den Termin der Urteilsverkündung bestimmen und ihn unverzüglich nach der Schließung der mündlichen Verhandlung verkünden.

§ 2. Die Urteilsverkündung erfolgt in einer öffentlichen Sitzung. Das Ausbleiben der Parteien hindert die Verkündung nicht. Wurde die Verkündung vertagt, so kann der Vorsitzende sie alleine vornehmen.

§ 3. Die Urteilsverkündung erfolgt durch die Vorlesung des Urteilsspruchs. Nach der Verkündung des Urteilsspruchs gibt der Vorsitzende mündlich die Hauptgründe der Entscheidung an, er kann jedoch davon absehen, wenn die Sache hinter verschlossenen Türen verhandelt wurde.

Art. 331

Das Urteil samt Begründung ist nur an diese Partei zuzustellen, die die Anfertigung der Begründung beantragt hat.

Art. 332

§ 1. Das Gericht ist an das erlassene Urteil ab dem Zeitpunkt seiner Verkündung gebunden.

§ 2. Wird die Klage jedoch vor der Rechtskraft des Urteils und vor seiner Anfechtung unter gesetzlichen Verzicht auf den geltend gemachten Verzicht, zurückgenommen, so wird das Gericht erster Instanz sein Urteil aufheben und das Verfahren in der Sache einstellen, wenn es eine solche Rücknahme für zulässig erachtet. Der Gerichtsbeschluss hierüber kann in einer nichtöffentlichen Sitzung ergehen.

Kapitel 2. Sofortige Vollstreckbarkeit der Urteile

Art. 333

§ 1. Das Gericht wird ein Urteil bei seinem Erlass von Amts wegen für sofort vollstreckbar erklären, wenn:

1) es die Unterhaltsansprüche zuerkennt – in Bezug auf die nach dem Tage der Klageerhebung fälligen Raten, und in Bezug auf die vor der Klageerhebung fälligen Raten – für einen Zeitraum von nicht mehr als drei Monaten,

2) es einen durch den Beklagten anerkannten Anspruch zuerkennt,

3) das der Klage stattgebende Urteil ein Versäumnisurteil ist.

§ 2. Das Gericht kann ein Urteil für sofort vollstreckbar erklären, wenn eine Forderung aus einem Wechsel, einem Scheck, einem Warrant, einem Revers, einer amtlichen Urkunde oder einer Privaturkunde, deren Echtheit nicht bestritten worden war, zuerkannt wird, sowie wenn einer Klage über Besitzstörung stattgegeben wird.

§ 3. Das Gericht kann auch auf Antrag ein im Wege einer Zwangsvollstreckung vollstreckbares Urteil für sofort vollstreckbar erklären, wenn eine Verzögerung die

Urteilserfüllung unmöglich machen oder wesentlich erschweren oder den Kläger einem Schaden aussetzen würde.

Art. 334
§ 1. Das Gericht kann die sofortige Vollstreckbarkeit des Urteils von einer entsprechenden Sicherheitsleistung durch den Kläger abhängig machen.
§ 2. Die Sicherheit kann auch in der Aussetzung der Herausgabe an den Kläger der dem Beklagten weggenommenen Sachen oder Geldbeträge nach ihrer Vollstreckung oder in der Aussetzung des Verkaufs des gepfändeten beweglichen Vermögens bestehen.
§ 3. Der Verkauf oder die Übernahme zum Eigentum einer gepfändeten Immobilie ruht von Amts wegen bis zur Rechtskraft des Urteils
§ 4. Die Sicherheitsleistung kann in Bezug auf die Unterhaltsansprüche in den Grenzen nicht angeordnet werden, in welchen das Gericht ein diese Ansprüche zuerkennendes Urteil von Amts wegen für sofort vollstreckbar erklärt.

Kapitel 3. Versäumnisurteile

Art. 339
§ 1. Ist der Beklagte zu der für eine mündliche Verhandlung festgesetzten Sitzung nicht erschienen oder nimmt er trotz seines Erscheinens an der mündlichen Verhandlung nicht teil, so wird das Gericht ein Versäumnisurteil erlassen.
§ 2. In diesem Fall gelten für wahr die tatsächlichen Behauptungen des Klägers, die in der Klageschrift oder in Prozessschriftsätzen, die dem Beklagten vor den mündlichen Verhandlung zugestellt wurden, vorgebracht wurden, wenn sie keine begründeten Zweifel in Bezug auf die Übereinstimmung mit der tatsächlichen Sachlage erwecken.
§ 3. (*gestrichen*)

Art. 344
§ 1. Der Beklagte, gegen den ein Versäumnisurteil ergangen ist, kann binnen einer Woche ab der Zustellung des Urteils einen Einspruch einlegen.
§ 2. Im Schriftsatz, der den Einspruch beinhaltet, muss der Beklagte die Einwendungen gegen den Klageantrag und die Tatsachen und Beweise für ihre Stützung vorbringen.
§ 3. Ein nach Ablauf der Frist eingelegter Einspruch oder ein Einspruch, dessen Mängel von der Partei binnen der festgesetzten Frist nicht behoben wurden, wird durch Gericht in einer nichtöffentlichen Sitzung verworfen.

Unterabschnitt 2. Gerichtsbeschlüsse

Art. 357
§ 1. Beschlüsse, die in einer öffentlichen Sitzung verkündet werden, sind durch das Gericht nur dann zu begründen, wenn sie anfechtbar sind, und nur auf Antrag der Partei, der binnen einer Woche seit dem Tag der Verkündung des Beschlusses zu stellen

ist. Diese Beschlüsse sind nur dieser Partei zuzustellen, welche die Anfertigung der Begründung und die Zustellung des Beschlusses samt Begründung beantragt hat.

§ 2. Beschlüsse, die in einer nichtöffentlichen Sitzung ergehen, stellt das Gericht beiden Parteien von Amts wegen zu, es sei denn, dass eine besondere Vorschrift etwas anderes bestimmt. Steht der Partei ein Rechtsmittel zu, so ist der Beschluss samt Begründung zuzustellen; bei der Zustellung des Beschlusses ist die Partei, die in der Sache ohne Rechtsanwalt oder Rechtsberater auftritt, über die Zulässigkeit, Frist und Art und Weise der Erhebung des Rechtsmittels zu belehren.

§ 3. Die Begründung im Sinne der vorangehenden Paragraphen ist binnen einer Woche ab dem Tag des Erlasses des Beschlusses in einer nichtöffentlichen Sitzung zu erstellen. Ist der Beschluss in einer öffentlichen Sitzung ergangen, so wird die einwöchige Frist ab dem Tag berechnet, an welchem seine Zustellung beantragt wurde, und wenn ein solcher Antrag nicht gestellt wurde – ab dem Tag der Beschwerdeerhebung.

§ 4. Beschlüsse, die ausschließlich andere Personen (einen Zeugen, einen Sachverständigen, einen Dritten) betreffen, sind den Parteien nicht zuzustellen; sie sind den betroffenen Personen nur dann zuzustellen, wenn sie in der Sitzung, in welcher diese Beschlüsse ergangen sind, nicht anwesend waren.

Art. 361

Auf Beschlüsse sind die Vorschriften über Urteile entsprechend anzuwenden, wenn das Gesetzbuch nichts anderes bestimmt.

Unterabschnitt 3. Rechtskraft der Entscheidung

Art. 363

§ 1. Eine Gerichtsentscheidung wird rechtskräftig, wenn gegen sie kein Rechtsmittel oder kein anderer Rechtsbehelf zusteht.

§ 2. Beschlüsse, die der Entscheidung durch das Gericht zweiter Instanz unterliegen, werden trotz Unzulässigkeit der getrennten Anfechtung nicht rechtskräftig, wenn dieses Gericht über die Sache verhandelt, in welcher sie ergangen sind.

§ 3. Wurde nur ein Teil einer Entscheidung angefochten, so wird sie im übrigen Teil mit Ablauf der Anfechtungsfrist rechtskräftig, es sei denn, dass das Gericht zweiter Instanz die Sache auch in diesem Teil von Amts wegen entscheiden kann.

Art. 366

Ein rechtskräftiges Urteil hat nur in Bezug darauf Rechtskraftwirkung, was den Gegenstand der Entscheidung im Zusammenhang mit dem Streitgrund bildete, und darüber hinaus nur zwischen denselben Parteien.

Abschnitt V. Rechtsmittel
Unterabschnitt 1. Appellation

Art. 367

§ 1. Gegen ein Urteil des Gerichts erster Instanz ist eine Appellation an das Gericht zweiter Instanz statthaft.

§ 2. Eine Appellation gegen das Urteil eines Rayongerichts erkennt das Bezirksgericht, und gegen das Urteil des Bezirksgerichts als Gerichts erster Instanz – das Appellationsgericht.
§ 3. Die Entscheidung der Sache erfolgt in der Besetzung mit drei Berufsrichtern. Beschlüsse betreffend die Beweisaufnahme erlässt das Gericht durch einen Einzelrichter in einer nichtöffentlichen Sitzung.

Art. 369
§ 1. Eine Appellation ist an das Gericht, das das angefochtene Urteil erlassen hat, binnen zwei Wochen ab der Zustellung des Urteils samt Begründung an die anfechtende Partei einzulegen.
§ 2. Hat die Partei die Begründung des Urteils binnen einer Woche ab der Verkündung des Spruchs nicht beantragt, so läuft die Frist für die Einreichung der Berufung ab dem Tag, an welchem die Frist für die Beantragung der Begründung abgelaufen ist.

Art. 379
Die Nichtigkeit des Verfahrens liegt vor:
1) wenn der Rechtsweg unzulässig war,
2) wenn die Partei parteiunfähig oder prozessunfähig war, kein für ihre Vertretung berufenes Organ oder keinen gesetzlichen Vertreter hatte, oder wenn der Bevollmächtigte der Partei nicht ordnungsgemäß bevollmächtigt war,
3) wenn über denselben Anspruch zwischen denselben Parteien eine früher eingeleitete Sache anhängig ist oder wenn eine solche Sache bereits rechtskräftig entschieden wurde,
4) wenn die Besetzung des erkennenden Gerichts gegen die Rechtsvorschriften verstoßen hat oder wenn an der Entscheidung der Sache ein kraft Gesetzes ausgeschlossener Richter beteiligt war,
5) wenn die Partei die Möglichkeit der Verteidigung ihrer Rechte beraubt war,
6) wenn ein Rayongericht in einer Sache entschieden hat, in welcher das Bezirksgericht ungeachtet des Streitwertes zuständig ist.

Art. 385
Das Gericht zweiter Instanz weist eine Berufung ab, wenn sie unbegründet ist.

Art. 386
§ 1. Wird der Berufung stattgegeben, so ändert das Gericht zweiter Instanz das Urteil ab und entscheidet selbst in der Sache.
§ 2. Wird die Nichtigkeit des Verfahrens festgestellt, so hebt das Gericht zweiter Instanz das angefochtene Urteil und das durch die Nichtigkeit betroffene Verfahren auf und verweist die Sache an das Gericht erster Instanz zur erneuten Entscheidung zurück.
§ 3. Unterliegt die Klage der Verweisung oder liegt ein Grund für die Einstellung des Verfahrens vor, so hebt das Gericht zweiter Instanz das Urteil auf und verwirft die Klage oder stellt das Verfahren ein.

Unterabschnitt 1[1]. Kassation

Art. 392

Gegen ein durch das Gericht zweiter Instanz erlassenes Urteil oder einen Beschluss in der Sache der Verwerfung der Klage oder der Einstellung des Verfahrens, die das Verfahren in der Sache beenden, ist eine Kassation an das Oberste Gericht statthaft, es sei denn, dass eine besondere Vorschrift etwas anderes bestimmt.

Art. 393[1]

Eine Kassation kann auf folgende Grundlagen gestützt werden:

1) eine Verletzung des materiellen Rechts durch seine fehlerhafte Auslegung oder unrichtige Anwendung,

2) eine Verletzung der Verfahrensvorschriften, wenn der Verstoß einen wesentlichen Einfluss auf den Ausgang der Sache haben konnte.

Art. 393[2]

§ 1. Eine Kassation muss durch einen Bevollmächtigten angefertigt werden, der ein Rechtsanwalt oder ein Rechtsberater ist.

§ 2. Die Vorschrift des § 1 findet keine Anwendung, wenn die Partei, ihr Vertreter oder Bevollmächtigter ein Richter, ein Staatsanwalt, ein Notar oder ein Professor oder ein habilitierter Doktor der Rechtswissenschaften ist, sowie wenn die Partei oder ihr Vertreter ein Rechtsanwalt oder ein Rechtsberater ist.

§ 3. In den Sachen des gewerblichen Eigentums kann ein Bevollmächtigter im Sinne des § 1 auch ein Patentanwalt sein.

Art. 393[3]

§ 1. Eine Kassation muss enthalten:

1) die Bezeichnung der Entscheidung, gegen die sie eingereicht wird, unter Angabe, ob die Entscheidung im Ganzen oder teilweise angefochten wird,

2) die Aufführung der Kassationsgrundlagen und deren Begründung,

3) die Darstellung der Umstände, die ihre Entscheidung begründen,

4) der Antrag auf die Aufhebung oder Abänderung der Entscheidung unter Bezeichnung des Umfangs der beantragten Aufhebung oder Abänderung.

§ 2. Darüber hinaus muss eine Kassation den für einen Prozessschriftsatz vorgeschriebenen Erfordernissen genügen, und in Sachen über vermögensrechtliche Rechte muss sie die Angabe des Wertes des Anfechtungsgegenstandes enthalten.

Art. 393[4]

§ 1. Eine Kassation ist an das Gericht, das das angefochtene Urteil oder den Beschluss erlassen hat, binnen eines Monats ab der Zustellung der Entscheidung an die anfechtende Partei einzulegen.

§ 2. (*außer Kraft*)

Art. 393^{5}

Das Gericht zweiter Instanz wird in einer nichtöffentlichen Sitzung eine nach Ablauf der Frist eingereichte oder aus anderen Gründen unzulässige Kassation, sowie eine Kassation, deren Mängel in der festgesetzten Frist von der Partei nicht behoben wurden, verwerfen.

Art. 393^{6}

Die Gegenpartei kann binnen zwei Wochen ab der Zustellung der Kassation eine Kassationserwiderung an das Gericht zweiter Instanz einreichen. Das Gericht zweiter Instanz wird dem Obersten Gericht die Kassation und die Erwiderung samt Fallakte unverzüglich nach Ablauf der Frist für die Einreichung der Erwiderung oder nach Anordnung der Zustellung der Erwiderung an die anfechtende Partei vorlegen.

Art. 393^{7}

§ 1. Das Oberste Gericht entscheidet in einer nichtöffentlichen Sitzung durch einen Einzelrichter über die Ablehnung der Annahme der Kassation zur Entscheidung.

§ 2. Das Oberste Gericht kann in derselben Besetzung eine Kassation auch verwerfen, wenn sie der Verwerfung durch das Gericht zweiter Instanz unterlag, oder sie an dieses Gericht zwecks Behebung festgestellter Mängel zurücksenden.

Art. 393^{8}

§ 1. Das Oberste Gericht entscheidet eine Kassation in der Besetzung mit drei Richtern.

§ 2. Das Oberste Gericht entscheidet in einer nichtöffentlichen Sitzung eine Kassation gegen einen Beschluss des Gerichts zweiter Instanz über die Verwerfung einer Klage oder über die Einstellung eines Verfahrens oder wenn die Nichtigkeit des Verfahrens vorliegt oder wenn die Kassation offensichtlich unbegründet ist. Es kann in einer nichtöffentlichen Sitzung auch eine Kassation, die nur auf Grundlage von Art. 393^{1} Nr. 2 gestützt ist, entscheiden, wenn keine der Parteien in der Kassation oder in der Kassationserwiderung die Durchführung einer mündlichen Verhandlung beantragt hat.

Art. 393^{9}

§ 1. Außer den in vorangehenden Artikel genannten Fällen wird eine mündliche Verhandlung anberaumt.

§ 1^{1}. Eine Partei kann in einer mündlichen Verhandlung oder in einer für die Entscheidung oder Rechtsfrage festgesetzten Sitzung nur über einen Rechtsanwalt oder einen Rechtsberater handeln. Die Vorschrift des Art. 393^{2} § 2 wird entsprechend angewendet.

§ 2. Der Berichtererstatter stellt in der mündlichen Verhandlung kurz den Stand der Sache mit besonderer Berücksichtigung der Kassationsgrundlagen und Kassationsanträge vor.

Art. 393^{10}

Das Verfahren vor dem Obersten Gericht wird mit Ausnahme der in Art. 173-175 genannten Fälle nur auf einvernehmlichen Antrag der Parteien ausgesetzt.

Art. 393[11]
§ 1. Das Oberste Gericht entscheidet eine Sache in den Grenzen der Anfechtung durch die Kassation und ihrer Grundlagen; es beachtet jedoch von Amts wegen die Nichtigkeit des Verfahrens in den Anfechtungsgrenzen.
§ 2. In einem Kassationsverfahren ist die Benennung von Tatsachen und Beweisen nicht zulässig, und das Oberste Gericht ist an die tatsächlichen Feststellungen, die der angefochtenen Entscheidung zugrunde liegen, gebunden.
§ 3. Der Klagende kann eine neue Begründung der Kassationsgrundlagen vorbringen.

Art. 393[12]
Das Oberste Gericht weist eine Kassation ab, wenn sie keine begründeten Grundlagen hat oder wenn die angefochtene Entscheidung trotz fehlerhafter Begründung rechtsmäßig ist.

Art. 393[13]
§ 1. Wird der Kassation stattgegeben, so hebt das Oberste Gericht die angefochtene Entscheidung im Ganzen oder teilweise auf und verweist die Sache zu erneuten Prüfung an das Gericht zurück, das die Entscheidung erlassen hat, oder an ein anderes gleichrangiges Gericht; das Oberste Gericht kann auch die Entscheidung des Gerichts erster Instanz im Ganzen oder teilweise aufheben und die Sache zur erneuten Entscheidung an dasselbe oder gleichrangige Gericht verweisen.
§ 2. Im Falle der Verweisung der Sache zur erneuten Entscheidung wird sie durch das Gericht in einer anderen Besetzung entscheiden.

Art. 393[15]
Ist die Grundlage der Verletzung des materiellen Rechts begründet und wurde die Kassation auch auf der Grundlage der Verletzung der Verfahrensvorschriften nicht gestützt oder erwies sich diese Grundlage als unbegründet, so kann das Oberste Gericht das angefochtene Urteil abändern und die Sache dem Wesen nach entscheiden.

Art. 393[19]
Gibt es keine besonderen Vorschriften über das Verfahren vor dem Obersten Gericht, so sind auf dieses Verfahren die Vorschriften über eine Berufung entsprechend anzuwenden, wobei die Frist für die Anfertigung der Begründung einer Entscheidung durch das Oberste Gericht vier Wochen beträgt.

Unterabschnitt 2. Beschwerde

Art. 394
§ 1. Eine Beschwerde an das Gericht zweiter Instanz ist gegen die Beschlüsse des Gerichts erster Instanz statthaft, die das Verfahren in der Sache beenden, und darüber hinaus gegen die Beschlüsse des Gerichts erster Instanz und die Anordnungen des Vorsitzenden, deren Gegenstand ist:

1) die Rücksendung der Klage, mit Ausnahme einer aufgrund von Art. 130^1 erfolgten Rücksendung der Klage, die Ablehnung der Verwerfung einer Klage, die Verweisung der Sache an ein Gericht gleichen oder niedrigeren Ranges oder die Aufnahme des Verfahrens in einer anderen Verfahrensart,
2) die Ablehnung der Befreiung von den Gerichtskosten oder die Rücknahme einer solchen Befreiung sowie die Ablehnung der Bestellung eines Rechtsanwalts oder Rechtsberaters oder ihre Abbestellung,
3) die Abweisung einer Opposition gegen den Beitritt eines Nebenintervenienten sowie die Nichtzulassung eines Nebenintervenienten zur Teilnahme an der Sache infolge des Stattgabe einer Opposition,
4) die sofortige Vollstreckbarkeit,
4^1) die Aussetzung der Vollstreckung einer rechtskräftigen Entscheidung bis zur Entscheidung der Klage auf die Wiederaufnahme des Verfahrens,
5) die Verurteilung eines Zeugen, eines Sachverständigen, einer Partei und eines Dritten zu einer Geldbuße, die Anordnung der Zwangsführung und der Verhaftung eines Zeugen sowie die Ablehnung der Freistellung eines Zeugen und eines Sachverständigen von der Geldbuße und eines Zeugen von der Zwangsführung,
6) die Aussetzung des Verfahrens und die Ablehnung der Aufnahme eines ausgesetzten Verfahrens,
7) die Ablehnung der Begründung einer Entscheidung und deren Zustellung,
8) die Berichtigung oder Auslegung einer Entscheidung oder ihre Ablehnung,
9) die Rückerstattung der Kosten, wenn die Partei kein Rechtsmittel in der Sache selbst einlegt, die in einem Zahlungsbescheid zuerkannten Kosten sowie die Vergütung eines Sachverständigen,
10) die Abweisung eines Antrags auf die Ablehnung eines Richters,
11) die Verwerfung einer Beschwerde.

§ 2. Die Frist für die Einreichung einer Beschwerde beträgt eine Woche und wird ab der Zustellung des Beschlusses berechnet, und wenn die Partei binnen vorgeschriebener Frist die Zustellung eines in einer mündlichen Verhandlung ergangenen Beschlusses nicht beantragt hat – ab der Verkündung des Beschlusses.

§ 3. Eine Beschwerde muss den für einen Prozessschriftsatz vorgeschriebenen Erfordernissen genügen und die Bezeichnung des angefochtenen Beschlusses und den Antrag auf seine Abänderung oder Aufhebung, sowie eine kurze Begründung der Beschwerde mit der Benennung bei Bedarf neuer Tatsachen und Beweise enthalten.

Art. 395

§ 1. Das Gericht erster Instanz legt die Fallakte nach der Zustellung der Beschwerde an die Gegenpartei samt Beschwerde dem Gericht zweiter Instanz vor, und in den in Punkten 2 und 5 des § 1 des vorangehenden Artikels genannten Fällen – unverzüglich nach der Einreichung der Beschwerde ohne ihre Zustellung an die Gegenpartei. Binnen einer Woche ab der Zustellung der Beschwerde kann eine Beschwerdeerwiderung unmittelbar an das Gericht zweiter Instanz eingereicht werden.

§ 2. Wird in einer Beschwerde die Nichtigkeit des Verfahrens vorgeworfen oder ist sie offensichtlich begründet, so kann das Gericht, das den angefochtenen Beschluss erlassen hat, den angefochtenen Beschluss ohne Zusendung der Akte an das Gericht zweiter Instanz in einer nichtöffentlichen Sitzung aufheben und bei Bedarf die Sache erneut entscheiden. Gegen den erneut erlassenen Beschluss sind die Rechtsmittel nach allgemeinen Regeln statthaft.

Art. 396
Das Gericht erster Instanz kann die Vollstreckung des angefochtenen Beschlusses bis zur Entscheidung der Beschwerde aussetzen. Ein solcher Beschluss kann in einer nichtöffentlichen Sitzung ergehen.

Art. 397
§ 1. Das Gericht zweiter Instanz entscheidet eine Beschwerde in einer nichtöffentlichen Sitzung.
§ 1[1]. In einem infolge einer Beschwerde laufenden Verfahren begründet das Gericht zweiter Instanz von Amts wegen den Beschluss, der dieses Verfahren beendet.
§ 2. Auf das infolge einer Beschwerde laufende Verfahren werden die Vorschriften über das Berufungsverfahren entsprechend angewandt.

Art. 398
Die Vorschriften dieses Abschnitts finden auf die Beschwerden gegen die Anordnungen des Vorsitzenden ihre entsprechende Anwendung.

Abschnitt VI. Wiederaufnahme des Verfahrens

Art. 399
In den in diesem Abschnitt vorgesehenen Fällen kann die Wiederaufnahme eines Verfahrens, das durch ein rechtskräftiges Urteil beenden wurde, beantragt werden.

Art. 400
Die Wiederaufnahme des Verfahrens gegen ein Urteil, aufgrund dessen die Nichtigkeit oder die Scheidung einer Ehe erkannt wurde oder aufgrund dessen das Nichtbestehen einer Ehe festgestellt wurde, ist unzulässig, wenn sei es nur eine der Parteien nach seiner Rechtskraft eine neue Ehe eingegangen ist.

Art. 403
§ 1. Die Wiederaufnahme eines Verfahrens kann auf der Grundlage beantragt werden, dass:
1) das Urteil auf einer gefälschten oder verfälschten Urkunde oder auf einem verurteilenden Strafurteil, das in der Folge aufgehoben wurde, gestützt wurde,
2) das Urteil mittels einer Straftat erwirkt wurde.
§ 2. Die Wiederaufnahme eines Verfahrens kann im Falle einer späteren Auffindung solcher tatsächlichen Umstände oder Beweismittel, die einen Einfluss auf den Ausgang der Sache hätten haben können und von welchen die Partei im vorigen Verfahren kein Gebrauch machen konnte, beantragt werden.
§ 3. Die Wiederaufnahme eines Verfahrens kann im Falle einer späteren Auffindung eines rechtskräftigen Urteils, das dasselbe Rechtsverhältnis betrifft, beantragt werden;

in einem solchen Fall ist der Gegenstand der Entscheidung durch das Gericht nicht nur das angefochtene Urteil, sondern auch von Amts wegen andere rechtskräftige Urteile, das dasselbe Rechtsverhältnis betreffen.

Art. 407
Eine Klage auf die Wiederaufnahme des Verfahrens ist binnen einer dreimonatigen Frist einzureichen; diese Frist wird vom dem Tag an berechnet, an welchem die Partei die Kenntnis über die Grundlage der Wiederaufnahme erlangt hat, und wenn die Grundlage darin besteht, dass der Partei die Handlungsmöglichkeit entnommen wurde, oder dass sie nicht ordnungsgemäß vertreten war – von dem Tag, an welchem die Partei, ihr Organ oder ihr gesetzlicher Vertreter über das Urteil Kenntnis erlangt haben.

Art. 412
§ 1. Das Gericht entscheidet die Sache erneut in den Grenzen, die durch die Wiederaufnahmegrundlage bestimmt werden.
§ 2. Nach der erneuten Entscheidung der Sache wird die Wiederaufnahme vom Gericht je nach Umständen abgewiesen oder, wenn es der Wiederaufnahmeklage stattgibt, das angefochtene Urteil abgeändert oder aufgehoben und die Klage verworfen oder Verfahren eingestellt.
§ 3. Im Fall gemäß Art. 403 § 3 hebt das Gericht eins der Urteile, die dasselbe Rechtsverhältnis betreffen, auf, indem es ein anderes rechtskräftiges Urteil aufrechterhält, oder hebt alle rechtskräftigen, dasselbe Rechtsverhältnis betreffenden Urteile auf und entscheidet die Sache ihrem Wesen nach oder verweist die Sache zur Verhandlung und Entscheidung über dieses Rechtsverhältnis an das zuständige Gericht erster Instanz.
§ 4. Ist zur Entscheidung über die Wiederaufnahme eines Verfahrens das Oberste Gericht zuständig, so entscheidet dieses Gericht nur über die Zulässigkeit der Wiederaufnahme und verweist die Entscheidung der Sache an das Gericht zweiter Instanz.

Art. 414
Die Erhebung einer Klage auf Wiederaufnahme des Verfahrens hemmt die Vollstreckung des angefochtenen Urteils nicht. Wird glaubhaft gemacht, dass dem Klagenden ein unersetzlicher Schaden droht, so kann das Gericht auf Antrag der Partei die Vollstreckung des Urteils aussetzen, es sei denn, dass die Gegenpartei eine entsprechende Sicherheit leistet. Der Beschluss kann in einer nichtöffentlichen Sitzung ergehen.

Titel VII. Besondere Verfahren
Abschnitt III. Verfahren in den Sachen aus dem Bereich des Arbeitsrechts und der Sozialversicherungen
Unterabschnitt 1. Allgemeine Vorschriften

Art. 476
§ 1. Unter dem Begriff der Sachen aus dem Bereich des Arbeitsrechts werden folgende Sachen verstanden:

1) über Ansprüche aus einem Arbeitsverhältnis oder damit verbunden,
1[1]) über Feststellung des Bestehens eines Arbeitsverhältnisses, wenn das zwischen den Parteien bestehende Rechtsverhältnis entgegen dem zwischen ihnen abgeschlossenen Vertrag Eigenschaften eines Arbeitsverhältnisses aufweist,
2) über Ansprüche aus anderen Rechtsverhältnissen, auf welche kraft besonderer Vorschriften die Vorschriften des Arbeitsrechts anzuwenden sind,
3) über den Schadenersatz, der von der Arbeitsstätte aufgrund der Vorschriften über die Leistungen wegen Arbeitsunfälle und Berufskrankheiten geltend gemacht wird.
§ 2. Unter dem Begriff der Sachen aus dem Bereich der Sozialversicherungen werden die Sachen verstanden, in welchen ein Widerspruch gegen den Bescheid der Rentenorgane eingereicht wurde, betreffend:
1) die Sozialversicherungen und die Familienversicherung,
2) die Pensionen und Renten,
3) (*aufgehoben*)
4) andere Leistungen in den Sachen, für welche die Sozialversicherungsanstalt zuständig ist,
5) den Schadenersatz, der im Falle der Unfälle und Krankheiten, die mit einem Militärdienst oder einem Dienst bei der *Bürgermiliz* oder bei dem Justizvollzugsdienst im Zusammenhang stehen, zusteht.
§ 3-4. [...]

Unterabschnitt 2. Verfahren in Sachen aus dem Bereich des Arbeitsrechts

Art. 477[2]
§ 1. Beim Zuerkennen der Forderung eines Arbeitnehmers in den Sachen aus dem Bereich des Arbeitsrechts erklärt das Gericht das Urteil bei seinem Erlass von Amts wegen für sofort vollstreckbar in dem Teil, der über eine vollständige einmonatige Vergütung des Arbeitnehmers hinausgeht. Die Vorschrift der Art. 334 § 4 und Art. 335 § 1 Satz 2 findet entsprechende Anwendung; die Vorschrift des Art. 335 § 2 findet keine Anwendung.
§ 2. Erkennt das Gericht die Kündigung für unwirksam, so kann es auf Antrag des Arbeitnehmers im Urteil auf die Arbeitsstätte die Pflicht auferlegen, den Arbeitnehmer kontinuierlich bis zur rechtskräftigen Entscheidung der Sache zu beschäftigen.

Abschnitt V. Befehls- und Mahnverfahren
Unterabschnitt 2. Urkundenprozess

Art. 491
§ 1. Beim Erlass eines Zahlungsbescheides erkennt das Gericht, dass der Beklagte binnen zwei Wochen ab der Zustellung des Bescheides die Forderung in vollem Umfang samt Kosten zu befriedigen oder in dieser Frist die Einwendungen einzureichen hat.

§ 2. Ein aufgrund eines Wechsels, eines Warrants, eines Revers oder eines Schecks erlassener Zahlungsbescheid kann in abgekürzter Form auf ihrer Abschrift angebracht werden.
§ 3. Der Zahlungsbescheid wird den Parteien zugestellt; dem Beklagten samt Klageschrift und Anlagen.

Art. 492
§ 1. Ein Zahlungsbescheid bildet ab Zeitpunkt seines Erlasses einen Sicherungstitel, der ohne Erteilung der Vollstreckungsklausel vollstreckbar ist. Der durch den Zahlungsbescheid zuerkannte Betrag samt fälligen Zinsen bildet den Geldbetrag, deren Hinterlegung durch den Schuldner beim Gericht zur Sicherung ausreicht. Verpflichtet der Zahlungsbescheid zur Herausgabe der vertretbaren Sachen, so reicht zur Sicherung die Hinterlegung eines Beitrags, der dem Wert des Streitgegenstandes gleich ist.
§ 2. Der Kläger ist bei der Beantragung der Sicherheitsleistung verpflichtet, die Sicherungsweise anzugeben. Das Gericht kann die Sicherung auf Antrag des Beklagten nach eigenem Ermessen einschränken. Die Vorschrift des Art. 742 und die Vorschriften über die Einschränkung der Sicherung gegen den Staatsschatz werden entsprechend angewendet.
§ 3. Ein aufgrund eines Wechsels, eines Warrants, eines Revers oder eines Schecks erlassener Zahlungsbescheid wird nach Ablauf der Frist für die Befriedigung der Forderung sofort vollstreckbar. Das Gericht kann im Falle der Einreichung der Einwendungen die Vollstreckung des Bescheides auf Antrag des Beklagten aussetzen. Die Vorschriften über die Einschränkung der Vollstreckbarkeit in Sachen gegen den Staatsschatz werden entsprechend angewendet.

Art. 493
§ 1. Der Schriftsatz, der die Einwendung beinhaltet, ist bei dem Gericht einzureichen, das den Zahlungsbescheid erlassen hat. Im Schriftsatz hat der Beklagte anzugeben, ob er den Bescheid im Ganzen oder teilweise anficht, die Einwendungen vorzubringen, die vor der Einlassung in den Streit unter Androhung ihres Verlustes zu erheben sind, sowie sonstige Einwendungen gegen den Klageantrag, als auch alle tatsächlichen Umstände und die Beweise für ihre Bestätigung.
§ 2. Wurde die Klage auf einem amtlichen Vordruck erhoben, so ist bei der Erhebung der Einwendungen diese Form auch einzubehalten.
§ 3. Zur Aufrechnung können nur solche Forderungen vorgebracht werden, die durch die Urkunden gemäß Art. 485 nachgewiesen sind.
§ 4. Eine Widerklage ist nicht statthaft.

Art. 494
§ 1. Das Gericht verwirft die Einwendungen, die nach Ablauf der Frist eingereicht wurden oder die aus anderen Gründen unzulässig sind, sowie solche Einwendungen, deren Mängel vom Beklagten nicht fristgerecht behoben wurden.
§ 2. Ein Zahlungsbescheid, gegen den im Ganzen oder teilweise Einwendungen nicht rechtswirksam erhoben wurden, hat die Wirkungen eines rechtskräftigen Urteils.

Zweites Buch. Nichtstreitiges Verfahren
Titel I. Allgemeine Vorschriften

Art. 508

§ 1. Ist der Gerichtsstand in einer besonderen Vorschrift nicht bestimmt, so ist das Gericht des Wohnsitzes des Antragsstellers, und beim Fehlen des Wohnsitzes – das Gericht seines Aufenthaltsortes ausschließlich zuständig. Für Verfahren von Amts wegen ist das Gericht des Ortes zuständig, in dessen Bezirk das Ereignis eingetreten ist, das die Grundlage für die Einleitung des Verfahrens bildet. Beim Fehlen der oben genannten Grundlagen ist das Gericht für die Hauptstadt Warszawa zuständig.

§ 2. Das dem Gericht übergeordnete Gericht wird in einer nichtöffentlichen Sitzung ein anderes Gericht zur Entscheidung der Sache im Ganzen oder teilweise bestimmen, wenn das zuständige Gericht an der Entscheidung der Sache oder an der Vornahme einer anderen Handlung gehindert ist, oder wenn es zweckmäßig ist.

§ 3. Die Bestimmung erfolgt von Amt wegen oder auf Vorlage des zuständigen Gerichts oder auch auf Antrag des zuständigen Organs oder einer interessierten Person, nach Anhörung – je nach Bedarf – anderer interessierter Personen.

Art. 509

In den Sachen, die nach den Vorschriften über nichtstreitiges Verfahren entschieden werden, entscheidet ein Einzelrichter ohne Teilnahme der Schöffen, mit Ausnahme von Sachen über:

1) die Entziehung oder die Einschränkung der elterlichen Sorge,

2) die Erteilung der Zustimmung für die Eltern und die Vormünder für die Verfügung über das Vermögen des Kindes,

3) die Adoption,

4) die Entscheidung eines Streites zwischen einem Arbeitsrat eines Unternehmers und dem Unternehmensdirektor oder zwischen diesen Organen und dem Gründungsorgan oder einem Aufsichtsorgan über das Unternehmen.

Art. 510

§ 1. Ein Interessierter in der Sache ist jedermann, dessen Rechte der Ausgang des Verfahrens betrifft; er kann in jeder Lage an der Sache teilnehmen. Nimmt er an der Sache teil, so wird er zum Beteiligten. Gegen die Verweigerung der Zulassung zur Teilnahme an der Sache ist eine Beschwerde statthaft.

§ 2. Stellt sich heraus, dass der Interessierte kein Beteiligter ist, so wird das Gericht ihn zur Teilnahme an der Sache auffordern. Der Aufgeforderte wird durch die Aufforderung zur Teilnahme an der Sache zum Beteiligten. Ist es notwendig, einen Pfleger für die Vertretung eines Interessierten, dessen Aufenthaltsort unbekannt ist, zu bestellen, so erfolgt seine Bestellung von Amts wegen.

Art. 511

§ 1. Der Antrag auf die Einleitung des Verfahrens muss den Vorschriften über die Klageschrift genügen, mit der Änderung, dass anstatt des Beklagten die Interessierten zu benennen sind.

§ 2. Auf die Anträge des Staatsanwalts auf die Einleitung des Verfahrens finden die Vorschriften der Art. 55 und Art. 56 keine Anwendung.

Art. 523
Ein rechtskräftiger Beschluss, der die Sache ihrem Wesen nach entscheidet, kann weder abgeändert noch aufgehoben werden, es sei denn, dass eine besondere Vorschrift etwas anderes bestimmt. Das Gericht kann jedoch einen rechtskräftigen Beschluss, durch welchen der Antrag abgewiesen wird, im Falle der Änderung der Sachumstände abändern.

Abschnitt IV. Erbrechtssachen
Einleitungsvorschriften

Art. 628
Zur Vornahme der Handlungen im Nachlassverfahren, die zum Tätigkeitsbereich der Gerichte gehören, ist das Gericht des letzten Wohnsitzes des Erblassers ausschließlich zuständig, und wenn sein letzter Wohnsitz in Polen nicht ermittelt werden kann, das Gericht des Ortes, an welchem sich das Nachlassvermögen oder sein Teil befindet (Nachlassgericht). Beim Fehlen obiger Grundlagen ist das Amtsgericht für die Hauptstadt Warszawa das Nachlassgericht.

Zweiter Teil. Sicherungs- und Zwangsvollstreckungsverfahren
Erstes Buch. Sicherungsverfahren
Titel I. Allgemeine Vorschriften

Art. 730
§ 1. In jeder Zivilsache, die der Entscheidung des Gerichts oder des Schiedsgerichts unterliegt, kann die Erteilung der Sicherung verlangt werden.
§ 2. Das Gericht kann eine Sicherung vor einem Verfahren oder im Laufe eines Verfahrens erteilen. Nachdem der Berechtigte einen Vollstreckungstitel erreicht hat, kann die Sicherung nur dann erteilt werden, wenn sie die Sicherung des Leistungsanspruches erzielen soll, derer Leistungsfrist noch nicht eingetreten ist.

Art. 731
Die Sicherung kann den Anspruch nicht befriedigen, es sei denn, dass ein Gesetz etwas anderes bestimmt.

Art. 733
Im Falle der Erteilung einer Sicherung vor der Einleitung des Verfahrens, hat das Gericht eine Frist festzulegen, in der das verfahrenseinleitende Schriftstück unter dem Vorbehalt des Verfalls der Sicherung eingereicht werden soll. Die Frist darf zwei Wochen nicht überschreiten.

Art. 734
Zur Erteilung der Sicherung ist das Gericht zuständig, zu dessen Zuständigkeit die Entscheidung der Sache in erster Instanz gehört. Anträge auf Erteilung der Sicherung, die im Laufe eines Verfahrens eingereicht werden, erkennt das Gericht der Instanz an, in der das Verfahren schwebt, es sei denn, dass das Gericht das Oberste Gericht ist. In diesem Falle wird über die Sicherung das Gericht der ersten Instanz entscheiden.

Art. 739
§ 1. Die Durchführung der Sicherung kann das Gericht von der Hinterlegung der Sicherheitsleistung des Berechtigten für eventuelle Ansprüche des Schuldners wegen der Durchführung von Sicherungsmaßnahmen abhängig machen. Vorrangige Befriedigung aus dieser Sicherheitsleistung - vor anderen Forderungen gleich nach den Vollstreckungskosten – steht dem Berechtigten zu.
§ 2. Die Vorschrift des § 1 findet keine Anwendung, wenn der Berechtigte der Staatsschatz ist sowie im Falle der Sicherung der Unterhaltsansprüche, Ansprüche auf die Rente und Ansprüche des Arbeitnehmers in Sachen aus dem Bereich des Arbeitsrechts, in dem Teil, in dem sie ein monatliches Lohn des Arbeitnehmers nicht überschreiten.

Art. 740
§ 1. Den Beschluss über die Sicherung, der in einer nichtöffentlichen Sitzung erlassen wurde und der Vollstreckung durch ein Vollstreckungsorgan unterliegt, hat das Gericht nur dem Berechtigten zuzustellen, es sei denn, dass eine besondere Vorschrift etwas anderes bestimmt. Die Zustellung dem Berechtigten hat das Vollstreckungsorgan gleich mit dem Eintritt zur Durchführung des Beschlusses durchzuführen.
§ 2-3. [...]

Art. 741
Gegen den Beschluss des Gerichts erster Instanz über die Sicherung ist eine Beschwerde statthaft.

Art. 743
§ 1. Im Fall, in dem der Beschluss über die Sicherung im Wege einer Zwangsvollstreckung durchzuführen ist, werden zur Durchführung dieses Beschlusses die Vorschriften über die Zwangsvollstreckung entsprechend angewendet, mit dem Vorbehalt, dass das Gericht dem Beschluss über die Sicherung die Vollstreckungsklausel von Amts wegen erteilt. Mit Ausnahme von Fällen aus Art. 751 finden die Vorschriften der Art. 773 und Art. 774 keine Anwendung, wenn sich die Sicherung eines Gerichts und die Sicherung eines Verwaltungsorgans zusammentreffen.
§ 2. Im Fall, dass der Beschluss wegen seinem Inhalt einer Durchführung anderer Art unterliegt, finden die Vorschriften über diese Art eine entsprechende Anwendung. Die Grundlage für die Durchführung eines Verfahrens bildet in solchem Fall der Beschluss, in dem der Vorsitzende von Amts wegen seine Vollstreckbarkeit vermerken wird.

Art. 747
Die Sicherung von Geldforderungen erfolgt durch:
1) die Pfändung beweglicher Sachen, eines Lohnes, einer Forderung aus dem Bankkonto oder einer anderen Forderung oder Vermögensrechts,
2) die Belastung der unbeweglichen Sache des Schuldners mit einer Zwangshypothek,
3) das Veräußerungs- und Belastungsverbot einer unbeweglichen Sache, für die kein Grundbuch errichtet bzw. ein errichtetes verloren oder vernichtet wurde,
4) die Belastung eines Schiffs oder eines Schiffs im Bau mit einem im Schiffsregister eingetragenen Pfandrecht,
5) die Bestimmung eines Veräußerungsverbots betreffend das genossenschaftlich gewährte Wohnungsrecht,
6) die Bestimmung einer Zwangsverwaltung über das Unternehmen oder den landwirtschaftlichen Betrieb des Schuldners oder über den Betrieb, der dem Unternehmen gehört, über sein Teil oder über den Teil des landwirtschaftlichen Betriebs des Schuldners.

Art. 753
§ 1. In Unterhaltssachen kann die Sicherung die Form einer Verpflichtung des Schuldners zur Bezahlung eines bestimmten Beitrags an den Gläubiger, einmalig oder in sich wiederholenden Fristen, haben. Die Grundlage der Sicherung in solchen Sachen ist nur die Glaubhaftmachung eines Anspruchs.
§ 2. In Fällen aus § 1 hat das Gericht die Abschrift des Beschlusses über die Sicherung den Parteien von Amts wegen zuzustellen.

Art. 755
§ 1. Wenn den Gegenstand der Sicherung keine Geldforderung bildet, wird das Gericht die Sicherung in solcher Art erteilen, die es den Umständen entsprechend für richtig hält, ohne die Arten der Sicherung von Geldforderungen auszuschließen. Das Gericht kann insbesondere:
1) die Rechte und Pflichten der Parteien oder Verfahrensbeteiligten für die Verfahrensdauer normieren,
2) das Veräußerungsverbot betreffend die Gegenstände oder die Rechte aus dem Verfahren bestimmen,
3) die Zwangsvollstreckung oder das Vollstreckungsverfahren einstellen,
4) das Sorgerecht über minderjährige Kinder regeln,
5) die Eintragung einer entsprechenden Warnung in einem Grundbuch oder in einem einschlägigen Register.
§ 2-3. [...]

Dritter Teil. Zwangsvollstreckungsverfahren[2]
Titel I. Allgemeine Vorschriften

---

[2] Übersetzt von *Schubert-Panecka.*

Abschnitt I. Vollstreckungsorgane, deren Zuständigkeit und Verfahren im Allgemeinen

Art. 758
Die Vollstreckungssachen gehören zur Zuständigkeit der Rayongerichte sowie bei diesen Gerichten tätigen Gerichtsvollzieher.

Art. 759
§ 1. Außer den Maßnahmen, die für die Gerichte vorbehalten sind, werden die Vollstreckungshandlungen von den Gerichtsvollzieher ausgeübt.
§ 2. Das Gericht kann von Amts wegen für den Gerichtsvollzieher Anordnungen erlassen, die einer erforderlichen Zwangsvollstreckung dienen, sowie die durch die festgestellten Verfehlungen eingetretenen Mängel abstellen.

Art. 767
§ 1. Gegen die Maßnahmen des Gerichtsvollziehers kann vor dem Rayongericht eine Beschwerde erhoben werden, es sei denn, dass ein Gesetz etwas anderes bestimmt. Das betrifft auch die Unterlassungen des Gerichtsvollziehers in seinen Maßnahmen. Zur Entscheidung über die Beschwerde auf die Maßnahmen des Gerichtsvollziehers ist das Gericht zuständig, bei dem der Gerichtsvollzieher tätig ist. Im Fall, in dem zu der Durchführung der Zwangsvollstreckung ein Gerichtsvollzieher außer der allgemeinen Zuständigkeit gewählt wurde, wird die Beschwerde durch das Gericht entschieden, das nach den allgemeinen Regeln zuständig wäre.
§ 2. Die Beschwerde kann die Partei oder andere Person erheben, derer Rechte durch die Maßnahmen oder Unterlassungen des Gerichtsvollziehers verletzt oder bedroht wurden.
§ 3. Die Beschwerde gegen die Maßnahmen des Gerichtsvollziehers soll den Erfordernissen des Prozessschriftsatzes genügen und die angefochtene Maßnahme oder die Maßnahme, die unterlassen wurde, bestimmen sowie den Antrag auf die Abänderung, Aufhebung oder Durchführung dieser Maßnahme samt Begründung enthalten.
§ 4. Die Beschwerde ist binnen einer Woche ab dem Tag der Maßnahme vor dem Gericht zu erheben, sofern die Partei oder der Verfahrensbeteiligte, derer Recht durch die Maßnahme des Gerichtsvollziehers verletzt oder bedroht wurde, bei der Maßnahmen anwesend oder über ihre Frist benachrichtigt war; in anderen Fällen – ab dem Tag der Benachrichtigung über die Maßnahme der Partei oder der Person, derer Recht durch die Maßnahme des Gerichtsvollziehers verletzt oder bedroht wurde, und im Fall einer fehlenden Benachrichtigung – ab dem Tag, an dem die Maßnahme durchgeführt werden sollte. Das Gericht übersendet die Abschrift der Beschwerde an den Gerichtsvollzieher, der binnen drei Tagen eine schriftliche Begründung für die Durchführung der angefochtenen Maßnahme oder die Gründe ihrer Unterlassung darzustellen und diese samt Fallakte an das Gericht zu überweisen hat, vor dem die Beschwerde erhoben wurde, es sei denn, dass er die Beschwerde im Ganzen zuerkennt und darüber das Gericht und den Klagenden sowie Interessierten, die die Zuerkennung der Beschwerde betrifft, informiert.

Art. 767[4]

§ 1. Die Beschwerde gegen den Beschluss des Gerichts ist in den in einem Gesetz vorgesehenen Fällen statthaft.

§ 2. Gegen den Beschluss des Gerichts zweiter Instanz, der nach der Entscheidung der Beschwerde erlassen wurde, ist eine Kassation nicht statthaft.

Abschnitt II. Vollstreckungstitel und Vollstreckungsklausel

Art. 776

Die Grundlage einer Zwangsvollstreckung ist die vollstreckbare Ausfertigung, sofern das Gesetz nichts anderes bestimmt. Die vollstreckbare Ausfertigung ist ein mit der Vollstreckungsklausel versehener Vollstreckungstitel.

Art. 777

§ 1. Vollstreckungstitel sind:

1) eine rechtskräftige Entscheidung oder eine Entscheidung, die vorläufig vollstreckbar ist, sowie ein Vergleich, der vor einem Gericht geschlossen wurde,

2) ein Schiedsspruch oder ein vor dem Schiedsgericht geschlossener Vergleich,

3) andere Entscheidungen, Vergleiche und Akte, die laut Gesetzes der Durchführung im Wege der gerichtlichen Zwangsvollstreckung unterliegen,

4) ein Notarakt, in dem der Schuldner sich der Zwangsvollstreckung unterworfen und die Zahlungspflicht eines Geldbetrags oder die Entrichtung von Gattungssachen, die im Akt quantitativ bestimmt sind, oder auch die Ausgabepflicht von einer Speziessache, eines Lokals, einer Immobilie oder eines im Schiffsregister eingetragenen Schiffs angenommen hat, wenn die Zahlungs-, Entrichtungs- oder Ausgabefrist in dem Akt festgelegt ist,

5) ein Notarakt, in dem der Schuldner sich der Zwangsvollstreckung unterworfen hat und der die Zahlungspflicht eines Geldbetrags bis zur Höhe, die in dem Akt direkt festgelegt oder mit Hilfe der Aufwertungsklausel festzulegen ist, sofern der Akt die Bedingungen bestimmt, die den Gläubiger zur Durchführung der Zwangsvollstreckung gegen den Schuldner aufgrund dieses Aktes auf den ganzen oder auf einen Teil des Anspruchs berechtigen und die Frist, in der der Gläubiger die Erteilung der Vollstreckungsklausel diesem Akt beantragen kann,

6) ein Notarakt, in dem der Besitzer einer unbeweglichen Sache oder der Gläubiger einer mit Hypothek belasteten Forderung, der kein persönlicher Schuldner ist, sich einer Zwangsvollstreckung aus der belasteten unbeweglichen Sache oder Forderung unterworfen hat, um den Hypothekengläubiger zu befriedigen, sofern die Höhe der Forderung, die befriedigt werden muss in dem Akt direkt festgelegt oder mit Hilfe der Aufwertungsklausel festzulegen ist und der Akt die Bedingungen bestimmt, die den Gläubiger zur Durchführung der Zwangsvollstreckung auf den ganzen oder auf einen Teil des Anspruchs berechtigen und die Frist, in der der Gläubiger die Erteilung der Vollstreckungsklausel diesem Akt beantragen kann.

§ 2-3. […]

Art. 781
§ 1. Einem Vollstreckungstitel, den ein Gericht erlassen hat, wird die Vollstreckungsklausel von dem Gericht erster Instanz verliehen, vor dem die Sache schwebt. Das Gericht zweiter Instanz erteilt die Vollstreckungsklausel solange, bis sich die Fallakte der Sache in diesem Gericht befindet; das betrifft nicht das Oberste Gericht.
§ 2. Den Vollstreckungstitel eines Verwaltungsgerichts oder anderen Titeln wird die Vollstreckungsklausel das Rayongericht der allgemeinen Zuständigkeit des Schuldners verliehen. Im Fall, dass diese Zuständigkeit nicht festgestellt werden kann, wird die Vollstreckungsklausel das Rayongericht verliehen, in dessen Bezirk die Zwangsvollstreckung eingeleitet werden soll, und wenn der Gläubiger die Zwangsvollstreckung im Ausland einleiten will, das Rayongericht, in dessen Bezirk der Titel ausgefertigt wurde.
§ 3-4. [...]

Art. 781[1]
Über den Antrag auf die Erteilung der Vollstreckungsklausel entscheidet das Gericht unverzüglich, nicht später jedoch als binnen drei Tagen ab seiner Stellung.

Art. 782
§ 1. Die Vollstreckungsklausel wird durch das Gericht in der Besetzung mit Einzelrichter auf Antrag des Gläubigers verliehen. Einem Titel, der im Verfahren erlassen wurde, das von Amts wegen eingeleitet war oder gewesen werden konnte, wird die Vollstreckungsklausel von Amts wegen verliehen.
§ 2. Einem Zahlungsbescheid wird die Vollstreckungsklausel von Amts wegen unverzüglich nach seiner Rechtskrafterlangung verliehen.

Art. 783
§ 1. Die Vollstreckungsklausel soll die Feststellung enthalten, dass der Titel zur Zwangsvollstreckung berechtigt und bei Erforderlichkeit ihren Umfang bestimmen. Sofern eine besondere Vorschrift nichts anderes bestimmt, wird den Vollstreckungstiteln, die eine Leistung in einer fremden Währung zuerkennen, die Vollstreckungsklausel mit Verpflichtung des Gerichtsvollziehers zur Umrechnung des zuerkannten Betrags in die polnische Währung gemäß dem durchschnittlichen Währungskurs von *Złoty*, den die Nationale Polnische Bank an dem Tag vor der Überweisung der Forderung an den Gläubiger bekannt gemacht hat, verliehen.
§ 2. Der Justizminister bestimmt im Wege einer Verordnung den Wortlaut einer Vollstreckungsklausel.
§ 3. Im Fall, dass der Vollstreckungstitel eine Gerichtsentscheidung ist, wird die Klausel in der Abschrift der Entscheidung eingetragen, indem ihr Erlass in dem Original der Entscheidung vermerkt wird. In anderen Fällen wird die Vollstreckungsklausel in dem durch die Parteien vorgelegten Vollstreckungstitel eingetragen.

Art. 795
§ 1. Gegen den Beschluss über die Erteilung der Vollstreckungsklausel ist eine Beschwerde statthaft.

§ 2. Die Frist auf die Erehebung der Beschwerde läuft für den Gläubiger ab dem Datum der Herausgabe des Vollstreckungstitels mit der Vollstreckungsklausel oder des Beschlusses über die Absage, für den Schuldner ab der Zustellung der Benachrichtigung über die Einleitung der Zwangsvollstreckung.

Abschnitt II a. Bescheinigung des Europäischen Vollstreckungstitels

Art. 795[1]
§ 1. Wenn der Vollstreckungstitel in Form einer Gerichtsentscheidung oder eines Vergleichs, der vor dem Gericht geschlossen oder von ihm bestätigt wurde, die in besonderen Vorschriften bestimmte Voraussetzungen erfüllt, wird das Gericht, das die Entscheidung erlassen hat oder vor dem der Vergleich geschlossen oder von ihm bestätigt wurde, auf Antrag des Gläubigers eine Bescheinigung erlassen, dass diese ein Europäischen Vollstreckungstitel bilden, im weiteren als "die Bescheinigung des Europäischen Vollstreckungstitels" genannt.
§ 2. Betrifft der Antrag auf Erlass der Bescheinigung des Europäischen Vollstreckungstitels einen anderen als die in § 1 genannten Vollstreckungstitel, wird über den Antrag das Rayongericht entscheiden, in dessen Bezirk der Titel ausgefertigt wurde.

Art. 795[2]
Der Beschluss über die Bescheinigung des Europäischen Vollstreckungstitels wird von dem Gericht in der Besetzung mit einem Richter erlassen.

Art. 795[3]
§ 1. Der Beschluss über die Verweigerung des Erlasses der Bescheinigung des Europäischen Vollstreckungstitels wird ausschließlich dem Gläubiger zugestellt.
§ 2. Gegen den Beschluss über die Verweigerung des Erlasses der Bescheinigung des Europäischen Vollstreckungstitels steht dem Gläubiger eine Beschwerde zu.

Art. 795[4]
§ 1. Im Fall der Feststellung, dass eine der in besonderen Vorschriften bestimmten Grundlagen für die Aufhebung der Bescheinigung des Europäischen Vollstreckungstitels vorliegt, wird diese Bescheinigung durch das Gericht, das sie erlassen hat, auf Antrag des Schuldners aufgehoben.
§ 2. Der Antrag ist binnen eines Monats ab dem Tag der Zustellung des Beschlusses über den Erlass der Bescheinigung an den Schuldner einzubringen.
§ 3. Wenn der Antrag nicht in Form eines in besonderen Vorschriften bestimmten Formulars erfasst wurde, soll er den Erfordernissen eines Prozessschriftsatzes genügen und die den Antrag begründenden Umstände benennen.
§ 4. Vor der Aufhebung der Bescheinigung wird das Gericht den Gläubiger anhören.
§ 5. Gegen den Beschluss über die Aufhebung der Bescheinigung des Europäischen Vollstreckungstitels ist eine Beschwerde statthaft.

Art. 795[5]

§ 1. Die Vorschriften der Art. 795[1] und Art. 795[2] finden für den Erlass der, in besonderen Vorschriften vorgesehenen Bescheinigungen über die Aussetzung oder Beschränkung der Vollstreckbarkeit von Titeln, für die eine Bescheinigung des Europäischen Vollstreckungstitels erlassen wurde, entsprechende Anwendung. Einen Antrag auf den Erlass solcher Bescheinigung kann auch der Schuldner einreichen.

§ 2. Gegen den Beschluss über den Erlass der Bescheinigung aus § 1 ist eine Beschwerde statthaft.

Art. 805

§ 1. Bei der ersten Vollstreckungshandlung wird dem Schuldner eine Bescheinigung über die Einleitung der Zwangsvollstreckung zugestellt, in dem ihm der Inhalt des Vollstreckungstitels und der Vollstreckungsklausel sowie Art der Zwangsvollstreckung mitgeteilt werden.

§ 2. Auf Begehren des Schuldners, soll ihm der Gerichtsvollzieher die originalen Vollstreckungstitel und Vollstreckungsklausel vorzeigen.

Abschnitt IV. Aussetzung und Einstellung des Verfahrens

Art. 820

Das Vollstreckungsorgan setzt das Verfahren auf Antrag des Gläubigers aus. Auf Antrag des Schuldners wird das Verfahren dann ausgesetzt, wenn das Gericht die vorläufige Vollstreckbarkeit des Titels aufgehoben oder seine Vollstreckung ausgesetzt hat oder der Schuldner eine gemäß der gerichtlichen Entscheidung zu seiner Befreiung von der Zwangsvollstreckung notwendige Sicherung geleistet hat.

Art. 820[1]

§ 1. Das Gericht setzt das Verfahren auf Antrag des Schuldners aus, sofern der Schuldner im Laufe der Zwangsvollstreckung aufgrund von einem Vollstreckungstitel in Form eines mit der Vollstreckungsklausel versehnten Vollstreckungstitels, über den in Art. 1153[1] die Rede ist, eine in besonderen Vorschriften vorgesehene Bescheinigung über die Aussetzung oder Beschränkung der Vollstreckbarkeit vorgelegt hat, aus der folgt, dass die Vollstreckung des Titels vorläufig ausgesetzt oder von der Sicherung des Gläubigers abhängig gemacht wurde, die noch nicht eingezahlt worden ist.

§ 2. Wenn aus der Bescheinigung gemäß § 1 folgt, dass die Vollstreckung des Titels vorläufig auf Sicherungsmaßnahmen beschränkt wurde, wird das Gericht auf Antrag des Schuldners über die Beschränkung der Zwangsvollstreckung auf diese Maßnahmen entscheiden. In der Entscheidung über die Beschränkung bestimmt das Gericht, unter entsprechender Anwendung des Art. 747, die Art der Maßnahme. Gegen den Beschluss des Gerichts ist eine Beschwerde statthaft.

Art. 820[2]

§ 1. Im Fall einer Zwangsvollstreckung aufgrund von einem Vollstreckungstitel in Form eines mit der Vollstreckungsklausel versehnten Vollstreckungstitels über den in Art. 1153[1] die Rede ist, kann das Gericht auf Antrag des Schuldners das Verfahren auch aus anderen Gründen, die in besonderen Vorschriften vorgesehen wurden, aussetzen.

§ 2. Das Gericht kann auch die Zwangsvollstreckung auf Sicherungsmaßnahmen beschränken oder die Vollstreckung des Titels von der entsprechenden Sicherung des Gläubigers abhängig machen, sofern solche Möglichkeit besondere Vorschriften vorsehen. In der Entscheidung über die Beschränkung bestimmt das Gericht, unter entsprechender Anwendung des Art. 747, die Art der Maßnahme. Gegen den Beschluss des Gerichts ist eine Beschwerde statthaft.

Art. 825

Das Vollstreckungsorgan wird auf Antrag das Verfahren ganz oder zum Teil einstellen:

1) wenn dies der Gläubiger verlangt; jedoch in den Sachen, in denen die Zwangsvollstreckung von Amts wegen oder auf Verlangen eines berechtigten Organs eingeleitet wurde, benötigt der Antrag des Gläubigers auf Einstellung des Verfahrens des Einverständnisses des Gerichts oder des berechtigten Organs, das die Einleitung der Zwangsvollstreckung verlangt hat;

2) wenn dem Vollstreckungstitel kraft einer rechtskräftigen Entscheidung seine Vollstreckbarkeit entzogen wurde;

3) wenn die Zwangsvollstreckung gegen eine Person gerichtet wurde, die gemäß der Vollstreckungsklausel kein Schuldner ist und der Zwangsvollstreckung widersprochen hat, oder wenn die Zwangsvollstreckung aus anderen Gründen in einem offensichtlichen Widerspruch mit dem Inhalt der Vollstreckungsklausel bleibt;

4) wenn der Gläubiger im Besitz von einem Pfandrecht ist, das eine volle Befriedigung des zu vollstreckenden Anspruchs sichert, es sei denn, dass die Zwangsvollstreckung gegen den Gegenstand des Pfandsrechts gerichtet ist;

5) wenn im Fall einer Zwangsvollstreckung aufgrund von einem Vollstreckungstitel in Form eines mit der Vollstreckungsklausel versehnten Vollstreckungstitels über den in Art. 1153^1 die Rede ist, der Schuldner eine in besonderen Vorschriften vorgesehene Bescheinigung über den Verlust oder die Beschränkung der Vollstreckbarkeit vorlegt, aus der folgt, dass der Titel nicht mehr vollstreckbar ist.

Abschnitt VI. Vollstreckungsgegenklagen

Art. 840

§ 1. Der Schuldner kann im Wege einer Klage die Aberkennung der Vollstreckbarkeit des Vollstreckungstitels ganz oder zum Teil verlangen, wenn:

1) er den Ereignissen widerspricht, auf die die Erteilung der Vollstreckungsklausel gestützt war, insbesondere wenn er das Bestehen der in dem Vollstreckungstitel, der keine Gerichtsentscheidung ist, festgelegten Pflicht hinterfragt oder den Übergang der Pflicht - trotz Bestehens eines formellen Dokuments, das sie feststellt - hinterfragt,

2) nach dem Entstehen des Vollstreckungstitels ein Ereignis erfolgte, infolge dessen die Pflicht erlöscht oder nicht mehr vollstreckbar ist; sofern der Titel eine Gerichtsentscheidung ist, kann die Klage des Schuldners auch auf Ereignisse gestützt werden, die nach der Schließung der Verhandlung erfolgten, wie auch auf den Ein-

wand der Erfüllung der Leistung, sofern der Einwand kein Gegenstand der Entscheidung in der Sache gewesen ist,
3) der Ehegatte, gegen dem das Gericht die Vollstreckungsklausel aufgrund von Art. 787 erlassen hat, weist vor, dass die zu vollstreckende Leistung dem Gläubiger nicht zusteht, wobei dem Ehegatten neben den Einwänden aus dem eigenen Recht auch die Einwände, deren der andere Ehegatte früher nicht erheben konnte, zustehen.
§ 2. Wenn die Grundlage der Zwangsvollstreckung ein Titel bildet, den ein Verwaltungsorgan erlassen hat, ist zur Feststellung, dass die Verpflichtung erlöscht oder nicht mehr vollstreckbar ist, das Organ berufen, das den Titel erlassen hat.

Art. 840[3]
Wenn die Grundlage der Zwangsvollstreckung ein Vollstreckungstitel in Form eines mit der Vollstreckungsklausel versehnten Vollstreckungstitels bildet, über den in Art. 1153[1] die Rede ist, kann der Schuldner im Wege einer Klage und auf einer in besonderen Vorschriften bestimmten Grundlage, die Verweigerung der Vollstreckung solches Titels verlangen, ganz oder zum Teil. Die Vollstreckungsverweigerung trägt die gleichen Folgen, wie der Entzug der Vollstreckbarkeit eines Vollstreckungstitels.

Art. 841
§ 1. Ein Dritter kann im Wege einer Klage die Befreiung eines gepfändeten Gegenstands von der Zwangsvollstreckung verlangen, sofern die Zwangsvollstreckung aus diesem Gegenstand seine Rechte verletzt.
§ 2. Widerspricht der Schuldner dem Anspruch des Klägers, soll außer dem Gläubiger auch der Schuldner geladen werden.
§ 3. Die Klage ist binnen eines Monats ab der Erkenntnis über die Verletzung des Rechts einzureichen, es sei denn, dass in besonderen Vorschriften eine andere Frist vorgesehen ist.

Teil IV. Die Vorschriften aus dem Bereich des internationalen Zivilverfahrensrechts[3]
Einleitungsvorschrift

Art. 1096
Die Vorschriften dieses Teils finden keine Anwendung, wenn ein völkerrechtlicher Vertrag, dessen Partei *Volksrepublik Polen* ist, etwas anderes bestimmt.

Erstes Buch. Inländische Jurisdiktion
Titel I. Allgemeine Vorschriften

[3] Übersetzt von *Miszczuk*, a. a. O. Geändert wurde v. a. der Begriff der "jurysdykcja krajowa", der von *Miszczuk* als "Gerichtsbarkeit" übersetzt, zwecks dieser Arbeit aber, entsprechend den Ausführungen in § 6 I, mit dem Begriff der "Jurisdiktion" wiedergegeben wurde.

Art. 1097
Inländische Jurisdiktion, die zum Zeitpunkt der Einleitung des Verfahrens besteht, dauert fort, selbst wenn ihre Grundlagen im Laufe des Verfahrens entfallen.

Art. 1098
Den polnischen Gerichten steht die in diesem Gesetzbuch vorgesehene Jurisdiktion zu, selbst wenn in derselben Sache zwischen denselben Parteien ein Verfahren bei einem Gericht eines fremden Staates anhängig wäre.

Art. 1099
Der Mangel der inländischen Jurisdiktion stellt einen Nichtigkeitsgrund dar, der vom Gericht von Amts wegen in jeder Lage der Sache zu beachten ist. Das Gericht verwirft die Klage oder den Antrag im Falle der Feststellung der mangelnden inländischen Jurisdiktion.

Titel II. Gemeinsame Vorschriften für inländische Jurisdiktion (in einem Prozess- und nichtstreitigen Verfahren)

Art. 1100
§ 1. Zur inländischen Jurisdiktion gehören die Ehesachen, wenn zumindest ein Ehegatte polnische Staatsangehörigkeit besitzt oder keine Staatsangehörigkeit besitzt und seinen Wohnsitz in Polen hat.
§ 2. Haben beide Ehegatten ihren Wohnsitz in Polen, so ist die in vorangehendem Paragraphen vorgesehene Jurisdiktion ausschließlich.
§ 3. Zur inländischen Jurisdiktion gehören darüber hinaus die Ehesachen zwischen Ausländern, die in Polen wohnen.

Art. 1101
§ 1. Zur inländischen Jurisdiktion gehören die Sachen aus den Beziehungen zwischen Eltern und Kindern und betreffend die Adoption, wenn zumindest eine der Parteien polnische Staatsangehörigkeit besitzt oder keine Staatsangehörigkeit besitzt und ihren Wohnsitz in Polen hat.
§ 2. Haben beide Parteien ihren Wohnsitz in Polen, so ist die in vorangehendem Paragraphen vorgesehene Jurisdiktion ausschließlich.
§ 3. Zur inländischen Jurisdiktion gehören darüber hinaus die Sachen aus den Beziehungen zwischen Eltern und Kindern sowie betreffend Adoption zwischen Ausländern, die in Polen wohnen.

Art. 1102
§ 1. Zur ausschließlichen inländischen Jurisdiktion gehören die Sachen über dingliche Rechte und über Besitz einer in Polen gelegenen unbeweglichen Sache, sowie aus einem Miet- oder Pachtverhältnis einer solchen unbeweglichen Sache, mit Ausnahme der Sachen über Mietzins. Die Ausschließlichkeit umfasst auch andere Sachen in einem solchen Umfang, in welchem die Entscheidung eine in Polen gelegene unbewegliche Sache betrifft.

§ 2. Die Sachen über dingliche Rechte an einer unbeweglichen Sache und über Besitz einer im Ausland gelegenen unbeweglichen Sache werden durch polnische Gerichte nicht entschieden.

Titel III. Inländische Jurisdiktion im Prozess

Art. 1103

Die in vorangehendem Titel nicht genannten Sachen, die in einem Prozess entschieden werden, gehören zur inländischen Jurisdiktion:

1) wenn die beklagte Partei zum Zeitpunkt der Zustellung der Klageschrift sich in Polen aufhält, wohnt oder ihren Sitz hat;

2) wenn die beklagte Partei in Polen Vermögen hat oder ihr vermögensrechtliche Rechte zustehen;

3) die Sache einen Streitgegenstand betrifft, der sich in Polen befindet, eine in Polen eröffnete Erbschaft oder eine Verpflichtung, die in Polen entstanden ist oder zu erfüllen ist.

Art. 1104

Die Parteien eines bestimmten Rechtsverhältnisses können schriftlich vereinbaren, dass die Vermögenssachen, die daraus entstanden sind oder entstehen können, der Jurisdiktion polnischer Gerichte unterworfen werden.

Art. 1105

§ 1. Rechtsträger, die Wirtschaftstätigkeit führen, können im Bereich der Verpflichtungen aus Verträgen schriftlich vereinbaren, dass die Jurisdiktion polnischer Gerichte zugunsten der Gerichte eines fremden Staates ausgeschlossen wird, wenn eine solche Änderung nach dem Recht dieses Staates wirksam ist. Dieses betrifft nicht die Sachen, die zur ausschließlichen Jurisdiktion polnischer Gerichte gehören.

§ 2. (*gestrichen*)

§ 3. Das polnische Gericht beachtet eine Vereinbarung über die Jurisdiktion der Gerichte eines fremden Staates und eine Vereinbarung über ein ausländisches Schiedsgericht nur auf Einwand der Partei hin, der vor der Einlassung in den Streit zur Hauptsache erhoben und entsprechend begründet wird.

Titel IV. Inländische Jurisdiktion im nichtstreitigen Verfahren

Art. 1106

§ 1. Zur ausschließlichen inländischen Jurisdiktion gehören die Sachen über Entmündigung und über Todeserklärung einer Person, die ein polnischer Staatsbürger ist oder die in Polen ihren Wohnsitz hat und keine Staatsangehörigkeit besitzt.

§ 2. Ein polnisches Gericht kann auch einen Ausländer für Tod erklären, wenn:

1) die zur Stellung des Antrags berechtigte Person ihren Wohnsitz in Polen hat oder

2) der Ausländer seinen Wohnsitz in Polen hatte oder sein Vermögen sich hier befindet.

§ 3. Zur ausschließlichen inländischen Jurisdiktion gehören die Sachen über die Feststellung des Todes, wenn er in Polen eingetreten ist.

Art. 1107

§ 1. Zur ausschließlichen inländischen Jurisdiktion gehören die Sachen aus dem Bereich der Vormundschaft und der Pflegschaft über eine Person, die polnische Staatsangehörigkeit besitzt und ihren Wohnsitz in Polen hat.

§ 2. Ein polnisches Gericht kann von der Bestellung der Vormundschaft oder der Pflegschaft über einen polnischen Staatsbürger absehen, der im Ausland wohnt oder dort sein Vermögen hat, wenn dort ausreichende Fürsorge für ihn gewährleistet ist.

§ 3. Polnische Gerichte können bei Bedarf im Bereich der Vormundschaft und der Pflegschaft Anordnungen in Bezug auf einen Ausländer erlassen, der in Polen wohnt oder Vermögen hat, wenn sich herausstellt, dass dieses in seinem Interesse notwendig ist.

Art. 1108

§ 1. Zur inländischen Jurisdiktion gehören Nachlasssachen, wenn der Erblasser zum Zeitpunkt des Todes polnische Staatsangehörigkeit besaß oder wenn er in Polen wohnte und keine Staatsangehörigkeit besaß.

§ 2. Die inländische Jurisdiktion ist ausschließlich, wenn der Tod eines polnischen Staatsbürgers in Polen eingetreten ist.

Art. 1109

In Bezug auf eine im Ausland eröffnete Erbschaft, die der Jurisdiktion des polnischen Gerichts unterliegt, kann das Gericht den Beschluss über die Festlegung des Antritts der Erbschaft auf Antrag einer polnischen diplomatischen Vertretung oder eines Konsularamts erlassen.

Art. 1110

Zur inländischen Jurisdiktion gehören auch andere Sachen, die in nichtstreitigem Verfahren entschieden werden, wenn zumindest ein Verfahrensbeteiligter ein polnischer Staatsbürger ist oder in Polen seinen Wohnsitz oder Sitz hat.

Titel V. Befreiung von der inländischen Gerichtsbarkeit

Art. 1111

§ 1. Vor polnischen Gerichten können folgende Ausländer nicht verklagt werden:

1) die bei der *Volksrepublik Polen* beglaubigten Chefs der diplomatischen Vertretung fremder Staaten;

2) Personen, die zum diplomatischen Personal der Vertretung fremder Staaten in der *Volksrepublik Polen* gehören;

3) andere Personen, die diplomatische Immunität aufgrund von Gesetzen, Verträgen oder allgemein festgelegten internationalen Gewohnheiten genießen;

4) Familienmitglieder der in den Punkten 1, 2 und 3 genannten Personen, wenn sie mit ihnen in Hausgemeinschaft bleiben.

§ 2. Die Vorschriften des vorangehenden Paragraphen haben keine Anwendung auf die dort genannten Personen in Bezug auf:

1) Sachen aus dem Bereich des Sachenrechts, betreffend das in Polen belegene private unbewegliche Vermögen, es sei denn, dass sich dieses Vermögen im Besitz dieser Personen im Namen des Entsendungsstaats oder einer entsprechenden internationalen Organisation befindet;

2) Sachen betreffend Erbschaften, in denen diese Personen als Erben, Vermächtnisnehmer, Testamentsvollstrecker, Nachlassverwalter oder Nachlasspfleger als Privatpersonen und nicht im Namen des Entsendungsstaates oder einer entsprechenden internationalen Organisation auftreten;

3) Sachen betreffend Berufs- oder Handelstätigkeit jeder Art dieser Personen, die sie außerhalb der Amtfunktionen führen.

Art. 1112

§ 1. Vor polnischen Gerichten können folgende Personen in den Sachen, die in den Bereich der im Laufe der Erfüllung ihrer Amtfunktion vorgenommenen Handlungen fallen, nicht verklagt werden:

1) Beamten, die konsularische Funktionen im Namen fremder Staaten erfüllen, unabhängig von ihrer Staatsangehörigkeit;

2) Ausländer, die Verwaltung- oder technische Angestellte der diplomatischen Vertretungen und Konsularämter fremder Staaten in der *Volksrepublik Polen* oder Mitglieder des Personals des diplomatischen Dienstes sind, sowie die ihnen aufgrund von Gesetzen, Verträgen oder allgemein festgelegten internationalen Gewohnheiten gleichgestellten Personen.

§ 2. Die Vorschriften des vorangehenden Paragraphen finden keine Anwendung in Bezug auf Beamte, die konsularische Funktionen erfüllen, und auf die Verwaltungs- oder technische Angestellten der Konsularämter, im Falle der Erhebung der Klagen gegen diese Personen auf den Ersatz eines in Polen durch ein Fahrzeug, ein See-, Fluss- oder Luftschiff verursachten Schadens.

Art. 1113

Wird eine Person, gegen die eine Sache eingeleitet wurde, im Laufe der Sache aufhören, polnischen Gerichten zu unterliegen, so ist das Verfahren von Amts wegen einzustellen.

Art. 1114

§ 1. Die Vorschriften des Art. 1111 § 1 und Art. 1112 § 1 finden keine Anwendung im Fall, wenn der Entsendungsstaat ausdrücklich auf die Jurisdiktionsimmunität in Bezug auf die in diesen Vorschriften genannten Personen verzichtet.

§ 2. Der in § 1 vorgesehene Verzicht auf die Jurisdiktionsimmunität muss in Bezug auf internationale Beamte, die diese Immunität genießen, durch entsprechende internationale Organisationen vorgenommen werden.

§ 3. Leiten die in Art. 1111 § 1 und Art. 1112 § 1 genannten Personen ein Verfahren vor einem polnischen Gericht ein, so werden sie seiner Jurisdiktion auch in Bezug auf alle Widerklagen, die mit der Hauptklage unmittelbar verbunden sind, unterliegen.

Art. 1115

§ 1. Gegen die Personen, die im Sinne des Art. 1111 § 1 und Art. 1112 § 1 vor polnische Gerichte in dem durch diese Vorschriften vorgesehenen Umfang nicht verklagt werden können, kann auch keine Zwangsvollstreckung geführt werden, es sei denn, es handelt sich um eine Sache, in welcher diese Personen der Jurisdiktion polnischer Gerichte unterliegen.

§ 2. Gegen die in § 1 bestimmten Personen, die der Jurisdiktion polnischer Gerichte infolge des Verzichts auf ihre Jurisdiktionsimmunität durch den Entsendungsstaat oder durch entsprechende internationale Organisation unterliegen, kann die Vollstreckung nur im Fall geführt werden, wenn der Entsendungsstaat oder entsprechende internationale Organisation auf die Immunität auch in Bezug auf das Zwangsvollstreckungsverfahren ausdrücklich verzichtet hat.

§ 3. Ist die Führung der Zwangsvollstreckung erlaubt, so ist die Zwangsvollstreckung in das Vermögen, das zum amtlichen Gebrauch dient, sowie die Anwendung des Zwangs gegenüber dem Schuldner nicht zulässig.

§ 4. Unzulässig ist auch die Zwangsvollstreckung in den Räumen, die durch diplomatische Vertretungen, Auslandsmissionen oder Konsularämter fremder Staaten in der *Volksrepublik Polen* bezogen wurden, sowie in den Wohnungen der in Art. 1111 § 1 genannten Personen, sofern der Chef der diplomatischen Vertretung, der Auslandsmission oder der Konsularamtes dieses nicht genehmigt hat.

Art. 1116

Das Gericht soll sich im Zweifelsfall in Bezug auf die Anwendung der Vorschriften der Art. 1111-1115 an den Justizminister wegen einer Stellungnahme wenden.

Zweites Buch. Verfahren

Titel I. Partei- und Prozessfähigkeit

Art. 1117

§ 1. Die Partei- und Prozessfähigkeit der Bürger fremder Staaten, der ausländischen juristischen Personen und ausländischen Einheiten ohne Rechtspersönlichkeit werden nach den Vorschriften dieses Gesetzbuches beurteilt.

§ 2. Dasselbe gilt für Personen, die keine Staatsangehörigkeit besitzen.

Art. 1118 (*gestrichen*)

Titel II. Sicherung der Prozesskosten

Art. 1119

Ein ausländischer Kläger ist auf Verlangen des Beklagten verpflichtet, eine Kaution für die Sicherung der Prozesskosten zu leisten.

Art. 1120
Eine solche Pflicht hat ein ausländischer Kläger in folgenden Fällen nicht:
1) wenn polnische Staatsbürger keine solche Pflicht in dem Staat haben, welchem er angehört;
2) wenn er in Polen Wohnsitz oder Vermögen hat, das für die Sicherung der Prozesskosten ausreicht;
3) wenn ihm die Befreiung von den Gerichtskosten zusteht oder bewilligt wurde;
4) in nichtvermögensrechtlichen Ehesachen, in Sachen aus Widerklage und im Urkundenprozess;
5) in Sachen, die die Parteien der Jurisdiktion polnischer Gerichte einvernehmlich unterworfen haben.

Art. 1121
§ 1. Der Beklagte kann die Forderung der Kostensicherung spätestens bei erster Prozesshandlung erheben.
§ 2. Spätere Erhebung der Forderung ist zulässig, wenn erst im Laufe der Sache:
1) der Beklagte erfahren hat, dass der Kläger ein Ausländer ist;
2) die Rechtsgrundlage für die Befreiung des Klägers von der Pflicht der Kautionsleistung entfallen ist.

Art. 1122
Der Beklagte hat kein Recht, die Leistung einer Kaution zu fordern, wenn der von ihm anerkannte Teil des Anspruchs des Klägers für die Sicherung der Kosten ausreicht.

Art. 1123
§ 1. Das Gericht wird die Höhe der Kaution festlegen, unter Berücksichtigung des wahrscheinlichen Kostenbetrags, den der Beklagte tragen wird, jedoch ohne Berücksichtigung der Kosten der Widerklage.
§ 2. Wird sich im Laufe der Sache herausstellen, dass die Kaution nicht ausreicht, so kann der Beklagte zusätzliche Sicherung fordern.
§ 3. Die Kaution wird in Bargeld geleistet.

Art. 1124
§ 1. Der Beklagte, der den Antrag auf die Kostensicherung fristgerecht stellt, ist nicht verpflichtet, Erklärungen in Bezug auf das Wesen der Sache vor der Entscheidung dieses Antrags abzugeben.
§ 2. Das Gericht wird dem Kläger die Frist für die Leistung der Kaution einräumen.
§ 3. Nach erfolglosem Ablauf der Frist wird das Gericht auf Antrag des Beklagten die Klage oder das Rechtsmittel verwerfen und über Kosten wie im Falle der Klagerücknahme entscheiden.

Art. 1125
Entfällt der Sicherungsgrund im Laufe des Verfahrens, so wird das Gericht den Kläger auf Antrag des Klägers nach Anhörung des Beklagten von der Pflicht der Kostensicherung befreien und die Rückgabe der geleisteten Kaution anordnen.

Art. 1126

§ 1. Das Gericht wird auf Antrag des Beklagten die Befriedigung aus der Kaution der ihm zuerkannten Kosten anordnen.

§ 2. Ein solcher Antrag muss binnen eines Monats ab Rechtskraft der Entscheidung gestellt werden. Wurde kein Antrag gestellt, so wird das Gericht nach Ablauf dieser Frist die Herausgabe der Kaution an den Kläger auf sein Verlangen anordnen.

§ 3. Das Gericht wird die Herausgabe der Kaution an den Kläger sofort nach der Rechtskraft der Entscheidung anordnen, wenn dem Beklagten keine Kosten zuerkannt wurden.

Art. 1127

Der Beklagte genießt Vorrang an der durch den ausländischen Kläger geleisteten Kaution vor allen anderen Gläubiger des Klägers.

Art. 1128

Die Vorschriften dieses Titels finden in einem nichtstreitigen Verfahren, wenn es auf Antrag eines Ausländers eingeleitet wurde, entsprechende Anwendung.

Titel III. Befreiung der Ausländer von Gerichtskosten

Art. 1129

§ 1. Ausländer genießen Befreiung von den Gerichtskosten nach den in diesem Gesetzbuch vorgesehenen Regeln unter Voraussetzung der Gegenseitigkeit.

§ 2. Personen, die keine Staatsangehörigkeit besitzen und ihren Wohnsitz in Polen haben, werden wie polnische Staatsbürger behandelt.

Titel IV. Rechtshilfe und Zustellungen

Art. 1130

In den Sachen der Rechtshilfe verständigen sich die Gerichte mit Gerichten und anderen Organen fremder Staaten und mit polnischen diplomatischen Vertretungen und Konsularämtern unter Vermittlung des Justizministeriums.

Art. 1131

§ 1. Polnische Gerichte leisten Rechtshilfe auf Antrag der Gerichte und anderer Organe fremder Staaten.

§ 2. Ein polnisches Gericht wird die Leistung der Rechtshilfe verweigern, wenn:

1) die geförderte Handlung mit Grundregeln der Rechtsordnung der *Volksrepublik Polen* unvereinbar wäre oder ihre Souveränität verletzen würde;

2) die Durchführung der geforderten Handlung nicht zum Tätigkeitsbereich der polnischen Gerichte gehört;

3) der Staat, von welchem der Antrag auf die Rechtshilfeleistung kommt, polnischen Gerichten die Rechtshilfeleistung verweigert.

Art. 1132

§ 1. Die Ausführung des Antrags eines Gerichts oder anderen Organe eines fremden Staates auf die Rechtshilfeleistung durch ein polnisches Gericht erfolgt nach polnischem Recht. Das ersuchte Gericht kann jedoch bei der Ausführung des Antrags auf Bitte des Gerichts oder anderen Organe eines fremden Staates eine andere als durch das polnisches Recht vorgesehene Form anwenden, wenn diese Handlungsform weder durch polnisches Recht verboten ist noch gegen die Grundregeln der Rechtsordnung der *Volksrepublik Polen* verstößt.

§ 2. Wendet sich ein Gericht oder ein anderes Organ fremder Staaten an das Gericht wegen Zustellung eines Schriftstücks an eine Person, die sich in Polen aufhält, ohne Beifügung der Übersetzung dieses Schriftstücks ins Polnische, so wird es an den Empfänger zugestellt, soweit er dieses empfangen will. Ein Empfänger, der den Empfang des Schriftstücks verweigert, ist über die Rechtsfolgen zu belehren, die im Ausland im Zusammenhang damit entstehen können.

Art. 1133

§ 1. Das Gericht kann sich mit einem Antrag wegen Rechtshilfeleistung im Ausland an eine polnische diplomatische Vertretung oder an ein Konsularamt oder an ein Gericht oder an ein anderes Organ fremden Staates wenden.

§ 2. Das Gericht wendet sich an eine polnische diplomatische Vertretung oder ein Konsularamt wegen Erhebung eines Beweises oder wegen Zustellung eines Schriftstücks, wenn die zu vernehmende Person oder der Empfänger des Schriftsatzes ein polnischer Staatsbürger ist, der im Ausland wohnt, oder ein Angestellter einer polnischen diplomatischen Vertretung, eines Auslandsmission oder eines Konsularamtes ist.

§ 3. Das Gericht wendet sich an ein Gericht oder ein anderes Organ fremder Staaten wegen Rechtshilfeleistung, wenn die zu vernehmende Person oder Empfänger des Schriftsatzes kein polnischer Staatsbürger ist oder wenn es sich um die Durchführung einer anderen Verfahrenshandlung geht.

§ 4. Im Fall der Unmöglichkeit der Beweiserhebung oder der Zustellung eines Schriftsatzes an einen im Ausland wohnhaften polnischen Staatsbürger unter Vermittlung einer polnischen diplomatischen Vertretung oder eines Konsularamtes findet die Vorschrift des § 3 Anwendung.

Art. 1134

Die Zustellungen der Gerichtsschriftsätze an Personen, die sich in Polen aufhalten und den polnischen Gerichten nicht unterliegen, sowie an Personen, die in Gebäuden oder Räumen wohnen, die Unantastbarkeit aufgrund von Gesetzen, Verträgen oder allgemein festgelegten internationalen Gewohnheiten genießen, erfolgen unter Vermittlung des Außenministeriums.

Art. 1135

§ 1. Eine im Ausland wohnhafte Partei, die keinen in Polen wohnhaften Bevollmächtigten zur Führung der Sache bestellt hat, ist verpflichtet, einen Zustellungsbevollmächtigten in Polen anzugeben.

§ 2. Wird kein Zustellungsbevollmächtigter angegeben, so werden die für diese Person bestimmten Gerichtsschriftsätze in der Fallakte zurückgelassen mit der Folge, dass sie als zugestellt gelten. Die Partei ist darüber bei erster Zustellung zu belehren. Die Partei soll auch über die Möglichkeit belehrt werden, eine Erwiderung auf den das Verfahren einleitenden Schriftsatz und schriftliche Erklärungen einzureichen, sowie darüber, wer zum Bevollmächtigten bestellt werden kann.

Art. 1136
Eine Rechtsverordnung der Justiz- und Außenminister wird detaillierte Grundsätze und Weise der Beantragung der Rechtshilfeleistung bestimmen; diese Rechtsverordnung kann auch eine andere als in Art. 1130 vorgesehene Weise der Verständigung mit Gerichten oder anderen Organen fremder Staaten und mit polnischen diplomatischen Vertretungen und Konsularämtern festlegen.

Titel V. Beweissicherung

Art. 1137
Ein polnisches Gericht kann einen sich in Polen befindenden Beweis sichern, wenn es zur Geltendmachung eines Anspruchs im Ausland erforderlich ist. Der Antrag auf die Beweissicherung ist im Rayongericht einzureichen, in dessen Bezirk der Beweis zu erheben ist. Über die für die Erhebung des Beweises bestimmte Frist ist der Antragssteller zu benachrichtigen, es sei denn, dass ein Fall vorliegt, der keinen Aufschub duldet. Im Übrigen wird Art. 312 entsprechend angewendet.

Titel VI. Ausländische amtliche Dokumente

Art. 1138
Ausländische amtliche Dokumente haben gleiche Beweiskraft wie polnische amtliche Dokumente. Betrifft jedoch das Dokument die Übertragung des Eigentums einer in Polen belegenen unbeweglichen Sache, so soll es durch eine polnische diplomatische Vertretung oder ein Konsularamt beglaubigt werden. Dasselbe gilt für ein Dokument, das Zweifel hinsichtlich seiner Echtheit hervorruft.

Titel VII. Sicherung des Nachlasses von Ausländern

Art. 1139
§ 1. In Nachlasssachen von Ausländern, die in nichtstreitigem Verfahren entschieden werden, und in welchen polnischen Gerichten die Jurisdiktion nicht zusteht, führen diese Gerichte Nachlasssicherung sowie Eröffnung und Verkündung des Testaments durch, worüber der zuständige Konsul eine Nachricht erhält. Der Konsul kann am Verfahren teilnehmen.
§ 2. An die Organe des Staates, dessen Bürger der Erblasser war, wird auf Verlangen eine Ausfertigung des Testaments und des Protokolls der Eröffnung und der Verkündung erteilt. Das Original des Testaments kann unter Bedingung der Gegenseitig-

keit herausgegeben werden, wenn keine weiteren Amtshandlungen in Polen vorgesehen sind.

Art. 1140

§ 1. Das Gericht ordnet von Amts wegen in dem für die Bekanntmachungen über die Aufforderung der Erben vorgesehenen Verfahren eine Bekanntmachung an, in welcher es die Personen, die Ansprüche auf die Erbschaft erheben, Erben und Gläubiger des Erblassers auffordert, dass sie ihre Rechte binnen drei Monaten unter Angabe der Beweise erheben. In der Bekanntmachung ist die Staatsbürgerschaft des Erblassers anzugeben.

§ 2. Die Bekanntmachung ist dem zuständigen Organ der Finanzverwaltung und dem zuständigen Konsul zuzustellen.

Art. 1141

§ 1. Hat sich niemand in der obigen Frist gemeldet, so wird das Nachlassgericht über die Herausgabe des beweglichen Vermögens an den zuständigen Konsul beschließen.

§ 2. Im Gegenfall wird eine mündliche Verhandlung anberaumt, zu welcher interessierte Personen zu laden sind. Das Gericht wird nach der Anhörung der Erschienenen den Beschluss über die Sicherung der erhobenen und nachgewiesenen Rechte der in Polen wohnhaften Personen und polnischen Staatsbürger, die im Ausland wohnen, sowie über Sicherung der Steuer vom Erwerb der Vermögensrechte erlassen. Gegen den Gerichtsbeschluss ist eine Beschwerde statthaft.

§ 3. Das nicht herausgebende bewegliche Vermögen wird zur Befriedigung der gesicherten Rechte dienen. Das Gericht wird über die Herausgabe des restlichen beweglichen Vermögens an zuständigen Konsul beschließen.

§ 4. Die Herausgabe kann nur unter der Voraussetzung der Gegenseitigkeit erfolgen.

Art. 1142

§ 1. Ist ein Ausländer in Polen während einer Reise gestorben und hatte er in Polen weder ein Wohnsitz noch ständigen Aufenthaltsort noch ein Vermögen außer den bei ihm befindlichen Sachen, so werden diese Sachen durch das Gericht gesichert, unter Benachrichtigung des zuständigen Konsuls darüber.

§ 2. Ein Teil dieser Sachen wird nach den Vorschriften über den Verkauf der gesicherten beweglichen Sachen verkauft, und aus dem erzielten Preis werden die Aufenthaltskosten in Polen und die Beerdigungskosten des Erblassers befriedigt. Der restliche Preis und restliche nicht verkaufte Sachen sind an zuständigen Konsul herauszugeben.

Titel VIII. Festlegung fremden Rechts und Gegenseitigkeit

Art. 1143

§ 1. Wird es notwendig, dass ein polnisches Gericht fremdes Recht anwendet, so kann sich das Gericht wegen Erteilung des Textes dieses Rechts und wegen Erläuterung fremder Gerichtspraxis an den Justizminister wenden.

§ 2. Das Gericht kann sich an den Justizminister auch dann wenden, wenn es sich um die Festlegung der Anwendung der Gegenseitigkeit durch einen fremden Staat handelt.
§ 3. Das Gericht kann auch ein Sachverständigengutachten einholen, um den Inhalt des fremden Rechts und fremde Gerichtspraxis festzulegen.

Titel IX. Begründung rechtskräftiger Entscheidung

Art. 1144
Ist zur Anerkennung oder zur Vollstreckung einer rechtskräftigen Entscheidung eines polnischen Gerichts im Ausland die Vorlage der Entscheidung samt Begründung erforderlich, und enthält die Entscheidung keine Begründung, so wird das Gericht, das die Entscheidung erlassen hat, die Begründung auf Antrag einer Partei, eines Verfahrensbeteiligten oder einer Person, die die Anerkennung oder die Vollstreckung der Entscheidung beantragt, anfertigen.

Drittes Buch. Entscheidungen der ausländischen Gerichte und vor solchen Gerichten abgeschlossene Vergleiche

Titel I. Anerkennung der Entscheidungen der ausländischen Gerichte

Art. 1145
§ 1. Die Wirksamkeit auf dem Gebiet Polens von Entscheidungen der ausländischen Gerichte in Zivilsachen die zur Vollstreckung im Wege einer Zwangsvollstreckung nicht geeignet sind und in Polen zum Rechtsweg gehören, ist von ihrer Anerkennung durch ein polnisches Gericht abhängig.
§ 2. Keiner Anerkennung bedürfen rechtskräftige Entscheidungen eines ausländischen Gerichts in nichtvermögensrechtlichen Sachen fremder Staatsbürger, die durch das zuständige Gericht nach ihrem Heimatrecht erlassen wurden, es sei denn, dass eine solche Entscheidung die Grundlage für den Abschluss einer Ehe oder Grundlage der Eintragung in ein Familienstandsbuch, in ein Grundbuch oder in ein anderes Register in Polen bilden soll.

Art. 1146
§ 1. Eine Entscheidung unterliegt der Anerkennung und dem Grundsatz der Gegenseitigkeit, wenn:
1) die Entscheidung in dem Staat, in welchem sie erlassen wurde, rechtskräftig ist,
2) die Sache nach polnischem Recht oder nach einem völkerrechtlichen Abkommen nicht zur ausschließlichen Jurisdiktion polnischer Gerichte oder der Gerichte eines Drittstaates gehört,
3) der Partei die Verteidigungsmöglichkeit, und im Falle fehlender Prozessfähigkeit – die ordnungsgemäße Vertretung nicht genommen wurde,
4) die Sache vor einem polnischen Gericht nicht rechtskräftig entschieden wurde, oder sie vor der Rechtskraft der Entscheidung des ausländischen Gerichts vor einem zu seiner Entscheidung berufenen polnischen Gericht nicht eingeleitet wurde,

5) die Entscheidung gegen die Grundlegen der Rechtsordnung der *Volksrepublik Polen* nicht verstößt,
6) bei dem Erlass der Entscheidung in der Sache, in welcher polnisches Recht zur Anwendung kommen sollte, dieses Recht angewendet wurde, es sei denn, dass sich das in der Sache angewendete fremde Recht vom polnischen Recht nicht wesentlich unterscheidet.
§ 2. Die Einhaltung der in den Punkten 4 und 6 des vorangehenden Paragraphen vorgesehenen Voraussetzungen und der Gegenseitigkeitsvoraussetzung ist nicht erforderlich, wenn die Entscheidung des Gerichts eines fremden Staates nach den Vorschriften dieses Staates über die Jurisdiktion seiner Gerichte und in Übereinstimmung mit dem Recht dieses Staates über den Antritt des Nachlassvermögens durch eine in Polen wohnhafte Person, die sich zum Zeitpunkt des Todes des Erblassers auf dem Gebiet dieses fremden Staates befand, feststellt.
§ 3. Die Einhaltung der Gegenseitigkeitsvoraussetzung ist in den Sachen, die nach polnischem Recht zur ausschließlichen Jurisdiktion des Herkunftsstaates der Entscheidung gehören, nicht erforderlich.
§ 4. Die Vorschrift des § 1 findet keine Anwendung auf die Anerkennung der in Art. 1145 § 2 genannten Entscheidungen. Die Verweigerung der Anerkennung einer solchen Entscheidung kann nur aus dem Grund des Verstoßes durch diese Entscheidung gegen die Grundregeln der Rechtsordnung der *Volksrepublik Polen* erfolgen.

Art. 1147
§ 1. Einen Antrag auf die Anerkennung der Entscheidung eines ausländischen Gerichts kann jedermann stellen, der daran rechtliches Interesse hat.
§ 2. Der Antragssteller soll dem Antrag auf die Anerkennung der Entscheidung eines ausländischen Gerichts neben amtlicher Abschrift des Urteils seine beglaubigte Übersetzung ins Polnische sowie eine Bestätigung beifügen, dass die Entscheidung rechtskräftig ist; ist das Urteil eine Versäumnisurteil, so soll darüber hinaus eine Bescheinigung beigefügt werden, dass die Ladung dem Beklagten ordnungsgemäß zugestellt wurde.

Art. 1148
§ 1. Über die Anerkennung entscheidet in der Besetzung mit drei Berufsrichtern das Bezirksgericht, das zur Entscheidung der Sache örtlich zuständig wäre, oder in dessen Bezirk sich das örtlich zuständige Amtsgericht befindet, und beim Fehlen einer solchen Grundlage – das für Hauptstadt Warszawa zuständige Gericht.
§ 2. Das Gericht entscheidet nach der Durchführung einer mündlichen Verhandlung unter Teilnahme des Staatsanwalts.
§ 3. Gegen den Beschluss des Bezirksgerichts ist eine Berufung statthaft, und gegen den Beschluss des Berufungsgerichts – eine Kassation; es kann auch die Wiederaufnahme des Verfahrens verlangt werden, das durch eine rechtskräftige Entscheidung beendet wurde.

Art. 1149
Die Vorschriften der Art. 170, 400 und 417 § 4 finden auf rechtskräftige Beschlüsse polnischer Gerichte, die ausländische Urteile anerkennen, durch welche eine Scheidung erkannt, eine Ehe für nichtig erklärt oder das Nichtbestehen einer Ehe festgestellt wird, entsprechende Anwendung.

Titel II. Vollstreckbarkeit der Entscheidung ausländischer Gerichte und der vor solchen Gerichten abgeschlossenen Vergleiche

Art. 1150
§ 1. Die Entscheidungen ausländischer Gerichte in Zivilsachen, die in Polen zum Rechtsweg gehören, die zur Vollstreckung im Wege einer Zwangsvollstreckung geeignet sind, sind Vollstreckungstitel und werden in Polen vollstreckt, unter der Voraussetzung der Gegenseitigkeit, wenn:
1) die Entscheidung in dem Staat, aus welchem sie stammt, vollstreckbar ist,
2) die in Art. 1146 § 1 Nr. 1-6 genannten Voraussetzungen vorliegen.
§ 2. (*gestrichen*)

Art. 1151
§ 1. Über die Vollstreckbarkeit der Entscheidung eines ausländischen Gerichts entscheidet in der Besetzung mit drei Berufsrichtern das Bezirksgericht des Wohnsitzes oder des Sitzes des Schuldners, und beim Fehlen eines solchen Gerichts, das Bezirksgericht, in dessen Bezirk die Vollstreckung geführt werden soll. Dieses Gericht ist auch für die gleichzeitige Entscheidung über die Anerkennung der Entscheidung in dem nicht vollstreckbaren Teil zuständig, sofern diese nicht früher erfolgt ist.
§ 2. Das Gericht entscheidet nach der Durchführung einer mündlichen Verhandlung. Gegen den Beschluss über Vollstreckbarkeit ist eine Beschwerde statthaft, und gegen eine rechtskräftige Entscheidung diesbezüglich – eine Klage auf die Wiederaufnahme des Verfahrens.
§ 3. Dasselbe Bezirksgericht wird der Entscheidung eines ausländischen Gerichts nach der Rechtskraft des Beschlusses über die Vollstreckbarkeit die Vollstreckungsklausel erteilen.

Art. 1152
Ein vor einem ausländischen Gericht abgeschlossener Vergleich bildet unter der Voraussetzung der Gegenseitigkeit einen Vollstreckungstitel, wenn er im Staat seines Abschlusses vollstreckbar ist und gegen Grundregeln der Rechtsordnung in der Republik Polen nicht verstößt. Die Vorschriften des vorangehenden Artikels finden entsprechende Anwendung.

Art. 1153
Dem Antrag auf die Erteilung der Vollstreckungsklausel einem ausländischen Vollstreckungstitel soll der Gläubiger die in Art. 1147 § 2 genannten Dokumente beifügen, und darüber hinaus eine Bescheinigung, dass dieser Titel in dem Staat, aus welchem er stammt, vollstreckbar ist.

Titel III. Vollstreckbarkeit von Entscheidungen der Gerichte der Mitgliedsstaaten der Europäischen Union, von Vergleichen, die von solchen Gerichten geschlossen oder durch diese bestätigt wurden sowie von öffentlichen Urkunden, die in den Mitgliedsstaaten der Europäischen Union erstellt worden sind und denen dort ein Europäischer Vollstreckungstitel erteilt wurde[4]

Art. 1153[1]
Die Entscheidungen der Gerichte der Mitgliedsstaaten der Europäischen Union, die Vergleiche, die von solchen Gerichten geschlossen oder durch diese bestätigt wurden sowie öffentliche Urkunden, die in den Mitgliedsstaaten der Europäischen Union erstellt worden sind, und denen dort ein Europäischer Vollstreckungstitel erteilt wurde, sind Vollstreckungstitel und unterliegen in Polen, nach dem ihnen eine Vollstreckungsklausel erteilt wird, einer Vollstreckung.

Art. 1153[2]
Die Vollstreckungsklausel für die Vollstreckungstitel, über die in § 1 die Rede ist, wird durch das Rayongericht der allgemeinen Jurisdiktion des Schuldners und wenn diese nicht feststellbar ist, durch das Rayongericht erteilt, in dessen Bezirk die Zwangsvollstreckung eingeleitet werden soll.

---

[4] Übersetzt von *Schubert-Panecka*.

II. Auszug aus dem Entwurf des Gesetzes über die Änderung des Zivilverfahrensgesetzbuches und einiger anderer Gesetze betreffend das internationale Zivilverfahrensrecht von der Kodifikationskommission für das Zivilrecht vom 9. März 2006[5]

Teil IV. Die Vorschriften aus dem Bereich des internationalen Zivilverfahrenrechts
Einleitungsvorschrift

Art. 1096
(*gestrichen*)

Erstes Buch. Inländische Jurisdiktion polnischer Gerichte
Titel I. Allgemeine Vorschriften

Art. 1097
§ 1. Inländische Jurisdiktion, die zum Zeitpunkt der Einleitung des Verfahrens besteht, dauert fort, selbst wenn ihre Grundlagen im Laufe des Verfahrens entfallen.
§ 2. Das Gericht ist nicht befugt, das Fehlen der inländischen Jurisdiktion festzustellen, wenn ihre Gründe während des Verfahrens entstanden sind.

Art. 1098
§ 1. Wenn der Beklagte den Einwand, dass die Sache wegen desselben Anspruchs zwischen denselben Parteien bei einem Gericht eines fremden Staates früher als bei einem polnischen Gericht anhängig gemacht worden ist, entsprechend begründet hat, hat das polnische Gericht das Verfahren auszusetzen. Das Gericht wird das Aussetzen des Verfahrens versagen wenn die Entscheidung, die durch das Gericht des fremden Staates erlassen werden soll, die Anerkennungsvoraussetzungen in Polen nicht erfüllen wird, oder wenn es nicht erwartet werden kann, dass das Verfahren vor dem Gericht des fremden Staates in einer angemessenen Frist beendet wird.
§ 2. Der Einwand der Rechtshängigkeit der Sache bei einem Gericht eines fremden Staates soll vor der Einlassung in den Streit zur Hauptsache erhoben werden, es sei denn, dass der Beklagte diese Rechtshängigkeit erst später zur Kenntnis genommen hat.
§ 3. Nach der Beendigung des Verfahrens vor einem Gericht eines fremden Staates wird das Gericht das Verfahren einstellen, wenn die Partei die in Polen anzuerkennende Entscheidung des Gerichts des fremden Staates vorlegt. Wenn die Entscheidung des Gerichts des fremden Staates die Anerkennungsvoraussetzungen in Polen nicht erfüllen wird, wird das Gericht das Verfahren von Amts wegen wieder aufnehmen.

---

[5] Übersetzt von *Schubert-Panecka.*

§ 4. Das Gericht kann auf Antrag einer Partei das ausgesetzte Verfahren auch dann wieder aufnehmen, wenn das Verfahren vor einem Gericht eines fremden Staates in keiner angemessenen Frist beendet wurde.
§ 5. Die Vorschriften § 1-4 sind für anhängige Verfahren bei einem anderen Organ eines fremden Staates als Gericht entsprechend anzuwenden.

Art. 1098^{1}
Wenn die Entscheidung der Sache von dem Ergebnis eines anderen Verfahrens in einer Zivilsache abhängt, das vor einem Gericht oder einem anderen Organ eines fremden Staates schwebt, kann das Gericht das Verfahren von Amts wegen aussetzen, es sei denn, dass die Entscheidung, die durch das Gericht oder anderes Organ des fremden Staates erlassen werden soll, den Anerkennungsvoraussetzungen in Polen nicht erfüllen wird.

Art. 1099
§ 1. Das Fehlen der inländischen Jurisdiktion ist vom Gericht von Amts wegen in jeder Lage der Sache zu beachten. Das Gericht verwirft die Klage oder den Antrag im Fall der Feststellung der fehlenden inländischen Jurisdiktion, es sei denn, dass die Situation aus Art. 1104 § 2 oder Art. 1105 § 5 eintritt.
§ 2. Das Fehlen der inländischen Jurisdiktion stellt einen Nichtigkeitsgrund des Verfahrens dar.

Art. 1099^{1}
§ 1. Wenn in einer Sache keine Grundlage der inländischen Jurisdiktion gegeben ist, und die Durchführung eines Verfahrens vor einem Gericht oder einem anderen Organ eines fremden Staates unmöglich oder nicht zumutbar ist, gehört die Sache zur inländischen Jurisdiktion wenn sie einen ausreichenden Inlandsbezug mit der polnischen Rechtsordnung nachweist.
§ 2. Im Fall einer rechtskräftigen gerichtlichen Feststellung, dass die Entscheidung eines Gerichts oder eines anderen Organs eines fremden Staates in Polen nicht anerkennungsfähig ist, gehört die mit dieser Entscheidung entschiedene Sache zur inländischen Jurisdiktion trotz fehlender Grundlage hierfür, wenn sie einen ausreichenden Inlandsbezug mit der polnischen Rechtsordnung nachweist.

Titel II. Gemeinsame Vorschriften für inländische Jurisdiktion (im streitigen und nichtstreitigen Verfahren) Art. 1100-1102

(*gestrichen*)

Titel III. Inländische Jurisdiktion im streitigen Verfahren

Art. 1103
Sachen, die in einem streitigen Verfahren entschieden werden, gehören zur inländischen Jurisdiktion wenn die beklagte Partei in Polen ihren Wohnsitz oder gewöhnlichen Aufenthalt oder Sitz hat.

Art. 1103[1]

§ 1. Ehesachen und Sachen über eheliche Vermögensverhältnisse gehören zur inländischen Jurisdiktion auch dann, wenn:
beide Ehegatten ihren letzten Wohnsitz oder ihren letzten gewöhnlichen Aufenthalt in Polen hatten, wenn einer von ihnen weiterhin in Polen seinen Wohnsitz oder seinen gewöhnlichen Aufenthalt hat, oder
der klagende Ehegatte zumindest seit einem halben Jahr direkt vor der Verfahrenseinleitung in Polen seinen Wohnsitz oder gewöhnlichen Aufenthalt hat, oder
der klagende Ehegatte polnischer Staatesangehöriger ist und zumindest seit sechs Monaten direkt vor der Verfahrenseinleitung seinen Wohnsitz oder gewöhnlichen Aufenthalt in Polen hat, oder
beide Ehegatten polnische Staatesangehörige sind.

§ 2. Die inländische Jurisdiktion ist ausschließlich, wenn beide Ehegatten polnische Staatesangehörigen sind und ihren Wohnsitz sowie gewöhnlichen Aufenthalt in Polen haben.

§ 3. Die inländische Jurisdiktion in einer Ehesache umfasst auch die Entscheidung über das Sorgerecht für die gemeinsamen minderjährigen Kinder der Ehegatten.

Art. 1103[2]

§ 1. Sachen aus den Beziehungen zwischen Eltern und Kindern gehören zur inländischen Jurisdiktion auch dann, wenn:

1) das Kind oder der Adoptierte oder der Adoptierende seinen Wohnsitz oder gewöhnlichen Aufenthalt in Polen hat, oder
2) der Kläger, sofern er kein Kind ist, zumindest seit einem halben Jahr direkt vor der Verfahrenseinleitung seinen Wohnsitz oder gewöhnlichen Aufenthalt in Polen hat, oder
3) der Kläger, sofern er kein Kind ist, polnische Staatesangehöriger ist und zumindest seit sechs Monaten direkt vor der Verfahrenseinleitung einen Wohnsitz oder einen gewöhnlichen Aufenthalt in Polen hat, oder
4) der Kläger und der Beklagte polnische Staatesangehörige sind.

§ 2. Die inländische Jurisdiktion ist ausschließlich, wenn alle Personen, die als Parteien auftreten polnische Staatesangehörige sind und ihren Wohnsitz sowie gewöhnlichen Aufenthalt in Polen haben.

Art. 1103[3]

§ 1. Unterhaltssachen und Sachen wegen Ansprüche, die mit der Bestimmung der Herkunft eines Kindes verbunden sind, gehören zur inländischen Jurisdiktion auch dann, wenn der Kläger ein Berechtigter ist, der seinen Wohnsitz oder gewöhnlichen Aufenthalt in Polen hat.

§ 2. Eine Unterhaltssache, die zusammen mit einer Ehesache entschieden wird, gehört zur inländischen Jurisdiktion auch dann, wenn zur inländischen Jurisdiktion die Ehesache gehört.

§ 3. Eine Sache wegen Ansprüche, die mit der Bestimmung der Herkunft eines Kindes verbunden sind und die zusammen mit einer Ehesache entschieden wird, gehört zur inländischen Jurisdiktion auch dann, wenn zur inländischen Jurisdiktion die Sache über Bestimmung der Herkunft des Kindes gehört.

Art. 1103[4]

§ 1. Sachen aus dem Bereich des Arbeitsrechts, in denen ein Arbeitnehmer der Kläger ist, gehören zur inländischen Jurisdiktion auch dann, wenn die Arbeit in Polen verrichtet ist, war oder zu verrichten wäre.

§ 2. Sachen auf Klage eines Arbeitsnehmers, die die Sicherung von Beschäftigungsbedingungen gemäß Art. 67[1] und 67[2] des Arbeitsgesetzbuches zum Gegenstand haben, gehören zur inländischen Jurisdiktion auch dann, wenn ein Arbeitnehmer von einem Arbeitgeber, dessen Sitz in einem der Mitgliedsstaaten der Europäischen Union liegt, zur Arbeit im Hoheitsgebiet Polens entsandt ist oder war.

§ 3. Die Vorschrift des vorangehenden Paragraphen wird entsprechend angewandt, wenn ein Arbeitnehmer zur Arbeit im Hoheitsgebiet Polens von einem Arbeitgeber entsandt wurde, der seinen Sitz in einem Nichtmitgliedsstaat der Europäischen Union hat.

Art. 1103[5]

§ 1. Sachen betreffend ein Versicherungsverhältnis gegen einen Versicherer gehören auch dann zur inländischen Jurisdiktion, wenn:

der Kläger in Polen seinen Wohnsitz hat, oder

die inländische Jurisdiktion in einer Sache gegen den federführenden Versicherer besteht, und der beklagte Versicherer nur ein Mitversicherer ist, oder

das schädigende Ereignis in Polen eingetreten ist, und die Sache die Haftpflichtversicherung, Versicherung an unbeweglichen Sachen oder Versicherung an beweglichen und unbeweglichen Sachen betrifft, sofern der auf ihnen entstandene Schaden dem gleichem Ereignis folgt.

§ 2. In Sachen, über die im § 1 die Rede ist, wird ein Versicherer wie ein Versicherer mit dem Wohnsitz oder Sitz in Polen behandelt, wenn er in Polen ein Betrieb oder eine Niederlassung hat und die Sache aufgrund der Tätigkeit dieses Betriebes oder dieser Niederlassung entstanden ist.

Art. 1103[6]

§ 1. Sachen aus den Verträgen, die ein Verbraucher abgeschlossen hat, und in denen er der Kläger ist, gehören zur inländischen Jurisdiktion auch dann, wenn der Verbraucher in Polen seinen Wohnsitz oder gewöhnlichen Aufenthalt hat und er in Polen die notwendigen Handlungen für den Abschluss dieses Vertrages unternommen hat.

§ 2. In Sachen, über die in § 1 die Rede ist, wird der Vertragspartner des Verbrauchers wie ein Subjekt mit einem Wohnsitz oder Sitz in Polen behandelt, wenn er in Polen ein Betrieb oder eine Niederlassung hat, und der Vertrag mit dem Verbraucher in Rahmen der Tätigkeit dieses Betriebes oder dieser Niederlassung abgeschlossen wurde.

Art. 1103[7]
Andere als die in den Art. 1103[1]-1103[6] genannten Sachen, die in einem streitigen Verfahren entschieden werden, gehören zur inländischen Jurisdiktion auch dann, wenn sie:
1) eine aus einem Rechtsgeschäft folgende Verpflichtung betreffen, die in Polen erfüllt worden ist oder zu erfüllen wäre,
2) eine Verpflichtung betreffen, die keinem Rechtsgeschäft folgt und die in Polen entstanden ist,
3) die Tätigkeit eines Betriebes oder einer Niederlassung des Beklagten betreffen, die sich in Polen befindet,
4) vermögensrechtliche Ansprüche betreffen, und der Beklagte ein Vermögen in Polen hat oder ihm in Polen Vermögensrechte von erheblichem Wert im Verhältnis zum Streitwert zustehen,
5) ein Streitgegenstand betrifft, der sich in Polen befindet,
6) eine Erbschaft einer Person betrifft, die im Todeszeitpunkt in Polen ihren Wohnsitz oder gewöhnlichen Aufenthalt hatte.

Art. 1103[8]
§ 1. Zur ausschließlichen inländischen Jurisdiktion gehören Sachen über dingliche Rechte an einer unbeweglichen Sache und über Besitz einer unbeweglichen Sache, die in Polen belegen ist, sowie Sachen aus einem Miet-, Pachtverhältnis oder andere Verhältnisse betreffend die Nutzung einer solchen unbeweglichen Sache, mit Ausnahme der Sachen über Mietzins und andere Forderungen, die mit der Nutzung oder mit der Fruchtziehung aus solcher unbeweglichen Sache zusammenhängen.
§ 2. Zur ausschließlichen inländischen Jurisdiktion gehören auch die im § 1 nicht genannten Sachen, in dem Bereich, in dem die Entscheidung die dinglichen Rechte, den Besitz oder die Nutzung einer in Polen belegenen unbeweglichen Sache betrifft.

Art. 1103[9]
Zur ausschließlichen inländischen Jurisdiktion gehören Sachen über die Auflösung einer juristischen Person oder einer organisatorischen Einheit, die keine juristische Person ist und der ein Gesetz die Geschäftsfähigkeit verleiht, wie auch Sachen über die Aufhebung oder die Nichtigkeitsfeststellung der Beschlüsse ihrer Organe, sofern die juristische Person oder die organisatorische Einheit ihren Sitz in Polen hat.

Art. 1103[10]
§ 1. Wenn aufgrund von Art. 1103-1130[9] zur inländischen Jurisdiktion eine Sache aus der Hauptklage gehört, umfasst diese Jurisdiktion auch die Sache aus der Gegenklage.
§ 2. Wenn in einer Sache die materielle Streitgenossenschaft vorkommt und die inländische Jurisdiktion aufgrund von Art. 1103-1130[9] im Verhältnis zu einem der Streitgenossen besteht, gehört die Sache zur inländischen Jurisdiktion im Verhältnis zu allen Streitgenossen.

Art. 1104

§ 1. Die Parteien eines bestimmten Rechtsverhältnisses können schriftlich vereinbaren, dass die Vermögenssachen, die aus diesem Rechtsverhältnis entstanden sind oder entstehen können, der Jurisdiktion polnischer Gerichte unterworfen werden.

§ 2. Die Begründung der Jurisdiktion polnischer Gerichte für Sachen, über die in § 1 die Rede ist, kann auch aufgrund von einer rügelosen Einlassung auf das Verfahren erfolgen, sofern der Beklagte keinen Einwand der fehlenden inländischen Jurisdiktion erhebt.

§ 3. Die Vorschriften der § 1 und 2 finden in Sachen keine Anwendung, die aufgrund von Vorschriften des polnischen Rechts zur ausschließlichen Jurisdiktion der Gerichte eines fremden Staates gehören.

Art. 1105

§ 1. Die Parteien eines bestimmten Rechtsverhältnisses können schriftlich vereinbaren, dass in den Vermögenssachen, die aus diesem Rechtsverhältnis entstanden sind oder entstehen können, die Jurisdiktion polnischer Gerichte zugunsten der Gerichte eines fremden Staates ausgeschlossen wird, sofern eine solche Änderung nach dem Recht dieses Staates wirksam ist.

§ 2. Die Gerichtsvereinbarung über Ausschluss der Jurisdiktion polnischer Gerichte kann folgende Sachen nicht betreffen:

1) die zur ausschließlichen Jurisdiktion polnischer Gerichte gehören,

2) die aus dem Bereich des Arbeitsrechts, es sei denn, dass die Vereinbarung nach der Entstehung der Streitigkeit entstanden ist,

3) die aus Verträgen eines Verbrauchers entstanden sind oder entstehen können, der in Polen seinen Wohnsitz oder gewöhnlichen Aufenthalt hat.

§ 3. Die Jurisdiktion polnischer Gerichte wird durch Vereinbarungen nicht ausgeschlossen, die nur einer der Parteien das Recht geben, eine Klage vor einem Gericht eines fremden Staates zu erheben.

§ 4. In den in § 2 Punkt 3 genannten Sachen ist der Abschluss einer Vereinbarung zulässig, aufgrund derer ein Verbraucher eine Klage vor dem Gericht eines fremden Staates erheben kann.

§ 5. Wenn die Parteien eine Gerichtsvereinbarung über den Ausschluss der Jurisdiktion polnischer Gerichte abgeschlossen haben, findet die Vorschrift Art. 1104 § 2 entsprechende Anwendung.

Art. 1105[1]

Das in Art. 1104 § 1 und Art. 1105 § 1 vorgesehene Erfordernis, eine Vereinbarung schriftlich abzuschließen, ist erfüllt, wenn diese Vereinbarung in einem Dokument, das beide Parteien unterschrieben haben oder in zwischen den Parteien ausgetauschten Schriftstücken oder in Erklärungen, die mit Hilfe von Verständigungsmittel auf Entfernung abgegeben wurden, die deren Inhalt aufzeichnen lassen, verortet wurde. Die Berufung in einem Grundvertrag auf ein Dokument, das eine Vereinbarung im Sinne der Vereinbarung nach Art. 1104 § 1 oder Art. 1105 § 1 enthält, erfüllt die formellen Erfordernisse dieser Vereinbarung, wenn der Grundvertrag schriftlich abgeschlossen wurde und durch diese Berufung die Vereinbarung zu einem Teil dieses Grundvertrages wird.

(Art. 1106-1109)

Art. 1109[1]
§ 1. Zur ausschließlichen inländischen Jurisdiktion gehören Sachen aus dem Bereich des Registerverfahrens, die die in Polen geführten öffentlichen Register betreffen.
§ 2. Zur ausschließlichen inländischen Jurisdiktion gehören die durch ein Registergericht zu erkennenden Sachen über die Auflösung einer juristischen Person oder einer organisatorischen Einheit, die keine juristische Person ist und der ein Gesetz die Geschäftsfähigkeit verleiht, sofern die juristische Person oder die organisatorische Einheit ihren Sitz in Polen hat.
§ 3. Zur inländischen Jurisdiktion gehören auch andere durch ein örtlich zuständiges Registergericht zu erkennenden Sachen.

Art. 1109[2]
§ 1. Zur ausschließlichen inländischen Jurisdiktion gehören Sachen über dingliche Rechte an einer unbeweglichen Sache und über Besitz einer unbeweglichen Sache, die in Polen belegen ist.
§ 2. Zur ausschließlichen inländischen Jurisdiktion gehören auch die im § 1 nicht genannten Sachen, in dem Bereich, in dem die Entscheidung die dinglichen Rechte oder den Besitz einer in Polen belegenen unbeweglichen Sache betrifft.

(Art. 1110—1110[1])

Titel IV a. Inländische Jurisdiktion im Sicherungs- und Zwangsvollstreckungsverfahren
(Art. 1110[2]-1110[3])

Titel V. Gerichtliche Immunität und Immunität gegen Zwangsvollstreckungsmaßnahmen
(Art. 1111-1116)

Drittes Buch. Das streitige Verfahren
Titel I. Allgemeine Vorschriften
(Art. 1117-1138)

Titel VII. Handlungen betreffend den Nachlass eines ausländischen Erblassers
(Art. 1139-1144)

Titel VIII. Feststellung fremden Rechts und Gegenseitigkeit
(Art. 1143)

Titel IX. Begründung rechtskräftiger Entscheidungen

Art. 1144[1]
Wenn das Gemeinschaftsrecht die Ausstellung einer Bescheinigung zwecks Anerkennung oder Vollstreckbarerklärung einer Entscheidung, eines Vergleiches oder eines anderen Vollstreckungstitels in einem anderen Mitgliedsstaat der Europäischen Union vorsieht, wird die Bescheinigung auf einen Antrag des Interessierten und mit Anwendung von einem Formular, das in einer entsprechenden Vorschrift des Gemeinschaftsrechts vorgesehen ist, von dem Vorsitzenden des Gerichts ausgestellt, das die Entscheidung erlassen oder den Vergleich bestätigt hat oder vor dem der Vergleich geschlossen wurde. Im Fall von anderen Vollstreckungstiteln ist für die Ausstellung einer Bescheinigung der Vorsitzende in dem Rayongericht zuständig, in dessen Bezirk dieser Titel ausgefertigt wurde.

Viertes Buch. Anerkennung und Vollstreckbarerklärung
Titel I. Anerkennung von Entscheidungen der Gerichte fremder Staaten und von Entscheidungen anderer Organen fremder Staaten

Art. 1145
Entscheidungen der Gerichte fremder Staaten in Zivilsachen unterliegen der Anerkennung kraft Gesetzes, es sei denn, dass die in Art. 1146 bestimmten Hindernisse vorliegen.

Art. 1146
§ 1. Eine Entscheidung unterliegt keiner Anerkennung, wenn:
1) sie in dem Staat, in welchem sie erlassen wurde, nicht rechtskräftig ist,
2) sie in einer Sache erlassen wurde, die zur ausschließlichen Jurisdiktion polnischer Gerichte gehört,
3) dem Beklagten, der sich auf das Verfahren zur Hauptsache nicht eingelassen hat, das verfahrenseinleitende Schriftstück nicht ordnungsgemäß und in einer Weise zugestellt worden ist, dass er sich verteidigen konnte,
4) der Partei die Verteidigungsmöglichkeit genommen wurde,
5) sie in einer Sache erlassen wurde, die zwischen den gleichen Parteien früher als bei einem Gericht eines fremden Staates in Polen anhängig wurde, oder in einer Sache, die in Polen später als bei einem Gericht eines fremden Staates anhängig wurde, wenn kein Einwand gemäß Art. 1098 erhoben wurde,
6) sie unvereinbar mit einer früheren rechtskräftigen Entscheidung eines polnischen Gerichts oder mit einer früheren rechtskräftigen Entscheidung eines Gerichts eines fremden Staates ist, die in Polen die Anerkennungsvoraussetzungen erfüllt und in einer Sache wegen desgleichen Anspruchs zwischen gleichen Parteien erlassen wurde,
7) die Anerkennung gegen die Grundlegen der Rechtsordnung der Republik Polen verstoßen wurde (Klausel der öffentlichen Ordnung).
§ 2. Die in den Punkten 5 und 6 vorgesehenen Hindernisse finden ihre entsprechende Anwendung in einer Sache, die bei einem anderen als ein Gericht polnischen Organ oder bei einem Organ eines fremden Staates anhängig wurde, wie auch zu einer Entscheidung, die durch ein anderes, als ein Gericht, polnisches Organ oder ein Organ eines fremden Staates erlassen wurde.

§ 3. Die Vorschriften des § 1 Punkten 5 und 6 finden keine Anwendung, wenn die Entscheidung eines Gerichts eines fremden Staates, in Übereinstimmung mit den Vorschriften dieses Staates über die inländische Jurisdiktion, über den Antritt des Nachlassvermögens von einer in Polen wohnhaften oder einen Sitz habenden Person, das sich zum Zeitpunkt des Todes des Erblassers auf dem Gebiet dieses fremden Staates befand, feststellt.

Art. 1147

§ 1. Eine Person, die sich auf die Anerkennung einer Entscheidung eines Gerichts eines fremden Staates beruft, ist verpflichtet vorzulegen:
eine amtliche Abschrift der Entscheidung,
ein Dokument, das die Rechtskraft der Entscheidung feststellt, es sei denn, dass die Rechtskraft der Entscheidung aus ihrem Inhalt folgt,
eine beglaubigte Übersetzung ins Polnische von Dokumenten, die in den Punkten 1 und 2 sowie in § 2 genannt wurden.

§ 2. Wenn die Entscheidung im Verfahren erlassen wurde, auf das sich der Beklagte zur Hauptsache nicht eingelassen hat, soll ein Dokument vorgelegt werden, das feststellt, dass ihm das verfahrenseinleitende Schriftstück zugestellt wurde.

Art. 1148

§ 1. Jeder, der daran rechtliches Interesse hat, kann bei dem Gericht die Feststellung beantragen, dass eine Entscheidung eines Gerichts eines fremden Staates der Anerkennung unterliegt oder nicht unterliegt.

§ 2. Dem Antrag auf die Feststellung, dass die Entscheidung eines Gerichts eines fremden Staates der Anerkennung unterliegt, sind die in Art. 1147 genannten Dokumente, und dem Antrag auf die Feststellung, dass die Entscheidung eines Gerichts eines fremden Staates der Anerkennung nicht unterliegt, eine amtliche Abschrift der Entscheidung und ihre beglaubigte Übersetzung ins Polnische beizufügen.

Art. 1148[1]

§ 1. Über den Antrag entscheidet in der Besetzung mit einem Richter das Bezirksgericht, das zur Entscheidung der Sache, die mit der Entscheidung eines Gerichts eines fremden Staates entschieden wurde, örtlich zuständig wäre, oder in dessen Bezirk sich das örtlich zuständige Rayongericht befindet, und beim Fehlen einer solchen Grundlage – das für die Hauptstadt Warszawa zuständige Gericht.

§ 2. Binnen zwei Wochen ab der Zustellung einer Abschrift des Antrags kann die Gegenpartei ihren Standpunkt in der Sache darstellen. Das Gericht entscheidet über den Antrag während einer nichtöffentlichen Sitzung.

§ 3. Gegen den Beschluss des Bezirksgerichts zur Frage der Feststellung ist eine Beschwerde statthaft, und gegen den Beschluss des Appellationsgerichts – eine Kassationsbeschwerde; es kann auch die Wiederaufnahme des Verfahrens verlangt werden, das durch eine rechtskräftige Entscheidung in Frage der Feststellung beendet wurde.

Art. 1149
Die Vorschriften der Art. 170 und 400 finden ihre entsprechende Anwendung auf rechtskräftige Beschlüsse polnischer Gerichte, die feststellen, dass die ausländischen Entscheidungen, durch welche eine Scheidung erkannt, eine Ehe für nichtig erklärt oder das Nichtbestehen einer Ehe festgestellt wird, einer Anerkennung unterliegen.

Art. 1149[1]
Die Vorschriften dieses Titels finden ihre entsprechende Anwendung auf Entscheidungen anderer Organen fremder Staaten in Zivilsachen.

Titel II. Vollstreckbarkeit von Entscheidungen der Gerichte fremder Staaten und von Entscheidungen anderer Organe fremder Staaten sowie der vor solchen Gerichten und Organen abgeschlossenen Vergleiche

Art. 1150
Die Entscheidungen der Gerichte fremder Staaten in Zivilsachen, die zur Vollstreckung im Wege einer Zwangsvollstreckung geeignet sind, werden nach deren Vollstreckbarerklärung durch das polnische Gericht zu Vollstreckungstiteln. Die Vollstreckbarerklärung folgt, wenn die Entscheidung:
1) in dem Staat, aus welchem sie stammt, vollstreckbar ist,
2) die in Art. 1146 § 1 Punkten 1-7 genannten Hindernisse nicht vorliegen.

Art. 1151
§ 1. Die Vollstreckbarerklärung erfolgt auf einen Antrag des Gläubigers durch die Erteilung der Entscheidung eines Gerichts eines fremden Staates einer Vollstreckungsklausel.
§ 2. Dem Antrag auf die Erteilung der Vollstreckungsklausel sind die in Art. 1147 genannten Dokumente beizufügen, und darüber hinaus eine Bescheinigung, dass dieser Titel in dem Staat, aus welchem er stammt, vollstreckbar ist, es sei denn, dass die Vollstreckbarkeit aus seinem Inhalt oder dem Recht dieses Staates folgt.

Art. 1151[1]
§ 1. Über die Erteilung der Vollstreckungsklausel entscheidet in der Besetzung mit einem Richter das Bezirkgericht des Wohnsitzes oder des Sitzes des Schuldners, und beim Fehlen eines solchen Gerichts, das Bezirksgericht, in dessen Bezirk die Vollstreckung durchgeführt werden soll.
§ 2. Binnen zwei Wochen ab dem Tag der Zustellung einer Abschrift des Antrags kann der Schuldner seinen Standpunkt in der Sache darstellen. Über den Antrag entscheidet das Gericht während einer nichtöffentlichen Sitzung.
§ 3. Gegen den Beschluss des Bezirksgerichts zur Frage der Erteilung einer Vollstreckungsklausel ist eine Beschwerde statthaft, und gegen den Beschluss des Appellationsgerichts – eine Kassationsbeschwerde; es kann auch die Wiederaufnahme des Verfahrens verlangt werden, das durch eine rechtskräftige Entscheidung in Frage der Erteilung der Vollstreckungsklausel beendet wurde. Art. 795 § 2 findet keine Anwendung.

Art. 1151^{2}

§ 1. Die Zwangsvollstreckung aufgrund von Entscheidung eines Gerichts eines fremden Staates kann eingeleitet werden, nachdem der Beschluss über die Erteilung der Vollstreckungsklausel in Rechtskraft erwachsen ist. Bis zum Ablauf der Frist zur Erhebung einer Beschwerde auf den Beschluss des Bezirksgerichts über die Erteilung der Vollstreckungsklausel, und im Fall der Erhebung einer Beschwerde – bis zum Zeitpunkt ihrer Erkennung durch das Appellationsgericht, bildet der Beschluss einen Sicherungstitel. Die Sicherungsart bestimmt der Gläubiger in dem Antrag auf Durchführung der Sicherung. Zur Sicherung von Entscheidungen, die Geldforderungen umfassen, sind lediglich die in Art. 747 genannten Sicherungsarten zulässig. Ist es nötig, kann die Sicherungsart auch das Bezirksgericht in dem Beschluss über die Erteilung der Vollstreckungsklausel bestimmen. Zu dieser Sicherung finden Art. 750-752^{6}, Art. 754^{1}, 755 und 757 entsprechende Anwendung.

§ 2. Das Bezirksgericht kann die Durchführung der Sicherung, über die in § 1 die Rede ist, von der Leistung der Kaution seitens des Gläubigers abhängig machen. Dem Schuldner steht der Vorrang der Befriedigung aus der Kaution des Gläubigers vor allen anderen Gläubigern des Gläubigers zu.

§ 3. Im Fall der Zurückweisung einer Beschwerde auf den Beschluss über die Erteilung der Vollstreckungsklausel oder des Erlasses eines Beschlusses über die Erteilung der Vollstreckungsklausel kann das Appellationsgericht die Vollstreckung der Entscheidung des Gerichts eines fremden Staates von der Leistung einer entsprechenden Sicherung seitens des Gläubigers abhängig machen. Wenn infolge der Vollstreckung der Entscheidung für den Schuldner ein unersetzlicher Schaden entstehen könnte, kann das Gericht die Vollstreckung der Entscheidung bis zum Zeitpunkt der Erhebung einer Kassationsbeschwerde, und im Fall ihrer Erhebung – bis zum Zeitpunkt ihrer Entscheidung durch das Oberste Gericht einstellen.

Art. 1151^{3}

In Fällen, über die in Art. 840 § 1 die Rede ist, können die Einwände betreffend die in Art. 1150 genannten Hindernisse keine Klage auf Aberkennung der Vollstreckbarkeit einer Entscheidung eines Gerichts eines fremden Staates, die über eine Vollstreckungsklausel verfügt, begründen.

Art. 1151^{4}

Die Vorschriften der Art. 1150-1151^{3} finden zu Entscheidungen anderer Organe fremder Staaten, die in Zivilsachen erlassen wurden, entsprechende Anwendung.

Art. 1152

Vergleiche in Zivilsachen, die vor Gerichten oder anderen Organen fremder Staaten abgeschlossen oder durch diese bestätigt wurden, werden nach deren Vollstreckbarerklärung zu Vollstreckungstiteln, wenn sie im Staat ihres Abschlusses vollstreckbar sind und gegen Grundregeln der Rechtsordnung in der Republik Polen (die Klausel der öffentlichen Ordnung) nicht verstoßen. Die Vorschriften Art. 1151^{1}-1151^{4} finden entsprechende Anwendung.

Art. 1153
(*gestrichen*)

Titel III. Vollstreckbarkeit von Entscheidungen der Gerichte der Mitgliedsstaaten der Europäischen Union, von Vergleichen, die von solchen Gerichten geschlossen oder durch diese bestätigt wurden sowie von öffentlichen Urkunden, die in den Mitgliedsstaaten der Europäischen Union erstellt worden sind und denen dort ein Europäischer Vollstreckungstitel erteilt wurde

Art. 1153[3]
Die Vorschriften der Art. 1150-1152 finden keine Anwendung.

III. Ausschnitte des polnischen Zivilgesetzbuches vom 23.04.1964[6]

Titel I. Einleitungsvorschriften

Art. 6
Die Beweislast für die Tatsachen trägt die Person, die aus diesen Tatsachen für sich Rechtsfolgen herleiten will

Titel II. Personen
Abschnitt I. Natürliche Personen
Unterabschnitt II. Wohnsitz

Art. 25
Der Wohnsitz einer natürlichen Person ist der Ort, in dem sich diese Person mit der Absicht eines ständigen Aufenthalts aufhält.

Abschnitt II.Juristische Personen

Art. 41
Sofern das Gesetz oder auf das Gesetz gestützte Satzung nichts anderes bestimmt, der Ort, in dem das Vorstandsorgan seinen Sitz hat.

Titel III. Vermögen

Art. 46
§ 1. Unbewegliche Sachen sind Teile der Erdoberfläche, die ein getrenntes Eigentumsobjekt bilden, wie auch die darauf errichteten Gebäude, die mit dem Grund dauerhaft verbunden sind und Teile dieser Gebäude, sofern sie Kraft besonderer Vorschriften ein von dem Grund getrenntes Eigentumsobjekt bilden.
§ 2. Die Führung von Grundbüchern regeln andere Vorschriften.

---

[6] Ustawa z dnia 23.04.1964 r. – Kodeks cywilny, Dz.U. 1964 Nr. 16, Pos. 93 m. s. Ä. Übersetzt von *Schubert-Panecka*.

IV. Ausschnitte der Verfassung der Republik Polen vom 02.04.1997[7]

Kapitel I. Die Republik

Art. 27.
In der Republik Polen ist die polnische Sprache die Amtssprache. Diese Vorschrift verletzt nicht Rechte der nationalen Minderheiten, die sich aus ratifizierten völkerrechtlichen Verträgen ergeben.

Kapitel II. Freiheiten, Rechte und Pflichten des Menschen und des Staatsbürgers

Allgemeine Grundsätze

Art. 32
1) Alle sind vor dem Gesetz gleich. Alle haben das Recht, von der öffentlichen Gewalt gleich behandelt zu werden.
2) Niemand darf aus welchem Grund auch immer im politischen, gesellschaftlichen oder wirtschaftlichen Leben diskriminiert werden.

Persönliche Freiheiten und Rechte

Art. 38
Die Republik Polen gewährleistet jedem Menschen rechtlichen Schutz des Lebens.

Art. 39
Ohne freiwillig geäußerte Zustimmung darf niemand wissenschaftlichen einschließlich medizinischen Experimenten unterzogen werden.

Art. 40
Niemand darf der Folter oder einer grausamen, unmenschlichen oder demütigenden Behandlung oder Bestrafung unterworfen werden. Die Anwendung von Leibesstrafen ist verboten.

Art. 41
1) Die Unverletzlichkeit und die Freiheit der Person werden jedermann gewährleistet. Eine Entziehung oder Einschränkung der Freiheit ist nur aufgrund und gemäß dem im Gesetz bestimmten Verfahren zulässig.
2) Jede Person, der die Freiheit nicht aufgrund eines gerichtlichen Urteils entzogen worden ist, hat das Recht auf Berufung bei Gericht, um die Legalität der Entziehung

---

[7] Verfassungsgesetz über die gegenseitigen Beziehungen zwischen der legislativen und exekutiven Gewalt der Republik Polen und über die territoriale Selbstverwaltung vom 17.10.1992; Dz.U. 1992 Nr. 84, Pos. 426; vgl. http://www.verfassungen.de/pl/verf97.htm vom 25.09.05.

unverzüglich feststellen zu lassen. Über die Freiheitsentziehung ist die Familie oder die vom Festgehaltenen genannte Person unverzüglich zu benachrichtigen.

3) Jeder Festgenommene soll unverzüglich und in einer für ihn klaren Form von der Ursache der Festhaltung unterrichtet werden. Innerhalb von achtundvierzig Stunden nach der Festnahme soll er dem Gericht zur Verfügung überwiesen werden. Der Festgenommene ist freizulassen, wenn ihm nicht innerhalb von vierundzwanzig Stunden nach seiner Überstellung an die Entscheidungsgewalt des Gerichts ein Gerichtsbeschluss über die vorläufige Inhaftierung gleichzeitig mit der Darstellung der Beschuldigung zugestellt worden ist.

4) Jede Person, der die Freiheit entzogen worden ist, soll menschenwürdig behandelt werden.

5) Jede Person, der die Freiheit widergesetzlich entzogen worden ist, hat ein Recht auf Entschädigung.

Art. 42

1) Strafrechtlich verantwortlich gemacht werden kann nur, wer eine Tat begeht, die durch ein während deren Begehung geltendes Gesetz mit Strafe bedroht ist. Dieser Grundsatz hindert nicht daran, eine Tat zu bestrafen, die während der Begehung eine Straftat im Sinne des Völkerrechts war.

2) Jedermann, gegen den ein Strafverfahren geführt wird, hat das Recht auf Verteidigung in allen Abschnitten des Verfahrens. Insbesondere kann er einen Verteidiger wählen oder gemäß den im Gesetz festgelegten Grundsätzen einen Pflichtverteidiger in Anspruch nehmen.

3) Jedermann gilt als unschuldig, solange seine Schuld nicht durch ein rechtskräftiges Gerichtsurteil festgestellt worden ist.

Art. 43

Kriegsverbrechen und Verbrechen gegen die Menschlichkeit unterliegen nicht der Verjährung.

Art. 44

Die Verjährung von Straftaten, die von Trägern öffentlicher Ämter oder in deren Auftrag begangen und aus politischen Gründen nicht verfolgt worden sind, ruht solange diese Gründe andauern.

Art. 45

1) Jedermann hat das Recht auf gerechte und öffentliche Verhandlung der Sache ohne unbegründete Verzögerung vor dem zuständigen, unabhängigen, unparteiischen Gericht.

2) Die Öffentlichkeit kann ausgeschlossen werden aus Gründen der Moral, der Sicherheit des Staates und der öffentlichen Ordnung sowie zum Schutz des Privatlebens der Parteien oder eines anderen wichtigen privaten Interesses. Das Urteil ist öffentlich bekannt zu geben.

Art. 46
Die Einziehung oder der Verfall von Sachen darf nur in den im Gesetz bestimmten Fällen und nur aufgrund einer rechtskräftigen Gerichtsentscheidung erfolgen.

Art. 47
Jedermann hat das Recht auf rechtlichen Schutz des Privat- und Familienlebens, der Ehre und des guten Rufes sowie das Recht, über sein persönliches Leben zu entscheiden.

Art. 48
1) Die Eltern haben das Recht, ihre Kinder gemäß den eigenen Anschauungen zu erziehen. Die Erziehung soll die Reife des Kindes, seine Gewissens- und Bekenntnisfreiheit sowie seine Anschauungen berücksichtigen.
2) Die Einschränkung oder Entziehung der elterlichen Gewalt ist nur in den im Gesetz bestimmten Fällen und nur aufgrund einer rechtskräftigen Gerichtsentscheidung zulässig.

Art. 49
Die Freiheit und der Schutz des Kommunikationsgeheimnisses werden gewährleistet. Sie dürfen nur in den vom Gesetz bestimmten Fällen und in einer gesetzlich bestimmten Form eingeschränkt werden.

Art. 50
Die Unverletzlichkeit der Wohnung wird gewährleistet. Die Durchsuchung einer Wohnung, anderer Räume oder eines Fahrzeugs darf nur in den im Gesetz bestimmten Fällen und in der gesetzlich bestimmten Weise erfolgen.

Art. 51
1) Eine Verpflichtung, Informationen über die eigene Person zu offenbaren, besteht nur auf Grundlage eines Gesetzes.
2) Die öffentliche Gewalt darf nur solche Informationen über Staatsbürger beschaffen, sammeln oder zugänglich machen, deren Erhebung in einem demokratischen Rechtsstaat unentbehrlich ist.
3) Jedermann hat das Recht auf Zugang zu den ihn betreffenden amtlichen Dokumenten und Datensammlungen. Eine Einschränkung dieses Rechtes darf nur vom Gesetz bestimmt werden.
4) Jedermann hat einen Anspruch auf Berichtigung oder Löschung falscher, unvollständiger oder in widerrechtlicher Weise beschaffter Informationen.
5) Grundsätze und Verfahrensweise des Erhebens und Zugänglichkeit von Informationen regelt das Gesetz.

Art. 52
1) Jedermann wird auf dem Territorium der Republik Polen Freizügigkeit sowie die freie Wahl von Wohn- und Aufenthaltsort gewährleistet.
2) Jedermann darf das Gebiet der Republik Polen frei verlassen.

3) Die in Abs. 1 und 2 genannten Freiheiten dürfen nur gesetzlich bestimmten Einschränkungen unterworfen werden.
4) Ein polnischer Staatsbürger darf nicht des Landes verwiesen werden. Die Rückkehr ins Staatsgebiet darf ihm nicht untersagt werden.
5) Eine Person, deren polnische Herkunft dem Gesetz gemäß festgestellt worden ist, darf sich im Gebiet der Republik Polen auf Dauer niederlassen.

Art. 53
1) Gewissens- und Religionsfreiheit wird jedem gewährleistet.
2) Die Religionsfreiheit umfasst die Freiheit, die Religion eigener Wahl anzunehmen oder zu bekennen sowie die Freiheit, die eigene Religion individuell oder mit anderen Personen, öffentlich oder privat durch das Bezeigen von Verehrung, Gebet, die Teilnahme an religiösen Handlungen, Praktizieren und Lehren auszudrücken. Die Religionsfreiheit umfasst auch den Besitz von Tempeln und anderen den Bedürfnissen der Gläubigen entsprechenden Orten sowie das Recht der Gläubigen, religiöse Hilfe am Aufenthaltsort in Anspruch zu nehmen.
3) Die Eltern haben das Recht, die moralische und religiöse Erziehung und Unterrichtung ihrer Kinder gemäß ihren Anschauungen sicherzustellen. Die Vorschrift des Art. 48 findet entsprechende Anwendung.
4) Die Religion einer Kirche oder einer anderen rechtlich anerkannten Glaubensgemeinschaft darf in der Schule unterrichtet werden, wobei die Gewissens- und Religionsfreiheit anderer Personen nicht berührt werden darf.
5) Die Freiheit, die Religion auszudrücken, kann nur auf dem Gesetzeswege eingeschränkt werden, wenn die Einschränkung zum Schutz der Sicherheit des Staates, der öffentlichen Ordnung, der Gesundheit, der Moral oder der Freiheiten und Rechte eines anderen notwendig ist.
6) Niemand darf gezwungen werden, an religiösen Praktiken teilzunehmen. Niemand darf an der Teilnahme gehindert werden.
7) Niemand darf durch die öffentliche Gewalt verpflichtet werden, seine Weltanschauung, seine religiösen Anschauungen oder seine Konfession zu offenbaren.

Art. 54
1) Die Freiheit, die Anschauungen zu äußern sowie Informationen zu beschaffen oder zu verbreiten, wird jedermann gewährleistet.
2) Vorbeugende Zensur der Medien gesellschaftlicher Kommunikation ist verboten. Die Presse ist nicht erlaubnispflichtig. Durch das Gesetz kann das Betreiben einer Radio- oder Fernsehanstalt von der vorherigen Erlangung einer Erlaubnis abhängig gemacht werden.

Art. 55
1) Die Auslieferung eines polnischen Staatsbürgers ist verboten.
2) Verboten ist die Auslieferung einer Person, die verdächtig ist, aus politischen Gründen eine Straftat ohne Gewaltanwendung begangen zu haben.
3) Über die Zulässigkeit einer Auslieferung entscheidet das Gericht.

Art. 56

1) Ausländer genießen in Polen gemäß den im Gesetz bestimmten Grundsätzen das Asylrecht.

2) Einem Ausländer, der in der Republik Polen Schutz gegen Verfolgung sucht, kann gemäß den für die Republik Polen verbindlichen völkerrechtlichen Verträgen der Flüchtlingsstatus zuerkannt werden.

Kapitel III Rechtsquellen

Art. 87

1) Die Verfassung, Gesetze, ratifizierte völkerrechtliche Verträge und Rechtsverordnungen sind Quellen des allgemein geltenden Rechtes der Republik Polen.

2) Akte des lokalen Rechtes sind die Quellen des allgemein geltenden Rechtes der Republik Polen auf dem Tätigkeitsgebiet der Organe, die sie beschlossen haben.

Art. 88

1) Bedingung für das Inkrafttreten von den Gesetzen, Rechtsverordnungen sowie der Akte des lokalen Rechtes ist ihre Veröffentlichung.

2) Die Grundsätze und das Verfahren der Veröffentlichung von normativen Akten werden vom Gesetz geregelt.

3) Völkerrechtliche Verträge, deren Ratifizierung ein Zustimmungsgesetz vorausgegangen ist, werden gemäß dem für Gesetze bestimmten Verfahren veröffentlicht. Grundsätze der Veröffentlichung anderer völkerrechtlicher Verträge werden vom Gesetz geregelt.

Art. 89

1) Die Ratifizierung eines völkerrechtlichen Vertrages durch die Republik Polen sowie dessen Kündigung bedürfen einer vertraglichen Zustimmung durch ein Gesetz, falls der Vertrag folgende Gegenstände betrifft:

(1) Frieden, Bündnisse, politische oder militärische Abkommen,

(2) Freiheiten, Rechte oder Pflichten der Staatsbürger, die in der Verfassung bestimmt worden sind,

(3) die Mitgliedschaft der Republik Polen in einer internationalen Organisation,

(4) erhebliche finanzielle Belastung des Staates,

(5) Angelegenheiten, die im Gesetz geregelt worden sind oder für die die Verfassung ein Gesetz voraussetzt.

2) Der Vorsitzende des Ministerrates hat den Sejm von der Absicht zu unterrichten, dem Präsidenten der Republik Polen einen völkerrechtlichen Vertrag zur Ratifizierung vorzulegen, der der durch Gesetz geäußerten Zustimmung nicht bedarf.

3) Grundsätze und Verfahrensweise des Abschlusses, der Ratifizierung und der Kündigung von völkerrechtlichen Verträgen regelt das Gesetz.

Art. 90

1) Aufgrund eines völkerrechtlichen Vertrages kann die Republik Polen einer internationalen Organisation oder einem internationalen Organ die Kompetenz von Organen der staatlichen Gewalt in bestimmten Angelegenheiten übertragen.

2) Das Zustimmungsgesetz zu einem völkerrechtlichen Vertrag im Sinne des Abs. 1 wird vom Sejm mit einer Mehrheit von zwei Dritteln der Stimmen in Anwesenheit von mindestens der Hälfte der gesetzlichen Abgeordnetenzahl und vom Senat mit der Mehrheit von zwei Dritteln der Stimmen in Anwesenheit von mindestens der Hälfte der gesetzlichen Zahl der Senatoren angenommen.

3) Die Zustimmung zur Ratifizierung eines solchen Vertrages kann auch in einer Volksabstimmung gemäß Art. 125 beschlossen werden.

4) Ein Beschluss über die Weise, in welcher der Ratifizierung zugestimmt werden soll, wird vom Sejm mit absoluter Mehrheit der Stimmen in Anwesenheit von mindestens der Hälfte der gesetzlichen Abgeordnetenzahl angenommen.

Art. 91

1) Nachdem ein ratifizierter völkerrechtlicher Vertrag im Gesetzblatt der Republik Polen veröffentlicht worden ist, bildet er einen Teil der innenstaatlichen Rechtsordnung und wird unmittelbar angewandt, es sei denn seine Anwendung setzt die Verabschiedung eines Gesetzes voraus.

2) Der völkerrechtliche Vertrag, dessen Ratifizierung ein Zustimmungsgesetz vorausgegangen ist, hat den Vorrang einem Gesetz gegenüber, falls das Gesetz mit dem Vertrag unvereinbar ist.

3) Das von einer internationalen Organisation hervorgebrachte Recht wird unmittelbar angewandt und hat im Fall der Unvereinbarkeit mit dem Gesetz den Vorrang, wenn es sich so aus einem von der Republik Polen ratifizierten Vertrag, durch den eine internationale Organisation gebildet wird, ergibt.

Kapitel IV. Der Sejm und der Senat
Volksabstimmung

Art. 125

1) In Fällen von besonderer Bedeutung für den Staat kann eine landesweite Volksabstimmung durchgeführt werden.

2) Das Recht, eine landesweite Volksabstimmung anzuordnen, hat der Sejm mit absoluter Stimmenmehrheit in Anwesenheit von mindestens der Hälfte der gesetzlichen Abgeordnetenzahl und der Präsident der Republik Polen mit Zustimmung des Senats, die mit der absoluten Mehrheit der Stimmen in Anwesenheit von mindestens der Hälfte der gesetzlichen Senatorenzahl erteilt werden muss.

3) Das Ergebnis der Volksabstimmung ist bindend, wenn sich an der landesweiten Volksabstimmung mehr als die Hälfte der Stimmberechtigten beteiligt.

4) Die Gültigkeit einer landesweiten Volksabstimmung sowie einer Volksabstimmung gemäß Art. 235 Abs. 6 stellt das Oberste Gericht fest.

5) Grundsätze und Verfahrensweise der Durchführung einer Volksabstimmung regelt das Gesetz.

Kolibri 360 GmbH
Ferdinand-Jühlke-Straße 7
99095 Erfurt, Deutschland
produktsicherheit@kolibri360.de

Druck:
CPI Druckdienstleistungen GmbH
im Auftrag der
Kolibri 360 GmbH
Ferdinand-Jühlke-Str. 7
99095 Erfurt